서쪽 마을의 사회복지

– 서해랑길(해남 땅끝~강화도)을 걸으며 –

서쪽 마을의 사회복지

서해랑길(해남 땅끝~강화도)을 걸으며

권중돈 지음

학지사

길을 걸으며

길!

단 한 글자지만, 참 많은 의미를 담고 있다. 자연에 발자국의 흔적이 쌓여 자연스럽게 만들어진 '자연의 길'이 있는가 하면, 미숙으로 시작하여 성숙에 이르고 곧이어 쇠락하여 사라지는 '인생길'이 있고, 인간의 삶이나 사회제도가 목표에 이르기 위해 나아가야 할 올바른 방향과 방법을 알려 주는 길 이른바 '도(道)'도 있다.

나 역시도 이 세 가지 길 위를 걸으며 살아왔다. 유년기와 아동기에는 철모르고 시골 길에서 즐겁게 뛰놀며 보냈다. 청소년기에는 널뛰는 감정의 소용돌이 속에서 나만의 길을 찾기 위해 애썼다. 청년기에는 시절에 대한 분노를 아스팔드 길바다 위에 쏟아 내기도 했었다. 성년기부터는 책 속에서 삶의 길과 세상의 문제를 풀 수 있는 길을 찾기 위해 애썼고, 그렇게 주워 모은 지식을 후학들에게 전하고, 세상과 사람 그리고 삶의 문제에 대한 해답을 찾고 실천하는, 쉽지만은 않았던 학문의 길을 걸어왔다. 그러다 보니 어느새 시간이 흐르고 흘러, 그간 삶을 지탱해 주었던 책과 제자, 그리고 사회복지 학계와 실천현장 사람들과의 관계를 재정립해야 하는 인생 여정의 마지막 길에 들어서 있다.

여러 가지 정리하고 마무리해야 할 일을 책상머리에서 얻은 지식으로 입과 글로만 전하는 것으로는 어딘가 부족하고 아쉬운 구석이 있었다. 그래서 자연 속의 길을 걸으며 삶의 길과 학문의 길에서 답을 찾지 못한 질문들을 풀어 갈 수 있는 길을 찾으려 했다. 지금으로부터 8년 전에 강원도 고성에서 부산 오륙도까지 770km의 해파랑길을 걷고 썼던 『길에서 만난 복지』라는 책에서 '길은 사람과 사람이 만나고 소통하는 터전이고, 사람과 사람을 이어서 세상을 만들어 내고, 다양한 모습의 삶이 펼쳐지는 장(場)이므로, 사회복지는 반드시 길 위에 있어야 한다.'고 한 적이 있다. 그때와 마찬가지로 나는 자연의 길을 걸으며, 인생길을 되돌아보고, 세상 위에 펼쳐진 삶의 현장으로 들어가, 우리의 사회복지가 걸어가야 할 올바른 방향과 방법을 찾아보려고 서해랑길에 올라섰다.

서해랑길은 전라남도 해남군 땅끝 마을에서 인천광역시 강화군의 휴전선 서쪽 끝까지 걷는 길(trail)이다. 서해랑길은 '서쪽[西] 바다[海]와 함께(랑) 걷는 길로서, 드넓은 갯벌과 황홀한 일몰, 종교와 문물교류의 역사를 만나는 길'이라고 소개되어 있다. 이 길은 전라남도, 전라북도, 충청남도, 경기도, 인천광역시의 26개 시·군에 펼쳐진 본선 103개 구간에 지선 6개 구간이 더해져 총 109개 구간으로 구성되어 있다. 우리나라의 동서남북을 이어 걸을 수 있는 4,500km의 코리아둘레길(Korea Dulle Trail) 중에서 가장 긴 서해랑길의 총 길이는 1,800km이며, 홍성에서 태안, 당진 땅을 거치지 않고 서산 한가운데를 가로지르는 지선을 제외한 본선의 길이는 1,640km다. 나는 2022년 11월 17일부터 2025년 11월 28일까지 3년이라는 기간 동안, 84일 551시간에 걸쳐 283만 걸음을 옮겨 놓아서 서해랑길 본선을 완주하였다. 하루 평균 6시간 30분에 걸쳐 20km 전후의 거리를 34,000 걸음씩 옮겨 놓아, 우리 땅의 서쪽에 위치한 산과 들, 바다 그리고 마을을 이어 주는 서해랑길을 완주하였다.

　이전에 해파랑길은 온전히 혼자서 걸었다면, 서해랑길의 3분의 2는 혼자서, 나머지 3분의 1은 길동무와 함께 걸었다. 혼자 걸어서 좋은 점은 길에서 보고 느낀 것들을 깊이 생각할 수 있는 시간이 많다는 점이다. 함께 걷는 길은 길동무와 소통(疏通)하고 깊은 정(情)을 나눌 수 있는 기회가 된다는 점이 좋다. 그리고 서로의 장점은 서로의 단점이 된다. 이번 걷기에서는 이 두 가지 모두를 경험했으니, 두 가지 걷는 방법의 좋은 점들이 만나는 시너지 효과를 얻을 수 있었다. 꽤나 힘든 여정이었지만, 그래도 참 좋았다.

　서해랑길은 해파랑길에 비해 교통, 숙박과 식사 그리고 안전과 관련하여 보완해야 할 것들이 많이 남아 있는 길이다. 혼자서 걷는다면 그에 따르는 불편과 불안을 오롯이 홀로 감당해야 한다. 편하지만은 않은 길을 걸으며 나는 아름다운 자연풍광을 눈에 담기도 했지만, 그 길 위에 존재하는 마을 속에서 사람들이 어떻게 살아가고 있는지를 더 많이 보려고 애썼다. 그리고 그 삶의 현장 속에서 사회복지의 올바른 길을 찾으려고 생각하고 또 생각했다. 그런 과정에서 얻게 된 '올바르면서도 더 나은 사회복지를 위해 활용할 수 있다고 생각되는 지혜(智惠)들'을 쉰여섯 꼭지의 글로 엮어서 이 책을 채웠다. 길 위의 다소 미진한 편의시설 문제와 새벽형 인간인 나의 특성 때문에, 서해랑길 소개에 나오는 황홀한 저녁 일몰보다는 희망찬 아침 일출을 더 많이 보았고, 사회복지의 아름다운 역사와 함께 정말 아프고 슬픈 역사도 함께 목격하였다. 사회복지를 공부하지도 않았고 복지와 전혀 무관한 사람들의 진심에서 우러나는 도움을 받으면서, 사회복지사로서의 나에 대한 처절한 반성을 할 수 있는 기회도 함께 가질 수 있었다.

독자 여러분이 책의 글을 따라 읽어 가면서, 함께 서해랑길을 걷는 것 같은 느낌을 받을 수 있기를 바란다. 그와 동시에 사회제도와 학문으로서의 사회복지가 당면한 문제를 해결하고 더 올바르고 더 나은 방향으로 나아갈 수 있는 길을 깊이 생각하고 생각함으로써, 다소 거칠고 미흡한 부분이 남아 있는 이 책의 나머지 절반을 완성해 주기를 바란다.

걷기와 쓰기를 마무리하면서 감사할 분들이 참 많다. 먼저, 세상을 창조하여 길이 있게 해 주신 하나님과 그 길을 일구고 다듬어 주신 여러 분께 진심에서 우러나는 감사를 드리며, 함께 걸은 길동무에게도 고마운 마음을 전한다. 오늘에 이르기까지 보살펴 주신 부모님, 형제들께 감사드리며, 한솥밥 먹으며 인생길의 동고동락을 함께해 준 아내와 깊은 사랑을 주지 못했음에도 멋지게 성장한 딸과 아들 그리고 사위와 며느리에게도 고마운 마음을 전한다. 태어남만으로도 내 인생의 마지막 퍼즐이 완성된 느낌을 갖게 해 준 손자 준서(俊瑞)가 이 땅의 모든 사람을 아끼고 사랑할 줄 아는 멋진 사람으로 성장해 주기를 간절히 기도한다. 그리고 저를 가르쳐 주신 모든 선생님, 함께 공부하며 도반(道伴)처럼 함께 길을 걸어온 사회복지 학계의 교수님들과 사회복지 실천현장의 선생님들께도 감사의 마음을 전한다. 또한 전문지식과 인격적 성숙함이 모자라는 선생에게서 하나라도 더 배우기 위해 맑은 눈동자를 반짝였던 제자들에게도 고마움을 전한다. 글 좀 짧게 쓰라고 타박 아닌 타박을 하면서도, 쓴 글마다 출판을 허락하여 세상의 빛을 보게 해 주신 학지사의 김진환 사장님과 울퉁불퉁한 글을 매끈하게 다듬어 널리 알려 주신 편집자와 영업팀 직원 분들께도 감사의 마음을 전한다. 그 외에 같은 시대를 살아가며 함께한 모든 시절 인연(時節 因緣)에게도 고마움을 전한다.

서쪽 마을 바다 뒤로 사라지는 일몰에
살아온 삶과 학문의 길을 되돌아보며
다섯 그루 소나무가 심겨진 마을의
작은 나만의 공간에서

차례

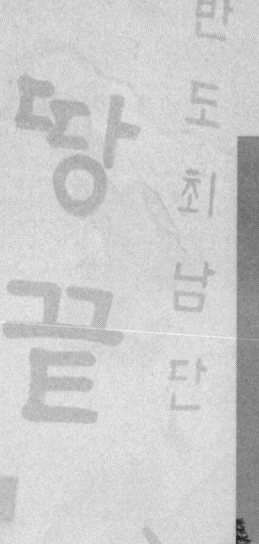

1. 시작과 끝의 역동

□ 서해랑길 1-2코스, 전남 해남군 땅끝탑 - 영터 버스정류장, 32.8km, 11시간, 74,244걸음

이름만 떠올려도 가슴이 먹먹해지는 부모님의 사랑으로 1959년 생명이 잉태되어, 박정희 소장이 5·16 군사정변(軍事政變)을 일으키기 열 달 전에 세상에서의 내 삶이 시작되었다. 까만 고무신에 책보 메고 등하교 하던 경남 의령군 부림면의 냇가 외딴집에서 자란 까까머리 소년은 국민학교에서 철저한 반공교육을 받았다. 그 촌놈은 질풍노도의 시기인 중학교 2학년 시작과 함께 서울로 올라와 형님과 누나들의 보살핌을 받으며 청와대 코앞에 살면서, 조계사 옆 중학교와 경희궁 옛터에 세워졌던 고등학교를 마치고, 재수학원을 거쳐 대학에 들어갔다. 대학시절 역시 선두환의 신군부 세력이 국민의 생명을 무참히 짓밟던 시절과 함께 시작했기에 격랑의 역사 속에서 흔들리던 청춘은 '남자가 군대 가면 먹고 살 길을 찾는다.'는 말처럼, 군대생활 중에 살아갈 목표를 찾았다. 호돌이가 굴렁쇠를 굴리던 서울올림픽이 열린 1988년 여름 석사과정을 졸업하기 직전에 국책연구원에 취업하여 노란 봉투에 담긴 첫 월급을 받아들면서 혼자의 힘으로 살아가는 길로 접어들었다. 그 후 연구원에 재직하면서 박사과정을 마치고 1995년 이른 봄에 지금 몸담고 있는 목원대학교에서 교육자로서의 생활을 시작하여 30년 가까운 세월이 흘러, 지금은 정년을 코앞에 두고 있다. 삶의 시작에서부터 오르막과 내리막이 공존하는 역동적인 삶의 여정을 밟아왔기에, 이제 인생의 끝을 잘 마무리하기 위해 준비해야 할 시간이 되었다. 삶의 여정에 여러 번의 끝이 있었으나 '일에서 물러남'이라는 어찌 보면 죽음이라는 끝 다음으로 중요한 끝을 의미 있게 마무리하고 싶어, 길을 나섰다.

몇 년 전 강원도 고성에서 부산 오륙도에 이르는 770km의 해파랑길을 걸었기에, 이번에는 그 반대쪽 길인 서해랑길을 걷기로 결정했다. 한국관광공사의 코리아둘레길 누리집(www.durunubi.kr)에 서해랑길은 '전남 해남 땅끝 탑에서 인천 강화도 평화전망대를 연결하는 109개 코스 1,800km의 걷기 여행길로, 서쪽(西)의 바다(海, 파도)와 함께(랑) 걷는 길이며, 드넓은 갯벌과 황홀한 일몰, 종교와 문물교류의 역사를 만나게 되는 길'이라

고 소개되어 있다. 동쪽 해파랑길의 2.3배에 달하는 매우 긴 길이지만, 시작점이 한반도의 땅끝에서 시작된다는 점에서 내 삶의 여정에 많은 의미를 가져다줄 것으로 생각되어 걸어 보기로 결심했다.

2022년 11월 17일 늦가을 새벽 미명에 오송역에서 고속열차에 몸을 싣고 광주송정역에 내려 광주 종합버스터미널로 이동하여, 학교생활에서 일 호흡을 맞추고 흉허물 없이 심금을 터놓을 수 있었던 길동무를 만나, 출발 5분전에 하루 한 대밖에 없는 해남 땅끝마을 직행버스에 몸을 싣는다. 10여년 만에 땅끝마을 종점에 내려서니 점심 무렵인지라, 소머리국밥 한 그릇으로 허기를 채운다. 서해랑길의 시작점인 땅끝탑을 찾으니 쉬이 눈에 띄지 않는데, 항구 앞 비석에 '대한민국의 남단 땅 끝'이란 비석과 함께 '한반도의 시작, 땅 끝 해남'이란 안내표지판이 동시에 눈에 들어온다. 항구에서 땅끝탑을 찾아 걸어가는 길 위에서 설렘과 불안감을 동시에 느낀다. 사회복지사의 도움을 구하러 오는 내담자 역시 굴곡진 삶의 여정이 조금은 펴지기를 기대하는 마음과 사회복지사가 진정으로 자신을 도와줄 마음이 있는 전문가일까 하는 불안감을 동시에 가질 것이다. 나 역시 그런 양가감정(ambivalence)을 품고 왼편의 반짝이는 바다를 보며 걷다 보니, 드디어 남파랑길 90코스의 끝이자 서해랑길의 시작 지점인 땅끝탑에 도착한다. 시작이 있으면 끝이 있을 것이니, 힘내서 걸어 보고자 다짐한다.

땅끝탑은 '바다를 향해 꿈을 싣고 나아가는 배'를 형상화하고 있으며, 갈두산 꼭대기의 땅끝전망대는 횃불을 형상화한 것이라 한다. 땅끝탑에서 이어지는 길은 왼편은 윤슬로 반짝이는 바다요, 오른쪽은 울긋불긋 단풍으로 물든 산이다. 풍경 뛰어난 호젓한 길을 한 시간 조금 넘게 걸어서 송호해변에 도착하니, 인적 드문 백사장을 곰솔들이 무리지어 든든하게 지키고 있다. 지금이야 여름 휴양지의 기능을 하는 곳이지만 예전에는 곰솔들이 방풍림의 역할을 해주었을 테니, 마을 사람들이 보다 안전한 삶을 살 수 있었을 것이다. 이 길을 걷는 내게 마음을 나눌 수 있는 길동무가 있고 송호리 주민들에게 위험을 막아 주는 곰솔이 있듯이, 내담자에게는 힘든 과정을 함께 하고자 하는 사회복지사의 진심 어린 자세가 필요할 것이다. 그래야만 든든한 마음으로 내담자가 자신의 삶의 문제에 다가설 수 있을 것이다.

뚜벅뚜벅 길을 걸어 땅끝 황토나라테마촌을 지나고 차가 다니는 도로에 접어드니, 이 땅에 일하러 온 베트남인들이 관개수로를 만들기 위해 길고 무거운 호스를 나르고 있다. 나의 길동무가 그 호스를 같이 들어주니, 베트남 여성들이 까르르 웃으며 고마운 표정을 짓는다. 걸음을 재촉하여 송지저수지를 지나니, 달마산의 아름다운 산세와 풍경이 나와 길동무의 갈 길을 호위해 주듯 뒤따른다. 마치 사회복지사가 원조과정에서 내담자를 돌보는 듯이 말이다. 우직하면서도 알게 모르게 등 뒤에서 길손을 돌보는 달마산처럼, 사회복지사 역시 내담자를 돕고자 하는 진심 어린 마음에서 그들이 원조과정에서 만나게 될 어려움과 장애물을 잘 극복하고 다시 힘을 내서 뚜벅뚜벅 인생길을 걸을 수 있도록 정성을 다해 돌보고 또 도와야 할 것이다.

작은 언덕길을 돌아내려 오면, 송지면 소죽리라 불리는 심정골 마을에 접어든다. 마을 한복판에는 어떤 가뭄에도 마르지 않는 우물이 자리 잡고 있고, 그 옆에는 수령 300년도 넘은 암수 은행나무 두 그루가 뿌리를 내리고 있다. 마을 사람들은 뒷산인 중구산의 중구할머니가 음기(陰氣)가 매우 강한 마을의 안녕을 주관한다고 믿고, 매년 양기(陽氣)가 가장 강한 음력 9월 9일에 중구제를 지내 왔다고 한다. 그런데 마을 이야기보다 더 관심을 끄는 것이 따로 있었다. 지금껏 만났던 여느 농촌 마을들과 달리, 마을 안길이 깨끗하게 정리되어 있고 흰색 담벼락에는 예쁜 꽃들이 피어 있는 나무 화분들이 걸려 있다. 그곳 할머니는 낯선 나그네[過客]를 불러 세워서는 마을 자랑을 한껏 하고, 여남은 살 정도 되어 보이는 동네 꼬마 녀석 셋은 길손 아저씨들에게 공손하게 인사를 건넨다. 뭔가 마을 풍습이 다르다는 생각을 하고 걷는데, 동네 골목길 담벼락에 '이장님과 엄니들'이라는 사진 액자가 걸려 있다. 약주 두 병과 바나나 안주로 소박한 술상이 차려진 정자에 나이 지긋한 마을 아낙들이 모여 웃으며 담소를 나누고 있다. 이장님은 뒷짐을 진채 모른 척 다른 곳을 바라보고 있지만 온통 관심은 동네 사람들에게 쏠려 있는 듯하다. 이장님을 비롯한 주민 모두가 한마음이 되어 있으니 마을이 정겨움이 넘쳐나는 고을로 변화되었을 것이다. 예전 해파랑길을 걸을 때 관주도로 진행된 마을조직화사업의 실패 현장을 본 것과는 달리 주민주도형 마을조직화사업이 성공을 일궈 낸 곳을 보니 왠지 마음이 뿌듯해진다. 지역조직화사업이든 개인 내담자의 변화를 돕는 사회복지실천이든 당사자가 직접 참여하여 자신의 문제를 해결하고 자신을 변화시키고자 할 때 진정한 변화가 일어나고 원조과정도 커다란 성과를 거두고 끝맺음을 할 수 있을 것이라는 것을 이곳에서 두 눈과 두 발로 직접 보고 느낀다.

늦가을이라 오후 다섯 시가 되니 서쪽 하늘에 석양이 드리우고, 구름에 살짝 가려진 햇님은 수줍은 듯 바다 속으로 스며들고 있다. 우리도 저녁을 해결하려고 백반집에 들렀더니, 유명 만화가가 진행하는 백반기행 프로그램에 매생이국이 맛난 집이라고 소개된 집이었다. 매생이는 아직 제철이 아니라 김치찌개와 낙지회를 시키고 찬을 내오는 아낙네와 짧은 대화를 나누는데, 자신이 대전에서 중·고등학교를 졸업했다며 안 그래도 풍요로운 남도 밥상에 싱싱한 굴무침을 서비스로 내어 준다. 맛난 저녁으로 설렘 가득했던 하루 여정을 마무리하고, 이른 아침 길 떠나는 데 필요한 컵라면과 간식을 사들고 인근 숙소에서 하루의 여정을 마무리한다.

둘째 날은 서해랑길 2코스와 3코스 일부를 걷기로 계획하고, 컵라면으로 아침을 때우고 길을 나섰다. 남도의 가을 아침 공기가 신선하게 폐부 깊숙하게 배어드니, 송지면 행정복지센터에서 시작되는 오늘의 여정도 어제처럼 기대에 부응하리라는 생각이 든다. 그런데 한 시간 즈음 걸으면서 만나는 풍경은 추수를 끝낸 들판으로 가득 채워져 있고, 마치 정부시찰단이라도 맞이하듯이 태양광 패널(solar photovoltaic panels)이 줄지어 서 있다. 어쩌다 만나는 바다 풍경은 단 몇 분 만에 시야와 뇌리에서 사라진다. 지루하기 그지없는 길을 걷고 걸으면서 허술한 안내표지판을 보지 못하고 지나쳐, 30여분을 돌고 돌아 제자리로 돌아오는 일도 겪었다.

눈이 외면하고 싶어 하는 들녘 풍경이 끝날 무렵, 요즈음 바닷가에서 흔히 보기 힘든 염전을 만났다. 염전이 보기 힘든 것은 소금 만드는 노동이 너무 힘들어 일하려는 사람이 줄어들고, 사람들이 건강을 생각하여 나트륨 섭취를 줄여서 소금 수요는 줄어드는데 저가의 중국산 소금이 수입되면서 타산이 맞지 않아 문을 닫아거는 염전이 많아졌기 때문일 것이다. 바닷물이 잘 증발되지 않을 것 같은 가을날에 염전 입구에 서 계신 어르신께 소금 만드는 데 얼마의 시간이 걸리는지 여쭈었다. 아침 기온이 15도를 넘어가는 한여름에는 하루면 소금이 만들어지는데, 기온이 낮은 지금은 소금의 질이 좋지 않아 만들지 않는다고 한다. 깨끗한 바닷물, 적절한 온도와 바람 그리고 노동자의 수고가 적절히 맞아 떨어져야 양질의 소금을 만들어 낼 수 있고, 그렇지 않으면 실패한다.

이런저런 생각을 하며 길을 걷지만 여전히 마주치는 풍경은 마치 마시멜로같이 생긴 하얀 볏짚뭉치가 띄엄띄엄 쌓여있는 텅 빈 들판뿐이다. 중간 중간 마을이 있어 혹여 식당이 있으려나 싶었지만, 기대는 늘 신망으로 귀결되었다. 관동방조제를 지나면 종점이고 식당이 있을 것이라는 마지막 기대조차 허망하게 무너져 내리고 말았다. 방조제에서 붕어낚시하는 주민이 이곳에는 먹을 곳도 잠 잘 곳도 없다고 일러 준 때가 오후 2시 반이었다. 길손과 길동무의 뱃속에 들어 있는 것이라고는 아침에 먹은 컵라면 한 개와 음료수 몇 잔뿐인데, 길을 잃고 둘러 온 것까지 합하면 오십리 넘게 걸어왔으니 에너지 고갈 직전이다. 아침에 길을 나설 때의 설렘과 기대는 좌절감과 분노로 귀결되었다.

그래도 살아 있으니 여기서 주저앉아 화만 내고 있을 수는 없으니, 다시 살 방도를 찾아야 했다. 원래 계획된 3코스 일부 걷기를 포기하고, 서해랑길 3코스 안내표지판 아래에 붙은 개인택시에 전화를 걸어 밥과 잠자리가 있는 해남 읍내로 발길을 돌린다. 시계가 세 시를 가리키고 있는 시간에 추어탕을 먹으면서 내일 아침까지의 긴 시간을 무작정 시간만 죽이고 있는 것이 무의미하다는 생각이 언뜻 들어, 집으로 발길을 돌렸다가 다시 이 길에 나서기로 하였다. 일이 틀어지려면 뒤로 넘어져도 코가 깨진다고 프리미엄 고속버스를 타고 광주로 향하는데, 퇴근길과 겹쳐 예매한 기차표를 변경하는 우여곡절을 겪은 끝에 집에 되돌아왔다.

시작의 설렘이 끝의 좌절로 이어진 오늘의 길! 사회복지실천의 과정 역시 예기치 못한 상황의 발생이나 자원의 부족으로 인하여 계획하고 기대한 것에서 벗어나게 된다면, 내담자를 좌절시키고 문제해결을 포기하여 그의 아픔을 두 배로 키울 것이 자명하다. 사회복지실천과정의 시작에서 끝에 이르기까지 중요한 것이 하나 둘이 아니지만, 문제해결의 장애물과 자원 부족 상황에 대한 사전 대비가 치밀하지 않으면 안 된다는 것을 오늘 길을 걸으며 온 몸으로 깨닫고 온 마음으로 느끼게 되었다. 부디 사회복지실천의 과정에서 내담자와 함께 도움의 길을 걷는 사회복지사는 내담자가 오늘 길손과 같은 경험을 하지 않도록 온 정성을 쏟아 주길 간절한 마음으로 부탁드린다. 혹시라도 중도에 사회복지실천의 원조과정을 중단해야 한다면, 그 길로 서비스 종결 사례로 처리하고 사회복지사의 머릿속과 서비스 목록에서 지워버리지 말고, 힘들게 살아가고 있을 내담자에게 진심 어린 사후서비스를 제공하여 다시 문제해결의 길로 되돌아오도록 격려해야 할 것이다. 기대하지 못한 결과를 얻고 끝낸 그 길 위에서 다시 새로운 시작을 도모하도록 내담자의 마음을 돌려놓는 것도 사회복지사가 해내야 하는 핵심 과업 중에 하나임을 꼭 기억해 주었으면 한다.

2. 적응(適應)과 무명(無名)

□ 서해랑길 3 − 5코스, 해남 영터 버스정류장 − 진도 녹진관광단지 41.2km, 14시간, 82,687걸음

겨울 새벽 미명에 집을 나서 고속열차, 시내 좌석버스, 시외 직통버스, 택시를 타고 다섯 시간을 달린 끝에 오전 11시에 3코스 시점에 도착했다. 서해랑길 표지판 앞에 이르니 한 시간 전에 김치찌개를 먹었음에도 지난 여정에서 느꼈던 허기가 스멀스멀 되살아난다. 허한 마음을 다독이며, 왜구의 침입 소식을 한양으로 전한 조선 시대 봉화대가 있었던 해발 177.2m의 관두산 임도(林道)로 접어든다. 야트막한 임도의 첫 오르막길을 오르니 오른편에는 '합동제단'이라는 비석이 세워진 가족 납골묘가 눈에 띄고, 왼편으로는 망망대해의 파랑색이 눈망울을 가득 채운다. 산과 바다를 경계로 평화롭게 펼쳐진 길에서 풍혈(風穴)을 만난다. 여름에는 찬바람을, 겨울에는 따뜻한 바람이 바위틈으로 나오는 풍혈은 경남 밀양의 얼음골을 비롯하여 우리나라에 25개소가 있다고 한다. 그 표지판 앞의 바다 위에는 양식장이 드넓게 펼쳐져 있는데, 아마도 김 양식을 하고 있는 듯하다.

관두산 임도를 돌아내려와 이름 없는 방파제와 작은 시골마을을 지나니 다시 명성임도로 접어든다. 야트막한 동산이지만 계속되는 오르막에 숨이 가빠온다. 힘들게 임도의 고개에 이르니 눈앞에 중도라는 이름을 가진 섬과 함께 이름 없는 작은 섬 두 개가 옹기종기 모여 있는 푸른 바다 풍경이 막힌 숨을 되돌려준다. 임도 끝에는 절임배추 공장이 자리하고 있고, 마을 초입에는 아낙네가 절인 배추에 양념을 버무려 김장을 하고 있는데, 낯선 과객의 방문을 경계하는 시골 개가 날카롭게 짖어 댄다. 마을을 벗어난 길 옆의 밭에는 배추가 한가득인 반면 논은 사람들의 위장 속으로 사라진 벼의 밑동만 덩그러니 자리 잡고 있다.

태양광발전시설과 가좌리 마을회관을 지나 길

은 다시 바다로 향하는데, 눈앞에 이전 코스의 관동방조제보다 더 큰 규모의 고천암방조제가 펼쳐진다. 이 방조제는 아직 보릿고개를 넘지 못해 숱한 생명들이 저승길로 떠나야 했던 1964년에 '농경지 확장과 양곡 증산을 통하여 해남지역 농민들의 항구적 자립을 도모'할 목적으로 건설된 것으로, 그 길이가 1,871m에 이른다. 방조제 아래 바다는 드넓은 갯벌 위에 갈 길을 잃은 어선 한 척이 갇혀 있고, 오른쪽 육지 쪽에는 해남담수호(고천암호) 철새도래지가 자리하고 있다. 호수를 찾아든 철새들은 아직 그리 많지 않은데, 길목에 검은 차량이 출입을 통제하고 있는 모습이 보인다. 방조제 끝의 해남 배수갑문을 거쳐 고천암 자연생태공원에 이르니, 조류인플루엔자(AI)로 인하여 출입을 금지하고 있다. 쉼터와 화장실도 폐쇄되어 길가 돌 위에 올라 앉아 잠시 쉬어 가려는데, 바지와 신발에 온통 가시가 돋은 씨앗들이 잔뜩 묻어 있다. 하나하나 떼어 내려니 짜증이 치밀어 올라 이것이 대체 무엇일까 검색해 보니, 귀침초 일명 도깨비 풀이란다. 아무짝에도 쓸모 없어 보이는 이 풀이 우리 몸속의 어혈을 풀어 주고 통증을 사라지게 해 주는 효능을 가진 1kg에 오만원 정도의 값어치를 지닌 약초란다. 알고 나니 짜증을 돋운 녀석이 새롭게 보인다. 이래서 '알아야 면장(免牆)이라도 한다.'는 말이 있나 보다 하고, 엉덩이에 묻은 흙을 툴툴 털고는 길을 이어 간다.

농로로 이어지는 길의 배추밭들은 하늘에 끝이 닿아 있고, 종종 대파나 양파를 심은 밭들이 눈에 띄고, 길 옆에 아무렇게나 자라난 갓은 조금 과장해서 작은 초가집 지붕을 이어도 될 정도로 크다. 원 없이 배추밭을 구경하고 준도라는 작은 섬 곁의 이름 없는 방파제 옆 갈대밭을 지나 3코스 종점인 산소 버스정류장에 이르니, 나의 폐부에 산소가 가득 차는 느낌이다. 지금까지 네 시간 정도 걸었고, 아직 해도 중천에 떠 있으니 4코스를 연이어 걷는다.

산소마을이 어촌체험마을인데, 지금은

온통 배추 절이는 일을 하느라 바쁘게 움직이고들 있다. 마을을 벗어나니 다시 배추밭, 텅 빈 논, 바다와 육지를 경계 짓는 갑문, 야트막한 동산들로 풍경이 채워져 있다. 그렇게 십리길 정도를 걸어서 처음 맞이하는 마을이 초월리다. 이후로 6코스에 이르기까지 숙소라고는 해남군 황산면 소재지에 유일하게 남아 있는 모텔뿐이다. 해도 뉘엿뉘엿 잠자러 갈 준비를 하기에 정해진 서해랑길 코스에서 벗어나 2~3km 정도의 길을 더 걸어서, 목욕탕이 딸린 모텔에 짐을 풀었다. 목욕탕에서 무료로 사우나를 하고 근처 식당에서 국밥으로 저녁을 먹고, 오늘처럼 점심 먹을 식당이 없을 것 같은 내일 여정을 위해 인근 마트에서 우유와 빵을 챙겨 왔다.

자리에 누워 오늘의 여정을 정리하니 머릿속에서 떠오르는 말은 다름 아닌 적응(adaptation)이다. 오늘 걷는 길에서 만난 풍경들은 방조제, 배추와 파와 양파 그리고 갓, 도깨비 풀과 철새 등인데, 이들을 공통적으로 아우를 수 있는 말이 바로 적응인 것이다. 보릿고개로 배곯아 죽는 시절을 살아 낸 해남 사람들은 양식을 마련하기 위해 한 뼘의 땅이라도 더 필요했을 것이기에 바다를 막아 터를 넓히는 환경을 변화시키는 노력을 통해 살 길을 찾았을 것이다. 또한 해남지역의 바람과 물, 땅의 성질에 가장 잘 맞는 작물이었기에, 수많은 농작물 중에서도 배추, 파, 양파, 갓 등을 주로 재배하게 되었을 것이다. 도깨비 풀 역시 자신의 생명을 이어 가기 위해 동물의 털과 사람을 통하여 번식할 수 있는 방법을 선택하여 척박한 환경에서도 대를 이어갈 수 있었을 것이다. 나의 오늘 걷기도 밥 먹을 식당 하나 없는 길에서 굶는 방법으로 그 길에 순응하며 걸어왔다. 이렇듯 사람이든 동식물이든 환경 속에서 살아가는 모든 존재는 환경에 순응하거나 환경을 자신에 맞게 변화시켜서 적응해야만 생명과 삶을 이어 갈 수 있는 것이다. 그러기에 '환경 속의 사람(person in environment)'을 대상으로, 실천(social work practice)이라는 방법을 통해 사람의 삶을 돕고 변화시키며, 정책(social welfare policy)이라는 방법을 통해 사람 살기 좋은 세상을 만들고자 하는 사회복지는 적응이라는 최종 목표를 추구하게 된 것이다.

숙소 바로 옆 황산 남리시장에는 새벽부터 오일장을 준비하는 상인들이 분주하게 움직인다. 이들 역시도 나름의 환경에 맞춰 살아가는 모습이다. 황산면의 새벽 공기를 호흡하며 다시 초월리 마을회관으로 돌아와 정해진 4코스의 길을 이어 간다. 마을 뒤편으로 돌아 오르니 다시 배추밭과 텅 빈 논이 이어지고, 중산제와 외압제라는 두 개의 작은 저수지에는 많지 않은 철새들이 아침 유영을 하고 있다. 외입리 마을회관부터 이어지는 찻길 중간에 교가와 학교설립 유공자의 업적을 기리는 비만 덩그러니 남은 황산서국민학교는 대우조선 노동자 숙소를 거쳐 이제는 민간기업체 건물로 바뀌어 있다. 그곳에서 다시 왼쪽으로 작은 소로를 따라 걷는데 여전히 풍경은 배추밭들의 연속이고 또 다른 저수지 2개가 눈에 띈다. 옥동제와 춘정1저수지를 지나 옥동리마을에 이르기 전에 멀리 앞산을 바라보면, 허옇게 배를 드러낸 돌산이 눈에 들어오는데 이곳이 바로 옥매광산이다. 이곳은 일제 강점기에 명반석, 납석, 고령토 등 광물자원을 채굴했던 곳으로, 명반석은 태평양전쟁 때 비행기 제조에 사용되었다고 한다. 또한 광부 200여 명이 강제로 제주도 군사시설 건설에 동원됐다가 해방과 함께 고향으로 돌아오던 중 추자도 앞바다에서 100여 명이 수몰된 비참한 역사를 간직한 근대 문화유산이다. 광산으로부터 1km 떨어진 곳에는 118명의 희생 광부를 추모하는 비가 서 있다. 길에서 이름 모를 그분들의 희생에 잠시 멈춰 고개를 숙이고는 서글픈 마음을 뒤로 하고 길을 걸어 옥매산을 에둘러서 4코스 종점인 원문마을 버스정류장에 도착한다.

스마트폰 애플리케이션으로 정보무늬(quick response code)에 완보 인증을 하고서는 30리밖에 안 되는 비교적 짧은 5코스를 이어 걷기 시작한다. 13번 국도 뒤편으로 이어지는 길에서 미리 준비한 우유와 빵 그리고 커피 한 모금으로 허기진 배를 채우고는 길을 걷는다. 송정마을, 원동리마을, 장포마을, 학동마을을 지나면서 만난 풍경은 역시나 배추밭들의 연속이고 가끔 저수지와 무덤들이 있을 뿐이다. 그중에서 내 마음이 머문 곳은 어느 집안의 묘지에 쓰인 글귀다. 부부의 묘 앞에 놓인 비석에는 남편의 이름은 벼슬과 성과 이름이 분명하게 적혀 있지만, 부인은 본관과 성만 있을 뿐 이름은 없다. 내 집안의 족보에도 어머님은 경주 김씨라고만 적혀 있을 뿐이다. 가부장제도의 이념을 아직도 삶의 곳곳에서 눈으로 확인하니, 사회적 성(gender)에 따른 차별이 무수히 벌어지고 있음은 말하지 않아도 다들 알 수 있을 것이다.

두 개의 학동저수지를 지나 야트막한 산을 오르니, 멀리 진도대교와 해남과 진도를 오가는 케이블카와 전망대 그리고 5코스 종점인 녹진관광단지가 눈에 들어온다. 강강술래 길과 서해랑길로 나뉘는 작은 고개를 내려서니, 명량대첩 기념공원이 울돌목, 즉 명량바다 옆에 자리 잡고 있다. 울돌목 이곳은 이순신 장군이 13척의 판옥선으로 133척의 왜선을 물리치고 승전하여 조선을 구한 명량대첩이 있었던 곳이다. 우리들은 영화 〈명량〉을 통해 그 일을 눈으로 확인할 수 있는 기회가 있었다. 명량대첩 기념공원을 소개하는 글귀에 '세계에 유래를 찾을 수 없는 해전사가 있었던 역사의 현장을 성지화(聖地化)하기 위해 공원과 기념관을 건립한다.'고 쓰여 있다. 지도에서 우수영국민관광지로 검색되는 공원에 들어서면 '필사즉생 필생즉사(必死卽生 必生卽死)'라는 이순신 장군의 말씀이 크게 새겨져 있고, 무섭게 일렁이는 울돌목 바다 위에는 '고뇌하는 성웅 이순신'이라는 조각상이 위태로이 서 있다. 명량대첩 기념관도 대첩비도 위용을 자랑하며 세워져 있지만, 내 눈길을 잡아끈 것은 다름 아닌 당시 전투에 참여한 의병참전상과 폐선수리상이라는 조각상이다. 명량대첩하면 떠오르는 이름은 이순신 장군뿐일 정도로, 이순신 장군의 구국의 정신과 그 공적은 두 번 말할 필요가 없이 우리 모두가 알고 있다. 그런 업적으로 그는 장군이라는 이름보다는 '성스러운 영웅[聖雄]'으로 불린다.

하지만 그 성웅을 따라 세계해전에서 유래를 찾기 힘든 승전의 현장에서 수없이 쓰러져 간 장수들과 수군 병사들의 이름은 기록되어 불리지 않고 있다. 더 나아가 의병들의 항쟁 역시도 의병장의 이름만 남아 있을 뿐 이름 없이 사려져 간 수많은 의병은 기억조차 되지 않는다. 장군의 손에 남은 판옥선 몇 척으로는 전쟁을 치를 수 없음을 알고, 쓸 수 없는 어선[敗船]을 고쳐서 전쟁을 뒷받침했던 이름 없는 선장과 목수들의 헌신이 없었다면 아마 명량대첩에서 승전보를 남기지 못했을 것이다. 앞길의 옥매광산에서 노역에 신음하고 목숨조차 부지하지 못하고 희생당한 이름 없는 광부들, 그리고 이 길 위에서 만난 이름 없는 장수와 수군, 의병들 그리고 선장과 목수들을 보면서 나는 사회복지사를 떠올린다. 『논어』학이편 16장의 '남이 자신을 알아주지 않는 것을 근심하지 말고, 내가 남을 알지 못함을 걱정하라[不患人之不己知 患不知人也].'는 구절처럼, 사회복지사는 자신의 일을 통해 이름이 알려지기를 바라는 '전문 직업인'이 아니라 자신이 돕는 내담자를 이해하고 공감하고 수용하여 그들의 삶의 형편이 나아지기만을 바라는

'인간봉사전문직(human service professional)'이다. 명량대첩 당시에는 이름이 있었겠으나 지금은 이름조차 남겨지거나 기록되지 않는 수많은 무명(無名)의 사람처럼, 사회복지사 역시 서비스와 실천 활동을 통해 이 시대를 살아가는 사람들의 삶의 형편에 조금이라도 봄볕과 따사로운 바람이 불 수 있도록 도왔다면 먼 훗날 그 이름이 기록되거나 불리지 않아도 마음에 단 한 점의 섭섭함도 남지 않을 것이다. 오히려 무명(無名)으로 칭해지는 사회복지사였음을 떳떳해 할 것이 분명하다.

3. 참다운 원조

□ 서해랑길 13 – 14코스, 해남군 우수영국민관광단지 – 당포 버스정류장, 34.7km, 11시간 30분,
  52,646걸음

진도대교 건너 녹진관광단지에 위치한 5코스 종점에서 시작되는 진도군 구간은 다음을 기약하고, 울돌목 바다 옆 강강술래전수관에서 시작되는 해남군의 13코스를 이어 걷는다. 강강술래의 기원에 관한 설은 많지만, 이순신 장군이 해남 우수영에 진을 치고 있을 때 적군에 비해 아군의 수가 매우 적은 점을 걱정하여 마을 아낙네들에게 남장을 하고 옥매산 허리를 빙빙 돌게 하였는데, 군사가 한없이 행군하는 것으로 알고 왜군이 미리 겁을 먹고 달아났다는 설이 대표적이다. 한자로 강강수월래(强羌水越來)는 '강한 오랑캐가 물을 건너온다.'는 의미를 지니고 있는데, 지금은 주로 추석이나 정월대보름날 밤에 이루어지는 성인 여성의 민속놀이로 정착되어 있다. 중요무형문화재 제8호로 지정된 강강술래전수관 앞에서 우수영 유스호스텔을 돌아 청룡산으로 돌아 오른다. 해발 75m도 안 되는 야트막한 동산이지만, 하루 종일의 걸음이 누적되어 조금은 힘에 부친다. 그럼에도 걸음을 옮겨 지금은 비석 30여 개와 연리지 나무만 남은 옛 충무사 터를 거쳐 해남 우수영 여객선터미널에 이른다. 그 옛날 왜군을 두려움에 떨게 했던 거북선은 지금 이곳에서 황금색 유람선으로 변모되어 관광객을 실어 나르고 있다.

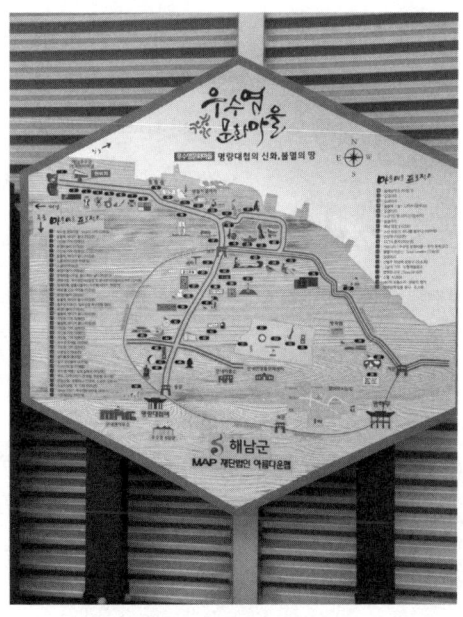

연이어 우수영문화마을이 시작된다. 우수영마을은 1970년대 이후 급격히 쇠락하여 폐촌 위기에 처했으나 2015년 마을미술 프로젝트에 선정되어 소울(SOUL)이라는 이름하에

문화마을 조성사업을 추진하여, 회화, 조각, 영상미디어, 공예, 조형작품, 갤러리, 예술 카페 등을 설치하여 전통과 현대가 공존하는 마을로 재탄생하게 되었다고 한다. 이 마을은 2016년 대한민국 공간문화대상에서 최우수상을 수상하였고, 2017년 행정안전부 주관 공동체 우수사례발표 한마당에서 최우수 공동체로 선정되기도 했다고 한다.

그 마을 어귀에 '점빵'이라는 간판을 단 옛 상점이 위치해 있고, 연이어 작고 오래된 모습의 가게들이 등장하고, 우리에게 '무소유(無所有)'로 잘 알려진 법정스님의 생가 터에 마을도서관이 들어서 있다. 도서관 포토존에는 법정스님의 뒷모습 조형물과 스님의 무소유 사상을 상징적으로 보여 주는 송광사 불일암의 나무 의자를 똑같이 본떠서 만들어 놓았다. 도서관 안에는 스님이 쓰신 책들, 찻잔 그리고 생애를 소개하는 글들이 빼곡하게 자리하고 있다. 법정스님 마을도서관을 돌아 나오며 나는 세상에서 얼마나 많은 것을 갖기 위해 치열하게 살았는지를 되돌아보며, '무소유는 아무 것도 갖지 않는다는 것이 아니라, 불필요한 것을 갖지 않는다는 뜻이다. 우리가 선택한 맑은 가난은 부(富)보다 훨씬 값지고 고귀한 것이다.'라는 스님의 무소유 정신을 조금이라도 실천하기 위해 애써야겠다고 마음을 다잡는다. 이어지는 문화마을의 벽화, 조각상, 갤러리 등을 보니 지붕 없는 미술관이라는 이름을 붙여도 손색이 없어 보인다. 하지만 하늘이 구름으로 가득한 흐린 겨울 해질녘에 사람 하나 없는 마을 풍경은 어딘가 스산하고 생기를 잃은 모습이어서, 5년 전에 정부의 최우수 공동체로 선정된 마을이라고는 믿기지 않는다. 공공 재정의 지원을 받아 시작된 지역개발 또는 지역조직화 사업의 상당수가 재정지원이 끝나면 주민들의 자발적 참여를 통한 사업으로 전환되지 못하고, 재정 부족과 자생적 리더십의 부재, 주민의 관심 저하로 인하여 제 모습을 잃어 가는 것이 안타까울 따름이다.

우수영문화마을이 거의 끝나는 지점에 명량대첩비 문화유적이 자리 잡고 있다. 유적지는 대첩비 영역, 강강술래마당, 사당 영역으로 구성되어 있다. 일제 강점기에 경복궁에 파묻혔던 명량대첩비를 되찾아 와서, 앞서의 옛 충무사를 거쳐 이곳으로 옮겨 와 다시 세우고, 충무공께 드리는 제례나 각종 의식을 치르기 위해 사당을 넓게 조성해 놓았다. 장군의 공적에 비해 다소 작아 보이는 유적지이지만, 명량대첩비 비각 위를 휘감은 성스러운 구름이 신비감을 더한다.

유적지를 지나자 다소 번잡해 보이는 상가 골목이 등장한다. 다소 이른 감이 없지 않지만 다리와 온몸의 피로감이 느껴졌고 이곳을 지나면 잠잘 곳이 마땅치 않기에 숙소를 찾는데, 작은 호텔은 이미 만실이다. 조금 더 걸어서 간신히 객실을 잡고서는 허기진 배를 채우러 길을 나선다. 몸과 마음이 몽롱해진 까닭에 시간 개념을 잊은 채 숙소 앞 두 곳의 식당에 갔더니 식사를 할 수 없다고 한다. '우리집'이라는 식당을 찾아 문을 열려고 했으나 역시나 문이 잠겨 있다. 하는 수 없이 되돌아서려는데 여사장님이 웃으며 문을 열어줘 들어서니, "오늘은 요상한 날이네요. 아까는 '1시 58분이니까 아직 브레이크 타임 아니죠?' 하면서 손님 한 분이 들어와, 하는 수 없이 식사를 내줬는데, 사장님은 브레이크 타임 끝나기 20분 전에 문을 잡아당기네요."라고 말하며 웃는다. 그제야 내가 쉼과 여유를 누리던 사장님의 안락한 시간을 방해했음을 깨닫고 감사와 미안함을 전하며, 황산면부터 여기까지 걸어왔더니 하도 허기가 져서 실례를 했다고 말했더니, 사장님이 "걸어오는 모습이 피곤에 지친 것 같아 저녁 영업시간이 아닌데도 문을 열어드렸어요."라며, 영양탕이 주 메뉴라며 권한다. 좋아하지 않는 음식이지만 사장님의 호의와 권유에 시켜서 저녁으로 갈음한다. 이 식당 사장님이 아니었다면 또다시 식당을 찾아 돌고 돌았을 것을 생각을 하니, 마음에서 감사함이 마구 샘솟는다.

아침 해가 아직 잠자고 있는 시간에 숙소를 나와, 국밥 한 그릇을 국물 한 방울 남기지 않고 다 마시고는 길을 이어 간다. 문내면 행정복지센터 옆 우수영 5일장에 이르니 새벽 장사 준비로 다들 분주하다. 어제에 이어 오늘 새벽에도 오일장의 역동적인 삶을 목격한 것은 큰 행운이다. 동명 마을회관과 교회, 아파트, 서상제라는 저수지를 지나 전라우수영지의 망해루(望海樓)에 오르니, 이순신 장군이 이곳에서 명량해협을 내려다보며 전략을 수립했던 이유를 어느 정도 이해할 것 같다. 내려오는 길은 국가 사적(史蹟)으로 지정받은 전라우수영의 성곽과 성문을 복원하는 공사가 한창 진행 중이다. 망해산 아래 서외마을을 돌아서니, '전복의 달인'이란 입석이 세워진 양식장이 나온다. 전복하면 완도군이라고들 하는데, 해남에서 전복의 달인을 만나니 의아하기도 하지만 굳이 부정해야 할 이유는 찾지 못했다. 왼편으로 썰물에 드러난 갯벌과 오른편의 작은 동산을 벗하며 걸어서, 방조제와 양정마을을 지난다. 큰 도로에서는 새벽 갯일 나온 할머니가 효자 아들과 무사안녕을 확인하는 전화를 주고받는 정다운 모습을 본다.

곧이어 만난 예락리마을은 '해남 복 터진 마을'이라 불리고 있었다. 이 마을이 복 터진 이유는 아름다운 해변에서 힐링(healing)할 수 있을 뿐 아니라 세발나물과 토판염이 생산되어 물질적으로도 여유로운데, 여기에 더해 1904년 해남지역 처음으로 천주교 공소(公所)가 자리를 잡은 이후로 주민들이 끈끈하게 결속된 곳이기 때문이란다. 물질적으로 여유롭고 마음이 평안하고 이웃 간의 유대가 끈끈한 이곳이 말 그대로 물질의 복(福)과 마음의 복(祉)이 한데 어우러진 복지(福地)이니, 복 터진 마을이라는 별명이 어울리는 듯하다. 예락리 마을길과 농로, 천변길을 걸어 우수영로 큰 길에서 다시 바다를 만나고, 용정교와 농로, 작은 다리를 거닐어 13코스 종점인 학상 마을회관에 도착한다.

마을회관에서 잠시 여유를 부리고 마을 안으로 방향을 잡았으나 공사 중이라 잠시 헤매고 있는데, 앞집 개가 이빨을 드러낸 채 우악스럽게 짖어 댄다. 마을 언덕을 돌아 다시 만난 작은 마을에서도 무섭게 짖어 대는 개를 또 만난다. 겨울이라 그런지 사람보다 개를 더 많이 만나는 것 같은 그때, 농수로에 예닐곱 개의 낚싯대를 펼쳐 놓고 붕어를 기다리는 나이든 강태공을 만난다. 다시 넓은 아스팔트길을 하염없이 걸어서, 국립수산과학원의 수산종자육종연구소 앞에 이른다. 이곳에서 바다에서 기를 각종 수산종자의 보존과 관리, 해조류 신품종개발, 수산종자의 양식기술 개발 등의 연구를 진행해 주었기에, 바다에서 기른 양식을 우리들이 맛나게 먹을 수 있게 되었을 것이다. 다시 아스팔트길이 이어

지고 한 무리의 사람들을 만난다. 그곳은 다름 아닌 오시아노관광단지에 건설되고 있는 리조트호텔 공사장 입구인데, 길가에서 이것저것 손으로 가리키며 의논하더니 차량에 올라 관광단지 안으로 사라진다. 한참을 걸은 탓에 위장이 채워 달라며 아우성을 친다. 식당이 없을 것에 대비해 고이 싸서 메고 다니던 발열식품에 찬물을 부어 10분 만에 조리해서, 5분 만에 먹어 치운다. 이것을 준비하지 않았다면, 오늘도 점심을 건너뛸

뻔했다.

　백오십만 평이 넘는 드넓은 오시아노관광단지의 캠핑장에는 한겨울에도 캠퍼들이 텐트를 치고 바다 풍광을 바라보며 망중한을 즐기고, 골프장의 모든 홀은 골퍼들이 삼삼오오 모여서 그들만의 즐거움을 누리고 있다. 골프장이 끝나는 지점에서 좌회전하여 장수 마을회관을 둘러 나와 마을길과 아스팔트길을 걷는데, 작은 시골마을의 폐교 모습이 을씨년스럽다. 농어촌마을의 초·중·고등학교가 문을 닫고 있으니, 지방 사립대학이 신입생 유치에 큰 어려움을 겪을 수밖에 없는 것은 당연해 보인다. 교육 당국에서 교육의 지역격차를 해소하기 위한 뾰족한 정책대안을 마련해서 내놓지 못하니, 참으로 걱정스럽다.

　인지마을 삼거리에서 서동사 방향으로 좌회전하여 아스팔트길을 걷는데, 빗방울이 한두 방울씩 떨어진다. 한 2km 정도 겨울비를 맞으며 걷는데, 배추밭 옆에 검고 하얀 무늬를 지닌 강아지가 비를 맞으며 한없이 누군가를 기다리고 있다. 옆에 개집이 있는 것을 보니 배추밭을 지키는 임무를 수행하고 있는 듯하다. 걷다가 뒤를 돌아보니, 방금 지나간 소형 자동차가 그 개를 태우고 집으로 가는 것을 보고서야 안쓰러운 마음이 다소 줄어든다. 점차 굵어지는 빗방울에 머리카락은 흥건하게 젖고 겉옷 또한 축축하게 젖어 들어 오니, 걷기를 멈추고 택시를 호출해야겠다는 생각을 하고 송촌 마을회관 입구에서 잠시 쉬어 가려 하는데 뒤에서 빵빵 경적을 울린다. 뒤돌아보니 택시기사가 "내가 후산리에 호출을 받은 손님을 태우러 가는데 거기까지라도 타고 가실래요?"라며, 비 맞은 생쥐 같은 몰골의 내게 도움의 손길을 내민다. 감사한 마음에 얼른 올라타서는 기사에게 한 시간 반 정도면 당포정류장에 도착해 호출할 터이니 그때 숙소가 있는 곳까지 태워 달라는 청을 넣었다. 그랬더니 내가 가고자 했던 화원면 소재지의 모텔은 모두 문을 닫았으니, 15코스 초입에 있는 민박집으로 가는 것이 좋겠다고 권한다. 그렇게 1~2km를 청룡택시 기사의 진심 어린 도움을 받고서 차에서 내리니, 귀신같이 비가 멎었다. 후산리 마을회관 앞에서 다시 아스팔트길을 걷고 걸어 당포재라는 오르막 경사 6%의 고개를 넘어서니 화원동산이란 표석이 보이고, 그 아래 왼편으로는 대규모 부지조성공사가 진행 중이다. 벚나무 가로수가 심겨진 길을 좀 더 걸어서 오늘 목적지인 당포정류장에 도착한다.

　진심어린 호의를 베풀어 준 택시기사의 명함을 보고 전화를 했더니, 내가 누군지 모른단다. 알고 보니 명함의 전화번호는 택시회사 대표전화였는데, 다행히 그 기사가 배정되어 다시 만나게 되었다. 다시 감사의 마음을 전하니 "빈차로 가느니 비 맞는 손님이라도 태우고 가면 말동무가 있어서 좋고, 자신도 지금 어려움에 처해 잠시 택시운전을 하고 있어서 어려운 사람의 형편에 더욱 마음이 쓰여서 태운 것뿐이니 감사할 필요까지는 없다."고 한다. 만약 청룡택시 기사를 만나지 못했다면, 화원면 소재지로 가서 폐업한 모텔 앞에서 좌절하고 또 다시 숙소를 찾아 헤맸을 것이기에, 이 택시기사를 만난 것이 천운이라 해도 과언이 아닐 것이다. 날이 어둑해져 가로등이 켜져 있는 화원면 용호리의 '자연과 사람들'이란 곳에 내리면서, 다시 한번 기사에게 앞으로의 삶에 행복이 함께 하기를 기원하고는 민박집 카페에 들어섰다. 국물 있는 음식이 없냐고 물으니 이른바 서양음식뿐이란다. 오랜만에 돈가스를 시키고 따뜻한 물 한잔을 마시고 있으니, 사장님이 김치찌개 한 그릇을 서비스로 선뜻 내어 준다. 맛나게 먹고는 난방된 황토방에서 잠을 청한다.

오늘 하루 만난 풍경 중에서 가장 기억에 남는 것은 오시아노관광단지 가로수인 파라칸사스 나무의 새빨간 열매다. 그런데 그 풍경보다도 나의 마음을 설레게 하고 울컥하게 만든 것은 상대의 마음과 상황을 공감하고 조건 없이 수용하여 참다운 도움의 손길을 내밀어준 사람들이다. 문내면 우리집 식당 사장님은 꾀죄죄하고 파리한 내 몰골만으로 자신의 소중한 휴식시간을 조건 없이 내어 주었다. 청룡택시 기사님은 애처로운 마음에 비 맞은 생쥐꼴의 사람에게 선뜻 차 한 켠을 내어 주었다. 자연과 사람들 카페 사장님은 비 맞아 한기를 느끼는 손님에게 조건 없이 자신의 음식을 내어 주었다. 앞의 두 분은 말 한 마디 하지 않았는데도 나와의 비언어적 소통을 통하여 나의 힘든 처지를 진심으로 이해하고 수용해 주었으며, 또 한 분은 우회적인 말로 나의 요구사항을 표현했는데 그 말 뒤의 숨겨진 의미를 알아차리고 내가 필요로 하는 서비스를 조건 없이 내주었다. 사회복지실천에서 어떤 도움을 제공하기 전에 내담자와 촉진적 원조관계를 형성해야 하며, 이를 위해서는 사회복지사가 내담자와의 상호작용에서 무조건적 긍정적 존중, 감정이입, 일치성 또는 진실성이 담긴 태도를 보여야 한다고 칼 로저스(Carl R. Rogers)가 말했다. 그런데 오늘 내게 도움을 주신 분들은 이런 이론적 학습을 하신 분들이 아님에도, 나의 마음과 처지를 이해하고 조건 없이 수용하여 진심이 담긴 도움을 주었다. 이들을 보며 사회복지현장에서 실천을 하는 사회복지사들도 본받았으면 하는 마음이 드는 것을 보니, 나는 어쩔 수 없는 사회복지학과 꼰대(?) 교수임에 틀림없는 듯하다.

4. 잠정적 작업가설

□ 서해랑길 15 – 17코스, 해남 당포 버스정류장 – 목포 해양수산청, 29.1km, 8시간 30분, 43,659걸음

오늘 걷게 될 서해랑길 15코스와 16코스는 임시코스다. 어제 탔었던 청룡택시를 다시 타고 당포 버스정류장에 도착하여 월호상회와 월호정미소 맞은편 농로인 월하길을 따라 마을로 진입한다. 여느 농촌마을과 유사한 모습을 지닌 월하마을을 돌아나와 관광로의 아스팔트길에 진입하여 두 개의 저수지를 지나, 수동마을 버스정류장에서 다시 산길로 접어들어 마천마을에 이른다. 마천마을 쉼터에서 운거산이 바라보이는데, 이 산에서 1993년 아시아나 항공 여객기가 추락하여 68명이 사망하고 44명이 중상을 입는 참사가 일어났음을 정자 옆에 세워진 『무등일보』 사진부 고(故) 박영완 기자 불망비, 위령비, 사랑의 마천마을비 등을 통해 깨닫게 된다. 머릿속에 남아 있던 당시 사고 장면의 기억을 더듬고 하늘로 떠난 이들의 명복을 빌며 잠시 고개를 숙인다. 애도의 마음을 표하고 돌아서니, 2014년 세월호참사 그리고 최근의 이태원참사가 함께 떠올라 아픈 마음이 더욱 쓰라려 온다. 가슴 한켠에서 지난 30년 동안 국가가 국민의 생명과 안전을 위해 이다지도 무관심할 수 있을까라는 분노의 감정이 함께 분출된다. 마천마을은 '자연과 삶의 근원을 통찰한 서정시인'이라고 소개되는 박성룡 시인이 태어난 마을이기도 하단다. 그는 '풀잎'이라는 시에서 "우리가 풀잎하고 그를 부를 때는 우리들의 입속에서는 푸른 휘파람 소리가 나거든요… 우리가 풀잎 풀잎하고 자꾸 부르면 우리 몸과 맘도 어느덧 푸른 풀잎이 되어 버리거든요."라고 읊조리고 있는데, 나에게는 인간과 자연이 조화를 이루어 하나 되는 삶을 살아야 함을 표현한 시로 느껴진다. 그리 살아야 하는데, 나를 포함한 우리 모두가 자연을 내 뜻대로만 이용하며 살려하고 있는 것은 아닐까?

마천마을에서 조선소길로 나와 영호 삼거리에서 관광로 아스팔트길로 올랐다가 다시 농로를 걸어 저상마을과 별암마을을 거쳐 별암선착장 앞에서 금호방조제로 돌아드는데, 어제 잠들었던 자연과 사람들 카페 민박집 앞을 지난다. 어제의 감사함을 마음에 다시 새기며, 농경지와 대규모 수자원 확보를 목적으로 건설된 1.8km 길이의 금호방조제를

건넌다. 이제까지의 농촌마을의 고요함은 온데간데없고, 수많은 차가 방조제 위를 마치 경주라도 하듯이 쌩쌩 달린다. 불과 이틀 동안 차량을 자주 접하지 않았는데 달리는 차 소리에 위협을 느끼는 나를 보면서, '도회지에서 어찌 살아냈을까?' 하는 의구심과 함께 경쟁적 폐쇄사회에서 살아온 나에 대한 자기연민이 생겨난다.

어제까지 만난 방조제들이 자연에 파묻힌 고요의 공간이었다면, 오늘 만난 금호방조 제는 문명의 위용을 자랑하는 소란스러운 공간이다. 금호1호(별암)방조제를 건너면 원래 금호도라는 섬인데, 이제 방조제로 연결되어 섬이라고 느낄 수가 없다. 방조제 위에 펼쳐진 관광레저로를 걸으면서 차들로부터 안전의 위협을 느끼고 있을 때, 길은 산이면 신두마을 방향으로 틀어서 다시 산기슭 농로를 거쳐 금오마을 가는 오솔길로 접어든다. 오솔길을 걷다 보니 큰길 건너편에 순대국밥집과 장터국밥집 그리고 기사식당이 눈에 들어와 건너가 텅 빈 위장에 아침을 선물할까 했으나, 되돌아오는 것이 귀찮게 여겨져 그냥 지나친다. 오솔길 고개를 넘어 금호마을로 내려서니, 마을 앞에 금호저수지가 있고 금호초등학교는 폐교되어 지금은 '산이서초 금호분교장 주민공감쉼터'로 이용되고 있다. 금호마을 회관과 보건진료소, 교회 그리고 오랜 연륜의 팽나무를 만나고는 다시 관광레저로의 교차로를 건너 차들의 소음과 함께 걷는다.

금호2호방조제에서는 방조제 위를 걷기는 하지만, 여전히 차량의 왱왱거리는 소리로

부터 자유로울 수는 없다. 왼편 바다의 동금달도는 방조제의 일부처럼 보이고, 그 앞에 관등섬, 속금달도, 신도라는 작은 섬 세 개가 바다 위에 흩뿌려져 있고, 방조제 끝은 달도 와 맞닿아 있다. 달도교차로에서 두루누비 앱의 서해랑길 지도를 열어보니 큰길 따라 직 진하라고 나온다. 그런데 웬걸 신호를 기다리며 이곳 저곳을 둘러보니 솔라시도 기업도 시 쪽으로 교차로를 건너라는 리본들이 나부끼고 있다. 서로 상충되는 정보를 보고 무엇 을 선택할까를 고민 고민하다가, 길 표식 리본을 따라갔다가 그 리본이 끊기거나 없어지 면 남은 16코스도 걷기가 힘들 듯하여, 두루누비 앱의 따라걷기 기능이 알려 주는 직진 방향의 길을 선택한다.

금호2호방조제는 연이어 영암금호방조제로 이어진다. 영암금호방조제의 일부인 문 가도 위에는 휴게소 기능을 갖춘 해남광장이 세워져 있고, 그 입구에 방조제 준공탑이 위용을 자랑하며 우뚝 서 있다. 영암금호방조제 아래에는 주말 낚시를 즐기는 사람들 이 눈에 들어오고, 멀리 방조제 끝에는 현대삼호중공업이 위치해 있다. 방조제의 중간 무렵에서 해남군에서 영암군으로 행정구역이 바뀐다. 해남 땅끝탑에서 이곳까지 거의 100km를 걸어왔으니, 해남군의 지리적 공간규모가 매우 크다는 점을 새삼 깨닫는다. 방조제 중간부터 영암군 삼호읍인데, 원래 삼면이 바다로 둘러싸인 지리적 특성을 차용 하여 동네 이름을 붙였으며, 영암군 인구의 40% 가까이가 이곳에 거주하고 있단다. 방

조제와 나란히 붙어 있는 삼호대교를 건너 고 현대삼호중공업 남문 교차로를 지나 목 포 현대바이라한호텔을 에둘러서 대불로 큰 길을 따라 삼호중공업 정문에 이르니 15코 스 종점 표지판이 서 있다.

서해랑길 시종점 표지판 앞에 서자마자 입 에서 '헉!' 소리가 튀어 나온다. 2022년 10월 해남-영암대교가 개통되면서 서해랑길 15코스의 종점이 앞서 지나오며 선택의 기로 에 섰던 달도교차로로 바뀌고, 16코스는 거 기서부터 시작해서 세한대학교 영암캠퍼스

로 바뀌었단다. 그리고 기존 16코스는 16-1 임시코스로 바뀌었다고 지도 위에 노랑과 녹색 선을 그어 친절하게 알려 주고 있다. 최첨단 정보통신 강국이라고 떠들어 대는 대한민국에서 바뀐지 두 달이 넘도록 두루누비 앱을 업데이트하지 않는 일이 있을 수 있단 말인가? 국민의 세금으로 운영되는 한국관광공사가 이리도 늑장 일처리를 해도 된다는 말인가?[1] 등의 분노의 목소리가 끓어오른다. 그런데 그래봐야 나만 손해이고, 달도교차로까지 8km의 거리를 2시간 반 넘게 되돌아가서, 또다시 몇 시간이 걸릴지 모를 거리를 걷는다는 것은 현실적 상황을 고려했을 때 불가능한 일이 분명하다. 어찌해야 할지를 고민하는데 허기로 가득한 위장이 음식을 재촉하는 소리가 들려와, 길 건너 기사식당에서 불고기백반을 시켰는데 기대했던 남도백반에 비해 너무 소박하게 나온 음식이 또 한번 나를 좌절시킨다. 밥을 입속에 밀어 넣으며, 지금 실행 가능한 대안은 임시노선 16-1코스로 변경된 기존의 서해랑길 16코스를 걷는 것뿐이라고 판단을 하여, 다시 길 건너 16코스로 올라선다.

걷는 노선이 변경되면서 서해랑길 안내표식과 리본들도 모두 옮겨가 버려, 믿을 것은 미우나 고우나 두루누비 앱의 코스 안내 지도뿐이다. 걷는 동안 계속 스마트폰을 들여다볼 수는 없으니, 16코스의 주요한 갈림길과 핵심 건물들을 화면 캡쳐(capture)해서 따로 저장해 두고 길을 걷는다. 불행 중 다행이라고나 할까 지금 내가 걷고 있는 예전 16코스는 영산강하굿둑까지 8차선 대불로 큰길을 따라 계속 걸으면 되는 찾아가기 쉬운 길이다. 해남군의 길들이 바다, 마을과 배추밭 등과 같은 전형적인 농어촌의 분위기였다면, 영암군은 큰길과 공장들로 가득한 산업도시의 분위기여서 같은 군 단위 지방자치단체임에도 사뭇 분위기가 다르다. 산업도시답게 8차선 대로에는 대형트럭을 비롯한 각종 차량으로 가득하고, 아파트와 공장, 주유소 등의 건물이 더 많이 눈에 들어온다. 한 개의 중학교와 7개의 주유소를 지나면 상승함대로 불리는 해군 제3함대사령부와 용당부두가 나오고, 다시 몇 개의 주유소와 공장 건물을 지나면 대불역과 대불부두가 나온다. 길 건너 대불공단에는 중공업, 조선업 등 다양한 공장 건물이 즐비하게 서 있고, 무거운 자재를 옮기기 위한 대형 크레인이 높이 솟구쳐 있고, 주말에도 노동을 하는 주인을 기다리는

---

1) 이곳을 걸은 시점은 2023년 2월 23일로서, 책이 발간된 지금은 수정되었으니 오해 없으시기 바란다.

승용차로 길 양쪽이 가득 채워져 있다. 옛 15코스 종점에서 10km 정도가 이런 풍경이다.

차의 소음과 공장의 풍경들이 끝나는 무렵에, 거의 2km에 이르는 강폭을 가로막고 서 있는 영산강하굿둑이 등장한다. 그런데 하굿둑 입구에 들어서니 눈에 익숙한 서해랑길 안내리본과 함께 17코스를 알리는 팻말이 등장한다. 임시노선인 서해랑길 15-16코스를 정규노선으로 개편하면서 3개 코스로 분할하여 이곳이 17코스의 일부로 바뀐 것이다. 우여곡절을 거치긴 했지만 다시 정해진 길에 접어들었고 목석지노 얼마 남지 않았다. 영산강 호수, 철교,

하굿둑, 철새와 억새로 구성된 풍경을 눈으로 즐기고 신선한 바람을 폐부 깊숙이 호흡한다. 하굿둑에 붙어 있는 삼호대교를 걸어 영암군을 벗어나, '낭만 항구 맛의 도시' 목포시에 진입하여 멋지게 장식된 육교를 건너 오늘 목표 지점인 목포 지방해양수산청 앞에서 걷기를 마무리한다.

목포역에서 늦은 시간 고속열차를 타고 자리에 앉아 오늘의 걷기를 생각하면서 사회복지실천과정에서의 사정(assessment)과 개입(intervention)의 관계를 떠올리게 된다. 오늘 걷기에서 정규노선으로 바뀌면서 15코스의 종점이 된 달도교차로에서 상충되는 정보를 접하고 혼란을 경험하였지만, 현실적 실현가능성을 고려하여 예전 코스를 걷기로 결정했고, 결국에는 정규노선 17코스에 합류하여 목표지점에 이르렀다. 이런 상황은 사회복지실천과정에서도 흔히 일어날 수 있는 일이다. 사회복지실천에서 명확하고 정확한 사정, 즉 내담자 문제의 원인이 확실하게 밝혀질 때까지 개입하는 것은 바람직하지 않다고 보는 관점이 있는가 하면, 제한된 정보나 자료만으로도 잠정적 작업가설을 설정하여 우선적으로 개입을 해서 내담자의 문제를 일부라도 완화하는 것이 바람직하다는 관점이 동시에 존재한다. 어느 관점이 옳고 그른지를 판단하는 것은 사례에 따라 매우 다르므로, 실천현장에서는 두 가지를 절충하여 활용하는 사례가 더 많다. 예를 들면, 이탈리

아의 밀라노 지역에서 발달된 Milan Group의 체계적 가족치료(systemic family therapy)에서는 내담자 가족에 대한 최소한의 정보만이라도 활용하여 잠정적 작업가설을 수립하여 첫 번째 회기를 진행하고, 자신들이 미리 설정한 작업가설이 타당한지를 검토한다. 그 후 상담을 통해 얻은 정보나 자료를 바탕으로 잠정적 작업가설의 타당성을 치밀하게 검토하여 틀렸으면 폐기하고 새로운 가설을 만들고, 일부 오류가 있으면 수정 보완해 나가는 작업가설 설정작업을 지속적으로 진행한다. 그러면서 그때그때 가족들이 실행에 옮길 과제를 부여하는 작은 개입들을 하며, 어느 누구도 반박할 수 없는 최종 작업가설에 근거하여 최종 개입을 한다. 사회복지실천현장에서 사정이 먼저냐 개입이 먼저냐를 논리적으로 따지다 보면, 내담자의 문제는 악화되고 그의 삶이 더욱 힘들어질 수 있는 위험이 있다. 그러므로 제한된 정보와 자료만으로도 잠정적 작업가설을 수립하여 이를 지속적으로 보완하고 타당성을 검증해 나가면서, 그때그때 내담자가 필요로 하는 도움이나 서비스 또는 개입을 하는 것이 바람직한 현실적 실천방법이라고 사료된다.

진도–목포 구간

5. 충의(忠義)

□ 서해랑길 6−7코스, 진도군 녹진관광단지−운림산방, 27.7km, 11시간, 50,733걸음

해남 구간을 모두 걷고 난 후로 미뤄 뒀던 진도구간을 2023년 1월 첫 주 목요일 새벽 미명부터 걷기 시작한다. 진도대교 옆 녹진관광단지에서 시작되는 서해랑길 6코스는 한국전쟁과 베트남전쟁에 참전하여 무공을 세운 군인의 충성심과 넋을 기리는 호국무공수훈자공적비에서 시작된다. 그 곳에서 망금산 정상에 위치한 진도타워에 이르기까지 1km 가까이 이어지는 오르막길을 걸어 오르자니, 숨이 차오르고 겨울 아침 날씨인데도 땀방울이 흘러내린다. 해남군 우수영관광단지부터 이곳 진도타워에 이르기까지의 길은 온봉 이순신 장군의 명량해진에 관한 서사(敍事)로 채워져 있다. 진도대교 아래에는 거대한 이순신 장군의 동상이 세워져 있고, 진도타워에 오르면 이순신 장군이 전남 구례에서부터 곡성, 순천, 보성, 장흥, 강진, 해남 그리고 진도에 이르기까지 조선해군을 재건하여 명량대첩을 승리로 이끌기까지의 과정을 조선수군 재건도와 명량대첩 해전도에 담아 놓았다. 그리고 임진왜란의 두 번째

왜군 침략전쟁, 즉 정유재란에서 공을 세운 군사들과 의병들의 공훈을 새긴 명판들이 빼곡하게 세워져 있다. 이런 역사의 현장에 지금은 울돌목 위로 케이블카들이 해남과 진도를 오가고 있다.

진도타워에서 해발 106.5m밖에 안 되는 망금산의 능선을 따라 400m 정도 내려오면 강강술래 터에 이르게 된다. 명량해전 당시 이순신 장군이 망금산에 토성을 쌓고 인근 마을의 아낙네들을 남장을 시켜 산봉우리를 원으로 그리며 빙빙 돌게 한 곳이 바로 이곳인데, 지금도

망을 보던 터와 강강술래를 하던 길이 남아 있다. 산길을 따라 조금 내려오면 울돌목무궁화동산이 조성되어 있다. 한겨울이라 꽃은 볼 수 없지만 나무 앞에 세워진 푯말에 의하면, 서울대학교 농과대학에서 만든 품종에서부터 미국, 일본 등지의 무궁화들이 줄을 맞춰 심겨 있다. 나라꽃인 무궁화 꽃이 이렇게 다양한 품종이 있으리라고는 미처 알지 못했는데, 이곳을 보며 나의 나라에 대한 충성심이 얼마나 얕은지 되짚어 보게 된다.

무궁화동산 입구부터는 바다를 끼고 달리는 찻길이다. 찻길에는 이곳부터 진도 갯벌습지보호구역으로 지정되어 있다는 표지판이 큼지막하게 세워져 있다. 표지판에는 입자의 크기가 0.004mm 미만의 매우 작은 퇴적물로 구성된 갯벌을 펄갯벌 또는 뻘이라 하며, 입자의 크기가 0.062~2mm 사이의 퇴적물로 구성된 갯벌을 모래갯벌, 뻘과 모래 그리고 작은 돌 등이 섞여 있는 갯벌을 혼합갯벌이라 부른다고 쓰여 있다. 무궁화는 그냥 한 종이고, 갯벌은 그냥 갯벌이라고만 여겨온 나의 무지함을 다시 한번 확인하고, 전복 종패를 기르는 양식장으로 즐비한 바닷길을 따라 걷는다. 녹도, 현도, 굴섬 그리고 넙섬이 보이는 진도 갯벌습지보호구역 생태공원 앞에 세워진 생태지도 앞에서 배낭을 내려 놓고 잠시 쉬어 간다. 갯벌 동식물에 대한 소개글에서 도요새와 오리도 여러 종이 있고, 바닷물의 짠 기운을 빨아들여 성장하는 염생식물도 여러 종이 있으며, 갑각류와 연체동물 그리고 갯지렁이 등의 저서동물 또한 그 종이 다양함을 알게 된다.

길가 집 담벼락에 엎드려 있는 진돗개는 여느 개들과 달리 길손인 나를 경계하며 짖어대지 않고 눈을 지그시 감고 꼬리를 흔들고 있다. 조금 더 길을 가니 지금 걷고 있는 길이 진도일주대로이고 시점에서 종점까지의 거리가 120km라고 알려 주는 교통표지판이 서 있다. 짧은 둔전방조제를 건너고 오르막과 내리막이 이어지는 찻길을 걸어 짧고 낮은 터널 하나를 거치고, 오류리를 거쳐 빈집 여러 채가 줄지어 서 있는 마을을 지나면 벽파항에 이르게 된다. 예전에는 해남으로 가려면 이곳 항구에서 배를 이용해야 했지만, 진도대교가 놓인 이후로는 항구로서의 기능을 거의 상실했다고 한다. 벽파항에서 조금 떨어진 곳에 벽파정이 세워져 있다. 벽파정은 고려 희종 3년(1207년)에 처음 세워지고 조선 세조 11년(1465년)에 중건되었으나, 이후 허물어져 옛 자취만 남아 있던 것을 2012년에 고려 시대 양식으로 정면 5칸, 측면 3칸의 팔작지붕 기와집으로 복원했다고 한다. 벽파정 옆 작은 동산 위에는 충무공벽파진전첩비가 위용을 자랑하며 서 있고 그 위로는 태극기가 휘날리고 있다. 벽파진전첩비 비문에는 이순신 장군이 옥(獄)에서 풀려나서부터 명량해전에서 승리하기까지의 과정과 진도백성과 의병들의 활약상이 상세히 적혀 있다.

서해랑길 6코스는 벽파정에서부터 종점인 용장성까지 5.44km의 삼별초 호국역사탐방길 1코스와 합쳐진다. 외세의 침입을 막아내고 저항했던 옛 선조들의 나라에 대한 충성심을 떠올리며, 연동리 마을회관을 지나 서남산과 선황산으로 이어지는 산길로 접어든다. 꼬불꼬불 이어지는 임도는 계속 오르막으로 이어져 있어 숨은 가쁘고 다리는 힘들다고 아우성이다. 선황산의 성황당 산성터 고개를 넘어서 가파르게 이어지는 내리막길에서는 발바닥이 화났다며 소리를 지른다. 산 끝자락에는 동백나무와 편백나무가 줄지어 서 있고, 용장제 연못을 돌아들면 진도 용장성이다.

용장성은 배중손 장군이 이끈 삼별초군의 대몽항쟁(1270~1271년) 근거지가 되었던 성으로 국가사적 제126호로 지정되어 있다. 고려 원종 때 몽고군의 침입에 굴복하여 몽고의 속국으로 전락하는 내용을 담은 치욕적인 상화조약을 맺고 개경으로 환도하자, 이에 반대한 삼별초군이 원종의 육촌인 온(溫)을 왕으로 추대하고 고려의 정통을 이어 가기 위해 몽고에 항거한 근거지가 바로 이곳이다. 지금은 성의 원형이 대부분 사라진 상태이며, 성지는 부분적으로 남아 있고, 성내의 용장사지 및 행궁지가 보존되어 있다. 용장성 입구에는 고려항몽충혼탑이 세워져 있고, 그 옆으로는 10개의 석판 위에 삼별초의 구성에서부터 강화, 진도, 제주에서 벌였던 4년간의 항쟁 역사와 배중손 장군을 비롯한 주요 인물들에 대한 소개가 상세하게 조각되어 있다. 충혼탑 옆으로는 왼손에 큰 칼을 쥐고 주먹 쥔 오른손을 높이 치켜든 배중손 장군의 동상이 늠름하게 자리하고 있고, 용장사와 홍보관이 함께 자리하고 있다.

용장리마을 안 길을 돌아드니 어르신 예닐곱 분이 게이트볼을 하며 한가로운 하루를 보내고 있는 모습이 눈에 들어온다. 마을을 벗어나니 길 옆으로 효행비, 열녀비 등의 비석과 사당 몇 곳

이 계속 이어진다. 마을 뒤편 작은 오솔길로 들어서니 온통 낙엽으로 뒤덮여 길을 분간하기 힘들 정도다. 해발 162.1m인 철천산의 작은 고개를 넘어서니 넓은 들판과 도평저수지가 눈에 들어오고, 왼편 앞쪽 산등성이에는 정유재란 당시에 희생당한 영혼들의 묘역을 한 곳에 조성한 정유재란순절묘역이 보인다. 묘역을 왼편으로 하여 농로를 걷고 걸어 폐수처리장, 오일시 사거리, 고군우체국, 신리리 마을회관, 고성초등학교, 고성노인복지회관, 천주교 진기성당으로 이어지는 마을길을 걷는다.

두루누비 누리집에 서해랑길 6코스는 어려운 길이고, 7코스는 매우 어려운 길이라고 소개되어 있다. 마을길을 지나면 곧 고군면 고성리에서 해발 424m의 죽제산과 진도군에서 가장 높은 산인 해발 482m의 첨찰산을 오르는 고난의 길이 펼쳐진다. 마을을 지나 죽제산 산림욕장의 오른쪽 시멘트 포장된 임도를 따라 오르는데, 계속 이어지는 오르막길에 아킬레스건이 당겨 오고 이마에서는 연신 땀방울이 떨어진다. 헬기장을 지나고 첨찰산 정상으로 이어지는 임도를 계속 오르다 보면, 진도 기상레이더 관측소까지 400m라는 표지판이 나온다. 6코스부터 이미 야트막한 산이지만 몇 개의 산을 넘어 걸어온 탓에 이미 다리는 그만 걸으라고 소리치고 있지만, 이 산을 오르지 않으면 오늘 밤 묵을 곳을 찾을 수 없으니 힘들어도 오를 수밖에 없는 상황이다. 이를 악물고 심한 경사로를 걷고 걸어서 첨찰산 봉수대가 보이는 곳에 이르러, 정상을 보고 싶은 마음은 있으나, 너무 힘들어 포기하고 잠시 쉬어 간다. 종점 가까이에 있는 아리랑비 방향으로 이어지는 내리막길 역시 가파른 길이고, 돌부리가 널려있어 걷기조차 쉽지 않다. 내려오는 길에 동백나무와 누군가 쌓아놓은 소원탑이 보이고, 숯가마터를 복원해 놓은 모습도 보이지만 몸이 지칠 대로 지쳐 있어 그 풍경들이 눈에는 들어오지만 마음에는 와닿지 않는다.

많이 내려온 것 같은데, 내리막길의 끝이 보이지 않는다. 지루하게 이어지던 내리막길의 끝 무렵에 진도아리랑비가 눈에 들어온다. 대략 19세기 말에서 20세기 초에 창작되었을 것으로 추정되는 진도아리랑은 남녀 간의 사랑과 이별을 주제로 한 선후창 돌림노래의 형식을 띠고 있다. 진도아리랑은 혼자서 부를 때는 신세타령조의 슬픈 노래가 되지만, 여럿이 부를 때는 빠르고 흥겨운 노래로서 신명을 고양시키고 일체감을 고양시킨다고 소개되어 있다. 자세히 읽어 보고 싶었으나 어둠이 내려앉아 황급히 아리랑비를 뒤로하고 도로로 내려온다. 도로 왼편에 제법 큰 규모의 사천2저수지가 보이고, 조금 더 내려오면 운림산방이 눈에 들어오고 대한불교조계종 사찰인 쌍계사 입구에 종점 표지판이 서 있다. 새벽 미명부터 힘든 먼 길을 걸어왔기에, 종점 표지판을 만나니 눈물이 날 정도로 기쁘기 그지없다.

제주 올레길, 지리산 둘레길, 강원도 고성에서 부산 오륙도에 이르는 해파랑길의 모든 코스를 걸어본 중에서 오늘의 길 걷기가 가장 힘들었다. 마치 고행길을 걷고 온 듯 큰 대자로 널브러져 오늘 걸어온 길을 되돌아보니 머릿속에 한자 두 글자가 떠오른다. 바로 '충성 충(忠)'과 '옳을 의(義)'다. 충은 가운데 중(中)과 마음 심(心)이 합해진 글자로 자기 자신과 국가나 임금 또는 주인과 같은 특정 대상에게 정성을 다해야 한다는 유학의 핵심적 도덕 가치다. 공자, 맹자로 이어지는 유학의 도통(道統)을 이은 성리학자 주자(朱子)는 충을 진기(盡己)라고 규정하여, 온 마음과 정성을 다해 자신이 할 수 있는 모든 것을 실행에 옮기는 것이라 했다. 길 위에서 만난 이순신 장군은 옥에 갇히고 백의종군을 하면서도 풍진동화에 놓인 나라를 구하고 백성의 삶이 도탄에 빠지는 것을 막기 위해 군인으로서의 지위에 부여된 역할을 최선을 다해 실행에 옮겼다. 배중손 장군을 비롯한 삼별초군은 몽고와의 굴욕적 강화조약으로 몽고의 속국(屬國)으로 전락하는 치욕스러운 상황에서 고려왕조의 정통성을 이어 가기 위한 올바른 길을 선택하여 끝까지 몽고군에 항전하는 의로운 모습을 보여 주었다. 이러한 충의의 가치가 군인들에게만 요구되는 것은 아니다. 사회복지제도의 목적 중 하나는 모든 사람이 인간다운 삶을 살 수 있는 올바른 사회를 만드는 것이므로, 충의의 가치는 사회복지사가 반드시 따라야 할 행동원리를 제시해 준다. 불의(不義)가 횡행하여 사람들의 삶을 힘겹게 만드는 일그러진 사회를 바로잡는 것은 사회복지사의 핵심적 사명이다. 사회복지사는 사회적 약자와 인권을 보장받지 못하는 사람들을 옹호하고(advocate), 불의에 맞서 떨쳐 일어나 행동(social action)함으로써 사회의 올바름(義)을 곧추 세우기 위해 자신이 할 수 있는 최선의 노력을 기울여야 한다. 사람이 사람답게 살아갈 수 있는 올바른 세상을 건설하기 위해 온 정성과 마음을 다해 자신이 할 수 있는 최선의 노력을 기울일 줄 아는 사회복지사야 말로 사회복지전문직의 사명을 충실히 이행하는 전문가이고, 참으로 예쁘고 멋진 사람임에 분명하다.

6. 빼어남

□ 서해랑길 8코스, 진도군 운림산방 – 귀성 삼거리, 24.0km, 8시간, 42,698걸음

지난 2개의 어려운 코스를 연속으로 걷고 얻은 발바닥 물집을 온몸의 체중으로 짓누르며, 오직 현금으로만 1,000원을 내고 승차할 수 있는 진도군 농어촌버스를 타고 어제 땅거미가 짙게 내려 그 모습을 보기 어려웠던 운림산방에 도착한다. 대략 10년 전 봄날에 방문한 운림산방은 고요하고 아름답기 그지없는 곳이었으나, 한겨울의 산방은 스산하고 삭막한 분위기가 돈다. 운림산방은 해남 대흥사 초의선사의 소개로 추사체 글씨와 〈세한도〉 그림으로 우리에게 잘 알려진 추사 김정희의 제자가 되어 그림을 배우고, 이후 조선 남종문인화의 대가로 인정받는 소치(小癡) 허련(許鍊, 1809-1892년, 이후 허유(許維)로 개명)이 만년에 기거하며 그림을 그린 사랑채의 이름에서 그 명칭을 따왔다.

『한국민족문화백과사전』에서 남종화를 소개한 글을 살펴보면 다음과 같다. 동양화의 화풍은 남종화와 북종화로 나뉘는데, 북종화는 화원(畫員, 직업화가)이 외면적 묘사에 치중하여 꼼꼼하고 정밀하게 그리는 산수화의 화풍을 말한다. 반면 남종화는 그림을 업으로 삼지 않는 문인(文人)들이 여흥(餘興)으로 자신들의 정신세계를 표현하기 위해 그린 문인화를 지칭한다. 즉, 남종화는 기법에 얽매이거나 사물의 형상화와 세부 묘사에 치중

하지 않고, 학문과 교양, 그리고 서도(書道)로 연마한 필력(筆力)을 갖춘 상태에서 사물의 진수와 자신의 정신세계를 표현하기 위해 그린 그림이다. 중국 남종문인화의 영향을 받아 숙종과 영조 때 조선에 도입된 남종화풍이 추사 김정희와 그의 제자인 허련 등을 통해 진정한 토착화가 이루어졌다. 진경산수화와 풍속화가 주류를 이루던 조선 화단에서 이들은 시(詩), 서(書), 화(畵)는 그 근본이 같다는 사고를 기반으로 서예성을 강조하는 소략한 스케치풍의 그림

을 주로 그렸으며, 중국 화풍의 모방이 아닌 조선 특유의 빼어난 남종화풍으로 발전시켰다. 그들 중에서 중국 화가와 대등한 위치에 올라서게 된 사람이 바로 소치 허련이다.

당대에 소치 선생은 시서화 모두에 뛰어난 삼절(三絶)로 불렸으며, 그의 스승인 추사는 '압록강 동쪽에서 소치를 따를 자가 없다. 나보다 낫다.'고 높이 평가하고 있다. 소치 선생의 화풍은 아들인 미산 허형(許瀅)과 손자인 남농 허건(許楗), 방계인 의재 허백련(許百鍊)으로 이어져, 5대에 걸쳐 화맥(畵脈)이 이어진다. 소치 선생의 그림을 눈으로 직접 보고 싶은 마음이 굴뚝같으나 이른 시간이라 산방의 문이 굳게 닫혀 있어, 천연기념물 107호로 지정된 쌍계사 뒷산인 첨찰산의 짙푸른 성록수림 풍경으로 눈을 씻고 산방을 돌아 나온다.

남도전통미술관을 뒤로 하고 사천리마을로 접어드니, 이른 새벽 진돗개 한 마리가 주인과 함께 한가로이 산책하고 있는 모습이 정겹기 그지없다. 마을과 이어진 운림예술촌의 한옥과 국악전수관을 둘러보고, 운림 삼별초공원 초입에서 다시 사천리마을로 돌아나와, 찻길을 건너 유기농 표고버섯 재배로 은탑산업훈장을 받았다는 농장을 거쳐 덕신산 임도(林道)를 오른다. 오르막 임도 옆으로는 표고버섯을 재배하기 위해 세워 놓은 참나무가 즐비하고, 숲속 새들은 낯선 길손을 맞이하듯 지저귄다. 오르막은 끝을 모르고 이어져, 한겨울 아침임에도 불구하고 이마에 땀이 송골송골 맺히고, 물집 잡혀 있는 발바닥은 아우성을 친다. 적막한 임도 끝 고개를 넘어서니 중리저수지에 강태공이 시간을 낚고 있고, 농로에는 한겨울에도 농사를 지으러 네 발 전동스쿠터를 탄 노인이 바쁘게 오가고 있고, 밭에는 진도하면 떠올리게 되는 대파와 구기자가 심겨 있다. 중리마을과 옥대마을을 거쳐 의신면 사무소가 위치한 돈지리에 접어드니, 자그만한 식당이 눈에 들어온다. 아직 점심을 먹기에는 이른 10시 반밖에 되지 않았지만, 우유와 빵 하나로 아침을 때웠는데 언제 또 밥 먹을 곳을 찾을 수 있을지 몰라 곰탕 한 그릇으로 허기를 미리 채워 둔다.

의신면 상가들을 돌아 나오면 바로 진도농협에서 운영하는 울금 가공사업소가 나온다. 울금은 생강과에 속하는 다년생 초본식물로서 카레를 만드는 강황과 유사하며, 약용, 식용 그리고 염색용으로 주로 사용된다. 울금에 함유되어 있는 커큐민(curcumin) 성분은 각종 암을 예방하고 치료해 주며, 혈당과 혈중 콜레스테롤 수치를 낮춰 주고 동맥경화를 예방하며, 숙취 제거와 해독작용뿐 아니라 활성산소를 제거하여 노화를 예방하고 치매를 예방하는 등의 효과가 있다고 알려져 있다. 이러한 울금은 지초(芝草)라는 한약재를 넣어 만든 술인 홍주와 구기자, 대파와 함께 진도의 특산품이자 건강식품으로 많은 인기를 얻고 있다.

의신보건지소와 의신시장을 돌아 돈지마을을 벗어나면, 진돗개 형상으로 지어진 백구문화센터 건물에 이르게 된다. 문화센터 앞 백구상(白駒像)에는 '돌아온 백구는 1988년 진도군 의신면 돈지리 박복단 할머니의 집에서 태어나 다섯 살이 되던 1993년 3월 대전으로 팔려 갔으나, 할머니와 손자 손녀의 따사로운 정을 잊지 못하여 목에 메인 줄을 끊고 도망쳐, 300여 km의 거리를 주인을 찾아 헤매다 1993년 10월 한밤중에 옛 주인인 할머니의 품으로 돌아왔고, 할머니의 사랑과 보살핌 속에 행복하게 지내다 2000년 2월 열세 살의 나이로 주인의 품에서 차마 잠기지 않는 눈을 감았다.'고 소개되어 있다. 돌아온 백구 일화에서 보듯이 진돗개는 대표적 토종 중형 사냥개로서, 경계심, 충성심, 용맹성, 귀소본능이 뛰어난 충견(忠犬)으로 알려져 있다. 진돗개의 품성을 인정하여 1962년에는 천연기념물 제53호로 지정되었고 1995년에는 국제보호육성동물로 지정됨과 아울러 세계명견 334호로도 지정되었다.

돌아온 백구상을 뒤로 하고 농로를 따라 실개천 하나를 건너면 또 다른 정절과 충성심을 엿볼 수 있는 작은 연못 하나를 만나는데, 바로 삼별초 궁녀 둠벙이다. 이 둠벙은 삼별초가 왕으로 추대했던 승화후 왕온(承化侯 王溫)이 몽고군에 잡혀 죽임을 당하자, 피난 중이던 삼별초의 궁녀와 부하들이 몽고군에게 잡혀 몸을 더럽히느니 차라리 죽음을 택하고자 몸을 던져 목숨을 끊은 곳이다. 그 후로 비가 오는 날이면 이곳 둠벙에서 여인네의 울음소리가 슬피 들려와, 지금으로부터 20년 전만 해도 밤에는 이곳을 지나는 사람이 거의 없었다고 전해진다.

둠벙은 바로 오르막으로 이어져 진도대로를 만나고 다시 왼쪽으로 만길리로 접어든다. 아늑한 시골마을 골목길을 걷다가 마을복지회관 출입문에 어르신을 위한 한글교실을 운영한다는 안내문을 보고 이런 저런 생각에 빠지는 바람에, 길 표식을 놓치는 일이 벌어져 꽤나 먼 길을 되돌아왔다. 지루하게 이어지는 농로와 찻길을 걸어 원두리마을을 지나면, 규모가 꽤 큰 송정저수지에 당도한다. 한참을 걸어왔으나 아직 절반도 못 걸었다는 길 표지판에 좌절하여, 텀블러에 든 차갑게 식어 버린 커피로 허한 마음을 달래며 쉬어 간다.

다시 농로와 마을길을 걸어 봉호산 기슭의 임도를 따라 무지개재를 오르니, 저 멀리 바닷가 풍경이 보인다. 바닷가에 시어진 깅게리 미을회관을 왼편에 두고 마을 안쪽을 돌아 나오면 죽림 어촌체험마을이고, 그 앞에는 바람의 피해를 막을 요량으로 조성한 진도 죽림마을숲이 자리를 하고 있다. 두루누비 누리집에서 이곳부터 탑립 마을회관까지는 매우 위험한 곳이니 산 쪽으로 돌아갈 것을 몇 번이고 경고하고 있었기에 옹골산 아래에 자리 잡은 죽림마을 안길로 접어든다.

마을에서 진도대로로 이어지는 좁은 길도 오르막길이지만, 진도대로에서 여귀산 돌탑길까지 이어지는 길은 경사가 매우 심한 오르막이다. 탑립마을 뒤편의 작은 정자에서 잠시 다리를 쉰 후에 이어지는 여귀산 돌탑길에는 말 그대로 돌탑이 즐비하고, 바윗돌에는 아름다운 시구가 조각되어 있다. 진도대로에서 다시 탑립임도로 접어들어 귀성마을을 거쳐 아리랑마을관광지에 이른다. 이곳은 아리랑체험관, 홍주촌(紅酒村), 놀이마당, 장미공원 등의 문화체험시설 등을 갖추고 있다. 아리랑체험관은 전국의 주요 아리랑을 체험하고 학습할 수 있는 팔도 아리랑 전시실이 마련되어 있고, 진도아리랑의 유래와 진도문화

를 체험할 수 있는 진도아리랑 전시실, 노래아리랑 체험실 등이 있다. 여덟 채의 한옥으로 이루어진 진도 홍주촌은 진도군의 민속주인 홍주의 제조 체험 과정과 전국의 주요 전통주를 소개하고 조선 시대 선비와 아녀자들의 생활도 체험할 수 있다고 한다. 들어가서 자세히 살펴보고 체험도 해 보고 싶지만, 서쪽 하늘로 해가 기울어 가니 다시 채비를 하고 길을 나서 천주교 귀성성당을 지나, 때마침 국악방송을 통해 진도아리랑이 울려 퍼지고 있는 국립남도국악원 아래에 자리 잡은 8코스 종점에 이른다.

　　오늘의 길을 걷고 난 후 머리에 떠오르는 한 글자는 바로 '빼어날 수(秀)'다. 진도하면 떠올리게 되는 울금, 대파, 구기자, 진돗개, 삼별초, 진도아리랑 등은 보배섬 진도(珍島)를 진정으로 보배롭게 만들어 주는 명품들이다. 하지만 걷는 내내 머릿속을 가득 채운 것은 바로 소치 허련이다. 『홍길동전』의 허균이 반역죄로 처형당하면서 몰락한 허씨 가문 선조들은 진도까지 내몰리게 되었고, 몰락한 양반가문 출신으로 세상에 대한 원망이 가득했던 허련은 그림에 대한 재능과 소질은 있었으나 마땅히 그림을 배울 만한 곳이 없었다. 그런 와중에 우리나라의 다도를 정립시켰을 뿐 아니라 다산 정약용과 추사 김정희와 두터운 교분을 쌓고 있던 해남땅 대흥사 초의선사의 도움으로, 고산 윤선도와 자화상으로 유명한 선비 화가 윤두서의 집안인 해남 윤씨 집안의 녹우당의 그림을 모사(模寫)하면서 혼자 힘으로 그림 실력을 키우게 된다. 어느 날 허련이 초의선사에게 좋은 그림에 대해 묻자, 초의선사는 "허선비의 그림은 잘 그렸다는 느낌은 들지만 묘(妙)하다는 느낌은 없어요. 묘(妙)는 도(道)에 이를 때 나오는 심미적 경지이고, 마치 바람의 그림자를 잡는 것과 같습니다."라고 답한다. 초의선사의 이 한 마디는 허련이 그림을 그리는 이유이자 철학이 되었다. 이후 초의선사는 허련의 앞길을 열어 주기 위해 추사 김정희에게 소개하였고, 추사는 허련의 재능을 갈고 다듬어 주었고 그의 남종화풍을 완성시킬 수 있도록 도와주었다. 허련은 진도 벽파나루에서 추사의 유배지인 제주도까지의 위험한 뱃길을 목숨의 위협을 무릅쓰고 세 번씩이나 다녀오는 등 추사의 가르침에 배움의 열정으로 보답했다. 훗날 시서화(詩書畵)에 대한 비평에 까탈스럽기로 유명했던 추사가 허련에 대해서만큼은 "압록강 동쪽에 소치만한 자가 없으며, 나보다 뛰어나다."는 극찬을 아끼지 않았다고 전해지고 있다.

　　인본주의 심리학자 알프레드 아들러(Alfred Adler)는 빼어남의 경지에 오르기 위해서는 재능, 용기 그리고 사회적 관심이 필요하다고 했다. 그러나 소치 허련과 관련된 일들을 알고 나서 빼어난 사람이 되는 것에는 몇 가지 조건이 따른다는 점을 새롭게 깨닫게 된다. 첫째, 선조로부터 물려받은 명문가 자손으로서의 인성과 학자적 기질 그리고 시서화(詩書畵)에 관한 재능을 지니고 있었다. 둘째, 몰락한 양반가문 출신인 허련의 가슴 속에 자리 잡은 세상에 대한 원망과 한(恨)은 공부와 자기 수련의 동기가 되었다. 셋째, 제자의 뛰어난 재능을 알아보고 다듬어 줄 뿐 아니라 제자가 도달해야 할 원대한 목표를 정립해 주고, 그의 앞길을 열어 주고자 발 벗고 나서는 뛰어난 선생님이 있었다. 넷째, 스스로 배우고 깨우치려는 의지와 목숨까지 걸고서라도 자신을 다듬어 나가려는 치열한 노력이 있었다. 소치 허련이 지닌 이 네 가지 모두가 어우러져, 그는 빼어남의 경지에 이를 수 있었을 것이다. 그렇다면 빼어난 사람이 될 수 있는 세 번째 조건에 해당하는 '나라는 사람'은 과연 참다운 선생 노릇을 하고 있을까? 제자들 모두가 청어람(靑於藍)하여 세상에 기여하고 세상을 앞장서 이끌고 가기를 기내는 하고 있으니, 초의선사와 추사와 같은 멋진 선생님이 되기에는 턱없이 부족하다는 것을 인정하고 또 인정하게 된다. 아! 선생으로서의 자리에 앉아 있을 날도 얼마 남지 않았는데, 이 일을 어찌해야 좋을까?

7. 디딤돌

□ 서해랑길 9코스, 진도군 귀성 삼거리 – 서망항, 12.0km, 4시간, 17,808걸음

이번 코스의 출발점인 귀성 삼거리에는 지나가는 사람들에게 아리랑마을을 알려 주려는 커다란 입간판이 서 있다. 진도아리랑을 현지 주민들은 '아리롱타령'이라고 부른다는데, 그 연유를 알 수 없는 나는 '아리아리랑 스리스리랑 아라리가 났네, 아리랑 응응응 아라리가 났네.'라는 진도아리랑의 후렴을 흥얼거리며 차도로 올라선다. 겨울 끝자락 주말이라 관광객들이라도 있을 것이라 기대했던 차도는 개미 한 마리도 보이지 않는데, 길 건너 밭에는 봄을 기다리며 구부정한 허리로 씨앗을 심고 있는 동네 할머니와 아낙들이 분주히 움직이고 있다. 여유롭게 길을 걷고 있는 것이 살짝 미안한 마음이 솟아오르는 순간 나절로미술관 입구가 눈에 들어온다. 특이한 이름을 가진 미술관 입구의 정갈하게 가꿔진 정원은 지나는 이의 마음을 움직이기에 충분하지만, 담벼락 대신 심겨진 키 큰 나무들로 인하여 미술관의 본모습은 눈에 띄지 않는다. 임회면 상만리에서 서해랑길은 논밭 사이로 접어드는데, 밭들은 봄동이 온통 초록으로 물들이고 있는 반면, 논들은 여전히 황량한 겨울의 모습을 하고 있다. 겨울과 봄이 교차하는 논밭들과 정금제라는 작은 저수지 풍경을 눈에 담으며, 야트막한 뒷산 오르막길을 올라 조금을 내려가니 새파란 바다가 눈에 들어온다.

이곳 굴포항부터 서망항까지의 해안길은 바다를 끼고 오르락내리락 하는 오솔길로서, 마치 '용이 승천하기 위해 준비하는 형상을 닮았다.' 하여 미르길로 불린다. 굴포만 초입의 양어장들은 쉼 없이 바다로 물을 쏟아 내고 있다. 썰물 때인지라 미르길 앞바다의 물이 다 빠져나간 관계로 잠시 제 할 일을 쉬고 있는 짝별방파제를 지나고 곱창김 제조공장을 지나, 서해랑길에서 만나기 쉽지 않은 식당을 만나니 반갑기 그지없다. 동네 슈퍼를 같이 운영하는 조그만 굴포식당은 복엇국 한 가지 메뉴만 파는 숨겨진 맛집일 것 같은 느낌이 든다. 그런데 아직 점심을 먹기에는 너무 때가 일러 간식거리 한 두 가지를 사 들고 다시 길을 걸어 윤고산둑과 윤고산 사당을 만난다.

윤고산 사당은 해안가에 둑을 쌓아 백성들에게 해안전(海堰田)을 만들어 너른 토지를 나눠 준 고산 윤선도의 은덕에 보답하기 위해 지어진 곳이다. 사당 옆에는 수령 230년이 넘은 소나무가 위용을 자랑하고 있고, 길 건너 윤고산둑은 아직도 짜디짠 바닷물의 유입을 든든하게 막아내고 있다. 해남 윤씨 가문에서는 바다 갯벌에 제방을 쌓아 농토를 만드는 일에 집중하였다고 한다. 고산 윤선도는 할아버지 때부터 추진해 왔던 간척사업을 이어

받아, 1650년에 높이 3m, 길이 380m의 방축을 비로소 완성하게 된다. 간척사업으로 만들어진 토지는 굴포, 남성, 백동, 신동 4개의 마을 농민들에게 나눠 줘 농사를 짓게 했다. 농토가 부족했던 농민들은 간척지를 불하받아 갯벌쌀을 생산하며 식량난을 해결할 수 있었다고 한다. 이 고산둑이 우리나라 민간 1호 간척사업임을 알리는 사당 앞 사적비 비문에는 '고산둑을 쌓는 과정에서 몇 차례 무너져 내리는 일을 당하자, 고산 선생이 배로 제주도의 돌을 실어와 이곳의 돌들과 섞어 쌓은 후로는 더 이상 무너지지 않는 튼튼한 방조제의 역할을 제대로 수행할 수 있게 되었다.'고 기록되어 있다. 고산 선생은 둑을 완성하고 30여년 뒤에 세상을 떠났으나, 굴포마을을 비롯한 4개 마을 주민들은 350년이라는 긴 세월 동안 매년 정월대보름날에 감사제를 지내며 선생의 은덕을 기리고 있다.

고산둑이 우리나라 최초의 간척사업은 아니다. 1248년 고려 고종 시절 강화도에서 몽고와 항전을 벌이는 과정에서 국가 주도로 청천강 하구의 갈대섬에 제방을 쌓아 농지를 조성하여 군량미를 조달한 것이 최초의 간척사업이다. 하지만 민간이 방조제를 쌓은 것은 이곳 고산둑이 그 처음이다. 고산 선생은 이 방조제를 쌓는 과정에서 여러 번의 실패를 거듭하면서 그 원인을 분석하여 해법을 찾아내고 2년여 동안 각고의 노력을 기울여 드디어 공사를 완성하게 되고, 그 결과를 지역 농민들과 나누는 애민정신(愛民情神)을 보여 주고 있다. 고산둑의 축조과정을 보면서, 사회복지 현장에서도 공적 사회복지제도가 생각해내지 못하고 실시하지도 못하는 새로운 사회복지사업을 민간부문 사회복지현장의 누군가가 추진해 주었으면 하는 바람을 가져 본다. 물론 누구도 하지 않은 사업을 추진하기 위해서는 많은 어려움과 노고가 따를 것이고, 성공보다는 실패에 이를 가능성이 더 높을 수도 있다. 하지만 누군가 첫 디딤돌을 놓지 않는다면, 그 위에 단 하나의 돌도 덧쌓을 수 없을 것이기에 누군가는 첫발을 내딛는 용감한 도전을 해야만 할 것이다.

필자는 사회복지분야에서는 치매에 대한 관심이 전무했던 1994년에 치매가족의 부양 부담을 주제로 박사학위논문을 작성하였고, 1999년부터 2000년까지 민간 노인복지기관 여섯 곳과 함께 현재 노인일자리사업의 출발점이 된 1·3세대통합프로그램을 처음으로 개발하였다. 노인인권에 대해 관심을 갖지 않던 2006년에는 노인복지시설 인권보호 및 안전관리지침을 만드는 데 있어서 주도적 역할을 했었다. 노인들의 고독사 문제가 사회적 이슈가 될 무렵인 2007년에는 노인맞춤돌봄서비스의 기원이 된 독거노인 생활지도사 파견사업을 처음으로 개발하였다. 우리나라에서 선례가 없는 일이었기에 그 일들을 만들어 꾸려가는 데 많은 어려움이 있었지만, 여러 사람의 도움과 지지에 힘입어 결국에는 성공적으로 마무리할 수 있었다. 물론 처음이기에 모자라서 채워 넣어야 할 부분이 많았지만, 뒤이어 참여한 사람들이 약점은 보완하고 단점을 바꾸어서 지금은 공적 노인복지 제도에서 중요한 사업들로 정착되었다. 필자의 경험을 미루어 보건데, 아무도 하지 않은 일을 처음 시도하는 것은 매우 어려운 도전이지만 그 과정에서 많은 경험과 지혜를 얻을 수 있다. 또한 개인적 성장과 발전은 물론, 나라의 사회복지제도가 발전해 가는 모습과 사회복지사로서 도움을 필요로 하는 사람들에게 실질적인 도움을 줄 수 있는 길을 열어주는 계기를 마련했다는 뿌듯한 마음을 가질 수 있는 등 힘든 것보다는 좋은 점이 더 많다. 아무튼 사회복지실천현장의 사회복지사들이 누구도 가지 않은 길을 처음으로 헤쳐 나가는 모습을 많이 그리고 자주 보고 싶다는 작은 소망을 가져 본다.

굴포만 끝머리에서 백동리 방향으로 실개천 둑방길을 걷는데, 내 발자국 소리에 위협을 느낀 새들이 푸드덕 날아오르고, 건너편 집을 지키던 진돗개는 날카롭게 짖어 댄다. 남선마을 뒤편의 작은 오솔길을 돌아 차도로 올라서니, 왼편으로 국립진도자연휴양림까지 880m라는 표지판이 나오고 그 아래 빨간 동백꽃이 맑은 햇빛에 더욱 붉게 도드라져 보인다. 차도 언덕 끝 동령개소공원에서 임도 속으로 발길을 돌리니, 오리나무들이 연녹색 새잎을 피워 올릴 준비를 하고 있다. 남동저수지를 오른편에 두고 걷다가 다시 남동리 바닷길을 지나 남도진성에 도달한다. 남도석성으로 불리다 2011년 이름이 바뀐 진도 남도진성은 대한민국 사적 127호로 지정되어 있다. 일반적인 산성들과 달리 남동마을을 감싸고 있는 평탄한 대지 위에 돌로 축조된 삼국 시대의 성(城)이다. 하지만 조선 세종 시대에 왜구가 해안을 자주 침범하여 수군을 파견하여 해안과 섬 지방에 성을 쌓게 했다는 기록을 보면, 현재 우리가 보는 높이 2.8~4.1m, 둘레 610m의 옹성과 성문 그리고 쌍운교와 단운교 등으로 구성된 남노신성은 세종 시대 이후에 쌓은 것으로 보인다.

　남도진성 옆 남동리 마을회관 뒤 남도전원길에는 여러 채의 한옥들이 마을을 이루고 있다. 왼편으로 바다를 끼고 있는 진도대로를 따라 걸어 오르면, 고개에서 서해랑길 9코스 종점인 서망항이 보인다. 마을길과 마을회관을 지나, 서망식당에 들른다. 강아지를 품에 안고 잠시 외출했다 돌아오는 나이 든 사장님께 점심으로 먹을 수 있는 것이 있냐고 물었더니, 가장 먼저 꽃게탕을 권한다. 꽃게로 유명한 서망항 인근에 자리 잡은 식당이니 그리 추천하는 것이 이해는 된다. 하지만 게 맛은 익히 알고 있지만 나이 들어 생긴 알러지(allergy) 때문에 못 먹는 나에게 꽃게탕은 저승사자보다 무서운지라, 하는 수 없이 백반을 주문한다. 그랬더니 반찬에 게무침이 따라 나오는 것이 아닌가? 사장님께 게 알러지가 있음을 알렸음에도, 게무침을 내어 주는 것은 필자의 사정을 몰라서가 아니라 쟁반 채울 반찬의 가짓 수가 모자랐거나 아니면 아무 생각 없이 예전에 하던 대로 밥상을 차렸기 때문임이 분명하다. 그저 바라만 볼 수밖에 없는 게무침을 제외하고 실로 오랜만에 서해랑길 위에서 먹는 점심밥상을 설거지가 필요 없을 정도로 맛나게 싹싹 비워 낸다. 서대를 염장하여 반건조 생선을 만들고 있는 가게를 지나 해양경찰서 진도파출소 옆의 10코스 시작점에 다가선다.

8. 트라우마(trauma)

> □ 서해랑길 10코스, 진도 서망항 – 가치 버스정류장, 15.9km, 5시간 30분, 23,596걸음

　진도해경파출소는 세월호 참사(慘事) 때 제 역할을 하지 못해서 국민들의 심한 질타를 받았던 진도해상교통관제센터가 자리한 곳이다. 이곳을 뒤로 하고 서망 삼거리에서 왼편으로 돌아서면, 국민해양안전관 건물과 노란 조형물이 눈에 들어온다. 국민해양안전관은 세월호 참사의 희생자를 추모하고 해양안전 의식을 고양할 목적으로 설립된 곳으로, 여러 시설이 설치되어 있지만, 내 눈길을 잡아매는 것은 다름 아닌 '맘'이라 불리는 노란 조형물이다. 맘 조형물은 국화꽃을 손에 들고 가슴이 뻥 뚫린 엄마의 모습을 형상화하고 있다. 이 조형물의 상부좌대까지의 높이가 9m이고, 무릎부터 발끝까지의 높이는 3.5m인데, 바로 세월호 참사 발생시각인 9시 35분을 의미한단다. 맘 조형물 중에서 특히 눈을 떼지 못하게 하는 것은 뻥 뚫린 엄마의 가슴 부분이다. 생때같은 자식을 앞세운 엄마의 마음, 그 마음이 썩어 문드러져서 가슴이 뻥 뚫렸음이 분명하리라. 그 분들의 슬픔이 하루 하루 줄어들기를 기도한다.

　국민해양안전관에서 세월호 참사가 일어난 진도군 조도면 맹골수도 해역에서 가장 가까운 팽목항으로 가는 길 왼편 겨울바다는 하얀 포말을 품은 성난 파도로 일렁이고, 초속 10m로 불어오는 맞바람으로 한발 내딛기가 쉽지 않다. 팽목항 초입에는 2014년 4월 16일 일어난 세월호 참사와 관련된 조형물들과 추모객이 남긴 추모 리본들이 바람에 거세게 나부끼고 있다. 기억의 벽에 붙여진 도자타일의 문구에는 '4·16 잊지 않을게요.' '꽃이 되어 돌아오렴' '책임자 처벌, 나도 책임

자' '아이들이 활짝 웃는 무지개 빛 세상을…' 등의 글귀가 적혀 있다. 그중에서 '나도 책임자'라는 구절이 마음 깊은 곳에 쓰라림으로 자리 잡는다.

팽목기억관에 들러 299인의 영정들 앞에 고개를 숙이고 오랜 시간 동안 애도의 마음을 전하고, 영정 왼편의 미수습자 5인 앞에서 다시 고개를 숙이고 한참을 서 있었다. 다가오는 4월이면 세월호 참사가 일어난 지 9년이 되지만, 내가 할 수 있는 것은 단지 두 번의 추모행위가 전부이니 나 역시 이 나라의 어른으로서 책임이 크고 무겁다하겠다. 세월호 참사에 대해 수많은 조사와 재판이 이루어졌지만 지금도 여전히 국가는 그 책임을 지지 않고, 진상규명과 책임자 처벌이라는 약속은 지켜지지 않은 채 많은 부분이 의문으로 남아 있다. 세월호 참사의 교훈을 제대로 살려내지 못한 결과로 10·29 이태원 참사 이후에도 높은 자리에 앉은 지도자들 중 어느 누구 하나 제대로 책임지는 모습을 보기 어려우니, 우리 사회가 유가족과 피해자들에게 보여준 태도는 매우 실망스럽기 그지없다.

세월호 생존자들은 외상 후 스트레스 장애(PTSD)로 인해 삶의 여정에서 많은 어려움을 겪었으며, 가족과 주변사람들 그리고 사고 수습에 참여한 구조인력도 다양한 심리적 문제를 호소하고 있다. 그리고 지금까지도 그때의 아픔을 극복하지 못하고 자살을 시도하는 경우가 종종 발생하고 있다. 단원고 생존자인 학생들은 이제 대학까지 졸업하고 사회에 진출했으며, 인양된 세월호는 목포 신항에 녹슨 채로 똑바로 세워져 있다. 시간이 흐른다고 하여 세월호와 관련된 사람들의 마음속 아픔이 줄어드는 것은 아니므로, 국가와 사회의 따뜻하고 사랑이 담긴 돌봄이 필요하다. 그런데 세월호 참사와 관련한 사회복지전문직의 활동상황을 들여다보면, 부끄럽기까지 할 정도다. 자원봉사자들과 함께 밥 퍼주고 시신 수습을 돕고 가족들을 지지하고 위로하는 것만으로는 사회복지전문직이 해야 할 일을 다 했다고 할 수는 없다. 사회복지학 전공 공부를 할 때 위기개입과 외상 후 스트레스 장애에 대한 개입방법과 기술을 배우지만, 실제 대형사고나 위기의 현장에서 사회복지전문직은 전문적 개입활동을 하지 못하고 있는 것이 현실이다. 지난 해파랑길을 걷고 쓴 책에서도 재난사회복지에 대한 필요성을 언급했지만, 팽목항의 세월호 기억 공간을 지나면서 절절하게 그 필요성을 공감하게 되고 또 주장하게 된다.

무거운 마음을 안고 팽목항을 나서지만 자꾸만 돌아다보게 되어, '기억과 성찰의 도보 여행길'인 팽목바람길과 합쳐진 서해랑길 위의 발길은 점점 무거워진다. 항구와 인접한 팽목마을 입구에서는 팽팽한 줄에다 미역을 걸어서 말리는 주민들이 분주히 움직이고 있지만, 횟집과 중국집, 교회를 드나드는 발길은 볼 수가 없다. 1.8km 가까이 길게 이어지는 팽목방조제에서도 팽목기억관 그리고 진도와 제주를 오가는 산타모니카호가 정박해 있는 팽목항의 슬픈 광경이 자꾸만 눈에 들어온다. 방조제 끝에서 마구도를 지나 죽도선착장을 거쳐 나무계단을 올라서면 해안가 숲길이 이어지고, 한참을 오르니 시야에 바다가 들어온다. 다순구미에서 세월호 리본을 형상화한 소망탑을 보며, 세월호 참사를 잊지 않으리라 한번 더 다짐한다.

잔등너머와 매봉지라는 야트막한 두 개의 산을 지나 마사마을로 향한다. 마사마을길을 지나 작은 개천으로 이어지는 길 위에 피어난 매화꽃과 이름 모를 꽃들, 쑥과 봄나물들에 다소간 마음이 데워지는 듯하지만, 마음은 여전히 무겁다. 하심동마을 뒤로 등산을 좋아하는 사람이라면 누구나 꼭 한번 오르고 싶어 한다는 동석산 정상이 눈앞에 다가서고, 곧이어 겨울갈대로 채워진 길을 걸어 붕어낚시로 유명하다는 진도에서 가장 큰 봉암저수지로 들어선다. 저수지 옆 차도를 따라 걷다가 넓은 대파밭과 배추밭 그리고 검망산과 지력산의 풍경이 한데 어우러진 농로길을 한발 한발 나아가면, 10코스 종점인 가치마을 버스정류장에 도착한다. 서해랑길을 걸으며 농어촌버스를 타고 숙소가 있는 곳으로 돌아가리라는 기대를 애당초 하지 않았지만, 정류장에 도착하기 5분 전에 버스가 지나가 버렸다. 아쉬움을 뒤로 하고 지난 8코스 걷기 후에 탔었던 임회면의 개인택시를 불러, 숙소가 있는 임회면 행정복지센터 소재지로 향한다. 작은 면소재지이기에 저녁 6시도 안되었지만 문을 닫은 식당과 가게가 많고, 1인분 식사를 팔지 않는 식당도 있어 간신히 찾아든 식당에서 소박한 백반으로 허기를 달래고는 숙소로 돌아와 발바닥에 휴족(休足) 하나를 턱하니 붙이고, 내일의 여정을 위한 쉼의 시간을 갖는다.

9. 이상과 현실

□ 서해랑길 11-12코스, 진도 가치 버스정류장-해남 우수영국민관광단지, 44.2km, 14시간, 64,950걸음

동녘에 해가 떠오르기 전에 어제 탔던 개인택시를 타고 11코스 시작점에 도착하여, 채비를 단단히 하고 길을 나선다. 시점 옆의 마을 가게와 가치보건진료소는 아직 문이 닫혀 있는데, 아침잠 없는 동네 어르신과 진돗개가 지나는 과객을 맞아 준다. 가치마을을 이리저리 돌아서 세방낙조로 유명한 세방방파제로 이어지는 도로에 도달하니, 진도낙원해안로의 주황빛 해안로라는 조형물이 서 있다. 조형물의 색깔을 주황빛으로 선택한 것은 아마도 한국의 아름다운 길 100선 중 하나인 진도 세방낙조의 빛에서 따온 것이라 생각된다. 잠시 바닷길을 따라 걷다가 빈집이 여러 채 줄지어 있는 산기슭의 작은 샛길을 걸어 올라 다시 작은 차도에 이르면, 오른편 산을 산림유전자원보호구역으로 지정했다는 표지판이 나온다. 표지판 속에 명시된 수종 명칭에 애기등, 새우난초, 합다리 나무가 어떻게 생겼는지 매우 궁금해진다. 궁금증을 안고 차도를 걸어 내려가면 금노리 마을인데, 마을 앞 밭에는 대파를 다듬는 외국인 노동자의 손길이 바쁘게 움직이고 있다.

금노리마을을 지나 금노항으로 이어지는 길은 진도낙원해안로 초록빛낙원길인데, 차

도와 사람이 다니는 보행로를 구분하는 경계석을 초록색으로 칠해 놓았다. 초록빛 길을 따라 걷는 내내 평소와 다르게 내 눈은 왼쪽 바다와 그 위 여기저기 흩어져 떠 있는 섬들을 향하고 있다. 코끝을 스치는 바닷바람은 비릿한 바다내음이 아니고 상큼한 향기로 다가서고, 얼굴을 스치는 바람은 부드럽고 시원하기 그지없다. 낙조로 물든 주황빛낙원길을 보지 못한 아쉬움을 달래주려는 듯, 초록빛낙원길의 커브길에 세방낙조의 아름다운 장면을 마치 스크린처럼 만들어 내게 보여 준다. 안으로 굽어져 돌아가는 길옆에는 해양수산과학원의 무척추동물시험장이 위치해 있고, 연이어 도서지역 산림생태관리센터가 들어서 있다. 그런데 초록빛낙원길 구간이 끝나는 보전마을까지 내 눈길은 자꾸만 바다를 향하고, 눈과 카메라는 진도 관광유람선이 드나드는 큰 섬인 가사도, 손가락섬이라고도 불리는 주지도, 발가락섬이라고도 불리는 양덕도, 섬에 큰 구멍이 뚫려 있는 혈도, 사자의 형상을 닮아 사자섬으로도 불리는 광대도와 장도, 저도 등의 수많은 섬을 담아 두기 바쁘다. 바다 쪽 안전펜스 위의 '놀다 가시개' '쪼깐 쉬다가소' '여까지 오느라 욕봤소'를 비롯한 글귀에 마음을 빼앗겼는데도, 발걸음을 옆으로 딛지 않고 앞으로 내딛고 있는 것이 신기할 따름이다.

보전마을 전복양어조합에서 초록빛낙원길과 잠시 이별하여, 보전호까지 차도를 따라 5km 정도를 걷는다. 아침부터 먼 길을 걸어왔기에 도로가에 철퍼덕 주저앉아 설 명절에 귀한 분이 보내 준 떡 몇 개와 커피 한잔으로 요기를 하는데, 지나는 운전자가 불쌍한 눈길로 쳐다본다. 기운을 차려 대흥포방조제부터 종점 코앞인 쉬미항 삼거리까지는 방조제를 바람막이 삼아 걷는다. 방조제로 인해 만들어진 논밭 주변에 형성된 마을의 집들은 모두 파란색 지붕으로 색깔을 맞추었는데, 그곳에 누가 사는지 궁금해진다.

도로변 공사장과 빈집 두 채를 지나 11코스 종점인 쉬미항에 다다른다. 오는 길에 약간의 간식으로 허기를 달래기는 했지만, 점심시간이 훌쩍 지난지라 배에서 꼬르륵 신호를 보내온다. 유람선 터미널이 있으니 요기할 거리를 파는 곳이 있으리라 기대했다. 그런데 여객터미널 대합실에는 매표소와 화장실 이외에 어떤 편의시설도 없고, 항구 앞 가게는 문을 닫아걸었다. 오늘은 먹을 복이 지지리도 없는 날인가 보다. 배는 고프지만 아직 해가 중천에 떠 있으니, 내일의 여정을 위하여 10km 정도 더 걸어 두기로 하고 12코스 걷기를 이어 간다.

쉬미항에서 시작되는 12코스도 바다를 왼쪽으로 끼고 걷는 길이다. 쉬미항부터는 진도낙원해안로 푸른빛낙원길이 시작되는데, 도로 경계석도 푸른색으로 바뀌어 있다. 쉬미항을 벗어나자 도로 안전펜스에 '가끔은 달아나는 것도 필요해' '바다를 지켜보며 함께 흘러가 보자'라는 글귀가 눈에 띈다. 나도 모르게 아름다운 풍경에 넋이 나간 듯이 바다에 시선을 고정한 채 함께 흘러가고 있다. 푸른 바다 위에는 하태도, 작도도, 고사도, 상태도, 장산도, 율도라는 작은 섬들과 함께 미역 양식장들이 울긋불긋 수를 놓고 있다. '바람이 머무는 곳'이라 이름이 붙은 곳에는 등대와 종루 그리고 바람개비 조형물이 푸른 바다와 색 대비를 이루고 있다. 열대나무들로 가로수가 심겨 있고, 길가에 세워진 트럭의 화분에서는 매화를 비롯한 몇몇 나무들이 봄꽃을 피워 올리고 있다. 쉬미항에서 수유마을까지 이어지는 푸른빛낙원길을 걸으며 길가에 세워진 팻말의 글귀처럼 '예쁘다, 아름답다, 행복하다'는 단어가 머릿속을 가득 채운다.

전라도 방언으로 개매기체험마을(어촌체험마을) 앞 언덕배기에는 흑염소 세 마리가 다정하게 새로 돋아난 풀잎을 뜯고 있다. 그중 한 녀석은 묶인 줄이 나무뿌리에 휘감겨 코앞의 풀을 뜯어 먹으려고 용을 쓰고 있다. 그 모습이 안쓰러워 꼬인 줄을 풀어 주고, 집들이 옹기종기 모여 있는 어촌마을 풍경을 뒤로 하고 망치산 임도길로 접어든다. 임도를 돌아 나와, 전두리마을에서 나리방조제 방향으로 농로로 접어든다. 농로를 따라 만들어진 좁은 시멘트 수로는 목이 말라 숨을 거둔 우렁이의 무덤이 되었지만, 그 옆의 좀 더 넓은 흙으로 된 수로에는 우렁이가 기어 다니며 생명의 활기를 보여 주고 있다. 수로 옆 농로 끝나는 곳에서 차도를 지나 천연기념물 101호로 지정된 고니 도래지인 진도 백조호수공원에 도달한다. 오늘 이곳까지 걸어온 진도낙원해안길의 풍경은 정말로 아름다웠지만, 31km 가까이 걸었고 허기가 몰려와 진도 읍내의 택시를 불러 진도버스터미널로 향한다. 터미널 인근에서 이른 저녁, 아니 오늘의 첫 끼니이자 마지막 끼니로 뼈해장국 한 그릇을 게걸스럽게 먹어치우고는 지난 여정에서 머물렀던 숙소에서 잠을 청한다.

다음날 이른 새벽 버스터미널 앞에 서 있는 택시를 타고 다시 백조호수공원으로 향하는데, 기사님이 진도의 인구와 산업구조는 물론 이번 겨울 추운 날씨로 인해 대파 가격이 폭락한 사실들에 대해 쉼 없이 외지인인 나에게 알려 준다. 이른바 TMI(쓸 데 없이 자세한 정보)라 할 수 있지만, 진도 사람들의 삶을 짐작해 볼 수 있어 오히려 좋았다. 나리방

조제가 시작되는 시점인 백조호수공원 옆 군내호 입구에서 택시에 내리니 동쪽 하늘에 일출의 장관이 펼쳐진다. 육십 년 넘게 인생길을 걸어오면서 산과 바다의 일출 장면을 무수히 많이 보았지만, 이른 아침 군내호에서 향나무 사이로 만난 일출 장면은 내가 본 일출 중에서도 첫 손가락에 꼽아도 손색이 없을 정도로 아름답고 또 아름답다. 군내호와 바다를 경계로 쌓아 올린 3.5km 길이의 나리방조제를 걷는 내내 찬란한 아침 햇살의 호위를 받으며 걷는 호사를 누렸다. 방조제길 중간 중간에 조류관찰대가 설치되어 있고, 조류 탐사를 하는지 낚시를 하는지 모를 텐트들이 곳곳에 설치되어 있다.

마치 바다같이 넓은 군내호와 나리방조제를 지나 도로를 따라 걸어 나리마을로 들어가니, 마을 초입 축사에서 어미 소와 송아지들이 지나는 과객인 나를 멀뚱멀뚱 바라보고 있다. 마을길과 농로를 걸어, 건배산 등산로 입구에 도착한다. 두루누비 앱에는 등산로 입구라고 소개되어 있고, 산 입구에는 범바위 둘레길로 표시되어 있기에 그냥 편히 걸을 수 있는 산길이라 생각하고 길을 오른다. 그런데 평탄한 오르막길은 점점 더 가팔라져 둘레길이 아닌 등산길이 되어 간다. 이른 아침인데도 온몸에서 땀이 배어 나오고, 머리에서는 땀이 뚝뚝 떨어진다. 어제 걸었던 낙원길이 말 그대로 걷기에 좋은 천국길이었다면, 이곳은 아귀다툼이 일어나고 있는 현실세계의 고행길처럼 느껴진다. 힘을 내고 또 내서 범바위에 도달하니, 범바위 전설을 소개하는 팻말이 서 있다. 나리마을의 할머니 댁 백구가 새끼 다섯 마리를 낳아 온 정성을 다해 기르고 있었는데, 마을 뒷산 호랑이가 새끼를 한 마리 한 마리 모두 잡아먹고 할머니마저 잡아먹으려 하자 백구가 할머니를 살리기 위해 북쪽으로 도망을 쳤지만 깎아지른 낭떠러지를 만나 꼼짝없이 호랑이에게 잡혀 먹게 될 처지가 되었다. 몸을 숨기고 공포에 떨고 있던 할머니는 백구의 울부짖는 소리를 듣고 하늘의 신께 간절히 기도를 올렸고, 그 기도와 정성이 하늘에 닿았던지 호랑이는 그대로 돌이 되어 버렸다는 것이 범바위에 얽힌 전설이다.

건배산 능선길의 작은 봉우리마다 범바위 전설 표지판 외에도 자식 사랑이 지극한 어미 소 이야기, 고향을 잃어버린 사람들 이야기와 함께 성경 구절이 빼곡하게 적힌 표지판들이 세워져 있다. 범바위까지 왔으니 다 왔다고 생각했는데, 다시 건배바위까지 가야 한다는 길 안내 표식을 보고 좌절할 수밖에 없다. 하지만 어쩌랴? 저 아래 마을로 내려가는 길은 이 길밖에 없으니 계속 걸어 오르는 수밖에 없지 않은가? 비지땀을 흘리면서 건배바위에 도착하니, 저 멀리 진도대교와 진도타워, 그리고 오늘 코스의 종점인 우수영관광단지가 눈에 들어온다. 등산로 초입에서 여덟 개의 작은 봉우리를 오르고 내려 건배산 정상까지 오는 길도 힘들었지만, 하산길 역시 가파른 내리막길이다. 미끄러지면 곧바로 황천길로 접어들 것 같은 위험한 길이다. 그런데 그 험한 길을 산악자전거를 밀고 오르는 할아버지 라이더를 보고 감탄사를 터트리며, "괜찮으셔요?" 하고 여쭈었더니 "매일 오르는 산이니 어려울 것이 뭐가 있냐?"고 오히려 반문한다. 우여곡절 끝에 하산하여, 산 아래 죽전3저수지를 지나 죽전 마을회관을 거쳐 농로를 설어 군내농공난지를 지난다. 차도를 따라서 녹진마을회관과 이충무공 승전공원의 용맹스런 장군상을 지나 진도대교를 건너서 해남군에 위치한 우수영관광단지에 있는 강강술래전수관 앞에서 12코스의 걷기를 마무리한다.

서해랑길 11코스와 12코스를 걸으며 머릿속에 이상과 현실이라는 두 단어가 교차해서 떠올랐다. 44km 중 대부분은 진도낙원해안길은 명칭 그대로 낙원, 천국, 지복(至福)의 땅 또는 이상향으로 번역되는 'paradise'처럼 느껴지는 평탄하면서 아름다운 길이었다. 하지만 12코스 마지막 부분의 건배산 등산길은 살아가기 위해 힘겹게 경쟁하고 싸워서 헤쳐 나가야 하는 현실세계의 모습으로 회귀하게 만드는 길이다. 사회복지제도가 모두가 고루 행복하게 잘 살아가는 세상, 즉 지극히 복된 세상을 만드는 것을 이상으로 삼고 있지만, 그런 복지의 이상은 절대 도달할 수 없는 이상향(paradise)일 뿐 현실의 사회복지제도는 그 이상적 모습과는 상당히 거리가 있는 허술한 사회제도임을 부인할 수 없다. 이상향이란 말 자체가 결코 도달할 수는 없다는 의미를 담고 있다고 할지라도, 그 이상향에 가까워지기 위한 사회적 노력을 통해 현실의 사회복지제도가 이상적 사회복지제도에 조금 조금씩 다가설 수 있었으면 하는 바람을 가져본다.

10. 예술적 역량과 지혜

☐ 서해랑길 18코스, 목포 지방해양수산청 - 용해동 행정복지센터, 18.0km, 6시간, 32,900걸음

이른 시간에 서해랑길 진도 구간을 마무리하고 금호고속 시외버스로 영암 구간의 끝이자 목포 구간의 시작점인 부흥산 자락 아래의 목포 지방해양수산청 앞에 도착한다. 해남과 영암, 진도 구간은 사람 만나기 쉽지 않은 조용하고 차분한 길이었던 것과 달리 18코스 단 하나뿐인 목포 구간은 시작점부터 온갖 차량과 사람들로 붐비고 소란스럽다. 소음에 귀를 닫고 도심을 가로질러 흐르는 물길 옆을 따라 남쪽으로 조금을 걸어 내려가니, 목포 앞바다가 시야에 들어온다. 바다 건너 저 멀리에 영산강과 바다를 가로막은 영산강 하굿둑의 모습도 흐릿하게 보인다. 냇물과 바닷물이 맞닿은 곳에 걸려 있는 짧은 현수교인 평화교를 건너니, 연인의 거리로 불리는 미항로에 접어든다. 2월의 마지막 월요일이지만 날이 포근하여 거리에는 연인들과 가족 나들이객들로 북적이고, 바다 전망을 한 카페와 식당은 한가로이 시간을 보내는 사람들로 가득하고, 타로점과 사주를 봐 주는 길가 봉고차에는 연인들이 귀를 쫑긋하고 있다.

미항로와 평화로 사이의 직사각형 모양의 평화광장에는 붉은 하트 조형물과 목포 9경 중 제4경인 춤추는 바다분수가 자리하고 있다. '세계 최초 초대형 부유식 바다 음악 분수'라는 이 분수는 목포항을 형상화한 부채꼴 모양의 노즐과 삼학도를 상징하는 세 마리 학 모양의 노즐로 구성되어 있으며, 최대 분사 높이가 70m에 이른단다. 봄부터 가을까지 밤 시간에만 공연을 하는데다가, 지금은 정비를 위해 휴지기에 들어간 관계로 아름다운 음악 분수 쇼를 볼 수는 없다. 인공조형물인 바다분수가 유달산, 갓바위, 노적봉 등의 자연풍광과 역사유적지들로 채워져 있는 목포 9경에 포함된 것이 의아스럽기는 하지만 나름의 이유가 있을 것이라 생각하고 길을 재촉한다.

평화광장과 연인의 거리가 끝나는 바닷가에서 갓바위를 만난다. 해수와 담수가 만나는 영산강 하구에 위치한 천연기념물 500호인 갓바위는 풍화작용과 해식작용에 의해 형성된 풍화혈(風化穴)로서, 마치 그 모습이 삿갓을 쓴 사람을 닮았다 하여 이름이 붙여졌다. 갓바위에 전해져 오는 전설은 이러하다. 아주 먼 옛날 병든 아버지를 모시고 소금을 팔아 살아가던 착한 젊은이가 아버지의 치료를 위해 부잣집 머슴살이를 했으나 품삯을 주지 않아, 한 달만에 집에 돌아왔더니 아버지는 이미 저세상 사람이 되어 있었다. 양지 바른 곳에 묻어주러 가던 중에 실수로 관을 바다에 빠뜨리게 된 아들은 불효자가 하늘을 볼 수 없다며 갓을 쓰고 자리를 지키다 죽고 말았다. 훗날 이곳에 두 개의 바위가 솟아오르자 사람들은 큰 바위를 '아버지바위' 그리고 작은 바위를 '아들바위'라 불렀다고 한다. 우리 집 아들 녀석이 중등교원 임용고시를 보고 나서 이곳에 와서 합격할 수 있게 해 달라고 간절히 빌었던 것처럼, 삶이 힘들거나 마음이 곤궁한 사람들도 이곳에서 수없이 소원을 빌었을 것이다. 그 간절한 마음으로 노력하며 살아간다면 모두들 소망하는 바를 이룰 수 있으리라는 생각을 하며, 갓바위 오른쪽 바위를 바라 보니 마치 용이 바다로 뛰어드는 모습을 닮았다. 나만 그런 느낌이 드는지 그 바위에는 특별한 이름조차 붙여져 있지 않으니, 그냥 나 혼자 '용바위'라고 이름 짓고는 그곳을 벗어난다.

갓바위 데크길을 벗어나 만나는 남농로(南農路) 양쪽으로는 갓바위문화타운이 조성되어 있다. 가장 먼저 만나게 되는 국립해양문화재연구소는 수중문화재 발굴과 보존, 전통 선박과 해양역사문화 연구 등을 수행하는 기관이다. 해양유물전시관에는 고려 시대의 난파선인 신안선을 비롯한 난파선 네 척과 함께 발굴된 고려청자 등의 유물이 전시되어 있다. 길 건너 문예역사관에는 소치 허련 선생을 비롯한 운림산방 화가들의 남종화 그림과 수석 등이 전시되어 있다. 이어진 목포 자연사박물관은 대형 초식공룡의 골격 등을 비롯하여 다양한 육상 및 수중 생명관, 지역생태관 등이 마련되어 있고, 바로 옆에는 목포 생활도자박물관이 자리하고 있다. 그 앞 도로변에는 소치 허련의 손자이자 미산 허형의 아들인 남농 허건(南農 許楗)이 선대의 유물을 보전하고 남종화의 계승 발전을 위해 건립한 남농미술관이 자리하고 있다. 다시 길을 건너면 예향 목포의 문화예술 활동을 진흥시키기 위해 지어진 목포 문화예술회관이 자리 잡고 있다. 이곳은 7개의 전시실과 대형공연장 그리고 수영장 등의 체육시설까지 갖추고 있으며, 뮤지컬을 비롯한 각종 공연이 이루어지고 있단다. 다시 육교로 길을 건너가면, 1920년대부터 1960년대까지 활동했던 김우진, 박화성, 차범석 작가 세 사람을 중심으로 목포 문학인들의 문학적 성과를 조명하기 위해 설립된 목포문학관이 자리 잡고 있다. 그 옆으로는 무형문화재인 옥공예 장인(玉匠)의 작품이 전시되어 있는 목포 옥공예전시관이 위치해 있다.

이곳 문화타운에서 다양한 문화예술 작품을 감상하고 배우고 체험하게 된다면 하루의 시간이 짧을 것만 같고, 일과 세상사를 겪으면서 쌓인 스트레스를 풀고 참다운 힐링을 할 수 있을 듯하다. 이런 생각과 함께 영어 문장 하나가 내 머릿속을 스쳐 지나간다. 바로 사회복지학계에서 지속적인 논쟁이 이루어지고 있는 주제인 '사회복지는 과학이자 예술이다(Social work is a science and art).'라는 문구이다. 내담자가 행동과 삶에 변화를 일으킬 수 있도록 돕고 세상을 사람 살기 좋은 곳으로 바꾸기 위해서는 오랜 탐구와 연구를 통해 얻어진 일반화된 과학적 지식이 분명 필요하다. 그러나 사회복지사가 돕고 개입하는 대상이 다양성과 가변성을 지닌 사람, 세상 그리고 그들이 상호작용하여 만들어 내는 삶이라는 세 가지 역동적 체계이므로, 객관화되고 정형화된 과학적 지식만으로는 성공적인 개입의 성과를 거두는 데 한계가 있다. 특히 내담자와 사회복지사 간의 촉진적 원조관계의 중요성이 강조되는 상황에서는 일반화되고 정형화된 지식보다는 내담자가 가진 독특한 특성과 특수한 상황적 요인을 깊이 통찰해 낼 수 있는 예술적 감각과 지각이 필요하다는 것은 널리 알려진 상황이다. 따라서 사회복지사는 냉철한 과학적 지식뿐 아니라 예술적 자질과 역량을 동시에 갖추어야 하며, 현장에서의 경험을 통해 터득한 실천지혜(practice wisdom)를 함께 활용할 수 있는 능력을 갖추어야 한다.

길을 걸으며 생각이 너무 많다는 생각에 손으로 머리를 한번 툭 치고 나서, 문화타운에서 거름 냄새가 진동하는 무화과 밭 옆으로 발걸음을 옮겨 놓는다. 바로 옆 도로의 차들이 쌩쌩 달리면서 내지르는 소음에 내 귀와 정신이 혼란스러워진다. 이 혼란스러운 길은 웨딩컨벤션센터, 공업사와 철물점, 아파트와 오피스텔, 자유시장, 주유소와 고물상 등을 거쳐 삼학도 입구에 이르기까지 계속된다. 삼학도는 세 마리 학의 섬이라는 뜻인데, 옛날 옛적 유달산에 한 젊은 무사가 자신을 연모하는 마을의 세 처녀가 수시로 드나들어서 공부를 소홀히 하기에 이르자, 공부가 끝날 때까지 다른 섬에서 기다려 달라고 부탁을 하게 된다. 세 처녀는 무사를 기다리다 그리움에 식음을 전폐하다가 죽어서, 세 마리 학으로 환생해서 구슬피 울며 유달산 주위를 맴돌았다. 그 사실을 모르는 무사가 활시위를 당겨 학들을 유달산 앞바다에 떨어져 죽게 했고, 그 후 학이 떨어진 자리에 세 개의 섬이 솟으니 사람들이 '삼학도'라 불렀다는 것이다. 조선 시대 목포진의 주요 뗄감 공급처였던 삼학도와 관련된 역사적 사실 중의 하나는 '목포 개항 2년 전에 일본인 삽곡 용랑이 목포 관리 김득추를 이용해서 삼학도를 매입하여 일본인의 소유로 넘어가게 되고 1910년 국권 침탈 이후 일본인의 땅으로 귀속되었다.'는 것이다. 이 삼학도 토지 암매 사건은 일본이 목포 토지를 침탈한 대표적 사례로 꼽히고 있다.

목포 제7경인 삼학도 입구의 난영공원은 '목포의 눈물'로 잘 알려진 가수 이난영의 묘가 위치해 있는데, 이 묘는 우리나라 수목장 1호로 알려져 있다. 묘소 바로 옆에는 전라남도와 경상북도가 화합과 상생협력을 다짐하며 2017년에 조성한 경북화합의 숲이 자리하고 있다. 숲에서 가까운 곳에 위치한 김대중 노벨평화상 기념관은 제15대 김대중 대통령이 2000년도에 노벨평화상을 받은 것을 기념하기 위해 설립된 기념관으로, 대통령에 관한 소개, 활동, 사상, 업적, 자료와 유품 등이 전시되어 있다. 호젓한 삼학도 공원을 돌아 나와 목포종합수산시장의 역동적 삶의 모습을 만난 후, 원래 코스에서 살며시 벗어나 목포역 인근의 전국 5대 빵집으로 알려져 있는 제과점에 들러 크림치즈바게트와 빵 몇 개를 사 들고, 그 옆의 오거리문화센터에 들른다.

오거리문화센터 건물은 1897년 목포 개항 이후 가장 먼저 진출한 일본 불교사원인 '진종 대곡파 동본원사'로 일본인이 거주하는 개항장 지역에서는 벗어나 조선인과 일본인이 만나는 접경지에 위치해 있었다. 광복 후에는 정광사 사찰이었다가, 1957년에는 중앙교회 건물로 사용된 역사를 가진 등록문화재인데, 건물 마당에는 이곳이 1980년 있었던 5·18 민주화운동 사적지임을 알리는 기념비가 세워져 있다. 이 건물에 우리나라의 근대와 현대의 역사가 오롯이 남겨져 있음에 한편에서 마음이 저려 온다.

목포역에서 시작하여 이곳을 지나는 옥단이길을

보고는 어려운 상황을 극복해 나가는 인간의 역량을 확인하게 된다. 옥단이는 1930년대부터 1950년대까지 조선인 마을의 골목을 누비며 유달산에서 물을 길어다 주고 허드렛일을 도와주며 살았던 실존 인물이다. 그녀는 가난과 조롱, 차별과 핍박에도 굴하지 않고 굳건하게 삶을 개척해 나갔을 뿐 아니라 순수(純粹)의 힘으로 실의에 빠진 목포 사람들의 삶에 활력을 불어넣고 희망을 쏘아 올린 여인으로 평가받고 있다. 더 나아가 옥단이는 이순신 장군, 이난영 가수, 김대중 대통령과 함께 목포의 4대 인물로 불리기도 한다. 그리고 목포 출신 차범석 작가는 그녀의 삶의 여정을 모티브로 하여 〈옥단어!〉라는 희곡을 썼으며, 지금도 극단에서 연극 공연을 올리고 있다.

목포근대역사문화예술공원과 목포 민어의 거리를 거쳐 서해랑길의 원래 코스인 목포진역사공원에 도착한다. 목포 제6경인 목포진은 조선 시대 바다에서 국방과 치안을 맡아보던 수군 진영이다. 한반도 서남해 방어의 역할을 수행해 오다 일제 강점기에 훼손되었는데, 이를 120여 년 만에 복원하여 역사공원으로 조성되었다고 한다. 목포진역사공원 옆 언덕배기에는 김대중 대통령이 목포제1공립보통학교부터 목포공립상업학교 시절까지 살았던 2층짜리 건물이 위치해 있다. 이 건물은 전남 신안군 하의도에서 목포로 이사하여 여관을 운영하던 대통령 가족의 살림집터로 2층을 소년 김대중 공부방이라 부르고 있는데, 조그만 대통령 기념관이라고 할 수 있을 정도로 대통령과 관련된 각종 자료들이 전시되어 있다. 소년 김대중 공부방을 보면서, 중학교 2학년 때 경남 의령군 작은 동네에서 상경하여 청와대 옆 서촌 누상동과 누하동에서 단칸 사글세 방을 빌려 세 형제가 같이 살며 일하고 공부를 했던 나의 청소년기 삶의 편린(片鱗)들이 파노라마처럼 머릿속을 스쳐 지나간다.

목포근대문화거리를 따라 걷다 보면 수많은 적산가옥(敵産家屋)을 만나는데, 적산가옥이란 적들의 재산 또는 적들이 만든 집이라는 의미다. 현재 목포근대역사관 2관으로 운영 중인 옛 동양척식주식회사(東洋拓殖株式會社) 목포지점 건물은 서양식 2층짜리 건물이다. 이 회사는 조선의 토지와 자원을 빼앗아 갈 목적으로 설치한 대표적인 일본제국주의 식민정책의 선봉기관이자 농민수탈기관으로서의 역할을 해왔던 곳이다.

목포근대역사관 1관으로 가는 길가에서 1922년에 준공된 목포 일본기독교회 건물을 만나게 된다. 이 교회의 윤치호 전도사와 그의 부인 다우치 치즈코(한국명 윤학자) 여사는 우리나라 사회복지 역사에서 매우 중요한 인물이다. 대부분의 사회복지시설이 외국 선교사들이 처음 건립하여 운영했던 것과는 달리, 윤치호 전도사는 1928년 걸인(乞人), 부랑인과 고아들을 모아 더불어 살자는 의미로 유달산 아래에 공생원(共生園)을 설립하여 운영해 왔다. 윤전도사는 1951년 부족한 식량을 구하러 광주로 갔다가 실종되었지만, 공생원 설립 10년 뒤에 그와 결혼한 일본인 윤학자 여사는 일본으로 돌아가지 않고 공생원을 지키며 아이들을 위해 평생을 헌신하였다고 한다. 지금도 이곳 공생원에는 50여 명의 유아, 아동, 청소년 그리고 청년들이 같이 생활하고 있다.

현재 목포근대역사관 1관으로 운영 중인 붉은 벽돌의 2층 건물은 1900년에 지어진 구목포일본영사관으로서, 목포 지역의 경제침탈과 식민정책을 총괄했던 곳이다. 광복 이후에도 이 건물을 헐어 버리지 않고, 후세대들이 그 역사적 의미를 깨달을 수 있도록 국가사적 289호로 지정하여 보존하고 있다. 이 건물 앞에는 국도 1, 2호선 기점을 표시하는 기념비외 도로원표가 설치되어 있고, 오르막 오른쪽에는 평화의 소녀상이 붉은 털실로 짠 모자와 목도리를 쓰고 있다. 목포근대역사문화거리는 청일전쟁에 승리한 일본이 대한제국 정부를 압박하여 체결한 잠정합동조관(暫定合同條款)을 기반으로 1897년 10월 1일 목포항을 개항하면서 시작된 일제강점기의 굴곡진 우리의 역사와 선조들의 핍박과 억압에 짓눌린 생활사적 모습을 동시에 볼 수 있는 역사적 공간이다. 아무쪼록 이곳이 갬성(?) 여행지, 맛집, SNS 사진 명소, 유력 인사의 부동산투기 현장 등으로만 소비되지 않기를 간절히 기도하며, 오르막길 왼편으로 김암기미술관과 노적봉예술공원을 지나 노적봉에 오른다.

목포 제5경인 노적봉은 해발 228m의 유달산 초입에 있는 커다란 돌로 된 봉우리다. 임진왜란 당시 이순신 장군이 노적봉 바위를 볏단으로 엮은 이엉을 덮어씌워 군량미를 많이 비축한 것처럼 보이게 하고, 백성들에게 군복을 입혀 주위를 돌게 함으로써 많은 군사가 있는 것처럼

위장하는 심리전을 통해 일본군을 후퇴시킨 장소다. 노적봉의 이순신 장군 동상과 대학루 사이에 자리 잡은 오포대에는 정오를 알리던 포신이 남아 있다. 필자에게도 어린 시절 정오를 알리는 오포 사이렌 소리를 점심 먹을 시간으로 알아들었던 기억이 남아 있다.

서해랑길은 목포 9경 중 제1경인 유달산 정상으로 가는 등산길이 아닌 왼쪽 둘레길로 방향을 바꾼다. 둘레길 초입 아래쪽의 목포 갈릴리교회와 작은 집들 그리고 오른쪽 학암사를 지나 숲속 오솔길 같은 유달산 둘레길로 들어선다. 이 둘레길은 목포에서 일을 마치고 몇 번 걸어 본 길이지만, 겨울 끝자락에 방문한 것은 처음이다. 봄이나 가을에 비해 그 풍경이 아름답지는 않지만, 그래도 산속 나무들과 길가의 풀들이 봄을 준비하는 모습을 보는 것도 나쁘지 않다. 목포 시내의 소음과 매연에서 벗어나 숲속 신선한 공기를 마시는 것만으로도 여유로움을 느낀다. 왼쪽 아래로는 시원한 바닷가 풍경이 펼쳐지고 그 위로는 해상케이블카가 바다 건너 고하도까지 바쁘게 오가고 있다. 신안비치호텔과 그 옆에 있는 공생원 위 둘레길을 따라 걸어 유달산 낙조대에 이른다. 이곳에서 바라보는 목포대교의 일몰 장면이 목포 제2경이라는데, 아직 해가 지려면 시간이 남아 있어 낙조를 보기는 틀렸다. 저 아래 바닷가 목포해양대학교를 지나 어민동산을 에둘러서 덕산 마을회관과 목포 해상케이블카 북항승강장을 돌아 나오니, 도회지의 번잡함과 소란스러움이 몰려온다.

번잡한 도심의 식당과 숙박업소를 지나 북항 활어회 어시장에서 우회전하여, 고하대로를 따라 차도를 걷는다. 북항동 행정복지센터 주변의 아파트 숲을 지나고, 연산동 행정복지센터 주변의 공업단지를 지나 주유소들이 즐비한 큰길에서 벗어나 작은 차도로 접어들어도 여전히 아파트와 상점들이 줄지어 기다리고 있다. 아파트 뒷길로 돌아 어린이공원에 이르기 전에 또다시 아파트와 식당들이 몰려 있는 길을 지나 만난 아파트 건너편에 위치한 용해동 행정복지센터에서 서해랑길 18코스를 마무리한다.

11. 공존

□ 서해랑길 19-20코스, 목포 용해동 행정복지센터 – 무안 용동 마을회관, 35.5km, 11시간 30분, 66,512걸음

이른 새벽 목포역에 내려 해장국집에서 뼈해장국을 시켰는데, 말 그대로 뼈와 오가피를 우려 만든 국물만이 그릇을 가득 채우고 있다. 시래기가 들어 있을 것으로 기대한 나에게는 낯선 모습이지만, 어쨌든 속을 든든히 채우고는 2번 시내버스로 19코스 시점에 이른다. 지난 목포 구간의 마지막 7km 정도부터 이어진 도시의 분주함과 소란스러움이 이곳에서도 여전하지만, 목포 현대병원을 지나 마을길로 접어들면 그 번잡스러움이 확연히 줄어든다. 마을 끝 무렵에 영아선담어린이집에서 0~2세의 원아를 모집한다는 현수막이 크게 걸려 있는데, 바로 뒤 교회에서 운영하는 어린이집이었다. 또 교회 건물에는 2023년 3월부터 한 달 동안 매주 토요일 오후 5시에 아버지학교를 운영한다는 현수막이 걸려 있다. 그 속에 '아버지가 살아야 가정이 삽니다.'라는 홍보문구를 보고, 여러 생각이 오간다. 지금은 많이 달라졌지만 아버지와 집이라는 공간은 왠지 잘 어울리지 못하는 사이처럼 여겨졌고, 아버지가 집에 있으면 적막강산이 되거나 어색한 공기가 집안을 가득 채우기 일쑤였다. 그런 점에서 아버지가 가정에서 남편과 아버지 그리고 심지어는 아들로서의 역할을 잘할 수 있도록 알려 주는 것은 참 의미 있는 일이다. 사회의 한 구성 요소인 교회가 민간복지사업에서 중요한 역할을 감당함으로써 세상의 빛과 소금으로서의 사명을 다하고 있으니, 참으로 고마운 마음이 든다.

교회 주차장을 돌아서면 바로 양을산 숲길로 이어진다. 숲은 마법과 같이 도시의 요란함을 잠재우고, 신선함과 고요함을 선물로 내어 준다. 이른 아침 운동 삼아 산책과 등산에 나선 나이 지긋한 동네 주민들과 인사를 나누며, 잘 다듬어진 숲길을 걷다 베어진 잡목(雜木)들에 눈길이 머문다. 키 큰 소나무가 자라기 좋은 환경을 만들기 위해 그 아래 작은 나무들을 쓸 데 없는 나무로 취급하여 모조리 베어서 한 구석에 밀쳐놓았다. 빼어나고 뛰어난 존재를 위하여 모자라고 왜소한 존재를 잘라 버리는 일이 이 숲에만 있는 것이

아니라 세상 사람의 삶 속에서도 벌어지고 있다. 하루빨리 모두가 귀한 존재로 존중받는 사람 살기 참 좋은 세상이 되기를 간절히 바라며, 오르막을 오른다. 다행히도 잘리지 않고 푸른 잎새를 자랑하고 있는 동백나무에 지금까지 단 한번도 보지 못한 주황색 꽃이 피어 있고, 다른 나무에는 분홍색 꽃과 보라색 꽃이 피어 있다. 그 신기한 현상을 확인하려 길에서 벗어나 동백나무에 가까이 다가서 유심히 살펴보니, 누군가 가지에 조화를 매달아 놓았다. 신기함이 허탈감으로 바뀌고, 꾸준한 오르막길에 숨이 살짝 가빠올 즈음에 꽃무릇 사거리에 이른다.

고창 선운사와 영광 불갑사에 가면 볼 수 있는 상사화로 불리는 꽃무릇은 9~10월 사이에 꽃을 피우는 가을꽃이다. 잎이 나오면 꽃이 지고 꽃대가 나오면 잎이 말라 버리는데, 지금은 짙은 녹색의 풀잎들만 무성하다. 꽃무릇이라고 써놓지 않았다면, 나무와 풀들에 문외한인 나 같은 사람은 맥문동으로 착각할 듯도 하다. 얕은 고개 사거리에서 삼림욕장 방향으로 가는 길안내 표지판 아래에 영산기맥 트래킹길이라 쓰여 있는데, 통나무 계단으로 만들어진 길은 꾸준히 오르막길이다. 아침녘 선선한 바람에도 땀이 배어 나올 즈음에, 정자에 올라서니 산 아래 도시풍경이 한눈에 들어온다. 약간 경사진 내리막길을 내려와 그냥 제1저수지로 불리는 곳에 내려서면 유아숲체험원 실내교육장이 나오고, 그 앞

울타리에 붙은 울긋불긋 귀여운 무당벌레와 바람개비 모형이 시선을 사로잡는다.

양을산 그림자가 아름답게 비치는 평온한 저수지 둘레길은 목포시문학회에서 아름다운 시구들을 걸어 놓아 '시가 있는 길'이란 이름을 가졌다. 그 길 위쪽 삼림욕장 아래에는 목포시 청소년수련원과 목포시 청소년성문화센터가 자리 잡고 있는데, 아직은 학기 초인지라 고요하기 그지없고 직원들 차량만 덩그러니 공간을 채우고 있다. 청소년수련원을 옆으로 하고 편백나무가 줄지어 무성하게 자라난 양을산산림욕장으로 접어든다. 꽃무

룻 사거리에서 이곳까지 거리가 450m라고 표시되어 있는데, 왠지 한참을 걸어온 것 같은 느낌이다. 그나마 메마른 숲속에 분홍의 꽃을 피워 올린 진달래 몇 그루가 위로를 전해 준다. 편백나무 숲 사이로 난 가파른 통나무 계단을 거쳐 고압 전류가 흐르는 송전탑까지 이어지는 가파른 능선을 오르니 머리에서 비 오듯 땀방울이 쏟아진다. 그런데 청솔모 한 마리도 얼씬거리지 않는 송전탑 아래에 서니, 어디선가 요상한 소리가 귓전을 맴돈다. 사방을 두리번거리다가 송전탑을 올려다보았더니 고압전류가 흐르는 전선이 울부짖는 소리다.

내 몸에 고압전류라도 흐를듯하여 서둘러 능선 내리막길을 내달려 찻길에 내려서니, 공사 중인 아파트들이 방금 만난 숲과는 다른 의미의 숲을 이루고 있다. 산 아래 작은 밭들에는 나이 지긋한 도시농부들이 대파와 쪽파, 마늘과 양파, 시금치와 이름 모를 채소를 구획을 갈라 심어놓고는 잡초를 뽑느라 분주히 손길을 움직이고 있다. 아파트 공사장 소음방지 가림막에는 '대한민국 4대 관광도시 목포'라는 글귀가 큼지막하게 쓰여 있는데, 나머지 세 곳의 도시가 어디일지 궁금해진다. 아파트 공사장 가운데 자리 잡은 편의점 앞에서 등짐을 내려놓고 신발과 양말을 벗겨내고는 털썩 주저앉아, 텀블러에 든 커피로 목을 축이고 손수건으로 땀을 씻어 내며 산길을 넘어오느라 달아오른 몸을 식힌다.

아파트 공사장을 지나면 오른쪽으로 목포가톨릭대학교가 자리 잡고 있다. 가재는 게 편이라고 대학에 몸담고 있다 보니, 지방대학의 모집이 발등에 불이 떨어진 상황에서 종교적 배경을 가진 지방 대학교의 신입생 모집이 성공했을지 염려가 된다. 큰길 양편에는 온통 주유소들이 점령하고 있고, 조금을 걸어가면 중앙직업전문학교와 삼항동 행정복지센터를 만나고, 그 옆에 붙어 있는 재난 발생시 이재민구호소로 운영되는 임시주거시설을 지난다. 연이어 목포중앙고등학교와 남양제라는 저수지를 건너다보며, 목포 인터체인지에 이르기 전에 길은 작은 마을 앞 들녘으로 돌아간다. 초입에는 국제라이온스협회 지부 건물이 있고, 그 옆 슬레이트 지붕을 입은 빈집 앞뜰에는 청매화가 소담하게 피어 있다. 산계들 앞 마을 초입의 비닐하우스 건물에 목포시 고양이연합에서 내걸은 현수막의 '동물학대, 그다음은 사람입니다.'라는 글귀가 많은 것을 생각하게 한다.

1번 국도 아래 굴다리를 지나 농로를 따라가면, 자그마한 중등포 방조제에 이른다. 물 빠진 방조제 안 드넓은 바다 갯벌에서는 동네 아낙네가 무언가를 잡기 위해 갯벌 속 깊

이 팔을 넣었다 뺐다 한다. 방조제 끝 중등포배
수장 옆, 마치 별장 같은 느낌을 주는 코스모스
악기 연수원을 지나, 썰물로 발이 묶인 배들이
정박해 있는 마동항에 이른다. 마동항 입구에
는 석양이 지는 바다를 바라보는 말의 형상을
한 조형물이 세워져 있다. 아마도 마동마을이라
서 말 조형물을 세우지 않았나 싶은데, 육지 안
으로 깊숙이 자리 잡은 까닭에 항로표시를 굳이
할 필요가 없었는지 등대의 기능도 갖추어져 있
지 않다. 마동마을에서 마갈마을까지 이어지는
차로는 갯벌과 나란히 달리는데, 길 위의 산기
슭에는 여느 어촌마을과는 달리 닭섬과 바다 방

향으로 지어진 근사한 집들이 줄지어 서 있다. 농업과 어업으로 생계를 유지하는 주민들
의 집이라기보다는 도회지에서 은퇴한 사람이나 전원생활을 누리려는 사람들이 살고 있
는 집들로 보인다. 마갈마을에서 갓섬까지는 해상보행교가 놓여 있고, 입구에는 단독형
타운하우스를 분양한다는 휴양지 느낌의 그림이 인쇄된 입간판이 크게 자리 잡고 있다.
찻길에서 오른쪽으로 방향을 틀어서 마갈 마을회관을 지나면 야트막한 고개에 올라선
다. 해남 땅에서 추사 김정희와 교유하고 우리나라의 다도를 정립한 초의선사의 출생지
인 전남 무안군 삼향면 왕산리 봉수산 자락의 유적지까지 1.7km라는 표지판이 고갯마
루에 세워져 있지만, 갈 길이 멀어 들르지 못하고 지나친다.

　고개를 내려서면 축사에서 풍기는 고약한 냄새에 코를 찡그리지만, 마을 골목에 피어
난 매화의 향기로 그 냄새를 잊게 된다. 삼향농공단지와 붙어 있는 복룡 마을회관 앞에
는 어미 시골 개와 아기 강아지가 꼬리를 흔들며 지나는 길손을 반긴다. '말이 쉬어 가는
마을'이라는 복룡마을 안길을 따라 걸어내려 가면, 월호제라는 저수지를 만난다. 월호저
수지에서 마을까지 이어지는 흙길에는 까맣고 평평한 돌판과 흰색 자갈들로 만들어진
예쁜 길이 놓여 있다. 그 길 끝 월호 마을회관에는 동네 주민들이 모여 앉아 점심을 함께
즐기고 있다. 월호마을 끝 보리밭 고갯길을 넘어서면 산기슭에 수십 개의 벌통들이 줄맞

춰 놓여 있고, 벌 주인은 벌들이 곧 지천으로 피어날 꽃들로 여행 다닐 수 있는 힘을 길러 주려는 듯 바쁘게 움직이고 있다. 차가 다니는 지산길을 뒤로 하고 작은 농로를 걸어 다리 두 개를 건너면 지산천과 도림천이 만나는 두물머리에 다다른다. 경기도 양평군 양수리의 두물머리에는 훨씬 못 미치지만, 이곳 두물머리도 꽤나 폭이 넓고 수량도 많아 보인다. 도림천 뚝방길 아래에는 갈대들이 바람에 일렁이고, 물 위의 철새들은 내 발자국 소리에 놀라 저 멀리 도망간다. 도림천에서 도로공사가 한창인 청계천의 작은 다리를 건너 이어지는 뚝방길에서 웰시코기 강아지를 만나는데, 주인의 발걸음에 맞춰 짧은 다리로 엉덩이를 씰룩거리며 걷는 모습이 참 귀엽다. 뚝방 위에 핀 옅은 푸른색 꽃인 큰개불알꽃과 붉은색 작은 꽃인 광대나물꽃, 민들레꽃 등의 수많은 야생화가 나를 반겨 준다.

청계면 입구 무안소방서 청계 119지구대를 지나면, 바로 풋살경기장과 게이트볼장을 만나고 길 건너 성당과 오른편 교회 그리고 왼편의 원불교 교당을 만나게 된다. 목포대학교 도림캠퍼스로 이어지는 길 위에는 선남경찰청에서 위촉한 아동안전지킴이 일을 하는 어르신 몇 분이 형광색 조끼를 입고 동네 이곳저곳을 살피고 있다. 목포대학교 정문에는 여느 대학처럼 신학기를 맞아 활기를 띤 모습을 보이고 있는데, 프리미엄 레스토랑의 아침을 1,000원에 먹을 수 있다는 현수막에 눈길을 두는 순간, 점심시간을 지나 텅빈 배 속에서 꼬르륵 신호를 보내온다. 목포대 사거리 왼쪽에 청계면 노인회, 청년회, 예비군중대가 함께 들어서 있는 청계면 복합센터에서 19코스를 마무리하고, 길 건너 냉면집에서 살얼음이 동동 떠 있는 물냉면 한 그릇으로 더위를 잠시 식힌다.

초봄인데도 낮 기온이 20도를 훌쩍 넘는 시간에 만난 20코스의 첫 시작은 차들이 쌩쌩 달리는 8차선 대로다. 청계면사무소로 잠시 에둘러 돌아서, 물이 거의 없는 용계천변길로 소설봉 아래의 들녘 길을 지나 다시 대로를 만난다. 운전자들 모두 베테랑인 듯, 보행로조차 없는 길가를 걷는 나를 피해서 쏜살같이 달려간다. 스님들이 득도를 한다는 승달산 인근인지라 빌라의 이름도 승달빌라인데, 큰 길에 어김없이 나타나는 주유소를 지나 한국폴리텍대학 전남캠퍼스와 청계초등학교를 앞두고, 영산로와 청계공항로가 교차하는 길을 비켜서 서해랑길은 왼쪽 농로로 방향을 바꾼다. 멋진 전원주택이 지어져 있는 도골제라는 저수지와 에덴노인전문요양원 그리고 무안군노인전문요양원을 거쳐 에디슨신학교 앞을 지난다. 영산로의 아스팔트길을 따라 걸으면 상마 마을회관을 지나 815번 지방도로를 건너고 다시 영산로로 되돌아오고, 작은 개천의 다리를 건너면 오징어게임 캐릭터 그림이 그려진 복룡마을길을 지나 복룡 마을회관에 이르기 전에 다시 왼쪽으로 방향을 틀어 복룡장로교회 앞에서 815번 도로를 건너게 된다. 20코스 초입부터 여기까지 815번 도로를 가운데 두고 왼쪽 오른쪽으로 지그재그로 오가는 느낌을 받아 두루누비 애플리케이션을 확인하니 아직도 한 번 더 크게 지그재그를 해야 한다. 강정길에서 바다 쪽으로 걸어가다 다시 오른쪽으로 방향을 틀어 강정제일교회를 거쳐 강정2리 태천마을 노인회관을 지나고, 태천길을 걷다 보면 다시 815번 도로를 만난다. 횡단보도 건너 청운로를 따라 강변을 지나고, 멀구슬나무들을 바라보며 담벼락 사이로 뚫린 창문 너머로 고개를 내민 소들과 인사를 한다. 다시 815번 도로와 나란히 걸어 도대교차로에서 길을 건너, 해운로와 잠깐 만난 다음 청운로를 계속 걸어간다. 서해랑길 20코스의 초반부는 이렇게 청계공항로인 815번 도로를 가운데 두고 갈지 자 행보를 하면서 축사와 태양광발전소, 대숲과 양파밭, 교회, 작은 마을들을 보여 주며, 길 걷는 사람들의 발품을 팔게 한다.

갈 지(之)자 형태의 서해랑길을 벗어나 조금 더 걸으면 톱머리방조제에 올라선다. 늦은 오후 시간의 톱머리방조제는 만조기에 접어들어 거센 바람을 타고 푸른 파도로 넘실거리고 있다. 바람과 파랑 파도의 환영을 받으며 톱머리방조제 위를 걷다 보면, 무안골

프클럽을 이용하는 골퍼들을 유혹하는 골프용품점과 카페 건물이 자리 잡고 있다. 방조제 끝 무렵에서 1.5km 떨어진 무안컨트리클럽의 전경이 미세먼지 때문에 희미하게 눈에 들어온다. 방파제 끝에서 톱머리해수욕장까지 1.7km에 이르는 해안산책로에는 금요일 늦은 오후의 여유를 즐기는 낚시꾼들이 딸랑거리는 방울소리에 귀를 쫑긋한 채 바다를 응시하고 있다. 여전히 시간을 낚고 있는 낚시꾼들을 뒤로하고 톱머리항에 들어서면, 저 멀리서부터 눈길을 끌던 등대가 등장한다. 아마도 인근에 무안공항이 있는 것에서 아이디어를 얻어 비행

기가 이륙하는 모습을 닮은 등대를 세운 듯하다. 항구 바로 옆 손님 하나 없는 텅빈 횟집 옆을 지나 해안길로 접어들면, 모텔 건물과 만조 때문에 보이지 않지만, 썰물 때에는 드넓게 펼쳐지는 모래해변 그리고 소나무 방풍림으로 구성된 톱머리해수욕장이 자리 잡고 있다. 해수욕장 길을 벗어나 붉은 황토밭들을 지나, 무안공항 뒤편 도로를 따라 걷는다. 해가 서해로 저물어가는 시간이지만 흐린 날씨로 인해 낙조도 볼 수 없고, 공항이기는 한데 뜨고 내리는 비행기는 눈에 띄지 않는다. 공항 뒤편 길 끝 무렵에서 왼쪽으로 방향을 바꿔 송현1리 두모마을회관을 지나 한참을 걸어 용동마을회관 앞에서 오늘의 걷기를 마무리한다. 해가 바다로 자맥질을 할 시간에 운임 1,000원이 교통카드로 결제가 되는 농어촌버스를 타고 숙소에 들어와 피곤에 지친 육신을 누인다.

숙소 천장을 바라보고 오늘의 길을 회상해 보니 다양성이란 한 단어가 떠오른다. 8차선대로와 2차선 지방도 그리고 숲길과 농로, 천변길과 해안길을 걷고, 그 위에서 아파트와 전원주택과 농어가 그리고 심지어 빈집들도 만나고, 가게의 공공기관 건물들과 항구와 공항을 만났다. 양파밭과 마늘밭, 텅 빈 논들, 광활한 갯벌, 대나무와 소나무, 큰개불알꽃과 광대나물꽃과 이름 모를 꽃과 풀들, 그리고 겨울 추위에도 생생한 소나무와 봄기운을 머금은 진달래와 매화, 말라비틀어진 풀들을 만났다. 도시민, 어민, 농민들의 사람은 물론이고 갯벌 위로 기어오르는 다양한 생명체들을 만나고, 전원주택 앞마당을 노니는 닥스훈트는 물론이고 웰시코기, 진돗개, 시골개와 강아지를 비롯한 다양한 견종을 만나기도 했다. 그 외에도 다양한 생명체와 무생물을 만났는데, 그들은 자연 속에서 나름의 질서와 조화를 유지하며 공존하고 있었다. 그런데 같은 종에 속하는 생명체인 사람들은 남성과 여성, 도시 사람과 촌사람, 잘사는 사람과 못사는 사람, 잘나고 못난 사람, 높은 자와 낮은 자 등 갖가지 기준에서 서로 계급과 계층을 구분하고, 서로 잘났다고 앞섰다고 자랑하며 남들을 차별하고 동그라미 바깥으로 밀어내고, 억압과 지배의 카르텔을 형성하며 살아가고 있다. 많든 적든, 잘났든 못났든, 높든 낮든, 뛰어나든 모자라든 모두가 다 같은 동종의 생명체인데, 그렇게들 차이를 차별로 이어 가는 모습이 참으로 안타깝기 그지없다. 사람을 비롯한 모든 생명체가 존재 그 자체로만으로도 존중받고 서로의 삶을 지탱해 주는 사람 살기 참 좋은 세상을 만들기 위해 헌신하는 참다운 사회복지사가 더욱 많아지게 해달라는 기도로 오늘 하루를 마감한다.

12. 빈집

□ 서해랑길 21 – 22코스, 무안 용동 마을회관 – 운남 버스정류장, 23.8km, 8시간, 44,247걸음

안개가 자욱하게 내려앉은 용동 마을회관 앞에서 버스가 다니는 편도 1차선 포장도로를 따라 걷는다. 운남면 하묘리의 꽃회사 버스정류장을 지나고 공항로 위를 넘어 차도를 잠시 비켜나, 시멘트로 포장된 마을길로 걸어가면 두곡 고인돌군에 이른다. 이 고인돌군은 청동기 시대 유적으로서, 고인돌 9기와 함께 돌널무덤 9기, 돌뚜껑 움무덤 1기 등 삼국 시대의 고분, 움무덤, 독무덤과 함께 부장품으로 간돌검 그리고 사람이 살았던 집터가 발견된 것을 볼 때, 가족단위 집단묘지였을 것으로 추정되고 있다. 이곳 이외에도 무안군 운남면의 구릉지대에서 고인돌군과 집터가 발견되어 오래전부터 여러 부족이 무안 지역에 살았다는 사실을 입증해 주고 있다.

고인돌군 인근의 노인주간보호센터의 차량은 어르신을 모시러 가기 위해 막 시동을 걸고 있는데, 나는 그 앞 큰길의 횡단보도를 건너 신촌마을로 이어지는 마을길로 접어든다. 길 옆의 밭들은 모두 황토 흙이고, 그곳에 심겨진 작물은 모두 양파다. 가끔 마늘밭, 보리

밭, 소먹이 풀밭이 눈에 띄지만, 오늘 걷는 길의 대부분의 땅에 양파가 심겨져 있다. 후각이 예민한 사람이면 양파 냄새에 질식할 듯도 한데, 후각이 덜 예민한 덕에 나는 편안히 길을 걷고 양파향 덕에 콜레스테롤 수치 또한 낮아졌을 것 같은 느낌이 든다. 양파가 심긴 것을 보니 사람 손으로 일일이 심은 것은 아닌 듯하고 기계로 심은 것 같다. 하지만 봄 가뭄에 목마른 땅에 스프링클러를 돌리고, 검은 비닐막 아래의 잡초를 뽑아 주는 것에서 시작해 마지막 생산단계까지 고된 노동이 기다리고 있을 듯하다. 앞으로 자장면을 먹을 때마다 농촌마을 고령 농사꾼의 노고가 느껴져, 양파를 단 한 톨도 남기지 못할 것 같다.

양파들과 동행하며, 들길을 따라 발걸음을 옮겨 신촌마을에 이른다. 서해랑길의 첫 출발지인 해남군 땅끝마을에서 이곳에 이르기까지 농촌이든 도시든 간에 마을마다 어김없이 등장하는 풍경이 있다. 바로 빈집이다. 전라남도 귀농산어촌종합지원센터에서는 지역내 빈집의 매매를 알선하고 있으며, 목포시에서는 건물주가 빈집을 자진 철거할 경우 500만 원을 지원하고 슬레이트 지붕 건축물일 경우 추가 지원까지 해 주고 있다. 오늘 신촌마을에서 만나는 빈집은 유독 잔상을 오래 남긴다. 운남신촌1길 40번지에 위치한 빈집에는 아직도 문패가 걸려 있고 시계는 오전인지 오후인지 모르겠으나 5시를 가리키고 있고, 마당에는 경운기와 작은 배 한 척이 덩그러니 놓여 있다. 이 집에 살던 분은 농사와 어업을 함께 하며 생계를 일궈 왔지만, 힘이 부쳐 더 이상 배를 탈 수 없게 되자 선장 없이 바다 위를 외로이 떠다니다 난파선이 될 배의 운명이 안타까워서 집 마당에 올려 놓고는 먼 곳으로 떠난 듯하다. 가슴 저리게 하는 이 집뿐만 아니라 지금까지 300km가 넘게 서해랑길을 걸으면서 지나는 마을마다 최소 한 채의 빈집을 만났다. 작은 마을임에도 서너 채의 빈집들이 가장 먼저 지나는 과객을 맞는 경우도 있었다.

해파랑길을 걸을 때도 서해랑길을 걸을 때도 마찬가지 장면들이 눈에 들어온 것을 보면, 우리나라 동서남북 농산어촌 마을에 셀 수 없는 빈집이 있을 것이 분명하다. 다양한 원인이 있겠지만, 농어산촌 인구의 고령화가 가장 큰 요인일 것이며, 거기에 더해 일터와 자녀교육을 위해 도회지로 떠난 자녀 세대가 병의원, 문화시설 등의 생활편의시설이 부족한 곳으로 되돌아오지 않기 때문일 것으로 예측된다. 그러므로 농산어촌 심지어 도심지역의 빈집 문제를 해결하기 위해서는 단순한 주택정책만으로는 뾰족한 해결책을 찾

을 수 없으며, 경제정책, 산업정책, 교통정책, 문화정책, 교육정책 그리고 복지정책이 종합적으로 추진되어야만 한다. 그런데 정부 부처가 협력해야 하는 종합대책을 수립할 때, 제로베이스에서 시작하여 고민에 고민을 거듭한 진정한 종합대책을 제시하지 못하고, 각 부처마다 기존 정책들을 주워 모아서 퀼트(quilt) 조각보 같은 정책을 종합대책이라고 제시하고 있는 실

정이다. 농산어촌이 무너져 내리면 도시가 위태로워지고 그다음은 나라 전체가 위험해
질 것이니, 다소 늦은 감이 없지는 않지만, 다 함께 간절한 마음으로 힘을 모아서 농어산
촌 주민의 삶을 도와줄 진정한 정책을 만들어 가야 한다.

신촌마을에서 들길을 따라 걸으면, 무안 갯벌에서 잡은 낙지를 직접 판매하는 집 한
채와 축사를 지나 내려가면, 푸른 초원 같은 봄 기운을 머금은 갯벌을 잠시 만나고, 또다
시 헤어졌다가 또 만난다. 갯벌을 따라 걷다, 낙지자원회복사업을 추진한다는 팻말을 만
난다. 그 팻말에는 낙지는 털게, 칠게, 갯지렁이, 바지락 등을 먹고 살며, 4월에서 6월 사
이에 44~149개의 알을 낳으므로, 5월에서 7월까지 어로행위를 제한하여 낙지자원을 보
호하고 있다고 적혀 있다. 동암마을 초입에서 조선 영조의 아들 사도세자의 원혼을 달래
기 위해 1777년 지어진 동암묘를 만난다. 사도세자는 고종황제 시대에 장조황제로 추존
되었으므로, 묘비명에는 장조황제묘라고 적혀 있다. 사도세자는 이 마을의 수호신과 같
은 존재로서 현재도 당산제에서 주신(主神)으로 모시고 있다. 동암마을 끝자락에서 길은
갯벌과 이별하고, 포장도로를 따라 이어져 용동 마을회관을 지난다. 마을 뒤로 올라가면
길가에 김해김씨 사군파 김수로왕 69대 손(孫)인 부부의 무덤이 있고, 무안군 지역의 다
른 무덤처럼 주변에 측백나무들을 반원형으로 심어 놓았다. 무덤을 지나 내리막길을 걸
으면 신기저수지를 만나는데, 6~7월에 백련꽃이 만발하면 보기에 참 좋을 듯하다.

저수지에 앉아 24도에 이르는 봄 더위를 잠깐 식히고, 다시 농로를 따라 길을 오르다
보면 염소농장을 만난다. 점심 챙겨 주러 온 주인의 발자국 소리를 듣고 염소들이 우르
르 몰려들지만, 대장 염소로 보이는 아주 멋진 털을 가진 녀석은 느긋하게 주인을 바라
만 보고 있다. 어디나 대장은 행동거지가 무거워야 대접을 받나 보다. 머릿속에 엉뚱한
생각을 하다 보니 길 안내 리본에 관심을 두지 못했고, 그로 인해 그늘 하나 없는 길을 걸
어 2km 정도 되돌아오는 수고를 겪게 되었다. 무엇을 하든 지금 하고 있는 그 일에 몰입
해야 제대로 일을 이루어 낼 수 있음을 다시 한번 깨닫게 된다. 되돌아온 도로를 따라 잠
시 걸은 후, 넓은 들판 한가운데 농수로를 따라 흙길을 걷고, 다시 옹기종기 몇 집이 모여
있는 마을을 지나 버스가 다니는 길을 따라 걸어서 21코스 종점인 영해버스정류장에 이
른다. 종점 앞 마을은 꽤 규모가 있는 마을이지만 여느 코스와 마찬가지로 밥 먹을 곳은
없다. 버스정류장 의자에 앉아 어제 저녁 먹다 남은 순대 몇 점을 소금에 찍어 먹고는 또

다시 길을 나선다.

　동암4리 영해마을 안길을 거쳐 나오면, 서해랑길에서 500m 떨어진 곳에 낚시와 낙조를 보면서 캠핑을 할 수 있는 영해공원이 있다는데 굳이 가서 눈으로 보고 싶은 생각은 들지 않는다. 잠시 갯벌을 따라 걷다가 다시 시멘트 포장길을 따라가면 농장을 지나게 되는데, 악취저감 장치를 달았다고는 하는데 악취는 여전하다. 축사를 가운데 두고 빙 돌아서 들꽃을 벗하며 걷다 보면, 김대중 대교가 보인다. 대교와 이어진 길 아래를 통과하여, 봄인데도 뜨겁게 내리쬐는 햇살을 피하기 위해 눌러쓴 모자를 썼다 벗었다 하며 성내리 들판의 긴 농수로를 걷는다. 길 양 옆으로는 말라비틀어진 겨울 배추밭과 푸른 양파밭 그리고 쟁기를 기다리는 논들이 줄지어 서 있다. 지금까지 300km를 걸어 왔지만 단 한명도 만나지 못했던 같은 서해랑길을 걷는 중년 남자를 만나 기쁜 마음에 인사를 건넨다. 그런데 그는 인사는커녕 눈길 한번 안 주고 쌩하고 지나가 버린다. 괜스레 서운한 마음이 들기도 했지만, 그도 남은 여정을 안전하고 행복하게 마무리할 수 있기를 빌어 준다.

　들판이 끝나는 곳에서 효지도와 똥섬이라 불리는 섬이 눈에 들어오는 갯벌을 다시 잠시 만나고 이별한 후, 언덕배기에 교회 건물이 올라앉은 마을을 지나 도로를 따라 걷는다. 길 옆 밭에 심겨진 유실수 나무에 비료 포대를 지주대에 묶어 놓고 물을 채워 놓은 장면을 보면서, 전남 지역의 가뭄이 심각함을 눈으로 확인하게 된다. 아름드리 팽나무가 서 있는 이기촌마을 입구 진입로는 출입금지란 글귀가 인쇄된 노랗고 하얀 테이프를 둘러쳐 놓았다. 꽤 먼 거리를 돌아서 걷기 싫어서 테이프 틈 사이로 몸을 구부려 마을 안으로 들어서니, 한쪽에서는 전원주택 공사가 한창인데 또 한 모퉁이에는 쓰레기 더미가 지붕만큼 높이 쌓인 빈집이 서 있다. 이기촌 마을 뒤편 언덕에 올라서면 왼쪽 바다 건너 저 멀리에 풍력발전기 4대가 보이고, 이어지는 양파밭을 지나 내려오면 오른쪽으로는 대박산 아래 자리 잡은 혜운사가 희미하게 눈에 들어온다. 멀리 풍력발전기를 바라보며 농로로 접어들면 태양광발전시설이 옆으로 길게 줄 서 있고, 농로 끝 농가에서는 지나는 과객에게 꼬리를 흔들어대는 강아지 한 마리가 쪼르르 달려 나온다.

　내화마을 앞들이 끝나는 시점에서 버스가 다니는 영해로로 접어드는데, 마을 초입에는 3월 15일에 마을주민 위안잔치가 열린다는 현수막이 펄럭이고 있고, 대문 없는 집 추녀 아래 빨랫줄에는 할머니가 입을 법한 옷들이 줄지어 걸려 있다. 보도 옆 풀밭에는 아직도 씨앗을 다 흩뿌리지 못한 코스모스가 새로운 줄기를 피워 올릴 준비를 하고 있고, 파밭에는 중년 남성이 햇빛가리개 모자를 쓰고 잡초를 뽑고 있다. 세발나물영농조합을 지나고 어린이보호구역 앞의 운남초등학교에 이르면, 정문 앞에 마치 거북이가 목을 쭉 빼고 서 있는 모습의 정원수 한 그루가 자리 잡고 있다. 학교 앞 길 건너 서점은 문을 닫은지가 오래된 듯 보이고, 그 옆 건물에는 밭에서 일할 인력을 알선하는 인력소개소가 문을 열어 놓았다. 운남면 소재지로 접어드니 농촌지역 어디서나 흔히 볼 수 있는 노인 장기요양기관과 쉽게 볼 수 없는 이발관이 눈에 들어오고, 그 옆 버스정류장에는 학생과 노인이 무리를 지어 버스를 기다리고 있다. 22코스 종점에 다 온 듯한데 서해랑길 리본은 운남면 행정복지센터 방향으로 이어지고 또 이어져, 왼쪽 마을 안으로 들어가 저동마을로 안내한다. 마을 이름을 어디선가 본 적이 있는 듯하여 두루누비 앱을 켜 보니, 22코스를 지나 23코스에 이미 진입해 있는 것이 아닌가.

발길을 되돌려 상점 이곳저곳을 지나 버스정류장에 이르니, 버스 승객은 썰물처럼 사라지고 애타게 찾던 22코스 종점 팻말은 정류소 30m 뒤쪽에 숨어 있다. 시계를 확인하니 내가 길을 헤매는 사이에 버스가 지나간 듯하여 이발관에 들러 물으니, 1시간 20분 뒤에 버스가 온다고 한다. 아직 오후 4시도 채 되지 않았지만, 오늘 먹은 것이 우유 한잔과 순대 조금 그리고 커피 한잔인지라 허기가 몰려와 이른 저녁을 먹기로 하고 횟집에 들른다. 혼자서 먹을 수 있는 유일한 메뉴인 낙지비빔밥을 먹고 예상보다 높은 가격을 치르고 나와, 동네 이곳저곳을 구경하고 다니다가 5시 20분이 되기 전에 버스정류장에 도착하니 사람이 아무도 없다. 10분을 더 기다려 보아도 버스는 올 생각을 않기에 주변을 오가고 있던 택시에 몸을 싣고 숙소로 향한다. 기사분에게 망운면 가는 버스가 지나갔느냐고 물으니, 5시 10분에 지나갔다고 한다. 이발관 아저씨가 원래 시간보다 10분 늦게 도착한다고 알려 주는 바람에 또 버스를 놓친 셈이다. 무안군의 서해랑길이 진도군에 비해 버스로 이동할 수 있는 이점이 있어 좋다고 했는데, 잘못된 정보 때문에 시간을 허비하고 마음에 화만 쌓은 셈이 되어 버렸다. 숙소 앞 마트에 들러 내일 아침거리로 컵라면 하나를 사 들고 들어와, 내일을 위해 꿈나라로의 여행을 시작한다.

13. 정보와 아이디어

□ 서해랑길 23코스, 무안 운남 버스정류장 – 봉오제 버스정류장, 19.5km, 6시간 30분, 37,616걸음

　서해랑길을 걸으며 허기를 채울 식당을 만나기가 쉽지 않은지라, 이른 새벽에 컵라면 하나로 끼니를 대신하고 텀블러에 인스턴트 블랙커피를 가득 채우고는 버스 시간에 늦지 않으려고 해도 뜨기 전에 숙소를 나선다. 망운면 소재지이지만 어느 곳도 문을 연 곳이 없는 적막한 마을 풍경 속에 길고양이 한 마리만 어슬렁거리고 있다. 버스가 올 시간이 된 듯도 한데, 왼쪽 도로에는 감감무소식이다. 꽤나 시간이 흐른 끝에 도착한 버스는 25코스 해제면 가는 버스이고, 또 기다려 만난 버스는 20코스 톱머리해수욕장 방향으로 가는 것이고, 그 다음 버스는 어디로 가는지 못 알아들었지만 운남면은 안 간단다. 기다리다 지쳐 정류장 옆의 택시를 타려고 해도 아직 운행을 하지 않아, 다시 길 건너 정류장에 가서 확인하니 2018년 시간표가 붙여져 있다. 도시처럼 버스 도착 예상시간을 미리 알려 주는 모니터까지 기대한 것은 아니지만, 5년 전 버스시간표가 붙어 있으리라고는 생각도 못했다. 스마트폰으로 길찾기를 하여도 이 정류장의 버스 운행상황에 대한 검색결과는 '정보 없음'이라는 네 글자밖에 뜨지 않아 하는 수 없이 기다리고 기다린다. 한 시간 넘게 기다려 정류소 옆 한의원이 문을 여는 7시 반이 넘어서야 간신히 버스에 오르니, 승객이 나 혼자뿐이다. 버스에 앉아 안개 낀 마을 풍경을 바라보니 어제 오후 잘못된 정보로 인해 버스를 놓친 일과 오늘 새벽의 기다림이 겹쳐 떠오르며, 정보지식사회에서 살아가기 위해 정확한 정보를 신속하게 얻는 것이 삶에 얼마나 중요한가를 다시 한번 깨닫게 된다. 어렵고 고단한 삶의 길목에서 어떤 인생길을 걸어야 할지 모르는 내담자들이 사회복지사의 정보에 대한 무지나 잘못된 정보 제공으로 삶이 더욱 곤궁해지는 경험을 하지 않기를 간절히 바라면서, 버스에서 내려선다.

　어제 헤맸던 운남면 농협 옆 골목으로 들어가 저동마을 가는 길에 서서 뒤를 돌아보니, 안개 자욱한 교회 첨탑 위에 걸린 아침 일출이 성스러운 분위기를 만들어 내고 있다. 마을 초입 저동제 저수지 옆 양파밭에는 동남아 지역 언어로 대화하고 있는 일곱 명의 아

낙네와 아가씨가 비닐을 뚫고 올라온 잡초를 뽑느라 분주하다. 마을 앞 들판 건너에 자리 잡은 축사에서는 배고픈 송아지가 연신 엄마를 불러댄다. 안개가 걷히지 않은 마을길과 들녘을 걸어 올랐다 다시 내리막 삼거리에 이르면, 서해랑길 안내판에 조금나루까지 8.2km, 코스 종점까지 17.8km가 남았음을 친절하게 알려 준다. 이곳에서부터 넓은 갯벌을 만나 어제 22코스를 걸을 때 저 멀리 보이던 풍력발전기가 점점 더 가까이 다가온다. 바닷물이 빠지는 통에 갯벌에 발이 묶인 작은 배들이 여기저기 정박해 있고, 오른쪽 야산의 배수로에는 쉽게 눈에 띄지 않는 도롱뇽 알이 부화를 기다리고 있다. 도롱뇽은 대체로 4월 상순에서 5월 하순에 알을 낳는 것으로 알려져 있지만, 3월 초인데 내 눈에 띄는 것을 보니 지구온난화 문제의 심각함을 또 한번 눈으로 확인한다. 그나마 개발이 이루어지지 않아 도롱뇽 서식지가 보존되어 있는 것은 참으로 다행스러운 일이다. 푸른 별 지구의 모든 생명체가 서로를 존중하며 살아가기를 빌면서, 잠시 갯벌과 이별하여 축사 앞 소 풀밭 옆으로 난 농로를 따라 길을 걷는다.

시멘트 포장된 농로를 따라 걷다 만나는 나무농장에 옮겨 심겨진 소나무는 관리를 받지 못해 말라 죽어 있고, 간신히 풍파를 이겨 낸 몇 그루만이 근근이 생명을 이어 가고 있다. 어제 걸었던 길 건너편 두곡마을과 노인장기요양기관을 오른편에 두고, 영해로 큰길을 따라 걷는다. 길 위에는 광주 군공항을 무안공항으로 이전하면 조업구역이 축소되고 해양생태계가 파괴되어 결국에는 무안군민의 소득 감소로 이어질 것이므로, 무안공항으로의 군공항 이전을 반대한다는 현수막이 걸려 있다. 왱왱거리는 차량 소음이 귀를 심하게 어지럽히려 할 즈음에, 길은 21코스 시작점인 용동 마을회관 건너편에서 황토마을 시래기농장을 지나 왼편 송현마을로 방향을 바꾼다. 송현마을 입구에 세워진 파란 플라스틱 취수통에 기대어 커피 한잔을 마시며, 양말을 벗어 습기를 말리고 산소를 공급하며 쉬어 간다. 마을 입구 밭에서는 나무를 심기 위해 땅에 구덩이를 파고, 심은 나무가 흔들리지 않도록 발로 꾹꾹 밟고 있는 모습이 눈에 들어온다.

조금나루길에 올라 송현4리 마을회관, 행복한요양원과 교회 그리고 집들을 만난 후, 왼편 마을길로 들어서 원송현 마을회관에서 송현길을 따라 갯벌을 끼고 걸어, 다시 조금나루길에 올라선다. 조금나루유원지로 이어지는 갯벌 위에 올라앉은 시멘트길은 바람이 세게 불면 툭하고 끊어져 버릴 것 같이 좁고, 조금나루선착장과 해수욕장을 거쳐 다시 돌아 나오는 길은 마치 큰 가지모양을 닮았다. 지금은 썰물 때라서 갯벌과 모래사장이 넓게 드러나 있는데, 조금나루해수욕장 앞 솔밭에서 캠핑을 하던 사람들이 바다로 나가 뭔가를 열심히 캐고 있다. 이곳 조금나루에 거대한 호텔리조트를 건립하기 위하여 지방자치단체와 민간기업이 대규모 투자협약을 체결했다는데, 부디 개발하더라도 자연을 최소한도로 훼손하는 개발이 이루어졌으면 한다.

조금나루를 빠져 나오면 아름드리 곰솔이 줄지어 서 있는 솔밭 길을 만나게 된다. 이어서 만나는 노을길야영장에는 오토캠핑을 즐기는 가족들이 눈에 들어오고, 공원으로 향하는 잔디밭은 사각형 멍석을 떠놓고 사러 오는 사람을 기다리고 있다. 공원 내 카페에 들러 잠시 쉬어 갈까 했더니, 요란한 치장을 한 낙지 모양의 무인카페는 굳게 문을 닫아걸었다. 발길을 돌려 지역특산물인 낙지를 홍보하고 탄도만(灣) 경관을 볼 수 있도록 만들어진 낙지공원 안의 낙지조형물로 향한다. 주변에는 SNS에 올릴 사진이 예쁘게 나오도록 해 줄 것만 같은 아기자기한 조형물들이 세워져 있고, 끝부분에는 유리바닥으로 갯벌과 바다를 살펴볼 수 있는 짧은 데크길이 자리 잡고 있다. 높이 14m에 이르는 낙지조형물의 나선형 철제 계단을 따라 머리 부분까지 오르면 탄도만을 조망할 수 있다. 원래 8개인 낙지 다리와는 달리 다섯 개로 만들어진 조형물의 다리 중 2개는 미끄럼틀 기능을 하도록 설계되어 있다. 내가 이 조형물을 설계했더라면 다리 개수를 8개로 고집했을 것이고, 미끄럼틀의 기능을 넣을 것이라고는 상상도 하지 못했을 것이란 생각이 든다. 고정관념에 얽매이지 않은 신선한 아이디어가 조형물의 의미와 가치를 높이고 있는 셈이다. 사회복지사들이 내담자나 지역사회 변화를

도모하기 위한 프로그램을 개발할 때, 다른 사람이 개발해 놓은 프로그램에 관한 아이디어들을 많이 보고 많이 생각한 후에 자신의 창의적인 아이디어를 더해 누구도 만들 수 없는 독창적인 프로그램들을 많이 만들어 주었으면 하는 바람이다. 아무리 뛰어난 사회복지사라도 이른바 맨땅에 헤딩해서는 독창적 프로그램을 만들기 쉽지 않다. 그러므로 남이 하고 있는 것을 많이 보고(see), 많이 생각하고(think), 작은 실험(do)을 통해 적용 가능성을 확인하고, 창의에 창의를 더한 모방(creative copy)을 통해서만 자기만의 색깔과 특성을 지닌 독창적이고 신선한 아이디어가 번뜩이는 사회복지 프로그램을 만들어 낼 수 있다.

　낙지공원 옆 곰솔나무 사이 야영데크 위에는 텐트를 치고 점심 무렵의 나른함을 즐기는 사람들이 보이고, 갯벌과 나른히 걷는 뚝방길 옆에서는 '섬 숲 생태복원사업'이 진행 중이다. 공사 가림막 사이로 들여다보면 소나무 사이사이에 동백나무를 심어 키우고 있는 모습이 보인다. 그곳을 돌아 나와 노을길로 불리는 아스팔트길을 따라 걸으면, 오른편 저 멀리로 무안공항의 모습이 들어온다. 길 위에는 주말을 맞아 탄도만에 낙지 잡으러 온 동네 청년이 채비를 하는 모습이 눈에 띄고, 작은 섬 죽도를 지나는 방파제 옆에는 마을 어르신들이 타고온 4륜 전동스쿠터 다섯 대가 나란히 주차되어 있다. 모두들 드넓은 탄도만 갯벌에 낙지 잡으러 나간 모양인데, 빨갛고 노란 작은 점으로 보이는 분이 그분들 같다. 방파제 바로 앞에는 커다란 타이어와 삼각뿔 모양의 빨간색 안전봉을 꽂아 두었는데, 드넓은 갯벌에서 길을 잃지 않고 돌아와서 몸에 묻은 갯벌을 씻을 목적으로 세운 듯하다. 방조제를 따라 고개를 넘어가면 장재마을에 이르는데, 마을 입구에는 횟집과 낙지산란장이 자리 잡고 있다. 마을 정자에서 뜨거운 햇살을 피해 잠시 쉬었다가 길을 나서는데, 길옆에는 해당화를 심어서 섬 숲을 회복하려고 애쓰는 모습이 보인다. 계속 방파제를 걷다 보면 누군가 파란색 작은 나무 의자를 가져다 놓았는데, 젊은 세대라면 이곳이 사진 맛집이라고 했을 것 같다.

　탄도만의 거대한 아니 어마어마한 갯벌 풍경이 아름답지만, 20도를 훌쩍 넘는 대낮에 20리 넘게 이어지는 시멘트길을 걷는다는 것은 말 그대로 고역이다. 등짐에 매달려 온 물과 커피도 동이 났고, 외덕마을은 저 멀리 돌아가야 하니 견디며 걷는 수밖에 없다. 양식장과 문을 닫은 기사식당을 지나 노을길에서 현해로로 길이 바뀌고, 도자기 가마와 횟집들 그리고 농협 하나로마트와 식육점 그리고 몇 개의 비석을 지나 오늘 코스의 종점인 봉오제 삼거리 버스정류장에 도착한다. 얼마 지나지 않아 도착한 농어촌 버스에 오르려는데, 광활한 자연 속을 걷다가 갑자기 밀집환경 속으로 들어가면서 마스크를 쓰는 것을 잊어버려, 기사분께 혼쭐이 난 다음에야 배낭에서 마스크를 꺼내 쓴다.

40여 분을 달려 무안읍에 위치한 버스터미널에 도착하여 인근 수산시장을 둘러보고 중국집과 낙지집 그리고 국밥집 사이를 기웃거리다, 전주식 콩나물국밥으로 아침과 점심을 함께 해결한다. 언뜻 전주로 돌아가면 빨리 귀가할 수 있을 듯하여 무인매표기에서 전주행 표를 끊고 나서, 창구 직원에게 전주까지의 시간을 물으니 세 시간이 걸린단다. 대신에 몽탄면 가는 버스를 타고 무안역에 가서 쉬면서 무궁화호 기차를 타기로 했다. 버스는 무안역과 400m 떨어진 삼거리에 내려주고 떠났으니, 하는 수 없이 밀리터리 테마파크를 지나 역을 향해 걸어간다. 무안역 앞에 카페는커녕 건물 하나 없어, 하는 수 없이 역사로 향한다. 역사 출입문을 낳겠으나 잠겨 있어 안내문에 나와 있는 일로역으로 전화를 하니, 밀면 열린단다. 헛웃음을 짓고는 역사에 들어섰는데, 역에 직원이 근무하지 않고 '현장에서 표를 팔지 않으니, 인근 일로역이나 함평역에 가서 표를 끊거나 스마트폰이나 컴퓨터로 표를 끊으라.'는 안내문만 붙어 있다. 아무도 없는 역사에서 화장실도 다녀오고 신발과 양말도 벗고, 딱 한 모금 남은 생수로 갈증을 달래며 한 시간 넘게 기다려 다른 승객 한 명과 함께 기차에 오른다. 원래는 무안역에서 익산역을 거쳐 조치원역으로 가는 네 시간 가까이 걸리는 무궁화호로 귀가할 생각이었으나, 사흘간의 걷기가 가져다 준 피로 때문에 한시라도 빨리 집에 가고 싶어진다. 기차 안에서 스마트폰으로 광주송정역에서 한 시간 만에 오송역에 도착하는 고속열차로 바꿔 타고 집으로 향한다. 열차 안에서 오늘 이른 새벽부터 해질 무렵까지 정보의 부재와 모호함에 허둥거린 내 모습들이 떠올라 헛웃음을 짓게 된다. 정보지식사회에서 정보와 지식이 없거나 부족한 노약자를 비롯한 대중(大衆)이 삶을 영위하는 과정에서 얼마나 많은 불편을 경험하게 될지는 말하지 않아도 다 알 듯하다. 혹시라도 '내가 좀 더 나이가 들어 집에 있는데 며느리가 스마트폰으로 집 난방과 가스를 차단해 버리면 어찌해야 하나?'라는 기우(杞憂)가 머릿속에 자리를 틀려고 할 즈음에, 오송역이니 내리라는 안내방송이 나온다. 머릿속이 더 이상 와글거리지 않아도 되니, 참 다행이다.

14. 지역복지의 모세혈관

□ 서해랑길 24 – 25코스, 무안 봉오제 버스정류장 – 신안 신안젓갈센터, 37.5km, 12시간 30분, 67,030걸음

겨울 한기가 채 가시지 않은 3월 초에 23코스를 걸은 후, 강의와 연구과제 그리고 날씨 탓으로 11주가 흐른 5월 하순에 새벽 첫 기차를 타고 무안역에 도착하여, 택시로 이동하여 봉오제 삼거리의 버스정류장에서 다시 길을 이어 간다. 봉오제라는 지명은 마을 뒤편 봉대산의 용산봉수대에서 유래되었다고 한다. 드넓은 갯벌이 펼쳐진 탄도만에 접해 있는 이곳 마을 식당들은 하나같이 운저리, 즉 망둥어 요리를 팔고 있다. 큰 도로 건너 평산 신씨 문중의 무덤 앞은 샛노란 금계국이 지천으로 피어 있어, 꽃말 그대로 상큼한 기분을 선물해 준다. 얼마 걷지 않아 또 만나는 삼거리 갈림길에는 무안군 여성농어업인센터가 위치해 있고, 그곳에서는 한글을 읽고 쓰지 못하는 고령 여성 농업인을 위한 문해교실(文解教室)을 운영하고 있다. 교실 간판에 쓰인 '나눔을 배우고 배움을 나누는 평생학습도시 무안'이라는 글귀가 많은 것을 생각하게 한다. 바로 이어서 참사랑노인전문요양시설 앞을 지나는데 목줄을 매지 않은 커다란 개 한마리가 하얀 이빨을 드러내고 으르렁 거리는 모습에 놀라, 먼발치로 돌아서 지나간다.

탄도만으로 이어지는 길 옆 밭에는 양파 줄기가 쓰러져 주황색 뿌리를 땅 위에 드러내고 있고, 수확이 다 끝난 밭에는 고구마 순이 한 뼘 자라나고 있고, 모내기가 끝난 논에는 찰랑이는 물 위에 한 뼘도 안 되는 어린 초록 벼가 바람에 일렁이고 있다. 탄도만 갯벌 위에는 장뚱어와 칠게가 부지런히 생명활동을 이어 가고, 밭에는 사람의 생명을 이어 가게 해 줄 각양의 농산물이 뜨거운 아침 햇살을 받아 왕성하게 광합성 활동을 하고 있다. 검무산 아래 곡지 마을회관 앞 들판의 마늘밭에는 남녀 어르신 대여섯 분이 부지런히 알토란 같은 마늘을 수확하고 있는데, 신수 좋게 길을 걷고 있는 과객이 얄미운지 힐끔힐끔 곁눈질을 한다. 마을을 돌아 나와 만나는 넓은 밭에는 트럭을 세워 놓고 열 명도 넘는 주민들이 양파 수확과 포장에 여념이 없다. 밭 귀퉁이에 자리 잡은 둠벙의 양수기는 양파

와 마늘 수확 철을 맞아 오랜만에 휴식을 취하고 있다. 들녘의 작은 오르막을 오르면, 아주 거대한 축사가 자리를 잡고 있는데, 축사 입구 방역기 앞에 선 해태 석상 두 마리가 축사로 들어오는 나쁜 기운을 막아서고 있다.

논밭 사이 길을 따라 내려가면, 무안군 현경면의 서쪽 바닷가에 이른다. 바닷물이 다시 돌아올 짧은 여행을 떠난 뒤로 광대한 갯벌이 펼쳐지고, 갯벌 사이 좁은 갯골에는 미처 여행을 떠나지 못한 바닷물이 앞서간 친구를 뒤쫓아 가기 위해 발길을 재촉하고 있다. 방조제를 따라 걸어 홀통해변으로 이어지는 솔밭길 입구에 이르니 이름 모를 꽃을 피운 나무들이 옹기종기 모여 있다. 궁금해서 스마트폰으로 꽃 이름을 검색하니 라일락일 확률이 75%라고 알려 주는데, 아무리 봐도 라일락은 아닌 듯하다. 해변의 쓰레기를 치우고 있는 지역주민에게 무슨 나무인지 물었더니 이 지역에서는 구슬나무라고 한단다. 가을 겨울과 초봄의 길에서 멀구슬 나무의 열매만 보았지 잎사귀와 꽃을 보지 못했었는데, 오늘 그것들을 보게 된다. 현경면의 바나환경지킴이인 주민들은 해양쓰레기 정화주간을 맞이하여, 바다에서 이곳 홀통해변으로 밀려든 스티로폼과 같은 쓰레기를 수거하여 바다환경을 지키는 유급 봉사활동을 하고 있다. 주민들 중 남성 한 분이 이 동네에는 낙지비빔밥이 맛있으니 꼭 먹어 보라고 권한다.

해송군락지 솔밭길과 논밭 사이의 길을 걸어 돌 축대 위 정자 앞에서 바닷가 모래사장으로 발걸음을 옮겨 놓는다. 여름 날씨에 대비해 신고 온 아쿠아 신발 사이로 작은 모래알갱이들이 들어와 발바닥을 간지럽히지만, 서해랑길 약 350km 만에 처음으로 바다 모래사장을 걷는 기분은 시원하기 그지없다. 호리병처럼 삐쭉 튀어나온 땅이라고 하여 이름 붙여진 홀통해변은 한여름에 해수욕, 윈드서핑, 야영, 바다낚시를 즐기려는 사람들로 붐비는 곳이지만, 지금 해변캠핑장에는 서너 명의 사람들만 오갈 뿐이다. 새벽녘에 길을 떠난 관계로 이곳에 다다른 오전 10시까지 입에 넣은 음식이라고는 물 몇 모금이 전부이다. 허기진 배도 채우고 다리도 쉬어갈 겸해서 갯벌을 조망할 수 있는 해송 아래 벤치에 앉아, 식당이 없을 경우에 대비해 싸 가지고 온 전날 먹다 남은 치킨 몇 조각을 커피와 바닷바람 그리고 솔향기와 함께 목으로 넘긴다.

해넘이가 아름답기 그지없다는 곳이지만, 그 아름다움을 보기 위해 하루 종일 기다릴 수는 없는지라 해송 숲 사이로 난 길을 따라 걸음을 옮긴다. 금방 솔밭길을 벗어나 북쪽으로 난 방조제 위에 놓인 차도를 따라 걷는다. 이 길은 서해랑길이면서 동시에 무안군에서 지정한 '이야기가 있는 문화생태탐방로' 3구간과 겹쳐진 길이다. 길옆으로는 펜션이 줄지어 자리 잡고 있고, 횟집도 있지만 모두 문을 닫아걸었다. 24번 국도와 만나는 삼거리 버스정류장에서 내린 여성 한 분이 노란 금계국이 지천으로 피어 있는 길을 따라 걸어서 펜션으로 들어가는데, 아마도 그곳 펜션을 운영하는 사람인 듯하다. 국도 왼편에는 펜션과 카페가 함께 자리해 있고, 그 너머 갯벌에는 썰물 때 걸어 들어갈 수 있는 작은 섬이 앙증맞게 서 있다. 유선농산을 지나 가입리 입구 삼거리 정류장에서 휴식을 취하며 지도를 들여다보니, 가입리 쪽의 원래 길보다는 큰 길을 따라 걷다 만나게 될 묘지에 마음이 더 끌려서 잠시 원래 코스에서 벗어나 국도를 따라 직진한다. 국도 옆에 마치고대 왕국의 왕릉처럼 웅장한 모습을 한 묘소는 망암(望庵) 변이중(1546~1611년) 선생의 묘다. 선생은 조선 중기 율곡 이이와 성혼의 문하에서 수학한 유학자이자 임진왜란 당시 전라도에서 의병을 모집하고 군량미를 조달한 군인이기도 한 인물로서, 후일 경상도 함안군수를 역임했다고 전해지고 있다.

유월3리 물암마을에서 다시 원래의 서해랑길을 만나, 해안방조제를 걷고 국도로 올라섰다가 메타세쿼이아 가로수 옆길로 내려선다. 길옆 무화과 나무 열매는 하나같이 까맣게 말라비틀어져서 길바닥에 떨어져 있고, 열매가 붙어 있는 나무는 몇 그루되지 않는데 그마저 달린 열매는 서너 개뿐이다. 기후변화 탓인지, 농장관리를 잘못해서인지는 모르겠으나, 농장주네 올 한 해 살림살이가 걱정되어 마음이 편치 않다. 마실산 아래 무인항공교육원의 드론 실기장 앞 횡단보도를 건너, 무안 만민교회 방향으로 좌회전하여 방조제에 올라서니, 해제면 천장리에 위치한 이름을 알 수 없는 커다란 포구를 만난다. 포구에는 고깃배와 낚싯배 여러 척이 정박해 있고, 뭍에는 폐선(廢船) 몇 척이 방치되어 있고, 포구 끝에서는 고장 난 어선을 수리를 하는 모습이 눈에 들어온다. 포구를 지나 예배당과 넓은 정원을 갖춘 무안만민교회의 외진 곳에 자리한 닭장 옆에 앉아 발바닥을 살피니 조그만 물집 하나가 잡혀 있다. 아직 걷기를 방해할 정도는 아니어서 모른 척하고 다시 신발 속에 숨겨 둔다.

교회 입구와 맞닿은 방조제를 따라 걸어서 백동마을길을 지나고, 도로를 따라 걷다 보면 오래된 건물과 신축건물 두 채로 된 창매교회를 만나게 된다. 더운 날씨 탓에 500ml

물 세 병을 모두 마셔 버려 물을 구하려 해 보지만, 교회를 비롯한 마을의 집들 중에 열린 문이 없다. 혀로 입안을 자극하여 만든 침으로 억지로 갈증을 녹여가면서, 마을주민들이 매령산이라 부르는 해발 96.9m의 중매산 옆자락 임도를 돌아가 만나는 매당마을 당산나무 옆의 창매리 매당노인회관에 이르러 24코스를 마무리한다. 노인회관, 즉 경로당에서 물을 얻기 위해 문을 열어 보니, 다들 일하러 가셨는지 집에서 더위를 피하시는지 아무도 없다. 빈집에 들어가면 주거침입죄이고 그 집 물건에 손을 대면 절도죄이지만, 가뭄든 논바닥처럼 목이 타들어가는 갈증 앞에서는 속수무책이다. 체면 무릅쓰고 정수기에서 냉수 2병을 목구멍으로 콸콸 부어 넣고는 다시 3병의 물을 가득 채워 경로당 앞 의자에 앉아 발의 열기를 식힌다. 그때 경로당에서 나오는 나를 본 지역 어르신 한 분이 뉘시냐고 물어와, 저간의 사정을 설명하고 양해를 부탁드렸더니 안에 들어가 누워서 쉬고 가도 된다고 흔쾌히 용서와 함께 넓은 마음을 보여 주신다.

무안군 해제면 창매리는 창산, 매당, 매안이라는 3개의 자연마을로 이뤄져 있다. 매당노인회관에서 마을길로 돌아 나오면 오른편 언덕에 수령이 몇 백 년은 되어 보이는 팽나무 아래에 매화정이라는 마을주민 쉼터가 자리하고 있다. 마을 앞 바다에 개구리섬이 떠있고, 그 뒤로는 여울섬이라 불리는 탄도가 위치해 있는데, 이 섬의 이름을 따서 23코스부터 25코스 끝 무렵까지 이어지는 광활한 바다와 갯벌을 탄도만이라 부르고 있다. 이섬들 앞 갯벌 위에 까만 나무막대를 동그랗게 꽂아 엮어 놓은 시설물이 보인다. 얼핏 보면 썰물 때 고기를 잡기 위한 독살이나 죽방처럼 보일 수도 있는데, 자세히 살펴보면 그 모양이 완전히 다르다. 궁금하여 포털을 검색해 보니 지주목 3,000개로 만들어진 낙지산란장이란다. 이곳 산란장은 먼저 칠게 등의 먹이생물을 잡아 넣은 후에 어미 낙지를 방류하여 알을 낳을 수 있도록 돕고, 새끼가 부화하면 다시 어린 낙지를 주변 바다에 풀어줘서 낙지 어족자원을 보호하는 역할을 한단다.

매안마을로 이어지는 밭에는 보리가 노랗게 익어 가고 있고, 그 옆에는 소 사료용 풀을 재배하여 베어 눕혀 놓았다. 지금까지의 길에서 소 사료용 풀을 포장해 놓은 마시멜로같이 생긴 곤포 사일리지를 어떻게 만드는지 궁금했는데, 오늘 눈으로 그 제조과정을 목격한다. 먼저 바람개비같이 생긴 도구를 뒤에 단 트랙터가 논에 눕혀져 있는 풀들을 일렬로 가지런히 모아 놓고 떠난다. 뒤이어 풀을 걷어 올려 동그랗게 말고 곤포 여러 겹으로 감싸서 자동으로 포장하는 기계가 달린 트랙터가 개당 500kg 정도의 건초더미를 만들어 놓고 가면, 로봇 팔 기능을 하는 트랙터가 모아서 가지런히 쌓는다. 이렇게 만들어진 건초더미는 두 달 정도 발효시킨 후에 사료와 배합하여 반추동물인 소에게 먹인단다. 곤포 사일리지를 가득 비축해 놓은 초원목장과 매안 마을회관, 수산업체 법인 건물을 지나 양파밭 사이로 큰부수막들 방조제로 향한다.

방조제 아래 갯벌에는 농게를 비롯한 작은 바다 생물들이 뜨거운 햇살 아래서도 생명활동을 이어 가고, 방조제 끝 즈음에는 고풍스러운 전통 한옥과 아름다운 자연환경이 어우러진 무안 한옥리조트가 자리 잡고 있다. 해안선과 얼굴을 맞대고 있는 넓은 잔디정원에는 푸른 바다 위를 날아올라 하늘 위 구름밭에 닿을 듯한 그네가 자리 잡고 있다. 잔디밭 뒤로는 멋진 한옥 숙소들과 수영장 등의 편의시설이 숲속 곳곳에 숨겨져 있다. 이곳에서 지친 다리를 쉬어 가면 좋겠지만, 아직 갈 길이 멀어 발걸음을 재촉한다. 방조제를 걸어 창매리에서 양월리로 지명이 바뀌는 지점에서, 무안군 해제면에서 신안군 지도읍으로 이어지는 도로 위로 올라서니 편의점과 식당이 보인다. 손목시계가 오후 네 시를 가르칠 때까지 먹은 것이라고는 물과 작은 치킨 조각 서너 개가 전부인지라, 처음으로 만난 이곳 식당에서 순댓국밥으로 허기를 채우고 청량음료 한 병을 단숨에 목구멍으로 밀어 넣고는 다시 길을 나선다.

차도를 내려와 만나는 작은 마을을 지나면, 길은 임도로 바뀐다. 임도 오른편 산비탈에는 무덤 몇 기가 나란히 자리를 잡고 있는데, 느닷없이 개 짓는 소리가 들려온다. 그곳은 바로 장례를 치른 지 얼마 되지 않아 황토흙빛을 한 무덤으로, 무덤 바로 위에 귀를 쫑긋 세운 노란 개 한 마리가 자신의 주인을 지키듯이 나를 경계하며 짖고 있었다. 마을에서도 꽤 떨어진 곳이고, 주변을 둘러보아도 인가와 사람이 없는 것을 보니, 저 황구는 하늘나라로 떠난 주인을 그리워하며 무덤 곁을 지키고 있는 것이 분명하다. 다세대 가족치료의 한 유형으로 분류되는 맥락적 가족치료 모델을 개발한 이반 보스조르메니 내지((Ivan Boszormenyi-Nagy)는 가족에 대한 충성심이 지나치게 강하면 자기분화(self differentiation) 수준이 낮아지게 되어, 가족을 위해 희생하는 삶을 살게 되고 자신만의 인생을 영위하지 못하여 정신병리를 앓을 수 있다고 했다. 그의 주장처럼 무덤을 지키는 저 황구가 주인을 위한 충성심에 자신의 건강을 돌보는 본능적 행위조차 못하는 상황에 이르지 않기를 바라고 또 바라면서 임도를 걸어 내려온다.

이어서 명양해안길을 따라 걷고 명양앞들의 논밭을 시나 명양미 을 오르막길을 걸어 오르면, 해제지도로 옆에 위치한 산들밥상이라는 식당을 만난다. 차도를 따라 양월리 끝 지점에 이르면, 무안군과 신안군의 경계지점에 위치한 태희네 황토펜션을 지나면, 두 지방자치단체를 이어 주는 연륙교가 나오는데 그냥 작은 방조제로 연결되어 있다. 연륙교이기도 한 방조제 위에는 마을어업지역이므로 꼬막, 칠게, 감태, 조개를 채취하지 말라는 경고문이 세워져 있다. 다리를 건너면, 자동, 오룡, 효지, 자서, 중산마을로 구성된 신안군 지도읍 자동리에 들어선다. 진변 경로당 앞의 삼거리에서 왼편으로 방향을 바꾸어 동천길을 따라 걷다 보면 효지제방 끝 무렵에서 효지제2저수지를 만난다. 저수지에서 바라보면 봉황산(165m). 선봉산(121m), 선황산(113m)이라는 고만고만한 세 개의 산을 만나게 된다. 저수지 옆으로 동천길 우측 임도를 올라 봉황산 좌측의 산허리에 걸쳐진 가파른 임도를 또 올라서 매봉재에 다다르니 숨이 턱밑까지 차오른다. 바닷가 산들의 해발이 낮다고 업신여기면 큰 코 다친다는 사실을 다시 한번 깨닫게 된다. 매봉재에서 비포장 임도를 따라 선봉산과 선황산 아래로 지그재그 발걸음으로 내려온다. 봉황산 너머 태천리에 위치한 신라 김유신 장군을 기리는 연계사라는 사당에 들러 보라는 안내판이 나오지만, 거기까지 걸어갈 여력이 남아 있지 않다.

선황산 임도를 지나니 고도는 낮아지고 좌측 해안가에 풍력발전기 세대가 쉼 없이 돌

아가고 있다. 임도가 끝나면서 다시 동천길을 만나 우측 아스팔트길을 따라 걷는다. 차도를 벗어나 왼편의 넓은 갯벌 옆으로 길게 뻗은 오룡방조제에 올라선다. 오룡방조제를 지나면 지도읍 자동리에서 광정리로 행정구역이 바뀌고, 이곳부터 종점까지는 중산, 중매, 읍내 방조제라는 3개의 방조제가 길게 이어지는 길을 한 시간 가까이 걸어야 한다. 멀리 보이던 지도 읍내가 가까워지면서, 작은 동산 같은 무인도인 거북섬과 연결하는 데크길이 바다를 건너고 있고 그

입구에 붉은 다리를 하늘로 치켜든 농게 조형물이 멋스럽게 자리를 잡고 있다. 종점까지 가는 곳에 세계유산으로 등재된 산안 갯벌습지보호구역을 알리는 조형물과 또 다른 농게 조형물, 지도갯벌 포토존을 지나 젓갈을 파는 신안젓갈타운에서 걷기를 마무리하니, 땅거미가 길바닥에 짙게 내려앉았다. 숙소까지 2km밖에 안 되지만, 더 이상 걸을 기력이 없어 택시를 타고 숙소에 올라가 어떻게 잠든지도 모르게 뻗어 버렸다.

오늘의 길을 걸으면서 사회복지의 대상인 환경 속의 인간(person in environment)이 꾸려 가는 삶에 관한 생각이 머릿속을 떠나지 않는다. 드넓은 바다와 갯벌에 인접해 있는 지역에서 농사와 어업을 통해 삶을 영위해 가는 이곳 주민들은 자연환경이 허락해 주는 지리적 공간과 사계절과 조수간만의 시간적 리듬이라는 환경의 결(texture)에 맞춰 살아가고 있다. 갯벌에서 나오는 낙지, 망둥어, 칠게와 농게, 조개를 잡아 생계를 이어 가고 장사를 하며, 황토흙에서 잘 자라는 양파, 마늘, 고구마 등의 작물을 기르고, 계절의 흐름에 맞춰 농작물을 기르고 추수하면서 삶을 꾸려가고 있다. 또한 거센 바람에 파도가 무섭게 일렁이면 고기잡이를 잠시 멈출 줄 알고, 잔잔한 파도 위에서도 바다가 허락하는 범위 내에서만 어로활동을 하면서 욕심 부리지 않고 자연의 순리를 따라서 살고 있다. 자연환경이 파괴되거나 오염되지 않도록 주민들이 스스로 나서 해양쓰레기를 청소하고, 논밭의 폐비닐을 모아서 폐기물로 처리함으로써 삶의 터전인 자연환경을 보호하고 있다.

이런 자연친화적 삶을 사는 이곳 주민을 둘러싼 사회환경은 부족한 것 투성이다. 병의원은 물론 보건지소와 약국 찾아가기도 쉽지 않고, 병원 치료비보다 택시비가 더 많

이 드는 의료 사각지대에 살고 있다. 학교도 멀고, 문화생활을 하고 기본적 생필품 하나를 사려고 해도 읍내까지는 나가야 하는 형편이다. 아주 간혹 복지회관이라는 공간을 만나기는 하지만 이름만 복지가 붙어 있을 뿐 마을 주민의 자율쉼터 이상도 이하도 아니다. 집으로 찾아오는 돌봄서비스가 있긴 하지만 자격요건이 안 되는 주민들은 그림의 떡이다.

이처럼 우리나라 농어산촌 지역의 자연부락은 사회복지시스템과 서비스가 아예 생기지도 않았거나, 생겼다 하더라도 제 구실을 못하고 있는 지경이다. 우리나라의 사회복지는 광역시와 중소도시에 살고 있는 시민들을 중심에 놓고 설계되어 있으며, 지역복지시스템은 광역자치단체나 기초자치단체의 인구 많은 읍내지역에서만 그나마 작동할 뿐이다. 그 아래 면 소재지를 벗어난 리(里) 지역의 자연부락에서는 전혀 작동하지 않는다. 우리나라 사회복지 또는 지역복지의 대동맥과 중소동맥은 튼튼한지 몰라도 모세혈관은 막혀 있거나 죽은 것에 다름 아니다. 모세혈관이 건강하지 못한데 대동맥이 튼튼할 리가 없고, 동맥이 제 기능을 못하는데 펄펄 뛰는 심장이라고 해서 건강할 리 없다. 이런 지역복지의 최말단을 건강하게 살리려면, 기초자치단체 단위가 아닌 자연부락 단위로 보다 세밀한 맞춤형 복지계획이 수립되고 실행에 옮겨져야 할 것이다. 다시 말해, 지역복지계획과 사업은 광역자치단체나 기초자치단체 수준이 아니라 자연부락인 작은 마을의 지리적 특성, 산업 및 경제적 특성, 주민의 인구학적 특성과 마을공동체의 특성, 생활 및 복지인프라 구축 수준 등을 주도면밀하게 검토하고, 이를 바탕으로 그 작은 지역에 걸맞은 맞춤형 마을복지사업을 확대 실시해 나가는 것이 바람직할 것이다. 그것이 안 된다면 오지마을까지 생필품을 팔러 다니는 만물상 트럭처럼 '만물복지서비스 트럭'이라도 만들어 찾아가는 복지서비스를 확충하고 강화해 나가야 할 것이다.

15. 인간다운 삶의 참 의미

□ 서해랑길 31 - 32코스, 무안 수포 마을회관 - 무안 황토갯벌랜드, 30.6km, 10시간 30분, 52,061걸음

초여름 날씨 같던 오월 하순에 신안 구간을 걷고 학기를 마무리한 뒤, 다시 길을 이어 가려 했었다. 그런데 떠나기로 계획한 날마다 애꿎은 비가 내려 발이 묶이고, 유월로 접어들어 쩽쩽 내려 쬐는 한여름 뙤약볕에는 발길을 내디딜 엄두조차 내지 못했다. 발이 묶인 김에 20년 동안 사회복지 실천현장의 슈퍼비전 경험을 통해 얻은 나름의 실천지혜(practice wisdom)를 담은 『사회복지사의 길: 99가지 실천지혜』라는 책 한 권을 마무리 지었다. 가을 학기가 시작되고 특별히 바쁜 일도 없었는데도 이 일 저 일을 핑계로 미루다가, 시월 하순에야 다시 서해랑길을 이어 걷게 되었다. 올 가을 들어 가장 추운 날 새벽 안개 속을 고속열차와 무궁화호 기차를 타고 달려, 이른 아침에 무인역(無人驛)인 무안역 플랫폼에 덩그러니 혼자 내려섰다.

지금까지 세 번을 택시로 오갔던 무안역을 이번만큼은 버스를 타고 이동하리라 결심하고, 조금을 걸어서 사창 버스정류장에 도착한다. 정류장 삼거리에서 30분 이상을 기다렸는데도 버스는 올 기미가 보이지 않자 인내심이 바닥을 보이게 되었고, 결국 오늘도 택시를 부르고 말았다. 그런데 택시를 부른 지 채 5분도 안 지났는데 군내버스가 떡하니 눈앞에 나타나서는 나보고 어서 타라고 사인을 보낸다. 헛걸음할 택시 기사분께 죄짓는 마음이 들어 버스를 떠나 보냈는데, 택시는 부른 지 30분이 다 되어서야 내 앞에 나타났다. 화를 내본들 내 마음만 부글거릴 것이니, 그냥 웃어넘긴다.

무안 버스터미널에서 해제면 가는 버스는 한 시간에 한 대가 있지만, 길 위에서 점심을 해결하기 쉽지 않은 점을 고려하여 우선 뜨끈한 콩나물 해장국으로 배를 든든히 채웠다. 터미널로 되돌아와 버스 시간을 확인하니 5분 전에 버스가 떠나 버려 꼼짝없이 한 시간 가까이 기다려야만 했다. 1,000원으로 무안군 어디든 갈 수 있는 군내버스를 타고 해제 버스터미널에 내려 다시 택시를 타고 31코스의 시점인 수포 마을회관에 도착하니, 집

을 나선 지 다섯 시간 반이 흘렀다. 차타고 밥 먹은 시간을 합해 봐야 세 시간밖에 안 되니 두 시간 반을 허비한 셈이다. 시간 여유가 있는 필자는 그렇다 치더라도, 삶의 시계에 얽매여 살아가는 내담자에게 기관의 서비스가 단절되고 또 다른 서비스로의 연계가 이처럼 불편하다면 어떠할까? 농촌지역의 서비스 전달체계가 지닌 한계로 인하여 사회복지서비스에서도 이와 같은 일이 얼마든지 일어날 수 있다고 생각하니, 마음이 헛헛해져 하늘만 올려보게 된다.

임치마을과 수포마을의 첫 글자를 따서 임수리란 이름을 갖게 된 해제면 임수리 수포마을회관에서 신발 끈을 단단히 동여매고, 도로를 가로질러 수포마을로 들어선다. 스무 가구도 채 안 될 것 같은 마을 안 골목길을 돌아 나와, 봉대로 아스팔트길을 따라 1km 정도를 걷는다. '동학의 땅'이라는 표시석이 세워진 석산마을 입구의 김[海苔] 가공공장을 오른편에 두고, 넓은 민대들 벌판을 가로지르는 동학길로 접어든다. 길옆 논에는 노랗게 익은 나락들이 낫을 기다리며 세차게 불어오는 가을 바람에 일렁이고 있고, 파란 하늘에는 고래를 닮은 구름이 이리저리 노닐고 있다. 완연한 가을 한가운데로 걸어 들어가니, 왼편에 아사래 염전이 자리 잡고 있다. 신안군의 대규모 염전을 본 터라 아담해 보이지만, 냉장 시설이 없던 옛날에는 식재료의 보관과 음식의 맛을 내고 생명을 이어 가는 데 소금이 필수적이었을 것이니, 이 동네 사람의 삶에 매우 귀한 역할을 담당해 왔을 것이다. 염전 입구에서 오래전 간척사업으로 만들어진 마을 앞길로 접어드니 행정구역이 석용리로 바뀌고, 이곳의 터줏대감인 해주 최씨 문중의 사당이 나온다. 1985년에 지어져서 그런지 몰라도 사당이라기보다는 양반집에 가까운 모양새를 한 애송재(愛松齋)가 쓸쓸히 서 있다.

아사래 잔등이라고 알려진 언덕배기에는 당산나무와 쉼터가 자리하고 있는데, 이곳에서는 아직도 마을의 풍요와 평안을 기원하는 당산제를 지내고 있단다. 이곳에서 오른편으로 접어들면, 동네 어귀에 커다란 바위가 있다고 해서 이름 붙여진 석산마을이다. 마을 입구에는 주민의 식수원 역할을 했던 방정샘에서 이름을 따온 방정각이 서 있고, 마을 들머리 집 담장에는 칼을 든 관군에 대항하여 죽창, 낫, 쇠스랑, 곡괭이를 들고 횃불을 높이든 채 저항하는 동학군의 벽화가 그려져 있고, 그 앞에는 삼의사(參義士) 숭모단이 마련되어 있다. 해주 최씨 집안의 최장현, 최선현, 최기현은 동학의 접주로서, 마을 앞 해변에서 인근에서 모여든 동학농민혁명군 양성 훈련을 지도하였다. 많은 전투에 참여하여 혁혁한 전과를 올린 세 의사들의 생애와 활동상을 이곳 비문에 적어, 후세에 전하고 있다. 올곧지 못한 권력자에 의해 일그러져 버린 세상을 올바른 세상으로 바로 세우기 위해 삶과 목숨을 바쳤던 의사들의 숭고한 삶을 기리며 발길을 돌린다.

조금 걸어 당도한 곳은 석룡리 감정마을이다. 감정(甘井)이란 이름은 인근 지역 원갑사의 노승(老僧)이 바닷가를 지나다가 마을 앞 샘물을 마신 뒤 물맛이 참 좋다고 한 데서 유래되었단다. 마을 앞에는 전라남도 지정 기념물 제175호인 수령 400년이 넘는 커다란 곰솔이 자리 잡고 있는데, 그 모습이 아름답기 그지없다. 이 소나무에는 무슨 소원이든지 다 들어준다는 전설이 전해 내려오고 있어, 마을에서는 매년 2월 초하룻날 당제를 지낸다고 한다. 그런데 나무 바로 앞에 '외지인은 이 나무에 치성(致誠)을 드리지 말라.'고 써 놓은 대문짝만한 경고판이 눈에 들어온다. 좋은 것은 나누는 것이 우리 민족의 마음 씀씀이인데, 나와 남을 구분하고 배척하는 좁은 마음씨가 느껴져, 애먼 길가 돌멩이에게 발길질을 해댄다. 곰솔나무에서 머지 않은 곳에 담양 전씨 삼강비가 세워져 있는데, 병인양요 때 순국한 전준엽(田俊燁, 1806~1882)과 그의 부인과 아들의 열행(烈行)과 효행을 기리는 비석이다. 마을 앞 석룡저수지의 억새는 먼저 몸을 눕혀 초당 7m 속도의 세찬 가을바람을 온 몸으로 받아들이고, 수면은 파도처럼 춤추고 있다. 저수지를 벗어나 길은 포장도로를 만나고, 다시 구릉지로 돌아선다.

구릉지 황토밭은 온통 양배추로 채워져 있고, 스프링클러가 연신 물을 뿜어 댄다. 길손에게도 물을 뿌려 대니, 요리조리 피하느라 나의 발이 때 아닌 탭댄스를 추게 된다. 울창한 소나무가 마을을 둘러싸고 있는 송전마을을 지나고, 낫과 트랙터를 기다리는 노란 나락으로 가득 찬 논과 양배추, 마늘 등이 심겨진 밭으로 구성된 학송마을 들녘을 지난다. 저 멀리 함평만 갯벌을 바라보며 걷다 보면, 무안군 해제지역의 8개 명당 터 중의 하나인 백학마을로 접어든다. 마을을 지나고 폐허처럼 변해 있는 양식장 터를 돌아 나와 작은 선착장을 만난다. 지금은 배 한 척 없는 텅 빈 포구지만, 드넓게 펼쳐진 칠산 바다를 볼 때 예전에는 만선 깃발을 높이 단 배들이 줄줄이 모여들어 파시(波市)를 이루었을 법하다. 선착장 끄트머리에 자리 잡은 다드락섬은 썰물 때는 드러났다가 물이 차면 잠겨 버리는 노두길로 연결되어 있지만, 남은 길이 멀어 터덜터덜 걸어서 지나친다.

백학산 자락길로 접어들면, 붉은 꽃을 떨구고 동백기름으로 가득한 열매를 주렁주렁 매달고 있는 동백나무들이 좌우로 줄 맞춰 서서 어서 오라 손짓하고 있다. 오른편 산은 울긋불긋 단풍들로 물들기 시작하고, 왼편은 함평만의 갯벌이 드넓게 펼쳐져 있다. 그 길 중에서도 가장 풍경이 좋아 보이는 곳에 벤치 두 개가 풍경에 멋스러움을 더하며 나를 기다리고 있다. 이 멋진 풍경 앞에서 쉬어 가지 않으면 냉혈한 소리를 들을 듯하여, 등짐에서 떡 몇 개와 봉지 커피와 우유로 만든 카페라테(?) 한잔으로 이른바 브런치 감성을 즐기다 간다. 이곳에서 바라보는 해넘이가 진도 세방낙조에 버금간다는데, 서해랑길은 내게 그 아름다운 풍경을 선물할 마음이 없는 듯하다. 그래도 멋지고 아름답고 가슴 탁 트이는 풍경을 선물해 준 것에 감사하며, 억지로 일어나서 길을 잇는다.

이름 모를 작은 꽃들이 반겨 주는 산자락 길을 걸어 내려가면, 얼핏 보면 잘 꾸며 놓은 전원주택 같은 모습을 한 대한불교조계종의 백림사를 만나게 된다. 해수관음상이 멀리 칠산 앞바다를 응시하고 있다. 사찰 뒤로는 산으로 이어진 길 디 듬어진 산채로와 명상과 참선을 해도 좋을 쉼터가 마련되어 있다. 사찰 입구 바윗돌에 새겨진 세심(洗心) 두 글자를 보고, 탁하기 그지없는 내 마음을 두 손으로 쓰다듬으며 '맑아져라. 맑아져라.' 되뇐다. 눈을 왼편으로 돌려 바라보는 함평만의 드넓은 갯벌과 저 멀리 보이는 칠산대교와 쉼 없이 돌아가는 풍력발전기의 모습은 아름답다는 말만으로는 표현이 부족할 정도다.

대사로 포장도로와 선착장으로 이어지는 옛 길을 걷고, 다시 도로를 건너 구릉지대로 발길을 옮겨 놓는다. 신사마을을 저 멀리 오른편에 두고, 길은 대사리 방조제에서 여전히 양배추밭이 즐비한 농로로 이어지고, 다시 지방도와 잠시 만났다가 다시 구릉지대로 돌아선다. 논밭과 야트막한 고갯마루의 숲속 터널을 지나면 슬산마을이다. 마을 이름은 옥녀(玉女)가 거문고를 타는 모습을 닮았다 하여 유래되었으며, 해제면의 명당 중 하나로 알려져 있다. 마을 입구에는 임진왜란 때 공을 세운 함평 이씨의 선조인 이홍복(李弘福)의 유적비가 세워져 있었다. 모든 문을 닫아걸고 쓸쓸히 서 있는 함평 노씨의 사당 모습과는 달리, 길 옆에 나란히 심겨진 해당화 붉은 꽃은 가을날을 아름답게 수놓고 있다. 마을을 빠져나와 저수지에 이르면, 마을 명소를 소개하는 표지판에 소풍의 명소라고 적혀 있다. 아이들이 봄 가을에 가는 소풍(消風)이 아니라 웃을 일이 많다는 의미의 소풍(笑豊)인데, 말 그대로 이곳에 사는 사람 모두 하루하루 웃으며 살아갈 수 있기를 마음속으로

빌어 본다. 저수지 끝에는 절개를 지키고 효를 다한 선조를 기리는 나주 정씨 가문의 절효비(節孝碑)가 세워져 있다. 민가 두 채를 돌아 고갯길을 넘어서면 탁 트인 구릉지 전경이 눈앞에 나타나고, 사야마을로 접어든다. 사야마을을 지나 커다란 팽나무 그늘에서 잠시 쉬었다가, 내분마을로 접어든다. 내분마을회관을 지나고 넓은 들판을 지나 매곡마을에 이르면, 31코스 종점인 삼강공원(三綱公園)에 이른다.

삼강공원은 유학에서 말하는 인간관계에서 지켜야 할 핵심 도리를 말하는 삼강오륜(三綱五倫)에서 이름을 따왔다. 삼강(三綱)은 군신(君臣) 간의 충성의 도리[君爲臣綱], 부부간의 정절의 도리[夫爲婦綱], 부자간의 자효(慈孝)의 도리[父爲子綱]를 말한다. 이 공원에 세워진 '광산김씨 충렬문(光山金氏 忠烈門)'과 '광산김씨 칠효열각(光山金氏 七孝烈閣)'에 그 삼강의 도리가 잘 드러나 있다. 정려편액(旌閭扁額) 두 점이 걸려 있는 충렬문은 병자호란 때 순국한 충의공 김득남과 그 부인 밀양 김씨를, 그리고 효열각은 문중에서 배출한 다섯 효자와 두 열부의 빼어난 정신을 기리고 있다. 연이어 파평 윤씨 집안의 효열비(孝烈碑)도 공원 옆에 세워져 있다.

유학에서 말하는 삼강오륜의 도리는 현대사회에 와서는 신하, 아내, 자식에게 지나친 복종을 강요하고, 전제군주제와 가부장제의 폐습을 낳았다고 비판을 받는다. 하지만 그 시대에는 그것이 올바른 삶의 도리, 즉 상도(常道)이었음이 분명하다. 그리고 삼강공원에서 1km도 떨어지지 않은 양반가문의 묘지 안에 '충노(忠奴) 박복의 묘'가 함께 자리 잡고 있는 것을 보면, 시대를 막론하고 사람답게 산 모든 사람이 존중받는다는 사실을 알 수 있다. 그렇다면, 인간다운 삶을 영위할 수 있도록 돕는 사회복지에서는 인간다움을 어떻게 규정하고 있는가? 풍요로운 물질과 높은 지위와 권력만을 중심으로 물질적인 인간다운 삶을 규정하고, 충의(忠義), 성신(誠信), 사람 사랑(愛人 혹은 仁), 자애로움과 효성(慈孝) 등의 정신적인 인간다운 삶의 가치를 현대 사회복지에서 도외시하고 있지는 않는지 되돌아볼 일이다. 그리고 지금 시대에 걸맞는 사람 사이의 참다운 도리를 하나하나 세워나가는 작업도 함께 해야지만, 사회복지제도는 앞으로 사람들이 진정으로 인간다운 올바른 삶을 살아갈 수 있도록 제대로 도와줄 수 있다.

도로를 따라 걷다 오른쪽 산 아래 오솔길을 걸어가면, 감동저수지를 지나 양배추밭과 추수가 끝나 하얀 마시멜로, 즉 곤포 사일리지가 어지러이 널려 있는 논 가운데 농로로 이어진다. 비성굴에서 왼편으로 방향을 돌려 농로를 따라가면 제법 규모가 있는 염전이 나오고, 만풍리 앞 허허로운 들판 풍경을 따라 걷고 또 걷는다. 입석마을 앞의 방조제 아랫길을 걷는데, 수풀이 무성히 자라나서 발을 내딛기가 쉽지 않다. 오늘따라 춥고 바람이 많이 부는 날씨에 '수풀 속에 보호색을 한 뱀이 똬리를 틀고 있다가 내 발에 밟히면, 나를 저 세상으로 보내 버릴 정도의 독을 하지정맥 안으로 밀어 넣지 않을까?' 하는 걱정이 든다. 무섭고 불안한 마음에 수풀 속을 헤집고 걸으면서도 자꾸만 방조제 너머 바다 풍경이 보고 싶어지지만, 오르내리기조차 힘겨울 정도로 수풀이 무성히 자라있어 포기하고 조심조심 걷는다. 더 이상은 안 되겠다 싶어서, 작은 도랑을 건너 추수가 끝나 바짝 마른 논고랑 사이를 걸어 나와 서해랑길과 나란히 바다로 향하는 도로로 올라서니, 교회 건물이 나보고 기도하고 가라고 손짓하며 서 있다.

차 다니는 포장도로를 따라 걸어 송계마을 입구에 도착한다. 마을 앞 갈림길에는 광주 군공항의 무안 이전을 반대하는 현수막, 불법 김 양식 시설의 설치와 유해약품 사용을 근절하자는 계도성 현수막이 어지럽게 걸려 있다. 세찬 바람에 밀려드는 푸른 바닷물과 거센 바람을 막아선 높은 소나무 방풍림 풍경에 이끌려 발걸음을 옮겼다가, 다시 서해랑길 원래 코스로 되돌아왔다. 거센 바람과 거친 파도에도 주말 캠퍼들이 여유와 낭만을

즐기려는 듯 텐트를 치려하지만, 바람의 방해로 고전을 면치 못하고 있다. 방풍림 끝과 맞닿은 사거리 신호등에서 왼편으로 가면 전라남도 영광군으로 이어지는 칠산대교이고, 오른편으로 돌아가면 도리포항이다. 도리포항은 '다시 돌아오는 포구'라는 뜻을 지닌 곳으로, 무안군, 함평군, 영광군이 둘러싸고 있는 함평만 북쪽 끝에 위치하여, 일출과 일몰을 동시에 볼 수 있는 곳이다. 그런데 하늘을 가린 구름이 지는 해를 보지 못하게 방해하고,

항구 입구 횟집의 작지만 매서운 이빨을 드러낸 강아지가 발꿈치까지 쫓아와 짖어 대는 통에 황급히 몸을 피한다. 저녁 해거름에 관광 온 아낙네와 연인들 그리고 수산시장에 사무를 보러온 사람이 한데 어울려, 항구는 다소 부산스럽다. 도리포항은 1300년대 후반 전라남도 강진군에서 만든 청자를 중국으로 수출하던 배가 침몰하여 매몰된 해양유물 600여 점을 인양했던 곳이기도 하다. 또한 이곳은 김, 낙지, 숭어가 특히 맛난 곳으로 알려져 있는데, 아주 오래전 비오는 가을날에 친구와 포구 끝 횟집에서 회를 곁들여 즐거운 얘기를 나눴던 기억이 되살아난다.

항구 위에는 칠산대교가 위용을 자랑하고 서 있는데, 이 다리가 놓아짐으로써 아주 먼 길을 돌아다녀야 했던 무안과 함평, 영광군의 주민이 손쉽게 서로 접근할 수 있게 되었다고 한다. 항구 앞 방파제 끝에는 아름다운 갯벌 낙지 조각상 모양의 예쁜 등대가 곧 다가올 어둠을 위해 예열을 하고 있다. 바다 한가운데 환생바위 위에는 '팽나무 앞에서 쪽진 머리를 한 아낙네가 먼 바다로 고기잡이 나간 남편의 무사귀환을 바라는 기도를 올리는 모양'의 조각상이 세워져 있다. 포구 횟집의 어린 아들은 나를 향해 짖어 대던 강아지와 뜀박질 놀이를 하고, 카페에는 연인들이 정겨운 대화를 나누고 있다.

서해랑길 중에서 무안 구간의 탄도만과 함평만 코스에는 바다로 돌출된 곶(串)을 돌아 나오는 길이 유독 많다. 32코스 역시 도리포항에서 걸어 온 만큼의 거리를 되돌아가야만

종점에 다다를 수 있다. 일몰시간이 다 되어 가는지라, 산길로 이어지는 나머지 길을 나설 수는 없으니, 무안읍내나 해제면으로 가서 저녁과 잠자리 문제를 해결해야 했다. 항구 앞을 지나는 노부부에게 군내버스가 있나 물었더니 자주 있다고 하고, 포구 입구 가게 사장도 시간은 모르지만 곧 버스가 올 터이니 어디 가지 말고 그 앞에서 기다려 보란다. 도리포횟집 사장님께 물으니 곧 무안읍 가는 버스가 있다 하고, 동남아 출신으로 보이는 종업원은 오후 7시가 넘어 해제면 가는 버스만 있다고 한다. 혼란스러워 멋스러운 카페에 들어가 사장님께 물으니, 버스가 있기는 한데 언제 와서 어디로 가는지 모른단다. 항구 주변에 사는 여섯 명 주민의 말이 다 다르니, 혼란스럽기 그지없다. 하는 수 없이 해제면의 택시를 호출하여 식당에 들러 가벼운 저녁으로 배를 채우고, 전원모텔이란 숙소에서 올가을 들어 가장 춥고 세찬 바람이 부는 날 먼 길을 걷느라 고생한 내 몸을 편히 쉬게 한다. 힘든 여정이었음에도 숙소에 몸을 누이니 한 달 이상 나를 힘들게 했던 등 부위의 통증이 사라지는 느낌이 드니 신기할 따름이다.

이른 새벽 다시 택시로 도리포항으로 돌아와 32코스의 마지막 남은 9km 정도를 걷기 위해 출발한다. 출발 전 32코스를 먼저 걸은 사람들의 글들을 살펴보니, 망대봉과 범바위산 속 길에는 잡초가 무성하여 발을 내딛기 어렵다고 쓰여 있어, 도리포항에서 수협 방향의 바닷가도로를 따라 걷는다. 원래 코스의 길을 한동안 걷다가, 망대봉으로 가는 원래 코스를 벗어나 갯벌 해안과 마주한 도로를 따라 범바위산을 지나고 삼복산까지 세 개 산의 등산로를 에둘러서 종점 4km 전방에 위치한 신만마을에서 다시 원래 서해랑길로 들어선다. 이슬을 잔뜩 머금은 수풀로 뒤덮인 등산로를 따라 걷는 고생길을 피한 것은 남아 있는 여정을 생각해 볼 때 현명한 선택이 아니었나 싶다. 신만 마을회관으로 들어가기 전에 다시 노문회관 방향의 좁은 도로를 따라 계속 걷다가, 바다 방향으로 길을 바꾸어 무안 황토갯벌랜드 끝자락에 당도한다. 2006년 개관한 무안 황토갯벌랜드는 천만 평이 넘는 국내 최대 규모의 갯벌 테마파크로, 과학전시관, 해상안전체험관, 갯벌체험장, 캠핑장 등이 설치되어 있다. 잘 조성된 테마파크인지라 한번 들러 보고 싶은 마음이 들지만, 다음을 기약하고 용산마을회관을 지나 도로를 따라 걸어서 32코스 종점인 황토갯벌랜드 입구에 도착한다.

16. 열린 공동체

□ 서해랑길 33 – 34코스, 무안 황토갯벌랜드 – 함평 돌머리해변, 37.1km, 12시간, 55.723걸음

무안하면 질 좋은 황토밭에서 자란 양파와 청정 갯벌에서 잡은 갯벌 낙지를 떠올리는 사람이 많다. 그 두 가지 무안의 장점을 관광자원으로 극대화하기 위해 지어진 무안 황토갯벌랜드 입구에서 33코스가 시작된다. 갯벌랜드에서 좁은 차로를 따라 걸으면, 서해랑길의 홀통유원지로 들어가는 입구인 현경면 마산리

에 위치한 교차로에 이른다. 그런데 이곳 사람들은 '지나가던 나그네가 버린 배나무 씨가 자라난 곳'이라 하여, 이 부근 지역을 '배나무정[梨木亭]'이라고 부르기도 한단다. 쌩쌩 달리는 차와 함께 물암마을을 마주보고 100m 정도 찻길을 걷다가 삼거리에서 왼편 농로 방향으로 길을 바꾼다. 농로를 걸어가면 황토갯벌랜드가 건너다 보이고, 저 멀리 이전 코스의 칠산대교가 눈에 들어오는 방조제에 이르게 된다. 방조제 길옆에 연이어 피어난 형형색색의 코스모스가 바람에 하늘거리며 반겨 주고, 함평만의 갯벌을 따라 줄지어 피어난 해당화 꽃은 나를 향해 예쁘게 미소 짓고 있다. 어제와 달리 바람은 살랑거리고, 가을 아침의 햇살이 따사로이 내려쬐는 흙길을 걸으니, 세상 부러울 것 하나 없다.

방조제 길 끝 무렵에서 쉬고 있자니, 주말 바이크족 아저씨가 도리포항 가는 길을 물어온다. 어제 지나왔다고 상세히 길안내를 해 주고는 커피 한 모금으로 목을 적시고 다시 길을 이어 간다. 방조제를 벗어나 가입리 마을회관을 넘어서면, 가입리 곶부리[串]와 마산리 곶부리가 만들어 놓은 함평만 속의 작은 만(灣)에 이르게 된다. 다른 갯벌과 달리 이곳의 갯벌은 검은 색이 아니라 황토색 붉은 갯벌이다. 방조제를 벗어나 마을 형세가 말을 닮았다 하여 이름 붙여진 마산마을 안길로 돌아든다. 이곳 마산마을은 함평 이씨

와 광산 김씨의 집성촌으로서, 효자와 열녀가 많은 것으로 유명하다. 마산마을에는 열녀에게 내려지는 정려각만 22개나 있다는데, 동구 밖에서만도 2개의 정려비를 만날 수 있다. 마산마을을 돌아 나와 다시 갯벌을 끼고 걷는다. 무안갯벌 소개 팻말에는 이 지역은 '우리나라 최초로 지정된 갯벌생태보호지역일 뿐만 아니라 람사르 습지보호지역 1732호와 갯벌도립공원 1호로 지정된 곳으로, 다른 지역에 비해 생물다양성이 풍부하고 연안의 생태적 건강성이 매우 우수하다.'고 적혀 있다. 이런 갯벌과 간척사업을 통해 확보된 농지는 인근 마산마을 주민의 힘든 삶의 주름을 펴 주는 중요한 역할을 했을 것으로 보인다. 마산마을 앞 갯벌과 맞닿아 있는 밭에는 마늘이 심겨져 있고, 양배추밭에는 스프링클러가 힘차게 돌아가고, 밭 옆으로 흐르는 작은 도랑에는 돌미나리가 무성하게 자라나 있다. 그 미나리를 베어다 팔면 얼마나 될까를 머릿속으로 계산하고 있음을 깨달은 나는 속물근성을 떨쳐내기 위해 머리를 한 대 쥐어박고는 길을 이어 간다.

시점에서 9km 정도를 지나온 길가 십의 삵소 문양을 한 개 한 마리가 무섭게 짖어 댄다. 황급히 그곳을 벗어나 언덕길을 올랐다 내려오니, 오리를 키우는 농장 앞의 누렁이도 나를 향해 왕왕거리며 짖어 댄다. 검은 모자를 푹 눌러쓴 허름한 차림의 중늙은이가 배낭을 메고 길을 걷고 있으니, 개들 눈에도 의심스러워 보이는가 보다. 농장에서 도로 아래를 통과하니 고구마 수확이 한창인 농로에 이른다. 농로 옆 콘크리트에 신발과 등짐을 벗어놓고 찰보리빵 몇 개와 우유를 탄 커피 한잔으로 점심 끼니를 대신한다. 잠깐 쉬고 있는 동안 트랙터에 고구마 밭이랑 4개를 한꺼번에 갈아엎을 수 있는 장치를 매단 농기계가 벌써 밭의 1/3을 갈아엎어 놓았다. 여러 명의 외국인 노동자는 엉덩이로 고구마 밭이랑을 쓸면서, 자주색 고구마를 한데 모으고 있다. 그 밭 옆으로 난 농로와 수로를 따라 추수가 덜 끝난 황금들판을 걸어 나오니, 끝 무렵의 작은 웅덩이 속 말라비틀어진 연꽃 줄기에 우렁이들이 빨갛게 알을 까서 붙여 놓았다. 넓은 들판 끝에서 24번 국도 주유소 아래 굴다리를 지나 현경신촌길 들머리에 접어든다.

몇 걸음을 떼어 놓자 성재동마을회관에 이른다. 땅이 기름지고 인재가 많이 배출된 것에서 마을 이름이 유래되었다고 하는데, 예전에는 지나는 길손을 맨입으로 보낸 적이 없을 정도로 인심이 후했다는데 지금은 어떤지 모를 일이다. 성재길을 계속 걸어 나지막한 마을 고갯마루에 오르면, 김해 김씨 삼현파의 가족묘역에 조선 시대 높은 벼슬을 한 선조의 업적을 기리는 비석들이 위용을 자랑하며 서 있다. 고개를 넘어 내려가면 내용마을이지만, 서해랑길은 오른쪽 용정마을로 방향을 바꾼다. '서해의 용이 승천하다 목이 말라 샘에서 목을 축이는 형상을 닮았다.'고 하여 이름 붙여진 용정마을은 쪽파 생산지로 매우 유명하다. 이곳에서 바다 쪽으로 계속 내려가면 용정리 곰솔을 만나볼 수 있다는데, 거기까지 돌아가서 볼만한 풍경은 아닌 듯하여 가던 길을 이어 걷는다. 마을회관 건립 기념비에 김해 김씨가 이곳에 모여 살게 된 내력이 상세히 기록되어 있는 것을 보니, 김해김씨 집성촌임을 알 수 있다. 월두마을로 이어지는 도로를 따라 걷다가 농로로 돌아드는데, 이곳부터 무안군에서 지정한 문화생태탐방로 2구간과 겹친다.

서해랑길은 용정리에서 수양리로 행정구역이 바뀌지만, 온통 황토색 구릉지인 풍경은 변함이 없고, 시야에 들어오는 풍경의 70%는 파란 하늘과 그곳을 노닐고 있는 가을 구름뿐이다. 구릉지 황토밭 중간에는 멋진 한옥이 자리 잡고 있고, 길가에는 물을 담아 보관하는 저수탑과 둠벙이 자리하고 있다. 구릉지대에서 이어진 길은 수양리 곶부리 끝부분에 위치한 두동마을로 이어지는 2차선 도로로 바뀐다. 구릉지대 밭들 사이로 수양저수지가 눈에 들어오고, 팔방길을 따라 걸어 두동마을을 돌아 석북 마을회관 앞을 지나고 수양촌 마을회관을 지나는데 풍경은 여전히 똑같다. 수양촌 마을회관에서 잠시 쉬었다가, 현해로를 따라 걸어서 33코스의 종점에 이른다. 그런데 종점 팻말 바로 옆 작은 풀들 사이로 뱅글뱅글 똬리를 튼 뱀 녀석이 내 발걸음에 놀랐는지, 고개를 치켜들고 노려본다. 자칫 잘못했으면 서해랑길 종점이 아니라 인생 종점의 황천길을 걸을 뻔했다.

놀란 가슴을 쓸어내리며 24번 국도 옆 작은 콘크리트 포장길을 따라 34코스를 걷기 시작한다. 이 코스는 모두 11개 구간 184km에 이르는 서해랑길 무안 구간의 마지막 코스다. 포장도로에서 오른쪽으로 방향을 돌려 현경면 송정리 마을로 접어든다. 송정교차로를 지나 마을 입구에는 현경북초등학교에서 구성애 강사를 초빙하여 학부모를 대상으로 성교육을 실시한다는 현수막과 뒤늦은 10월 9일에 현경면 노인의 날 행사를 알리는 현수막 그리고 광주 군공항 이전 반대 현수막이 곳곳에 걸려 있다. 송정2리 상수장마을을 관통하는 현해로 찻길을 따라 걸으니 시인과 바다라는 전통찻집과 동백마을이라는 음식점에 주말을 맞아 고향을 방문한 자녀들이 부모님을 모시고 식사대접을 하려는지, 오순도순 얘기를 나누면서 드나들고 있다. 길가에서 요즈음 만나 보기 쉽지 않은 옛 모습 그대로의 송정정미소 건물을 지나 마을 안길로 돌아들어, 바닷가로 내려서 태통산 방향으로 걸어간다. 바닷가에 한창 지어지고 있는 외딴집을 지나 송마로 아래 구릉지대를 걷다 보니, 길옆에 주인 없는 무화과나무에 잘 익은 무화과 한 개가 달려 있다. 점심 같지 않은 점심을 먹은지라 주린 배에서 유발된 무의식적 본능에 굴복하여 무화과를 따서는 한 입에 털어 넣고, 길 옆 축사를 돌아서 얼마 지나지 않아 다시 만난 무화과 하나를 또 따서 반을 갈라 보니 빨갛게 잘도 익었다. 무화과 두 개로 허기를 달래고 커피 한잔으로 목을 적신 뒤 공항로 옆 작은 길을 따라 걸어서, 현경중학교 뒤편에 이른다. 중학교 뒤편 들판에는 감자밭에 하얀 꽃들이 아름답게 피어 있는데, 장군로 아래 굴다리를 통과하여 언덕배기를 오르며 대낮인데도 날이 어두워지는 느낌이 들어 걸어온 길을 돌아보니, 비를 품은 먹구름이 뒤통수까지 쫓아와 있다. 아니나 다를까 조금 뒤부터 빗방울이 이마에 내려앉기 시작하여, 마을 입구 정자에서 여장을 풀고 비를 피해 잠시 쉬어 간다.

많지 않은 가을비를 쏟아 낸 먹구름이 나보나 한참 앞장서 있는 것을 확인하고는 다시 길을 이어 가는데, 고구마밭의 할머니는 굽은 허리로 비를 맞으며 일에 여념이 없다. 괜히 몇 방울 안 되는 비를 피하려 한 내 모습이 오히려 부끄러워진다. 평산리마을의 돼지 축사와 소 우리를 지나며 한창 유행하는 가축전염병에 걸리지 않고 무럭무럭 건강하게 자라기를 빌고 나니, 감방산에서 시작된 물이 마을 앞으로 흘러내린다 하여 이름 붙여진 유수정 마을회관에 도착한다. 이곳은 200년 전 장흥 고씨가 처음으로 터를 잡고 마을 앞을 간척하여 논을 만들고 임야를 개간하여 밭을 일군 이후, 여러 성씨가 함께 어울려 살게 되었다 한다. 마을 안으로 들어서니 외지의 자식들이 부모와 함께 밭에 나와 고구마를 비롯한 각종 작물의 가을걷이를 돕고 있는데, 그 모습이 정겹기 그지없다. 심지어 길거리를 배회하고 있는 강아지들조차 외지인인 내게도 꼬리를 살랑거리며 살갑게 다가오니, 마을 인심과 풍속 또한 인후(仁厚)할 듯하다.

마을을 돌아 나와 길가에 이르면 바로 앞에 드넓은 함평만의 갯벌이 펼쳐지고, 평산리 버스정류장 옆에 '멸종위기 야생동물 2급으로 지정된 흰발농게와 대추귀고동 집단서식지이니 이곳을 더럽히지 말라.'는 경고 팻말이 있다. 흰발농게는 신안갯벌에서도 본 적이 있지만, 대추귀고동은 처음 듣는 동물인지라 사진을 들여다보는데, 아무리 봐도 머릿속에 제대로 된 그림이 그려지지가 않는다. 언젠가 두 눈으로 직접 볼 날이 있기를 기대하며, 갯벌 옆을 따라 난 길을 걸으니 백합과의 여러해살이 풀인 연영초(일명 연령초) 풀밭에 이른다. 처음 꽃을 봤을 때에는 목화꽃으로 오인하였으나, 열매가 목화 모습이 아니라 스마트폰을 열어 찾아보았더니 연영초로 불리는 꽃이란다. 탱자나무가 심겨져 있는 풀밭길을 지나 장군로를 따라 걸어 오르면, 가을 무가 한가득인 황토밭, 정겨운 고향 냄새를 진하게 풍기는 축사 그리고 태양광패널 등의 풍경을 지나치게 된다. 현화6리마을에서 현화로로 길을 바꾸어 외현화마을로 접어들면, 가장 먼저 소박한 벽화가 맞이해 준다. 행정구역상 현화리는 태통산을 등에 지고, 동쪽은 감방산과 북쪽과 서쪽은 함평만 바다와 접해 있는 마을이다. 그중에 외현화마을의 현대식 마을회관 앞에 아담하면서도 기품 넘치는 해주 최씨 집안의 '삼강문'이란 이름을 단 단아한 한옥 사당이 자리하고 있는 것을 보니, 예(禮)를 중시하고 미풍양속을 이어 오는 마을임에 분명하다. 어제부터 유학의 삼강의 도리를 기리는 장소가 자주 눈에 띄는 것을 보면, 무안군 해제면과 현경면 일대의 마을들은 마을 풍속이 아름답고 인후한 곳이란 생각이 든다.

외현화마을 삼강문 앞 쉼터 정자에서 시계를 확인했더니 함평역 기차 시간까지 대략 1시간 조금 넘게 남았기에, 마을회관을 문을 두드렸으나 비어 있다. 하는 수 없이 머지않은 내현화마을로 황급히 발걸음을 옮겨 놓으며 스마트폰으로 길찾기를 하는데 배터리에 5%라는 빨간 경고불까지 들어온다. 내현화 마을회관의 문을 열고 "함평역 가려는데 어디 택시를 불러야 하느냐?"고 물으니, 한사코 회관 안으로 들어와 앉으란다. 60~80대로 보이는 예닐곱 명의 동네 할머니가 질문에는 답을 하지 않고, 어디서 무슨 일로 왔으며 함평역은 왜 가려 하는지 신상정보를 먼저 캐묻는다. 그냥 서울에서 왔고 집에 돌아가려고 하는데 택시회사 전화번호만 알려달라고 했더니, 한 명의 할머니가 아는 택시기사에게 전화를 걸고는 조금 전 알아낸 필자의 신상정보를 미주알고주알 얘기하고는 시간이 없으니 빨리 와달라고 부탁을 하는데 택시기사는 목포에 있어 시간 맞춰 오기 어렵다고 답한다. 다른 할머니가 자신이 아는 택시 기사에게 또 전화를 하는데 전화를 받지 않자, 그 기사 가족의 집안에 환자가 있어 택시 운행을 못하는가 보다며, 모두 함께 걱정 보따리를 풀어놓는다. 또 다른 할머니가 그러면 자기가 알고 있는 택시기사에게 전화를 해 보겠다며 나섰고, 10분 정도면 도착할 것이고 함평역까지 15분 정도밖에 안 걸리니 기차는 탈 수 있을 거고 안심을 시키고는 땀 흘리는 제 모습을 보고 정수기에서 찬물 한 컵을 받아서는 마시라고 권한다. 시원한 물을 단숨에 들이키고는 방전될 위험이 있는 배터리 충전 허락을 받아 급하게 충전하여 25%까지 충전을 하니, 코레일 앱을 못 열어 기차를 타지 못하는 불상사는 일어나지 않게 되었다. 짧은 시간 내에 주민들의 도움으로 필요한 모든 도움과 정보를 받고 나서, 너무나 고마운 마음에 "길손에게 이렇게 친절을 베풀어 주시니 분명 복 많이 받으실 겁니다."란 인사말을 남기고 막 도착한 택시에 올라탔다. 택시기사는 다짜고짜 전화한 할머니와 무슨 관계냐고 묻기에 지나는 길손이라 했더니, 이 동네 사람들 인심이 좋아서 다른 마을과는 달리 현재 빈집이 한 채도 없고 빈집이 나면 들어와서 살려고 줄을 서 있는 형국이라고 전해 준다. 신령스러운 나무에 외지인은 복을 빌지 말라고 했던 앞선 31코스의 마을처럼 닫힌 공동체가 아니라, 외지인에게 마음을 활짝 열어 맞아 주고 그들이 필요한 모든 도움을 베푸는 것을 보아서는 분명 인심 좋은 열린 공동체임에 틀림없다. 무안군 현경면 현화리 내현화마을의 열린 공동체 마을의 모습은 우리가 지역사회복지실천을 통해 만들어 내고자 하는 진정한 지역공동체임에 틀림없어 보인다.

3주의 시간이 지난 어느 날 동이 틀 무렵, 내현화마을회관을 다시 방문해, 지난날의 도움에 감사하는 마음을 두유 선물세트 하나로 전하고는 남은 34코스의 길을 이어 간다. 마을회관을 지나 머지않은 곳에, 서해랑길과 겹치는 '이야기가 있는 문화생태탐방로 1구간' 안내판이 서 있고, 서해랑길 길안내 표지판을 보니 종점까지 아직 8km 넘게 남아

있다. 이른 아침 시간이라 짙게 내려앉은 안개 덕분에 주변이 온통 뿌연 연기 속에 잠긴듯한데, 현화3리 생록동 마을을 지나고 바닷가 방조제를 지나 수로 위 광각1교를 건너, 왼편 후동 마을로 발걸음을 내딛는다. 찻길 옆에 자리 잡은 파도목장도 짙은 안개에 가려져 무슨 동물을 키우고 체험하는 목장인지 알 수 없는 지경이다. 바다를 향해 방향을 잡으면, 해운천 위의 해운1교를 건너고 좌측으로 돌면 자명천이다. 이곳이 무안군 현경면과 함평군 함평읍 석성리

의 경계로, 드디어 무안군에서 함평군으로 접어들게 된다.

　함평군에 접어들면서 종점인 돌머리해변까지는 해안방조제길이 길게 이어진다. 방조제를 따라 드넓은 갯벌이 펼쳐지고, 돌머리해변의 호텔과 리조트 건물이 한눈에 들어온다. 돌머리해수욕장은 함평읍의 서쪽 바다 끝에 위치해 있으며, 육지의 끝이 바위로 되어 있다고 하여 '돌머리'라는 이름이 붙여졌다고 한다. 해변의 뾰족 튀어나온 곳에 돌머리해변 전망대가 자리 잡고 있고, 그 옆으로 함평만 생태보존기념비와 돌탑 그리고 정자가 자리 잡고 있다. 해수욕장 뒤편에는 울창한 솔숲이 신선한 공기를 선물해 주고 있는데, 그 속에는 다리 뻗고 앉아서 해변을 감상할 수 있는 원두막이 여러 채 자리를 잡고 있다. 그런데 길이가 약 1km에 달한다는 백사장은 끝이 잘 보이지 않을 정도로 크고 넓다. 이곳이 일몰이 매우 아름다운 곳이라는데, 도착한 시간이 일출이 얼마 지나지 않은 시간이니, 일몰의 장관은 머릿속에서 그려 보는 수밖에 없을 듯하다.

04

신안 구간

17. 복지 철학

□ 서해랑길 26 – 27코스, 신안젓갈타운 – 증도면사무소, 28.9km, 10시간, 47,192걸음

　서해랑길 무안구간 25코스를 걸은 다음날 여명이 밝아올 무렵 신안 젓갈타운으로 되돌아가 지도읍내 끝머리의 보건지소를 바라보고 좌회전하여, 짧은 송도교를 건너 다시 좌회전한다. 어제 늦은 시간 걸었던 거북섬으로 이어지는 데크길을 바라다보면서, 왼편에는 갯벌, 오른편에는 풀숲을 두고 발아래 비포장 방조제 길을 따라서 솔섬[松島] 바닷가를 걷는다. 송도소류지를 끼고 임도를 돌아 지도읍내와 증도를 연결하는 지도증도로에 올라선다. 지도읍 쪽에서는 지도대교라 부르고, 사옥도 쪽에서는 사옥대교라 부르는 이 다리는 천사(1004)섬으로 불리는 신안군의 섬과 섬을 연결하는 13개 큰 다리 중의 하나로, 길이 660m의 특별한 꾸밈이 없는 교량이다. 흐린 날의 새벽이지만, 사옥대교 왼편과 오른편에 펼쳐진 망망대해와 작은 섬들의 풍경에 가슴이 탁 트이는 느낌이다. 그런데 평소에도 높은 곳을 싫어하는지라 발 아래 깊은 바다 속으로 떨어지지 않을까 하는 조마조마한 마음을 부여잡고, 모자가 바닷바람에 날려가지 않도록 꽉 붙들고 대교를 건넌다.

　사옥대교 끝 지점에서 사옥도선착장 방향으로 내려와 대교 아래를 통과하여 하탑마을 버스정류장에서 바닷가로 발길을 옮기면, 작은 규모의 염전과 태양광발전시설을 만나게 된다. 예전에는 모두 염전이었을 텐데, 높은 노동 강도와 낮은 경제적 생산성 때문에 염전의 일부에 태양광 설비를 설치하여 업종을 바꾼 것으로 보인다. 바닷가 방조제로 발길을 옮기는데 왼발바닥에 통증을 느껴, 방조제에 걸터앉아 살펴보니 500원짜리 동전만한 물집이 잡혀 있다. 어제 먼 길을 걸은 후 발 관리를 제대로 하지 않은 채 잠들어 버렸고, 아침에도 유심히 살피지 않아 몰랐던 것이 불찰이다. 배낭에서 바늘과 무명실, 일명 빨간약을 꺼내 물집에 구멍을 내고 소독약 묻은 무명실을 물집 안으로 통과시켜, 간단한 응급처치를 하고 다시 방조제 위를 걷는다. 방조제 옆 왕새우양식장에는 수차(水車) 여러 대가 끊임없이 돌아가고 있다. 진도나 해남의 해변은 조수 간만의 차이가 그리 크지 않아 해조류나 어패류 양식이 많은 반면 신안은 그 차이가 커 넓은 갯벌로 변하므로, 왕

새우 양식을 선택한 것으로 보인다. 궁금해서 포털을 검색해 보니, '2021년도에 신안군의 왕새우 양식 면적은 900헥타르(hectare)이고, 생산량은 6,000톤(ton)으로 전국 생산량의 50%를 차지하며, 300여 양식 어민이 700억 원 정도의 수익을 거둘 것으로 예상된다.'는 기사가 올라와 있다.

방조제와 양식장 그리고 멀리 추섬, 안마도, 소복기섬, 악조도를 뒤로 하고, 내도마을로 향하는 길로 들어선다. 길옆 밭에는 베트남에서 일하러 온 젊은 남녀가 쪽파를 뽑으면서, 지나는 길손을 보고 웃어 주고 서툰 발음으로 "안녕하세요?"라며 먼저 인사를 건넨다. 서해랑길에서 몇 번이고 동남아시아 지역 노동자들을 만났는데, 그들은 늘 상냥한 말투로 인사를 하고 먼저 소통하려 했었다. 땀 흘리는 그들 곁으로 여유롭게 길을 걷는 것이 미안하여, 나는 늘 쑥스럽게 고개를 숙이며 어색한 모습으로 인사를 전하고는 빨리 벗어나려 한다. 죄지은 것도 아니고 살면서 해야 할 일들을 열심히 하고 정년을 코앞에 두고 있지만, 늘 외국인 노동자의 수고로운 노동을 보면 미안함에 절로 고개가 숙여진다. 아무쪼록 그들이 노동을 통해 얻고자 하는 모든 것을 하나도 빠짐없이 다 이루기를 기도한다. 내도마을 곁을 지나 내도 경로당 앞에서 다시 물집 소독을 하고 있는데, 일하러 가던 어르신이 더운 날 걷느라 수고가 많다며 건강하라고 지지해 준다. 나보다 나이가 더 지긋한 연배의 어르신이 경운기를 몰고 논으로 일하러 가면서 길손을 격려해 주니, 송구스러운 마음이 한 켜 더 쌓여 간다.

내도마을 앞 터진목 들판의 농로를 따라 걷는데, 들판 한가운데 축사에서 소 사료 뭉치인 하얀 곤포 사일리지를 열심히 옮기는 풍경이 눈에 들어온다. 들판 끝 방조제 수문에서 잠시 쉬었다가 다시 차가 다닐 수 있는 들판 옆 포장도로를 걷는다. 원달제저수지를 지난 오르막에서 들개를 어떻게든 잡아야 안심하고 살 수 있다는 얘기를 나누며 점심찬거리를 뜯고 있는 동네 주민을 만난다. 임도 같지 않은 임도를 돌아서면 커다란 탄동저수지를 만나고, 뚝방 아래로는 넓은 들판과 마을이 형성되어 있다. 들판과 이마를 맞대고 있는 방조제에 들어서면 맞은편에 지신개선착장과 증도전망공원 그리고 붉은색 아치교인 증도대교가 눈에 들어온다. 금방이라도 도달할 것 같은 증도대교는 사옥길을 따라 한참을 걸어서 가파른 계단을 올라야만 도착하게 된다. 다리로 진입하기 전에 위치한 전망공원에는 슬로 시티(slow city)를 상징하는 달팽이 모양에 금연의 섬이라고 쓰인 조형물과 알루미늄 소재로 세워진 농게 조형물이 자리 잡고 있고, 건너편에는 신안갯벌 사진이 큼지막한 광고판으로 세워져 있다.

중도대교는 2010년 건설된 아치교로서 지도읍 탄동리와 증도면 광양리를 연결하는 다리로 너비 14m의 2차선 도로가 올라앉은 총 길이 1.9km의 다리로, 순수한 다리의 길이는 900m라고 한다. 앞서 지난 사옥대교가 다소 밋밋한 모습이었다면, 증도대교는 붉은색 아치가 눈길을 사로잡는다. 다리 아래의 지신개선착장에 정박한 배는 드넓은 푸른 바다 위에 아슬아슬하게 떠다니는 일엽편주(一葉片舟)와 같은 모습이다. 좌우로 넓은 바다 풍경을 선사했던 사옥대교와는 달리 증도대교 건너 왼편 바다는 드넓은 갯벌이 펼쳐져 있다. 다리 위에 수없이 매달려 있는 표지판은 신안갯벌이 국가습지보호구역, 갯벌도립공원, 유네스코생물권보전지역, 람사르습지로 지정되어 있으니, 소중한 자연유산인 갯벌을 보호할 것을 내게 요구하고 있다.

다리 끝 지점의 증도 관광안내소 앞 차도에는 '서울 강남의 명예섬 쥬도'에 오신 것을 환영한다는 입간판이 위용을 자랑하며 서 있다. 왜 우리는 서울 서울, 강남 강남하는지 도무지 이해가 되지 않는다. 서울과 강남이 싫어서 증도로 오는 사람도 있을 터인데 말이다. 찜찜하기 그지없는 기분을 부여잡고, 광암리마을로 돌아드니 어제 무안의 나무와는 다르게 튼튼하게 자라서 많은 열매를 맺은 무화과나무가 몇 그루 보인다. 증동마을 돌담길을 돌아 나와 차들이 쌩쌩 달리는 도로를 걷고 광암경로회관을 지나 다시 소로로 접어들고, 크고 작은 방조제를 돌아 다시 지도중도로와 만난다. 방조제 아래 놓인 길 아래로는 붉고 푸른 염생식물들이 눈길을 끌고, 방조제 끝 무렵에는 26코스의 종점인 태평염전이 자리 잡고 있다.

염전 초입에 생산된 천일염을 쌓아 놓고 파는 소금가게가 있고, 왼편으로는 카페와 힐링센터 그리고 오른쪽으로는 소금박물관과 태평염전 출입구가 버티고 서 있다. 태평염전은 1953년에 설립된 염전으로 올해 70주년을 맞이한 기념으로, 주민과 이곳을 찾는 관광객을 대상으로 오늘 오후 3시에 '소금 같은 연주회'를 개최한다는 사실을 현수막을 걸어 알리고 있다. 지금은 소금박물관으로 바뀌어 있는 건물은 염전 설립 초기에 건축된 돌로 지은 석조소금창고이었단다. 박물관 입구에 걸려 있는 류시화 시인의 〈소금〉이라는 제목의 시가 눈길과 마음을 사로잡는다. 그 시는 이렇다. '소금이 바다의 상처라는 걸

아는 사람은 많지 않다. / 소금이 바다의 아픔이라는 걸 아는 사람은 많지 않다. / 세상 모든 식탁 위에서 흰 눈처럼 소금이 떨어져 내릴 때 / 그것이 바다의 눈물이라는 걸 아는 사람은 많지 않다. / 그 눈물이 있어 이 세상 모든 것이 맛을 낸다는 것을.' 이 짧은 시구에 소금의 많은 의미를 담아낸 시인의 머릿속과 마음속이 너무 너무 궁금하지만, 점심시간이라 허기를 채우는 일이 우선이다. 여기저기 둘러보지만 식당이 없어 소금아이스크림과 함초차를 파는 가게 앞 테이블에 앉는다. 비상식량으로 챙겨온 물만 부으면 라면밥이 되는 즉석식품으로 한 끼를 때우고, 테이블을 빌려 쓴 미안함에 단짠단짠하다는 천일염 아이스크림을 하나 사 입가심을 하고 27코스의 길을 이어 걷는다.

아이스크림 가게 옆에 놓인 빨강의자가 '아야. 언능 오랑께~'라며 더 쉬어 가라고 유혹의 손길을 내밀지만, 소금밭 낙조전망대가 있는 야트막한 산길로 발길을 옮긴다. 배불리 먹지도 않았지만, 100개의 계단이 켜켜이 쌓인 오르막길은 늘 부담스럽다. 전망대에서 내려다보는 태평염전은 드넓다 못해 한눈에 담기도 힘들다. 태평염전은 근대문화유산 369호일 뿐 아니라 유네스코생물권보전지역으로 지정된 우리나라 최대의 염전으로, 그 넓이가 여의도 2배에 해당하는 4,630m²에 이른다. 태평염전 1공구에는 염색식물, 2공구에는 유채꽃밭과 소금밭 체험장 그리고 3공구에는 염전과 소금창고가 위치해 있고, 저 멀리에는 좀 전에 건너온 붉은 아치교인 증도대교가 위용을 자랑하며 서 있다. 오월의 신록으로 가득한 산길을 돌아내려와, 소금밭과 소금창고와 나란히 달리는 아스팔트에서 뿜어져 나오는 뜨거운 열기를 온 몸으로 받아내며 태평염전을 벗어나는 데 한 참의 시간이 걸렸다.

태평염전의 끝머리에서 만나는 삼거리에 있는 돌마지 버스정류장에서 화사한 꽃을 떠나 보내고 무성한 잎사귀만을 매달고 있는 벚나무들이 줄지어 서 있는 왼편 시멘트길로 접어든다. 돌마지마을의 경로회관과 다양한 작물이 심겨진 밭을 지나고, 덕정방조제를 건너 대슬옹도 해변에 도착한다. 만조 때는 우회해야 하는 길이지만, 다행히 썰물 때인지라 대슬옹도 바닷길을 따라 걷는데, 해당화가 많이 핀다하여 화도(花島)로 불리는 섬까지 1.2km 길이의 화도노두길이 갯벌을 가로질러 길게 뻗어 있다. 호도마을에 들어서니 신안 중도갯벌공원에 이르는데, 그곳에 1004섬 포토존이 설치되어 있다. 정말 섬의 개수가 1004개인지 궁금하여 숙소로 돌아오는 길에 택시기사에게 물었더니, 실제로 섬은 팔백 몇 십 개이고 썰물 때 드러나는 섬까지 합치면 그 수가 1,025개의 섬이 있는데, 상징적으로 천사(1004, angel)섬이라고 부르고 있단다.

　대슬옹도 해변 우회로와 만나서 구릉지에 위치한 덕정마을로 접어드는데, 이국적 모습의 뾰족지붕을 한 교회가 시선을 붙들고, 허름한 마을 경로당 벽화에 '행복이 내린다.'는 글귀가 눈길을 끈다. 마을을 벗어나 길가의 덕정버스정류장을 거쳐 대초마을로 돌아드는데, 서해랑길 인근에 대초마을 옛이야기 체험장이 있단다. 어떤 옛이야기가 전해 오는지 자못 궁금하다. 대왕산을 왼편에 두고 농로를 걷고 잠시 차도를 만났다가, 다시 농로를 따라 바닷가 방조제로 접어든다. 방조제 안에는 태양광발전설비가 세워져 있고 그 뒤로 드넓은 간척토지와 농수로가 자리 잡고 있는데, 농수로 옆 밭에는 좀처럼 보기 힘든 우리밀이 노랗게 영글어 가고 있다. 농수로 중간 지점에서 우전리 마을을 지나 조금 더 발걸음을 옮기면 중도갯벌생태공원이 나오고, 주차장에는 초소형 전기차 두 대가 전기에너지를 빨아들이고 있다. 맞은편에는 신안 갯벌박물관이 웅장한 모습으로 자리를 하고 있지만, 드나드는 관람객을 찾기는 어렵다.

　갯벌박물관을 끼고 돌아 이국적 정취를 불러일으키는 우전해수욕장에 이르면, 왼편으로는 엘도라도리조트가 자리해 있고 오른편에는 마을과 농경지를 보호하는 방풍림이 한반도 모형을 하고 길게 늘어서 있다. 그래서 이 숲을 한반도 해송숲이라 부르는데, 2009년 아름다운 숲 전국대회의 천년의 숲 부문에서 우수상을 받을 정도로 아름다운 경치를 지녔다. 바다와 숲 사이

에는 길이 4.2km에 이르는 백사장이 펼쳐져 있고, 키 큰 곰솔들 사이로 작은 산책로가 3km 가까이 이어져 있다.

숲속 산책로에 들어서는 것만으로도 생각이 깊어질 듯한데, 얼마 안가서 만나는 '철학의 길'이라는 표지목이 눈에 들어오는 순간, 아득함을 느낀다. 쑥스러운 얘기지만 사회복지 학계와 실천현장에서 나름 이름을 얻고 있는 나이지만, 나 자신의 사회복지 철학이 무엇인지에 대해 묻고 되묻는 과정을 거쳤음에도 아직 명쾌한 답을 얻지 못하고 있기 때문이다. 그래서 다시 학창시절로 되돌아갈 수 있다면, 사회복지 공부 전에 먼저 철학 공부를 깊이 있게 해 보고 싶다는 생각을 해 왔다. 내 글과 행동 그리고 실천의 토대가 되는 복지철학이 튼실하지 못한 상태에서 지껄이는 말과 끄적거리는 글이 과연 진정한 의미를 지닐까 싶어 항상 의구심을 갖고 살아가고 있다. 인생의 시계를 되돌릴 수도 없고 이제 물러날 날도 멀지 않았으니, 사회복지를 공부하고 실천하는 후배들에게 먼저 복지철학을 든든히 세우기 위해 공부하고 치열하게 고민하라는 권고를 하는 것으로 면피를 해 보려 한다. 얄팍해서 흔들리고 있는 나의 복지철학으로 인해 머릿속이 점점 더 미궁으로 빠져들 무렵, 해송 산책로에 '망각의 길'이라는 표지목이 나를 위로해 주려는 듯이 짠하고 등장한다. 복지철학을 든든히 세우지 못한 후회를 잊으라고 권면하는 것 같아, 머릿속을 탈탈 비우고 해송 숲길을 마저 걷는다.

한반도 해송 숲길이 끝나는 지점에 짱뚱어다리가 놓여 있는데, 입구에는 이곳에 서식하는 흰발농게를 보호해 달라고 호소하는 입간판이 서 있다. 흰발농게의 수컷은 한쪽 집게다리가 크고, 암컷은 양쪽 집게다리의 크기가 동일한 모습을 하고 있단다. 흰발농게는 갯벌 매립 등의 서식지 파괴로 개체수가 줄고 인간 간섭이 늘어나면서 2012년 멸종위기 야생동물 2급으로 지정되었다고 한다. 짱뚱어다리 아래에는 다리 이름처럼 짱뚱어가 갯배를 타듯 갯벌을 누비고 있고, 그 옆으로 하얀 집게다리를 번쩍 들어 올린 수컷 흰발농게는 먹이활동을 열심히 하고 있다. 나무 데크길로 만들어진 다리의 중간 지점에 위치한 갯벌전망지점을 오르내려서 건너편에 도착하니 '일몰이 아름다운 곳'이라고 쓰여 있는데, 구름이 하늘을 가려 일몰을 보기는 틀렸다.

차도를 건너고 농로를 따라 걷다 만나는 중도면 농기계임대센터를 지나고, 건물은 큼지막한데 드나드는 사람은 하나도 없는 중도면복지센터를 지나 식당가와 대형마트, 각종 관공서 건물을 지나 중도면사무소 앞에서 27코스 걷기를 마무리한다. 종점 앞 버스 정류장에 도착하기 몇 분 전에 농어촌버스가 지나가는 광경을 본 터인지라, 다시 식당가로 내려와 이학식당에서 짱뚱어탕으로 저녁을 먹고 지도읍에 있는 개인택시를 부른다. 택시를 기다리기 위해 앉았는데 식당 옆 자동차 경정비를 하는 가게의 유리창에 담배를 판매한다는 표지판이 떡하니 붙어 있다. 숙소로 돌아오며 택시 기사에게 물었더니, 증도를 '슬로 시티'로 지정하면서 금연섬으로 만들기 위해 담배 판매 중단을 요청했지만, 이 가게 주인은 거절하고 계속 팔고 있다고 한다. 주민들 대부분이 금연에 동참했지만, 일부는 뒤로 숨어서 담배를 피웠다고 한다. 집단의 이익을 위해 개인의 권리를 짓밟아 왔던 우리 사회의 어두운 옛 모습을 회상하게 되어 뒷맛이 개운치 않은데. 발바닥에서 기분 나쁜 통증이 스멀스멀 올라오니 기분이 더 꿀꿀해진다.

18. 고정관념

□ 서해랑길 28코스, 신안 증도면사무소 – 증도 관광안내소, 15.5km, 5시간, 28,877걸음

슬로 시티(slow city)는 '자연환경과 전통문화를 보호하고 여유와 느림을 추구하며 살아감으로써 지속가능한 발전을 추구하려는 국제운동'이다. 현재 우리나라에서 슬로 시티로 지정된 곳은 19곳이 있는데, 증도는 2007년 아시아 최초로 슬로 시티로 지정된 곳이다. 증도는 자연경관이 훼손되지 않고 잘 보전되어 있으며, 친환경 농수산물이 풍부할 뿐 아니라 고대와 근대의 문화유산이 잘 보전되어 있는 신안 천사섬 중의 하나다. 오늘 걷기의 시작점인 증도면사무소는 면소재지 마을이 훤히 내려다보이는 해발 124.2m의 상정봉 초입에 자리하고 있다. 증도면사무소를 오른쪽에 두고 한반도 해송숲을 조망할 수 있는 뒷산으로 올라야 하지만, 어제 해송숲을 걸어왔으므로 그곳보다는 산 아래 자리 잡은 문순경 전도사 순교기념관이 마음을 더 끌어당기는 바람에, 원래 코스에서 잠시 벗어나 증도초등학교 방향으로 걸음을 옮겨 놓는다.

고(故) 문순경 전도사(1891~1950)는 신안군 암태도에서 태어난 우리나라 최초의 개신교 여성 순교자다. 여유 있는 가정에서 태어났으나 생과부라 해도 과언이 아닐 정도로 불행한 결혼생활을 해 온 문 전도사는 남편이 사망한 이후, 1931년에 경성성서학원의 당시 규칙상 결혼한 여성에게 입학을 허가해 주지 않았기 때문에 부득이 청강생 자격으로 신학공부를 하였다. 신안으로 돌아와 돛단배를 타고 섬들을 돌면서 삶을 통해서 복음을 전파하고, 섬사람을 도우며 사랑과 헌신을 다했던 그녀의 영향으로 신안에 많은 교회가 세워지게 되었다. 이후 6·25 전쟁 때 체포되어 옥고를 치렀고 인민군이 철수했을 때 옥에서 풀려났지만, 신도들 걱정에 증도로 돌아왔다가 인민군에 의해 죽임을 당하였다. 순교기념관으로 들어가는 입구 계단에는 4개의 아치문에 성결교의 중심 교리인 4중 복음, 즉 중생, 성결, 신유, 재림이란 글자가 새겨져 있다. 입구 오른편 벽에는 '한 알의 밀이 땅에 떨어져 죽지 아니하면 한 알 그대로 있고, 죽으면 많은 열매를 맺느니라.'라는 요한복음 12장 24절의 말씀이 새겨져 있다. 고귀하고 성스러운 삶을 살다 간 여성 순교자의 삶

을 찬찬히 들여다보고 싶지만, 아직 문을 열려면 많은 시간을 기다려야 하는 이른 아침인지라 스마트폰으로 기념관 소개 글을 보면서 나의 얕고 올곧지 못한 믿음을 뉘우치며 다시 길에 올라선다.

차가 다니는 포장도로를 걸어 중서저수지와 레스토랑, 펜션을 지나서, 잠시 헤어졌던 서해랑길과 다시 만난다. 도로 옆에는 펜션들이 줄지어 서 있고, 그 너머 저 멀리에는 푸른 바다와 한반도 해송숲이 멋지게 어울려 있다. 길가에 핀 금계국은 까만 길을 샛노랗게 물들이고, 그 옆 논밭들은 녹색으로 물들어 있다. 도로를 벗어나 펜션을 끼고 짧은 방조제를 건너니, 오산마을 주민 두 명이 기상청의 잘못된 일기예보에 대해 중얼거리면서 작물이 비에 젖을까 봐 비닐을 덮어씌우고 있다. 한두 방울씩 내리는 보슬비를 맞으며 걷는 해변 끝 무렵에, 제법 큰 규모의 리조트가 위용을 자랑하고 있다. 그 모습이 마음에 들지 않아 오른쪽으로 난 작은 숲속 오솔길로 들어섰더니, 양파밭이 길을 막고 서 있다. 밭고랑 사이를 걸어서 원래 코스인 리조트 앞길로 내려섰더니, 관리실 아저씨가 비 맞으며 걷고 있는 나를 신기한 듯이 바라보고 있다. 빗줄기가 점점 심해져 배낭을 덮씌우고 채비를 정리하여 길을 나서니, 밀물로 가득한 바다 위에 나무 그네가 잠겨 있는 풍경이 아름답게 펼쳐진다. 리조트를 벗어나 차들이 오가는 보물선길에 올라서 조금을 걷는데, 눈앞에 온몸을 오싹하게 만드는 장면이 눈에 들어온다. 산비탈 양파밭에 허수아비를 세워 두었는데, 마치 처녀귀신처럼 핏기 없는 하얀 얼굴에 까만 머리를 치렁치렁 늘어뜨린 모습을 한 마네킹의 목만 대롱대롱 걸려 있는 것이 아닌가. 비까지 쏟아지니 더더욱 음산한 분위기인데, 한밤중 운전하는 사람이 차량 불빛에 비춰진 처녀귀신 마네킹을 보면, 백발백중 기절할 것이 틀림없어 보인다. 양파밭에 이런 허수아비를 세워 놓은 밭 주인이 누군지 참으로 궁금하다.

비 내리는 아스팔트길을 걸어 세목섬과 산 아래 펜션 그리고 검산마을의 집들을 지나면, 바다색이 검푸르다 하여 이름 붙여진 검산항에 도착한다. 검산항과 방조제로 연결되어 있는 명덕섬을 지나고 섬 위에 검

은 배가 올라앉은 곳에 이른다. 좀 더 큰 규모의 대단도 옆에 있는 소단도에 올라앉은 배는 1975년 8월 신안군 증도면 도덕도 북쪽 2km 해저에서 조업 중이던 어선의 그물에 청자도자기 6점이 걸려 올라온 이후 본격적인 조사를 통해 유물을 발굴한 것을 기념하기 위한 것이다. 1976년에서 1984년까지 해저유물에 대한 본격적 발굴조사가 이루어져, 목선(木船) 형태인 보물운송선과 거기에 실린 중국 송나라와 원나라의 도자기, 주화 등 28,000여 점의 유물이 발굴되었다. 현재 이들 고대 유물들은 국립박물관, 광주박물관, 목포해양박물관 등에 분산 전시되고 있다. 정작 유물이 발굴된 이곳은 돈벌이와 이름을 드높이고자 하는 사람들의 욕심만 우글거리고 있어 입맛이 많이 쓰다. 소단도 위 까만 배에 한글이나 한문으로 보물선이 아니라 영어로 'treasure island'라고 써 놓은 것도 언짢은데, 길가에 대단도와 소단도에 으리으리한 리조트를 지어서 돈을 벌게 해 주겠다는 광고물이 더욱 눈살을 찌푸리게 한다. 게다가 신안군수가 세웠다는 '700년 전의 약속'이라는 뜻 모를 돌비석은 그 아래 바다 벼랑 위에 세워진 진짜 신안해저유물발굴비의 존재를 감추고도 남을 정도로 규모가 웅장하다.

신안해저유물발굴비 바로 앞이 낙조전망대인데, 그곳에서 2km 앞 바다에 해저유물이 발굴된 지역을 부표(浮標)로 표기해 놓고, 이 해역을 국가사적 274호로 지정해 놓았다. 그런데 내가 운이 없는 것인지 서해랑길에서 낙조전망대를 꼭 오전 시간대나 흐린 날 오후 시간대에만 만나게 된다. 낙조전망대를 뒤로 하고 왼편으로는 바다, 오른편으로는 산을 끼고 아스팔트길인 해안도로를 계속해서 걷는다. 서해랑길 리본만 살랑이고 있을 뿐 이곳이 어딘지 궁금하던 차에 낡은 이정표가 방축리까지 2km 가까이 남았다고 알려 준다. 곧이어 리조트를 지으려 했는지 아니면 채석장이었는지는 모르지만, 가파른 산비탈을 넓게 헐어 내고 축대를 쌓다가 만 토목공사 현장을 방치하고 있어 아름다운 풍경을 흉물스럽게 만들고 있다.

해안도로가 좁아지면서 아스팔트 도로는 시멘트 포장도로로 바뀐다. 비가 내려 음산한 기운이 감도는 길에는 사람 인기척은 물론이고 작은 새소리조차도 들리지 않는 적막이 감돌고 있다. 그런데 내가 발걸음을 옮겨 놓을 때마다 도로변 수풀 속에서 '스르륵~' 하는 소리가 계속 들린다. 내가 제일 무서워하는 것이 뱀인데, 마치 뱀이 수풀 속을 기어가는 것 같은 소리에 머리카락이 쭈뼛거리고 팔에는 소름이 돋는다. 궁금하여 수풀을 들여다봐도 그 정체를 알 수가 없으니 더 소
름이 끼친다. 어림짐작으로 100m 정도를
걷는 동안 그 소리가 계속 들려왔는데, 저
만치 앞에 빨간색 작은 게 한 마리가 산속
풀숲에서 나와서 시멘트 포장도로를 느긋
하게 걸어가는 모습이 보인다. 아마 바다
에서 산으로 산보를 나왔다가 길 아래 바
다에 있는 자기 집으로 되돌아가는 와중
에, 가까워지는 내 발걸음 소리에 위험을 느끼고는 후다닥 다시 산속 수풀로 숨어드는
것일 것이다. 게가 숨어든 곳을 유심히 살펴보니, 한 마리가 아니라 크고 작은 여러 마리
의 게들이 후다닥 몸을 숨기는 것이 아닌가. 지금까지 나를 소름끼치게 했던 소리는 바
로 인간의 발자국 소리가 두려워 급히 몸을 숨기는 게들의 걸음 소리였던 것이다. 그로
부터 100~200m를 걸어오는 동안 게가 수풀 속으로 숨어드는 소리는 계속되었다.

　게는 바닷물 속이나 갯벌 아니면 깨끗한 냇물에서 산다고 굳건히 믿고 있었는데, 산
속 수풀에서도 산다는 것을 두 눈으로 직접 보고서야, 사람이 지닌 고정관념이 얼마나
잘못된 것인지를 깨닫는다. 깊이 알지도 못하면서 작은 경험치와 얄팍한 지식을 바탕으
로 자신의 관점과 사고에 확신을 갖는 것이 얼마나 무지몽매한 일인가? 사회복지학 책에
서 내담자를 원조하는 실천과정에서 편견을 갖거나 고정관념을 갖지 말라고 누누이 얘
기하고 있지만, 사회복지사 중에는 자신도 깨닫지 못하고 있는 왜곡된 고정관념에 따라
내담자를 판단하고, 평가하고, 그 능력을 불신하는 경우가 종종 있다. 사회복지사의 고
정관념은 잘못된 사정(assessment)과 개입(intervention)으로 이어지고, 결국에는 내담자
의 삶에 도움이 되기는커녕 오히려 해악을 끼치는 결과를 낳는 커다란 실천적 오류를 범
하게 만든다. 따라서 사회복지사라면 자신이 갖고 있는 사람, 삶 그리고 세상일에 대한
편견, 고정관념, 차별의식이 어떤 것인지를 명확히 깨닫고, 그것에서 벗어나기 위해 지
속적으로 노력을 기울여야 한다.

　얼마 지나지 않아 길이 비포장길로 바뀌면서, 자갈이 발바닥에 가하는 압력이 고스란
히 통증으로 다가온다. 적막한 길을 걸은 지 몇 km 만에 오른편 산자락에 펜션 건물이

눈에 띄고, 내리막길을 내려서니 족히 200~300m 정도 되는 해송 방풍림 앞에 넓은 모래 사장이 펼쳐져 있다. 해변으로 향하는 계단에 털썩 주저앉아 왼발바닥을 살펴보니, 동전 만 했던 물집이 작은 사이즈의 파스 한 장 크기만큼 커져 있고, 꽤나 무거운 몸무게에 짓 눌려 터져서 진물이 나고 있다. 어딘지도 모르는 곳에서 길을 멈출 수는 없어, 발바닥에 가해지는 압력을 조금이라도 줄여 보고자 빨간약으로 대충 소독을 하고 그 위에 두꺼운 파스 한 장을 덧붙이고는 다시 걷기 시작한다. 의료인들이 보면 황당무계한 처치라고 비 웃을 것이고 물집이 덧날 수도 있을지 모르지만, 그 상황에서는 내가 할 수 있는 유일한 처치방법이었다.

해변 끝에 이르니 마치 기다란 수박 모양의 플라스틱 용기에 시구(詩句)를 써서 해송 가 지에 매달아 두고는 '시(詩)가 있는 공원'이라는 팻말을 세워 놓았다. 시 구절도 읽을 수 없 고, 공원 같지도 않은데 방축리마을 주민이 그렇게 이름 붙여 놓았으니 그러려니 하고 길 을 이어 간다. 도덕도, 호감섬, 대섬, 부남섬 등 여러 개의 크고 작은 섬을 보면서 걷다 보 면, 길은 해양관광로에서 염산1길로 바뀌고, 염산앞들과 방조제 사이의 왕새우양식장과 너른 들판을 돌아 나오면 다시 염산2길로 바뀐다. 그 길로 접어드는 모퉁이부터 오르막 임 도가 눈에 들어온다. 발바닥도 시원찮지만 아침을 컵라면 하나로 때웠기에 에너지도 거의 고갈되어 가고 있어, 해발 136.8m에 이르는 돈대봉의 오르막 임도를 오르기 위해서는 조 금이라도 에너지를 재충전하고 다리와 발바닥을 잠시 쉬게 해 줄 필요가 있다.

돈대봉 허리를 에둘러 돌아가는 임도는 그 길이가 2km에 이르는 비포장길로서, 해발 이 가장 높은 고개까지 오르면 이마에 땀이 배어 나오지만, 내리막길은 짧고 수월한 편 이다. 돈대봉 임도 끝자락에는 서해수산이라는 커다란 왕새우양식장이 자리 잡고 있다. 서해랑길을 안내하는 두루누비 앱에서는 곧 구분포저수지가 나온다고 되어 있는데, 눈 을 씻고 찾아도 보이지 않는다. 양식장을 벗어나서 다시 포장도로로 올라서면, 서해랑길 은 신안군의 둘레길인 '모실길' 중 '노을이 아름다운 사색의 길' 1코스와 합쳐진다. 이 길 은 또한 1004섬 증도자전거길과도 합쳐지는데, 라이딩(riding)을 하는 사람을 만나지는 못했다. 이 길을 조금 돌아 나오면 저 멀리에 증도대교 모습이 눈에 들어온다. 발바닥의 고통을 참으며 광암 들녘의 수로 곁으로 난 농로를 따라 일직선으로 걸어가면, 805번 지 방도에 이르게 되고, 연이어 서해랑길 28코스 종점인 증도 관광안내소에 도착한다.

19. 임계치와 목표 성취

□ 서해랑길 29 – 30코스, 신안 증도 관광안내소 – 무안 수포마을, 34.2km, 11시간, 56,789걸음

이른 새벽 길을 나선 관계로 28코스 종점에 이르렀음에도 아직 점심시간이 되지 않았다. 발바닥은 말썽을 부리고 있지만 못 걸을 정도는 아니고, 해가 중천에 떠 있으니 29코스를 이어 가기로 한다. 서해랑길 신안군 구간은 지도읍과 증도면을 한 바퀴 돌아서 나오는 코스로 구성되어 있으므로, 지도읍으로 나오는 29코스의 초반 9km 정도와 증도면으로 들어가는 26코스의 초반부는 그 경로가 대부분 겹친다. 이처럼 들어가는 길과 나오는 길이 겹치는 이유는 증도대교, 지도대교, 송도교라는 섬과 섬을 연결하는 세 개의 다리를 걸어 오가기 때문이다. 증도관광안내소에서 붉은색 아치교인 증도대교를 건너는데, 그 위에서 보는 바다와 갯벌의 풍경은 가슴이 시원해질 정도로 아름답다. 증도대교와 연이어지는 탄동2교에서 계단을 타고 아래로 내려와, 26코스와는 반대로 탄동저수지 아래의 들판과 마을로 길을 돌아든다. 도자기판에서 저염도의 친환경 천일염을 생산하는 일출염전을 경유하고, 제방길과 임도와 농로를 걷고, 일광염전을 지나서 탄동2리 내도마을 입구에서 다시 도로로 올라와 하탑마을에서 26코스와 동일하게 지도대교 또는 사옥대교로 불리는 다리를 건너 솔섬으로 돌아온다.

사옥대교를 돌아내려와 병풍도를 오가는 여객선이 오가고, 수협 송도위판장, 펜션과 모텔 그리고 횟집들이 즐비한 송도항을 지난다. 송도항이 끝나는 지점에 있는 카페 솔섬에서 바다 위에 세 개의 섬이 나란히 줄을 서 있는 삼도의 풍경을 바라보며 휴일 오후를 즐기는 사람들의 모습이 여유로워 보인다. 다시 차도로 되돌아가는 지점에는 병어와 민어의 고장이라는 홍보 입간판이 커다랗게 세워져 있고, 그 옆으로 엄마 아빠 아기 병어 세 마리가 유영하는 조형물이 세워져 있다. 도로에 올라서면, 송도청년회에서 한문으로 '상경하애(上敬下愛; 윗사람을 공경하고 아랫사람을 사랑하자)'라는 글귀를 큰 돌에 정성스럽게 새겨 놓았다. 이 글귀처럼 마을주민들이 서로 공경하고 사랑한다면, 정말 살기 좋은 마을공동체가 될 것이다. 그 아래 석판에 마을청년회에서 2004년에 왕벚꽃나무 133그루

를 가로수로 심었다고 쓰여 있는데 지금은 아름드리로 자라나서 여름날의 뜨거운 태양을 피할 수 있는 서늘한 그늘을 드리우고 있다.

　조금을 더 걸어 짱뚱어요리 전문식당이라는 전주식당과 송도교라는 아주 작은 다리를 건너니, 26코스 시작점인 신안젓갈타운이 오른편에 있고 네거리에는 보건지소, 치킨집, 농협 하나로마트, 떡방앗간, 24시 편의점과 식당들이 줄지어 서 있다. 배꼽시계가 아우성을 친지가 한참 되었고, 해도 중천에서 서쪽으로 기울어 가는 오후 3시가 넘었기에, 사거리 못 미쳐 청해짱뚱어 식당에서 엊저녁에 이어 또 한번 짱뚱어탕으로 늦은 점심을 해결한다. 29코스의 절반 정도가 남아 있기는 하지만, 오늘 더 걸으면 내일 발을 디딜 수 없을지도 모를 정도로 왼발 물집의 상처가 크고 아파서, 편의점에서 저녁 도시락과 내일 아침 컵라면 그리고 간식 한두 가지와 음료를 사고 택시를 불러 2~3km 정도 거리에 있는 송도항 옆 숙소로 되돌아간다.

　다음날 희미하게 밝아오는 동창 밖을 내다보니, 밤새 비가 촉촉하게 내렸다. 더위를 식혀 주는 고마운 비이므로 감사해야 할 터인데, 아쿠아 신발을 신고 온 나는 왼쪽 발바닥의 물집 때문에 은근히 부아가 치민다. 걷기에 다소 아니 상당히 불편하지만, 3박4일 일정의 마지막인 오늘 30코스까지 걷는 것을 단기목표로 정했으니 힘들어도 걷기로 하고 숙소를 나선다. 숙소 바로 앞에 자리 잡은 신안군 수협 송도위판장에는 밤새 잡아 온 싱싱한 물고기를 경매하기 위해서 상자를 줄 맞춰 내려놓고, 경매에 참여할 사람들이 생선의 상태를 살피고 있다. 이른 새벽에 활기찬 삶의 현장을 열어젖히고 있는 그들이 참으로 존경스럽다. 그들이 오늘보다 나은 내일의 삶을 살아가기를 빌면서 어제 걸어왔던 길을 되돌아가기 위해 지도읍내로 향한다.

　지도읍내 보건지소에서 29코스는 왼편으로 돌아든다. 해안길을 따라 오른편에는 지도읍내의 집과 가게들과 어깨를 나란히 하고, 왼편으로는 갯벌과 바다를 벗 삼아 한 발짝씩 발걸음을 내딛는다. 오랜만에 사람들이 모여 사는 읍내에 들어오니 며칠 동안 본 적이 없는 전통시장, 주유소, 읍사무소와 지역아동센터, 아파트와 빌라, 자동차터미널, 부녀회관, 고등학교 등의 사람 살아가는 데 필요한 많은 것이 모여 있는데, 그 모습이 왠지 생경하게 느껴진다. 읍내를 벗어나 다시 익숙한 농촌 풍경을 만난다. 양파밭, 보리밭, 목초지 등의 농경지를 따라 걷고, 저 멀리 보이는 해발 169.7m의 두류산을 바라보며 고사마을 회관으로 가로질러 걷는다. 감정1교를 건너 감정천변과 농로를 걸어서 조비마을을 지난다. 조비길에서 다시 두류산길로 바꿔 걸으니 임

자2대교가 눈에 들어온다. 해안길을 따라서 민정구섬, 옛낭기섬, 법고섬, 장고섬을 지나고, 해안초소와 임자2대교 아래를 통과하여 29코스 종점인 점암선착장에 도착한다.

점암선착장은 지도와 수도를 이어 주는 임자2대교, 수도와 임자도를 연결하는 임자1대교가 완성되면서 여객선 운항이 중단되었기 때문에, 선착장의 매표소는 굳게 문을 닫았고 횟집과 작은 가게만 문을 열었다. 비 오고 난 후 잔뜩 흐린 날이라 바다에는 해무가 가득하여 그 분위기가 을씨년스러운데, 뒤편 임자 1, 2대교를 지나 서쪽 끝에 위치한 대광해변 주변에서는 아름다운 튤립 꽃축제가 열린단다. 올해는 4월 초에 축제를 했다니 갈 수 있는 상황도 아니지만, 간다고 한들 예쁜 꽃의 정취에 스며들 기회도 없을 것이기에 신안과 울산을 이어 주는 국도 24호선 시점에서 30코스의 트레킹을 시작한다.

얕은 오르막길을 오른 후에 봉리길을 따라 왼쪽으로 돌아서 비 내린 아스팔트길을 계속 걸어가면, 지역에서 나는 수산물 가공법인을 만난다. 문네앞들에서 봉리길을 벗어나 농로와 수로를 따라 걷고 소금출저수지를 돌아서, 다시 봉리길 고개와 만난다. 봉리길 고개에서 내려다보면 앞에는 모내기를 끝낸 논들이 펼쳐지고, 그 끝에는 넓은 바다가 펼쳐져 있다. 두순재 뒷산 아래의 꼬불꼬불 농로로 불취들 들판 한가운데를 가로질러서 바닷가에 이른다. 새벽부터 4시간 넘게 걸어 왔기에 왼발의 통증이 심해져 빨간약과 파스로 응급처치를 하고 양말을 갈아 신고 다시 길을 나선다. 바닷길을 걷고 다랑구지들의 수로를 따라 다시 봉리길을 만나 걷고 있는데, 길 한가운데 까만 새끼고양이가 로드킬

당한 것은 아닌데 무슨 연유인지 죽어서 썩어 가고 있다. 묻어 주고 싶은 마음이 굴뚝같은데, 부패된 사체를 매장할 수 있는 어떤 도구도 없는지라 아기 고양이가 무지개다리를 건너 천국에서 행복하길 빌어 주는 것으로 면피를 하고 가던 길을 계속 간다.

서동길로 접어들어 서동마을회관을 지나는데, 길가 밭의 작은 비닐하우스에 벼 묘종을 기르고 있는 것이 아닌가? 어제 산속에서 봤던 게를 오늘 코스의 시작점 얼마 지나지 않아 만난 대숲에서도 보고 고정관념 하나를 확실히 깨뜨렸는데, 벼 묘종은 물 댄 논에서 길러야 된다고 생각하고 있던 나의 고정관념 하나가 오늘 또 깨져나가는 경험을 한다. 서동 마을회관을 지나 서동농작물 집하장까지 걷는 길과 집 담장 옆에 개량 양귀비꽃이 빨갛게 피어 시선을 끌어당긴다. 수레국화라 불리는 파란 꽃은 사람을 가까이 끌어당기는 은근한 매력을 내뿜고 있으며, 이름 모를 수수한 들꽃들은 내 발걸음의 무게를 조금 덜어 준다. 서동제 저수지를 지나고, 벼를 심고 보리를 수확하는 농기계들이 분주하게 움직이는 들판, 염전, 닭장을 지키는 두 마리 개, 고요한 시골마을 언덕배기에 늘어선 양파밭을 넘고, 참도경로당과 풍천수산이라는 장어집을 지나면 참도선착장에 도착한다. 내가 그곳에 도착했을 때 저 건너 포적도선착장에서 배를 탄 고위공무원 같은 사람이 부하가 씌워 주는 우산 아래서 근엄한 표정을 지으며 선착장에 내리더니, 해양쓰레기처리시설 신축공사장에 들러 이런저런 지시를 하고는 되돌아간다.

서동마을부터 내리기 시작한 비는 참도선착장부터 빗줄기가 굵어지기 시작했고, 그곳에서 방파제와 해안길로 이어지는 3~4km의 길을 걷는 대략 한 시간 동안 조금 거세게 내린다. 비옷도 우산도 가져오지 않은 상황이라 배낭만 덮개를 씌우고, 모자로 얼굴로 들이치는 빗줄기만 피한 채 계속 길을 걷는다. 내린 비가 온몸의 열기를 식혀주니 오히려 고마울 따름이다. 비 때문에 주변 풍경을 둘러볼 여유가 없었지만, 군이 둘러보지 않아도 한 시간 넘게 똑같은 풍경이 펼쳐진다. 그 풍경이란 바로 썰물에 드러난 갯벌 위에 빨간색과 녹색의 염생식물이 끝없이 펼쳐져 있고, 그 사이사이로 갯골이 길을 만들고, 갯골 끝에는 바닷물이 잔잔히 머물러 있고, 그 뒤로 작은 섬들이 옹기종기 자리 잡고 있는 모습이다. 방조제 끝 무렵까지 왼편의 풍경은 이와 같지만, 오른쪽은 조금씩 달라진다. 산일 때가 있고, 전원주택이 들어서 있기도 하고, 논과 밭이 펼쳐졌다가, 태양광시설이 나를 맞아 주기도 한다.

방조제 끝에서 해발 59.2m인 박동산의 허리에 닦여진 포장 임도를 올랐다가 돌아내려 오면, 내양마을이다. 마을 앞 체육시설 안에 있는 정자에 짐을 내려놓고 다시 발바닥 물집을 응급처치한 후에 두루누비 앱을 검색해 보니 805번 국도인 산길로를 따라 방조제 아래를 걷는 것이 내양마을 앞 들판과 커다란 냇물을 따라가는 수로를 돌아오는 것보다 한 1km 정도 더 짧을 것으로 예상된다. 지금 발바닥 상태로는 한 발짝이라도 줄이는 것이 더 낫다는 판단에 신안군과 무안군을 연결해 주는 산길지구 방조제를 건너서, 다시 30코스의 원래 길과 만난다.

산길지구 방조제 끝에서 1km 정도를 해안길과 방조제를 따라 걸어서, 임치마을 입구에 도착한다. 쉬고 나서 얼마 걷지 않았는데 발바닥이 쉬어가라고 졸라대는 바람에 큰 팽나무 그늘에서 충분히 쉬었다가 마을 안으로 발길을 옮긴다. 임치 마을회관과 경로당을 지나면 임치진 터를 만나게 된다. 입구에 설치된 안내문에 따르면, 임치진은 목포진, 군산산포 만호진 등과 함께 조선 시대 전라우도에서 매우 중요한 수군 진지로서의 역할을 담당했으며, 성안에는 객사, 화약고, 군기고 등을 비롯하여 봉화대까지 갖추고 있단다. 지금은 그 사적들이 남아 있지 않지만, 조선 시대에는 수군의 매우 중요한 전략적 요충지이자 진지로서의 기능을 해 온 것으로 보인다. 중요한 역사 유적이라 둘러보고 살펴보고 싶지만, 발에서 전해 오는 통증이 나로 하여금 어서 지나가라고 아우성친다. 여러 이유로 잘 떨어지지 않는 발걸음을 옮겨 임치길 얕은 고개를 넘어서면, 작은 마을이 자리 잡고 있고, 그 앞 농로를 따라 직선으로 걸어가면 봉대로 큰 길 옆에 무안군 해제면 수포 마을회관, 즉 30코스 종점에 다다른다.

오늘 새벽부터 걸은 거리는 대략 25km 정도 되는데, 발바닥 물집 때문에 심리적으로는 그 다섯 배 혹은 열 배를 걸은 느낌이다. 이번 여정의 첫날 너무 무리해서 생긴 작은 물집에 신경을 쓰지 못하고, 사흘 연속으로 커지는 물집을 제대로 처치도 하지 않은 채 계속 오래 멀리 걸은 것이 이 지경을 만든 것이다. 이렇게 얘기하면 독자들은 왜 그렇게 무리해서 걷느냐며 핀잔을 줄지도 모른다. 하지만 내게는 걷는 목적과 목표가 있다. 1988년 8월부터 35년 넘게 국책연구원의 연구원과 현재 몸담고 있는 대학에서 교육자로서 살아온 삶의 궤적을 되돌아보고 내 삶의 의미를 제대로 찾으면서, 남아 있는 선생으로서의 삶을 잘 마무리할 길을 찾는 것이 내가 걷는 목적이다. 이런 목적을 달성하기 위해 해남 땅끝마을에서부터 강화도 평화전망대까지의 서해랑길을 걷기로 목표를 세우고, 1코스부터 조금씩 나눠서 걷기의 하위목표들을 달성해 오고 있는데, 이번 3박 4일 트레킹의 하위목표는 24코스부터 30코스까지 걷는 것이었다. 그런데 이번 여정의 초반부터 몸이 따라주지 않아 어려움을 겪었고, 사흘째 되는 날부터는 통증과 심리적 괴로움이 임계치(臨界値, threshold)에 달한 상황이었다. 어떤 감정, 본능, 통증 등이 참거나 통제할 수 있는 한계상황에 도달한 상황을 임계치라고 한다. 쉬운 말로 냇물이 방과 마루를 구분해 주는 문턱 바로 밑에까지 차서 금방이라도 물이 넘칠 것 같은 상황이라고 생각하면 된다. 임계치에 근접한 발바닥 통증 때문에 중간에 그만두었다면, 이번 여정의 단기목표와 걷기의 장기목표를 달성하는 데 장애요인이 될 것이 분명하다.

이런 나의 경험은 사회복지실천의 원조과정에도 그대로 적용될 수 있다. 사회복지실천에서 목표는 구체적이고(specific)이고, 측정할 수 있고(measurable), 성취할 수 있고(achievable), 결과지향적이면서(result-oriented), 성취할 시간을 정해 놓아야 한다(time-bounded). 이처럼 사회복지실천의 목표를 SMART하게 설정하였더라도, 내담자의 자발적 참여와 노력, 헌신이 없이는 내담자와 그 삶의 변화라는 목표를 이루어 낼 수 없다. 특히 목표 성취에는 고통과 장애가 따를 수밖에 없는데, 그 고통과 장애를 임계치 직전까지 견디어 내고 극복해 내려는 내담자의 자발적 의지가 뒷받침되어야만, 목표한 바를 성취해낼 수 있다. 따라서 사회복지실천에서 내담자와 그의 삶을 변화시키는 실천 목표를 달성하기 위해서는 내담자의 고통과 장애를 견뎌 내고 통제할 수 있는 임계치를 높여 나가는 작업이 매우 중요하다.

05

함평 · 영광 구간

20. 다양성

□ 서해랑길 35코스, 함평 돌머리해변 – 영광 칠산타워, 19.0km, 6시간, 32,861걸음

가을 아침 날씨라기에는 기온이 높게 느껴져 날씨 정보를 확인했더니, 1907년 기상관측 이래로 116년 만에 기온이 가장 높은 가을날이라고 한다. 걷기에는 높은 온도와 습도가 좋지 않은 조건이지만, 돌머리해변 백사장 깊숙이 형형색색으로 치장한 갯벌관찰로의 손짓에 가벼운 발걸음을 내딛는다. 이 코스는 함평군의 해안누리길 중 '해수찜과 호남가로를 주유천하하는 길'인 돌머리해안길 구간과 8km 정도가 겹친다. 평일 오전 해변의 고요함은 해병대 교관의 구령에 맞춰 복창하는 전북청년회의소 직원들의 고함소리에 흔적 없이 사라진다. 썰물로 인해 맨살을 드러낸 함평만 해변의 어린이 물놀이장, 인공해수풀장, 갯벌체험교육 학습관 그리고 글램핑장은 텅 비었다.

해수욕장부터 이어지는 길가에는 차량이 바다로 추락하는 일을 예방하기 위해 설치한 도로 연석이 알록달록 자태를 뽐내고 있다. 길옆에는 카페와 횟집이 자리를 잡고 있지만, 한 횟집은 피서철인 한여름에만 운영하고 가을과 겨울은 영업을 하지 않는다는 커

다란 현수막을 걸어 놓았다. 길가 소나무는 바다 칼바람을 견디며 나무줄기[樹幹]가 '갈 지(之)' 자로 휘어졌지만, 늘 푸른 본래의 위험을 뽐내며 고고히 서 있다. 갯벌에는 아침 식사를 위해 망둥어와 칠게 같은 작은 생물이 바삐 오가고 있고, 갯골에는 이름 모를 물고기 새끼들이 떼를 지어 몰려다니고 있고, 저 멀리 안쪽에는 낙지산란장 두 개가 설치되어 있다.

함평주포 한옥마을 앞 도로 연석 안쪽에 설치된 벤치에 앉아 뒤로는 한옥, 앞으로는 갯벌 그리고 위로는 하늘 구름을 머리에 이고 잠시 멍

때리며 쉬어 간다. 주포 한옥마을은 2011년 농림축산식품부의 전원마을 조성사업에 선정되어, 약 6만m²의 부지에 150~200평 넓이의 한옥 50채가 건축되었으며, 2017년에 전체 세대가 입주를 완료했다고 한다. 이곳은 서해안 바닷가 풍경과 함께 한옥의 정취를 느낄 수 있는 조용하고 고즈넉한 곳이고, 골목 돌담을 따라 산책을 하며 여유를 부리기에 참 좋은 곳이다. 현재 30여 개의 펜션과 민박집이 운영되고 있다 하니, 지역주민보다 관광객을 위한 숙소가 더 많은 비중을 차지함으로써 본래 목적인 전원마을의 모습은 많이 퇴색된 느낌이다. 마을 뒤 언덕을 올라가면 팔각정자 주변 억새밸리존이 있고, 핑크뮬리를 보며 산책할 수 있다는데 거기까지 오르고 싶은 마음은 없다.

벤치에 앉아 쉬면서 좌우를 살피니, 걸어오는 동안 예쁜 색이라고만 느꼈던 도로 연석의 색이 빨주노초파남보, 즉 무지개색의 순서로 줄지어 서 있다. 무지개는 본래 '물'과 '방을 드나드는 아치형 문'을 말하는 지개라는 말이 합쳐져 만들어진 말이다. 그런데 우리가 알지 못하는 달빛에 의해 생기는 흰색무지개도 있다고 하니, 그 참 신기한 현상이다. 우리나라에서는 선녀가 무지개를 타고 하늘에서 땅으로 내려왔다는 전설들이 전해지고, 반려동물이 죽으면 '무지개다리를 건넜다.'고 말하기도 할 정도로 하늘과 인간을 연결해 주는 다리라는 의미로 사용되기도 한다. 이러한 무지개는 다양한 상징적 의미를 지니고 있는데, 행복, 약속, 희망이라는 의미로 주로 사용되지만 여러 다른 의미로도 사용된다. 그중에는 다양성, 포용, 자부심이라는 의미도 있으며, 최근에는 LGBTQ 운동의 상징 색으로 사용되기도 한다. LGBTQ는 다양한 성정체성을 합쳐서 부르는 말로서, 여성 동성애를 가리키는 레즈비언(Lesbian), 남성 동성애를 가리키는 게이(Gay), 남녀 모두에게 성적 매력을 느끼는 양성애자(Bisexual), 생물적 성과 사회적 성이 다른 성전환자(Transgender), 그리고 성 정체성을 고민하는 사람인 퀘스처닝(Questioning) 또는 성소수자 모두를 포괄하는 단어인 퀴어(Queer)의 첫 글자를 따서 만든 말이다. 우리 사회에서도 자신의 성정체성을 당당히 드러내는 성소수집단이 증가하고 있고, 해마다 퀴어축제가 열리기도 한다. 그러나 그 축제를 전후로 하여 종교적으로 사회적으로 차별과 배제의 행위가 함께 일어나는 것 또한 현실이다. 사회복지학 교수인 필자는 사회적으로 그리고 종교적으로는 성소수자집단에 대해 차별과 배제를 하더라도, 사회복지적 관점에서는 '모든 인간은 존엄하다.'는 사회복지의 가치에 따라 성소수자집단 역시 내담자이기에 그들을 존중하고 그들의 다양성을 포용하고 그들이 필요한 도움을 최선을 다해 제공하는 것이 옳다고 생각한다. 세상 모든 것을 덮고 있는 저 위의 하늘, 모든 생명체를 품어서 살리는 산과 들, 강과 바다처럼, 좁게는 지금 필자의 눈앞에 펼쳐진 갯벌에서 서로 다른 온갖 생명체들이 함께 살아가듯이, 세상을 살아가는 우리 모두 서로의 다양성을 존중하고 살았으면 하는 바람을 가져본다.

앞으로 여러 세대에 걸쳐 점진적 변화를 집적해 가야만 모두가 행복한 해결책이 모색될 듯한 사회문제에 대한 생각을 고이 접어 넣고, 바로 옆 주포항으로 옮겨 간다. 이곳 주포항은 일제강점기에 방조제가 건설된 후 칠산바다에서 잡힌 조기를 비롯한 다양한 어획물이 모여들던 곳으로, 1950년대 중반까지는 주막이 넘쳐날 정도로 성시(成市)를 이루었다. 이후 쇠락한 포구로 전락하여, 최근에는 주말에 오가는 관광객을 상대로 생선과 음식을 파는 수산물직거래장터만 운영되고 있다고 한다. 평일 점심 무렵의 장터는 텅 비어 있고 식당은 썰렁하기 그지없고, 길가의 오래된 슈퍼는 들락거리는 사람 하나 없다. 주포해수갑문과 주포항을 벗어나면, 주포방조제로 들어선다. 방조제 초입에는 함평 간척사업의 효시인 독립유공자 백봉 라용균 선생이 1931년 간척지를 조성하여 약 30만평의 농지를 만든 공적을 칭송하는 정자와 비석이 서 있다. 땅끝마을부터 지금까지 만난 방조제의 건축은 일제강점기가 아니면 근대화를 일군 고(故) 박정희 대통령 시대이거나 그도 아니면 비교적 최근의 군수들에 의해 건설되었다. 주포방조제가 일제강점기에 쌓아졌으니 우리 조상들의 고초는 이루 말로 표현할 수 없었을 것이지만, 나라의 독립을 위해 헌신하신 분이 방조제 건설을 이끌었다고 하니 이곳 선조들의 고통은 좀 덜했을까 하는 의문을 안고 방조제 위로 올라선다. 시멘트로 포장된 방조제 위에 다시 우레탄 포장을 덧씌우고 곳곳에 쉬어갈 수 있는 벤치들을 가져다 놓았는데, 벤치의 방향이 바다를 등지고 간척지 앞마을을 향해 있는 점이 특이하다.

방조제 끝에 이르면 함평군 손불면 궁산리 함평 해수찜마을이다. 바닷물에 뜨겁게 달군 유황석을 집어넣고 각종 약초물을 넣어 만든 탕 속에서 찜질하는 우리 전통의 찜질방으로, 피부질환과 신경통 그리고 성인병 예방과 치료에 효능이 있는 것으로 알려져 있다. 원래 세 곳이 운영되고 있었지만 코로나19의 여파로 한 곳은 도산하고 두 곳만 운영하고 있는데, 그중 한 곳은 5대째 이어져 오고 있는 곳이다. 아무쪼록 앞으로도 명성을 이어 가고 우리의 전통문화를 잘 보존해 가기를 기원해 본다.

해수찜 마을을 벗어나 잠시 도로를 걷다 방조제로 들어갔다가 다시 길가로 나와 신흥 마을을 지나고, 사창4리 대밭마을의 경로당을 지나 함평만 해안도로를 따라 계속 걸어가면 혜성교회가 나온다. 농촌지역의 고령화와 공동화로 인하여 이 교회 목사님은 하나님은 물론이고 마을 주민을 섬기는 사역에 더 많은 힘을 써야 할듯하여, 목사님의 노고에 감사하는 마음에 기도를 올리고 길을 이어 간다. 길 옆 물웅덩이 속 시들어가는 연잎들을 바라보며, 방조제 위에 만들어진 긴 포장도로를 계속 걸어간다. 갯벌 위에는 돌머리해수욕장 앞쪽처럼 세 개의 낙지산란장이 덩그러니 서 있는데, 그 옆에서 한 남성이 부지런히 낙지잡이를 위한 삽질을 하고 있다. 몸을 움직이는 신성한 노동을 하는 사람을 보면, 책상 앞에 앉아 머리만 굴리는 노동을 하는 내 자신이 부끄러워지기도 한다. 조금 더 걸으면 석창2리인지 3리인지는 정확히 알 수 없으나, 석창마을로 들어가는 길가에 힘차게 하늘로 치솟고 있는 물고기 조각상 하나가 서 있다. 장어인지 짱뚱어인지 잘 모르겠지만, 멀리서 보면 한 마리인데 가까이 가면 세 마리가 함께 비상하는 모습이 조각되어 있다.

다시 만나는 방조제에는 마을어촌계에서 굴, 바지락, 꼬막을 무단 채취하면, 「수산업법」 제97조에 의거하여 3년 이하의 징역 또는 3천만 원 이하의 벌금형에 처한다는 무서운 경고문을 빨간 바탕 위에 써 붙여 놓았다. 자신들의 일과 이익을 보전하기 위한 것이고 무단 채취하는 사람들이 많기 때문에 써 붙였겠지만, 무단 채취하고 높은 형벌을 받느니 차라리 평생 동안 3천만 원어치 조개류를 사 먹는 것이 낫겠다는 생각이 절로 든다. 그리고 방조제 곳곳에 수산자원보호구역 안내도에도 위법행위를 하면 「수산자원관리법」 제51조에 따라 2년 이하 징역 또는 2천만 원 이하의 벌금형에 처한다고 경고하고 있다. 지은 죄도 없는데, 괜스레 마음이 쪼그라드는 느낌에 사로잡힌다. 방조제를 따라 농암골과 석창마을을 지나며, 가을걷이가 거의 마무리된 간척지 논밭 풍경과 한국농어촌공사 석창조작실을 지나 석창방조제로 접어든다.

석창방조제는 어림잡아 3km는 넘을 듯 그 끝이 한눈에 들어오지 않는데, 방조제 위에 자라난 풀들 사이로 차들이 지나다니며 만들어 낸 단단한 흙길이 길게 뻗어 있다. 방조제 왼편은 드넓은 갯벌이고 오른쪽은 추수가 끝난 농지이고, 방조제 위에는 억새들이 바람에 은빛 물결을 출렁이고 있다. 방조제 중간 지점에 정자 하나가 서 있지만, 정자 바닥에 돗자리를 깔고 가을바람을 맞으며 큰 대자로 누워서 곤히 잠든 동네 중년 남성의 단꿈을 깨뜨릴 수 없어, 그냥 지나쳐 걷는다. 왼편 갯벌에는 갯골이라고 부르기에는 너무 큰, 마치 커다란 하천 같은 물길이 썰물로 빠져나가 저 멀리 머무는 바닷물과 맞닿아 있고, 그 바닷물 뒤편으로는 무안군 현경면의 마을과 산들이 펼쳐져 있다. 방조제 오른편의 작은 저수지 옆으로는 드넓은 농경지가 펼쳐져 마을과 맞닿고, 마을 뒤로는 야트막한 산들이 병풍처럼 펼쳐져 있다. 방조제 끝 한국농어촌공사의 백옥조작실 옆에는 올해 6월 21일부터 7월 20일까지 낙지를 채취하거나 포획할 경우 2년 이하의 징역 또는 2,000만 원 이하의 벌금에 처한다는 낙지 금어기 경고판이 세워져 있다.

코스 시점으로부터 12km 정도 지난 지점에 월천포구가 자리 잡고 있다. 썰물을 맞이하여 갯벌 위에서 바다 일을 쉬고 있는 배들 옆으로 한 쌍의 부부와 촌로(村老) 한 분이 낚시로 시간을 낚아 올리고 있다. 나는 포구로 흘러드는 폭 좁은 하천을 건널 수 있는 아치형 나무다리 위에서 잠시 여유로운 가을 풍성을 감상한다. 포구를 벗어나면 지나온 방조제에 비해 역사가 매우 짧은 월천방조제로 이어지고, 다시 갯벌을 벗고 있는 방조제를 따라 걸어 '해당화 농촌체험마을'로 지정된 안악마을에 들어서게 된다. 해변 입구에는 가수 이미자의 '섬마을 선생님' 노래비와 소녀상이 자리 잡고 있다. 서울에서 철새 따라 찾아온 총각 선생님을 순정을 바쳐 사랑한 열 아홉 섬 색시의 간절한 마음을 담은 소녀상이란다. 그런데 실제 조각상은 섬 색시의 간절함을 담겨 있는 모습이 아니라 오히려 함평 해안선의 부드러움과 미래를 향한 역동적 기상을 담았다는 작품 해설에 더 가깝게 느껴지는 모습을 하고 있다.

조각상 건너편 마을 정자에서 잠시 쉬며 빵과 우유로 점심을 때우고 있는데, 길고양이 녀석이 내 손에 든 빵 조각을 보고 울어대는 바람에 한 조각 떼어서 공유한다. 항구 옆으로 이어진 안악해변 앞 소나무 숲에는 길게 누워

서 쉬었다 가라고 나무 안락의자가 유혹하지만, 갈 길이 바빠 서둘러 지나친다. 해변 끝 등나무 줄기 아래에는 농림축산검역본부에서 매달아 놓은 '식물해충 예찰용 트랩'이 걸려 있는데, 태어나 처음으로 보는 트랩이다. 다시 갯벌이 드러난 바다를 왼편으로 끼고 걷고 걸어서 학산마을로 접어드는데, 오늘의 종점인 칠산대교와 영광칠산타워가 시야에 또렷하게 들어온다. 갯벌 위에는 배인 듯도 아닌 듯도 한 형상을 한 배 한 척이 눈에 들어온다. 여러 개의 커다란 원형 스티로폼 위에 사각으로 나무 바닥을 올리고 경운기 엔진을 닮은 동력기를 설치하고, 배 뒤편에는 기다란 장대를 가로로 매달아 놓았다. 물에 뜨게 되어 있고 바다 위에 있으니 배일 것인데, 어촌생활을 해 보지 않은 나는 어떤 수산물을 잡는 배인지 도통 알 수가 없다. 다만, 긴 장대에 걸려 있는 그물코가 매우 촘촘한 것으로 봤을 때, 김장철을 앞두고 새우를 잡는 배가 아닐까 추정할 뿐이다. 길 오른쪽 마을은 여러 동의 축사가 자리를 잡고 있고, 마을 앞 논에서는 트럭에 곤포 사일리지를 옮겨 싣는 농기계와 축사로 나르고 있는 작은 트럭들이 분주하게 움직이고 있다.

비포장도로를 따라 걷는데 앞에서 아버지와 초등학교 저학년으로 보이는 아들이 다정하게 얘기를 나누며 나를 향해 걸어오는 모습이 참으로 정겨워 보인다. 같은 길을 걷는 동무이니 나이에 상관없이 아이에게 먼저 인사를 건네니, 아이는 눈을 찡긋하며 가볍게 손을 드는 서양식 인사로 답례하고, 아빠는 그 모습을 보고 씨익 웃음을 짓는다. 그러는 사이 나의 발은 함평항으로 나를 옮겨 놓는다. 함평항 앞에 조성된 말끔하고 넓은 공원 뒤편으로 무안군 해제면과 영광군 염산면을 연결하는 칠산대교가 놓여 있다. 지난 32코스의 도리포항에서 칠산대교를 건너면 1.82km만 걸으면 될 거리를 꼬박 이틀에 걸쳐 돌

고 돌아 이곳에 도착했다. 마음 한 켠에서 '뭘하려고 생고생하며 걸었을까?' 하는 허무한 마음이 들기도 한다. 함평항 공원 벤치에서 잠시 쉬었다가 칠산대교 바로 앞까지 걸어오니, 대교 바로 아래 위치한 집안에 복싱할 때 쓰는 까만 샌드백과 세발자전거 그리고 바닷물고기를 말리는 그물 건조망이 걸려 있다. 이 물건들을 보면, 이 집 사람의 구성과 특성

그리고 그들이 하는 일을 어렴풋이 짐작을 할 수 있을 듯하다. 칠산바다에는 하늘에서 내려 쬐는 가을 햇살과 살랑 살랑 불어오는 가을바람에 의해 만들어진 윤슬 한가운데 예닐곱 척의 작은 고깃배가 유유자적 노니는 듯하다. 칠산대교 아래를 지나면 영광군 염산면 향화도 항구 옆에 자리 잡은 영광 9경 중 4경인 영광칠산타워에 도착한다. 평소에는 이런 곳을 그냥 지나치는 편인데 입장료 3,000원을 내고 타워에 올라, 지나온 무안군, 함평군 그리고 앞으로 걸어갈 영광군의 바다와 들, 산, 마을의 아름다운 풍경을 눈과 마음에 담고 내려와, 택시로 차를 세워둔 돌머리해수욕장으로 되돌아온다.

그동안 기차와 버스, 택시를 이용하며 길을 걸었으나, 농어촌지역의 버스와 광주 송정역의 고속열차 시간표를 맞추기 위해서는 중간에 너무나 많은 시간을 허비해야 했다. 그뿐만 아니라 걷기에 소요되는 비용 중 가장 많은 비중을 차지하는 것이 택시비일 정도로 경제적 지출도 만만치 않았다. 이런 많은 문제를 해결하기 위하여 차를 직접 운전하고 다니는 것으로 여행방식을 바꾸었는데, 세 시간 가까이 운전하는 불편함 말고는 모든 것이 편리해졌다. 자차로 함평읍 전통시장 옆에 있는 초록식당에서 저녁을 해결한다. 하루 종일 먹은 것이라고는 김밥 한 줄, 빵과 우유 그리고 커피 몇 잔이 전부이다 보니, 돌도 씹어 먹을 수 있을 듯했다. 오래전 딸아이가 시집가기 전에 친정아버지와 여행을 가야 한다며 나선 길에서 이 집을 들렀었는데, 오늘도 그 집에서 같은 메뉴를 주문했다. 그런데 돌도 씹어 먹을 듯한 허기는 온데간데없고, 나이가 들어 미각돌기가 노화되어서 맛을 못 보는 것인지 혼자 육회비빔밥을 먹자니 쓸쓸해서 그런지, 예전에 딸과 먹을 때에 비해서는 맛이 한결 덜하다. 맛이 좋든 덜하든 추억이 담긴 맛집에서 배를 채우고, 인근 숙소에 들어서니 전국장애인체육대회에 참가한 선수단이 휠체어를 타고 오르내리고 있다. 그들이 오늘을 위해 흘린 땀이 멋지게 보상받기를 기도하며, 하루를 마무리하고 이불 속으로 몸을 숨긴다.

21. 빛과 소금

□ 서해랑길 36 – 38코스, 영광 칠산타워 – 탑동마을 버스정류장, 51.5m, 15시간 30분, 78,116걸음

이른 아침 햇살에 윤슬로 뒤덮인 칠산바다를 가로지르는 칠산대교와 전남에서 가장 높은 전망대인 영광 칠산타워의 모습이 참 아름답다. 향하도 항구에는 짐을 가득 싣고 섬으로 들어가려는 배, 이른 새벽 조업을 마친 배들과 아침 조업을 나가는 배들로 분주하고, 갈매기들은 아침 식사에 여념이 없다. 항구의 신선하면서도 부산한 모습과 갯벌 위에 덩그러니 올라 앉은 목도섬을 뒤로 하고 본격적인 걷기에 돌입한다. 서해랑길 36코스는 35km에 달하는 '칠산갯벌 300리 천일염길'과 겹치는 구간이다. 시점에서 함평만 해안도로를 따라 돌아 나오면 길은 방조제로 들어서는데, 갯벌 위 짱뚱어와 칠게들 또한 아침 먹이활동으로 바쁘게 오가고 있다.

갯벌 저 멀리 하얀 등대가 올라앉은 작은 섬이 보이고, 방조제 안쪽 신흥염전에서는 일꾼이 바닷물 염도를 재는지 연신 작은 기구에 물을 담았다 버렸다 하는데, 대하 양식장은 새우를 모두 출하했는지 썰렁하기 그지없다. 방조제 끝에서 옥실4리 마을로 접어 들어 버스종점을 지나면, 마을 초입의 집들과 조금 떨어진 곳에 성율농장이라는 소 사육 농장을 지난다. 마을 안길을 돌아서 바모베기들판과 작은 언덕 하나를 넘으면 다시 갯벌과 방조제를 만난다. 방조제 입구의 정자에서 차 한잔과 간식 한 두 개를 오물거리고, 고생하는 발을 위해 양말까지 벗고 열기를 식힌다.

앞의 섬들에 비해 제법 규모가 있지만 그래도 여전히 자그마한 쥐섬이 자리 잡고 있는 옥실어촌계 마을어장인 갯벌과 방조제를 따라 계속 걸어, 그 끝에서 오르막 고갯길을 넘어선다. 마을 안 고추밭에는 촌로(村老) 몇 명이 뒤늦게 고추 수확을 하고 있는데, 제법 큰 개 한 마리가 낯선 길손을 향해 하얀 이빨을 드러내고 으르렁거리며 달려오지만, 주인은 일에 여념이 없다. 다행스럽게도 내가 주인을 해치고 고추를 훔칠 의향이 없음을 깨달았는지, 개는 일정한 거리를 유지하며 짖어 대기만 한다. 마을 골목길을 따라 서 있는 찌부러진 빈집 몇 채를 지나, 작은 대숲 언덕길을 넘어선다. 대숲에 '원주 백운산악회

서해랑길' 리본이 걸려 있는데, 서해랑길 공식 길안내 표식이 없는 곳이나 표식 간의 거리가 너무 멀 때 중간 중간 나타나는 이 산악회 리본이 길을 안내해 주어 도움을 받은 적이 여러 번 있다. 처음에는 꼭 다녀간 흔적을 남겨야 할까라는 의문스러운 눈길을 보냈던 리본이지만, 몇 번의 도움을 받고 나니 그 노랑 리본이 희망의 리본으로 보인다. 오래 겪어 보아야 현상의 진실이 드러난다는 말이 맞는 듯하다.

설도항 옆의 커다란 교회 십자가를 직선으로 바라보면서 옥실방조제를 걷는데, 공영방송에서 건강 프로그램을 촬영했다는 팻말이 낡은 모습을 하고 덩그러니 서 있다. 방조제 안쪽 논들은 추수를 끝내고 하얗게 말아놓은 곤포 사일리지가 이리저리 널려 있고, 방조제 끝 설도항 입구 삼거리에는 수문(水門)이 자리 잡고 있다. 수문 옆에는 한국전쟁 당시 북한군과 공산당에 의해 예수를 믿는다는 이유만으로 순교를 당한 194명의 순교자들을 추모하는 순교탑과 당시의 수문 모형이 세워져 있다.

한국전쟁 발발 이후 이곳 영광군 염산면 일내는 낮에는 국군이 통솔하고, 밤에는 북한군이 지배하여 정치적 갈등이 극에 달해 있었다. 1950년 9월 28일 서울 수복 이후 국군과 유엔군이 영광군으로 진군하자 지역주민들이 환영회를 개최하였는데, 위기감을 느낀 북한군이 환영회를 주도한 고등학생을 죽창으로 찔러 죽이는 등 염산교회 교인 77명을 죽였다. 인근의 야월교회에서는 같은 해 음력 9월과 10월 약 두 달에 걸쳐, 전체 교인을 처형하고 교인들의 집과 교회에 불을 질러 야월교회와 기독교의 흔적을 모두 없애려고 하였다. 북한군은 194명의 교인들을 몽둥이질을 하여 죽이거나, 흙구덩이에 산 채로 매장하기도 하고, 몸에 무거운 돌을 매달고 손발을 묶어 설도 앞바다에 수장하기도 했다. 이곳에 수장당한 순교자들은 바닷물 속에서 허우적거리면서도 찬송을 부르며 천국을 향하여 나아갔다고 한다. 순교탑에는 요한복음 11장 25~27절의 말씀 구절이 새겨져 있고,

탑 아래 설명문 마지막에는 '오늘을 살아가는 우리에게 좋은 신앙의 표본이 되고 있습니다.'라는 글귀가 쓰여 있다. 이 두 글귀가 옅은 나의 신앙심을 다시 일깨우라는 하나님의 명령으로 들린다.

순교탑과 염산교회 좌우는 젓갈 가게가 줄지어 서 있고, 항구 옆에도 커다란 젓갈센터가 자리 잡고 있다. 젓갈센터 앞 영광 설도수산물판매센터 건물에는 젓갈은 물론이고 아침에 잡아 온 낙지와 생선들이 펄떡거리고, 반건조 생선과 건어물들이 즐비하게 줄을 서 있다. 염산방조제 안쪽과 바깥쪽 모두 겨울을 보내려고 날아온 철새 무리가 유유자적 헤엄을 치고 있고, 전봇대 꼭대기에는 오래전 살다 떠난 까치집이 덩그러니 올라 앉아 있다. 방조제 시멘트길 위에는 족히 1m는 되어 보이는 뱀이 죽은 채 누워있는데, 조금 전 봤던 로드킬당한 새끼 뱀과는 달리 온전한 형체로 눈을 동그랗게 뜨고 죽어 있다. 시멘트 위에 죽어 널브러진 뱀을 보니 동 시대를 살아온 생명체로서 연민의 마음이 앞선다. 방조제 중간 무렵에 있는 정자에서 편안한 자세로 잠시 쉬었다가 다시 길을 이어 가는데, 여전히 방조제 길이다. 방조제 안에는 염전, 양어장, 태양광 발전 패널 그리고 갈대들로 채워져 있고, 양어장의 치어종묘장에는 한 무리의 새 떼가 어린 물고기로 포식을 하고 있는 장면이 눈에 들어온다. 이곳을 지나 펼쳐진 드넓은 봉양뜰에는 가을걷이가 모두 끝나있고, 입산마을 공동체에서 꽃가꾸기 사업으로 심어 놓은 코스모스 꽃밭도 겨울로 접어들 준비를 마친 듯하다. 꽃길 끝 무렵에 자리 잡은 양식장 마당에는 성모마리아 상이 다소곳이 자리하고 있다. 설도항 자전거 여행길 안내 팻말을 지나 차도에서 36코스 종점과 만난다.

칠산갯길 300리 천일염길이기도 한 37코스는 길가 버스정류장에서 시작된다. 도로를 따라 잠시 걸으면 왼쪽으로 가음산 아래의 월평항으로 향하는 원래 길이 나오지만, 나는 야월교회와 기독교인 순교기념관을 보기 위해 오른쪽 가음저수지 방향으로 돌아든다. 꽤나 큰 규모의 저수지길 옆으로 난 농로에는 무화과가 탐스럽게 익어 가고, 높이 206m의 가음산은 마치 조개가 입을 벌리고 있는 모습을 닮았다. 저수지 끝에서 유일수산을 지나 77번 국도에 이르면, 길가에 천일염 홍보체험장인 영광군 염전이 자리하고 있다. 군의 명칭을 사용하는 것을 보니 민간염전이 아니고, 영광군에서 직영하는 공공염전인 것 같은데, 지금은 소금 만드는 일을 멈춘 듯하다. 삼거리에서 군산과 영광으로 이어지는 큰 도로와 송암리 입동마을 안으로 이어지는 마을길로 나눠진다. 큰길을 따라 봉덕로 삼거리를 지나고 이리마을 경로당과 야월 보건진료소를 지나면 야월교회에 다다른다.

야월교회는 유진 벨 선교사가 115년 전에 세운 교회로서, 북한군에 의해 어린아이를 비롯한 전체 교인 65명이 산채로 매장되거나 수장되고 교회가 불에 타서 없어진 아픈 역사를 갖고 있다. 야월교회 앞에는 순교기념탑과 안내문이 있고, 교육관 뒤편으로 돌아가면 기독교인 순교기념관이 자리 잡고 있는데, 순교신앙을 널리 알리기 위한 각종 자료가 전시되어 있다. 기념관 옆 야외에는 교회 종탑과 십자가 등 상징 조형물이 설치되어 있다. 마치 예수님이 십사가에 못 박혀 죽임을 당한 모습과 비슷하게 순교자들을 상징화한 사람 모형을 매달아 둔 십자가 조형물은 가슴을 쿵쾅거리게 하고, 종탑은 지금도 순교자들을 위해 슬픈 울음소리를 내고 있는 듯하다.

야월교회 순교기념탑 앞에서 잠시 기도를 올리고, 교회를 벗어나 정류소상회 건너편 길을 따라 야월리 야장마을, 야월새정미소, 운곡마을을 지나 원래 코스인 바다로 발걸음을 옮긴다. 월평마을과 항구, 가음산을 돌아 나온 원래 코스와 만나는 곳에 염전이 자리 잡고 있는데, 이름이 뭔지 알 길이 없다. 연이어 만나게 되는 군유염전 가운데로 난 농로를 따라 걷는다. 또다시 만나는 넓은 염전은 갯뜨락 천일염을 만드는 영백염전인데, 소금업계에서 유일하게 KS 인증을 받은 천일염을 생산하는 업체로서 10여년 전에는 대한민국 천일염 콘테스트에서 대상을 받기도 했다고 한다. 영백염전 말고도 구익국염전, 염산염전 등 많은 염전이 모여 있는 이곳 염산면 두우리는 세계 5대 갯벌인 서해 갯벌의 바닷물로 천일염을 만드는 곳으로, 소금산이라고 불리기도 한단다. 염전을 가로지르는 농로를 포클레인이 가로막고 서 있어 도랑에 빠지지 않기 위해 곡예 하듯이 지나쳐 두우리 갯벌에 이르면, 드넓게 펼쳐진 갯벌과 바다 풍경을 보고 가라는 듯 정자가 기다리고 서 있다.

정자에서 잠시 쉬었다가 길을 가다 보면, 방풍림을 조성하기 위해 어린 소나무들을 심어 놓고 바람과 모래에 휩쓸리지 않도록 대나무로 갈지자 모양의 방책을 쳐 놓았다. 다시 바닷물을 만나 고기를 잡으러 떠날 때를 기다리는 작은 배 두 척이 갯벌 위에서 숨을 고르고 있다. 오른편 두우리마을 앞 밭에는 대파가 싱싱하게 자라고 있는데, 외국인 농부 2명이 해충을 방제하기 위해 농약을 뿌리고 있다. 두우리 어촌체험관을 돌아 상정마을로 접어드니, 여러 명의 젊은 외국인 노동자가 새벽부터 일을 시작했는지 커다란 밭의 대파를 모두 뽑고 포장하여 트럭에 싣고 있다. 마을 끝부분의 바다와 맞닿은 곳은 펜션이 줄지어 서 있고, 늘푸른 사철나무는 짙푸른 녹색 잎들 속에 씨앗을 터트린 붉은 열매를 매달고 바람에 흔들리고 있다. 마을 끝 경사가 있는 도로 옆에서는 쉼터인 칠산정이 자리 잡고 있고, 그 앞에 '병력 승하차지점'이란 팻말이 서 있는 것을 보면 이곳 칠산 앞바다를 지키는 군인이 이곳 어딘가에서 복무를 하고 있음을 알 수 있다.

점점 경사가 심해지는 도로 옆에 조성된 나무 데크길을 따라 걸으면, 상록침엽수인 소나무들이 떨군 낙엽들이 수북하게 쌓여 있다. 소나무는 2~3년 만에 오래된 잎사귀를 낙엽으로 떨군 후에 새잎이 돋아난다는데, 나무로 밥 짓고 난방하던 나의 어머니는 이 소나무 낙엽을 경상도 말로 '깔비'라고 불렀다. 깔비는 불 붙이기 쉽고 연기가 많이 나지 않으면서 화력이 좋다. 어린 고사리 손으로 깔비를 긁어다 드리면 어머님이 매우 좋아라 하셨던 기억이 되살아나니, 하늘에 계신 어머님이 그리워진다. 길은 내리막으로 이어지고 그 끝은 하얀색 바위가 바다를 둘러싸고 있다고 하여 이름 붙여진 백바위해수욕장으로 이어진다.

해수욕장은 백사장이 제법 넓고 모래가 고우며, 주변에는 노송(老松)이 즐비하여 산책하기 좋고, 캠핑에 적합한 환경을 갖추고 있어 가족 단위 캠핑족이 자주 찾는 곳이라 한다. 해수욕장 끝 부분에는 영광군의 상징을 따서 만든 나무로 된 구름다리가 백바위 곁을 지나 해발 81.5m 높이의 뒷산으로 이어지는데, 저 멀리서부터 눈길을 끌던 백암정이 바다 쪽으로 이어진 돌바위 위에 자리를 틀고 앉아 있다. 서해 바다의 풍광을 감상하기 좋은 고즈넉한 백암정으로 이어지는 바위에 작은 태극기가 휘날리고, 그 아래 입간판이 하나 서 있다. 그 모습이 기이하여 가까이 가서 살펴보니, 자신을 천부(天父)라고 지칭하는 사이비 교주가 '종말의 날에 유황불에 던져지기 전에 자신의 이름을 높이 칭송하라.'고 붉은 글씨로 써놓은 기괴한 광고판이 아닌가? 아침나절 기독교인 순교기념관 앞에서 뜨거워진 가슴에 갑자기 찬물을 확 쏟아붓고, 눈을 더럽힌 것 같아 마음이 매우 언짢아진다. 생각 같아서는 뽑아서 내팽개치고 싶지만, 어줍지 않게 종교의 자유를 들먹이며 시비를 걸어 올 듯하여, 내가 할 수 있는 가장 심한 욕을 내뱉고는 뒤돌아선다.

백암정에서 짧은 수풀 길을 헤쳐 나와 도로를 따라 내려가면, 바다와 이어지는 뒷산 끝머리에는 하얀 등대가 서 있고 그 위 언덕에는 서해 바다를 조망할 수 있는 뒷산전망대가 서 있다. 산기슭을 돌아서면 창우항의 모습과 저 멀리 풍력발전기의 웅장한 모습이 눈에 들어온다. 불갑천 하류와 칠산 바다가 만나는 지점에 위치한 창우항은 마을이 푸른 칠산 바다에 둘러싸여 있고 마을 뒷산이 소의 형상을 닮아 한우산으로도 불리는 점에서 그 이름을 따온 것이란다. 지금은 썰물이라 갯벌 가운데로 불갑천 냇물만 흐르고 있는 창우항에는 조업을 마친 배들이 여유시간을 즐기고 있다. 항구 옆으로 돌아드니 방조제 아래에 세 마리의 염소가 여유롭게 시간을 보내는 것과는 달리, 그 앞 집 개들은 길손을 향해 왈왈거리고 사납게 짓는다. 그 집을 비켜서 불갑천 냇가를 따라 걷고 있는데 뭔가 수상적은 느낌에 아래를 내려다보니, 까만 강아지 한 마리가 따라와 펄쩍 펄쩍 뛰면서 반갑다고 인사를 한다. 가방을 열어 강아지에게 간식 하나를 물려 주고, 대하 양식장을 곁에 두고 빨간 칠면초로 뒤덮인 갯벌을 바라보며 걸어간다.

창우항에서부터 하사마을 그리고 다음 코스에 이르는 넓은 지역에 세워진 영광풍력발전소의 풍력발전기는 높이가 130m, 회전날개의 길이가 40~50m나 되고, 날개 하나의 무게가 10톤 가까이 나가는 웅장한 모습을 하고 있다. 풍력발전기의 날개가 돌아가며 내는 윙윙 소리에 귀가 멍멍해지는 느낌이지만, 탄소를 배출하지 않는 신재생에너지를 만들어주는 고마운 녀석이란 마음에 쓰다듬어 주고 싶지만 내가 쓰다듬는 것이 코끼리 잔등에 파리 한 마리

앉은 느낌일 것 같은 생각이 들어, 나 스스로 머쓱해지고 만다. 남쪽 깊숙이 들어온 방조제 길은 77번 국도와 만나는 지점에서 가파른 U자를 그리며 북쪽으로 방향을 돌리는데, 방조제 안쪽에는 대규모의 태양광발전패널 단지가 자리를 잡고 있다. 방조제길 옆 논은 추수를 마쳤는데, 베어진 나락 포기 밑동에서 녹색 싹이 올라와 멀리서 보면 마치 겨울 보리의 싹이 파릇파릇 돋아난 것 같은 풍광을 연출한다. 77번 국도 옆 영광풍력발전소 건물에서 왼쪽으로 방향을 돌려 불갑천 위를 지나는 불갑천교를 건너서 도로 옆 작은 농로를 따라 올라가면 하사마을 뒤쪽 37코스 종점에 다다른다.

이런 저런 일에 치여 한 달이 흐른 뒤에 38코스 길에 다시 올라선다. 이 코스는 칠산갯길 300리 중 백합길과 겹치는데, 백합죽하면 전북 부안군만 떠올렸었는데 영광 9미(味) 중 6미가 바로 백합요리란다. 길은 추수가 끝나 텅 빈 논을 오른편에 두고 제방길로 이어지지만 그 논들은 곧 태양광발전 패널로 채워지고, 천일염전 이정표를 따라 걷는 길 왼편에는 물 빠진 넓은 갯벌이 펼쳐져 있다. 바다 쪽은 백수어촌계 마을어장이며 방조제 안의 양어장은 개인이 운영하는 곳이니, 두 곳 모두 허가 없이 출입하면 혼난다는 빨간 경고를 담은 안내문이 세워져 있다. 이 빨간 경고문이 무의식 속 죽음의 본능을 자극했는지, 정말 혼나는지 한번 들어가 볼까 하는 엉뚱한 생각을 품게 만든다.

천일염전을 지나고 방조제 뚝방길을 걷는 내내 갯벌과 논 위에 풍력발전기가 세워져 있는데, 지난 코스에서 풍력발전기의 개수를 52개까지 세다가 포기한 다음부터는 몇 개가 되는지 궁금하지도 않다. 백수분등소공원으로 이어지는 왼편 바다에 수상태양광발전소가 세워져 있어, 지금까지 길에서 만난 육지에 세워진 태양광 패널들과는 사뭇 다른 풍경을 보여 준다. 백수분등소공원에서 가던 길 멈추고 쉼터에 앉으니, 눈앞에 7개의 섬 풍경이 펼쳐진다. 맨 왼쪽 섬이 일산도, 그 다음이 이산도 그 다음이 삼산도라고 하며 맨 오른쪽 일곱 번째 섬이 칠산도라고 불리는데, 이 섬들의 이름을 따라 이곳 바다를 칠산 바다로 부르고 있단다.

소공원을 지나 이어지는 방조제에서도 수상태양광발전시설 공사가 이어지고 있는데, 육상태양광발전시설도 눈에 들어오고, 풍력발전기도 곳곳에서 윙윙거리고 있다. 풍력발전기가 워낙 많아 지나는 길의 풍경이 거의 같지만, 하나하나 유심히 살펴보면 제작사 별로 발전기 상단 부분의 모양이 제각각이다. 방조제 끝 무렵에서 바람에 흔들리는 억새로 가득한 뚝방 뒤편의 길을 돌아 나오면 농어촌공사 염소양수장에서 길은 북쪽으로 방향을 틀고, 또 다른 방조제를 걷게 되는데 오른편 논에서 마지막 풍력발전설비를 만난다. 이 지역 택시기사에게 물어본 바에 의하면, 논밭을 풍력발전기에 빌려준 농가에서는 발전기 1기당 월 60만 원의 임대료를 받고, 어민들은 일시금으로 천 만원 정도의 보상을 받는다고 한다. 풍력발전기를 설치하고 몇 년이 지나면 바람개비와 본체 사이에 유격이 생겨서 돌아갈 때마다 시끄러운 소리를 내기 때문에 주민들이 불편을 겪고, 어선들은 바닷길을 에둘러 돌아가야 하는 불편을 겪기 때문에 이루어지는 보상이란다. 세상 모든 것이 좋은 면만 있는 것은 아님을 다시 한번 깨닫는다.

방조제 끝에서 실개천을 따라 U자로 돌아 나와 조금을 걷다 보니 길 표식이 사라졌다. 앱을 켜서 확인하니 실개천 끝에서 북쪽으로 직진했어야 했는데 돌아 나와서 생긴 일인데, 되돌아가기엔 발이 말을 듣지 않는다. 오른편에 전남 서해특산시험장 일명 참조기연구센터 건물 입구까지 가면 원래의 실을 만날 수 있지만, 앱의 안내문에 그곳이 공사구간이니 2km의 거리를 돌아가라고 나와 있다. 어떻게 할까를 망설이다 썰물로 바닥이 훤히 드러난 갯벌 끝부분으로 걸으면 펄에 빠지지 않고 종점인 탑동마을로 갈 수 있을 것 같아 지름길로 보이는 바닷길을 선택한다. 선택한 길 끝은 펜션과 음식점을 함께 운영하는 집 마당으로 이어지는데, 까만 강아지가 나를 도둑으로 인지했는지 하얀 이빨을 드러내고 무섭게 짖어 댄다. 그 집을 돌아 나와 마을 골목을 따라 오르니, 가파르기 그지없다. 그곳에 바퀴 달린 썰매를 가져다 놓으면 시속 50km 정도의 속도로 미끄러져 내려갈 듯하다. 가파른 마을 안길을 헉헉거리며 올라서니 이번에는 도로공사가 한창인 길을 만나는데, 신발창 안으로 느껴지는 돌부리가 매섭게 발바닥을 찔러대는 통에 정신이 아득해진다. 공사장을 지나면 이번 코스의 종점인 탑동마을 버스정류장에 도착하는데, 그곳이 바로 경치 좋기로 유명한 백수해안도로의 시점이다.

칠산갯벌 300리 천일염 구간과 백합길과 겹쳐지는 서해랑길 36~38코스를 걸으며 바닷물과 바람, 그리고 태양만으로 소금을 빚어내는 수많은 천일염전을 만났고, 바람과 태양의 도움만으로 밝은 전기를 만들어 내는 발전시설을 만났으며, 자신의 소중한 생명을 희생당하면서도 종교적 신념을 지키고자 했던 고결한 신앙인의 모습을 만났다. 이 풍광 속을 걸으면서, 필자의 머릿속은 세상의 빛과 소금이 되라는 성경 말씀으로 가득 채워졌었다. 지나온 무안군 해제면과 현경면 길에는 유독 유학의 삼강지도(三剛之道)를 강조하는 공간이 많았던 것과는 달리, 함평군과 영광군 일대에는 여느 농어촌 지역과 달리 사찰이 눈에 띄지 않고 교회가 유난히 많이 눈에 띄는 것이 특징이었는데, 바로 기독교인 순교자들이 후손들에게 남긴 강한 종교적 유산이 있었기 때문으로 보인다. 기독교인 순교자들은 산 채로 땅에 묻히고 바다에 던져져서도 하나님에 대한 믿음을 버리지 않는 참 신앙인의 푯대를 세워 진리의 빛을 후손들에게 밝게 비춰 줌으로써, 신앙인으로서 그리고 사람으로서 올바른 삶의 길을 걸어갈 수 있도록 인도하였다. 풍력과 태양광발전시설은 어두운 세상을 밝은 빛으로 환하게 만들고, 칠산 앞바다의 염전에서 생산된 소금은 그 바다에서 나오는 생선들의 부패를 막을 뿐 아니라 명품 굴비와 젓갈을 만들어서 척박한 환경에서 살아가는 사람들의 생명을 지켜 주는 든든한 동아줄로서의 역할을 해 왔다. 길 위에서 만난 물, 바람 그리고 태양이 만들어 낸 빛과 소금 그리고 아픈 역사의 현장을 보면서, 사회복지사들 또한 어려운 여건에서 일하고 있지만, 내담자의 인간다운 삶을 위하여 조건 없는 헌신으로 올바르게 섬기고, 세상이 불의가 횡행하는 부패한 곳이 되지 않도록 올곧은 세상을 만들어 나가는 빛과 소금의 역할을 충실히 감당해 주었으면 하는 바람을 가져 본다.

22. 아무도 가지 않은 길

> □ 서해랑길 39-40코스, 영광 탑동마을 버스정류장-고창 구시포해수욕장, 30.2m, 10시간 30분,
> 53,241걸음

서해랑길 39코스의 시점인 탑동 버스정류장 앞 돌거북 등 위에 올라앉은 까만 백수해안도로 안내석에 2011년 제1회 대한민국경관대상에서 자연경관 최우수상을 받았다는 사실을 큼지막하게 새겨 놓았다. 길 옆 안내도에는 '동해 같은 서해의 최고 해안길'이라는 제목하에, 이 길의 경관이 얼마나 빼어난지를 알리는 글씨들이 빼곡하게 채워져 있다. 2006년에는 한국의 아름다운 길 100선 중에 아홉 번째로 선정된 아름다운 해안 드라이브 코스라고 새겨져 있다. 이 길이 아름답다는 얘기를 익히 들었던 터이지만, 길 들머리부터 너무 현란한 표현을 써 가며 자랑을 하고 있어, 다 걷고 나서 실망하지 않을까 하는 걱정도 된다. 경치 좋은 곳이면 늘 보게 되는 어지럽게 세워진 펜션과 카페의 광고판을 뒤로 하고, 살짝 오르막길로 시작되는 길을 걷는다. 원래 이 코스는 길 초입부터 해발 380m의 봉화령 서쪽 능선의 허우재, 가자봉, 뱀골봉을 올랐다가 백수해안도로로 내려오는 길이지만, 새벽부터 한 코스를 이미 걸은 다리상태를 생각하여 국도 77호선을 따라 걷기로 한다. 가벼운 오르막을 올랐다 내려서면, 영화 〈마파도〉의 촬영지인 동백마을이 등장한다. 그 영화를 보았지만 김수미 배우의 걸쭉한 입담과 이문식 배우의 코믹한 연기 그리고 마파도의 풍경만 생각날 뿐, 그 줄거리가 머릿속을 벗어나 무의식의 세계로 여행을 떠나버렸다.

마을 뒤편은 대숲으로 우거져 있고, 바닷가에는 놀이동산을 연상시키는 시설물이 세워져 있는데, '황금빛 바다를 꿈꾸는 동화의 나라'라고 스스로 소개하고 있는 펜션이다. 원래 꼬불꼬불한 길을 바르게 펴진 길로 만들기 위한 공사가 한창인 도로를 따라 걸어내려 가면, 언덕 위에 하얀 카페가 자리 잡고 있다. 그 앞쪽에는 칠산 바다의 낙조를 조망할 수 있는 노을정이란 정자가 바다를 마주하고 서 있다. 바닷가에 거북바위와 모자바위가 있다는 표지판이 서 있지만, 저 아래 바다까지 내려갔다 올라올 마음은 애초 없었던지라

표지판 속 사진으로 바위 구경을 마친다. 전설에 따르면 어부가 바다에 나가 돌아오지 않자 부인이 아이를 등에 업고 촛대를 들고 나가 남편이 돌아오기를 기다리다 돌로 변해 모자바위가 되었고, 바다에 빠져 익사한 남편은 거북이가 되어 촛불을 보고 바닷가로 돌아와 거북바위가 되었다는 슬픈 이야기가 전해지고 있단다. 길가에 횟집 간판을 보면 언뜻 탤런트 이름 같지만, 유심히 보면 고두섬횟집인데, 바로 앞 바다의 섬 이름을 따서 지은 상호명이란다.

가재골마을 입구에 있는 무인모텔 앞에서 망설이고 있는 까만 승용차의 모습이 어딘가 이상하다. 가까이에서 나를 빤히 쳐다보고는 모르는 사람이라는 것이 확인되었는지, 바로 좌회전해서 대낮에 남녀 둘이 탄 차량이 쏜살같이 모텔 오르막길을 치달려간다. 내리막길을 걸으면서도 계속 눈길이 왼편 바다로 향하는 바람에 목 왼편이 당기는 듯한 느낌이지만, 외로이 홀로 선 소나무 아래로 보이는 섬 풍경을 놓치기 싫어서 그 뻐근함을 견디며 걷는다. 대리골마을을 지나면, 영화 〈황해〉의 촬영지라고 대문짝만하게 광고판을 이고 있는 한옥펜션이 등장하고, 그 뒤로 카페와 찜질방이 좌우로 줄지어 서 있다. 오른편 산중턱에도 카페가 자리 잡고 있는데, 평일 대낮에도 마당은 차량으로 가득 차 있다. 이번 코스가 칠산갯길 300리 중에서 노을길과 겹친다는 안내판을 지나고, 순아골에 위치한 민박집을 지나면 바다 쪽에 혼자 살 것만 같은 콘테이너 조립식 민가가 자리 잡고 있다. 왼편 바닷가 쪽에 자리 잡은 무슨 농장이라고 쓰인 건물 앞 넓은 잔디밭에 군복차림의 젊은 군인들 몇 명이 모여 있기에 훈련 중인 줄 알았는데, 가까이 가니 비눗방울 놀이를 하고 있는 것이 아닌가. 헛웃음이 새어나오지만, 저들보다 나이 많은 아들을 둔 아버지의 마음으로 바라보니 바로 미소로 바뀐다. 오른편 산자락에는 커피향 가득한 작은 도서관이라는 북카페가 자리를 지키고 서 있고, 원래 코스인 등산로 입구에 조금 못 미친 큰길 갈림길에는 갤러리를 겸한 카페에서 담소를 나누는 연인들의 모습이 눈에 띈다. 카페 앞 경치 좋은 벤치에 앉아 커피향 잃은 검은 물 한 모금을 마시며 쉬어 간다.

도로에서 데크길로 내려서면, 정유재란 열부순절지가 나온다. 1597년부터 이듬해까지 이어진 정유재란 때 함평군 월야면에 살다가 왜군을 피해 배를 타고 피신하다, 이곳에서 왜적선을 만나 왜군에 잡혀 끌려갈 위기에 처한 동래 정씨 및 진주 정씨 문중의 12명의 부인이 묵방포 앞 칠산 바다에 몸을 던져 목숨을 끊었다고 한다. 그로부터 100년 가까운 세월이 흐른 숙종 7년(1681년)에 순절비가 세워지고, 그 앞에 모열사(慕烈祠)를 지어 그들의 뜻을 추모하고 있다.

순절지에서 데크길을 따라 걸으면 노을전망대 스카이워크에 도착한다. 전망대 끝에는 괭이갈매기가 날개를 활짝 펴고 있는 모습의 조형물이 설치되어 있다. 아직 해가 중천에 걸려 있어 노을을 보기에는 이른 시간이지만, 스카이워크가 햇살에 반짝이며 일렁이는 바닷물과 겹치면서, 내 눈에 아름다운 풍경을 선물해 준다. 스카이워크 주변에는 아름다운 경관을 배경으로 카페들이

줄지어 서 있고, 마딧가에는 히얀 대신등대가 반길을 오가는 배들의 항로를 안내하기 위해 기다리고 서 있다.

곧이어 만나게 되는 노을전시관 앞에는 전남 영광 출신의 가수 조미미의 '바다가 육지라면' 노래비가 세워져 있는데, 어머님께서 젊은 시절에 콧노래로 흥얼거리던 모습이 떠올라 콧잔등이 시큰해진다. 2009년 개관한 노을전시관의 1층 벽면에 아름다운 노을 풍경사진이 걸려 있지만, 얼마 전까지만 해도 맑았던 하늘에 어느새 구름이 잔뜩 몰려든다. 이러다가는 길 초입부터 그렇게 노래를 불러댔던 아름다운 노을 풍광은 보기 어려워질 수 있겠다는 불안감이 엄습해 온다. 노을을 볼 수 있는지는 하늘의 뜻에 달렸으니, 전시관 안의 노을을 주제로 한 문학작품을 하나씩 살펴보고 돌아 나온다. 멋진 노을 배경을 넣어 주는 유료 사진을 찍으라고 유혹하는 광고판이 보이지만, 나이 들수록 자기 얼굴을 사진으로 보는 것이 부담스러워져서 못 본 척 지나친다. 전시관을 나와 데크길 옆 노을종을 지나면 365계단길 입구인데, 종점까지 가려면 아직 거리가 있어 계단을 오르지 않고 해안도로를 따라 걷는다.

노을과 관련된 벽화가 그려진 도로를 따라 걸으니 쉼터에 하트조형물이 나타나고, 도로 오른쪽 언덕 위에는 칠산정이 자리 잡고 있다. 도로변 자전거 모형의 공중화장실을 지나고, 여덟 번째 주차장 주변의 전망대 쉼터에 도착하면, 대신항과 모래미해변 그리고

영광대교가 한눈에 들어온다. 하필 바다가 노을로 물들기 전에 날이 꾸물거려 멋진 노을 풍경을 보는 것은 다음을 기약할 수밖에 없게 되었다.

쉼터에서 잠시 쉬었다가 내리막길을 걸어 영광골프클럽 입구를 지나 도로공사가 한창인 길 끝에서 영광대교로 접어든다. 아직 일몰시간은 멀었는데 벌써 대교에는 조명이 켜져 있고, 오른쪽으로 멀리 법성포 마을이 눈에 들어오지만 어둡기 전에 목적지에 도착하기 위해 발길을 서둘러 옮기느라 대교에서 경치를 감상할 여유가 없다. 다리를 건너 오른쪽으로 방향을 돌아 칠곡로 방조제도로를 만나 목맥마을 버스정류장에서 도로를 따라 걷는다.

백제 불교 최초 도래지의 정문은 인도식 건축양식을 따라 지어진 듯하고 그 안의 건물들 또한 인도풍 건물들이 자리 잡고 있다. 이곳 백제 불교 최초 도래지는 인도의 고승 마라난타가 백제 침류왕 원년(384년) 중국 남조의 동진을 거쳐 영광 법성포구로 들어와 불교사상을 전파한 곳이다. 법성포라는 이름도 불교를 의미하는 법(法)이란 글자와 불교성인 마라난타를 의미하는 성(聖) 그리고 포구(浦)가 합해져 붙여진 것이다. 법성포에 도착한 마라난타 성인은 모악산(지금의 불갑산)으로 들어가 '으뜸이 되는 절'이란 의미를 지닌 불갑사를 짓고 포교활동을 전개하였단다. 불교 도래지 안에 있는 간다라유물전시관, 탑원, 부용루를 거쳐 산 위에 세워진 사면대불상을 향해 바삐 걸음을 옮긴다. 사면대불

상과 주차장으로 나뉘는 곳에서 왼편으로 길을 잡으면 숲쟁이 꽃동산이고, 주차장을 지나 좀 더 걸으면 숲쟁이공원이다. 이 공원은 조선 중종 때 법성진성의 연장으로 심은 느티나무 등이 백년 이상 성장하여 이루어진 숲으로, 국가명승 22호로 지정되어 있으며 2006년에는 한국의 아름다운 숲으로 선정되기도 했단다. 그리고 매년 영광 법성포 단오제가 이곳에서 개최된다고 한다. 지금도 남아 있는 460m 길이의 법성진성 성곽길을 따라 걸으며 '왜 숲쟁이일까?' 궁금했었는데, '쟁이'란 말이 '성(城)'의 의미라는 안내문 글귀 덕분

에 의문이 해소되었다. 여러 개의 비석, 법성진성 축성 500주년 기념표석, 진내1리 마을 회관을 지나 법성1교를 건너서 도로 끝까지 걷고 왼편으로 걸어 내려가 오늘의 목적지 법성 버스정류장에 도착하니 벌써 어둠이 길 위에 짙게 내려앉았다. 마지막 2km 정도가 면 소재지여서 다행이지 하마터면 외진 곳에서 밤을 맞이할 뻔했다. 정류장 옆 승강장에서 택시로 출발 지점인 38코스로 되돌아가 개인차량을 타고 다시 돌아왔다. 법성포가 굴비로 유명하고 영광 9미 중 1미가 굴비밥상이니 한번 먹어 볼까 하고 돌아다녀 보지만, 굴비밥상은 2인분 이상만 판단다. 굴비백반 먹자고 1인분도 팔 것 같은 작은 백반가게를 찾아 돌아다니자니, 오늘 하루를 굳건히 버텨 준 다리에게 너무 미안한 마음이 들어 모둠순댓국 한 그릇으로 허기를 채우고 숙소에서 다리를 해방시킨다.

이른 새벽에 일어나 '천년의 빛' 영광 관광안내지도를 들여다보니, 영광 9경 중 2경에 속하는 원불교영산성지가 서해랑길 코스에 포함되어 있지는 않지만 매우 가까이 있어, 차를 타고 잠시 들린다. 원불교역사박물관의 소개 자료에 따르면, 영산성지는 원불교가 문을 연 근원 성지로 소태산 박중빈 대종사가 탄생하여 성장하고 구도고행 끝에 큰 깨달음(大覺)을 이룬 후 아홉 명의 제자들과 함께 원불교를 창립한 곳으로 전남 영광군 백수읍 길룡리 일대를 말한다. 이 곳에는 소태산 대종사가 탄생한 생가를 비롯하여 구도와 관련된 옥녀봉, 삼밭재 마당바위, 선진포 입정터 등이 있으며, 깨달음을 얻은 노루목 대각터와 창립정신의 기초가 된 정관평 방업답(간척지), 9인 혈인기도봉, 구간도실터, 영산원, 대각전 등의 성적지들이 있으며, 인근에 대안학교인 영산성지고, 영산성지송학중학교와 교역자 양성기관인 영산원불교대학교, 영산수도원 등이 있다. 새벽 성지의 고요함에 마음이 차분한데, 성래원 앞의 '마음이 쉬어가는 곳'이란 안내글귀가 더욱 마음을 평온하게 해 준다. 대학교 입구의 큰 바위에 '물질이 개벽되니 정신을 개벽하자'라는 원불교의 개교(開敎) 동기가 크게 쓰여 있다. 원불교 교인은 아니나 물질문명에 지배당하지 않는 인간 정신의 자주력(自主力)을 키워야 한다는 점에서는 심정적으로 동의한다.

어제 저녁 무렵부터 오늘 새벽까지 불교 최초 도래지와 원불교 발상지를 잠깐씩 들러본 것만으로, 불교와 원불교의 핵심교리가 무엇이고, 어떤 과정을 거쳐 백성들에게 종교로 받아들여지게 되었는지에 대해서 알 수 있다는 것은 말도 안 된다. 하지만 잠깐의 시간이지만, 두 곳을 둘러보면서 처음 발자국을 떼어 놓는 과정이 얼마나 힘들었을지에 대해서 어렴풋하게나마 느낄 수는 있었다. 아무도 가지 않은 길을 나서고 오늘날과 같은 넓은 길을 만들기까지 그들의 첫 행보는 순탄하기보다는 시기와 미움, 차별과 배척, 억압과 학대 등으로 점철된 길이었을 것이다. 하지만 그들은 사람들의 냉대에 굴하지 않고 자신의 신념을 행동으로 옮겼고, 그 결과로 오늘날과 같이 많은 대중이 따르는 종교로 발전시켜 나갈 수 있게 된 것이다. 사회복지제도가 보편적 사회제도로 튼튼한 뿌리를 내리기까지 사회복지 선지자들의 노고에 사회복지에 몸담은 사람들 모두 그들에게 머리 숙여 경의를 표해야 할 것이다. 하지만 아무리 사회복지제도가 발전했다고 해도 새로운 길을 낼 수 없는 것은 아니다. 국민의 복지에 대한 요구가 더욱 커지고 있으므로 기존의 급여나 서비스만으로는 그들의 욕구나 문제를 모두 해결할 수 없을 것이므로, 끊임없이 새로운 서비스를 개발하기 위한 노력이 경주되어야 한다. 그러므로 지금 사회복지 일을 하고 있는 사회복지사들은 선배들이 가지 않은 새로운 길을 만들기 위해, 시대 상황과 국민들의 요구에 부응할 수 있는 창의적인 프로그램과 정책들을 새롭게 만드는 노력을 끝없이 기울여야 할 것이다.

숙소로 돌아와 차와 짐 꾸러미를 맡겨 놓고, 서해랑길 40코스를 걷기 시작한다. 법성버스정류장에서 법성3교를 건너 842번 지방도로를 따라 걷는다. 길가의 모든 건물에 굴비라는 글귀의 간판이 빼곡하게 걸려 있어, 굴비 팔지 않는 건물을 찾기가 어려운 바로 이곳이 영광굴비거리다. 법성포는 북서 계절풍을 막을 수 있는 천연의 항구로서, 고려시대부터 전남 일대의 산물이 집결하던 포구였으며, 조창(漕倉)이 개설되어 번성하던 곳이다. 조선 시대에는 호남지방과 한양과 중국을 잇는 교통과 수운(水運)의 요지였으나, 근대화 과정에서 인천, 군산 등지에 근대식 항만시설을 갖춘 항구가 늘어나면서 쇠락의 길을 걷게 되었다. 하지만 오늘날까지 영광굴비의 명성은 그대로 유지되고 있다. 굴비의 어원과 관련하여 전해 내려오는 설에 의하면, 고려 말 인종 때 귀양 온 이자겸이 왕에게 맛이 변하지 않는 영광굴비를 진상하면서 비굴하게 살지 않겠다는 의지의 표현으로 '비굴'의 글자를 바꾸어 '굴비'로 쓰면서부터, 굴비라는 말이 유래되었다고 한다.

굴비거리를 걷다 보면 교량 상판부를 굴비 모형의 조형물로 덮어 놓은 한두름교를 만나게 된다. '두름'은 물고기를 한 줄에 10마리씩 두 줄로 엮어 20마리씩 세는 단위를 말한다. 다리 이름에 이 단위를 쓴 것을 보면 영광에서 굴비가 많이 나오고 지역에서 그만큼

귀하게 여기고 있음을 나타내기 위한 것으로 보인다. 한두름교를 조금 지나면 굴비 석조조형물이 나오고 맞은편에는 두름으로 엮은 굴비 조형물도 보인다. 법성2교 끝 굴비가게에는 굴비 수십 두름을 내걸고 손님을 기다리고 있는데, 굴비에 차들이 내뿜는 매연이 들러붙을까 염려가 된다. 법성포 역사문

화탐방길 이정표를 뒤로 하고 골목으로 돌아들어 가파른 언덕을 올라서면, 두 그루의 큰 나무와 정자를 만난다. 정자에서 법성포를 내려다보는데, 영광군 각 지역의 방사선량을 알려 주는 전광판이 가장 먼저 눈에 들어온다. 멀지 않은 곳에 원자력발전소가 있어서 그런 전광판이 큰길가에 세워져 있을 디이디. 보행자 전용 고가육교 굴다리 우측으로 진입하면, 6·25 전쟁 중에 순국한 애국지사 백인기 충용비가 세워져 있다. 삼거리 갈림길을 지나 영광굴비전시판매장과 서호농악회를 거쳐 검산제라는 저수지 옆을 지난다. 서호농악회에서 어떤 활동을 하는지 궁금하지만 문은 굳게 닫혀 있고, 안내문 하나 걸려 있지 않으니 궁금함을 안은 채 지나칠 수밖에 없다. 벽화가 그려진 검산마을 안길을 걸어 나와 경로당에서 오른쪽으로 발길을 돌리면 지난 코스에서 건넜던 영광대교의 모습이 보인다.

검산양수장을 뒤로 하고 홍농교로 방향을 잡는데, 길가 집 누렁이가 입에 큰 뼈다귀 하나를 물고도 나를 보고 이빨을 드러내고 으르렁거린다. 멀리 돌아서 도로변으로 나와 홍농교를 건너는데, 새 다리 옆에 방치되어 있는 녹슨 옛 연우교가 보존되어 있다. 그 다리 앞에 '이곳에 다리가 없을 때, 배를 타고 줄을 끌어서 구암천 냇가를 건너던 나루터가 1910년부터 1971년도까지 존재했음을 기억하자.'는 팻말이 외로이 서 있다. 다리를 건너면 행정구역이 홍농읍으로 바뀌는데, 텅 빈 논 사이에 놓인 농로를 걷고 지방도를 건너 상하4리 월봉마을로 접어든다. 월봉마을에서는 검둥이 한 마리가 하얀 이빨을 드러내고 으르렁거리며 나를 맞이하고, 마을 끝 집에서는 김장하느라 온 집안 식구들이 모여 떠들썩하다. 마을 뒤편 산과 논에는 유난히 거대한 송전철탑이 많은데, 가까이 있는 영

광 한빛원자력발전소에서 생산한 전기를 송전하는 시설일 것으로 보인다.

월봉마을을 벗어나면 아파트가 눈에 들어오고, 아파트 뒤편 소나무 군락지가 눈길을 사로잡는다. 홍농읍 소재지 들머리에 유흥주점이 가장 먼저 맞아 주는데, 해파랑길 울진원자력발전소 인근 마을에서도 유사한 장면을 본 적이 있어 이제 익숙하다. 큰길로 올라서 읍내로 들어서니 다양한 가게들, 농협, 읍사무소와 작은 도서관 그리고 각종 학교를 만난다. 그중에서 유독 눈에 띄는 건물은 한옥으로 지어진 경로당과 초등학교에 병설되지 않고 독립적으로 운영되는 유치원과 각종 학원이다. 이들 건물들은 다른 농촌지역처럼 노인에 대한 경로사상이 아직도 돈독하게 유지되고 있음과 동시에 원자력발전소에 일자리를 찾아 터전을 잡은 젊은 인구 또한 많은 지역이라는 점을 상징적으로 보여 준다. 읍내를 벗어나기 직전 길 건너에 영광 한빛원자력발전소의 사택이 자리 잡고 있고, 조금 더 걸으면 영광승마장과 영광테마식물원 입구에 이른다. 도로를 따라 걷고 상삼제 저수지를 지나 진덕 삼거리에서 직진하면 한빛원자력발전소이지만, 서해랑길은 고창 구시포 방면으로 우회전한다.

버스정류장에 잠시 쉬었다가 길을 나서면 앞선 길에서도 만났던 드론 비행금지구역 표지판을 가장 먼저 만나고, 곤포 사일리지가 잔뜩 쌓인 축사를 지나는데 붉은 글씨로 구제역이라고 쓰여 있어 가슴이 철렁한다. 농로를 걸어 진덕1구 상삼마을로 접어드는데, 상삼마을 들머리 집 앞에서도 역시나 큰 개들이 왕왕거리며 나를 맞이한다. 오늘 길에서도 다른 코스와 마찬가지로 사람보다 개를 더 많이 만나는 편이다. 하삼마을 끝 할머니 집 앞 텃밭에는 당근, 상추, 무, 쪽파, 배추, 시금치 등 시장에 가지 않아도 충분히 찬거리를 마련할 수 있을 정도로 다양한 채소가 심겨 있다. 하삼마을을 지나 벌판 한가운데 놓인 농로를 따라 길을 이어 가면 지룡천과 바다를 막아 놓은 동아지구 방조제에 접어드는데, 이 길 끝에서 전라북도 고창군으로 행정구역이 바뀐다. 2022년 11월 중순에 해남 땅끝마을에서 시작해서 600km 넘는 길을 걸어왔으니, 전라남도의 40개 코스가 서해랑길의 1/3을 차지하고 있는 셈이다.

방조제를 지나 가시연꽃길 이정표를 따라 고창군으로 발걸음을 옮기면 가장 먼저 1박 2일 촬영지인 장어집 광고판이 눈에 들어온다. 이곳부터 고리포항까지는 긴 방조제를 따라 걷게 되는데, 왼편은 바다요 오른편은 양어장이 자리를 잡고 있고, 길 끝에 거북선 모양을 한 장어집이 드디어 나타난다. 고리포항 앞 마을 가운데로 난 경사 10도의 도로를 따라 올라가면, 고갯마루에 주씨고개라는 표지판이 세워져 있고 그 옆으로 주씨 집안의 가족묘지가 자리 잡고 있다.

고갯마루를 넘어서면 바로 구시포해변이 눈에 들어오는데, 구시포해수욕장은 길이 약 800m, 폭 700m의 백사장과 우거진 송림, 완만한 경사를 가지고 있고 백사장이 축구를 해도 될 정도로 단단하단다. 경찰충혼비 뒤로 빼곡하게 들어서 있는 소나무 숲으로 시작되는 해수욕장 입구부터 오토캠핑장, 야영장, 펜션, 음식점과 편의점 등이 즐비하게 줄서 있고, 평일 점심 무렵임에도 불구하고 오가는 발길들로 부산스럽다. 부산한 해수욕장은 백 몇십 년만에 가장 따뜻한 날씨가 무색하게 거센 바람이 불고, 하얀 포말을 한껏 품은 파도가 모래사장에 부딪혀 사라지는데, 그 풍광이 가히 볼만하다. 구시포해수욕장을 알리는 예쁜 조형물 옆에 세워진 서해랑길 41코스 안내판에 스마트폰을 가까이 가져가 오늘 걷기의 인증을 받고는 발걸음을 멈추고 발실을 돌린다.

23. 삶의 길목

□ 서해랑길 41 – 43코스, 고창 구시포해변 – 사포버스정류장, 52.4km, 19시간, 100,235걸음

서해랑길의 삼분의 일을 차지하는 전남지역의 길걷기를 마무리하고, 학기를 마치고는 한겨울 추위에 제주도 한달살이를 하고 나니, 두 달이 훌쩍 넘는 시간이 지나서야 전북 구간의 길에 발을 들여놓게 되었다. 겨울방학 마지막 주 월요일 이른 아침, 고창군 상하면 자룡리에 위치한 구시포해수욕장에 도착하여 백반으로 아침 식사를 하고 숙소를 예약한 뒤, 길동무와 함께 나선다. 썰물로 바닷물이 빠져나간 구시포해수욕장은 폭 700m, 길이 800m의 연면적 70만m²로 축구장 10개 크기의 면적인데, 백사장이

단단하여 실제 축구를 해도 될 것 같다. 해수욕장 끝에서 방파제로 이어진 가막도에는 와인잔 형상을 한 구시포항 남방파제 등대가 서 있고, 항구에는 고기잡이를 마친 선박들이 쉬고 있다. 방파제 앞 바다 위에 떠 있는 방갈로 모양의 시설물은 해상펜션으로 운영된다는데, 그곳에서 잠들면 일렁이는 파도에 밤바다를 서핑(surfing)하는 느낌이 들지 않을까 싶다. 방파제를 지나 벽화가 그려진 구시포해변길을 따라 한겨울 문을 닫은 횟집을 지나고, 구시포마을회관을 오른편에 두고 명사십리길로 방향을 바꾸면, 행정구역이 자룡리에서 용정리로 바뀐다.

한국전력 고창전력시험센터에서 시작되는 명사십리길은 왼편의 백사장과 오른편의 소나무 방풍림 가운데로 난 포장도로다. 리아스식 해안의 특징을 지닌 서해안에서 직선으로 긴 백사장 풍경을 만나기 쉽지 않은데, 이곳의 백사장 길이가 직선으로 8km가 넘는다. 우리들이 4km를 십리라고 부르니, 이곳을 명사 '이십리' 길이라 불러야 할 듯하다. 기온은 영상인데 북서쪽에서 불어오는 거친 바람 때문에 체감온도는 영하여서, 털모자

와 장갑 그리고 목도리로 중무장을 하고 길을 걷는다. 한국해상풍력발전운영센터 앞에 세워진 전망쉼터에서 바다 한가운데 세워진 풍력발전기와 바다 건너 변산반도와 위도 섬 풍경을 보며 커피 한잔을 마신 후, 발길을 옮기면 장호어촌체험마을 입구에 다다른 다. 이곳 마을에서는 동죽, 노랑조개, 백합 등의 조개 캐기 체험은 물론이고, 새우와 물고 기를 전통 어업방식으로 잡아볼 수도 있고, 백사장이 딱딱하여 해변 승마를 즐기려는 동 호인들이 자주 찾기도 한단다. 하지만 늦겨울인 오늘은 텅 빈 갯벌만 눈에 들어와 어촌 체험마을의 풍경을 찾기는 힘들고, 저 멀리 30년 전에 수많은 인명을 앗아간 서해 훼리 호 침몰사고가 일어난 부안군 위도 섬만이 눈길을 붙든다.

변산반도 쪽에서 불어오는 매서운 북서풍에 맞서 걷는 것이 쉽지 않은 이 길은 국가생 태문화탐방로와 겹치는 길이다. 행정구역 전체가 유네스코 생물권보전지역으로 지정된 고창군 곳곳을 돌아볼 수 있는 이 탐방로는 내륙습지인 운곡습지, 연안습지인 고창갯벌 습지, 고창읍성, 고창 고인돌 유적지 등을 걸으며 고창의 역사와 문화, 자연생태계를 직 접 느껴볼 수 있는 길이란다. 명사십리길로 들어선 이후 왼편의 백사장과 아카시아 나무 가 심겨진 사구, 오른쪽의 소나무 방풍림이 나와 어깨동무를 하고 나란히 걷고 있다. 상 하면과 해리면 경계의 배수갑문을 지나면, 빨간 지붕을 머리에 이고 있는 펜션이 손님을 애타게 부르고 있다. 조금을 더 걸으면 4층짜리 명사십리 해양파크의 4층 스카이라운지

에서 바다를 조망할 수 있다는데, 텅 빈 갯벌 풍 경만 눈에 들어올 것 같아 오르지 않고 지나친 다. 이어지는 고갯길을 넘어서니 전북 수산기술 연구소와 동호해변의 풍경이 눈에 들어온다.

저녁노을 풍경이 특히 아름다워서 '노을미항' 이라고 불리는 동호해수욕장 초입에는 동호해 수욕장 국민여가캠핑장이 조성되어 있고, 주변 에 상가와 식당이 자리를 잡고 있다. 실로 오랜 만에 점심 무렵에 서해랑길에서 식당을 만나니 반갑기 그지없다. 뜨끈한 라면 국물로 몸을 덥히 고 다시 길을 나서지만, 여전히 북서풍의 냉기를

이기기는 쉽지 않다. 동호해수욕장은 명사십리 해변에 비하면 짧아 보이지만 그 규모가 작지 않고, 송림과 편의시설이 잘 갖추어져 있어 늦겨울 바다 풍경을 즐기려는 사람들이 제법 눈에 띈다. 해변이 끝나는 곳의 동호체험센터에서 동호마을 골목 안 동백정 정자를 지나 동호항에 이르니, 건너편에 곰소항, 왕포항 등의 부안군 변산반도의 해안선이 한눈에 들어온다.

300년 이상 된 노송들이 즐비한 구동호 마을을 지나 동호교차로에서 선운산 방향의 해리천 배수갑문으로 향한다. 배수갑문을 건너면 해리면에서 심원면으로 행정구역이 바뀐다. 배수갑문에 막힌 물길이 만들어 낸 호수에는 철새들이 먹이활동을 하고 있는데, 입구 현수막에 따르면 황새들도 들러 쉬어 가는 청정호수란다. 도로 갈림길에서 오른편은 고창컨트리클럽으로 가는 길이고, 왼편 숲속에는 고창비치호텔이 자리 잡고 있다. 해변과 맞닿은 해송숲길탐방로는 나무 데크길로 조성되어 있고 중간 중간 쉼터도 조성되어 있어 그 풍경이 시원하고 아름답다. 노부부가 예쁜 강아지 한 마리와 쉼터 의자에 앉아 바다를 바라보고 있는 모습이 아름다운 풍경에 여유로움까지 더해 준다. 삼원면 고전리에서 만돌리로 마을 이름이 바뀌면서 고창세계프리미엄 갯벌생태지구가 시작된다. 이곳은 생물다양성과 생태적 보전가치가 높게 평가되어, 서해안권 국가지질공원으로 지정된 곳이다. 서해안바람공원의 풍차와 바람개비는 북서풍에 세차게 돌아가고, 눈앞에는 광활한 갯벌이 펼쳐져 있는데, 고창갯벌전망대에 생뚱맞게 닭 조형물이 세워져 있다. 알고 보니 바로 앞의 30m도 채 안 되는 산이 닭울음산, 즉 계명산이다. 계명산 입구에는 햇살, 바람, 갯벌, 황토가 사중주를 이루어 만들어 낸 1,500년 역사의 고창소금이 만들어지는 과정을 소개하는 표지판과 서해바람공원 해넘이광장, 만돌어촌 이야기길 등의 안내 표지판이 빼곡하게 들어서 있다. 해넘이광장인 계명산 팔각정에 올라섰지만, 아직 해가 중천에 떠 있어 변산반도와 삼양염전의 풍경만이 눈에 들어온다.

만돌마을 앞 정자에서 잠시 발의 열기를 식히고 차 한잔으로 여유를 부린 다음, 마을 안길을 돌아 나온다. 고창갯벌산책로 왼편은 새우양식장, 오른쪽은 염전, 앞으로는 경수산 능선이 펼쳐져 있다. 서서히 발걸음이 무거워지고 있을 즈음에 곰소만 갯벌생태공원에 이른다. 고창군의 갯벌 면적은 40.5km²로서 2010년 람사르습지로 지정을 받았다. 길가에는 유네스코 고창생물권보전지역에 펼쳐진 갯벌식물을 알려 주는 표지판이 서 있는데, 식물들 이름이 하나같이 낯설기 그지없다. 갯벌생태공원 안에는 여러 갈래 예쁜 길들이 나 있지만, 그곳으로 발길을 옮기기에는 다리가 너무 힘들어 멀리서 눈으로만 바라보고 계속 걷는다. 갯벌생태관광을 온 사람들이 차를 타고 가는 모습이 한없이 부러워지는 순간, 눈앞에 서해랑길 쉼터가 보인다. 하지만 그곳까지 걷기가 싫어서 지나치고, 연이어 람사르고창갯벌센터 역시 들어가 둘러보고 싶은 마음이 굴뚝같지만 다리 근육의 아우성에 지나치고 만다. 두어리 마을 초입 십여 그루의 멋스러운 팽나무를 지나고, 마을을 돌아 나와 심원면사무소 앞에서 오늘의 걷기를 마무리한다. 택시로 구시포항으로 되돌아와 이름도 생소한 묵은지 꽁치찜으로 저녁을 먹고, 여름부터 사용하지 않아 곰팡이 냄새가 진동하는 민박집 허름한 방에서 외풍에 맞서면서 밤을 지새운다.

이른 아침 서해랑길 42코스 시점인 심원면 행정복지센터에서 심원로 왼편의 상가 건물과 심원초등학교를 지나 월산천을 건너는 연화교 앞에 이르니, 봄을 알리는 매화가 활짝 피어 있다. 매화 향기로 지난밤에 찌든 곰팡이 냄새를 씻어 내고, 졸졸졸 흐르는 냇물 소리로 마음의 평화를 얻는다. 냇가 주변에 옹기종기 들어앉은 월산마을을 지나면, 예전에 도솔산으로 불렸지만 선운사가 유명해지면서 산 이름이 바뀐 선운산의 여러 봉우리를 병풍처럼 둘러치고 있는 화산마을에 접어든다. 화산마을 초입에서 속세를 떠나 하늘 나라로 가기 전에 오랫동안 살던 집에 들렀다 가는 망자(亡者)가 탄 차량을 만나 가벼운 목례로 그의 명복을 빌어 주고 나니, 마을 입구의 소나무 아래에 고인돌 무덤 여러 기가 자리를 잡고 있다. 마을회관 앞의 소망탑과 여러 카페와 펜션을 지나 얕은 고갯마루에 위치한 가락국 김해 김씨 선영을 넘어서면, 선운산 오르는 등산로 입구의 웅장한 느티나무를 만난다. 느티나무 앞집의 십여 마리 개들이 낯선 길손을 향해 짖어 대는데, 집주인은 어여쁜 눈길로 바라보며 애정 어린 손길로 쓰다듬고 있다.

등산로 초입에 선운사까지 6.5km가 남았다고 알려 주는 이정표 앞에서, 정말 오랜만에 산을 오르는 것이기에 한 아름 걱정이 몰려와 한숨을 내쉰다. 야자매트가 깔려 있는 계곡 등산로를 따라 올라가는데, 초입부터 몸에서는 땀이 삐질 거리며 솟아난다. 선운산 정상인 수리봉과 개이빨산(한문으로는 견치산) 사이 능선을 따라 30분 가까이를 오르니, 선운산의 정상인 수리봉까지는 700m, 견치산까지는 1,700m라고 알려 주는 표지판에서 오른쪽 견치산을 향해 무거운 발걸음을 옮겨 놓는다. 산 입구와는 다르게 가팔라진 등산로를 오르자니 숨이 턱밑까지 차오르고, 몇 걸음을 못 옮기고 쉬면서 숨을 고르고 다시 몇 걸음을 옮기기를 반복하게 된다. 트래킹화 끈이 풀려 신발이 헐떡거림에도 그것을 묶을 마음의 여유가 없을 즈음에 위를 올려다보니, 눈앞에 커다란 바위산이 웅크리고 서 있다. 도저히 바로 올라갈 힘이 없어, 차 한잔과 간식으로 에너지를 보충하고 다시 힘을 내 헉헉거리며 정상에 올라선다. 개이빨산이 저 아래 발치에 바다를 향해 허연 이빨을 드러내고 무섭게 짖어 대는 풍경이 눈에 들어온다.

가파르게 오른 만큼 가파른 내리막길을 내려간다. 울창한 조릿대 숲 터널을 통과하고, 커다란 나무 아래 자리 잡은 여러 기의 고인돌 무덤을 지나 소리재에 도착한다. 소리재에서 개이빨산까지 1,250m라고 쓰여 있는데 도저히 다녀올 힘이 남아 있지 않아, 용문굴과 낙조대 방향으로 발길을 옮겨 놓는다. 선운산의 조망바위에 오르니 멀리는 소요산, 노적봉, 배멘바위 등이 보이고, 가까이는 천마봉, 도솔암 내원궁 등의 풍경이 파노라마처럼 펼쳐신다. 용문굴 100m라는 표지판을 보고 내려갈까 하다가 원래 코스인 낙조대로 향하는데, 오르는 길 나무 사이로 얼핏 얼핏 보이는 낙조대의 가파른 철제계단을 보니 고소공포증이 스멀스멀 기어오르기 시작한다. 좀 더 걷다가 도저히 그 계단으로 내려올 자신이 없어져, 다시 용문굴 방향으로 발길을 되돌려 놓는다.

용문굴은 백제 위덕왕 때 검단선사가 사찰을 세우려고 선운산을 찾았는데, 현재의 선운사 자리의 연못에 용이 한 마리 살고 있어 그 용을 쫓아냈는데, 용이 급히 도망치다 바위에 부딪혀 굴이 만들어졌다는 설화가 서린 곳이다. 그런데 위에서 내려다보면 바위에 2개의 바위굴만 뚫려있지만, 굴을 지나서 되돌아보면 바위 곳곳에 구멍이 나 있는 것을 보면, 아마도 용이 바위를 뚫고 도망치기 위해 무던히도 애를 썼음을 느낄 수 있다. 용문굴 바로 앞에 인기 드라마 〈대장금〉의 '장금이 엄마 돌무덤' 촬영지라는 표지판이 서 있는데, 그것보다 더 눈길을 끄는 것은 거대한 바위가 넘어질까 봐 사람들이 작은 나무꼬챙이로 바위를 받쳐 놓은 모습이다. 그 덕분에 바위가 지금껏 넘어지지 않고 있는지도 모르지만, 사람들의 재치에 슬며시 미소가 지어진다. 용문굴을 지나 내려오면 도솔암 마애불에 이른다. 국가 보물인 도솔암 마애불의 정식 명칭은 '고창 선운사 동불암지 마애여래좌상'으로, 절벽에 조각된 마애불상은 높이 15.7m, 너비 8.5m의 웅장한 모습을 하고 있다. 마애불상을 뒤로 하고 돌아 나오면, 깎아지른 바위 틈 위에 올라앉은 도솔암 내원궁으로 오르는 계단이 있지만, 통증이 더해지고 있는 무릎 때문에 아래서 올려다보는 것으로 만족한다.

도솔암에서 선운사로 내려오는 계곡길 옆에 나이가 약 600살이고 높이가 23m에 이르는 장사송이 진흥굴 앞에 웅장한 모습을 하고 고고하게 서 있다. 장사송 뒤 진흥굴은 중생대 백악기 화산활동에 의한 화산재로 만들어진 유문암질 응회암으로 구성된 작은 동굴이다. 전해지는 설화에 의하면, 신라 24대 진흥왕이 왕위를 물려주고 왕비와 공주를 데리고 선운사로 들어와 이 굴에 거처하며 수도한 것에서 진흥굴이라는 이름을 갖게 되었다고 한다. 진흥왕은 승려가 된 후 자신을 '법운자'라 칭하고 왕비의 별칭을 따서 도솔암을 짓고, 이곳에서 수도하다가 여생을 마쳤다고 전해진다.

장사송과 진흥굴 앞을 흐르는 작은 실개천을 따라 선운사로 향하는 길가에 얼핏보면 맥문동 같은 초록 풀들이 빼곡하게 자라고 있다. 자세히 살펴보니, 상사화(相思花)로 불리는 꽃무릇이다. 꽃무릇은 9월 중순경에 꽃이 피고 꽃이 진 후에 녹색 잎이 나와서 다음 해 5월경에 잎이 사라진다. 이처럼 꽃이 지고 나면 잎이 나고, 잎이 지고 나면 꽃이 피는 관계로, 잎과 꽃이 서로 만나지 못하고 그리워만 한다는 애틋한 연모(戀慕)의 정을 담고 있어서 상사화로 불린다. 전남 영광군 불갑사와 함께 선운산의 초가을은 꽃무릇의 붉은 꽃으로 물드는 장관을 연출하는데, 올해 가을에 다시 들러 그 풍경을 마주하고 싶은 마음이 솟아오른다.

조용한 숲길 저 앞으로 동백군락이 눈에 들어오는데, 아직 동백꽃이 만개하지 않아 붉은 꽃을 보지 못한 아쉬움을 뒤로 하고, 선운사 경내로 향한다. 사찰 앞은 드라마 촬영을 하느라 한복을 입은 배우들과 검은색 점퍼를 입은 스태프들이 무리를 지어 길을 막고 시끌벅적하다. 그 소란스러움을 피해 경내로 접어드니, 선운산을 배경으로 한 선운사는 조용하기 그지없고, 담벼락에 붙어 피어난 매화는 진한 향기로 사람들을 치유해 주고 있다. 선운사를 돌아 나와 만나는 실개천 맞은편 바위는 두릅나무과에 속하는 송악으로 뒤덮여 있고, 주차장의 관광버스에서 내린 어르신들은 정겹게 담소를 나누며 선운산 관광에 나서고 있다.

점심시간이 조금 지나 선운사 버스정류장에서 42코스를 마무리하고 버스를 타고 시작점으로 되돌아와 차량으로 시골피순댓국집에서 모둠순댓국으로 점심을 먹었다. 아침을 편의점 라면으로 해결하고 가파른 산을 오르내렸기에 순댓국으로 부족할 것 같아 수육을 하나를 더 시켰다. 8,000원하는 순댓국이 도시 식당에서 주는 양의 2배가 훨씬 넘는 양인지라, 하는 수 없이 남길 수밖에 없었던 맛난 수육으로 저녁 끼니까지 해결했다. 국밥의 양만이 아니라 맛도 좋으니 다음에 주변을 여행할 일이 있으면 다시 와서 먹어야지 하는 생각이 들 정도다. 숙소에 들어가기에는 시간이 많이 남아, 조선의 농민운동가이자 동학의 고부접주이었던 녹두장군 전봉준이 태어난 고창읍 죽림리의 생가를 방문하였다.

다른 어떤 명망가들의 생가터와는 다르게 빈 공디만 덩그러니 자리하고 있어 마음이 좋지 않다. 전봉준 생가를 뒤로 하고 고창 고인돌 유적지와 운곡습지를 보기 위해 고창 고인돌박물관에 들렀다. 세계문화유산으로 지정된 고창 고인돌 유적은 세계에서 가장 밀집도가 높은 곳으로, 고창 지역에만 무려 1,500기가 넘는 고인돌이 분포되어 있고 이 중에서 고창읍 죽림리, 상갑리, 도산리에 산재한 고인돌 447기만 세계문화유산에 등재되어 있단다. 그리고 고창 고인돌 유적은 숫자도 많지만, 세계에서 유일하게 탁자식(잘 다듬은 판석 3~4개를 받침돌로 세우고 그 위에 평평한 덮개돌을 얹은 형태), 바둑판식(탁자식과 비슷하나, 받침돌이 더 작고 덮개돌이 더 크고 무거운 형태), 개석식(받침돌이 없으며, 땅속에 무덤방을 만들고 바로 덮개돌을 얹은 형태) 등 다양한 형태의 고인돌이 한 지역에 모여 있어 그 의미가 더욱 크다고 한다. 고인돌 유적지를 둘러보고 운곡습지에 꼭 들러 보고 싶었지만, 아픈 다리를 이끌고 4km를 오가야 한다는 사실에 다음을 기약하고 돌아선다. 42코스 걷기를 마무리할 때 인근의 선운산유스호스텔에 전화를 걸어 미리 숙소를 예약해 두었기에, 인근 호텔의 아주 허름한 사우나에서 씻고, 어제 민박집에 비하면 5성급 호텔이라고 해도 과언이 아닐 정도로 쾌적한 방에서 꿀잠을 잤다.

동쪽 하늘에 아침 해가 눈 비비고 일어날 즈음, 선운사 버스정류장에서 길을 나선다. 넓은 주차장을 지나 풍천장어 음식점 거리를 지나는데, 이곳에서 얼마나 많은 장어가 사람들의 뱃속으로 사라졌을지 모를 일이라는 생각이 들자, 이곳이 마치 장어 공동묘지처럼 느껴진다. 큰길에서 연기교를 건너면, 고창군 부안면 용산리로 행정구역이 바뀐다. 연기마을 앞 입간판에 의하면, 이곳이 소나무에서 추출한 천연 유기황으로 재배한 콩나물로 지은 밥이 맛있는 식도락마을이면서, 고려부터 조선에 이르기까지 도자기를 굽던 도요지라 쓰여 있다. 얼마 지나지 않아 연기제 제방 아래에 여러 기의 가마터를 만난다.

연기제 제방을 올라 왼쪽으로 돌아들면 지역 숲 개발을 위해 조성한 산림경영모델 숲 앞을 지나고, 저수지 둘레길에서 소요산 임도로 올라선다. 시멘트 포장 임도 옆에는 동백꽃이 붉은 자태를 뽐내고, 매화는 짙은 향기로 매혹하고, 진달래는 곧 불어올 봄바람을 기다리며 연분홍 꽃봉우리를 피워 올리고, 길바닥에는 새끼 손톱보다도 작은 파란색 큰개불알꽃이 옹기종기 모여 있다. 꽃이 지고 맺는 열매가 마치 개의 생식기를 닮았다 하여 보이는 그대로 붙여진 꽃 이름이 다소 요상하게 들리는 관계로 최근에는 봄까치꽃으로 바꿔 부르고 있는데, 이름에 상관없이 앙증맞고 귀여운 것은 변함이 없다. 445m 높이의 소요산 정상 바로 아래에 소요사 사찰이 자리 잡고 있는데, 그곳에서 내려다보면 모든 것이 무상하면서도 아름답게만 보일 듯하다.

계속되는 오르막 임도를 오르고 올라 연기재에 올라서면, 왼편은 소요산과 소요사로 가는 임도이고, 오른편은 사자봉으로 가는 길이고, 직진하면 질마재 임도다. 질마재 임도와 소요산 등산로 사이의 숲속 길을 따라 발걸음을 옮기지만, 어제 선운산을 오르면서 아픈 다리가 말썽을 부리기 시작하여 질마재 임도로 걸어 내려와 큰길에 당도한다. 그런데 그곳의 서해랑길 안내표식에서는 미당시문학관을 가려면 다시 질마재로 올라가라고 되어 있으니, 무턱대고 그 표식을 따라 걸은 사람은 낭패를 볼 뻔하다.

선운리 마을 입구로 내려오니 보호수인 고목과 정자가 한껏 운치를 더해 준다. 그곳에 세워진 안내문에 의하면, 미당 서정주 시인이 1915년 음력 5월에 이곳에서 태어났다고 한다. 미당의 생가터와 봉암초등학교 선운분교의 폐교 건물을 개조한 미당시문학관과 질마재복합문화공간 등으로 질마재시인마을이 조성되어 있다. 미당 선생의 생가는 1970년대부터 사람이 살지 않고 방치되었다가, 2001년 옛 모습대로 초가집 두 채와 우물을 그대로 복원하였단다. 생가 앞 시문학관에는 우리들이 익히 알고 있는 여러 편의 시집과 육필 원고 등 1만 5,000여 점이 전시되어 있는데, 그중 유독 나의 눈길을 끄는 것은 미당 선생이 쓴 원고 위에 놓인 만년필이었다. 시에는 문외한이지만, 나 역시 글 쓰는 것을 업으로 삼고 있으니 그런가 보다. 그리고 유명 인사들이 미당 서정주 시인을 평한 글들이 전시관 벽면에 걸려 있는데, 그중에서 김춘수 시인의 글귀가 눈길을 사로잡는다. 김춘수 시인은 미당 서정주 시인이 한때 친일행위를 한 것을 두고 "미당의 시로 그의 처신을 덮을 수는 없다. 미당의 처신으로 그의 시를 폄하할 수도 없다. 처

신은 처신이고 시는 시다."라는 평가를 내리고 있다. 누구든 살면서 올곧게만 살 수 있는 상황을 맞닥뜨리는 것이 아니니, 김춘수 시인의 평론이 정말 가슴에 와 닿는다. 시문학관을 둘러보고 나오려는데, 화사집에 실려 있는 '빨간 사과를 입에 물고 있는 꽃뱀' 삽화가 나의 눈길을 붙들고 나가지 못하게 한다. 더 오래 머무르며 둘러보고 싶었으나, 무릎의 통증이 점점 심해져 이곳에서 걷기를 멈춘다.

보름 정도의 시간이 흐른 후, 다시 이곳에서 서해랑길 걷기를 이어 간다. 선운리 삼거리에서 선운사IC 방향의 인촌로를 따라 발걸음을 옮겨, 송현리 신기마을 앞 들판과 야산 모퉁이를 지나면 방조제를 따라 걷는데, 이 길은 해안문화마실길이기도 하다. 인촌 김성수 선생은 대한민국 2대 부통령이면서 지금의 고려대학교 설립자이기도 한데, 그의 생가터가 이곳 봉암리 인촌마을에 자리 잡고 있으나 서해랑길에서 다소 떨어져 있어 스쳐 지나간다. 인촌로를 따라 봉암초등학교와 상암보건진료소 그리고 상암저수지를 차례로 지나, 왼편의 작은 길로 접어든다. 갈곡천 하류의 자전거길을 만나 갈곡천 배수갑문과 조류관찰대를 지나면, 소담한 초가집 두 채로 된 김소희 생가가 나온다. 고창군 흥덕면 사포리에서 태어난 만정 김소희 명창은 송만갑 선생 문하에서 판소리 공부를 하여, 판소리 명창이자 국창(國唱)으로 불리며 수많은 제자를 양성하였다. 이와 아울러 미국, 유럽, 일본 등지에서 활동하면서, 판소리의 세계화에 큰 공적을 남겨 국가무형문화재로 지정된 인물이다. 김소희 생가를 뒤로 하고 사포리경로당과 언덕에 자리 잡은 반석교회를 지나면 사포 버스정류장이다. 정류장 바로 뒤편에 정유재란 때 왜군의 조총에 맞서 죽창으로

싸우다 전멸한 무명용사를 기리는 무명의병 충의위령탑과 문화 류씨 부인의 열녀비와 그녀의 노비였던 순동의 공로비가 함께 서 있다. 이곳에서 42코스를 마무리한다.

　서해랑길 고창구간 52km는 명사십리 백사장과 울창한 송림과 함께 걷는 아름다운 바닷길, 가파른 선운산 봉우리를 오르내리는 등산길, 고갯길을 넘어 시인과 명창이 살았던 마을과 들판과 해안을 걷는 길로 구성되어 있다. 이 길들은 사람들의 다채로운 삶의 경로와 많이 닮은 듯하다. 여유롭고 평탄한 인생길이 펼쳐지는가 하면, 아픔과 환란으로 물든 고행길이 펼쳐지기도 하고, 때로는 시와 음악의 운율이 어우러지는 조화롭고 향기나는 길이 펼쳐지기도 하는 것이 인생길이다. 이 인생길 곳곳에서 사회복지사의 도움이 필요하겠지만, 무엇보다도 고난과 환란이 이어지는 인생길 위에서 사회복지사의 손길이 더욱 필요로 할 것이다. 그런데 아름답고 평화로운 인생길이라고 해서 늘 아름답기만 한 것이 아니고, 때로는 한겨울 차가운 북서풍이 몰아치기도 하고 한여름 태풍에 흔들리기도 하는 것이 인생길이다. 우리에게 아름다운 시로 마음을 울린 시인으로 칭송받지만, 억눌린 시대 상황 속에서 살아남기 위해 민초들의 삶을 질곡으로 내모는 친일 성향의 시를 쓸 수밖에 없는 일도 하게 되는 것이 인생길이다. 우리에게 국창으로까지 칭송받는 판소리 명창이지만, 그 경지에 이르기까지 굴곡 많고 외로운 인생길을 살아내야 하는 것 역시 우리들의 삶의 경로와 닮아 있다. 사회복지는 삶이 고난으로 내몰렸을 때만 작동하는 제도가 아니다. 평화롭고 조화로운 인생길을 살아가면서 겪는 작은 인생의 파고를 넘어서는 데도 작동해야 한다. 지금의 삶보다 더욱 성장하고 성숙한 삶을 추구하기 위해 애쓰는 과정에서도 작동해야 한다. 다시 말해 사회복지는 모든 사람의 모든 삶의 길목에서 작동해야 하는 사회제도인 것이다.

24. 저항과 순응의 변주

□ 서해랑길 44 – 45코스, 고창 사포버스정류장 – 부안 도청리 모항, 29.2km, 9시간 30분, 46,441걸음

　오늘 걷는 길의 시작점인 사포리 버스정류장에서 길 하나를 건너면, 고창군 홍덕면 후포리다. 아직 아침 기온은 손이 시릴 정도이지만, 길가의 매화 두 그루가 하얀 꽃 미소를 지으며 길손을 따스하게 맞아 준다. 잠시 도로를 따라 걷다 후포마을 안길을 돌아 나오면, 왼편에는 새우양식장이 자리 잡고 있고, 오른편 언덕에는 팽나무로 보이는 큰 나무 두 그루가 우뚝 서 있다. 고창군의 해안문화마실길과 겹치는 길을 따라 걷다가 배수갑문을 건너 들판 가운데로 놓인 농로를 지나, 목우마을 방향으로 발길을 옮겨 놓으면 시아농장의 개들이 왕왕 짖어 댄다. 농장의 축사 중 세 채는 텅 비어 있고 두 채는 젖소들이 웅크리고 앉았다. 농장 뒤편의 완만한 경사로를 오르며 뒤를 돌아다보면 고창군의 산 능선이 줄지어 나를 호위하며 따르고 있다. 언덕 위에 올라서면 농장의 소에게 먹일 사료를 재배하는 녹색 밭들로 가득하고, 황토밭에는 양파와 마늘이 가득 심겨 있고, 그 가운데 밭들은 태양광 패널로 새까맣다. 언덕배기 밭을 뒤로 하고 솔밭 언덕을 내려오니, 포클레인에 뿌리째 뽑힌 소나무 수십 그루가 나뒹구는 장면을 보게 된다. 사람의 편의와 이익을 위해 입도 뻥긋하지 못하고 생명의 뿌리를 난도질당한 자연에게 미안한 마음이 든다.

　작은 언덕을 넘어 변산반도가 눈에 들어오는 것을 보니 행정구역이 고창군에서 부안군으로 바뀐 듯하다. 논들 사이의 농로를 지나고, 노랗게 마른 갈대가 없는 곳을 피해 흐르는 파란 물길을 따라 걷는다. 들판 옆의 외딴집을 지키는 누렁이 세 마리가 목줄이 풀린 채 허옇게 이빨을 드러내고 무섭게 짖어 대는 통에 한동안 공포에 휩싸이기도 한다. 양파와 마늘이 가득한 밭들과 작은 연못 하나를 지나, 큰길가에 자리한 무덤 앞에서 커피 한잔을 마시며 신발을 벗고 고생한 발을 위로하며 잠시 쉬어 간다.

　이곳에서 1km 정도 도로를 따라 걷다가, 영도리와 갈라지는 길에서 줄포 방향으로 돌아서면 줄포만갯벌생태공원이다. 아직 완연한 봄이 아닌지라 나뭇가지는 앙상하고 누런

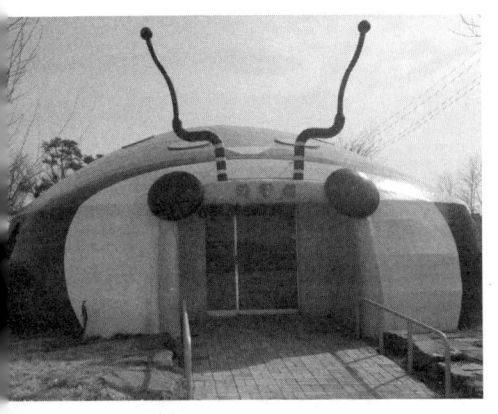

갈대는 바람에 일렁이는데, 인공분수는 세차게 시원한 물줄기를 뿜어 올리고 있다. 생태공원의 풍경을 보고 걷다 보니 서해랑길 표식이 사라지고 없어 두루누비 앱의 따라걷기 기능을 활용하여 줄포만 갯벌 방향으로 공원 한가운데를 가로지른다. 생태공원 길가에는 민들레가 노란 꽃을 피워 올리고, 해국은 연녹색 잎을 밀어 올리고, 쑥은 햇볕에 새끼손가락보다 짧은 녹색잎을 드러내고 일광욕을 즐기고 있다. 쉼터 앞 접혀진 초록 차양막에는 '시린 겨울을 지나 봄이 오는 그날 다시 만나요.'라는 글귀가 적혀 있다. 왠지 마음까지 따스해진 느낌인데, 그 옆의 빨간 풍뎅이 모양으로 지어진 화장실을 보니 저절로 입가에 미소가 번진다.

갯벌생태공원에서 방조제로 올라서니, 줄포만 갯벌이 끝을 모를 정도로 아득하게 펼쳐져 있다. 줄포만 갯벌은 남북의 폭이 7~9km, 동서의 길이가 20km에 이르는 곰소만 가장 안쪽에 자리 잡고 있다. 그곳에는 나문재, 칠면초 등의 염생식물이 군락을 이루고 있으며, 흰발농게, 칠게, 세스랑게, 방게, 대추귀고둥, 가무락조개, 가리맛조개, 말뚝망둥어 등 100여종의 생물종이 서식하고 있어, 생물다양성이 매우 높다고 한다. 방조제 왼편은 드넓은 뻘갯벌인데 오가는 생명체들이 눈에 뜨이지 않는 것을 보니 이른 아침 식사를 마친 생물들이 자기 집에 들어가 쉬고 있는 듯하다. 오른편 수로에는 아직 떠나지 못한 오리 몇 마리만 남아서 따스한 봄볕을 쬐고 있는데, 그들도 조만간 자기 집을 향해 날개짓을 할 듯하다. 방조제 끝에는 공사가 한창인데, 길 옆에 정자와 빨간 등대가 눈에 들어와 가보니 등대쉼터란다.

줄포만갯벌생태공원에서는 차분한 음악이 은은하게 들려왔었는데, 이곳 쉼터에서는 왠지 모르게 심장박동수를 높여주는 전투적 리듬의 음악이 매우 크게 들려온다. 음악의 리듬에 맞춰 발걸음을 옮기다 보니, 나도 모르게 발걸음이 빨라져 순식간에 분탕골로사거리에 위치한 부안군환경사업소 앞에 이르게 된다. 사거리 가로등에는 쓰레기 매립장 사용을 연장하고 추가 소각장을 건설하는 계획에 반대하는 현수막들로 가득하고, 환경사업소 출입구를 막아 놓고 줄포면 주민들이 천막시위를 하고 있다. 이곳에서 천막시위를 한 지 37일 되었다고 적혀 있지만, 쓰레기 매립장 문제는 2022년 초부터 시작된 것으로 오늘에 이르기까지 2년에 걸쳐 장소를 옮겨 가며 반대시위를 하고 있는 셈이다. 올해가 지나면 이곳 쓰레기 매립장도 포화상태가 되어 더 이상 사용할 수 없는 상황에서, 지방정부와 주민들이 타협점을 찾지 못한 채 오랫동안 갈등하는 모양이 참으로 안타깝다. 쓰레기매립장 문제는 인근 주민의 행복추구권, 생존권, 건강권과 아주 밀접한 문제로서 해당 지역주민이 그동안 전체 군민을 위해 희생해 왔음에도 또다시 희생을 강요당하는 상황이 되니, 떨쳐 일어나 행동으로 대응하고 있는 것이다. 혹자는 이들의 사회행동을 보고 '보상금 더 받아먹으려는 수작'이라고 폄하하고 비난의 말들을 쏟아 내면서 공권력을 투입하여 강경 대응해야 한다고 말할 수 있을지 모르겠다.

하지만 필자가 보기에는 지방정부가 정책의 피해자집단인 주민들의 고충을 귀담아 듣고 적극적으로 해결책을 모색하려는 노력이 부족한 것에도 큰 원인이 있을 것으로 보인다. 처음부터 사회행동에 나선 것은 아닐 것이고, 대화로 해결을 시도해 보았겠지만 거듭되는 합의의 실패에 쥐꼬리만한 권력도 없는 주민들은 자신의 삶을 지키기 위해 온몸으로 저항하는 사회행동을 마지막 대안으로 선택한 것이 분명하다. 사회복지분야의 지역사회복지방법론에서 협의와 조정 등으로 지역사회 문제해결에 대한 원만한 합의 도출이 되지 않거나 이해관계집단 간의 갈등이 완화, 해결되지 않을 경우, 사회행동(social action)을 통하여 지역사회의 변화와 지역문제 해결을 도모하는 것을 주요한 모델 중의 하나로 활용하고 있는 것이 바로 이런 이유 때문일 것이다. 길을 걷는 내가 지역갈등에 개입하여 도움이 될 수 있는 방법이 없으니, 아무쪼록 빠른 시일 내에 지방정부와 주민 간의 갈등구도가 해결되기를 기도하며 미안한 마음에 황급히 사회행동의 장을 떠난다.

부안군 환경사업소에서 진사면 방향으로 곧게 뻗은 이차로를 따라 걷는데, 운전자에게 '농기계사고'를 조심하라고 알리는 교통표지판이 커다랗게 세워져 있다. 농사를 짓고 집으로 향하는 농기계가 농로에서 도로로 접어드는 것을 발견하지 못하고 쌩쌩 달리던 차와 부딪히는 사고가 많이 일어났기에 이런 경고판을 세워 두었을 것이다. 도로 옆 방조제 너머에는 여전히 드넓은 갯벌이 펼쳐져 있고, 한낮의 태양은 저 앞에 보이는 정자에서 쉬어가라고 조르고 있다. 정자 앞집의 흐드러지게 핀 매화향에 취해서 마시고 있는 커피향을 느끼지 못할 정도다. 농수로를 따라 나란히 자리 잡은 새우양식장을 지나고 신복마을을 지나면, 사장교인 신활교가 멀리서도 눈에 띈다. 신활교를 건너자마자 갯골을 따라 걸으면, 오른편 논에는 보리밭이 녹색으로 물들어 있다. 농로를 지나 새롭게 뚫린 도로로 접어들면, 바로 구진마을이다. 구진마을 뒤편에 800년도 넘은 느티나무가 서 있는데, 이 곳 구진마을은 삼국 시대 이래로 해상무역과 교통의 중심지였으며 고려 시대에는 전함을 만들던 조선소가 있었던 곳으로, 지금도 마을 뒷산에는 옛 진영의 건물터가 남아 있단다.

도로 건너편에 바다와 맞닿아 있는 다른 염전들과는 달리 바다와 조금 떨어진 곳에 곰소염전이 자리 잡고 있다. 조선 시대에는 이 지역에서 바닷물을 끓여서 소금[火鹽]을 만들어 왔으며, 일제강점기에 지금의 자리에 염전이 만들어지기는 했으나, 해방 이후부터 천일염을 생산하기 시작했다. 처음에는 토판염, 옹기판염을 만들었지만, 소금에 불순물이 들어가는 것을 최소화하기 위해 지금은 타일을 깐 염전에서 천일염을 생산하고 있다. 천혜의 자연환경을 갖춘 곰소염전에서 생산된 소금은 다른 지역의 천일염에 비해 미네랄 성분이 특히 많아 그 맛이 뛰어나 가격이 상대적으로 비싸단다. 특히 황산화성분이 풍부한 소나무 꽃가루, 즉 송화가루가 날려서 소금에 뒤섞이는 5~6월에 생산된 소금을 최상품으로 친다고 한다. 염전 인근에 솔지라는 이름을 가진 제빵소이자 카페가 자리하고 있는데, 그 이름이 소금의 영어 표현인 'salt'와 연못을 의미하는 한자 '지(池)'의 합성어란다. 그곳에 들어가면 분명 소금빵을 비롯한 소금을 활용한 맛있는 제품들이 있을 듯한데, 선뜻 발걸음이 옮겨지지 않아 지나친다.

서해랑길과 같은 경로이던 마실길 코스는 곰소염전으로 향하는 반면 서해랑길은 진서면 소재지로 향하면서 두 길은 잠시 이별한다. 진서면 소재지 들머리는 새우양식장으로

시작되고 그 옆에는 왕새우구이를 파는 식당이 자리 잡고 있고, 그 뒤로 이어지는 건물들은 하나같이 젓갈가게다. 도로 양편으로 빼곡하게 들어선 건물의 상점 중에서 젓갈가게가 아닌 가게를 찾는 것이 훨씬 어려울 정도다. 즐비한 젓갈가게를 지나고 곰소젓갈식품센터

를 지나 수산물유통센터를 돌아가면, 아주 외진 구석에 서해랑길 44코스 종점 표지판이
서 있다.

　45코스 시작점에서 골목길을 돌아 나오면 곰소항수산물종합시장인데, 평일 점심시간
인지라 시장에는 상인들 몇 명만 눈에 들어올 뿐이다. 시장을 지나면 다시 젓갈가게가
줄지어 서 있는데, 그중 한 곳에 들러 낙지젓을 잘게 잘라 양념에 비벼놓은 비빔낙지젓
갈과 꼴뚜기젓을 500g씩 사서 가방에 넣고 전라북도에서 군산항 다음으로 규모가 크다
는 곰소항으로 발걸음을 옮긴다. 지금이 썰물 때인지라 조업을 마친 배들은 곰소항에서
휴식을 취하고 있고, 등대 위에는 갈매기 몇 마리가 오수를 즐기고 있다. 항구를 조금 지
나면 산등성이에 배 모양을 닮은 전망대가 자리 잡고 있는데, 바로 나룻산공원이다. 공
원 앞에 세워진 안내표지판에 따르면, 이곳 곰소가 예전에는 3개의 무인도로 구성되어
있었으며, 그곳에 곰 두 마리가 살고 있었고 연못이 있다 하여 웅연도(熊淵島)라 불렸단
다. 지금은 한문이 아닌 한글로 곰소로 부르고 있는 이곳 항구는 일제강점기에는 착취한
농수산물과 군수물자를 반출해 가는 곳으로 쓰였던 아픈 역사를 지니고 있다. 바다와 얼
굴을 맞댄 나무 데크길 의자에 앉아, 점심 먹을 곳이 없을 경우를 대비해 싸들고 온 고구
마 1개와 바나나 1개 그리고 우유를 섞은 커피 한잔으로 점심을 갈음하고 다시 길을 나
선다.

　공원을 돌아 나와도 여전히 젓갈가게가 이어지고, 길옆에는 1930년부터 3대에 걸쳐
젓갈백반을 팔고 있는 백년가게가 나온다. 가게 앞에 유명인이 진행하는 텔레비전 음식
프로그램에 출연하였음을 자랑하는 홍보간판이 큼지막하게 세워져 있다. 식당을 지나
젓갈가게가 모여 있는 젓갈판매센터를 지나서, 마을길을 따라가면 30번 국도를 만난다.
국도 건너편에는 진서면 소재지 입구에서 만났던 곰소염전의 끝자락이 보이고, 잠시 헤
어졌던 마실길과 서해랑길이 다시 만난다. 진서면 초입부터 이곳에 이르기까지의 길 위
에 펼쳐진 사람들의 삶은 자연환경에 순응하는 모습이 강하게 도드라져 있다. 이곳은 뒤
로는 산과 인접해있고 앞으로는 넓은 바다와 갯벌에 맞닿아 있는 지형으로, 바닷물, 태
양과 바람이라는 주어진 세 가지 천연자연환경을 이용하여 소금을 만들고, 냉장 시설이
없는 상황에서 바다에서 잡은 고기를 오래 보관하기 위하여 소금에 절여 젓갈을 만들어
먹고 또 팔아서 생계를 유지해왔음을 알 수 있다. 이처럼 사람들은 자연환경에 기본적으

로 순응하며 살아가되, 자신들 삶의 불편하고 부족한 부분을 채우기 위해서 자연환경에 인위적 개입을 가하여 사람살기 좋은 환경으로 바꾸며 살아간다. 이런 사람의 삶의 양태 때문에, 사회복지실천에서는 사람이 자연환경을 기반으로 형성한 사회환경에 순응함과 동시에 환경을 변화시켜 잘 적응하면서 살아갈 수 있도록 돕고자 하는 것이다.

30번 국도를 따라 배수갑문과 중국음식점, 명품 고기판매점을 지나 곰소초등학교 앞에서 왼편 해안가 방조제로 접어든다. 마을 입구에 세워진 안내판에 의하면, 이곳이 고려 시대에 청자 도자기를 만든 곳이어서 작도(作陶) 마을이라고 불리게 되었단다. 아직도 이곳 주변에 40여기의 가마터가 남아 있고, 부안군 보안면에 부안청자박물관이 세워져 있는 것을 보면, 이곳이 전남 강진군과 함께 중요한 청자 도요지였음을 알 수 있다.

길게 이어지는 방조제 왼편의 광활한 갯벌에는 갯골을 따라 파란 물이 바다를 향해 흘러가는데, 바람이 바다에서 육지방향으로 불어와 만든 물결 때문에 마치 물이 바다에서 육지로 흐르는 듯한 착각을 불러일으킨다. 방조제 안쪽으로는 봄철을 맞아 농부들이 새롭게 농사지을 준비를 시작하고 있고, 앞쪽으로는 변산반도 국립공원의 능선이 보이고, 뒤로는 선운산 능선이 뒤따르고 있다. 석포천 배수갑문을 지나 길은 방조제를 잠시 벗어나 변산노을해변길이라는 이름이 붙은 30번 국도를 다시 만나고, 관선마을로 접어든다. 관선마을은 마을 뒷산에 장삼바위, 시루봉, 목탁바위, 바리바위, 목탁채바위, 촛대바위 등이 위치해 있어 마치 스님이 불공을 드리는 듯한 모습을 본떠 이름 붙여진 마을이란다. 큰길에서 관선마을로 돌아드는 언덕 위의 멋진 소나무를 뒤로 하고, 가파른 통나무 계단을 조심조심 내려가면 다시 방조제를 만난다.

방조제 끝에서 왕왕 짖어 대는 누렁이와 눈인사를 나누고, 언덕길을 넘어가면 구름과 맑은 물이 흘러 소금강이라 불려도 손색없는 풍경을 자랑한다는 부안군 진서면 운호리 왕포마을에 당도한다. 왕포항은 어촌정주어항으로 지정되어 부안군수가 관리를 하고 있는데, 예전에는 칠산 앞바다의 조기잡이 배들이 모여들었던 포구로서, 인근 바다에서 고기잡이로는 으뜸이라 하여 왕포(王浦)로 불리게 되었단다. 왕포마을 텃밭에는 봄을 맞아 동네아낙이 호미로 밭을 일구고 있고, 항구 입구에는 어부, 물고기 등의 다양한 조형물이 설치되어 있고, 마을 뒤편에는 작은 마을임에도 여행객이 많은지 꽤나 큰 리조텔이 자리 잡고 있다.

학교와 집안의 일을 처리하고 다시 용왕님도 쉬었다 간다는 이곳에 다시 돌아왔는데, 부슬부슬 비가 내리기 시작한다. 우산과 비옷 사이에서 고민하다가 신발이 젖는 것을 방지하고 필요에 따라서 지팡이로도 쓰기 위해 우산을 선택했다. 봄날이고 보슬비 수준이라 아웃도어의 방수기능을 믿고 우산을 지팡이로 쓰면서 걷는다. 갯벌에 덩그러니 올라앉은 빈 배 위에는 갈매기들이 비를 맞으며 웅크리고 있고, 양식장에서는 어느 누구의 발길도 찾을 수가 없다. 짧은 비탈길을 오르고 도로를 잠시 걸은 후, 작당항으로 발길을 옮기는데 빗방울이 굵어진다. 항구 옆 팔각정에는 보슬비에 어로활동을 하러 나왔다가 굵어지는 빗줄기에 당황한 동네 남정네와 아낙네가 모여서, 오늘 일을 할지를 놓고 의견을 나누고 있다.

노란 수선화가 수줍은 듯 미소 짓고 있는 작당마을 골목길을 돌아 나와, 청자로 옆 데크길을 따라 걷다가 작은 방조제로 내려가는 길에 미선나무 안내판이 서 있다. 미선나무는 전 세계에 1속 1종밖에 없는 희귀식물로서 우리나라에서만 자라며, 봄에 잎보다 꽃이 먼저 피는데, 그 모양이 마치 부채를 닮아 꼬리 미(尾)와 부칠 선(扇)이란 이름을 얻게 되었단다. 이곳 군락지가 남방한계선인 미선나무를 환경부에서 멸종위기 야생식물 2급인 동시에 천연기념물 제370호로 지정하여 보호하고 있다. 안내판 아래 한 그루의 미선나무가 하얀 꽃을 피워 지나는 과객을 향해 미소 짓고 있다. 작은 방조제 끝과 맞닿은 산길로 접어드는데, 진달래의 분홍빛이 소나무의 짙은 녹색과 대비되어 더욱 선연하게 눈에 들어온다. 오솔길을 뒤덮은 떡갈나무 낙엽이 물기를 머금어 질척거리는 통에 조심조심 걷는데, 곳곳에 이제는 효용을 다한 군 벙커가 방치되어 있다.

작은 산에서 마동방조제에 내려서니, 부안마실길 6코스 쌍계재 아홉구비길인 이곳이 전북천리길에 포함되어 있음을 알리는 스탬프 함이 자리 잡고 있다. 장군봉 아래 위치한 마동마을 입구의 양식장부터 조릿대가 무성하게 자라 터널을 이루고 있는데, 터널 끝 밝은 빛이 어서 오라고 부르고 있다. 대숲터널을 지나면 마동 해안경비초소를 만나게 된다. 초소 앞 안내판에는 한국전쟁 이후 남북 간의 대립이 극에 달해 있던 1970년대에 해안선으로 침투하는 무장공비를 막기 위해 경비를 섰던 장병의 휴식처로서, 안보 교육 목적으로 이 시설을 정비하여 보존하고 있다고 한다. 이 초소를 보면서, "무찌르자 공산당!"이라고 외치며 전쟁놀이에 몰두했던 나의 유년 시절의 기억이 되살아난다. 그때는 맞고 지금은 틀린 강제 주입식 집단이념교육이 더 이상은 자유민주주의 국가인 이 땅에서 되살아나지 않기를 바란다. 정신을 다시 현실로 되돌려서 오르막 오솔길을 오르는데, 누군가 좋은 글귀를 먹으로 써서 소나무에 걸어 놓았는데, 빗물에 젖어 글씨가 또렷하게 눈에 들어오지는 않는다.

산길을 돌아 변산자연휴양림으로 들어서니 위용을 자랑하는 전망대가 산 중턱에서 나를 바라보고 있다. 숲속의 집과 같은 통나무집들로 구성된 다른 자연휴양림의 숙소와는 달리, 이곳은 주황색 기와지붕을 얹은 시멘트 건물로 지어져 있다. 휴양림과 이어진 산길은 예전의 군사 목적으로 설치된 철조망 벽으로 바다를 가로막고 서 있는데, 철조망에 커다란 가리비 껍데기를 달아 놓아 바다의 내음을 전해 주고 있다. 철조망이 끝나는 지점에는 산수유와 비슷한 생강나무 노란 꽃이 비오는 날의 칙칙한 분위기를 반전시켜 준다.

즐거움이 오래 계속되어 끝이 없다는 뜻의 장락무극(長樂無極)이란 나무 팻말이 걸린 소나무를 지나, 산에서 모항 앞바다 갯벌로 들어선다. 모항 초입의 갯벌체험장은 비 오는 평일인지라 텅 비어 있고, 비에 젖은 검은색 아스팔트는 분위기를 더욱 가라앉게 만든다. 모항 상가건물을 오른편에 두고 모항 경로당과 방파제를 지나고, 아주 작은 백사장을 만나고, 현대해상변산수련원과 모항 해나루가족호텔을 지난다. 이곳 모항은 낙조 때 가장 아름답다는데 오늘은 낙조를 볼 수 없는지라, 몇 년 전 보건복지부 시범사업 워크숍 왔을 때 모항 해나루호텔에서 보았던 아름다운 낙조 풍광에 관한 기억으로 아쉬움을 달래본다. 곧이어 지질명소로 지정된 모항해수욕장과 해송 숲을 지나 모항해수욕장 관리사무소 앞 서해랑길 안내판에서 두루누비 앱의 빠른 응답 코드(quick response code)로 걷기 인정을 받고는 커피 한잔을 마시며 잠시 쉬어 간다.

25. 초연결사회에서의 동네 마실

□ 서해랑길 46 – 47코스, 부안 도청리 모항 – 변산해변 버스정류장, 24.1km, 8시간, 38,882걸음

모항해수욕장은 내변산과 외변산이 만나는 지점에 위치하고 있어 산악경관과 해양경관이 매우 아름답다고 알려진 곳인데, 오늘은 비가 주룩주룩 내리는 관계로 아름다움보다는 음침한 분위기에 젖어 있다. 모항해수욕장 관리사무소에서 청자로에 올라서면 앞에는 여러 채의 펜션건물이, 뒤편으로는 모항 해나루가족호텔이 나를 에워싼다. 찻길을 조금 걷다가 모항전망대에서 왼편 계단으로 내려서 걸으면 변산산림수련원에 도착한다. 산림수련원 하면 당연히 산속에 있을 것이라 생각하고 있었는데, 이곳은 바닷가 바위 언덕 위에 자리를 잡고 있다. 수련원을 짓는다고 산허리를 잘라내고 수많은 나무를 베어 넘어뜨리는 것보다 이곳 바위 위에 지은 것이 오히려 다행이라는 생각이 든다.

수련원에서 북쪽의 삼각봉 모양의 돌산 아래 바다와 만나는 곳에 아슬아슬하게 설치된 긴 나무 데크길인 지오트레일에 올라선다. 길 아래 바위에는 수많은 파도와 바람이 다채로운 문양을 새겨 놓았고, 오른편 산에서는 아침부터 내린 빗물이 작은 도랑을 이루어 쉼 없이 흘러내리고 있고, 먼 바다는 비와 안개로 뿌옇게 채색되어 있다. 데크길에서 처음 만나는 쉼터인 정자에서 비에 젖은 양말을 갈아 신고, 두 번째 정자에서는 간식과 커피로 허기를 달랜 후에 비 속 풍경을 느끼며 계속 걷는다. 나무 데크길이 끝나고 흙길로 올라서는 지점에 아직 연녹색 잎새가 싹트지 않은 여러 그루의 팽나무의 검정색과 그 아래 초록 보리싹이 색의 대비를 이루며 내 눈 안으로 들어온다. 포장도로로 올라서면 실버샌드 드라이브 경관쉼터가 있는데, 푸른 바다와 붉은 노을의 풍경을 감상할 수 있다는 이곳의 오늘 풍경은 화장실 다녀오는 미군 두 명과 지프차 한 대가 전부이다.

조금 더 포장도로를 걷다 왼편 바다로 발길을 옮겨 한 구비를 돌아서면, 솔섬과 전라북도 교육청 학생해양수련원이 눈에 들어온다. 썰물 때인지라 수련원과 연결되어 있는 솔섬은 약 8천만 년 전 공룡이 번성하던 중생대 백악기의 화산 폭발로 인해 분출된 용암과 화산재가 쌓이고 굳어져 만들어졌다고 한다. 솔섬은 수락마을 중앙에 위치한 용머리

재 앞바다 한가운데서 뛰노는 숭어의 형상을 하고 있는 섬으로, 그 뒤로 지는 낙조의 풍경이 특히나 아름다워 부안에서 꽤나 잘 알려진 명소란다. 그런데 오늘은 그 멋진 풍경을 느끼기에는 어울리지 않는 날씨다. 학생해양수련원은 내가 지금껏 이곳저곳을 돌아다니며 본 수련원 중에 그 규모가 가장 크다고 해도 과언이 아닐 정도로, 비 오는 평일 점심시간인데도 청소년 학생의 목소리로 와글거리고 있다. 그런데 정작 나의 눈길을 사로잡은 것은 해상안전체험관 앞에 자리 잡은 붉은 등대 형상에 새겨진 노란 리본이다. 세월호참사로 인해 희생된 단원고등학교 학생과 선생님을 잊지 않고 추모하기 위해 세운 추모비가 다시 한번 나의 마음을 슬픔과 분노로 차오르게 만든다.

격해진 마음을 억누르며 학생해양수련원을 지나 하얀 펜션 건물에서 왼편으로 방향을 바꾸어 산길로 접어든다. 산길은 펼쳐든 우산이 나뭇가지에 걸리지 않을 정도로 넓고 안전한 길이다. 한참 동안 산길을 걷고 상록선착장과 해수욕장으로 내려서면, 2004~2005년에 텔레비전에서 방영된 〈불멸의 이순신〉이라는 사극의 해상 전투신을 촬영한 장소라는 안내판이 세워져 있다. 해수욕장 송림 안에는 텐트가 쳐져 있지만, 우중이라 캠핑을 즐기는 사람은 보이지 않고 어슬렁거리는 백구 한 마리가 낯선 과객을 따라 다니며 무섭게 짖어 댄다. 해수욕장 끝에는 두포 갯벌체험마을임을 알리는 커다란 돌 안내석이 서 있고, 길 건너에는 농협생명 변산수련원이 주위를 압도하고도 남을 위용을 자랑하며 그 아래의 펜션과 횟집 그리고 상점을 두 팔 벌려 품에 안고 있는 형상을 하고 있다. 바다 양식장에서 대나무 작대기를 한가득 실은 경운기가 요란한 소리를 내며 지나가고, 배달 오토바이 또한 쌩하고 스쳐 지나간다. 언덕 오르막길에는 일마레제 빵소와 펜션 건물이 바다의 풍경을 배경삼아 서 있고, 고갯마루에는 해수욕장과 궁항의 경치를 감상할 수 있는 전망대가 자리 잡고 있다. 고개 너머에는 온천 개발을 위해 산허리를 깎아 놓은 모습이 눈에 들어오고, 그 아래 바닷가에는 붉고 노란 등대 세 개가 서 있는 궁항이 자리 잡고 있다.

궁항 삼거리에서 오른편 마을로 접어들면 갈색 지붕 집 담벼락에 어패류를 가득 잡은 소년의 모습을 흙으로 구워 만든 작고 익살스러운 조형물이 올려져 있다. 그 모습에 슬며시 미소를 지으며 마을을 지나 포장된 도로를 따라 다소 가파른 언덕을 오르면, 궁항 전라좌수영 세트장이다. 이곳은 앞서 언급한 드라마가 촬영된 장소로 5,200여 평의 부지에 19개 동의 건물을 세워 임진왜란 당시의 전라좌수영을 재현해 놓은 세트장이다. 이곳에서 여러 사극이 촬영되었고 수많은 관광객이 다녀갔지만, 지금은 시설물 보수공사를 위해 휴관 중이라 들어가 볼 수가 없다. 세트장에서 깔딱 고개라고 해도 과언이 아닌 가파른 오르막을 오르면, 언덕 꼭대기에 자욱한 안개로 뒤덮인 정자가 서 있다. 해발 174m의 봉화산으로 오르는 등산로가 아닌 왼편 임도를 따라 격포항 방면으로 내려서면, 울창한 소나무 숲 아래로 단정한 산책길이 맞아 준다. 길 옆 안내판에 따르면, 혹독한 추위에도 푸르름을 잃지 않고 8월이 되면 보랏빛 꽃을 피워 올리는 맥문동 숲길의 풍광을 즐길 수 있단다. 봄 초입에 서서 그 풍광을 머릿속으로 그려 보면서, 해넘이 공원 계단을 내려선다. 계단 옆으로는 봉화산 월고리 봉수대, 채석강 절경 노래비 등의 다양한 안내석이 세워져 있고, 왼편으로는 채석강과 격포항 풍광을 즐길 수 있는 해상데크길이 항구를 삥둘러 연결되어 있다. 항구는 비오는 날씨에 출항하지 않은 배들로 가득하고, 수산물센터 건물에서 늦은 점심 식사를 마친 관광객은 비를 피해 대형버스 안으로 황급히 몸을 숨긴다. 생선구이와 다양한 회를 팔고 있는 식당이 일곱 시간 가까이 빗속을 걸어온 나보고 쉬어 가라 유혹하지만 굳건히 이겨 내고, 부산한 격포항과 비를 맞아 더욱 검게 젖어 있는 채석강을 지나 닭이봉 입구에서 오늘 걷기를 마무리한다.

택시로 오늘 출발 지점인 왕포항으로 되돌아가 차를 운전하여 변산자연휴양림에 도착하니, 언제 그랬냐는 듯 하늘에서 더 이상 눈물이 떨어지지 않는다. 다들 봄을 재촉하는 비라고 좋아라들 하지만, 오늘 먼 거리를 걷는 나에게는 달갑지 않은 비였다. 우산으로 하늘의 눈물을 가린 덕에 비에 젖은 생쥐꼴은 면하였지만, 겉옷뿐 아니라 방수기능이 있는 신발 속 양말까지 젖는 것은 막을 수 없었다. 휴양림 숙소는 멋지고 고요한 바다 풍광을 선물해 주는데, 그 풍경 안에 눌러앉은 나의 머릿속은 이런 저런 생각들로 번잡스럽다. 그중 의미 있는 생각 하나는 비가 내담자 삶의 고난이라면 우산은 사회복지제도에 비유할 수 있겠다는 것이다. 오늘 나의 걷는 길에서 우산이 비를 모두 막아 주지 못한 것처럼, 사회복지제도 역시 사람들의 삶의 곤경을 일정 부분 해결해 줄 수는 있지만 모든 삶의 문제를 해결하는 데는 한계가 있을 수밖에 없다. 사회복지제도의 제한점을 하나씩 채워 가면 사람들의 삶의 역경을 미리 막거나 모두 해결할 수 있을까? 그렇지 않을 것이다. 그러면 사회복지제도는 쓰임새가 작은 사회제도에 불과한가? 분명 그렇지는 않다.

그러면 어떻게 사회복지제도를 제대로 만들어갈 수 있을 것인가? 이런 답 없는 생각들이 꼬리에 꼬리를 물고 일어나 머릿속을 헤집고 다니니, 마음속은 헝클어질 대로 헝클어지고 있다. 의도적으로 머리를 좌우로 흔들어대는 억제(suppression) 기제를 이용하여 혼란스러운 생각들을 털어낸 후에야 쉼의 공간이 가져다주는 안락함 속으로 스며든다.

청명한 아침 햇살을 받으며, 서해랑길 47코스 시점인 격포항 옆 닭이봉을 오른다. 닭이봉에 관한 전설에 의하면, 격포마을이 지네 형상을 하고 있어 마을에 재앙이 끊이지 않았는데, 마을사람이 족제비 석상을 사투봉에 세워 닭이봉과 마주 보게 한 이후로는 마을 재앙이 없어졌다고 한다. 닭이봉 입구부터 정상의 팔각정에 이르는 가파른 계단을 오르니, 나이든 길손의 턱밑까지 숨이 차오른다. 막힌 숨을 탁 트인 바다 풍경으로 뱉어 내고, 채석강으로 내려선다. 채석강은 화산활동에 의해 형성된 닭이봉 주변 1.5km 일대를 말하는데, 중생대 백악기부터 오랜 세월에 걸쳐 쌓인 퇴적층이 강한 파도에 의해 침식되어 수만 권의 책이 차곡차곡 쌓인 모습을 하고 있단다. 그런데 여러 차례 채석강을 둘러보았지만, 아들 녀석 표현대로 "멋지다는 소문 듣고 왔더니 검은 바위 말고는 볼 것이 없다."는 말 그대로다. 지질학자라면 '우와!' 하고 탄성을 질렀을지 모르지만, 지질에 문외한인 나의 눈에는 그리 보이니 어쩌겠는가? 굳이 가까이 가서 풍광을 다시 보고 싶은 마음이 들지 않아 채석강을 스치듯 돌아 나온다. 채석강과 이어진 격포해수욕장은 백사장 길이가 500m에 이르고 조수간만의 차이가 심하지 않고 경사가 완만하여 많은 관광객이 찾는 곳이다. 대규모 숙박위락시설인 소노벨변산리조트와 변산반도 생태탐방원, 죽막마을의 한국수산자원공사 서해생명지원센터를 지나면 후박나무군락지이다. 녹나무과의 후박나무는 진도군, 남해군, 통영시 등에 군락지가 있는데, 이곳들의 후박나무 군락은 천연기념물로 지정하여 보호하고 있단다.

후박나무 군락지의 해안선을 따라 올라가면 수성당이다. 수성당은 건평 4평 규모의 단칸 기와집으로 지방 해안마을에 유일하게 남아 있는 마을 공동 신앙소다. 나막신을 신고 칠산바다를 걸어 다니며 깊은 곳은 메우고 풍랑을 다스림으로써 동네 어부와 어선을 보호하는 개양할머니와 여덟 딸을 모시기 위해 정월대보름에 당산제를 지내는 이곳 수성당은 풍어와 마을의 안전을 갈구하는 어촌마을 주민들의 마음이 잘 배어 나는 곳이다. 수성당을 돌아 나오면, 적벽강 일원이다. 연안으로부터 용두산을 둘러싸는 붉은 절벽과

암반으로 이루어진 2km의 해안선 일대를 적벽강
이라 부르는데, 중국의 같은 이름을 가진 곳의 풍
경에 비견된단다. 채석강이 책을 가로로 쌓아놓은
형상이라면 적벽강은 주상절리처럼 바위가 수직
으로 서 있어 그 모양이 대비되는데, 해넘이 때에
는 적벽강 바위가 진홍색으로 물든다고 한다.

적벽강에서 펜션과 상점들을 지나 도로를 따라
올라가면 변산마실길 반월쉼터가 나온다. 쉼터 앞
에는 알록달록한 천을 이어 만든 줄로 감싸놓은
수령 500년이나 되는 회화나무 고목이 자리 잡고 있다. 이 고목나무는 원래 부안현청 동
헌에 심겨져 있었는데 고사목이 되자, 변산마실길을 걷는 이들의 무사안녕을 기원할 목
적으로 이곳에 옮겨 놓았다고 한다. 지금 걷고 있는 이 길이 서해랑길, 부안마실길, 전북
천리길이 함께 걷고 있다는 표지판과 인근 하섬 부근에서 해양자원 연구를 하던 중 순직
한 세 명의 연구원을 추모하는 비가 함께 세워져 있다.

길은 도로에서 해안가 숲길로 방향을 바꾸는데, 원래 이 길은 초병들이 해안경계를 위
해 드나들던 길이다. 길옆 나무 숲 사이로 보이는 해안경치가 아름답기 그지없지만 오르
막과 내리막이 이어져 등산을 하는 느낌이 든다. 조릿대터널을 지나 좀 더 걸어가면, 바
다 한가운데 외로이 떠 있는 하섬이 눈에 들어온다. 하섬은 연꽃을 닮았다 하여 '연꽃 하
(荷)'를 쓰기도 하고 새우가 웅크리고 있는 모양 같다고 하여 '새우 하(鰕)' 자를 쓰기도 하
는데, 1950년대부터 원불교재단의 해양수련원으로 사용되고 있어 수양을 위해 예약한
원불교 신도와 동행한 일반인만 들어갈 수 있단다. 음력으로 매월 보름이나 그믐에 고사
포해수욕장까지 2km에 이르는 바다가 갈라지는 이른바 모세의 기적이 이곳 하섬 앞에
서 일어나면, 바다를 건너가면서 낙지와 조개 등을 잡을 수 있단다. 그런데 하섬전망대
에는 이곳에서 안전사고가 많이 일어나니, 가급적 출입하지 말하는 경고문이 붙어 있어,
멋진 경치로 고양된 감정에 찬물을 한 바가지 끼얹는다.

하섬전망대를 내려오면 다시 해안 숲길로 접어드는데, 경관을 해칠 정도로 거대한 대
리석에 '변산마실길' 입체글씨를 새겨 놓았다. 그곳에서 통나무 계단을 오르고 숲길을 돌

아 내려서면 성천항이다. 성천항 표시석 위의 돛단배 형상이 아름답지만, 그보다 더 아름다운 것은 어항에 이리저리 널 부러진 쓰레기를 줍고 있는 어민의 모습이다.

항구와 이어진 고사포해수욕장은 2km에 이르는 백사장과 300m의 넓고 긴 송림이 장관을 이루는데, 송림 안에 조성된 캠핑장에서 늦은 아침을 먹으며 도란도란 담소를 나누는 가족의 모습이 행복해 보인다. 고사포해수욕장 끝에 자리 잡은 카페 등의 상가 건물을 지나, 송포항 방향으로 펜션 건물로 가득한 마을을 지나고, 산등성이를 전부 깎아내려 전원주택 택지를 조성한 곳을 지난다. 그곳 바로 옆에는 주식회사 변산 꽃무리에서 조성한 꽃밭에 유채꽃 몇 평만 꽃이 피어 있는데, '무단침입자 CCTV 촬영' '선을 넘지 마시오' 그리고 '꽃을 밟거나 훼손하면 벌금 10만 원'이라는 여러 개의 붉은 경고판이 눈살을 찌푸리게 한다. 그곳에서 아래쪽으로 내려오면 출렁다리가 나오는데, 다리 바로 옆에 '이곳 붉노랑상사화는 환경부 보호식물로 불법 채취 시 민형사상 고발 조치함'이란 경고판이 서 있다. 이곳을 지나는 사람들 중에 법을 어기는 사람이 유독 많은 것인지, 아니면 지방정부와 사유지 소유주가 괜스레 겁을 주는 것인지 모르겠지만, 트래킹을 하러 온 사람이 잠재적 범죄자 취급을 받는 느낌이 드는 것은 어쩔 수 없다.

출렁다리를 건너 어제 내린 비로 질척거리는 오솔길을 오르면, 길옆에 마치 맥문동 같은 녹색풀이 줄지어 서 있다. 그런데 갑자기 앞에서 전동드릴과 망치를 손에 들고 마스

크를 한 사람이 나타나 소스라치게 놀랐는데, 알고 보니 비온 뒤 혹시라도 마실길 시설에 문제가 생기지 않았는지 점검하고 수리하러 온 사람이란다. 손에 든 호미로 마실길에 차 있는 물웅덩이에 물길을 내고 있는 또 다른 공무원에게 녹색풀이 맥문동이냐고 물으니, 붉노랑상사화라고 친절하게 알려 준다. 지난 고창 구간의 선운사 뒤에서도 만났던 상사화와 같은 수선화과 상사화 속에 속하지만 엄연히 다른 종이다. 8월 말에서 9월 초에 붉은색과 노란색이 아름답게 뒤섞인 상사화가 지천으로 피어나면 정말 아름다운

풍광일 것 같다. 이어지는 길에도 꽃 한번 만나지 못하고 시들어버릴 붉노랑상사화 초록 잎들이 줄지어 맞아 주는데, 해변 쪽으로는 철조망으로 가로막혀 있다. 철조망이 주는 삭막함과 살벌한 분위기를 조금이라도 희석하기 위해 조개껍데기를 달아 놓은 마음이 참으로 고와 보인다. 송포항에 내려서기 직전의 길 끝에 이곳을 붉노랑상사화의 자생지로 지정하여 보호하고 있다는 표지판이 세워져 있다.

송포항은 10여 척의 어선만 조업하는 작은 어항인데, 이곳에서는 노랑조개와 도다리가 많이 잡힌다고 한다. 갈매기들이 어항 옆 백사장을 하얗게 뒤덮고 있는 것을 보면, 작은 어항이지만 많은 어패류가 잡히는 곳으로 추정된다. 송포항은 변산해수욕장과 맞닿아 있는데, 희고 고운 모래사장이 드넓게 펼쳐진 뒤로 푸른 소나무들이 울창하게 자리 잡은 이곳은 대천해수욕장, 만리포해수욕장과 함께 서해안 3대 해수욕장으로 꼽히고 있다. 그런데 올 때마다 펜션과 리조트, 상가 건물이 하나둘씩 들어서고 각양의 인공 조형물이 세워져, 예전의 아름다운 풍경이 조금씩 사라지는 느낌이 든다 이번 코스의 종점이 변산해수욕장 버스정류장으로 표시되어 있어 이리저리 찾아보아도 서해랑길 표지판이 없다. 종점을 찾아 헤매며 길을 걷다 보니, 가파른 계단으로 이어진 사랑의 낙조공원에 종점 표지판이 덩그러니 서 있다. 코리아둘레길을 관장하는 한국관광공사의 무심함과 소홀함에 서운해진 마음을 낙조공원 정자에서 내려다보는 변산 앞바다의 시원한 풍광으로 털어 내고, 지나온 길들을 되짚어 본다.

서해랑길 44코스에 위치한 줄포만 갯벌생태공원에서 시작되는 변산마실길의 마지막 8코스 청자골 자연생태길부터 곰소 소금밭길, 쌍계재 아홉구비길, 모항 갯벌체험길, 해넘이 솔섬길, 적벽강 노을길, 노루목 상사화길에 이르는 7개 마실길 코스를 걸어 왔고, 서해랑길 48코스의 일부에 해당하는 조개미 패총길만 남겨 두고 있다. 국립공원인 변산반도의 이 길의 이름은 '근처에 사는 이웃에 놀러 가는 일'을 의미하는 '마실'에서 따왔단다. 지금과 같이 SNS로 전 세계가 하나

로 연결된 초연결사회에서는 이웃집이나 인근 동네로 발품 팔아가며 마실을 가는 수고를 할 필요가 없다. 온라인으로 지인들이 무엇을 하고 어떤 생각과 마음으로 살고 있는지를 속속들이 알 수 있게 되었기 때문이다. 그런데 그러한 초연결사회가 왠지 깊은 정서적 공감과 끈끈한 정이 없이 서로를 소외시키는 단절된 세상이라는 느낌도 든다. 그에 반해 아날로그 사회에서는 직접 얼굴 마주 보고 흉금을 터놓고 소통함으로써 진정한 공동체를 일구며 살아 왔다. 지금은 간접적 교류가 넘쳐나지만 진정한 인간 대 인간으로서의 정감 넘치는 소통은 매우 부족한 단절사회가 되어 버린 듯하다. 변산반도의 마실 길 위에서 우리 사회가 이웃사람들 간에 진정한 인간적 교감이 넘쳐나는 공동체 사회를 회복하기를 기대해 보지만, 너무 아득한 꿈처럼 느껴지는 것은 나만의 생각은 아닐 듯하다. 가상공간에서 피상적 교류가 아무리 넘쳐난다고 해도 사람과 사람 사이에 따스한 마음의 정(情)이 흐르지 않는다면, 그곳은 메마른 사막과 같을 것이다. 지역복지실천현장에서는 우리 사회를 진정한 사람 사랑 공동체로 탈바꿈시키는 데 심혈을 기울였으면 좋겠다는 바람을 가져 본다.

26. 보존과 개발

☐ 서해랑길 48－50코스, 부안 변산해변 버스정류장－김제 동진강 석천휴게소, 39.6km, 13시간 30분, 66,967걸음

변산해수욕장 끝머리 사랑의 낙조공원에서 차 한잔을 마시며 변산반도의 아름다운 경치에 잠시 빠져들었다가 길을 이어 간다. 바다 아래 백사장에는 네댓 명의 아낙네들이 모래 속 조개들을 찾기 위한 호미질에 여념이 없는데, 한결 드세진 바람은 날 보고 빨리 가라고 등을 떠민다. 포장도로에서 대항리 패총 방향으로 내려서면, 작은 백사장 옆에 3층짜리 원광대학교 해양연구원 건물이 자리를 잡고 있고, 그 앞 잔디밭이 대항리 패총이란다. 패총은 사람들이 먹고 버린 조개껍데기 쌓인 무더기다. 이곳 패총은 사방 10m 정도의 넓이에 두께 60cm에 달하며, 빗살무늬와 민무늬 토기의 파편과 돌 모양을 그대로 떼어내어 도구로 사용한 뗀석기가 다수 발견되어, 신석기부터 청동기 시대 사람의 생활상을 엿볼 수 있단다. 화산활동 등으로 인하여 지형에 많은 변화가 있었겠지만, 변산반도의 드넓은 바다와 백사장을 보면 예나 지금이나 이곳 사람들이 조개류를 잡아서 요리를 해 먹었을 것이란 점은 크게 변하지 않았을 듯하다.

마을로 접어들면 펜션이 즐비하고, 황토밭에는 마늘과 양파가 푸릇푸릇 자라고 있고, 담벼락 옆에는 매화와 개나리, 목련이 한꺼번에 피어나서 아름다움을 겨루고 있다. 마을 앞 세 갈래 길에서 해양감시기동대대 대항중대 방향으로 발길을 옮기면 울창한 대숲이 반겨 주고, 다시 길은 포장도로를 벗어나 예전에 초병이 경계근무를 하며 오갔던 오솔길로 접어든다. 어제 내린 비로 인해 양탄자처럼 깔려있는 떡갈나무 잎들이 물을 머금고 있어 질척거리고 미끈거린다. 길은 바다와 어깨를 나란히 하며 이어지는데, 이곳 역시도 지질공원으로 지정되어 있는지 바닷가 바위가 예사롭지 않은 모양과 무늬를 차려입고 있다. 저 멀리서부터 커다란 포클레인이 보인다 했더니, 분명 길 표식은 있는데 택지 개발 공사장으로 인해 길이 온데간데없어져 버린 관계로, 공사장 흙더미에 발이 푹푹 빠져가며 도로 위로 기어오른다. 대중이 이용하는 길을 없애 버리고도 뻔뻔하게 공사를 벌이

는 사람이 누군지 알 수 있다면 한 소리 하고 싶은데, 어디에도 공사 주체가 쓰인 팻말 하나가 없으니, 혼잣말로 구시렁거리며 도로를 걷는다.

부안읍에서 격포항으로 이어지는 큰 도로에 놓인 조개미교 아래를 통과하여, 함평군에만 있을 줄 알았던 변산해수찜 건물 앞에 이르게 된다. 이곳에서 서해랑길과 변산마실길 1코스의 안내표지판은 왼편으로 방향을 바꾸라고 알려 주고 있는데, 방금 지나온 조개미교 반대편에 이르니 웬걸 양철 판넬로 길을 막아 놓았다. 돌아갈 곳이 있나 하고 아무리 찾아보아도 지나갈 방도가 없어 되돌아 나오니, '도로공사를 위해 길을 폐쇄했으니 우회하라.'고 쓰인 팻말이 보인다. 어디로 우회하란 말도 없이 그냥 우회하라고 하니 난감할 뿐이다.

스마트폰으로 지도와 앱을 뒤져서 방향과 갈 길을 찾아 해수찜 건물 앞의 시골버스가 다니는 작은 길을 따라 걸어간다. 해수찜 식당 사장님은 바람이 거세게 부는 날 집을 나가 동네를 떠돌고 있는 강아지를 큰 소리로 부르다가 기어코 제집 식구를 찾아 나선다. 등 뒤에서 바람이 밀어주니 걷기가 한결 수월하지만, 햇살은 선크림을 뚫고 들어와 얼굴을 벌겋게 달군다. 함구마을을 지나고 큰 도로변의 백합죽과 바지락칼국수 등의 조개 음식을 파는 식당들을 지난다. 숙박시설 건물과 체험사업을 하는 건물의 명칭에 새만금이라는 글귀가 들어가 있는 것을 보면 새만금홍보관이 곧 나올 것 같고, 실제로 군산으로 이어지는 방조제 위로 차들이 달리는 모습이 흐릿하게 보이기도 한다. 그런데 원래 길을 벗어나 우회하고 있으니 어디로 어떻게 가야 홍보관에 도달할 수 있을지 몰라 답답할 따름이다. 나의 이런 혼란스러움은 아랑곳하지 않고 방조제 바로 앞에 조금 남아 있는 백사장에서는 많은 사람이 조개를 캐느라 여념이 없다. 하는 수 없이 나란히 달리고 있는 옆 도로의 차량용 교통표지판을 보고 군산과 새만금방조제 방향으로 가는 인터체인지로 내려와, 차들을 요리조리 피해 아슬아슬하게 국립새만금간척박물관을 지나 새만금방조제를 알리는 표지석 앞에 당도한다.

새만금방조제는 전북 부안군 변산면 대항리에서 북쪽으로 가력도, 신시도, 야미도를 거쳐 군산의 비응도까지 잇는 세계 최장의 33.9km에 이르는 방조제다. 이를 통해 서울특별시 여의도 140배에 달하는 면적의 육상 부지가 조성되었다. 새만금홍보관에 들르면 아마도 이 어마어마한 조성 부지를 어떻게 활용할 것이라는 장밋빛 비전을 볼 수 있을 것

이다. 하지만 그 장밋빛 미래를 본 뒤에 지금 방조제 안의 잡초만 무성한 부지를 보면 절망하게 될 것 같아 홍보관에 들르고 싶은 생각이 없어진다. 게다가 세찬 바람이 부는 날씨에도 워낙 황사 농도가 높아 새만금방조제 길이 뿌옇게 보일 뿐일 터이니, 더 이상 새만금간척박물관과 새만금홍보관에 올라야 할 이유를 찾지 못해 두 곳을 스치듯 지난다. 새만금홍보관 관광객을 태운 대형버스가 내뿜는 매연까지 콧속으로 들어와 기분이 언짢은데, 길마저 흙이 아닌 딱딱한 시멘트길이라 기분이 더 다운된다. 게다가 오늘 하루 먼 길을 걸어온지라, 온몸에 젖산이 누적된 느낌까지 든다. 새만금방조제에 이르기 전까지의 길이 시원하고 드넓은 바다 풍경을 선물해 준 반면 방조제를 지난 이후에는 온통 잡초들만 무성하니, 길가 풍경조차도 사람을 더 지치게 만든다.

포장도로를 따라 걸어가면, 30번 국도 아래의 묵정교차로에 이른다. 그 아래 부안댐 물문화관 안내표지판과 함께 바지락죽 가게의 현수막이 걸려 있다. 예전에 30번 국도가 생기기 전에 꼬부랑길로 차가 다니던 시절에 이 죽집에 들러 여러 사람들과 맛난 죽을 먹었던 기억이 되살아나는데, 새만금방조제사업이 완공된 이후에는 어디서 백합과 바지락을 가져올까 궁금해진다. 예전에는 이곳 개화도에서 백합과 바지락 그리고 노란 조개에 이르기까지 다양한 종류의 조개를 풍부하게 채취할 수 있었지만, 방조제 건설 후에 개화도 조개들이 모두 폐사했다고 하니 아마도 다른 지역이나 중국산 수입 조개로 죽을 끓여 팔지 않을까 하는 의구심이 생긴다. 찜찜한 마음으로 변산온천을 오른편으로 하고 직소천 위의 변산교라는 작은 다리를 건너 부안댐으로 이어지는 자전거길과 이별을 하고, 부안군 하서면으로 넘어간다.

하서면 초입의 새만금 부지 안에는 '저어새를 살리자.'는 깃발과 함께 새만금방조제 건설로 파괴된 환경을 되살리자는 장승부터 해양쓰레기가 배에 가득찬 물고기에 이르기까지 다양한 목재 조형물들이 함께 서서 환경 보존의 중요성을 한껏 외치고 있다. 더욱 거세지는 뒷바람 덕분에 발걸음을 옮겨 놓기가 수월해질 즈음 해창쉼터에 도착하는데, 그곳의 벤치들은 한결같이 방조제 안쪽으로 향하고 있다. 거센 맞바람을 맞으며 쉬고 싶은 생각이 없어 무거운 발걸음을 계속 옮기는데, 새롭게 만들어진 육지 위에 소나무 수백 그루를 빼곡하게 심어 놓았다. 방풍림을 기르기 위한 용도는 아닐 것이고 묘목 사업을 할 목적인 것 같지도 않아서, 왜 소나무를 심었는지 누구에게 물어보고 싶으나 길 위에 사람은커녕 개미도 보이지 않는다.

30번 국도를 지나는 다리 아래에 누군가 가져다 놓은 평상 위에서 잠시 쉬고는 소광교 차로 옆의 여러 죽집을 뒤로 하고 비득마을을 지난다. 오른편 저 멀리 내변산에서 가장 높은 의상봉(508m) 꼭대기에 올라앉은 공군부대 시설물이 황사 속에서 흐릿한 실루엣을 보여 준다. 국도 건너편에 '근면, 자조, 협동'을 기조로 펼쳐진 새마을운동을 알리는 입석 옆으로, 세계잼버리공원이 조성되어 있다. 전 세계에 어마어마한 규모의 새만금개발 공사를 홍보하려는 숨겨진 목적달성은 고사하고, 중앙과 지방정부의 지도자와 실무자의 안일하고 미숙한 대처로 인해 전 세계 청소년들을 벌레들에게 물리고 화장실조차 편하게 쓸 수 없는 곳에 방치하는 슬픈 대회로 마무리되었다. 한껏 불던 전 세계의 K-culture 열풍에 찬물을 끼얹기까지 했으며, 부산광역시에서 오랫동안 준비한 세계 엑스포 유치 실패에도 큰 영향을 미쳤다. 이와 같은 대회 실패와 그 부정적 영향보다 더 우리를 슬프게 하는 것은 책임을 져야 할 인사들이 하나같이 남 탓과 변명만 늘어놓은 모습을 보는 것이다. 우리 사회의 지도자는 왜 그렇게 미성숙한 아이들이 주로 사용하는 투사의 방어기제를 좋아하고 많이 사용하는 것일까? 정말 알고 싶다.

백련마을을 지나 머지 않은 곳에서 쉼 없이 돌고 있는 풍력발전기가 있는 곳이 오늘 걷기의 종점이 있다. 신재생에너지테마파크인 이곳은 10만 평이 넘는 드넓은 부지에 연구단지, 산업단지, 테마파크가 조성되어 있다. 입구 교차로에 나라 이름과 순위가 적혀 있는 조형물이 있는데 위의 전광판이 꺼져 있어 이것이 무슨 의미를 지니는지 알 수가 없다. 오른편으로 방향을 바꿔 걸어 가면 메타버스 체험관, 태양광성능평가연구원, 고분자연료전지신뢰성평가센터, 한국에너지기술연구원, 풍력연구센터 등의 다양한 신재생에너지 관련 연구 기관과 업체들이 자리를 잡고, 지나친 개발로 인해 오염되고 파괴되어 가는 지구를 살리기 위한 방안을 연구하고 있다.

서해랑길 48코스는 국립공원으로 지정될 정도로 천연자연환경의 아름다움을 자랑하는 변산반도국립공원, 전 세계에서 가장 긴 새만금방조제 그리고 신재생에너지연구센터라는 세 가지 테마로 구성되어 있다. 우리나라의 국토 면적이 작기 때문에 간척 사업을 통해 농사를 짓고 공장을 지을 육지를 만들어야 하는 것은 불가피했겠지만, 대규모 개발공사로 인하여 자연환경이 파괴됨으로써 야기되는 피해 또한 무시할 수 없다. 부안군의 대표 음식으로 백합죽과 바지락칼국수를 떠올리지만, "식당에서 먹는 모든 조개가 중국산이라고 생각하고 먹는 것이 속 편하다."는 지역 택시기사의 표현처럼 어패류 채취로 먹고살던 지역민들은 삶의 터전을 잃었다. 저어새를 살리자고 환경단체는 목청껏 부르짖었지만, 간척지 안의 모든 해양생명체는 죽음으로 우리와 이별을 고했다. 국가산업단지를 조성한다고 하지만 언제 현실화될지 기약이 없고, 정권이 바뀔 때마다 개발 방향이 바뀌고 있으니 개발이라도 제대로 될지조차 모르겠다. 방조제만이 자연환경을 파괴한 것은 아니고, 우리들의 무분별한 화석연료, 플라스틱 용품 사용과 같은 소비행태가 합해져 만들어 낸 환경오염과 지구온난화의 피해가 우리에게 되돌아오고 있다. 우리 사회의 모든 개발 사업이 그러한 것은 아니지만, 대체로 현실의 것을 보존하기보다는 그것들을 허물고 지워버린 다음에 새로운 것을 만드는 행위를 개발로 착각하는 경향이 강하다는 사실만큼은 부정할 수 없다. 사회복지의 지역사회복지실천에서도 지역개발이 아주 중요한 개입모델인데, 부디 사회복지분야의 개발만큼은 '보존을 무시하는 개발'이 아닌 '보존과 개발이 역동적 균형'을 이루는 사업을 추진했으면 하고 바라본다.

월포마을 경로당이 굳게 문이 닫힌 이른 아침에 변산반도의 바다와 이별을 하고 내변산 방향으로 이끄는 서해랑길 49코스에 올라선다. 4차선 산업도로 아래 굴다리를 지나

2차선 장신로에 놓인 작은 다리에서 잠시 길을 헤매다가, 노계마을을 돌아 나온다. 어제 내린 비로 제법 수량이 많은 수로 옆 농로를 따라 걷는데, 저만치에서 몸이 반으로 접힌 할머니가 지팡이에 의지한 채 나물바구니를 들고 길을 재촉하며 앞서가는 딸을 뒤따르고 있다. 농로 옆에는 민들레, 제비꽃을 비롯하여 이름 모를 풀들이 생동하는 봄을 맞아 세상에 녹색 잎새를 피워 올리고, 논에는 봄 농사를 위해 물을 대어 놓았다. 수로, 농로, 논으로 구성된 풍경이 한동안 이어지는 가운데 마을 앞 작은 숲을 만나게 되는데, 누군가 길가 쪽으로 뻗은 가지를 모조리 부러뜨려 놓아 나무의 아픔이 내게도 전달된다. 사람이라는 생명체의 편의를 위하여 나무의 생명을 마음대로 해도 되는 것은 아닐진대, 우리 인간은 참으로 이기적 존재임에 틀림 없음을 이곳에서 다시 느끼게 된다. 작은 대숲을 지나고 아름드리 소나무가 반겨 주는 등룡마을의 경로당과 성당, 초록아리울영농조합을 지나 잠시 차도를 걷다가 다시 시멘트 포장 농로를 걷는다.

농로를 따라 작은 언덕을 넘고 산업도로 아래 굴다리를 지나 저 멀리 보이는 악어산을 마주 보고 걸어가니, 연분홍 꽃으로 치장한 아주 나이 많은 벚나무 한 그루가 나를 향해 어서 오라 손짓한다. 마을도 아니고 외딴집에 심겨진 이 나무는 내가 본 벚나무 중에서 가장 크고 울창한 멋스런 나무인데, 나무 아래 리트리버로 보이는 개는 집을 지키는 것인지 나무를 지키는 것인지 잘 모를 일이다. 언덕을 오르면서도 자꾸만 뒤돌아 벚꽃을 바라보며 눈을 정화하게 되는데, 산업도로 위를 달리는 덤프트럭의 소음이 귀 안에서 와글거려 눈과 귀가 다른 세상에 있는 느낌이 든다. 다시 산업도로 아래 굴다리를 지나면 행정구역이 상서리로 바뀌는데, 오른편에 하서중학교를 두고 작은 들판을 걸어 어느 가문의 묘지 앞에 이르면, 불효자가 흘린 눈물로 붉게 물든 진달래꽃이 주변을 감싸고 있다. 잠시 부모님께 불효한 내 모습이 떠올라 마음이 가라앉는다. 마치 고인돌 같은 경주 최씨 문중의 묘지 입구를 알리는 표지석을 지나, 마전교 옆으로 길게 늘어선 벚꽃나무 터널 아래서 차 한잔을 마시며 잠시 마음을 가다듬는다.

서당로를 벗어나 농로로 접어드니, 길가에 보라색 꽃들이 커다란 무리를 이루고 있다. 스마트폰으로 꽃이름 검색을 해 보니 일치율이 20퍼센트 초반대로 나와 아무래도 틀린 듯하여, 염치 불구하고 업무에 집중하고 있을 친한 동료에게 사진을 보내 그 이름을 물어본다. '꿀풀 같다.'는 답을 받고 포털을 검색해 보니, 맞다. 사람보다 첨단기기에 의존하며 살아온 나를 반성하게 된다. 마을을 향해 길게 뻗어 있는 인공 수로 옆의 노는 땅에는 양파와 마늘이 한가득 심겨져 있는데, 그곳에서 땅 한 뙈기도 놀리지 못하는 우리네 부모님의 농심(農心)을 접한다.

석하 버스정류장에서 하서면 소재지를 왼편에 두고 석상마을로 접어들어, 마을 당산 나무 아래에 등짐을 내려놓고 13km 넘게 걸어온 발의 평화를 위하여 양말까지 벗어 던진 채 쉬어 간다. 오토바이를 타고 지나던 동네 아낙네가 내 모습이 우스꽝스러운지 연신 고개를 돌려 쳐다보다 하마터면 논으로 빠질 뻔했다. 마을 옆 논에는 연녹색 보리밭이 싱그러움을 더해 주고, 동네 집 앞의 노란 수선화는 나를 반기듯 방긋 웃고 있고, 길가의 복숭아나무는 님을 기다리는 애절한 마음을 붉은 복사꽃으로 내비치고 있다. 마을 끝에는 사적 103호로 지정된 부안 구암리 지석묘군이 자리하고 있다. 청동기 시대의 무덤인 지석묘는 탁자모양인 북방식과 바둑판 모양인 남방식이 있는데, 이곳에는 남방식 지석묘 10기가 남아 있다. 지석묘 중에는 덮개돌의 길이기 6.4m에 이르는 것과 거북 모양을 한 것도 있으며, 일반적인 지석묘의 받침돌이 4개인데 비해 이곳의 지석묘는 7개 혹은 8개인 것도 있어 다른 지역의 지석묘와는 다른 독특한 형태를 하고 있단다.

구암마을 경로당을 거쳐 고인돌로 교차로를 지나면, 상서면 통정리에 자리 잡은 상서 초등학교를 지난다. 학교에 다니는 학생이 없는 것인지 마침 수업시간인지 모르겠지만, 교정은 고요하기 그지없고, 교육청의 지원을 받아 교내에 만들었다는 힐링 숲길은 잡초로 뒤덮여 있다. 포장도로 길가에는 오염된 곳에서는 보기 힘들다는 하얀 민들레가 노랑 민들레와 사이좋게 피어 있고, 저 멀리 피어 있는 조팝나무 꽃은 솜사탕을 닮았다. 도화마을 횡단보도에서 장동 방향으로 인공 수로 옆을 걷는데, 서해랑길 표식이 수로 건너편에서 좌회전하는 것을 보고는 황급히 가던 길을 되돌아온다. 부안평야 옆에 자리 잡은 장동마을 앞 들판에는 봄 농사를 준비하는 농기계 소리로 분주하다. 마을 정자에서 도시락과 고구마 간

식으로 에너지를 보충하고, 들판 한가운데 길고 곧게 뻗은 족히 2~3km는 되어 보이는 수로를 따라 걷는다.

수로 안에서 먹이활동에 정신없는 왜가리는 내 발걸음 소리에도 아랑곳하지 않는데, 수로와 맞닿은 축사 안의 누렁소는 나와 눈동자를 맞춰 준다. 평야지대를 가로질러 바다로 향하는 주상천 다리를 건너서도 논들이 가없이 펼쳐져 있는데, 논에는 곡식이 아니라 주변 축사의 소를 먹이기 위한 풀을 재배하고 있다. 평야지대가 끝나는 지점에서 봉야로를 거쳐 행안면 대초마을으로 접어든다. 마을 안 대초길을 따라 걷다 보면, 불과 2~3m 안에 경로당 두 개가 마주 보고 서 있다. 처음에는 한 마을에 있는 남녀 경로당인 줄 알았으나, 두 마을의 경로당이 코를 마주하고 서 있다. 먼저 만나는 대신마을 경로당에는 동네 할머니들의 웃음소리로 넘쳐나는데, 맞은편 대초 경로당은 쥐 죽은 듯 고요하다.

행안면 진동리 제내길 언덕배기 집 앞에는 까맣고 조그만 개 한 마리가 하얀 이빨을 드러내고 위협을 한다. 고갯길의 푸른 소나무 숲과 황토밭을 넘어서면, 행안초등학교다. 앞에서 만난 학교와는 다르게 운동장에서 뛰놀던 아이들이 수업 시작 종소리에 맞춰 재빠르게 교실로 뛰어간다. 학교 입구 나무들이 모두 노거수인 것을 보면, 꽤나 유구한 역사를 지닌 학교인 듯하다. 사거리 교차로에서 매창로 방향으로 접어들면 부안 읍내다. 길을 따라 나란히 도열한 나무들은 아직 잎새를 틔우려면 좀 더 기다려야 하는 이팝나무이다. 우리의 부모 세대가 초근목피(草根木皮)로 연명하면서 보릿고개를 넘어설 때 이 나무의 꽃이 마치 쌀밥처럼 보였다는 얘기를 들으면, 지금의 젊은 세대는 믿지 못하겠다는 듯이 고개를 갸우뚱할지도 모를 일이다.

읍내에 들어선 만큼 여러 유형의 공공기관과 상점이 도로와 코를 맞대고 서 있다. 교차로부터 노인요양시설, 해양경찰서, 꽃집, 식당, 주유소, 게이트볼장, 생활문화센터를 지나, 부안보훈회관에 이르면 매창공원이다. 매창공원은 조선 시대 명기이자 시인인 이매창을 추모하기 위해 만든 공원이다. 이매창은 거문고뿐 아니라 가무(歌舞)에도 뛰어난 종합 예술인으로서 개성의 황진이와 더불어 조선 명기의 쌍벽을 이루었으며, 시문에도 능하여 「홍길동전」의 허균을 비롯한 당대의 유명한 문인들과 깊이 교유하였으며, 그녀가 지은 〈추사(秋思)〉 〈춘원(春怨)〉 〈자한(自恨)〉 등 여러 편의 시가(詩歌)가 전해 내려오고 있다. 부안군에서는 이매창의 묘소가 있는 이곳을 문화공원으로 조성하고, 매창테

마전시관, 습지공원, 부안문화원 등을 설치해 놓았다. 그런데 공원 안에 이매창의 묘가 자리 잡고 있기는 하지만, 아이러니하게도 공원 초입에는 여류명창 이중선의 묘가 위치해 있다. 이중선은 일제강점기 춘향가 중 사랑가를 불러 사람들의 넋을 빼놓았던 여류명창 이화중선의 친동생으로, 애절한 한이 서린 홍타령과 육자배기로 당대 사람의 한을 달래주었다고 한다. 언니와 함께 활동했으나 언니 그늘에 가려져 그녀의 자세한 행적은 알 수 없으나, 그녀가 사망했을 때 인근의 명기명창들이 하얀 소복차림으로 상여를 메고 판소리 창으로 애도하니 사람들이 구름처럼 몰려들어 슬픔을 나누었다고 한다.

매창공원의 습지공원을 돌아 돔 형식의 특별한 건축물인 부안예술회관을 바라보면서 걷다가 부안중학교 앞 횡단보도를 건너, 서외6구 마을회관과 경로당을 지나 가파른 경사로를 따라 상소산(또는 성황산 114.9m)을 오른다. 산 정상의 팔각정 전망대까지 숨을 몰아쉬며 오르니, 부안읍내뿐 아니라 저 멀리 오늘 걸어온 곳까지 시야에 들어온다. 상소산 능선 우측으로 보이는 부안향교는 조선 내종 14년에 창건되었으나, 임진왜란과 정유재란 때 소실되었다가 선조 33년에 대성전과 명륜당을 다시 지어 확장하였단다. 왼편으로 정상으로 보이는 봉우리가 보이고, 편백숲 탐방로인 능선에는 메타세쿼이아가 두 줄을 맞춰 서서 길손을 보호하고 있다. 갈림길에서 오른쪽 혜원사를 경유하여 하산한다.

혜원사는 고창 선운사의 말사(末寺)지만, 이곳 산 전체는 옛날 부안관아의 서쪽 숲이라는 의미에서 이름 붙여진 서림(西林)공원이다. 이 공원은 조선 현종 시대에 부안현감 조연명이 지역 유지 33인을 모아 계를 부어 황량한 산에 나무를 심었고, 이후 이필의 현감이 다시 계를 부활시켜 황폐해진 산에 나무를 심으면서부터 조성된 아주 오래된 숲이다. 산속 숲길과 가파른 계단과 비탈길을 내려오는 길에 부안 출신 백양촌, 매창 등의 시비가 세워져 있다. 서림공원 동쪽 진입로로 상소산을 빠져나와 부안군청 정확히는 부안군의회 건물 옆 돌팍거리 공영주차장 건너편 서해랑길 50코스 안내판 앞에서 오늘의 걷기를 마무리한다.

일주일 뒤, 지금은 고인이 된 지 20년 가까이 되는 친한 동료교수의 장성한 아들과 함께 서해랑길을 걷는다. 부안상설시장 입구의 분식집에서 순댓국을 시켰더니 순대는 덤이고 내장탕으로 온몸을 데우고 길을 나선다. 서해랑길 코스 중에서 읍내를 걷는 일은 드문 일인데, 오늘이 22대 총선 투표일이라 읍내가 한산하다. 군청 앞 삼거리의 평화의 소녀상에 추모와 존경의 마음을 전하고, 오랜 역사를 간직한 부안역사문화관을 지난다. 도로 옆 골목 안에 까만 기와지붕을 머리에 이고 있는 단층 건물 앞에 부안노휴제(扶安老 休齊)라는 명패가 붙어 있다. 부안의 어르신들이 쉬는 곳이라는 의미를 지니고 있으니, 지금으로 말하면 경로당이다. 전국 곳곳을 돌아다녀 보았지만, 경로당을 '노휴제'라고 이름 붙인 곳은 이곳이 처음인데, 어딘지 모르게 그 이름이 더 친근하게 느껴진다. 노인을 공경하는 곳이란 경로당이 왠지 노인을 공경하지 않는 세태를 바꿔 보려는 계도성 의미를 지니고 있다면, 노휴제는 말 그대로 동네 어르신이 어울려 편히 쉬는 곳이라는 순수한 의미를 지니고 있어서 그런지 모를 일이다. 버스정류장을 지나 만나는 동문안 삼거리에는 당산이 자리 잡고 있다. 이 당산은 마을 밖으로부터 부정한 것의 침입을 막고 마을의 평안을 기원하는 의미로 세운 돌기둥을 중심으로, 주변에 당산나무와 한 쌍의 돌장승이 마주 보고 서 있다. 석정로를 따라 걸으면 부안문화의 전당이 나오는데, 그보다 더 나의 눈길을 끄는 것은 부안중국교육문화센터다. 아마도 이곳에 중국 국적의 조선족 결혼이주여성과 노동자가 많이 거주하여, 서로 다른 문화를 가진 가족성원 간에 문화감수성을 높일 목적으로 세워진 것으로 추정된다.

석정로라는 도로 이름에서 알 수 있듯이 조금 더 걸으면 석정문학관과 고택(古宅)이 나온다. 이곳 부안 출신의 시인 신석정은 1931년에 〈선물〉이란 시로 등단하여, 주로 자연을 주제로 목가적이고 낭만적인 시를 썼지만, 일제강점기에는 제국주의를 강하게 비판하였고, 광복 이후에는 분단과 독재를 비판하는 현실 참여 정신과 역사의식이 강한 작품을 썼다. 이처럼 시인은 문학관 입구에 쓰인 구절처럼 '시대를 밝힌 시인'으로 불리지만, 교

과서에 실린 그의 시에는 어머니의 모정을 느끼게 해 주는 시들이 많다. 어느 시인은 '석정 선생의 작품 속에서 어머니는 아들과 저물어 가는 저녁노을을 배경으로 능금을 함께 따기도 하고, 아들을 품에 자상하게 안고 등을 토닥거려 주는 모습이 그려져 있는데, 식민지 시대 제국주의에 시달리고 고통을 겪던 민중에게 이 따뜻

하고 다정한 느낌의 모정은 마치 솜이불처럼 부드럽고 아늑하게 느껴졌을 것이다.'라는 시평을 남기고 있다. 이처럼 암울한 시대를 살아가는 사람들의 고통스러운 삶을 포근하게 안아줄 뿐 아니라 잘못 돌아가는 세상을 향해서는 날카로운 비판의 목소리를 낼 줄 아는 참다운 지성인의 삶의 궤적과 성취를 돌아보고 나오니, 왠지 나 자신이 조그맣게 쪼그라드는 느낌이다. '청구원(靑丘園)'으로 불리는 석정 선생의 고택은 측백나무로 울타리가 둘려 있는 초가집 한 채인데, 그 앞 의자에 앉아 한참을 쉬며 내 삶을 반추해 본다.

석정문학관에서 길은 마을을 돌아 작은 오솔길로 접어드는데, 그 길을 걷는 길동무의 뒷모습이 그의 아버지를 너무 닮아 있어 친구에 대한 그리움이 샘솟듯 솟아오른다. 대숲과 벚꽃터널을 지나면 파평 윤씨 문중의 묘지가 나오는데, 그곳을 봉황의 집이라 이름 지은 이유를 안동 권씨인 나로서는 추론할 수가 없다. 덤프트럭이 굉음을 내며 달리고 있는 변산반도로 이어지는 산업도로 아래의 굴다리를 지나, 상리마을 들판이 끝나는 곳에 백로 서식지가 있다. 멀리서도 하얀 날개를 펄럭이며 모여드는 백로를 쉽게 볼 수 있는 이곳 상리마을 앞산에는 백로뿐 아니라 왜가리 등과 같은 여름 철새들이 무리 지어 생활하는 곳으로, 많게는 수천 마리가 무리지어 생활하기도 한단다. 너무 많은 백로와 왜가리가 모여들면서 소나무가 고사되는 등의 피해도 적지 않지만, 예부터 백로는 하얀 겉모습 때문에 선비의 상징으로 묘사되는 길조로 여겨져 마을 주민들이 기꺼이 함께 살아가는 방법을 선택했다고 한다. 그런데 나는 이곳을 지날 때 혹시나 백로가 머리 위에 똥을 싸지나 않을까 전전긍긍하며 걷는다.

신흥마을 경로당에서 차 한잔을 마시며 발의 열기를 식히고는 도로를 따라 걷고 소나무 숲길을 빠져나오면, 눈앞에 동고 저수지로도 불리는 고마제 저수지에 다다른다. 이 저수지는 1958년 완공되어 농업용 저수지로 활용되는데, 그 규모가 워낙 큰지라 입구에는 몇 대의 보트가 정박해 있을 정도다. 저수지 입구에서부터 낚시꾼들이 저수지 속 물고기를 유혹하고 있는데, 플라잉 낚시를 하고 있는 사람은 가물치를 잡겠다고 용을 쓰고 있다. 저수지 둘레길을 걷다 보면 천국의 계단이라며 설치해 놓은 그 계단의 수가 10개 정도밖에 되지 않는다. 혹시 SNS에 올릴 사진을 찍는 MZ세대가 사진 찍으러 왔다가 실망하지 않을까 싶다. 그 계단을 지나면서부터는 텐트를 치고 10개 정도의 낚싯대를 드리우는 조사와 좁은 길 한가운데에 차를 주차해 놓고 텐트를 쳐서 길을 완전히 막아 버린 얌체족에 이르기까지 다양한 유형의 낚시꾼들이 고기를 향해 이글거리는 탐욕을 드러내고 있다.

풍경 좋은 저수지 데크길을 따라 걸으면 방죽쉼터가 나오는데, 그곳으로 향하는 곳에 진짜 말 같은 말 조형물이 풀을 뜯고 있다. 경치는 좋은데 바람 한 점 없는 초여름 날씨에 저수지 둘레길을 걷다 보니 목이 말라오는데, 고마지구 농촌테마공원의 치유카페까지 거리가 멀어 보여, 화장실만 들렀다 길을 이어 간다. 길은 못줄다리로 이어지는데, 이때 못줄이란 예전에 모내기를 할 때 일정한 간격으로 벼 묘종을 심을 수 있도록 도와주는 일종의 리드줄이었는데, 지금은 기계화된 영농법이 보편화되어 우리의 삶에서 잊힌 물건이 되어 버렸다. 오랜만에 어린 시절의 추억을 되새기면서 저수지를 둘러 가는데, 길가에 할머니부터 손자에 이르기까지 3대의 가족이 봄 쑥을 뜯고 있는 모습이 참으로 정겹다. 고마제 저수지의 끝부분에 이르니, 일반적인 새 모양 솟대와 달리 이곳에는 물고기 모양 솟대가 세워져 있다.

저수지 끝에 위치한 카페를 짓느라 서해랑길 표식들이 온데간데없어져, 두루누비 앱의 따라걷기 기능을 활용하여 궁월경로당 앞길에서 장동마을로 들어선다. 예전 이곳에는 김제와 부안의 생산물이 모여드는 동진나루가 있었고, 보부상이 모여들어 먹거리가 발달했던 곳이라는데 지금은 어디에서도 그 흔적을 찾을 길이 없다. 마을을 돌아 들판으로 내려서니, 서해랑길 표지판이 직진을 하란다. 가다 보니 뭔가 느낌이 이상하여 다시 앱을 펼쳐 드니 한참을 잘못 왔다. 국민의 세금으로 운영되는 공공기관에서 국민을 잘못된 길로 안내하는 모습은 국민의 외면과 분노에 직면하게 될 터인데, 국민이 별로 무섭지 않은지 모르겠다. 오늘이 선거날이라 국민이 잘못을 바로잡아 줄 것이니 크게 걱정은 않지만, 속에서 부아가 치밀어 오르는 것은 어쩔 수 없다. 바른 길로 되돌아와서 정미소를 지나고 부안에서 김제로 이어지는 큰 도로 밑의 굴다리를 두 개를 지나고, 농지 옆을 따라 걷다가 동진대교를 건넌다. 동진강 건너부터는 '전북권 4대 도시로 웅비'하겠다는 다소 소박한 꿈을 가진 김제시 죽산면이다. 다리가 끝나는 곳의 오른편은 김제를 상징하는 '지평선'의 이름을 단 쉼터가 오가는 길손을 맞이하고 있는데, 왼편 코스 종점 옆에는 외벽 창틀까지 뜯어내어 앙상한 속뼈를 드러낸 옛 동진강 석천휴게소 건물이 초라하게 서 있다. 그곳에서 길동무 어머님이 싸 주신 김밥과 과일로 허기진 배를 채우며, 한 모금의 차로 여유를 부리는 것으로 부안군의 길 걷기를 마무리한다.

07

김제·군산 구간

27. 새로움(novelty)

□ 서해랑길 51-52코스, 김제 동진강 석천휴게소-군산 새창이다리, 41.8km, 13시간 30분, 69,418걸음

서해랑길 김제 구간은 100리가 조금 넘는 두 개 코스로 구성되어 있으며, 그 첫 코스는 지평선 쉼터 건너편 동진강 석천휴게소에서 시작된다. 이른 아침에 들린 석천휴게소는 폐업하여 을씨년스럽고, 그 앞을 흐르는 동진강은 어제 내린 비로 흙탕물로 가득하다. 왼편에 동진강을 오른편으로는 너른 들녘을 끼고 제방을 따라 걸으면, 알콩달콩 들녘체험관에 이른다. 동진강 권역에서 알찬 콩과 쌀이 나온다는 의미를 뜻하는 알콩달콩등대마을은 쌀과 콩이 튀어나오는 것 같은 모습을 하고 있다는데, 그 모습을 찾기가 쉽지 않다. 체험관은 알콩쌀콩교류센터, 새만금전망카페, 휴게공간을 갖춘 들녘체험관 등으로 구성되어 있지만, 문이 굳게 닫혔다.

동진강 제방길을 따라 계속 걷다 보면, 다른 지역과는 그 모습이 확연히 다른 서포2배수갑문을 지나고, 예전에 주민들이 고기를 잡으러 나갈 때마다 마을 앞 석불상에 기도를 했었다는 불당마을에 이른다. 지금 불상은 마을에서 조금 떨어진 삼불암이라는 사찰로 옮겨졌다는데 거기까지 들리고 싶은 마음은 없어, 서포리배수갑문으로 발길을 옮겨 놓는다. 이곳에서 길은 오른쪽으로 방향을 틀고 원평천을 끼고 대창로를 걸어서, 공도교와 규모가 꽤나 큰 해창배수갑문을 지난다. 원평천은 김제시 금산면 모악산에서 발원하여 봉남면을 거쳐 동진강으로 흘러드는 하천으로, 예전에는 벽골제 저수지의 아주 중요한 수원(水源)이었다고 한다. 뒤이어 만나는 해창마을은 새만금간척사업 이후 전형적인 농촌마을로 모습이 바뀌었다. 하지만 예전에는 인근의 명량산에서 뻗어 나온 구릉지대가 서해 바다와 만나는 지점에 위치하여, 해산물과 농산물의 교역이 활발하게 이루어졌던 곳이라고 한다. 마을을 벗어나, 너른 들녘을 가로지르는 마치 2차선 도로처럼 넓은 농로를 계속 걷는다. 논에는 한 뼘보다 조금 더 자란 보리가 심겨져 있고, 길옆 자투리땅에는 마늘이 심겨져 있다. 농로 옆 수로 건너편의 죽산면 대창리를 지나며 오른편을 돌

아보면, 길게 늘어선 메타세쿼이아길 풍경이 눈에 들어온다. 나무에 연녹색 잎이 돋아나 무성해지면, 이곳 또한 전남 담양의 것에 못지않은 풍경을 선물해 줄 듯하다.

농산물저장창고를 지나 수교마을에 이르기 전에 대창교회를 지나게 된다. 이 교회는 1903년 친일파인 일진회의 횡포를 막기 위해 마을 주민 네 명이 뜻을 모아 세운 교회이다. 전북지역에서 외국선교사가 아닌 조선인에 의해 처음으로 세워진 자생교회로서, 한국기독교역사사적지로 지정되어 있다. 이곳에 시무하던 안덕윤 목사는 일제강점기에 광주형무소에서 2년을 넘게 복역하였고, 한국전쟁 중에 교회 앞 들녘에서 지역 좌경세력에게 쇠창에 찔려 순교하였다. 같은 시기에 교인 몇 명도 김제 관제저수지로 끌려가 죽창으로 찔러 죽임당한 슬픈 역사를 지니고 있다. 수교마을 버스정류장과 신평천을 가로지르는 다리를 건너면, 행정구역이 죽산면에서 성덕면으로 바뀐다. 오른쪽에 수로를 끼고 있는 농로를 따라 들판을 가로질러, 성덕면 우체국과 파출소, 보건지소가 위치한 남포마을 안길을 걷다가 다시 도로로 되돌아온다.

남포5구마을 버스정류장과 정미소 건물을 지나, 도로공사가 한창인 다리를 지나면 행정구역이 다시 광활면으로 바뀐다. 학당 버스정류장과 은파리양수장을 지나면, 광활하게 펼쳐진 김제평야 들판으로 들어선다. 넓은 들판 사이로 난 시멘트 포장도로가 군평마을 경로당에 이르기까지 계속 이어진다. 눈에 들어오는 풍경은 보리와 소 사료용 풀이 심겨진 초록색 밭과 비닐하우스, 봄 농사를 기다리는 텅 빈 논이 전부다. 광활5길에서 군포저수지 방향으로 잠시 걷다가 다시 똑같은 풍경이 펼쳐지는 시멘트길을 걸어도 들판 전체가 비닐하우스로 뒤덮여 있다. 주황색 출입문이 달린 비닐하우스에서 무엇을 키우나 궁금했었는데, 바로 감자를 키우고 있었다. 이곳 광활면 들판에서는 예전에는 딸기농사를 지었으나 워낙 노동 강도가 강해서 감자농사로 전환하였는데, 땅에 갯벌 성분이 섞여 있어 감자농사가 매우 잘된다고 한다. 이곳 광활면 평야지대에서 생산되는 봄 감자는 전국 생산량의 30~40%를 차지한단다. 광활면 평야에서는 가을에 벼를 추수하고 한겨울 동안 감자를 키워 봄에 출하하고, 다시 하우스를 철거하고 벼농사를 짓는 이모작 농사를 지을 수 있어, 농가소득이 김제시에서 가장 높은 곳이다.

논과 비닐하우스, 시멘트 포장길로 구성된 똑같은 풍경이 계속 눈에 들어온다. 지루함 속에서도 발걸음을 옮겨 놓아, 광활7길 진흥마을 경로당에 이른다. 경로당 앞에 앉아 김제평야에 대한 궁금증이 생겨 포털에서 정보검색을 한다. 김제평야는 일제강점기인 1923년부터 1926년까지 동진농업주식회사의 산미증식계획에 따라 우리 농민들이 피땀 흘려 10km의 제방을 쌓아서 만들어진 농경지다. 방조제를 쌓으면서 노동력을 착취당한 농민은 높은 소작료 때문에 또 한번 고통을 당하고, 생산한 쌀은 일본인에 의해 수탈당하고 정작 자신은 힘든 보릿고개를 넘어야 하는 아픔까지 겪는 질곡(桎梏)의 삶을 이어왔음이 분명하다. 이런 선조들의 아픔이 서린 이 곳 김제시 광활면은 산이라 부를 만한 곳이 한 군데도 없는 드넓은 평야지대로서, 우리나라에서 유일하게 지평선을 볼 수 있는 곳이란다. 그런데 내 눈앞에 지평선의 실체가 확인되지 않는 것을 보니, 그만큼 넓은 땅이라는 것을 강조하기 위한 말일 것이다.

다시 길을 나서 옥포마을을 지나 방죽길을 걸어간다. 길옆 마늘밭과 꽃밭을 가꾸는 할머니의 굽은 등에서 세월의 흔적이 깊게 느껴진다. 나무 그늘 하나 없는 광활한 평야지대를 걷나 보니, 초봄인데도 강렬한 햇볕에 얼굴이 토마토처럼 익어 간다. 사농길 옆의 넓은 수로에는 물고기를 잡기 위해 수로를 가로질러 그물을 치는 남정네들의 모습이 보인다. 양수장과 창제교를 건너 빈집 앞에 심겨진 복숭아 나무 한 그루에 새빨간 꽃, 분홍 꽃, 하얀 꽃이 동시에 피어 있다. 어떻게 한 나무에 세 가지 색의 꽃이 동시에 피어날 수 있는지 궁금하여 한동안 발걸음을 멈추고 바라보지만, 내 짧은 지식으로는 도저히 알아낼 길이 없다. 몇 채의 민가를 지나 이전보다 더 넓은 수로로 접어들면, 여러 대의 낚싯대를 걸쳐 놓고 물고기들을 유혹하는 낚시꾼들 모습과 손자가 쓰고 버린 유모차에 의지해

다리를 절며 걸어가는 등 굽은 할머니의 모습도 눈에 들어온다. 농로 끝에서 거전마을로 접어들게 되는데, 성덕면 남포리에서 이곳 광활면 창제리까지를 '광활뜰'이라고 특별히 이름을 붙여 부르고 있다. 이곳 광활뜰은 조정래 작가의 대하소설 『아리랑』의 배경이 되는 곳이기도 하다.

이른 아침부터 드넓은 뜰을 걷고 또 걸어와 거전마을 버스 종점에 이르러서야, 처음으로 풍경이 바뀐다. 바로 봉화산이다. 20km를 넘게 걸어와 아무리 낮은 해발고도의 산일지라도 오르고 싶지 않은데, 외길인지라 산 초입으로 발길을 옮겨 놓는다. 산 초입의 포장마차 가게는 문을 닫았는데, 어미개와 강아지 7마리가 낯선 길손을 향해 목청껏 짖어 대고 있다. 봉화산 입구부터 묘지가 빼곡하게 자리 잡고 있다. 광활한 들판에 위치한 마을에서 매장할 곳이라고는 이곳 산밖에 없었을 것이니 어쩔 수 없는 일인 줄은 알지만, 묘지 사이에서 길을 잃고 헤매다 보니 등골이 서늘해지는 경험을 하게 된다. 우여곡절 끝에 새만금바람길 안내표지판을 보고 바른 길을 찾아 완만한 경사의 봉화산을 오르니, 울창한 소나무 숲과 봄꽃들이 길손을 따뜻하게 맞아 준다. 하루 종일 그늘 하나 없는 들판을 걷다 시원한 산속 숲길을 걸으니, 폐가 신선한 공기로 넘쳐나는 기분이 든다.

봉수대로 오르는 숲속 오솔길의 나무 사이로, 오른쪽에는 드넓은 광활뜰의 풍경이 그리고 왼편으로는 만경강 하구 풍경이 펼쳐진다. 분홍 진달래가 지천으로 피어 있는 길을 내려서니, 아낙네 둘이 고사리를 꺾고 있다. 많이 꺾으라는 인사를 건네고 다시 봉수대 방향으로 오르막길을 오르는데, 신선한 공기와 그늘에 오래 걸었어도 힘듦을 느끼지 못한다. 봉화산 봉수대는 가로 6m 세로 10m 크기의 직사각형 모양을 하고 있는데, 고려 시대에 설치된 것으로 추정하고 있단다. 봉수대에서는 낮에는 연기 그리고 밤에는 횃불을 피워 신호를 보냈는데, 평상시에는 하나, 적이 나타나면 둘, 적이 국경 가까이에 오면 셋, 적이 국경을 넘어오면 넷 그리고 우리 군사와 적군이 싸우면 다섯 개의 불을 피워 위기상황을 전파했다고 한다. 안내판을 읽으면서, 내가 알고 있는 분야를 제외한 다른 분야에 대해 무지하면서도 그 무지를 애써 외면하며 살아온 나를 성찰하게 된다.

봉수대에서 내리막길을 미끄러지듯 내려와, 안하마을과 구 병영시설 갈림길에서 안하마을 방향으로 돌아서면 당산나무 쉼터다. 산속을 떠나 도로로 내려서기가 싫어 한동안 쉼터에서 여유를 부리다가, 새만금바람길이 가리키는 왼쪽 길이 아닌 서해랑길 표식이 알려 주는 오른편으로 길을 잡아 마을로 접어든다. 심포 보건진료소에 이르기 바로 전 단독주택에는 옹기를 조각하여 만든 예쁜 형상들로 가득하고, 진료소 뒤편에는 아름 드리 소나무가 옹기종기 모여 작은 숲을 이루고 있다. 차가 다니는 지평선로 옆 작은 구 멍가게에 들러 오늘의 출발 지점으로 가는 버스가 있냐고 물었더니, 그곳에 가려면 택시 를 타는 방법밖에 없단다. 오늘도 어김없이 택시비로 가장 큰 지출을 하게 생겼다. 안하 마을 삼거리에서 대규모 도로공사가 한창인 곳을 지나, 오늘 코스의 종점인 심포항에 다 다른다. 만경강과 동진강이 서해와 만나는 지점에 위치한 심포항은 예전에는 조개의 집 산지로 성황을 이뤘으나, 새만금간척지조성사업으로 바다 항구로서의 생명을 다하고 겨 우 명맥만 유지되고 있다. 바다가 아닌 강물로 변한 지금은 바닷조개는 모두 폐사하고, 경남 하동군 섬진강에서처럼 재첩이 잡힌단다.

일주일 뒤 다시 들른 심포항은 쇠락한 모습조차 아침 안개로 감춰져 있다. 봉화산 끝 자락과 맞닿은 항구 옆 상가를 거쳐, 서해랑길 52코스는 해발 73.2m의 진봉산으로 향한 다. 산 초입의 계단을 거쳐 진봉산 숲길로 들어서서도, 왼편의 만경강 푸른 강물은 희뿌 연 안개로 이불을 덮고 있다. 잘 정돈된 새만금바람길을 따라 숲길을 걸어 진봉산 정상 에 오르면, 서해 낙조전망대가 서 있지만 낙조는커녕 모든 풍경이 아침 안개에 덮여 있 다. 숲길을 빠져 나오면 애국지사 곽경렬 선생 추모비와 두곡서원 안내판이 서 있다. 곽 경렬 선생은 1915년 항일비밀결사인 광복단에 입단하여 일본 헌병대를 습격하고, 군자 금 모금활동과 한인 반역자, 즉 일본 앞잡이를 처단하는 일을 주로 한 독립운동가다. 두 곡서원은 조선 태조 때 성리학자 강원기가 낙향해 거처하며 후진 양성에 몰두하던 곳으 로, 지금은 포은 정몽주와 강원기 선생을 모신 서원이다.

길에서 잠시 벗어나 만경강과 코를 맞대고 있는 망해사에 들른다. 망해사는 신라 경 덕왕 13년(754년) 통장법사(通藏法師)가 창건한 후 성쇠를 거듭하다가 조선 광해군 1년 (1609년) 진묵대사(震默大師)가 중창하였고, 그 이후 1990년 이전까지 복원과 중수를 거 듭하여 지금의 모습을 갖추게 되었다. 오랜 기간 중수를 거듭하였으니 꽤나 큰 절일 듯 하지만, 저 멀리 바다 위 고군산열도를 바라보고 서 있는 풍경은 아담하기 그지없다. 낙 서전, 보광전, 극락전 등의 사찰 건물보다 나의 눈길을 잡아끄는 것은 낙서전 앞의 팽나 무 두 그루다. 이 나무는 낙서전 창건을 기념하여 진묵대사가 조선 선조 22년(1589년)에

심은 것으로, 대략 430년이 넘는 세월 동안 터 잡고 말없이 그리고 겸손하게 서 있다. 망해사 안내문에는 재미있는 일화가 적혀 있다. 진묵대사가 바로 앞바다에서 굴을 따먹으려고 하자, 지나가던 사람이 스님이 육식을 한다고 시비를 걸어 왔단다. 그때 진묵대사는 '이것은 굴이 아니라 바위에 피는 꽃, 즉 석화(石花)다.'라고 답하였는데, 이것이 석화라는 말의 유래가 되었단다. 사찰에서 육식하는 스님이 있다면 감추려 애쓸 텐데, 그 얘기를 만천하에 드러내놓을 수 있는 스님들의 넓은 도량이 부럽기 그지없다.

망해사를 돌아 나와 산등성이를 따라가면 작은 대숲이 반겨 주고, 끝자락에는 망해사 전망대라고도 불리는 녹색명소 전망대가 나온다. 전망대에 서면 망해사는 보이지 않고 저 멀리 만경강 줄기와 갈대숲 풍경이 아름답게 펼쳐져 있다. 만경강변으로 난 길을 걷는데 왠지 신발 속에서 습기가 느껴져 살펴보니, 이슬 맺힌 풀밭 길을 한 시간 넘게 걸어오면서 신발이 젖어 있는 것이 아닌가. 먼 길을 가려면 발의 열기와 습기가 큰 문제를 일으키는데 여분의 양말이 없으니 견디며 걷는 수밖에 없다. 강변길이긴 한데 야자나무 매트가 깔려있고, 길옆으로 형형색색의 바람개비가 세워져 있어 마치 갈대 숲길 같은 느낌이다. 강변 옆 바위에는 소나무가 어떻게 뿌리를 내렸는지 모르지만, 돌 위에서 초록색 잎을 싱싱하게 피워 올리고 있다.

전선마을로 이어지는 방조제 위에 올라선다. 이곳은 금강과 동진강과 연결되어 서해로 연결되는 곳으로, 예부터 충청도와 전라도의 어선이 모여들어 닻을 내리고 정박하던 곳이다. 고려 후기에 군선(軍船)을 배치하여 왜구를 물리친 이후로 전선포(戰船浦)로 불렸으나, 1920년대 일제강점기의 간척사업으로 인하여 포구의 흔적은 사라지고 농경지로 변하게 되었다. 방조제 위의 파랑, 빨강, 노랑, 녹색으로 칠해진 농기구 조형물은 아마도 간척사업 이후 드넓은 김제평야의 농경문화를 표현하기 위해 설치한 것으로 보인다.

방조제 끝에서 길은 다시 나성산으로 이어지는데, 정상으로 오르지 않고 둘레길로 돌아간다. 둘레길 옆에는 냉전 시대에 간첩의 침입을 방지하기 위해 운용되었을 법한 해안초소를 개조하여 길손들이 잠시 쉬어갈 수 있는 공간을 만들어 놓았다. 길은 평탄하지 않고 오르막과 내리막이 한동안 반복되면서, 등에서 땀이 나고 숨이 차오른다. 한참을 걷자니 초입부터 정상으로 올라갔다 내려오는 것이 더 빠를 뻔했다는 생각이 들어 후회가 밀려오지만, 되돌아가기에는 꽤 먼 거리를 걸어 왔다. 굽이굽이 돌아가는 둘레길 구간 중에서 왼편이 낭떠러지인 곳에는 목책을 세워 놓아 걷는 이들이 만경강 갈대밭으로 굴러 떨어지는 것을 막아 주고 있다. 목책을 지나는데 뒤에서 발자국 소리가 들려 산짐승인가 하고 놀라서 돌아보니, 호랑이보다 만나기 쉽지 않다는 서해랑길을 함께 걷는 길손이다. 50코스 넘게 걸어 왔지만, 서해랑길을 걷는 사람을 길 위에서 만나는 것은 정말 희귀한 경험이다. 나보다 연배는 많은데 걸음걸이가 더 날쌔기에 그를 앞세우고는 뒤따라 걷는데, 대숲 근처에서 금방 시야에서 사라져 버렸다. 대숲이 끝나는 곳에 놓인 나무 계단은 경사가 30도는 훨씬 넘을 듯하다. 아슬아슬하게 내려와 산자락 길을 걸으면, 〈나는 자연인이다〉라는 TV 프로그램에 출연했을 법한 집 한 채가 덩그러니 서 있다. 외딴집을 지나 걷는 산자락 길에는 붉은색과 자주색이 섞인 홍자색 꽃을 예쁘게 매달고 있는 자주괴불주머니 꽃이 군락을 이뤄 아름다움을 뽐내고 있다.

진봉면 고사리부터 진봉방조제길을 하염없이 걷는다. 4월 중순 오전 10시인데도 불구하고 기온이 24도에 이르는 한여름 더위에 방조제 위를 계속 걷는 것은 일종의 고역이다. 그 힘듦의 순간을 노란색과 하얀색의 민들레를 비롯하여 작고 소담한 야생화가 위로해 준다. 그에 더해 드넓게 펼쳐진 보리밭의 녹색이 눈에 시원함을 더해 주니, 따가운 햇살을 견딜 만하다. 석소마을의 첫 집은 을씨년스러운 빈집이지만, 마을 안 집들은 제비꽃과 튤립꽃을 비롯한 예쁜 꽃들로 봄 치장을 하고 있다. 마을을 벗어나 농로를 걷다 보면, 끝에 관기갑문이 자리 잡고 있다. 이 갑문은 일제강점기 간척사업의 일환으로 건설된 진봉방조제 안의 농지 한가운데를 흐르는 물길을 통제할 목적에서 세워졌다. 진봉방조제에는 수없이 많은 배수갑문이 세워져 있는데, 방조제 안의 농지면적은 1,928ha이고 이곳 진봉면 지구의 면적이 1,075ha에 이른다고 한다.

진봉면 행정복지센터로 향하는 길에 세워진 서해랑길 표지판에 만경낙조전망대까지 7km가 남았다고 쓰여 있다. 진봉면 소재지의 마을 안을 아주 잠깐 들렀다가, 길은 다시 드넓은 농지 한가운데 닦인 농수로 옆 흙길 농로로 이어진다. 농로 초입에는 노란 유채꽃이 반겨 주고, 길 바닥에는 노란 민들레가 올려다보고 있다. 길 옆 농수로에는 낚시를 하는 노인네 몇 분이 보이는데, 손바닥보다 작은 붕어 한 마리가 유혹에 못 이기고 낚여 들었다. 그런데 갑자기 낚시 바늘에 꿰어진 지렁이의 삶이 애처로워진다. 사람들에 의해 토막살인(?)을 당해 낚시 바늘에 꿰어졌음에도, 그 사람을 위해 충성스럽게 물속에 잠겨 물고기를 유혹하는 원치 않은 역할을 수행해야 하는 그의 삶을 생각하니, 사람이 참 무서운 동물이란 생각에 치를 떨게 된다.

직선으로 뻗어 있던 농로가 왼편으로 방향을 틀었음에도 불구하고, 똑같은 풍경이 계속 이어진다. 다시 오른쪽으로 방향을 트는 농로 옆 수로에는 가로로 그물이 쳐져 있고, 고기를 건져낼 용도로 쓰이는 낡고 작은 배 두 척이 묶여져 있다. 저 멀리로 만경읍내가 보이는 작은 텃밭에는 동네 아낙이 쭈그리고 앉아서 잡초를 뽑아 내고 있고, 앞서가던 길손은 수로 옆 정자에서 쉬었다 다시 앞서 걸어간다. 새만금광역탐방로와 겹치는 이곳 정자 앞길에 공사 중이니 진입하지 말라고 바리게이트를 쳐 놓았지만, 그 길 외에는 둘

러갈 길이 없어 어쩔 수 없이 위험을 감수하고 그 길을 따라 화포마을로 향한다.

아주 잠시 포장도로를 걸어 화포마을에 도착하면, 마을 입구에 평산 신씨 충효열비(忠孝烈碑)가 세워져 있어, 마을의 아름다운 풍속을 알려 주고 있다. 마을 첫 집 담벼락에 기대 신발 속 작은 돌멩이를 꺼내려고 신발을 벗었더니, 가운뎃손가락 크기의 도마뱀이 쏜살같이 집 안으로 도망친다. 잠시 마을 뒷길을 돌아 다시 농로로 접어드는데, 농로 비탈에 일군 몇 평 안 되는 텃밭에 완두콩이 소담하게 자라고 있다. 농로를 빠르게 달리고 있는 바이크

족을 위해 길섶으로 잠시 물러나 주고, 중형 차량과 부딪히지 않으려고 비탈 경사면으로 몸을 피해 가며, 농수로 옆을 걷고 또 걸어 만경낙조전망대에 다다른다. 나성산 둘레길을 벗어난 후로 7km 가까이를 초여름 뙤약볕 아래서 그늘 하나 없는 농로를 따라 걸어온 셈이니, 이미 바람막이 겉옷은 햇님이 벗겨 낸 지 오래되었다.

비록 낙조대에서 낙조를 만나지는 못했지만, 만경강 끝자락까지 펼쳐진 갈대숲과 푸른 강물 줄기가 굽이치는 모습은 아름답기 그지없다. 낙조대 건너는 군산시이고, 뒤편은 만경읍내다. 다시 길을 나서니 이번에는 콘크리트 포장이 된 자전거길이 4km 가까이 이어진다. 그림자가 가장 짧아지는 시간에 길바닥에서 전해지는 열기와 머리 위에서 쏟아져 내리는 태양의 열기가 합해져서, 마치 만두 찜기 안에 들어온 듯 하지만 걷는 것 이외에는 다른 수가 없다. 자전거길에서 만경강 안으로 나무 데크길이 예쁘게 조성되어 있지만, 머릿속은 얼른 종점에 도달하고 싶은 생각밖에 없다. 입석산 둘레길 입구에 세워진 배수갑문에 이르기 전 초록 언덕 위에 세워진 정자에서 몸의 열기를 식히고, 배낭 속에 짊어지고 온 김치볶음밥과 커피 한잔으로 허기진 배를 채운다. 길을 나서 청하대교를 지나니, 오늘의 종점인 새창이다리가 눈에 들어온다.

새창이다리[新倉橋]는 김제군과 군산시를 이어 주는 다리로서, 이곳 신창마을에서 시작된다. 신창마을은 조선 시대 때부터 만경강의 대표적인 포구로 고산포, 동자포, 춘포로 물길이 이어져 서해에서 수많은 배가 드나들던 포구마을이었다. 새창이다리는 일제강점기에 만경강 일대 평야지대에서 수탈한 양곡을 손쉽게 수송하기 위해 1933년에 준공된 콘크리트 다리다. 이후 교통량이 늘고 다리가 낡아 1998년 바로 옆에 새로운 만경대교가 건설되어 그 기능을 대신하게 되었으며, 지금은 차량의 출입을 금지하고 사람들만 오갈 수 있는 역사 공간으로 보존되어 있다. 새창이다리 위에 올라서면 김제시의 각종 관광지 소개 팻말이 양쪽에 서 있고, 이곳에 쓰레기를 버리는 사람이 많은지 중간 중간 쓰레기통이 놓여 있다. 그런데 다리 절반까지는 김제시의 다양한 홍보물이 걸려 있지만, 나머지 절반은 다리 위에 아무것도 없다. 그 이유는 절반만 김제시이고 나머지 절반은 군산시의 것인데, 군산시는 다리 위가 아니라 다리 끝에 작은 데크 공간을 조성하여, 일제강점기에 구 만경대교, 즉 새창이다리를 건설하는 목적과 과정 그리고 비용에 관한 내용을 알리는 홍보 패널을 걸어 놓았다. 종점인 이곳 다리 아래에는 군산시에서 연꽃테마공원을 개보수하기 위해 여러 대의 포클레인이 공사를 진행하고 있지만, 걷기에 지친 나는 만경강을 흐르는 물길에 눈을 고정한 채 멍하니 앉아 있다.

지평선을 볼 수 있다는 김제시의 서해랑길 51-52코스의 100리 길 중에서 80리 이상이 동진강과 만경강 일대의 평야지대를 걷는 길이다. 광활한 들판 사이의 농로를 따라 한여름 뙤약볕 아래서 걷는다는 것은 지루함의 연속이다. 나야 내 뜻에 따라 자발적으로 길을 걷고 있지만, 마음에 내키지는 않지만 사회복지사의 도움을 받아야만 하는 비자발적 내담자가 이렇게 힘들고 지루한 과정을 밟아야 한다면 사정이 다를 것이다. 그는 사회복지실천의 원조과정에서 저항하고, 문제가 해결되지 않음에도 조기에 종결해 버렸을 것이 틀림없다. 나 역시도 인내심의 한계를 느껴 그만 걸을까 하는 생각이 머리 꼭대기까지 차오르기 직전에 서해랑길 51코스는 푸르른 숲이 가꿔진 작은 산과 항구를 선물해 주고, 서해랑길 52코스는 가없는 들판 끝 무렵에 새창이다리라는 새로운 풍경을 선물해 준다. 이탈리아 밀라노 지역의 Milan Group이 개발한 체계적 가족치료모델에서는 가족문제의 치료에 있어서 순환성(circularity)과 중립성(neutrality) 그리고 새로움(novelty)이 핵심적 치료조건이라고 말하고 있다. 문제와 역기능에 빠진 내담자나 가족이 변화하기 위해서는 기존에 가족들이 생각하지 못했던 새로운 요소, 즉 가족 전제(family premise)의 변화를 경험하게 해야만 한다는 것이다. 오늘의 길처럼 지루하게 똑같은 풍경이 반복적으로 나타나는 상황에서 산속 숲길과 유서 깊은 다리의 모습이 신선한 새로움으로 다가오듯이, 내담자 문제의 해결에 유용한 새로움을 투입할 수 있는 사회복지사의 냉철한 지식과 기술 그리고 실천지혜를 기대해 본다.

28. 사람 살 만한 세상

□ 서해랑길 53 − 54코스, 군산 새창이다리 − 진포 해양테마공원, 31.2km, 10시간 30분, 44,839걸음

새창이다리에서 만경강변으로 내려서면 바로 새창이연꽃마당이다. 아직은 연잎이 솟아나려면 멀었지만, 연못을 관리하는 손길은 아침부터 부지런히 움직이고 있다. 만경강변의 자전거도로와 함께 시작된 군산시의 첫 코스는 얼마 안 가서 자전거와 인라인스케이트를 타고 출입하는 것을 금지하고, 시멘트 포장의 걷는 길로 바뀐다. 강변을 가득 메운 억새수풀 사이로 난 길을 따라 걷다 보면, 고요한 아침 강변 풍경이 온몸으로 느껴진다. 가을 은색 꽃을 피우고 삭풍을 맞으며 겨울을 버텨낸 지난해의 억새는 하늘과 땅의 기운을 머금고 솟아나는 올해의 억새를 위해 자신의 몸을 뉠 준비를 하고 있다. 제비꽃과 자주괴불주머니 꽃이 서로 자신의 색이 더 곱다고 자랑하고 있고, 민들레는 그런 모습이 웃기는지 옆에서 노랑 웃음을 짓고 있다. 중간 중간 휴식공간이 마련되어 있으나, 드나들기에는 풀숲이 발걸음을 막고 있어 지나칠 수밖에 없다. 한 시간을 넘게 걸어 강변길에서 중석교로 잠시 올라선다.

지난 김제구간에서 만경강 자전거도로를 걷는 내내 건너편에서 노란색 예쁜 자태를 뽐내던 다리가 바로 중석교다. 중석교에서 잠시 도로로 올라왔던 길은 다시 강변으로 발길을 돌리게 만든다. 다시 강변길 억새숲을 따라 한 시간을 넘게 걸어 금광리다리에 이르러서, 하천과 논을 끼고 우회전한다. 금광배수갑문에서 앞에 보이는 옥성마을까지 농로를 따라 직진하고, 마을 안을 돌아 나와 다리를 건너 2차로를 건너고, 다시 농로를 따라 마을 당산나무와 어린이집 앞을 지난다. 어린이집 뒤편의 작은 언덕을 넘고, 회현교회와 농협창고를 지나고 회현면소재지의 크고 작은 상점을 지나 회현면 행정복지센터 앞에 이르니, 사거리 건너편에 학생들이 통학버스를 기다리고 옹기종기 모여 있다. 그들은 친구랑 수다를 떠는 것이 아니라 귀에는 이어폰을 끼고 눈은 스마트폰에 고정한 채, 서로 고립되어 있다. 회현초등학교를 끼고 길은 청암산 방향으로 우회전하는데, 들어가는 길은 포장공사가 한창 진행 중이다.

청암산으로 들어가는 약 1km에 이르는 길옆에는 작은 죽동저수지가 자리 잡고 있고, 농가 문 앞을 지키고 서 있는 장닭은 나를 보고 날아가기는커녕 근위병 노릇을 충실히 하고 있다. 청암산 주차장 입구에 세워진 안내판에 의하면, 죽동마을은 주변에 대나무가 많아서 붙여진 이름인데, 마을 사람들은 댓골이라고 부르는 것을 더 선호했다고 한다. 주민들 중에는 진주 강씨가 가장 많지만, 최근에는 귀농 귀촌한 은퇴자들과 자녀를 회현 중학교를 비롯한 인근 학교에 입학시키기 위해 이주한 젊은이들이 늘어나고 있다고 한다. 오랜 삶의 터전을 두고 하늘나라로 이주하여 마을이 쇠락해지는 다른 농촌마을들과 달리 유입인구가 늘어나고 있다는 것은 그만큼 이곳이 살기 좋은 곳이라는 점을 입증하는 것일 터이다. 주차장 옆에는 사오갯샘이라는 옛 우물터가 잘 보존되어 있으며, 예전에 청암산 남쪽에 살던 주민들이 군산시장을 오갈 때 넘었던 사오개 고개로 이어지는 사오갯길이 마을을 감싸고돈다. 댓골이란 이름처럼 청암산 군산저수지 진입로는 대나무 터널이다. 터널을 빠져나오면 어린이 숲체험장이 맞이해 주는데, 이 길은 군산시의 대표적인 걷는 길인 구불길 4코스와 겹친다.

대숲과 이어진 생태공원 안 정자에서는 하얀 머리의 어르신 한 분이 다리를 일자로 찢을 정도로 유연한 몸을 뽐내며 스트레칭에 여념이 없다. 이 길은 산책 겸 운동을 나온 인근 동네 주민의 발걸음이 분주하게 오가고 있어서 서해랑길의 다른 코스와 사뭇 다른 풍경이다. 옛날 옥산저수지로 불렸던 군산저수지 안에는 연꽃, 마름, 자라풀, 좀개구리밥 등의 다양한 친수식물이 자라고 있다는데, 저수지 풀밭에서 개구리 울음소리가 들리고 나를 보고 놀란 잉어가 황급히 물속으로 몸을 숨긴다. 예쁜 풍경에 넋을 잃고 돌아다니다가 서해랑길 표식 찾는 것을 잊어버려, 저수지 위 데크길을 되돌아 나와 청암산 끝자락에 놓인 구불길로 돌아온다. 길은 말 그대로 구불구불 산자락과 산허리를 오르락내리락하지만, 걷기에 참 좋은 평탄한 길이다. 길은 연녹색 잎을 갓 피워낸 다양한 종류의 나무들로 이뤄진 숲길 그 자체인지라, 참 예쁘고 곱다. 이것은 갈참나무, 저것은 졸참나무, 또 저것은 상수리나무네 하며 아는 나무 이름 맞히기 놀이를 하다가 이름 모르는 나무가 너무 많아 포기해 버리고, 그냥 숲과 물이 어우러진 경치에 취해서 걷는다.

이른 아침부터 10km가 넘는 시멘트 포장도로를 걷다가, 흙으로 된 숲길을 걸으니 발이 탭댄스를 추듯 가볍게 움직인다. 나무 한 번 바라보고 물 한 번 바라보고, 신선한 공기를 흡입하며 걷는 내 귓전에 들리는 산새소리에 모든 세상 시름이 씻겨 내려간다. 구불길의 중간 정도 즈음에 대숲으로 둘러싸인 청암정이 자리를 잡고 있는데, 이곳이 대숲 생태학습장으로 사용되는 곳이란다. 긴 대숲 터널을 지나오면, 대나무가 다른 어떤 나무보다도 이산화탄소를 많이 흡수한다 하여, 대나무를 '이산화탄소 먹은 하마'라고 부른다고 소개하는 안내판이 서 있다. 대숲 옆에는 버드나무과의 갈잎 큰키나무인 왕버들이 군락을 이루고 있다. 그런데 서로를 밀어내거나 밟고 일어서야만 살아남을 수 있는 인간 세상

과는 달리, 자연의 세상에서는 왕버들과 대나무가 서로 어깨를 기대고 함께 살아가고 있다. 심지어 밑동부터 가지가 네 개로 갈라져 자란 아주 큰 왕버들 나무는 품 안에 대나무 다섯 그루를 껴안고 보호하고 있기까지 하다. 자연 속 생물의 공생하는 모습에 심취해 있다 보니, 어느새 군산저수지의 끝자락에 도착하여 앞이 훤하게 트여 온다. 저수지 안에는 건너편 청암산 봉우리가 물그림자[反影]로 멋지게 그려져 있고, 하늘에서는 작열하는 태양이 내리쬐고 있다.

서해랑길이자 군산 구불길이고 전북 천리길인 군산저수지의 뚝방길을 걸으며 잔잔하게 일렁이는 호수의 윤슬에 마음을 빼앗기고 있었는데, 길 끝 정자에서 한 무리의 아낙네들이 왁자지껄 떠드는 소리에 현실인식이 되돌아온다. 복작거리는 주차장을 지나 차로를 건너, 농수로 옆 포장농로를 따라 걷는다. 개구리는 짝을 찾아 울고 있고, 소금쟁이는 마치 김연아 선수처럼 물 위를 지쳐 쏜살같이 미끄러져 가고, 논 옆의 우렁이는 느림보 걸음으로 여유를 즐기고 있다. 농로 끝 무렵에 도달하여 길 표식을 찾으니 사방 어디에도 없다. 농로 중간에서 마을로 향하는 길로 들어섰어야 하는데, 지나친 게 화근이었다. 두루누비 앱으로 당북리 돗대산 방향으로 걷는데, 저 멀리 철길 위를 화물열차가 더위를 먹은 듯이 느릿느릿 기어간다. 다시 올바른 길을 찾아 농로를 거쳐 공사 중인 2개의

차도를 건너서, 다시 논들 사이를 걷고 굴다리를 지나 백석안길 버스정류장에 이른다. 백석마을의 에이스골프클럽과 백석교회를 뒤로 하고 마을 앞 도로를 따라 군산 시내 방향으로 걸어간다. 원당마을 입구의 부뚜막이라는 식당을 보니 배가 꼬르륵거리지만, 혼자 먹을 만한 메뉴가 없어 지나친다. 풋살클럽 건물과 당북초등학교를 거쳐, 큰 사거리에서 서해랑길 53코스의 종점인 외당마을 버스정류장에 당도한다.

여기가 농촌이 아닌 도시임을 내게 입증하듯이, 넓은 도로에 가득 차가 꽉 들어차 있다. 서해랑길을 걸으며 전남 목표시를 지난 다음에는 이렇게 차가 많은 곳을 만난 것이 처음인지라, 마치 시골촌놈이 된 듯 어리둥절하다. 녹색신호등에 횡단보도를 건너고 있음에도 차들이 멈춰 서지 않고 그대로 나를 밀어버릴 것 같은 불길한 공포를 뒤로 하고, 군산엠코타운 아파트 앞 편도 1차선 도로로 급히 들어선다. 깡통로봇이 풍선을 들고 서 있는 철제 조형물과 놀이기구가 세워져 있는 지곡동 어린이공원 앞 삼거리에서 숲속 유치원을 마주 보고 왼편으로 방향을 바꿔 대광로제비앙아파트 앞에서 계산2길 언덕길로 접어든다. 길 너머 은파호수공원에서 넘어오는 차들을 피해 걷는데, 저 멀리 보이는 대형 교회의 십자가와 빼곡하게 들어선 아파트들의 풍경이 왠지 낯설게 느껴진다. 고갯마루에 올라서니 전국 최대의 재활장비를 갖추었다고 자랑하는 군산 재가노인복지센터와 주간보호센터 그리고 복지용구사업소가 자리 잡고 있다. 바로 아래 전통 타악 공간 '동남풍' 건물이 자리하고 있는데, 모두들 점심 먹으러 가서 돌아오지 않았는지 쥐 죽은 듯 고요하다. 라일락 향기를 진하게 풍기는 정원을 가진 청춘다방이라는 카페에서 흘러나오는 음악에 맞춰 나도 콧노래를 흥얼거리며 지나는데, 한 끼 8,000원 하는 한식 뷔페가 눈에 들어온다. 해뜨기 전 새벽에 집을 나서 군산저수지 중간 대숲에서 고구마와 바나나 하나씩 먹은 것이 전부이니 뱃가죽이 등줄기에 딱 달라붙을 지경이 되었으니, 맛난 음식 향기의 유혹에 넘어가지 않을 수 없었다. 부추전, 도토리묵, 돼지불고기, 프라이드치킨과 미역국으로 배불리 먹고는 이른바 '둘 둘 둘 커피' 한잔으로 입가심까지 하고, 다시 길에 나선다.

마을을 돌아 나오니 은파호수공원이다. 공원 입구 생태습지 주차장은 빈 공간 하나 없이 꽉 들어차 있고, 학습지 선생님들은 구독자를 유혹하고 있다. 호수 옆에는 명인이 운영하는 한옥으로 지어진 대형 빵집이 자리 잡고 있고, 습지와 호수 위로는 데크길이 길게 뻗어 있다. 호수의 푸른 물과 일자로 길게 뻗어 있는 갈색 데크길의 색대비가 선명하다. 원래 서해랑길은 데크길이 아니라 호수를 빙 둘러서 가는 길이었는데, 이를 알아차렸을 때는 데크길 깊숙이 들어와 있어 되돌아가지 않고, 예쁜 윤슬이 반짝이는 물 위를 계속 걷기로 한다. 멋지고 아름다운 풍경을 벗 삼으니 하루 종일 걸었음에도 발걸음이 가볍다. 데크길 위에는 푸들, 말티즈는 물론이고 퍼그까지 앞장서서 주인을 산책시키고 있고, 음표처럼 생긴 빨간 의자는 배터리를 충전하며 음악 한 곡 들으며 쉬어 가라고 한다. 데크길 끝에 이르니 내가 걸어온 길은 물빛다리가 아닌 별빛다리라고 알려 준다.

  별빛다리를 빠져나와 뚝방길을 걸으니, 이곳 은파호수공원이 원래는 조선왕조 초엽에 축조된 미제지(米堤池, 우리말로 쌀물 방죽)란다. 군산과 옥구군 연안 농업의 젖줄 노릇을 한 쌀물 방죽이 지금의 이름보다 더 예쁘다. 방죽 끝 화장실에 들렀더니 남자화장실에도 기저귀 교환대가 설치되어 있는 것을 보면, 우리 사회의 성인지 감수성(性認知 感受性) 수준이 상당히 높아져 있을 느끼게 된다. 메타세쿼이아가 줄지어 서 있는 도로를 벗어나 물빛광장으로 가는 길에 작은 공원이 하나 마련되어 있다. 바로 2009년 9월 23일 서거한 제16대 고(故) 노무현 대통령을 추모하는 공간으로, 소나무 한그루와 박석 두 개로 구성되어 있다. 작은 소나무에는 노란 리본이 빼곡하게 달려 있고, 납작한 박석에는 대통령의 얼굴과 '민주주의 최후의 보루는 깨어 있는 시민의 조직된 힘입니다.'라는 대통령의 말씀과 그가 꿈꾼 세상에 관한 글이 새겨져 있다. 원칙과 상식이 통하는 사람 사는 세상을 꿈꾸었던 대통령께서 갑작스럽게 서거한 그 날, 나는 한동안 하늘을 우러러보며 원망을 쏟아 낸 기억이 있다. 고 노무현 대통령이 꿈꾸던 '사람 사는 세상'은 사회복지제도가 추구하는 궁극적 목표인 '사람 살 만한 세상'과 동일한 의미를 지닌다. 쉬운 말로 사회복지제도는 '등 따시고 배 부르고 마음 편히 살 수 있는 세상'을 만드는 데 목적을 두고 있는데, 그런 사회를 만들고자 했던 것이 고 노무현 대통령의 꿈이었을 것이다. 이 글을 읽는 분 중에 이념적 성향이 다른 분은 나를 향해 손가락질을 할 수도 있지만, 사람 살 만한 세상을 만들려 했던 그분의 깊은 뜻만큼은 폄훼하지 말아 주셨으면 하는 바람이다.

먹먹한 가슴을 부여잡고 추모공원을 벗어나면, 한국농어촌공사 100주년 기념탑이 위용을 자랑하고 있고, 그 앞에 물빛다리가 놓여 있다. 이곳 은파호수에 놓인 물빛다리의 이름은 바로 은파라는 호수 이름에서 유래된 것인데, 은(銀)은 '사랑과 희망의 빛'이란 의미이며, 파(波)는 '풍요의 물'을 의미한단다. 그래서 물빛다리는 풍요와 미래, 사랑과 희망을 상징화한 것이라고 한다. 물빛다리의 조형성이 뛰어나 호수에 아름다움 한 스푼을 더하지만, 밤의 야경이 특히 아름답다니 다음에 한번 보러 와야겠다. 8시간이 넘게 걸은 발의 아우성에 물빛광장에서 하루 걷기를 마무리한다.

일주일 후에 길동무와 함께 다시 이곳에서 호수 주변 흙길과 데크길을 따라 걸어 내려가니, 주차장 옆에 충혼비가 세워져 있다. 호수를 완전히 벗어나 큰길을 건너고 예식장 건물과 나운현대아파트 사이로 난 길을 따라 월명산 도시숲의 오르막길에 접어든다.

경사가 심하지 않은 오르막을 올라 산에 발을 들여놓으니, 연녹색 잎새가 하늘거리는 나무에 걸터앉은 산새가 아름다운 노래로 나를 반겨 준다. 숲속 흙길을 이른 아침에 걷는 기분은 상쾌함, 싱그러움, 아름다움, 고요함 등의 예쁜 말을 모두 동원해도 다 표현하기 어려울 정도다. 그런 마음과는 달리 계속해서 오르막과 내리막이 여러 번 반복되면서, 다리의 근육은 긴장되어 가고 몸의 땀구멍이 바빠지고 숨은 차올랐다 가라앉기를 반복한다. 몇 번째 봉우리인지 잘 모르겠지만, 작은 부곡산 입구의 터널공사 때문에 서해랑길 진입을 통제하고 있다. 한참 월명산 도시숲을 걸어서 만나게 되는 출입통제 표지가 당황스럽기 그지없지만, 다시 되돌아갈 수는 없는 일이라 안전에 유의하며 출입금지된 길을 조심스레 걸어서 지난다. 산길에서 오른편으로는 군산 시내의 아파트와 높은 건물이 눈에 들어오고, 왼편으로는 저 멀리 장항제련소와 바다 풍경이 보인다. 공단대로 위의 터널을 지나 철조망이 처진 태양광발전시설과 상수도관리시설 옆 가파른 계단을 오르고, 다시 산길을 걸어 내려오면 월명저수지에 다다른다.

월명저수지 초입의 갈림길에서 왼편 물가로 잠시 발걸음을 하니, 비단잉어가 떼를 지어 유영하고 있다. 산책하는 사람이 주는 먹이 강화물에 학습된 것도 있지만, 요즈음이 산란철이라 알을 낳기 위해 물가로 나오는 타고난 습성 때문에 이곳에 모여 있는 것이란다. 다시 월명저수지 옆의 잘 닦여진 산책로를 따라 걷다 보면, 널따란 편백나무 숲을 만나는데 '숲속의 작은 독서실'이라는 팻말이 붙어 있다. 그곳에 주황색 바람막이를 입고 하얀 모자를 쓴 아낙네가 책을 펼쳐 들고 독서에 빠져 있는 모습이 초록의 숲과 대비되어 참으로 인상적이다. 이곳의 아름다운 풍경 아래서 읽는 그녀의 책 속에는 어렵고 딱딱한 내용보다는 향기로운 글귀들이 가득 담겨있을 듯하다. 군산 청소년수련관에서 월명호수 2길이 끝나고 월명호수1길이 시작된다. 수련관 앞의 작은 도로를 건너 염불사 방향으로 향한다. 19세기 말에서 20세기 초에 만들어졌을 것으로 추정되는 염불사 소조여래좌상의 신체와 옷주름 표현을 볼 때, 명나라 시대의 티벳 불교 양식과 조선 시대 불상양식이 적절히 혼합된 새로운 형태의 불상으로 추정된단다. 작은 사찰인 염불사를 지나 숲길을 돌아가면, 3·1운동 기념비와 만세상이 세워져 있다. 그 앞에서 이 땅의 독립을 위해 목숨까지 내걸었던 선조의 충정에 잠시 고개를 숙여 마음을 전한다.

　숲길을 빠져 나오면 산돌학교라는 발달장애인 대안학교를 만나고, 군산평화박물관에 이른다. 박물관에서 원래 코스에서 가까운 거리에 있는 동국사를 지나간다. 동국사는 강제한일병합이 있기 1년 전인 1909년 6월에 일본 승려 우찌다 스님에 의해 세워진 사찰이다. 대웅전의 건축양식이 일본의 에도 시대 건축양식을 띠고 있어, 흔히 보는 우리네 사찰과는 확연히 다른 외관을 지니고 있다. 다시 큰길을 건너 월명성당 앞의 구영6길을 따라 걸어 내려 가다 근대교육관 인근의 일출옥이라는 유명 식객이 들른 식당에서 점심으로 아욱국을 먹었다. 아욱국을 메뉴로 파는 곳이 흔치는 않지만, 지금껏 내가 먹어 본 아욱국 중에서 다른 어떤 곳에서도 맛보기 힘들 정도의 풍미를 지닌 맛난 국이라고 감히 말할 수 있다. 길동무와 함께 식사를 마치고, 군산의 근대역사를 느낄 수 있는 일본풍 건물에 카페와 식당 등이 들어서 있는 거리를 걷는다. 1930년대 근대 군산 시간여행자가 쉬어갈 수 있도록 만든 제법 규모가 큰 근대쉼터를 지나고, 영화 〈타짜〉의 촬영지였던 국제반점과 이당미술관을 지나고 군산근대역사박물관 앞에 다다른다. 박물관 입구에는 군산시 산북동 도로공사 때 발견된 사족 보행하는 공룡의 화석 표본이 전시되어 있고, 청동기 시대의 돌널무덤과 독널무덤을 비롯한 유물이 발견된 축산리 유적지를 축소하여 전시해 놓고 있다. 전시된 무덤의 실제 높이가 적혀 있는데, 대체로 80cm 초중반에 그치고 있어, 당시 사람들의 체구가 그 정도로 작았을까 하는 의문이 생긴다. 군산근대미술관, 장미공연장 등의 근대문화유산을 지나고, 시간여행마을 관광안내소를 지나 진포해양테마공원 입구에서 서해랑길 54코스의 걷기를 마무리한다.

29. 계층 불평등

□ 서해랑길 55코스, 전북 군산 진포해양테마공원 – 충남 서천 장항도선장 입구, 14.9km, 5시간, 25,723걸음

서해랑길 55코스가 시작되는 군산 내항은 고려와 조선왕조 시대에 크고 작은 목선들로 인해 바닷물이 안 보일 정도라고 했을 만큼 아주 큰 어항이었다. 일제강점기에는 수탈의 전초기지였으며, 광복 이후 산업화과정 초기에는 '강아지도 지폐를 물고 다닐 정도로 돈이 넘쳐나던 항구'로 불렸다. 그러나 1979년 군산 외항이 생겨나면서 쇠락의 길을 걷게 되었는데, 이곳의 군산 내항 역사문화공간은 크게 세 영역으로 분류된다. 첫째는 1899년 이후 개항의 역사를 알 수 있는 구(舊) 군산세관 본관, 둘째는 일제강점기 수탈의 역사를 증명하는 군산 내항 철도와 뜬다리 부두, 그리고 셋째는 우리의 산업화과정을 볼 수 있는 구(舊) 제일사료주식회사 공장과 경기화학약품상사 저장탱크 등으로 나뉜다. 이곳은 근대 항만의 역사, 일제강점기 수탈의 역사, 근대 산업화 시기의 생활사 등 우리의 항만 역사를 한눈에 볼 수 있는 곳이다.

진포해양테마공원은 고려 말 최무선 장군이 함포를 만들어 왜선 500여 척을 물리쳤던 진포대첩을 기념하는 해양공원이다. 공원 안에는 월남전에 투입되었던 위봉함을 비롯한 해군함정, 장갑차, 자주포, 전투기 등 퇴역한 육·해·공군 장비 13종 16대를 볼 수 있다. 이들 군장비보다 공원에서 가장 먼저 눈에 들어오는 것은 부잔교(浮棧橋), 즉 뜬다리 부두다. 뜬다리 부두는 부두 자체가 수면 위에 떠 있기 때문에 조수간만의 차이가 큰 지역에 주로 설치되는 해안시

설로서, 바닷물의 높이가 변하더라도 어려움 없이 배를 접안할 수 있다. 군산 내항에는 3개의 뜬다리 부두가 남아 있는데, 모두 일제강점기인 1926~1933년 사이에 설치된 선착장 시설물이다. 이 부두는 일제강점기에 호남평야에서 생산된 엄청난 양의 쌀을 수탈하여 일본으로 실어 나를 때, 주로 사용된 것이다. 지금은 관광객의 눈길을 끄는 근대역사문화유산일지 모르지만, 일제강점기의 이곳은 조선 민초에게 억압과 수탈의 상징과 같은 장소였다. 이곳에 더하여 일본제국주의자들은 전주와 군산을 잇는 전군가도를 건설하고, 익산과 군산을 잇는 군산선 철도를 개설하여, 더욱 잔혹하게 수탈을 감행했었다. 크디큰 권력을 쥔 일본인이 권력이라 말하기 어려울 정도의 작은 권력만 가진 조선인들의 삶을 힘으로 짓밟고 가진 것을 빼앗아 간 공간을 또렷이 기억하고, 이를 바탕으로 우리는 더 나은 오늘과 내일을 만들어야 한다.

썰물로 드러난 군산 내항 갯벌 위에는 여러 척의 작은 배가 낮잠을 즐기고 있고, 부두 옆 선창가에는 선박 엔진 수리 공업사가 즐비하지만 항구의 쇠락과 함께 많은 가게가 문을 닫아걸었다. 왠지 남성 듀오인 캔(Can)이 부른 〈내 생애 봄날은〉이라는 노래의 가사가 떠오를 정도로 어둡고 칙칙한 공간이 지닌 쓸쓸함이 가슴에 와닿는다. 공업사 중간의 대포집도 문을 닫아걸었다. 그런데 음침한 선창가에서 유일하게 음악소리가 크게 울려 퍼지는 건물은 콜라텍 업소인데, 고급 외제차를 몰고 온 할아버지와 할머니가 정겹게 얘기를 나누는 모습이 눈에 들어온다. 조금을 더 걸어서 만나는 '군산 비어포트(beer port)'라는 군산 맥주양조장 안에는 젊은 남녀 몇 쌍이 해도 기울지 않은 대낮에 맥주잔을 기울이고 있다. 이곳 양조장은 죽성리 선창가에 위치해 있지만, 째보선창으로 더 잘 알려진 곳이다. 채만식의 장편소설 「탁류」에 나오는 째보선창은 일제강점기부터 1960년대까지 군산의 크고 작은 포구 중에서 가장 흥했던 곳으로, 고깃배가 가득했고 사람들로 불야성을 이루었지만, 군산 외항의 건설 이후 쇠락한 선창가로 전락했다. 군산시에서는 째보선창의 옛 명성을 되찾기 위하여 째보선창~신영시장 일대에 도시재생뉴딜사업을 진행하고 있다. 전국적으로 공동화된 오래된 도시공간이 이와 같은 도시재생사업을 통해, 하루빨리 활기를 되찾았으면 좋겠다.

선창가를 벗어나 해양로 큰길을 따라 걸으며 만나는 길가 주택 중 몇 채는 폐가로 변하여 흉물스러운 모습을 하고 있다. 그리고 근처 어딘가에는 꼭 '군산 근대시간여행'이라

는 홍보 팻말이 붙어 있다. 1930년대의 아픈 역사 속에서도 이곳 풍경이 지금 같은 쇠락한 모습은 아니었을 것이다. 항구와 연관 산업이 쇠락하면서, 땅값과 집값이 떨어지고 일자리를 잃고 소득이 줄어들면서 쇠락한 삶의 터전으로 변해 버린 듯하다. 한참을 도로를 따라 걷다가 서래포구마을에는 들리지 못했으나, 우여곡절 끝에 되찾은 길이 바로 포구마을 입구이었다. 배수갑문의 다리를 건너고, 군산경찰서와 군산천연가스발전소 앞 공원을 지나 지역특산물 판매시설 카페에서 차가운 커피를 사 들고 뜨거운 햇살 속으로 발걸음을 옮겨 놓는다.

진포사거리를 지나 아파트 단지 방향으로 접어들면, 경암동 철길마을이다. 군산선 철도가 운행하던 시절에 이곳은 기차가 다니지 않을 때 철길에 난전을 펼쳐 장사를 하다가, 기차가 들어오면 천막을 치고 물건을 재빠르게 치워서 기찻길을 터주었던 곳이다. 그때 그 주민들은 어린 시절의 추억을 파는 상점들에 자리를 내 주고 어디론가 떠나 버리고, 지금은 레트로 여행객들로 북적거리고 있다. 즉, 1960~1970년대에 어린 시절을 보낸 사람들이 주로 사용했던 오래된 물건과 소위 불량식품으로 불리던 먹거리를 파는 가게, 예전에 입었던 교복을 입고 추억 사진을 찍어 주는 사진관 등 온통 관광객을 위한 구경거리로만 가득한 철길로 변해 있다. 노부모님을 모시고 여행을 온 2대 가족이 교복으로 갈아입고 기타 치는 시늉을 하며 사진을 찍는 모습, 할머니 다섯 명이 짧은 교복치마를 입고 단체사진을 찍는 모습 그리고 어린 꼬맹이에게 교복 모자를 씌워서 사진 찍는 젊은 엄마의 모습을 보면서, 내 어린 시절의 감성을 되살려 본다. 지금은 쓰이지 않는 까만 기차 침목(枕木)은 알록달록하게 색칠되어 있고, 벽면에는 1981년에 국민소득 1,000달러를 달성했다는 홍보글귀와 함께 '아들딸 구별 말고, 둘만 낳아 잘 기르자.'라는 산아제한 포스터가 붙어 있다. 국민소득 3만 불 시대를 눈앞에 두고 있는 지금의 저출생 사회에서는 헛웃음만 나오는 홍보 포스터지만,

그때 당시에는 산아제한 문제가 매우 시급히 개선해야 하는 사회현상이었다.

철길마을을 벗어나면 대형마트와 대규모 아파트단지가 위압적 태도로 오래된 마을을 내려다보고 서 있다. 여기서부터 서해랑길은 경암동을 벗어나 구암동으로 진입하며, 서해 바닷가를 향해 뻗어 있다. 하늘에서 내리쬐는 강렬한 태양의 열기가 금강 하구와 맞닿은 서해 바다에서 불어오는 시원한 바람에 다소간 식혀진다. 뒤돌아 오늘 지나온 길을 바라보니, 쇠락한 근대 골목의 모습은 보이지 않고 위용을 자랑하는 고층아파트만 눈에 들어온다. 자전거길과 어깨를 나란히 하는 시멘트 포장 도보길을 따라 걸으며, 오른편의 아파트와 상가 건물은 외면하고 밀물이 가득 들어찬 금강 하구 바다 위에 새겨진 윤슬에 눈을 맞춘다. 아름다운 바닷길을 따라 걸으면, 진포시비공원, 야구 구장, 금강체육공원을 지나 백릉(白菱) 채만식 문학관에 당도한다.

1902년 전북 군산시 임피면에서 태어난 백릉 채만식 선생은 1930년대 식민지 사회에서 해방 이후까지 활동한 소설가다. 그는 '일제 치하의 비인간적 처사와 부당한 침해, 가혹한 검열이 도사리고 있던 사회 현실을 풍부한 어휘, 풍자, 반어, 역설, 새로운 구성 방식 등을 사용하여 표현하여, 동 시대를 살아가는 사람의 아픔을 어루만져 주었다.'는 평가를 받는다. 그의 대표작으로는 「레디메이드 인생」 등의 단편과 「배비장」 등의 중편 「탁류」 「태평천하」 등의 장편이 있으며, 소설만 해도 200여 편에 이르고 동화나 수필 등의 다른 장르까지 합치면 1,000여 편이 넘는 작품을 남겼다고 한다. 1924년 등단하여 한국전쟁이 발발하기 2주 전에 전북 익산에서 세상과 이별하여 그의 활동 시기는 25년밖에 되지 않으니, 단순하게 계산해서 1년에 약 40편의 글을 남긴 셈이 된다. 1년에 글 한 편 쓰기가 쉽지 않은 점을 고려하면, 얼마나 왕성한 작품 활동을 했는지 짐작조차 어렵다. 그런 백릉 선생으로 인해, 나의 청소년기는 매우 힘들었다. 왜냐하면 장편소설 「탁류」는 시험에 꼭 출제되는 소설이었으니, 작품을 감상하기는커녕 작품 해설과 평론을 보고 외워서 시험문제 찍기에 급급했기 때문이다. 문학작품을 즐기는 공부가 아니라 시험공부를 한 셈이니, 이 얼마나 잘못되고 슬픈 우리 교육의 모습인가? 지금 아이들은 그러지 않았으면 하는데, 여전히 반복되고 있는 듯하여 서글프다.

채만식 문학관에서 특별히 나의 시선을 사로잡은 것은 그의 대표작인 「탁류」가 아니다. 1층 중앙부에 세워진 패널에 채만식이 1940년부터 1945년 5월까지 쓴 친일작품 10편의 작품명과 '한 번 살에 묻은 대일협력의 불결한 진흙은 씻고 씻어도 지워지지 않는 영원한 죄의 표시자였다.'는 그의 처절한 반성문 글귀였다. 억압의 시대를 살아 내는 여정에서 어쩔 수 없이 친일행위를 할 수밖에 없었을 것인데, 그것에 대해 통절(痛切)하게 반성하는 참다운 사람의 냄새가 그에게서 짙게 배어남을 느꼈다. 또 하나 강렬한 인상을 남긴 것은 문학관 입구에 세워져 있는 그의 유언문 글귀다. '나 가거든 손수레에 들꽃 가득가득 날 덮어주오. 마포 한 필 줄을 메어 들꽃 상여 끌어주오.'라는 유언문이 내 눈앞에 시각적 이미지로 펼쳐지면서, 나 역시도 그렇게 인생의 마지막 길을 떠나고 싶다는 마음이 들었다.

채만식 문학관에서 군산시 장애인체육관과 발달장애인 평생학습관 건물을 지나는데, 다운증후군을 가진 장애인이 지나는 우리를 보고 손을 흔들어 준다. 해맑은 마음을 가진 그가 큰 어려움 없이 세상살이를 헤쳐 나가기를 기도하며, 진포대첩비가 세워져 있는 금강시민공원 소나무 숲길로 접어든다. 진포대첩은 고려 우왕 8년(1380년)에 500척이나 되는 왜적 선단이 침입하여 살육과 약탈을 자행하자, 해도원수 나세(羅世)와 심덕부, 최무선 등이 진포에 도착하여 최무선이 만든 화포로 배를 불사르고 왜구를 무찔러 크게 승리한 전투다. 이때 살아남은 왜구는 주력 부대와 합류하여 주변 지역을 노략질하면서 남원·운봉을 거쳐 황산에 이르렀는데, 그곳에서 이성계와 변안렬 등이 지휘하는 고려군에게 참패당하였다고 전해진다.

공원을 벗어나 어렵사리 금강하굿둑에 올라선다. 금강하굿둑은 전북 군산시 성산면 성덕리와 충남 서천군 마서면 도삼리를 잇는 둑으로써, 1983년 12월에 착공되어, 1990년 11월에 완공되었으며, 길이는 1,841m, 너비는 51.5m, 높이는 14.6m이다. 하굿둑 위에는 4차선 차도와 인도, 그리고 복선철도가 깔려있으며, 1억 3,800만 톤의 물을 저장하여 농업 및 공업용수를 공급하고, 전북과 충남 간의 교통편의 중

진과 관광자원개발 효과도 지니고 있다고 한다. 하굿둑 중간 즈음에 설치된 금강호 휴게소 앞에서 바다를 바라보면, 파란색 그물망을 매달고 있는 여러 척의 배가 떼 지어 몰려 있다. 아침에 포털사이트를 통해 접한 기사에 의하면, 그 배들은 바다에서 하굿둑을 거쳐 육지로 올라가려는 실뱀장어를 잡는 배들로서, 한 마리당 3,000~4,000원을 하다 보니 한철 큰돈을 벌기 위해 불법 어로를 하는 배가 대다수라고 한다. '야간에 주로 어로 활동을 하므로 단속이 쉽지 않아 장기적으로 어족 자원의 고갈을 불러 올까 염려가 된다.'고 기자는 우려 섞인 목소리를 내고 있다. 내 눈에 들어온 배만 해도 한 20척은 되는 듯하니, 자본주의 사회에서 돈의 위력이 법보다 더 센가 보다.

하굿둑을 절반 이상 걸으면, 그곳에서 행정구역이 충청남도 서천군으로 바뀐다고 알려 주는 녹색표지판이 큼지막하게 세워져 있다. 전남 해남군 땅끝마을에서 전북 군산시까지의 전라도 땅을 걸어서 벗어나기까지, 서해랑길의 절반 정도인 880여 km의 길을 40일에 걸쳐 걸어왔으니, 나에게는 단순한 행정구역 변경의 의미 그 이상의 감동으로 다가온다. 가슴이 쿵쾅거리고, 발걸음이 가벼워져 날아갈 듯한 기분이다. 나는 듯 걸어서 하굿둑 끝 횡단보도를 건너 금강하굿둑 관광지와 김인전공원 사이로 난 장산로를 따라 걷는다. 트럭의 소음과 보조를 맞춰 가며 장산로 길가의 카페, 횟집, 주유소, 편의점, 음식점을 지나 장항과 군산을 잇는 동백대교 아래를 지난다. 다시 주공아파트, 서천군 법원, 수협을 지나 물양장사거리를 지나고, 수산물 업소와 음식점을 지나 장산로에 위치한 장항도선장에 도착하여 오늘의 걷기를 마무리한다.

길동무와 40리도 되지 않는 오늘의 길을 함께 걸으며, 내 머릿속에 떠오른 단어는 사회계층화(social stratification)와 불평등이다. 막스 베버(Max Weber)는 계급, 지위, 권력이라는 세 가지 요소가 상호작용하여 계층 간의 불평등이 발생하게 된다고 보고, 재산(property), 사회적 위신(prestige), 권력(power)을 사회계층화의 3P라고 불렀다. 군산항 개항 이후 조선인은 모든 지위, 재산, 권력을 박탈당하고 억압의 굴레 속에서 고통스럽게 삶을 이어 왔다. 허물어져 가는 가옥 주변의 고층아파트와 일본인의 적산가옥은 경제적 힘에 의한 불평등 현상을 눈으로 확인시키고 있다. 쇠락한 선창가의 문 닫은 공업사와 유리건물에 앉아 컴퓨터로 일하는 사람 사이에는 일자리에 따른 사회적 지위의 차이를 넘어 사회적 존경의 차이를 보여 주고 있다. 군산시만 그런 것이 아니다. 대한민국 땅

곳곳에 돈, 자리, 힘의 불균형이 만연해 있고, 그 골은 점점 더 깊어만 가고 있다. 사회계층화에 따른 불평등이 심화될수록 세상을 살아가기 힘들어지는데, 베버의 주장처럼 카리스마적 지도자가 짠하고 등장하여 사회구조적 변동을 이끌어 내 주었으면 좋겠다. 하지만 그 지도자 역시 새로운 지배계층을 만들어 내고 자원을 독점하고, 그 결과 새로운 피지배계층의 사회적 상승 이동이 제한됨으로써 사회적 불평등은 해결되지 않고 반복적으로 나타나게 된다. 얘기를 반복할수록 세상은 모양만 다를 뿐 끊임없이 계층 간의 불평등을 확대 재생산하는 삶의 공간이 될 수밖에 없다는 절망적 견해에 이르게 될 것이다. 부디 코저(Coser)의 기능적 갈등이론에서처럼 계층 간의 갈등 구조가 사회의 통합과 적응을 도모하는 기능이 있음을 눈으로 확인할 수 있는 일이 많아졌으면 하는 바람을 가져 본다.

08

서천 · 보령 · 홍성 구간

30. 생태체계

□ 서해랑길 56 – 58코스, 서천 장항도선장 입구 – 춘장대해변, 42.6km, 13시간 30분, 74,013걸음

군산청소년수련관에서 잠을 자고 이른 아침에 영화 〈8월의 크리스마스〉의 촬영장이었던 초원사진관 앞의 한일옥에서 소고기뭇국으로 아침을 먹었다. 군산지역에서는 아침 해장국으로 말간 소고기뭇국을 선호하지만, 경상도 사람인 나는 고춧가루가 들어간 붉은색 국을 선호하는 편이다. 그런데 나이가 들어 가면서 점점 음식 양념이 과해지는 것이 싫어서 고추양념을 추가하지 않고 먹었는데, 그 맛이 시원하다. 군산에서 자동차로 동백대교를 건너와 장항도선장 입구에 주차를 해 두고는 길을 걷기 시작한다.

삭은 배들이 정박한 포구 주차장을 벗어나 대형덤프 트러을 비롯한 많은 차들이 쌩쌩 달리는 도로 옆 공원에 들어서면, 제련소가 있는 장항읍답게 철제 조형물들이 세워져 있다. 오늘 코스에서 가장 처음 만나는 건물은 한라시멘트 주식회사의 장항유통단지이고 그 뒤로 한솔제지 물류창고가 자리 잡고 있다. 그 건물들 옆으로 예전에 각종 물자를 실어 날랐던 장항선 철로가 남아 있지만, 지금은 폐선이 되어 잡초만 무성하다. 4차선 도로에 신호등이 없는지라 대형트럭이 굉음을 내며 달리는 통에 간담이 서늘해지는 느낌이 들어, 오른쪽 도로를 외면하고 왼편 벽에 인쇄되어 있는 서천의 대표적 명소 사진만 보고 걷는다. 장항항 선창부두에 이르기까지 교통표지판에 '물양장'이란 명칭이 몇 번 등장하는데, 처음 듣는 단어인지라 찾아보니, '수심이 보통 4~5m 이내로 1,000톤급 미만의 소형선박이 접안하는 간이부두'라고 설명되어 있다. 그 설명에 따르자면, 이곳 항구는 어항으로서의 역할보다는 공산품 등을 하역하는 용도로 주로 사용되는 듯하다. 길 건너 공장은 비료를 생산하는 주식회사 풍농 장항공장인데, 도로 옆 작은 공원부터는 서해랑 길을 벗어나 바닷가로 방향을 바꾸어 물이 빠진 갯벌 옆 방파제를 따라 걷는다. 서해랑 길을 걷는 사람 중에 대로를 따라 걷고 싶은 사람은 거의 없을 듯한데, 이상하게도 서천군 입구부터 시작하여 여기까지는 바다풍경을 보며 걸을 수 있는 길이 있음에도 장산로라는 큰 도로를 따라 걷게 설계되어 있어 다소 아쉬움이 남는다.

저 멀리서부터 보이는 해발 56m의 돌산인 전망산 위의 대형 굴뚝이 방파제에 들어서자 더 선명하게 눈에 들어온다. 바로 1936년부터 가동된 국내 비철금속산업의 중심 역할을 담당했던 장항제련소의 굴뚝인데, 현재는 주식회사 LS메탈이 동(銅) 제련 공장으로 운영하고 있다. 내가 초등학교 다닐 때가 1960년대이었으니 아직 우리나라의 2차 산업이 제대로 발전하지 못했던 시기였으므로, 꼭 사회시험에 장항제련소 시험문제가 출제되었던 기억이 아직도 선명하게 남아 있다. 이처럼 장항제련소는 우리나라의 산업발전에 크게 기여한 것이 사실이다. 그런데 제련소를 지나 서천 장항진성 앞에 이르면, 환경부에서 설치한 출입금지 팻말이 철조망에 걸려 있다. 그곳에는 환경부가 그 땅을 매입하여 '토양 위해도 저감(低減) 조치를 하고 있으니, 무단출입을 금지한다.'는 경고문이 쓰여 있다. 장항제련소의 생산 공정은 1989년 폐쇄되었지만, 50여년 간 분진과 중금속이 쌓여 주변 지역의 환경오염이 심각하였다. 국립환경과학원 정밀 조사에서 제련소 반경 4km 이내의 토양에서 비소와 중금속에 오염되었다는 것이 확인되면서, 주변에 경작 금지 및 주민 이주 조치가 내려졌고 아직도 주변 지역 오염을 정화하는 사업이 진행되고 있다.

장항진성의 발굴조사 현장을 멀리서 바라보고 도로를 따라 걷다 만나는 자연습지에는 물고기가 뛰어오르고, 새들이 먹이활동을 하고 있다. 습지와 연결된 장항송림산림욕장 옆에는 국립해양생물자연관이 있으며, 이곳에서 7km 정도 떨어진 서천군 마서면 덕암리에는 국립생태원이 자리를 잡고 있다. 나의 좁은 소견으로 볼 때, 국가에서 설립하여 운영하는 생태환경시설 여러 곳이 충남 서천군에 위치해 있는 것이 다소 의아했는데, 장항송림산림욕장 앞에서 그 의문이 풀렸다. 장항송림산림욕장을 만든 이유가 바로 장항제련소에서 야기한 환경오염 문제를 줄여 볼 목적에서 만들어졌다는 안내문을 읽고, 국립 생태환경시설이 이곳에 모여든 이유를 짐작할 수 있게 되었다. 장항송림산림욕장에는 수령이 70년이 넘는 소나무 12,000여 그루가 심겨 있고, 나무 아래에는 맥문동 등의 정화식물들이 심겨 있고, 바로 옆 서천 갯벌과 연결되어 있어 풍광이 매우 아름답다. 송림 사이의 산책로를 따라 걸으며 신선한 공기를 폐 속 깊숙이 들여 마시니, 세속에서 쌓인 온갖 오염물이 싹 다 날아가는 느낌이 든다.

직선거리로 2km 정도밖에 되지 않는 거리에 환경오염원인 제련소와 환경오염 저감 목적의 산림욕장이 나란히 위치해 있다. 우리 역사를 되돌아봤을 때 일제강점기부터 근대화 과정이 본격화된 1970년대까지는 오로지 먹고 사는 문제가 삶의 가장 중요한 과제이었기에 환경이 오염되는지 인간에게 어떤 피해가 있는지 자체에 대해 관심을 기울이지 않았었다. 그랬기에 장항제련소가 산업 근대화의 전초기지로 추앙받기까지 했지만, 그로 인해 주변 지역이 사람 살기에 적절치 못한 환경으로 바뀌게 되는 참담한 일이 생긴 것이다. 생태학적 이론에 의하면, 인간은 '자연환경 속에 인위적 환경을 조성하여 삶의 터전을 마련하여, 다른 사람과 어울려 만든 세상 속에서 살아간다.'고 하여 인간의 삶과 생태체계 사이의 깊은 연관성이 있음을 강조하고 있다. 이처럼 사람의 삶은 자연적 환경, 인위적 환경 그리고 사회적 환경으로 구성된 생태체계와 밀접한 연관성을 지니고, 그중 어느 하나의 생태체계라도 오염되거나 오작동하게 되면 사람들의 삶에 치명적 문제가 발생하게 된다. 그러므로 사회복지 일을 하는 사람들은 환경 문제는 나의 영역이 아니라고 관심 영역에서 배제하지 말고, 인간 삶과 밀접한 연관성을 지닌 모든 생태체계에 깊은 관심을 기울여야 한다.

시원한 삼림욕장의 송림 숲을 빠져나와 유네스코 자연유산으로 지정된 너른 서천갯벌을 바라보며 연신 감탄사를 뱉어낸다. 그 갯벌 위에 나무데크길을 만들어 조성한 생태탐방로를 걸어 돌아 나오니, 송옥마을 어민회에서 키조개를 손질하고 그 껍집을 잘게 부셔서 폐기물로 처리하기 위해 차곡차곡 쌓아둔 모습이 눈에 들어온다. 송옥마을에서 옥남방조제를 걷는 시간이 오전 11시도 안 되었는데, 작렬하는 태양열 때문에 한여름 더위를 느낀다. 포장도로에서 올라오는 열기와 하늘에서 내려오는 열기가 상승작용을 일으켜, 서해랑길이 마치 고온 숯가마처럼 느껴진다. 이 더위에 물 빠진 갯벌 위의 새들도 고통스러울 것 같은데, 서천 갯벌이 워낙 광범위하여 바닷물이 가득 차면 새들이 날다날다 지쳐 버릴까봐 바닷새 대체 휴식지를 방조제 안쪽에 조성해 놓았다. 이곳에서 사람과 동시대를 같이 살아가는 동식물들을 보호하려는 사람의 마음을 확인하고 나니, 장항제련소 환경오염문제로 무거워졌던 마음이 한결 가벼워진다.

시멘트로 포장된 옥남1리 마을 안길을 돌아 나오는 데, 뜨거운 태양 아래서 세월의 무게에 등이 굽어 버린 할아버지가 마늘밭을 메고 있는 모습을 보니 마음이 짠하다. 마을 옆 밭에는 쉽게 보기 힘든 밀밭이 넓게 자리 잡고 있고, 작은 텃밭에는 마늘, 양파 등이 푸름을 자랑하고 있다. 길 옆 측백나무 방풍림 앞 비닐하우스에 갇혀 있는 개가 지나는 과객을 향해 멍멍 짖고 있는데, 그 개가 더위에 실신하지 않을까 심히 걱정된다. 조가마을을 지나고 백사 마을회관 앞에서 등짐을 내려놓고 물 한 모금을 마신 다음, 짧은 오르막길을 올라 마을을 빠져 나와 수풀 속 좁은 길을 따라 내려오니, 갑자기 서해랑길이 사리지고 없다. 분명 안내 리본을 보고 쫓아 왔는데, 황당하기 그지없다. 하는 수 없이 두루누비 앱의 따라걷기 기능을 켜 놓고, 모래사장과 바위로 된 바닷가를 따라 걸어간다. 바닷가는 모래보다 해양쓰레기가 더 많다고 하면 과장이겠지만 말 그대로 쓰레기 천지고, 사람들이 버린 침대부터 시작해서 온갖 종류의 쓰레기를 다 만날 수 있다.

바닷길을 걸어 마을 앞 수산업체 마당으로 올라서, 서해랑길의 원래 코스로 접어든다. 월포2구 마을회관을 지나서 양식장과 작은 저수지를 돌아서 죽산리 하소 마을회관 앞을 지나는데 또 다시 길을 놓쳤다. 되돌아가기에는 많이 걸어와 지도를 참조하여 목적지까지 걷기로 하고, 죽산교회에서 왼쪽 들판으로 돌아 들어간다. 죽산과 송석이 합쳐진 들판은 거의 2km에 가까울 정도로 길고 넓은데, 그 안의 수로를 따라 걷는데 머리가 벗겨질 것같이 뜨겁다. 농로에서 와석마을길을 돌아 와석 노인회관 앞에서 걷기를 멈추고, 앞 나무 그늘에서 더위를 식힌다. 택시를 불러 다시 장항읍으로 돌아와서, 56코스 시점 근처 식당에서 쉽게 접하기 힘든 음식인 돈족탕(豚足湯), 즉 '헛개나무 육수에 돼지족발을 넣고 끓인 탕'을 먹었는데, 생각했던 것에 비해 냄새도 안 나고 시원한 국물의 맛이 일품이다. 예전에 못살던 시절에는 아이를 출산한 딸이나 며느리의 모유가 잘 나오지 않으면 돼지족발을 고아서 먹였었는데, 이 집 돈족탕은 해장국으로도 손색없는 일품요리다.

2024년 5월 1일 노동절 이른 새벽에 다시 서해랑길에 돌아왔다. 지난 여정을 마칠 때 나를 반겨 주었던 누렁이가 오늘도 새벽부터 꼬리를 흔들며 반갑게 맞아 준다. 강아지의 배웅을 받으며 마을을 몇 걸음 돌아 나가니 바로 갈목해변이다. 서천군의 상징 조류인 천연기념물 제326호 검은머리물떼새가 조각된 철새나그네길 표지판이 멋스럽다. 시골 마을 해변의 자그마한 갤러리로 오르는 담벼락에는 형형색색 예쁜 그림이 그려져 있다. 뒤편 아목섬의 배웅을 받고 앞쪽 왼편 솜갈목섬을 뒤로 하고 길은 장천로 포장도로로 접어든다. 붉은 색 보도에는 풀들이 무성히 자라나 있고, 길 건너 글램핑장에는 노동절 전날부터 캠핑을 즐기고 있는 가족이 분주하게 아침준비를 하고 있다. 보도를 막고 있는 자동차를 돌아 나와 발을 디디려는 순간, 봄나들이 나온 참개구리를 보고 깜짝 놀라 발을 헛디뎠지만, 발목은 무사하여 안도의 숨을 내쉬고 계속 걸어간다. 한참을 걸어 종천 면과 마서면으로 나뉘는 해창마을 삼거리에서 왼편으로 방향을 바꾸어 약사암 앞에 이르니 두 마리 개들이 낯선 길손을 보고 왕왕거린다.

장구만 위에 놓인 다리를 건너 종천면에 진입하여, 평화수산 앞에서 장촌이라 불리는 장구2리마을로 접어든다. 교회를 지나고 마을 안 집들을 지나 농로를 따라 걸어서 다시 장천로로 돌아와 길을 건너고, 소로를 지나 다시 물거내들 농로를 따라 당정리를 향해 계속 걸어간다. 장구만 철새도래지까지 2.6km라는 이정표가 보이지만, 초여름 날씨에 남아 있을 철새들이 없을 듯하여 마을 감자밭 이랑을 건너 당정1리마을회관을 지나 오르막 경사를 오르는데, 밭에 가는 허리 굽은 노인의 발걸음이 천근만근처럼 느껴진다. 겹 벚꽃 두 그루가 분홍 꽃을 떨구며 지나가는 계절에 안녕을 고하고 있는 고갯마루에서 대숲을 지나 마을로 접어드니, 마을 앞쪽 밭 길가에 작은 구멍을 뚫고 있는 남편과 비료를 넣고 그 구멍을 메우는 아내가 정다운 대화를 나누며 일을 하고 있다. 밭에 심겨진 완두 콩은 싱싱한 줄기들 위로 하얀 꽃들을 피워 올리고 있고, 당산나무 아래 정자 앞에는 누렁이 한 마리가 일광욕을 즐기며 졸고 앉았다.

마을 끝 수산물 냉동창고를 지나 농로로 접어드는데, 아담한 태양광발전기가 2층으로 설치되어 있다. 1층에는 표고버섯을 재배하고 있는데, 버섯농사에 실패한 것인지 아니면 이미 수확을 다해서 그런지 나무에 버섯이 하나도 남아 있지 않다. 상록수의 짙푸른 녹색과 활엽수의 연녹색으로 채색된 해발 124m의 봉산을 마주 보고, 농로를 따라 들판과 수로를 건넌다. 봉산자락에서 갯벌체험로를 따라 보령해양경찰서 다사출장소를 돌아 나와, 바다를 왼편에 두고 걷는다. 마을 입구 집 작업장에서는 주꾸미를 잡을 때 썼던 소라들이 줄에 꿰어 나란히 정리되어 있고, 젊은 어부는 오늘 썼던 그물을 정리하고 있다. 다사2리마을로 접어들어 펜션과 민박집, 수산영어조합, 어촌체험 관광안내소를 지나고 수산물직판장을 지난다. 한적한 다사항과 방파제를 지나 왼편에는 바다, 오른편에는 송림을 끼고 부녀회에서 운영하는 포장마차를 지나 장포항에 당도한다.

　썰물로 갯벌과 갯골이 앙상하게 드러난 장포항에는 배들이 모두 갯벌에 올라앉아 오후의 느긋함을 즐기고 있고, 항구 옆 콘크리트 바닥에는 수리를 기다리는 배들이 지루한 기다림의 시간을 죽이고 있다. 방역을 위해 출입을 금지한다는 팻말이 세워져 있는 새우양식장을 지나 장포마을 앞 상정들 농로를 따라 차가 다니는 갯벌체험로와 가까워졌다 멀어졌다 하면서 나란히 걷는다. 두 채의 민박집과 포성대교회를 지나고 수산물 업체를 돌아 나와, 장포1리 버스정류장에서 갯벌체험로에 올라선다. 오전 시간이기는 한데 뜨거운 햇살 덕에 등짝이 후끈거릴 정도지만, 왼편 바다 풍경과 바람에 더위를 식히며, 아스팔트 도로를 따라 걷는다. 바다 위에는 세 개의 작은 섬이 점점이 떠 있다. 가장 작은 할미섬은 서너 개의 바위로 구성되어 있는데 그 비좁은 공간 가운데는 백사장이 펼쳐져 있고, 할미섬보다 훨씬 큰 쌍도는 두 개의 섬 모양이 마치 쌍둥이처럼 닮아 있다. 차도를 외면하고 바다만을 응시하며 해질녘의 노을 풍경을 상상하고 있는데, 마침 노을이라는 이름을 단 펜션 입구에 이곳 노을풍경이 사진으로 걸려 있어 그것으로 아쉬움을 달랜다.

선도3리 버스정류장에서 비인해변 마을로 돌아 들어간다. 마을 안 작은 집 앞에는 경기도 안산시 개인택시가 주차되어 있고 지붕 위에는 그 차의 기사로 보이는 나이 지긋한 중년 남성이 지붕에 페인트칠을 하고 있다. 아마도 5도(都) 2촌(村)을 즐기시거나 아니면 은퇴 후 이곳으로 귀촌하려는 분으로 보인다. 해변 주변 마을이라고 하기에는 너무나도 고요한 마을을 돌아 비인해변 초입에 다다르니, 작은 바위 위에 세 그루 소나무가 자라난

기묘하면서도 예쁜 풍경을 만난다. 지금은 비인해변의 관광자원으로 보호하고 있지만, 예전에는 이곳 마을 사람이 바다로 나가기 전에 안전을 희구하며 기도를 올렸을 법하다.

비인해변은 모래사장부터 너무 많고 높은 콘크리트 계단을 쌓아 올려 천연의 해변인지 콘크리트 구조물인지 모를 정도다. 천연 자원에 인공의 힘이 너무 많이 가해져 본연의 아름다움을 잃은 듯하여, 재빠른 걸음으로 인공구조물 위를 걸어서 해변을 지나간다. 좁은 바닷가 모래사장에는 노동절을 맞아 출근하지 않은 듯한 청춘 남녀가 1mm의 간격도 없이 붙어 앉아 밀어(密語)를 나누고 있다. 오른편 소나무 숲의 향기는 캠핑 나온 가족이 구워대는 삼겹살 냄새로 인해 자취를 감추고, 대신 노란 송화가루를 휘날리는 통에 코를 막고 지나게 만든다. 해변 중간 즈음에서는 어머니는 조개를 까고, 아버지는 그물 손질을 하고, 딸은 열심히 수산물 택배 포장을 하고 있는 단란한 가족의 모습을 만난다. 선도리갯벌체험마을에 이르기 전 몇몇 음식점을 지나 만난 비닐하우스로 된 간판 없는 가건물은 홍어와 칼국수를 파는 식당이다. 몇 년 전 학부 생 실습 지도를 나와 그 기관의 관장으로 재직하고 있는 제자와 들러서 백반을 먹었던 식당이다.

그 식당을 지나 다시 해변으로 나와 조금 더 걸으면, 신도리 갯벌체험마을이다. 마을 초입에는 문어를 닮은 건물에 화장실이 설치되어 있고, 뒤편 건물에는 농수산물직판장과 음식체험관이 들어서 있고, 입구에는 체험객을 위한 특수 개조된 갯벌체험 차량 2대가 세워져 있다. 12시 30분이 되어야 바닷물이 제대로 빠져나가 특수 차량으로 먼 바다까지 나가서 체험을 할 수 있다는 안내방송이 나오는데, 쌍도까지 가는 바닷길은 이미 물이 완전히 빠져나가 몇몇 가족이 그곳에 옹기종기 모여 앉아 바지락을 캐는 모습이 보인다. 저 멀리서는 2개로 보이던 쌍도는 이곳 서해랑길 58코스 시점에서는 마치 하나의 섬처럼 붙어 있는 형상이다. 쌍도에 전해져 내려오는 전설은 이러하다. 가난한 어부 청년과 천석지기 부호의 딸이 해당화 꽃이 만발한 오월에 사랑에 빠졌지만, 두 집안 부모의 반대로 헤어지게 된 두 사람이 다음 해 해당화 피는 계절에 다시 만나 사랑을 완성하기 위해 손잡고 바다에 빠져 죽었다고 한다. 뒤늦게 후회한 부모들이 용왕님께 자식을 살려달라고 지극정성을 다해 빌었는데, 어느 날 고래와 거북이를 닮은 두 개의 섬이 바다에 우뚝 솟아났는데, 후대인들이 이 섬을 쌍도라고 부르게 되었다고 한다. 쌍도가 바라다 보이는 서해랑길 57코스 종점 표지판 옆 벤치에 앉아 커피를 한잔 마시는데, 주변에 해당화가 발그스

레한 꽃을 피워 미소를 짓고 있다. 부디 해당화 피는 오월에 두 사람이 못 이룬 사랑이 하늘에서는 이루어졌으면 하는 마음으로, 다음 코스의 길을 이어 간다.

아직도 끝나지 않은 비인해변의 인공 조성된 길 위를 걸으며, 갯벌에서 조개를 캐고 있는 가족, 뒤뚱거리며 걷는 아기가 넘어질세라 노심초사 뒤따르는 젊은 엄마, 얼굴 복면으로 자외선을 완전 차단하고 운동하는 중년 여성을 만난다. 비인해변 끝자락에서 수산물업체 건물을 끼고 잠시 벗어났던 갯벌체험로로 되돌아 나와 공공하수처리장을 지나는데, 손가락 한 마디만한 크기의 까만 벌레들이 떼로 날아다닌다. 무슨 벌레인지 모르겠는데, 그네들이 하는 짓을 가만히 살펴보니 암수 서로 사랑을 나누면서 후대를 고대하며 짝짓기를 하고 있다. 그들의 사랑을 방해하고 싶지 않은 마음에 길 건너편으로 이동하여, 길을 이어 간다. 쌍도교를 건너 똑같은 모습을 한 두 채로 구성된 쌍도펜션을 지나 보리수농원과 민박집 그리고 글램핑장을 지나는데, 길가에 빨간 양귀비꽃이 아름다움을 뽐내며 하늘거리고 있다. 갯벌체험로 옆의 작은 수로 옆으로 돌아들어 걷는데, 바다 안쪽에 작은 울타리가 쳐져 있고 안내 팻말이 세워져 있는 그곳은 다름 아닌 인공 증식된 갯게의 자연환경 적응훈련장이다. 우리와 같은 공간에서 같은 시간을 살아가는 다른 동물 종을 보호하기 위해 애쓰고 있는 모습이 참 아름다워 보인다.

훈련장에서 조금 떨어진 곳에 설치된 데크길 쉼터에는 '흰발농게, 갯게, 대추귀고동 등을 보호하기 위해 지나는 사람들이 함께 동참해 주기를 바란다.'는 안내 팻말이 커다랗게 세워져 있다. 그런데 그 팻말에 생존에 위협을 받거나 '보호 가치가 높은 생물들'을 해안 보호생물로 지정하여 관리한다고 쓰여 있어 안타까움을 더한다. 인간의 관점에서 보면 보호 가치가 높은 생물을 고를 수 있지만, 우주적 관점에서 보면 이 세상에 '보호할 가치가 낮거나 없는 생물'은 없고 모두가 귀한 생명이다. 자신들이 주체라고 생각하는 인간의 좁은 소견에서 해양생물을 객체화하는 팻말의 구절을 부디 수정해 주었으면 좋겠다.

월하마을을 지나 만나는 띠목섬 해수욕장에서 서도초등학교까지 약 3.5km에 이르는 긴 백사장이 펼쳐져 있다. 해변에는 만조 시에 차오른 바닷물 높이에 맞춰 3층으로 하얀 조개껍데기로 줄을 그어 놓았다. 서풍에 바닷물은 아름다운 음악소리를 선물하고, 물가의 도요새 무리는 다시 날아오르기 위해 잠시 숨을 고르고 있고, 바위에 올라앉은 왜가리는 지나는 나를 멀뚱멀뚱 쳐다보고만 서 있다. 소나무 방풍림 사이에는 캠핑 나온 부부가 늦은 오후의 여유를 즐기고 있는데, 송림 한가운데 세워진 모텔은 코로나의 직격탄을 맞았는지 문을 닫아걸어 폐허로 변해가고 있다. 방풍림이 끝나는 곳에 어린이보호구역 표지가 세워져 있고, 주유소와 수협 그리고 해양구조대 건물을 지나면 서도초등학교다. 좁은 보행로의 해안 차도를 따라 걸어서, 사자를 닮은 바위를 만나는 지점에서 길을 건너, 폐역이 된 춘장대역 쪽을 향해 걷는다. 춘장대역 커뮤니티센터를 오른쪽에 두고 공정 마을회관에서 원래의 서해랑길 코스를 벗어나 마량진항을 향해 출발한다.

서해에서 일출을 볼 수 있는 마량포 해돋이마을을 향해 도로를 따라 걷고, 마량리마을 회관과 마량진항 앞의 공원에 이른다. 이곳은 1816년 9월 5일(조선 순조 16년) 우리나라 최초로 성경이 전래된 것을 기념하기 위해 세워진 공원이다. 영국 함선 알세스트호(함장 머레이 맥스웰)와 리라호(함장 바실 홀)가 마량진 갈곶에 정박하여, 마량진 첨사 조대복과 비인현감

이승렬에게 세 권의 책을 주었는데, 그중에 한 권이 다름 아닌 성경이었다고 한다. 현재 공원에는 당시 육지와 가장 가까운 곳에 정박했던 리라호와 사정을 알아보기 위해 조선 관리들이 타고 나간 판옥선이 웅장한 모습을 하고 서 있다. 기념공원에서 조금 떨어진 뒤편에 성경전래기념관 건물이 있지만, 들리지 않고 아펜젤러 순직기념관으로 오른다.

아펜젤러 선교사는 1885년 4월 5일 부활절에 인천 제물포 앞바다에 도착하여, 이 땅의 복음화를 위해 선교활동을 펼치다가, 1902년 한국어 성경 번역 모임에 참여하기 위해 목포로 가던 중 군산 앞바다 어청도 부근에서 선박과 충돌하는 사고로 순직하였다. 이를 기념하기 위하여 기독교 대한감리회 충청연회에서 이곳에 순직기념관을 지어 그의 숭고한 신앙심을 본보기로 삼으려 하였다. 지금은 옆에 지어진 동백정교회에서 이를 관리하고 있다.

아펜젤러 순직기념관을 내려서면 동백나무 숲이 울창한 동백정이고, 그 앞에 서천화력발전소가 있다. 이곳 서천화력발전소는 1983년부터 무연탄과 중유를 혼합한 혼소식

발전기를 가동하여 연간 약 24억kwh의 전력을 생산하여, 충남 농어촌지역과 중부권 산업시설에 공급하고 있으며, 보일러의 배기가스 배출을 위한 150m 높이의 굴뚝과 전기집진기, 소음 및 폐수 처리장치 등 공해방지시설이 설치되어 있다. 지금은 옛 발전소를 해체하고 새롭게 지어진 신서천화력발전소가 운영 중이므로 이전에 비해 발전소 가동에 따른 환경오염 문제에 더욱 신경을 쓰고 있겠지만, 발전소 인근 마을인 내도둔 마을에 금속 성분의 낙진이 떨어지는 등 환경오염과 관련된 논쟁이 계속되고 있어 주민들은 피해보상과 이주대책 마련을 요구하고 있다. 서해랑길 서천 구간의 첫 들머리 3km 거리가 장항제련소로 인한 환경오염 문제가 심각했다면, 길 날머리를 3km 정도를 앞둔 이곳도 환경오염 문제로 떠들썩하다. 길의 시작과 끝에서 만나는 환경오염은 우리들이 더 편하고 잘살기 위해 만든 인위적 환경이 천연 자연환경을 오염시켜 사람이 살아가는 데 오히려 피해를 유발하는 사태를 여실히 보여 준다. 그러므로 사람들의 삶에 절대적 영향을 미치는 생태체계의 위험에 대해 사회복지제도뿐 아니라 우리나라 전체 사회제도가 더욱 신경을 집중하고 상호 협력하여 문제를 해결해 나가야 한다.

개운치 않은 뒷맛을 남기는 웅장한 화력발전소를 뒤로 하고 홍원항으로 돌아와, 원래 서해랑길 코스에 접어든다. 항구 입구의 생선가게에는 제철인 갑오징어를 사려는 손님이 줄지어 서 있고, 포구 주변 횟집에서는 광어가 한잔 소주와 함께 관광객의 입속으로 사라져간다. 번잡스러운 홍원항을 벗어나 도로를 따라 걸어, 춘장대 해변 입구에 도착한다. 충남의 한 대학교 수련관에서 시작되는 춘장대해변은 예전에 방문했을 때 소나무들이 빼곡하게 들어서 있었던 것으로 기억되는데, 지금은 야영장, 오토캠핑장, 평상을 대여하는 민박집이 촘촘하게 들어서면서 소나무가 많이 잘려 나간 듯 듬성듬성 무리 지어 서 있는 모습이다. 드넓게 펼쳐진 백사장과 작은 섬 그리고 밀려드는 파도와 송림으로 구성된 풍경에 마음을 빼앗겨 걷다 보니, 해수욕장 중간 지점이다. 그곳 광장에는 2개의 풍차 조형물, 춘장대해수욕장을 알리는 작은 철제 조형물 그리고 백사장 위 해상안전구조대 시설물로 풍경이 바뀌고, 길가에는 카페와 음식점이 가득 들어서 있다. 광장에서 춘장대해수욕장 종합안내소를 지나 큰 길로 향하다가, 송림 속으로 난 작은 길을 따라가면 춘장대야영장이자 서해랑길 서천 구간의 종점이다.

31. 모험적 시도

□ 서해랑길 59코스, 서천 춘장대해변 – 보령 대천해변, 28.1km, 7시간 30분, 36,662걸음

유난히 더웠던 올해 한여름 더위를 피해, 다섯 달 만에 춘장대해변 캠핑장에서 다시 길을 이어 걷는다. 구월의 막바지이지만 오늘 최고기온이 30도에 이를 정도로 늦더위가 기승이고, 트레일 걷기를 오래 쉬고 올라선 오늘 코스가 하필이면 서해랑길 전체 코스 중에서 가장 긴 곳이다. 하루 안에 완보가 가능할지 걱정이 되어 해뜨기 전에 집을 나서, 출발 지점에서 집에서 싸 온 김치볶음밥으로 간단히 아침을 먹고 일곱 시 반에 길을 나선다. 주말을 즐기러 온 캠퍼들이 아침상을 차리거나, 집으로 돌아가기 위해 짐을 싸고 있는 춘장대해변 캠핑장은 아름드리 소나무들이 빼곡하게 들어서 있다. 아침 공기에 소나무향이 짙게 배어 나와 나의 폐부에 도달하니, 속마음까지 시원해지는 듯하다.

캠핑장을 나와 도로를 따라 걷다 좌회전을 하니 모텔이 줄지어 서 있고, 조금 더 걸으니 춘장대해변을 다시 찾아달라는 커다란 조형물이 서 있다. 그 조형물 바로 옆에 다른 사찰의 풍경과 달리 기와를 얹은 현대식 절 건물 입구에 '자비로운 눈에는 세상 중생이 보인다.'고 한문으로 쓰여 있고, 그 위에 사회복지재단 명패가 크게 걸려 있다. 사찰에서 어떤 사회복지사업을 할지 궁금하지만 부디 복지재단으로서 해야 할 일을 충실하게 수행하기를 바라면서, 부사방조제 방향으로 발걸음을 옮겨 놓는다. 도로에서 살짝 비켜나서 걷다 보니, 아침이라 유난히 푸르게 보이는 서해 바다가 반겨 준다.

부사방조제는 서해로 흘러드는 웅천천을 막아 농경지를 확장하고, 해수로 인한 염해 피해를 막을 목적에서 건설되었단다. 방조제 서쪽은 바다이고 동쪽은 담수호인 부사호로서, 마치 바다 한가운데를 가로지르는 느낌이 든다. 방조제 좌우의 풍경은 아름다운데, 더위가 문제다. 출발 지점에서 한 십리 정도를 걸어 서천군과 보령시의 경계 즈음에 도달한 시간이 아홉 시도 채 되지 않았는데, 따가운 햇살에 긴팔 윗도리를 벗어 던질 수밖에 없다. 그늘 하나 없는 콘크리트 포장길인 방조제 위를 따가운 햇살을 견디며, 10리를 걷는 것은 말 그대로 고역이다. 방조제 끝 무렵에 소황사구를 알리는 표지판이 서 있

다. 우리나라에서 쉽게 만날 수 없는 모래언덕[砂丘]이어서 한번 둘러보고 싶은데, 혹시 길이 없어 되돌아 나오는 불상사가 생기면 안 그래도 긴 코스를 걷는 데 어려움이 더해질 것 같아 스마트폰으로 지도를 탐색해 본다. 해수욕장 중간 즈음에 냇물이 흘러 내려와 건너갈 수 있을지 의문이 들었지만, 이 장안해변의 사구를 들르면 포장도로와 농로 그리고 마을을 둘러가는 긴 거리를 상당히 단축할 수 있다. 어찌할까를 한참 망설이다가 최악의 경우 돌아 나오는 불상사가 생기더라도, 날씨와 거리를 고려하여 모험을 해 보기로 했다.

소황사구는 길이 2km에 면적이 12만m²이고 사구의 모래 직경이 0.2~0.25mm로서, 바람에 의해 모래가 날아와 쌓인 언덕이다. 이곳에는 노랑부리 백로, 검은머리물떼새, 붉은어깨도요, 새호리기 같은 조류와 금개구리, 표범장지뱀, 누룩뱀 등의 양서파충류, 순비기나무, 통보리사초, 갯그령 등의 다양한 식생이 분포해 있다고 한다. 바람에 모래가 날려 와 하나의 사구가 만들어지고, 그 앞에 다시 모래가 쌓여 새로운 사구가 만들어지면 기존의 사구는 뒤로 밀려나 배후사구가 된다. 다시 새로운 사구에 밀려나면 배후저지가 형성되어 사구지대가 안정화되는 오랜 과정을 거쳐, 지금의 사구 모습을 갖추게 되었을 것이다. 사구 가운데로 놓인 나무 탐방로를 따라 걸으며, 태어나 한 번도 본 적 없는 순비기나무, 갯완두, 갯쇠보리를 비롯한 다양한 식생을 볼 수 있었다. 탐방로가 끝나는 지점부터는 바람과 모래의 수고로움을 해치지 않기 위해 가능하면 바다 안쪽으로 걷는다. 귓가에는 발아래 밟히는 조개껍데기 소리가 맑고 청아하게 들려오지만, 머릿속에는 이 사구 해변을 무사히 건너갈 수 있을까 하는 걱정으로 가득하다. 드디어 냇물이 흘러

내리는 지점에 도착했는데, 냇물 뚝방 위에 올라서서 살펴보니 건너갈 수 있는 길이 없다. 절망하여 뚝방을 내려서는데, 아슬아슬하지만 잘하면 돌을 징검다리로 삼아 건널 수는 있을 것 같았다. 물에 빠질 듯, 미끄러져 넘어질 듯하며 말 그대로 아슬아슬하게 냇물을 건너고 나니, 마음이 한결 가벼워졌다. 발아래에서 들려오는

아그작 아그작 조개껍데기 깨지는 소리를 마음으로 느끼며, 나머지 소황사구를 걸어 독산해변에 도착한다.

순우리말로 '홀뫼 바닷가'라 불리는 독산해변에는 더위를 피해 나온 사람들로 한여름 해변처럼 북적거린다. 해변에서 약 7km 떨어진 바다 한가운데 위치한 황죽도는 1986년부터 공군 사격연습장으로 사용되고 있는데, 사격 시에 섬에 접근하지 말라는 경고 팻말이 여기저기 나붙어 있다. 해수욕장 소나무 숲은 온통 텐트가 점령하고 있어서, 도로 옆 보도를 따라 걷는데 차량 위에 텐트를 얹어서 보도를 점거한 얌체족 덕분에 텐트 밑동에 머리를 쾅하고 찧는 불쾌한 경험을 하게 되었다. 차 속에 사람이 없으니 항의조차 못하고, 무창포해변으로 발걸음을 옮겨 놓는다. 해변으로 내려와 끝까지 걸어서 서해수산이라는 간장게장 제조업체를 지나는데, 오늘 새벽 잡아 온 살아 움직이는 꽃게를 손질하기에 여념이 없다. 포장도로를 따라 조금을 더 걸어서 제7해안기동감시대대 해안2중대를 지나, 무창포해변의 풍경을 통째로 가리고 서 있는 비체팰리스 리조트에 이른다.

리조트 앞 무창포해수욕장은 일제강점기 때부터 개발되어 서해안에서 최초로 개장된 해수욕장이다. 그 이름은 조선 시대 세곡을 저장하는 창고가 있던 무창(武昌)의 서쪽에 자리 잡고 있어서 붙여진 것이다. 무창포해변의 길이는 1.7km로 꽤나 긴 해변이지만, 그보다 더 유명한 것은 모세의 기적처럼 바다가 갈라져 바로 앞의 섬까지 걸어 들어갈 수 있는 신비의 바닷길이 열린다는 것이다. 음력 보름날과 그믐날을 전후하여 매월 2~3차례 해변에서부터 석대도까지 약 1.5㎞ 길이의 바닷길이 열리는데, 이 신비의 바닷길과 관련하여 육지에 사는 아기장군과 석대도라는 섬에 사는 해룡(海龍) 사이의 줄다리기와

관련된 전설이 전해져 오고 있다. 바다가 갈라져 생긴 길을 따라 걸으며, 게, 조개, 소라, 고동, 낙지 등을 잡는 재미가 쏠쏠하다는데, 아이들이 유치원생일 때 와 본 바닷길에는 사람이 너무 많아 어패류는커녕 사람 구경만 실컷 하고 돌아간 기억이 있다. 해수욕장 갯벌에는 돌을 쌓아 바닷물이 들고 나는 것을 이용하여 고기를 잡는 전통적인 독살이 일부 남아 있다고 한다. 해변에는 무창포의 명물인

주꾸미 조각상과 제2연평해전에서 전사한 고(故) 한상국 상사의 추모비가 세워져 있고, 해변 뒤편 산언덕에는 무창포해변을 한눈에 조망할 수 있는 무창포 전망타워가 위용을 자랑하고 있다. 해변 옆 음식점에서는 다양한 먹거리를 팔고 있지만, 어항 속에 있는 물고기 중에서도 제철 맞은 전어가 은빛 자태를 하고 유영하는 모습이 눈에 띈다. 그런데 어느 카페 앞에 목화꽃 한 송이가 소담스럽게 피어 있는 모습은 이곳 정서와는 잘 어울리지 않지만, 지치고 외로운 마음을 포근하게 감싸 주는 느낌을 받는다. 상화헌이라는 한옥 카페와 무창포수산시장을 돌아서니 무창포항이다. 이른 조업을 마치고 돌아온 배들이 뙤약볕을 견디며 바다 위에서 일렁이고 있는데, 그 볕 아래를 네 시간가량 걸어온 나의 몸은 수분이 모두 빠져나간 느낌이 든다. 항구를 벗어나 산 그림자가 진 곳에서 점심 도시락과 남은 물을 마시고, 방조제를 따라 걷는데 방조제 끝부분이 철조망으로 막혀 있어 되돌아갈 것을 걱정하고 있는데, 철조망 옆으로 펜션 올라 가는 좁디 좁은 길이 뚫려 있어 어렵사리 용두마을에 접어든다.

　네다섯 곳의 펜션으로 시작된 용두마을에서 처음 만난 풍경은 여우바위다. 이 바위에서 여우가 매일 아침 사서삼경(四書三經)을 읽는다는 소문을 듣고, 일곱 번이나 과거에 낙방한 선비가 여우를 찾아와 스승이 되어 줄 것을 청하였다. 마침내 그 여우와 열심히 경서를 읽은 선비는 여덟 번 만에 과거에 합격하였다는 설화가 전해지고 있다. 이 바위에서 조금을 더 걸으면, 용두마을이란 이름에 걸맞게 용이 살았다는 용굴을 볼 수 있고, 바다 한가운데서 마실 수 있는 물이 솟아오르는 참샘터도 볼 수 있다. 하지만 이것들보다 내 시선을 잡아끄는 것은 펜션 앞 화단에 붉게 피어난 10그루 정도의 꽃무릇이다. 얼마 정도 도로를 따라 걷다가 해송이 우거진 바다로 접어들면, 그곳이 용두해변이다. 이곳은 사람 한 명 없었던 장안해수욕장보다는 사람이 많지만, 독산해변이나 무창포해변에 비해서는 모여든 사람의 수가 적어서 비교적 한적하다. 용두해변 끝 무렵에는 신랑각시바위와 장수바위에 관한 설화가 전해 내려온다는데, 용두마을 초입부터 끝까지 스토리텔링이 이어지는 느낌이다.

　용두마을 뒤편 산길을 넘고 도로를 따라 걸어가면, 보령요트경기장으로 시작되는 남포방조제를 만난다. 남포방조제의 길이는 3.7km에 이르며, 우레탄으로 걷기 좋게 포장되어 있는 방조제 중간 즈음에 죽도가 자리 잡고 있다. 정오를 조금 넘긴 시간이라 태양이 작열하고 있어, 방조제 위를 걷는 것은 말 그대로 고행길이다. 심지어 세 병이나 되는 물까지 다 마셔 버렸으니, 목이 바짝 타들어 가는 느낌마저 든다. 고려 시대 공민왕이 신돈이라는 승려를 재상에 임명하자 신하 중 하나가 직간상소(直諫上疏)를 올렸는데, 이로 인해 왕의 노여움을 사서 귀양 와서 살게 된 곳이 이곳 죽도이다. 지금은 관광지가 되어 대형버스와 자가용으로 교통체증이 유발될 정도로 유명해졌다. 많은 사람이 오가는데도 지칠 대로 지친 나는 죽도 입구 조형물이 만든 그늘에서 신발과 양말을 벗어 던지고, 길바닥에 주저앉아 에너지를 보충한다. 간신히 몸을 일으켜 남포방조제 나머지 구간을 걷고, 그 끄트머리 정자 그늘에서 또다시 쉬어 간다.

대천해수욕장 머드광장까지는 대략 10리 정도의 길이 남았다. 심한 갈증 속에서도 어쩔 수 없이 포장도로 옆 보도를 걸어가고 있는데, 등 뒤에서 노란색 양산을 펼쳐 든 노부부가 나를 앞질러 걸어가고, 조금 더 있으니 나보다는 최소 열 살은 많아 보이는 노인 세 분이 또 앞질러 간다. 그분들이 빨리 걷는 것이 아니라 나의 걸음이 거북이걸음이 된 탓인데, 조금만 더 뙤약볕 아래를 걸으면 탈수와 일사병으로 쓰러질 것 같다. 간신히 정신줄을 부여잡고 다리를 질질 끌듯이 걸어서 대천해수욕장에 도착한다. 대천해수욕장의 모래사장이 3.5km이지만 오늘 코스의 종점까지는 1.5km 정도 남았는데, 해수욕장 입구

편의점에서 이온음료 한 병을 사서는 단숨에 마셔 버린다. 갈증이 조금 가시는 듯하여 차량과 사람으로 북적대는 해변도로를 따라 걷지만 이내 갈증이 심해져, 다시 편의점에 들러 생수 두 병을 사서는 한 병은 단숨에 마셔 버리고, 한 병은 유사시에 대비하여 손에 들고 길을 나섰다. 짧은 거리의 길을 정자와 벤치 세 곳에서 쉬어 가면서 간신히 걸어 도착하니, 보령머드광장에는 머드(mud)와 관련된 이런 저런 조형물로 가득하고, 바다 풍경도 그제야 눈에 들어온다.

오늘 걷기는 다섯 달만이기도 하거니와

30도를 넘어가는 폭염 속에서 그늘조차 많지 않은 장거리를 걷는 길이어서, 너무 힘들었다. 장안해수욕장의 소황사구 모래사장을 건너 거리를 단축하는 모험을 하지 않았다면, 아마도 두 시간 정도는 더 걸었어야 했을 것이다. 만약 그랬더라면 십중팔구 온열질환으로 걷기를 중도에 포기하고, 구급차량을 불렀을 것이다. 중간에 모험을 한 덕분에 예정보다 두 시간 정도의 거리를 단축하여 걸을 수 있었고, 힘들긴 했지만 안전사고 없이 걷기를 마무리할 수 있었다.

오늘 걷기를 마치고 나니, 사회복지실천의 원조과정에서 장기간 개입에도 내담자 삶에 변화를 일으키기가 쉽지 않을 때, 모험적 시도를 해 보는 것도 하나의 방법이 될 수 있겠다는 생각이 들었다. 물론 모험적 시도에는 위험이 따르고 실패했을 때 치러야 하는 대가는 매우 클 수 있다. 그렇지만 오랫동안 내담자 삶의 변화를 위하여 노력했음에도 불구하고 바람직한 변화가 일어나지 않고, 지속적으로 개입하더라도 좋은 변화를 일으킬 가능성이 높지 않을 때는 다소간의 위험이 내재되어 있다손 치더라도 모험적 시도를 해 보는 것이 도움이 될 수 있을 것이다. 물론 모험적 시도에 따르는 위험과 실패 가능성을 최소화하기 위해 철저하게 탐색하고, 할 수 있는 범위 내에서 철두철미한 계획을 수립하고, 신중에 신중을 기하면서 개입하는 자세를 가져야만 하는 것은 두말할 필요 없을 것이다. 사람의 삶에 개입하는 이상 아무 때나 모험을 걸어서는 안 되며, 장기개입에도 효과가 나타나지 않고 개입이 실패로 귀결될 가능성이 농후한 상황에서는 내담자의 삶에 새로운 변화를 일으키기 위한 모험적 개입 시도를 해 보아도 괜찮지 않을까 하는 생각이다.

32. 신비주의와 무관심

□ 서해랑길 60코스, 보령 대천해변 – 깊은골 버스정류장, 17.2km, 5시간 30분, 31,172걸음

지금까지 서해랑길을 동행하고 싶었는데 일정을 맞추지 못했던 딸아이가 정부에서 10월 1일 국군의 날을 임시공휴일로 지정해 준 덕분에, 동행하겠다며 나를 따라 나섰다. 길동무도 생기고 같이 걸으며 그동안 못했던 얘기도 도란도란 나눌 수 있는 기회이지만, 딸아이가 오래 걷기를 처음 하는데다 비 예보까지 겹치니 길에 올라서야 할지 말아야 할지 고민이 많았다. 다행히 정오 무렵에 1mm 정도의 비만 내린다는 예보를 믿고, 이른 새벽 출발하여 대천해변에 주차를 하고 차 안에서 싸 온 김밥과 김치볶음밥으로 아침을 먹고 우산과 우비를 챙겨서 출발한다. 그런데 걷기 시작하자마자, 기상청의 예보보다 이른 시간에 한여름 장대비 같은 비가 퍼붓기 시작한다. 우산과 우비로 비를 막아 보지만, 바짓가랑이와 신발은 세탁기에 들어갔다 나온 것처럼 흥건하게 젖어 버렸다. 이 상태로 오래 걷는다는 것이 무리라 싶어 딸아이에게 집으로 돌아가자고 권했으나, 나의 성격을 닮은 딸아이가 한 시간이라도 더 걷겠다는 굳은 의지를 표명해 와, 자식이기는 부모 없다는 말처럼 일단 걸어 보기로 했다.

대천해변 머드광장에서 편의점과 횟집 등으로 구성된 상가건물과 왼편의 스카이바이크와 짚라인 승강장 그리고 서해 바다 풍경을 좌우로 하고 비바람에 맞서 걷는다. 나무 사이로 난 작은 소로와 분수광장을 지나 바다 위에 길게 뻗은 바이크 레일을 따라 한 시간 가량을 걸으니 비가 잦아들어, 갈 수 있는 데까지 걸어 보기로 한다. 원래 서해랑길은 스카이바이크 종점 전에 우회전하는 것이지만, 대천에 자주 들러 아는 길인지라 수산물시장으로 둘러 가기로 한다. 소총을 든 군인 세 명이 해안순찰을 하고 있는 레일바이크 종점을 지나, 작은 언덕에 올라 대천 앞바다 풍경을 바라보지만 비 오는 날씨 때문에 바다 풍경이 우중충하다. 언덕을 내려와 작은 골목으로 진입하면 예전의 수산물시장이 나타나는데, 횟집 아주머니가 조개와 활어를 진열하느라 여념이 없다. 임시공휴일이라 높은 매상을 기대했을 터인데, 날씨 때문에 헛고생만 하지 않을까 마음이 편치 않다. 건어

물 판매점이 즐비한 거리에도 손님들 발길이 뜸하니, 딸아이가 상인들의 생활을 걱정하는 마음을 은근슬쩍 내비친다.

현대식 수산물시장 뒤에 있는 대천항여객선 터미널에서 딸아이가 잠시 용무를 보러 간 틈을 타, 매표소에서 삽시도행 배 시간을 알아보니 12시 반에 들어가서 17시에 나올 수 있다고 한다. 젖은 옷과 신발을 신고 오래 걷기가 힘들 것이고 비가 언제 또 올지 몰라 걷기 대신 섬 여행을 해 볼까 계획을 세워 보았지만, 배 시간 문제로 수포로 돌아가고 말았다. 터미널과 보령귀어귀촌지원센터를 지나 원래의 서해랑길 코스에 합류했는데, 걷고 있는 자전거길 옆 편도 1차선 도로에 화물차와 승용차가 빠른 속도로 지나가는 바람에 사고에 대한 두려움이 밀려 온다. 오른쪽 산등성이에 자리 잡은 기계 유씨 진사공파 신흑종중의 묘소를 지나고 현대식 건물인 신흑1동 강당마을 노인회관을 지나면서, 그곳에서 노인들이 여유롭게 즐거운 하루하루를 보낼 수 있기를 바란다. 썰물로 광활한 갯벌이 드러난 바다 건너편에 보령화력발전소가 희미하게 눈에 들어온다. 찻길 옆 좁은 자전거도로를 따라 계속 걸어서, 오른편의 보령 생활폐기물종합처리장과 왼편 식당가 건물을 지나고 남곡3동 버스정류장을 지난다. 조금을 더 걸어 자전거 라이더를 위한 쉼터에 잠시 쉬기 위해 들른다. 둘이 앉아 쉴 수 있는 매끈하게 깎은 돌 위에 새 발자국을 조각하여 쉬어 가는 이들의 마음 한 켠에 작은 추억을 남겨 주려 한 쉼터공사 관계자의 마음 씀씀이가 참 곱다. 젖은 양말과 신발을 벗고 발가락에 바람을 쐬고는 칼국수식당과 편의점을 지나 라이더카페 건물에 이르면, 카페 앞에 이른바 천국의 계단을 설치하여 인생사진을 남기려는 젊은 라이더를 유혹하고 있다. 조금을 더 걸으니, 일본어로 토모노야호텔이라고 쓰인 건물이 나온다. 이 호텔은 일본식 인테리어와 함께 객실 안에 편백 욕조에서 료칸을 즐길 수 있는 일본풍 호텔로서, 젊은이들 사이에 인기가 있는 고급 호텔이란다. 그 옆의 버니프렌즈 호텔 1층에 키즈 카페가 설치되어 있는 것을 보면, 이곳에 젊은 관광객의 발길이 잦다는 것을 짐작할 수 있다.

서해고속도로 대천2교 아래의 세월교라는 이름의 썰물 때만 드러나는 잠수교에 도착한 시간이 간조기인지라, 6km를 우회하지 않고 무리 없이 바다를 건널 수 있게 되었다. 그런데 다리 폭이 너무 좁은데다 뒤에서 달려오는 차량이 경적을 울려대는 통에, 바다로 빠지지 않으려고 용을 쓰면서 건너 대천방조제에 올라선다. 방조제 위에는 붉은색과 파란색 우레탄이 깔려 있어 발아래서 폭신함이 느껴진다. 방조제 초입에 축구장과 장애인 파크골프장이 갖춰진 보령생태공원에 자리 잡은 보령시 시설관리공단을 지난다. 왼편 바다의 넓은 갯벌에는 작은 생물들이 삶을 이어 가고 오른편 봉담천 좌우는 추수를 기다리는 누런 벼들로 황금빛 벌판을 이루고 있는데, 길가에는 갯벌에 일하러 간 주인을 기다리는 차들이 빼곡하게 서 있다. 갯벌과 방조제가 맞닿은 곳에는 누군가 간절한 소망을 담아서 쌓은 돌탑이 줄지어 서 있고, 봉담천 넓은 공터에 빌딩 옥상에서나 볼법한 커다란 플라스틱 수조들이 한가득 들어서 있다. 그 통 속에 무엇이 들었는지 궁금하지만, 길 위에 사람이 없으니 물어볼 길이 없다.

방조제 아래 고정리와 은호리 갈림길 삼각지에 위치한 배수갑문과 송학항을 지나 도로를 따라 걸어, 주교어촌계 수산물산지가공시설을 지난다. 송학2리 마을길로 접어들어 마을 한가운데를 가로지르고 다시 언덕길을 넘어서 작은 저수지를 지나 고정2리 칼국수 집에서 다시 도로와 만난다. 토정로 도로를 따라 계속 걸어가면 토정 이지함 선생 가족묘를 지나고, 조금 더 걸어서 깊은골 삼거리에서 오늘의 코스를 마무리한다.

토정 이지함 선생은 고려 말 충신 이색 선생의 6대손으로, 화담 서경석 선생 문하에서 공부를 한 조선 중기 학자이자 기인이다. 그는 천문, 지리, 의학 등에 능통하였으며, 평생 벼슬을 사양하다 선조 6년에 처음으로 벼슬길에 올랐다. 포천현감 자리에 앉은 선생은 백성의 빈곤을 해결하기 위한 상소를 올리기도 했고, 아산현감으로 재직할 때 걸인청(乞人廳)을 설치하여 손수 빈민을 구제하는 일을 하다가 사망하였다. 그러나 우리에게 더 잘 알려져 있는 것은 개인의

사주(四柱) 중 태어난 연·월·일 세 가지로 육십갑자(六十甲子)를 이용하여 1년 동안의 신수를 알아보는 『토정비결』이라는 책이다. 이 책은 역술인이 점을 칠 때 주로 참고하였다고 알려져 있고, 토정 선생이 신비한 예지력을 선보인 사례가 많이 전해지고 있을 뿐 아니라 지금도 컴퓨터로 1년 운세를 점치는 데 활용되고 있어, 그는 '조선의 노스트라다무스'에 비유되기도 한다. 토정 선생에 관해 전해져 내려오는 기록을 보면 선생은 재물에 대한 욕심이 적고 부귀영화를 추구하기보다는 남에게 베풀기를 좋아하는 성품이었으며, 벼슬길에 올라서는 실제 빈민구제활동을 왕성하게 시행하였다. 하지만 그의 삶과 행적보다는 미래의 운세를 점치는 『토정비결』이라는 책이 더 많이 알려지면서, 그를 신비한 예지력을 지닌 예언가로 인식하는 경우가 더 많다. 사회복지실천을 함에 있어서 사회복지사는 절대로 신비주의적 관점을 가져서는 안 되며, 현실세계에 대한 객관적 관점을 유지한 상태에서 현실의 내담자 삶을 변화시키는 데 주력해야 한다.

딸아이와의 걷기를 마치고 식사를 하러 유명 TV 프로그램에 맛집으로 소개된 붕장어탕과 구이로 유명하다는 식당에 들렀다. 딸아이가 붕장어 일명 아나고 식당을 선택한 것이 매우 의아해하던 차에, 딸아이가 "서른다섯 살에 처음으로 아나고 구이를 먹어 본다."는 말과 "엄마도 장어를 싫어하거나 못 먹는 것이 아니라, 안 사줘서 못 먹는 것이다."라고 말한다. 이 두 구절의 말을 듣는 순간 망치로 머리를 한 대 맞은 기분이었다. 사실 나는 가족들이 안 먹는 음식이 몇 가지 있어서 사실 여부를 확인조차 하지도 않고 당연히 민물장어나 붕장어는 아예 안 먹을 것이라고 머릿속에서 단정하고 있었기에 같이 먹으러 갈 생각은 애초부터 없었다. 가장 가까이에서 함께 살고 있는 사람의 식성에 대해서도 제대로 된 관심조차 기울이지 않는 아빠이자 사회복지학 전공 교수가 학생들에게는 칼 랜섬 로저스(Carl R. Rogers)의 인본주의이론에서 말하는 촉진적 원조관계 형성을 위해 사회복지사가 가져야 할 태도 세 가지 중 하나인 '무조건적 긍정적 관심'을 내담자에게 보여 줘야 한다고 열변을 토해 왔다. 이 얼마나 부끄럽고 수치스러운 언행불일치(言行不一致)인가? 쥐가 파놓은 구멍이 있으면, 그 속에 낯짝만이라도 숨겨 보고 싶은 심정이다.

33. 정성 어린 돌봄

□ 서해랑길 61-62코스, 보령 깊은골 버스정류장 – 천북굴단지, 24.6km, 8시간, 38,380걸음

　하늘이 열린 날, 즉 개천절이면서 퐁당 퐁당 휴일이 이어지기에 필자가 속마음까지 터놓을 수 있는 아끼고 사랑하는 학교 교직원과 함께 길동무가 되어, 서해랑길 보령구간 마지막 2개 코스를 함께 걷게 되었다. 깊은골 버스정류장 앞 편의점에서 김밥과 컵라면으로 아침을 먹고는 길에 올랐는데, 며칠 전까지만 해도 사람을 질식하게 만들었던 날씨는 온데간데없고 서늘한 아침 공기가 가벼운 옷 속으로 파고든다. 작은 정류장 주변에 식당과 편의점 그리고 원룸이 옹기종기 모여 있는 것은 보령화력발전소 후문 주변 마을이라서 그런 듯하다. 도시든 농촌이든 밥벌이가 가능한 일자리가 많은 곳에 사람도 많이 모여 산다는 것은 확인된 정설같이 느껴진다. 상가를 뒤로 하고 오천3리마을 안길을 걸어 내려와 마을회관을 지나면, 누렇게 익어서 고개를 숙인 벼들이 추수를 기다리는 황금들판과 산 아래를 은빛으로 물들이고 있는 억새풀 사이로 난 포장된 농로를 따라 걷는다. 어쩌다 시골집 안마당에서 지나는 과객을 경계하며 짖어 대는 강아지 소리 말고는 어떠한 소리도 들리지 않는 고요한 적막이 주변을 감싸고 있다. 산자락의 비포장 길 양옆으로는 개인이 운영한다고 보기는 너무 넓고 큰 태양광발전시설이 청명한 가을햇살을 머금어 청정에너지를 만들어 내고 있다.

　오천3리 부녀회관 건물 앞 수정동 마을 입구에는 마을 수호신 같은 커다란 소나무가 멋스러운 자태를 뽐내고 있고, 마을 앞 황금벌판 저 너머로는 보령화력발전소 근처 LNG 터미널이 눈에 들어온다. 들판 길을 따라 도로까지 걸어 내려와 만나는 작은 소류지에는 맑은 가을 하늘의 구름이 반영으로 하얗게 비치고 있다. 연못 위 소금쟁이는 지나는 길손에게는 관심 없다는 듯 물 위를 이리저리 뛰어다니며 노닐고 있고, 잠자리 몇 마리도 하늘을 날아다니며 가을을 만끽하고 있다. 도로 건너 교성천이라는 작은 실개천에는 나이든 동네 할아버지 두 분이 파라솔 아래 예닐곱 대의 낚싯대를 드리우고 시간을 낚는지 붕어를 낚는지 모르겠지만 물 위에 솟아오른 찌를 유심히 바라보고 있다. 명보교에서 오

천해안로를 따라 걷다 보면, 예지농장, 레미콘제조업을 하는 삼표산업의 계열사인 에스피네이처 보령공장, 그리고 금화식품 건물을 지나, 오천고물상 삼거리에서 오천항 방향의 진골중부길로 우회전하여 보령화력발전소를 돌아간다. 얕은 오르막길을 오르다 보면, 오늘 코스의 주요 경유지 중 하나인 보령LNG터미널을 지난다. 길가 버스정류장에서 커피 한 모금으로 목을 축이고 얕은 언덕길을 올라 섰다 내려서, 영보교를 지나면 영보2리 수해마을을 지난다. 다시 만나는 리조트 펜션 앞의 작은 텃밭에서는 할아버지가 손수 재배한 작물을 추수하고 있고, 리조트 안에서는 아버지와 자녀가 배드민턴 놀이를 하고 있다. 리조트 정문 앞 작은 고개를 내려서면, 푸른 바다가 눈을 시원하게 해 준다.

곧이어 바닷가 옆 갈매못 순교성지에 다다른다. 이곳은 광천천이 천수만으로 유입되는 해안에 위치한 곳으로, 1866년 병인박해 때 바닷가 모래사장이었던 갈매못에서 효수(梟首) 당했던 다블뤼 안 안토니오 주교, 위앵 민 마르티노 신부, 오메크로 오 베드로 신부와 황석두 루가 회장, 장주기 요셉 회장과 그 외 수많은 천주교인이 순교를 당한 곳이다. 순교지 성당 주변에 조성된 순교자의 무덤과 기념비에도 눈길이 가지만, 그보다는 성당 안에 신부님과 복자의 목을 쳐서 해안 모래밭에 걸어 놓은 당시의 참혹한 장면을 그려놓은 그림에서 눈을 떼지 못한다. 그 앞에서 나는 한동안 발길을 옮길 수 없을 정도로, 슬픔과 분노의 감정으로 가슴이 요동치는 경험을 한다. 매일 오전 11시 30분에 이곳을 방문한 사람들이 드리는 순례 미사에서 흘러나오는 찬송으로 간신히 마음을 가라앉히고, 성당 입구에 걸린 '예수님을 가진 자가 모든 것을 가진 자이다.'는 산토니오 주교님의 좌우명을 마음속으로 되뇌며, 죽음으로 신앙을 지킨 진정한 성자들을 위해 기도를 하며 무거운 발걸음을 옮겨 놓는다.

무거워진 마음에 터덜터덜 도로를 따라 걸어가는데, 오천항에 보기 드문 형상을 한 배 다섯 척이 나란히 서 있다. 아마도 키조개 채취선일 것이라고 길동무가 알려 주는데, 오천항 앞 도로는 전국에서 몰려든 대형버스와 소형 차량이 빼곡하게 줄 서 있다. 지금이 주꾸미, 우럭, 광어를 낚시하기에 제철이고 연휴가 이어지니, 전국에 있는 조사들이 오천항으로 몰려든 듯하다. 택시기사의 말을 빌리면, "한 입거리도 안 되는 것들까지 낚시로 건져 올리니, 바닷물고기가 씨가 말라 간다."는데, 그의 말이 빈말은 아닌 듯하다.

번잡한 도로를 따라 걸어 61코스 종점인 충청수영성에 도달한다. 충청수영성 앞에 세워진 안내문에 따르면, 조선 초기에 설치되어 고종 33년(1896년)에 폐영(廢營)되었는데, 조선 초기 이곳에 배속된 군선(軍船)이 142척이고 수군은 8,400여 명에 이르렀다고 한다. 충청수영성은 한양으로 가는 조운선(漕運船)을 보호하고 왜구 침탈을 방지하는 일을 담당했으며, 근대에는 이양선을 감시하는 등의 역할을 했다. 지금도 충청수영성의 모습은 거의 원형 그대로 유지되고 있으며, 충청지역 수군 지휘부로써 충남의 수군편제와 조직, 해로(海路)에 관한 자료가 보전되어 있어 역사적·학술적 가치가 매우 높다고 한다. 군사적 목적에서 보면 충청수영성 내의 영보정이 핵심적 위치를 차지하지만, 사회복지를 전공한 필자의 눈에는 성에 들어서자마자 만

나는 진휼청에 더 많은 관심이 갈 수밖에 없다. 진휼청은 충청남도 문화제자료 제412호로 지정되어 있는 건물로, 정면 5칸 측면 2칸의 팔작지붕 건물로 대청, 온돌방, 툇마루, 부엌 등으로 구성되어 있고, 흉년에 충청수영 관내의 빈민 구제를 담당하던 곳이었다. 진휼청은 병영 내에 위치해 있지만, 우리의 오래된 사회복지의 원형을 보존하고 있는 의미 있는 공간인 셈이다.

충청수영성을 둘러보고 오천항 거리로 되돌아 내려와 돼지국밥으로 점심을 해결하고, 성 주변의 도로를 따라 걷는데 다른 지역과 달리 우체국 건물이 단층으로 지어진 모습이 특이하다. 오천초등학교를 끼고 오르막길로 수영성으로 올라섰다가 도로를 따라 걷다 보니, 원래 정해진 코스에서 살짝 옆으로 빗겨나 있는 것을 발견했지만, 곧 다시 두 길이 만나게 되어 있어 크게 신경 쓰지 않고 도로를 걷는다. 아마도 은퇴한 분이 한적한 노후 생활을 위해 언덕배기 아래에 지은 집의 마당은 꽃과 나무로 아름다운 정원을 이루고 있

다. 식물에 관한 해박한 지식을 가진 길동무가 정원 안에 쑥부쟁이를 보라고 권한다. 나도 얼핏 보기는 했지만 식물에 문외한인지라 그것이 무슨 나무인 줄 알았는데, 여러해살이 풀인 쑥부쟁이가 1m가 넘게 자라는 것은 아주 드문 일이란다. 그러면서 길동무가 "식물이나 사람이나 정성을 다해 보살피면, 저렇게 멋지게 성장한다."고 말했을 때, 나는 사회복지사가 이 정원의 주인장을 닮으면 좋겠다는 생각이 들었다. 어학사전에서 찾아보면, 정성(精誠)이란 말이 '온갖 힘을 다하려는 진실되고 성실한 마음'이라고 풀이되어 있다. 정원 주인이 쑥부쟁이를 기름에 온 정성을 들인 것처럼, 사회복지사도 있는 힘을 다하여 진실되고 성실하게 내담자를 대하고 돕는 자세를 보여 주면 참으로 좋겠다. 그리되면 내담자는 사회복지사의 정성 어린 마음과 돌봄 행위를 자양분 삼아, 자기 삶의 문제를 해결하는 것을 너머 더 멋진 사람으로 성장해 갈 수 있을 것이다.

어르신이 몇 번 쉬어야만 겨우 올라갈 수 있는 곳에 위치한 소성2리 경로당과 오천119안전센터 그리고 도로공사가 한창인 곳을 지나, 소성 삼거리에서 보령방조제로 접어든다. 이 방조제는 간척사업과 농업용수 공급을 위해 보령시 오천면과 천북면 사이로 흐르는 광천천을 막아서 만든 1km도 채 안 되는 소규모 방조제다. 방조제를 건너면 행정구역이 천북면으로 바뀌는데, 굴로 유명한 명성을 보여 주려는 듯이 방조제가 끝나는 곳에 굴음식점 네 개가 줄지어 자리 잡고 있다. 휴일에 가족모임에 참여하여 일찍 식사를 마친 아이들이 식당 앞에서 깔깔거리며 노는 모습이 길손의 피로를 덜어 준다. 잠시 쉬고 다시 홍보로 찻길을 따라 걸어간다. 보령화력발전소부터 거의 도로를 따라 걷다 보니 이제 발바닥도 서서히 아파 오고, 눈에 들어오는 풍경도 별반 다르지 않게 느껴진다. 길을 걸으며 소 사료용 풀을 곤포 사일리지로 만들어 놓은 모습과 고전창호 기능인이 운영하는 창호전문점, 두만소류지, 하만3리 경로당 그리고 벼 건조저장시설, 해산물 가공공장과 카페 등을 지나 천북장로교회 앞 삼거리에서 하만4리 마을회관 방향으로 좌회전한다.

하만4리 앞 논은 황금들판이지만, 곧이어 도로변에 올라서자 이른바 고향의 냄새라고 칭해지는 동물 분변 냄새가 코를 자극한다. 마을회관에서 서호회전교차로를 지나 버스정류장에서 잠시 쉬어 가지만, 마을 평지뿐 아니라 작은 동산 위까지 폭넓게 자리 잡은 소 사육 농장에서 내뿜는 달갑지 않은 향기에 커피의 향을 빼앗기고 만다. 도로를 따라 절골마을을 지나고, 사기점마을의 흑염소 농장을 지난 길옆 논밭에는 사람이 먹을 쌀을 생산하는 면적보다 소 사료용 풀을 재배하는 면적이 더 넓어 보인다. 길가 다리 옆에 '사호3리 짓개'라고 쓰인 돌비석이 있는데, 짓개라는 단어를 사전에 찾아도 검색이 되지 않는 것을 보니 이 지역주민이 흔히 쓰는 말로 보인다. 길가에 커다란 새우양식장이 있는 것을 보니, 곧 바다를 만날 듯하다.

오천항에서 헤어진 바다와 다시 만나니 천북굴따라길이다. 왼쪽으로 가면 프로박트로사우루스와 루앙고사우루스의 공룡발자국이 있는 학성리 맨삽지인데, 거리가 3.5km인지라 애써 외면하고 오른쪽으로 방향을 잡는다. 길은 바다 위 데크길인데, 목포시 고하도의 해상 데크길과 그 분위기가 사뭇 비슷하게 느껴지고, 뒤돌아보면 보령화력발전소가 눈에 들어온다. 데크길을 벗어나 포장된 길로 접어드니, 또 다른 새우양식장의 수차가 쉼 없이 돌고 있다.

서호3리마을 입구에 만조 시에는 해안 데크길로 걸을 수 없으니 우회하라며 친절하게 우회로 지도를 걸어 놓았다. 해안 데크길을 혹시 걸을 수 있을까 하여 마을 안쪽 끝까지 가 보았으나, 더 이상 길이 없어 되돌아 나와 서호3리 경로당 옆의 커다란 정자나무 아래로 되돌아온다. 우회로를 찾기 위해 길이라는 길은 모두 탐색해 보았으나, 어디에도 서해랑길의 표식이 없고 지역주민에게 물어도 우회로에 대한 정보를 얻을 수가 없다. 서호3리 마을 안쪽 깊이 들어 왔으니 천북굴단지 종점까지 한 3km 정도 남은 거리인데 갈 방도를 찾지 못해, 하는 수 없이 지역의 택시를 호출해 보지만 그 역시 쉽지 않다. 한참을 되돌아가 큰길에서 버스를 탈 생각으로 한참을 걷다가, 마지막으로 한 번 더 개인택시를 호출했더니 한 20분 기다리라고 한다. 그러고 나서야 길을 잃어 낭패감에 젖었던 나그네 둘이 마음을 쓸어내리고, 정자나무 아래서 앉아 차분히 택시를 기다린다. 택시를 타고 출발점으로 되돌아와 개인 차량으로 이동하여 숙소를 정하려는데, 홍성의 남당항 대하축제기간에다가 휴일인지라 객실이 가득 차 있거나 저녁식사 해결이 어려운 외진 곳에 위치한 숙소가 전부다. 부득이하게 홍성읍내로 이동하여 숙소를 잡고 순대볶음으로 저녁을 해결하고는 잠자리에 든다. 다음날 아침 62코스 종점에 차를 세워 놓고, 어제 걷지 못한 천북굴따라길의 일부 구간을 되돌아가서 걷는다. 이른 아침이라 호젓한 분위기와 청량한 공기가 가득한 솔밭 산책길을 걸어 나와, 펜션과 호텔, 굴식당으로 가득한 천북굴단지 앞에서 서해랑길 보령 구간 걷기를 마무리한다.

34. 지역공동체의 축제

□ 서해랑길 63코스, 보령 천북굴단지 – 홍성 궁리항, 11.2km, 4시간, 20,702걸음

  홍성읍내에서 어제 다 걷지 못한 62코스로 되돌아가는 길에 왠지 노포식당 주인장의 음식 솜씨가 괜찮을 것 같은 기대감에 정원사랑방 식당에 들러서, 요즈음 만나기 쉽지 않은 백반을 주문한다. 고등어조림과 풀치조림을 비롯한 정갈한 밑반찬 일곱 가지에 근대와 새우 그리고 된장을 넣고 끓인 국으로 구성된 백반 메뉴의 맛이 일품인데, 그중에서 근대국은 단품 해장국 못지않은 시원한 맛을 지녔다. 주인장의 인상과 음식맛이 일치하는 노포 맛집에서 배를 채웠으니, 오늘 하루의 걷기는 분명 기운 넘치고 활기찰 것 같은 예감이 든다. 천북굴단지와 이어진 62코스의 솔밭 오솔길을 걸어 나와 하트모양의 조형물에 걸린 그네를 손으로 흔들어 보고, 도로를 따라 조금을 걸으면 보령시 천북면과 홍성군 서부면의 경계선상에 위치한 홍성방조제에 닿는다. 방조제 왼편 먼바다 위에는 안면도가 마치 병풍처럼 펼쳐져 있고 바로 옆에는 수룡항포구가 자리 잡고 있으며, 오른편 작은 동산에는 방조제 준공 기념탑과 함께 풍력발전기 1기가 외롭게 서서 온몸으로 바닷바람을 맞고 있다. 홍성교와 배수갑문을 지나 기념탑으로 올라가는 길 건너편 주차장에 모산도공원이 있다. 방조제가 건립되고 도로가 놓이기 전에는 이곳이 사람이 살지 않는 무인도여서, 지역주민이 모산 또는 모산섬이라고 불렀던 곳이다.

  두 사람이 어깨를 나란히 하고 걷기에는 좁은 홍보로의 길 어깨를 따라 걸어, 신리교차로에서 남당항 방향으로 접어든다. 남당항 초입의 메타세쿼이아 나무가 줄지어 서 있는 바닷가에는 폐기된 양식장이 덩그러니 갯벌에 걸쳐져 있고, 마을 초입에는 식당과 숙박시설이 자리를 잡고 서 있고, 어느 민가 출입구에는 꽃사과 나무에 붉은 열매가 조롱조롱 달려 있다. 남당항 대하축제장에 가까워질수록 점점 활기가 느껴지는데, 길 건너 해수탕을 만나니 잠시 들러서 발에 누적된 피로를 풀고 싶은 마음이 들지만 'I♥NAMDANG'이란 표지판이 설치된 남당항 해양분수공원의 쉼터에서 신발을 벗어 던지고 잠시 널브러지는 것으로 대신한다.

광장에는 대하축제가 열리고 있다. 축제장 천막에는 품바 각설이 공연, 향단이 철딱서니공원, 탕후루 판매대, 하트 모양의 뻥튀기 판매대 등이 설치되어 있다. 안쪽 축제장을 모두 둘러봐도 다른 지역의 축제장과 다름없을 것이라는 생각에 발길을 들이지 않는다. 오다가다 봤던 축제 홍보 포

스터에는 두 달 동안 열리는 축제 기간에 유명 트로트 가수의 공연이 한 번 열리고, 대하 잡기체험과 대하요리경연 프로그램이 전부다. 항구 주변 식당에는 이른 아침임에도 불구하고 대하 아니 실제로는 양식 흰다리새우를 먹으려는 손님들의 발길이 분주히 오가고, 축제장을 비롯한 항구 전체에는 외지 차량이 빼곡하게 자리를 잡고 있다. 홍성 남당항 대하축제만 그런 것이 아니라 다른 지역의 유명 축제가 기의 대부분 먹고 마시고, 공연 보고 재미난 한 두 가지 체험을 하는 것이 전부다. 다시 말해 눈과 귀, 코와 입이 즐거울 뿐 지역주민 그리고 축제에 참여하는 사람 사이에 마음을 주고받는 교류는 없다. 오감을 만족시키는 축제이지 인간 공동체를 만드는 축제는 아닌 셈이다. 아무쪼록 지역사회복지기관에서는 오감 만족이 아닌 사람 사이의 마음과 마음을 이어서 끈끈한 인간적 교류가 이루어지고 지역공동체를 형성해 나가는 지역축제를 개최해 주기를 간절히 바라본다.

항구 옆의 남당항 여객선터미널은 텅 비어 있는데, 남당항 회센터는 차들이 빼곡하다. 항구를 지나 노을전망대를 향해 걸어가는 길가에는 바다낚시를 하는 조사들이 삼삼오오 모여 앉아, 자신이 던져 놓은 미끼의 유혹에 넘어간 고기가 낚이기를 바라며 시간을 죽이고 있다. 물 빠진 천수만 안으로 붉은색 스카이워크가 멀리서도 눈에 띄는데, 스카이워크라고 말하기에는 너무 짧다. 동해안의 스카이워크가 바다 풍경을 조망하는 목적에서 주로 세워졌다면, 조수간만의 차가 큰 서해안에는 바다 조망보다는 노을을 조망하기 위한 목적의 전망대이어서 바다 안쪽 깊숙이 들어가는 스카이워크를 건설할 필요가 없을 것으로 예상된다. 아니나 다를까 그곳에 도착하니 남당 노을전망대라고 쓰여 있고, 길이는 102m에 불과하다는 현판이 붙어 있다. 강렬한 빨간색으로 화장을 한 전망대보다

는 그 옆 카페 앞에 설치된 조형물이 더 눈길이 간다. 카페 앞에 '꽃'이라는 노란색 글자를 화분에 심어 놓은 작은 조형물과 카페 안에서 내다보면 바닷물 위에 아름다운 여성의 얼굴 옆모습으로 보이는 하나의 선으로 그려진 철제 조형물이 참 아름답다.

왼편의 드넓은 갯벌을 벗삼아 어사항으로 발길을 옮겨 놓는데, 펜션이나 리조트를 지을 것인지 작은 동산 하나를 통째로 깎아내기 위해 건설장비가 분주히 오가고 있다. 어서항에는 허름한 모텔과 투명수조에서 흰다리새우와 전어가 죽을 날을 기다리며 유영하고 있는 횟집이 즐비하게 서 있다. 그런데 그 수조 안에서도 흰다리새우는 삶을 위한 성장 활동을 하고 있다는 것을 증명이라도 하듯이, 탈각한 새우껍질이 떠다니고 있다. 조금 더 걸으면 어사리노을공원에 진입하고 이곳에도 목조재질의 노을전망대가 세워져 있다. 그 앞 공원 안에는 젊은 남녀가 얼굴을 맞대고 그윽한 눈빛으로 서로를 바라보는 조형물이 설치되어 있다. 공원 안을 걸으며 언제가 와본 것 같은 느낌이 들었는데, 공원이 끝나고 횟집타운 입구의 노을카페를 보니, 예전에 이곳에서 일하고 있는 사위를 비롯하여 가족 모두가 여행을 왔던 기억이 되살아난다. 어량항 횟집거리는 영업을 하는 집과 폐업을 한 집이 반반 정도로서, 코로나의 직격탄을 맞은 뒤 예전의 활력을 회복하지 못하고 점점 쇠락해 가고 있는 듯이 보인다.

어량항을 벗어나 어사교를 건너, 작은 공원으로 진입한다. 작은 풍차를 비롯하여 아기자기한 조형물이 설치된 공원 안에는 한여름 길게 웃자란 풀을 잘라내는 제초기 소리로 소란스럽다. 길동무가 전해 주는 커피 한잔을 마시고 있는데, 작고 귀여운 강아지가 산책을 하고 있는 모습에 저절로 마음 문이 열린다. 소공원이 끝나는 지점에서 갯벌로 내려와 모래사장을 걸어서 속동해안공원에 들어서니, 무지개색으로 채색된 공원 끝 도로 연석이 눈길을 끌고, 제초기의 예리한 칼날을 피한 해국이 수수한 모습으로 마음에 다가온다.

홍성스카이타워가 공식 명칭이지만 그곳의 지명을 따라 속동전망대로도 불리는 타워에 올라가면 보령, 홍성, 서산, 안면도 그리고 이 모든 곳을 너른 품 안에 품고 있는 천수만 전체의 전경이 한눈에 들어올 것 같다. 하지만 굳이 오르고 싶은 마음이 없어, 그 옆에 있는 서해랑길 쉼터에 들러 몸의 열기를 식히려 했다. 그런데 요 며칠 사이 기온이 많이 낮아졌기 때문인지는 모르겠지만, 에어컨이 들어오지 않아 바깥보다 더 덥다. 입에서 '아 덥다'라는 말이 자연스레 튀어나왔는데, 같은 공간에 있던 쉼터 관리자로 보이는 사람이

이렇게 날이 선선한데 덥다고 불평한다는 투의 퉁명스러운 말투로 "더워요?"라고 묻는다. 말의 소리보다 그의 입에서 나오는 억양에 짜증이 나서, 쉼터에 앉지도 않고 돌아 나온다. 쉼터 관리자가 사회복지사라면 길을 걷는 나그네는 내담자에 비유할 수 있을 터인데, 아무쪼록 사회복지기관의 사회복지사는 이 관리자처럼 내담자의 상황과 마음도 헤아리지 않고 자신의 입장과 관점에서만 상황을 이해하고, 비언어적 의사소통으로 내담자의 마음을 불편하게 하는 행동을 하지 않기를 간절한 마음으로 바라 본다.

언짢은 마음을 터덜터덜 걷는 걸음으로 털어 내면서, 뙤약볕 아래 포장도로를 걷는다. 마음이 불편하니 길 건너 있는 승마체험장에 들러볼 마음조차 생기지 않는다. 길가 창고 건물 안 수조에는 잡혀온 흰다리새우가 빼곡히 들어차 있고, 길가에는 억새와 황화코스모스가 은빛과 노란빛으로 하늘거리고 있다. 길가에 잘 조성되고 관리된 이름 없는 소공원에는 가족들이 오순도순 캠핑을 즐기고 있고, 갯벌 안에는 어촌체험을 하는 아빠와 아이가 다정하게 손잡고 걸어가고 있다. 도로를 따라 1km 정도를 걸어서 궁리항 어울림센터를 지나는데, 건너편 아주 작은 섬 입구에 사유지이므로 출입을 금한다는 현수막이 대문짝만하게 걸려 있다. 저곳이 돈을 벌기 위해 개발되어 지금의 자연스러움을 잃지 않을까 걱정이 되지만, 내가 걱정한다고 해결될 일이 아니다. 이런저런 생각을 하고 있던 차에, 궁리항 옆의 천수만 한울마루 앞 서해랑길 63코스 종점에 들어선다.

09

태안 구간

35. 위기와 중복서비스

□ 서해랑길 65-66코스, 태안 관광안내소 - 도황1리 다목적회관, 38.1km, 12시간 30분, 65,085걸음

단층 건물인 태안 관광안내소의 옥상은 철새탐조전망대의 역할을 동시에 하고 있지만 평지에서도 얼마든지 새를 관찰할 수 있어, 굳이 오르지 않고 먼 길에 대비하여 화장실만 들린다. 그런데 출입구에 '생선손질 금지'라고 큼지막하게 써 놓은 것을 보니, 아직도 자신의 편리만을 위해 공공시설 이용 수칙을 어기는 사람이 많은가 보다. 생축분뇨차량 소독시설 바로 옆에는 '서해안 휴양관광 중심도시 태안'을 알리는 보물선 위에 주꾸미가 고려청자를 안고 있는 모습의 조형물이 설치되어 있다. 그 아래 설명문에 따르면 2007년 5월 18일 태안군 근흥면 대섬 앞바다에서 한 어부가 통발작업 중 주꾸미가 안고 있는 고려청자 대접을 발견한 것이 계기가 되어, 오래된 선박 5척에서 고려 시대와 조선 시대의 유물 3만여 점이 발견된 것을 기념하기 위해 이런 형상의 상징탑을 세운다고 쓰여 있다.

관광안내소를 벗어나 천수로 옆의 자전거도로를 따라 당암포구로 들어가는 굴다리 아래를 지나는데, 간월호에 갇힌 물은 올 여름이 유난히 더웠음을 알려 주기라도 하듯 녹조로 가득하다. 한바위길 교차로를 건너서 서해랑길 65코스는 무인모텔 방향으로 돌아가지만, 서산 첫 코스의 남은 길을 걸은 후인지라 빙 둘러 가기보다는 도로를 따라 걷기로 한다. 그런데 길을 질러가는 나를 질책하기라도 하듯이, 식당에서 내다 버린 음식쓰레기에 수천 마리의 하얀 구더기가 꿈틀거리며 길을 점령하고 있다. 유쾌하지 않은 기분으로 좁은 노견을 따라 걷는데, 승용차와 트럭이 쌩쌩 달리는 통에 귓전이 윙윙거리고 몸은 움츠러든다. 안면도 자연휴양림을 알리는 입간판 아래는 로드킬 당한 동물의 사체가 큰 대 자로 누워서 나를 원망스럽게 노려보고 있다. 보고 싶지 않은 광경을 외면하기 위해 도로 아래 황금들판을 바라보니, 수많은 철새가 추수가 끝난 논에서 낱알로 배를 채우고 있다. 저 새들이 하루에 알곡 100개씩만 위장으로 넘기면 들판의 곡식이 남아나지 않을 정도라면 과장이겠지만, 황금들판이 온통 까만색 새 무늬로 채색되어 있다. 인

근 새우양식장에서 새우를 직판한다는 현수막을 내걸어 두었고, 조금을 지난 천수만휴게소 건물에는 홍성 한우, 천수만 꽃게장 그리고 민물장어 가게가 들어서 있다.

그런 길가 풍경보다 나의 눈길을 사로잡은 것은 가을 초입에 피어난 연분홍 벚꽃이다. 9월 말까지 30도를 오르내리는 이상고온 현상에 벚꽃이 계절을 모르고 피어난 것을 보니, 지구가 온실가스에 휩싸여 거대한 찜질방이 되어 가고 있음을 피부로 느낀다. 길가 당암주유소 옆에는 필자가 살아오면서 처음 보는 레저보트 주차구역에 대여섯 대의 보트가 주차되어 있다. 주차장 옆 대형마트 간판에는 '대한고기 & 유학 온 고기'를 판다는 빨간 간판으로 손님을 유혹하지만, 그 유혹이 소용이 없었는지 문을 닫아걸었다. 마트 옆에는 해루질 장비를 직접 만들어 보는 가게가 있는데, 이곳 역시 손님이 없는지 수산물 판매까지 함께 하고 있다. 도로를 따라 3km 정도를 걸어서 당암리 다목적회관 앞 사거리에 이르러 지역특산물인 호박고구마와 생강 한과를 파는 농산물직거래장 앞 횡단보도를 건너, 또 다른 황금들판으로 발길을 옮긴다.

들판 입구 첫 집 마당에 쇠줄로 묶인 누렁이가 하얀 이빨을 드러내고 우리 집에 들어오면 물어 버린다고 경고하고 있어, 몇 가구 안 되는 마을을 돌아서 들판으로 향한다. 땅은 노랗게 익은 알곡으로 채워져 있는데, 산 위에 펼쳐진 파랑 하늘캔버스에는 하얀 뭉게구름이 바다를 떠다니는 요트처럼 유유히 노닐고 있다. 왼편의 작은 농수로와 오른편의 논 사이로 난 포장도로를 걸어, 동아사료 수산양식연구소 입구의 직사각형 저수지 앞을 지난다. 저수지 앞 논에서는 콤바인이 벼 수확에 한창인데, 농부 한 명이 콤바인이 남겨 놓은 벼들을 낫으로 베어서 모으고 있다. 느르섬 옆의 작은 동산과 논 사이로 난 길을 걸어, 오늘 코스의 종점까지 10km 정도를 남긴 곳에서 작은 차도를 만난다. 차도에는 추석 명절에 귀향한 자손들이 길을 잘못 들지 않도록 노란 교통안내판이 연이어 세워져 있다. 파란 지붕 빈집 마당과 붙어 있는 논에는 잘 익은 알곡들이 집을 떠난 주인이 돌아오기를 간절히 기다리고 서 있다. 잠시 도로를 걷다 농수로 쪽으로 돌아드는데, 올 여름 부화한 작은 물고기가 수로에서 우르르 몰려다니며 나그네의 발걸음에서 느껴지는 공포감을 함께 견뎌 내고 있다. 들판을 2km 정도 걸어서 마을로 들어서면 영서사당이 자리 잡고 있는데, 안내판이 세워져 있지 않아 누구를 추모하는 곳인지 알 수가 없다. 마을을 돌아 나와 안면대로 큰길 비석 옆에서 잠시 쉬어 가는데, 이 지역 간척사업을 이끌었던 박홍태라는 분의 공적을 기리는 송덕비가 세워져 있다.

안면대로의 횡단보도 작동 버튼을 누르고 조금 기다려, 신호에 따라 길을 건너 신은 1리로 들어선다. 마을 첫 집은 은퇴 후 귀농한 주민이 사는 듯 정원을 예쁘게 관리해 놓았고, 텃밭에는 여러 가지 잎채소가 자리 잡고 있다. 지게차로 수확해 놓은 1,000kg짜리 벼를 트럭에 옮겨 싣고 있어, 잠시 발길을 멈추고 마을회관을 살펴본다. 마을회관에서 나의 눈길을 끈 것은 '기후위기 안심마을'이라는 현판이었다. 기후위기 안심마을 조성사업은 충청남도에서 「지방자치단체 보조금 관리에 관한 법률」에 의거하여 실시하는 사업이다. 폭염, 혹한 등 심각해지는 기후위기로부터 취약계층을 보호하고 에너지 절약과 함께 영농폐기물 분리수거 체계를 도입하여, 생활 속 탄소중립 실천 확산을 도모하기 위해 주민 공동 이용시설을 개선하는 사업이다. 이곳은 지붕방열 공사, 보일러 교체 등의 시설을 정비하고 기후위기에 대한 교육을 받음으로써, 충청남도로부터 예순한 번째 기후위기 안심마을로 지정된 곳이다. 가을 초입에 벚꽃이 피는 기후위기의 실마리가 코앞에서 발견되는 상황에서 위기에 대처하기 위해 뭐라도 하고 있다는 것은 칭찬받아 마땅하다. 하지만 국민 세금의 보조로 시설 몇 개를 고치고 교육 몇 번 받았다고 안심마을로 지정하는 것은 아무래도 많이 부족한 느낌이 드는 것은 어쩔 수 없다. 만약 사회복지 실천현장에서 위기상황에 처한 내담자를 돕기 위해 이런 얄팍한 대처기제를 사용하는 것을 내가 목격했다면, 크게 한숨을 내쉬었을 것이다. 위기(crisis)가 위험과 기회라는 두 가지 의미를 동시에 지니고 있는 만큼, 사회복지사는 한갓 미봉책에 불과한 대처기제로 내담자의 위기를 삶의 위험으로 확대되게 만드는 일이 없도록, 제대로 된 위기대처 기제를 활용하여 내담자의 삶의 질 향상과 개인적 성장을 도모하는 기회로 전환시켜야 한다.

신은1리마을의 오래된 소나무와 사철나무 그리고 소나무 숲을 보면서, 이 마을이 환경을 보전하기 위해 많은 노력을 기울이고 있음을 눈으로 확인하고는 앞에서 다소 비판적 시각으로 바라본 데 대해 미안한 마음이 든다. 소나무 숲으로 들어가는 작은 다리에 걸터앉아 물 한 모금을 마시는데, 꽃무릇 다섯 그루가 피어난 마당 뒤로 거위와 닭이 한데 어울려 사이좋게 노닐고 있다. 길가 호박넝쿨에는 늙은 호박 네 개가 줄에 매달려 가을볕을 쐬고 있고, 코스모스는 가을바람에 살랑거리고 있다. 마을 끝 농로 위 풀밭에 '털은 엉겨 붙고, 낡은 옷가지를 뒷다리와 꼬리에 걸치고 어슬렁어슬렁 걸어가는 고양이' 한 마리를 만난다. 고양이 털과 옷을 볼 때, 주인과 함께 근처 해수욕장에 놀러 왔다가 버림받은 것으로 짐작된다. 옷이라도 바로 입혀 주려고 다가가면 저만치 도망가서 나를 응시하고, 또 다가가면 멀어지는 밀당을 하다가, 기어이 숲속 펜션 속으로 사라진다.

마검포길 포장도로로 나서면, 교차로 옆에 다양한 정원 테마로 꾸며진 네이처월드가 있다. 들러보고 싶지만 아직도 먼 길이 남아 있어 지나쳐, 마검포 수산회센터 앞 도로를 따라 걸어내려 간다. 도로와 상점 이름에 마검포라는 지명이 자주 나오는 것을 보면 인근에 포구가 있을 법한데, 필자의 눈에는 들어오지 않는다. 도로를 따라 걷다 보면 사륜 구동차를 탈 수 있고 글램핑, 오토캠핑을 즐길 수 있는 레저시설이 자리 잡고 있는데, 이 길은 달산리에서 원청리까지 이어지는 태안자전거도로의 일부다. 도로 옆 수로에는 원청리 어촌계에서 '바지락 양식을 하고 있으니 농약 및 독극물을 살포하지 말라.'는 경고판이 큼지막하게 서 있다. 농로 위에는 한여름에 자라난 풀들이 무성하게 자라나 있어, 걷다가 뱀을 만날까 두려울 지경이다. 농로 끝에 이르니 백사장항까지는 7.1km, 몽산포항까지는 8.9km라는 태안해변길 표지판 위에 서해랑길 나무 표식도 함께 붙어 있다.

태안해변길 4코스 솔모랫길을 알리는 나무 아치 구조물을 통과하여, 소나무 숲으로 발길을 옮긴다. 날씨가 많이 선선해진 완연한 가을이지만, 대낮의 햇볕은 여전히 뜨거웠는데, 소나무 그늘 속에 들어서니 시원하기 그지없고 솔향에 마음속까지 청량해지는 기분이다. 길게 이어지는 해변 옆 솔숲 오솔길을 걸어 나오면, 청포대해수욕장부터 몽산포해수욕장까지 이어지는 광활한 해변과 푸른 바다가 반겨 준다. 행정구역상으로는 태안군 남면 원청리에 속하는 별주부마을은 서해 바다의 풍부한 어족자원을 바탕으로 독살문화 등의 갯벌 문화를 지닌 전형적인 농어촌마을로서, 우리가 알고 있는 「별주부전」의 발원지라고 한다. 청포대해수욕장으로 이어지는 노루미해변에는 밀물 때 따라 들어온 물고기가 돌그물에 갇혀 빠져나가지 못하는 원리를 이용한 어로법인 독살이 원형 그대로 보존되어 있다. 별주부마을 앞 이름 없는 섬과 별주부캠핑장을 지나, 청포대오토캠핑장에서 포장도로를 걷는 원래 코스를 벗어나 해변을 따라 걷는다.

청포대해변에서 북쪽을 바라보면 족히 3~4km에 이르는 길고 긴 백사장이 아득하게 펼쳐져 있어, 진정한 명사십리(明沙十里) 해변이라 해도 될 듯하다. 모래사장은 여느 해변처럼 푹신거리지 않아 단단한 모래 흙길을 걷는 느낌이며, 조수에 떠밀려 온 조개껍데기가 마치 육상트랙을 보듯이 하얗게 네 줄의 트랙을 이루고 있다. 어느 연인이 해변 모래 위에 조개껍데기를 모아 서로의 사랑을 확인하는 하트를 만들어 놓았다. 하트 속에 써놓은 이름은 파도의 힘에 의해 흐트러져 버렸지만, 그들의 사랑이 영원히 이어지길 바란다. 해변 옆은 온통 펜션이 차지하고 있고, 그 사이에 형성된 사구에는 이름 모를 풀들이 자라나 있고 듬성듬성 해송 몇 그루가 하늘을 향해 손짓하고 있다. 해변 끝 파란 하늘에는 누군가 하얀 물감을 흩뿌려 놓은 듯 뭉게구름이 두둥실 떠가고 있다. 참으로 아름답고 시원한 가을 바다 풍경 속을 걸으며, 마음의 여유와 행복을 누린다. 청포대해수욕장 끝 지점과 달산포해수욕장 시작 지점 사이에 마을에서 흘러내린 냇물이 만든 갯골을 건너다가 신발이 흠뻑 젖었지만, 그조차도 즐겁게 받아들인다.

해변 모래사장을 걸을 만큼 걷고, 달산포해수욕장 중간 즈음에서 해변과 나란히 놓인 태안해변길 소나무 숲으로 올라선다. 시원한 그늘을 만들어 주는 소나무 숲길을 호젓이 걷노라면, 해안사구 위에 피어난 해당화 꽃이 방긋 웃어 주고 이름 모를 풀들이 바람을 맞아 허리 굽혀 내게 인사를 한다. 해안사구는 태풍이나 해일 등의 자연재해로부터 해안을 보호하고, 지하수의 저장과 정화 그리고 해수로 인한 오염을 방지해 주고, 희귀생물의 서식지를 제공해 주는 기능을 한다. 해안사구에는 매화마름, 좀보리사초, 갯그렁, 갯완두, 개키버들 등의 깃대종 식물들이 서식하고, 표범장지뱀, 큰조롱박먼지벌레, 유혈목이, 다리무늬침노린재, 새호리기, 흰꼬리수리, 새매 등의 다양한 동물이 서식하고 있다고 한다. 그리고 태안해안국립공원 깃대종 캐릭터는 사구에 사는 표범장지뱀의 형상을

본떠 만든 '표롱이'란다. 해송 숲을 벗어나면 갈지자 형태의 콘크리트 철골 구조물인 몽산포전망대가 설치되어 있는데, 이 하얀 구조물이 아름다운 자연경관을 오히려 해치고 있다. 전망대와 몽산포관리소 옆 해변에 두 사람이 손잡고 걸어가는 태안해변길 상징 조형물 앞에서, 오늘 걷기를 마무리한다.

일주일이 지난 뒤 일출에 맞춰 다시 몽산포해변에 돌아오니, 바닷물은 저 멀리 도망

가고 넓은 해변이 나를 반겨 준다. 원래 코스는 오토캠핑장 옆 도로를 따라 걸어가는 길이지만, 포장도로는 일상에서도 늘 걷는 길인지라 해변의 모래사장을 걸을 수 있을 때까지 걸어서 몽산포항으로 가고자 했다. 새벽안개가 내려앉은 해변에는 강아지와 산책 나온 아저씨, 놀러 왔다가 갯벌체험하러 나온 아낙네, 해변에 그림 그리러 나온 아이들, 다정하게 손잡고 거닐고 있는 젊은 연인들 그리고 등짐지고 혼자 거닐고 있는 나까지 오가고 있다. 해변 옆 솔밭에는 오토캠핑을 나온 가족이 하나둘 일어나 명상을 하거나 아침찬거리를 매만지기도 하고, 하품과 함께 기지개를 켜고 있는 다양한 모습이 보인다. 저 멀리 바다 풍경을 사진에 담아보려 해도 짙은 안개로 사진이 뿌옇게 나올 뿐이다. 아주 살짝 발이 빠지는 물기 머금은 모래사장을 새벽녘에 걷는 기분을 느끼며, 오션사이드 펜션에 이르러 원래 코스로 찾아든다. 펜션 잔디마당 벤치에는 바다사자 한 마리가 해변을 등진 채 비스듬하게 누워 있고, 그 옆에는 돌고래 두 마리가 연신 자맥질을 하는 조각상이 놓여 있다. 몽산리마을로 접어들면 온통 펜션으로 가득한 도로를 따라 걷다 얕은 오르막을 올라서, 마을회관에서 좌회전하고 펜션과 식당가를 지나, 몽대포구 방파제가 감싸고 있는 몽산포항에 도착한다. 원래 몽대포구로 불리는 이곳 항구는 저녁노을 풍경이 일품이라는데, 손바닥만한 이름 모를 섬 위로 해가 지면 정말 멋질 듯하다. 포구를 지나 펜션 옆으로 길을 들어섰는데, 아차 하는 순간 코스에서 벗어나 산 아래 오솔길을 거쳐 남평 문씨 가족묘와 사당을 에둘러서 정해진 길로 되돌아 나온다.

포장도로에 올라서니 전신주에 서해랑길과 다른 색상의 리본 표식이 걸려 있다. 의아하여 가까이 가서 살펴보니, 산림청이 주관하여 충남 태안에서 경북 울진까지 동서를 가로질러 걷는 길인 '동서트레일' 표식이다. 한 달 전에 이 트레일의 4개 코스가 개통했다는 소식을 접했기에 궁금하던 터인지라, 원래 마을로 내려가야 하는 서해랑길을 벗어나 동서트레일을 따라 도로를 걷는다. 개통 직후라 그럴 테지만 찻길 옆 보도에는 야자매트를 깔아 놓기는 했지만, 서해랑길과 리본 색깔과 길안내 표지판의 모양만 다를 뿐 길은 그냥 길일 뿐이다. 길 아래 밭에서는 일손이 모자라서인지 주인장이 아픈지 추수를 하지 못해 말라비틀어진 빨간 고추들이 대롱대롱 달려 있고, 논의 누런 벼들도 콤바인을 기다리고 있다. 길옆 무성한 수풀 속에는 야생화가 알록달록 작은 꽃잎을 수줍게 내밀고 있다. 김장을 하려고 심은 배추, 쪽파, 청갓이 풍성하게 자라고 있는 시골집과 소나무재선

충에 의해 생명을 다한 소나무를 뒤로 하고, 굴혈포 갯벌체험장 입구와 레인보우캐슬 펜션을 지나서 서해랑길의 원래 코스의 마을로 들어선다.

시점에서 한 시간 반 정도를 걸어왔지만, 여전히 남면 몽산리를 걷고 있다. 마을 초입 집 마당에는 새끼 고양이가 주인으로부터 선물 받은 생선토막에 온 신경을 집중하고 있다. 그 집 주인장은 뾰족 튀어나온 지붕 처마 끝에 서해랑길 리본 표식과 위험이라는 붉은 글씨를 써 놓아, 길손들이 혹시라도 처마에 이마를 찧지 않도록 배려를 해 놓았다. 마을길을 따라 걸으면 맨드라미, 코스모스, 금잔화 등의 다양한 꽃들이 반겨 준다. 밭에는 참깨와 늘깨가 가을 햇실에 여물어 가고, 추수를 마친 밭에는 내년 봄에 거두어들일 마늘 싹이 심겨져 있다. 시골 마을의 아기자기한 풍경에 몰입하여 걷고 있는데, 길가 전신주에 한가득 걸린 리본이 눈에 들어온다. 다름 아닌 서해랑길과 동서트레일 그리고 이 길을 앞서 걸은 사람이 걸어 놓은 붉은 리본까지 합쳐져 한 다발을 이루고 있는 길 표식 리본 뭉치인데, 보기에 썩 좋지 않다. 이 장면을 보고 필자는 내담자에 대한 중복서비스 문제를 생각해 본다. 어떤 사회복지 전공서적을 들춰 보아도 중복서비스는 바람직하지 않다고 되어 있다. 한 내담자에 대한 중복서비스는 욕구를 넘어서는 과도한 서비스 제공의 문제를 야기하고, 다른 내담자의 서비스 부족을 초래할 위험성을 높이고, 제한된 자원의 효율성을 저해하는 문제를 낳기 때문에, 바람직하지 않다. 그런데 한사코 중복서비스는 나쁘다고만 볼 것인지는 다시 한번 생각해 볼 문제다. 만약 내담자에게 제공되는 한 가지 서비스로 내담자가 지닌 욕구를 충족하지 못했을 경우, 내담자는 여전히 미충족 욕구를 지닌 채 살아가야 하고, 더 나아가 생활문제를 경험할 위험에 노출될 가능성이 있다. 그러므로 한 가지 서비스만으로 내담자의 욕구나 문제를 충족하고 해결하는 데 부족함이 있다면, 같은 서비스를 중복해서 제공하는 것도 크게 문제가 되지 않을 것으로 보인다. 따라서 서비스 중복의 문제는 같은 서비스가 제공되는 빈도가 아니라 특정 서비스의 충분성과 욕구적합성을 기준으로 판단해야 할 필요성이 있다.

길옆 고구마 밭에는 동네 할머니 세 분이 열심히 자줏빛 황토 고구마를 주워 담고 있고, 육쪽 마늘 재배와 판매를 동시에 겸하고 있는 농가 창고에는 말린 마늘이 한가득이다. 몽산1리 갯천골 버스정류장 앞 붉은 기와집에 태극기와 새마을운동 깃발이 함께 게양되어 있는 것을 보면, 집주인은 애국심이 매우 강하고 조국 근대화 운동의 정신을 계승하고 싶어 하는 보수주의적 이념을 가진 사람일 것이다. 정류장으로 내려가면 태양열 발전 시설이 설치되어 있는데, 1층을 막고 통풍시설을 해 놓은 것을 보면 그곳을 농작물 보관창고나 버섯 재배시설로 쓰지 않을까 싶은데 자물쇠로 굳게 걸어 잠가 놓았다. 들녘은 황금빛으로 일렁이는데, 마을 축사의 소들은 오간 데 없이 텅 비어 있다. 아무쪼록 럼피스킨병(Lumpy skin disease)으로 인한 방역 관리과정에서 살처분되지 않았기를 바라 본다. 어깨를 나란히 하던 동서트레일과 잠시 이별하는 작은 삼거리의 한쪽 편은 소나무재선충으로 인해 말라죽은 소나무와 늘 푸른색으로 바람에 흔들리는 대나무 숲이 대비를 이루고 있다. 서해랑길 시점에서 6.4km 지점을 가리키는 이정표 앞에서 동서트레일과 이별을 고하고, 걸어서 방조제를 지나 저수지 위로 올라서면, 15층짜리 대형건물 한 동과 5층짜리 건물 여섯 동이 건축을 중단한 채 방치되어 있다. 누군가가 넓은 저수지와 드넓은 바다 풍경을 전경으로 휴양시설을 지어서 큰 돈을 만져보고 싶었겠지만, 여러 사정으로 공사를 중단하고 을씨년스러운 콘크리트 잔해만 남겨 놓았을 것이다.

저수지 앞 펜션을 돌아 나오면, 곧바로 드넓게 펼쳐진 갯벌을 만난다. 갯벌 위에는 칠게를 비롯한 다양한 생물이 먹이활동을 하느라 분주히 움직이고 있는데, 갯벌에 덩그러니 올라앉은 소형 어선 두 척과 두 시간을 넘게 걸은 나는 잠깐의 여유를 부리며 쉬어 간다. 갯벌 방조제 옆에는 제주산 양식 광어를 싣고 온 수조차는 어디론가 사라지고, 땅 위에 수조만 덩그러니 남겨놓았다. 바다와 잠시 이별하고 진산1길 포장도로를 따라 걷다 다시 만난 바다에서 진산어촌계의 갯벌체험장과 여러 채의 펜션단지를 만난다. 여기서 다시 해발 54.3m의 작은 망원산 산기슭 옆의 펜션들을 지나 잠시 바다를 만났다가 들판을 한참 걷다 보면, 반려견이 뛰어놀 수 있는 넓은 잔디밭을 갖춘 애견펜션을 만난다. 안면대로를 따라 마을을 지나면 마을 끝 동산에 창녕 성씨 17세손 부부의 무덤을 지나고, 작은 언덕을 돌아 나오면 다시 바다와 만난다. 오늘 걷는 길은 바다와 마을길이 번갈아

나타나, 마치 바다와 숨바꼭질을 하는 느낌이다. 방조제 아래 농수로를 지나면, 남산리 바닷가에 위치한 평화염전을 만난다. 곰소항 염전에 비하면 그 규모가 매우 작지만 청정 자연에서 만들어지는 소금인 만큼 그 맛은 뛰어날 듯한데, 지금은 염전 바닥에 바닷물만 그득하고 염전을 소개하는 안내판 하나 세워져 있지 않아 소소한 내용조차 알 길이 없다. 방조제 옆 농수로 길을 따라 걷다 만난 새우양식장의 수차가 힘차고 돌고 있고, 가을 새우 출하를 위해 두 명의 일꾼이 새우를 포획망 속으로 몰고 있다.

남산리에서 동서트레일 3구간과 작별을 고하고, 안기리부터 이어지는 근흥방조제로 들어서면 오른편에 이름 모를 저수지가 가장 먼저 반겨 준다. 갯벌과 어깨를 나란히 하던 서해랑길은 배수갑문을 지나 다시 마을로 접어든다. 용남로 삼거리에서 왼편의 호젓한 들판을 끼고 걸어가면, 빨간 지붕 집 앞에 암수 은행나무가 서로 마주보고 있는데, 암나무는 수많은 은행의 무게를 감당하지 못하고 날갯죽지를 축 늘어뜨린 채 버티고 서 있다. 작은 언덕길 옆의 마을과 안기교회를 지나 마을로 접어들면, 잎을 모두 떨어뜨린 나무에 매달린 주황색 감이 나를 반긴다. 들판 옆의 포장도로를 따라 걷다가 노인일자리 사업에 참여했다가 돌아오는 어르신 몇 분을 만났는데, 그중 맨 뒤에 걸어오는 할머니가 든 까망 봉지 속에는 갯벌에서 잡은 고동이 한가득이다. 배수갑문을 지나고 안흥진성 방향으로 돌아서 바다가 보이는 언덕배기로 올라서면, 어떤 부동산업자가 분양하는 전원주택단지에 인부들이 부지런히 오가고 있다. 작은 고개를 넘어서 오른편 언덕배기와 왼편 바닷가에도 역시 전원주택들이 줄지어 서 있는데, 마을 안 길옆 단층집 옥상에 소음측정기가 설치되어 있다. 고요한 마을에 소음측정기가 설치된 것은 아마도 대형 공사 차량이 오가면서 마을 주민이 소음 피해를 입는 일이 있었기 때문으로 보인다.

진리교회 앞 작은 언덕을 넘어 조금을 걸어가면 용신1리 마을회관인데, 경로당 현판을 보면 이곳이 자릿골로 불린다는 것을 알게 된다. 회관 앞 버스정류장에 앉아 쉬고 있는데, 바로 옆 밭에서는 90대로 보이는 할머니와 70대로 보이는 며느리가 다정하게 앉아 컵라면으로 노동의 허기를 달래고 있다. 마을 길가 집에서 식사를 마친 주민이 함께 사는 개에게 맛난 점심을 챙겨 주는 모습이 정겨워 보인다. 마을 앞 농로를 따라 걷다가, 길 위에 백숙과 농주로 점심상을 차려 놓고 추수를 하는 마을 주민을 만난다. 소주 한잔 하고 가라는 농민의 마음을 감사 인사로 받고는 들판을 지나 근흥면 소재지가 보이는 길에 올라선다. 근흥초등학교와 중학교, 보건지소, 면사무소를 지나고, 용산2리 다목적회관 앞에서 다시 큰길과 멀어져 마을로 들어갔다가 다시 차가 다니는 큰길로 되돌아온다. 근흥의용소방대를 지나 다시 큰길과 헤어져 마을로 들어서니 요즈음 보기 드문 벼를 마당에 널어놓고 말리는 장면을 만나게 된다. 대림교회 연포수련원과 원용경로당을 지나, 채석포와 연포 갈림길에서 숲길로 방향을 바꾼다. 숲길 입구에서 나무농장을 만나게 되는데, 꽃사과나무, 꽃산딸나무를 비롯한 다양한 수종이 심겨져 있다. 나무 아래 풀을 베어 내기 위해 돌아가는 예초기의 윙윙거리는 소리를 뒤로하면, 해바라기 여섯 그루가 하늘이 부끄러워 고개를 숙이고 인사하는 집 앞에 이른다. 그 집에서 도로로 이어지는 포장도로 위에 뱀 한 마리가 로드킬 당한 채 죽어 있는데, 오늘은 유독 길에서 뱀을 많이 만난다. 평화염전 사진을 찍다 돌아서 한 발짝을 옮기다 새끼 뱀을 만나고, 진리교회 앞 수풀 속에서 길로 기어 나오는 1m가 넘는 큰 뱀을 만나면서, 오늘 유난히 수풀 속에 발을 옮겨 놓기가 두려웠는데, 이번에는 죽은 뱀을 보니 마음 한 켠이 짠해진다.

한여름에도 안전요원조차 배치되지 않을 정도로 작은 소암해변 모래사장은 밀려든 물로 반 이상이 잠겨있다. 연포해변으로 연결된 포장도로를 따라 걸어 오르면 길 위에 야생동물 통행로가 설치되어 있고, 그 고개 옆 옥녀봉을 지나면 펜션들로 해안이 가려져 있어 연포해변이 시야에 들어오지 않는다. 다만, 연포해수욕장임을 알리는 철제 조형물에 서해안의 다른 해수욕장과는 달리 '일출이 아름다운 바다'라는 글귀가 붉은 바탕에 흰색으로 새겨져 있다. 아마도 근흥면 신진도로 향하는 길 안쪽에 위치하여 일몰뿐 아니라 일출까지도 잘 볼 수 있는 지형에 위치해 있기 때문에, 이런 홍보문구를 생각해 냈을 것으로 보인다. 수많은 펜션과 상점을 지나 도황1리 다목적회관 앞에서 오늘의 걷기를 마무리한다. 다음 코스를 걸을 때 연포해변의 일출이 정말 멋진지를 확인하기로 하고, 스마트폰으로 호출한 택시를 타고 출발 지점으로 되돌아온다. 친절한 택시기사는 오늘 많이 걸어서 피곤할 터이니 가는 길에 있는 첨성대찜질방에서 근육을 풀고 돌아가라고 권하고, 근처 맛집까지 소개해 주고, 80세 이상 노인이 지방자치단체에서 지원해 주는 택시비용으로 의료기관을 다닌다는 마을 사정까지도 알려 준다. 몽산포해변가에 세워 둔 차 앞까지 찰랑찰랑 바닷물이 밀고 들어와 있고, 그 물 위에 윤슬이 살랑거리고 있는 풍경을 뒤로 하고, 집 나선 지 12시간 만에 되돌아와 몸을 누인다.

36. 불균형

□ 서해랑길 67코스, 태안 도황1리 다목적회관 — 송현1리 버스정류장, 17.7km, 6시간, 29,290걸음

도황1리 다목적회관에서 상가골목으로 들어서니 여름 시즌을 지난 민박집은 리모델링 공사가 한창이다. 횟집 수족관 속의 옆으로 걷는 꽃게와 바닥에 납작 엎드린 광어와 유유히 헤엄치는 전어는 죽음이 목전에 와 닿았는지도 모른 채 노닐고 있다. 연포해변에 들어서니 세 개의 조형물이 먼저 맞이한다. 1983년 이장호 감독이 이곳에서 소외계층의 삶을 통해 시대상을 비판한 〈바보선언〉이라는 영화를 찍었음을 알리는 돌 조형물, 박춘석이 작곡하고 하춘화가 노래한 멀리 떠난 님을 그리는 내용의 〈연포아가씨〉 노래가사 비석, 그리고 바다 위에 떠 있는 작은 문시섬을 배경으로 예쁜 사진을 찍을 수 있는 철제 액자들이 안개가 내려앉은 고요한 아침바다를 채우고 있다. 다시 돌아와 상가골목을 걸어서 연포해변 제1야영장의 소나무 숲길을 지나는데, 후각이 무딘 필자의 코에도 싱그러운 솔향이 느껴진다. 연포선착장 방향으로 직진하다 풍진민박에서 어느 회사의 태안연수원 방향의 오르막길을 오르다 보면, 나무 사이로 문지섬과 연포해변 그리고 연포선착장이 한눈에 들어온다. 팔각정에 올라 눈 아래 바다를 굽어보지만, 나무에 가려져 바다풍경은 보이지 않는다. 오색 단풍으로 물들어가는 나무로 둘러싸인 흙길을 따라 걸어, 넓은 잔디밭에 이른다. 이렇게 넓은 잔디밭에 특별한 시설물이 설치되어 있지 않은 것을 보니, 아마도 잔디를 재배하는 곳인 듯하다. 도황길을 따라 도황2리 다목적회관을 지나고 포장도로를 올라 가면 연포해수욕장 안내탑이 크게 세워져 있다.

보행로라고 하기 어려울 정도로 좁은 갓길을 따라 걷는데, 오가는 차들이 행여나 나를 칠까 봐 멀찍이 돌아간다. 길가의 지주식 조미 김을 파는 가게를 만나서, 그 김이 뭔지 궁금하여 스마트폰으로 검색해 본다. 지주식 김은 바다에 지주목을 박고 밧줄로 연결하여 포자를 심어 키우는 양식이 아닌 자연재배방식으로 생산된 김을 말한단다. 검색으로 잠시 한눈을 판 사이 정해진 길에서 벗어나고 말았다. 하는 수 없이 지도에 의지하여 이리저리 돌아 고장동 어촌계와 도황 경로당 건물을 지나, 썰물에 드넓은 갯벌이 펼쳐진 소

근만 바다의 제방에 도착한다. 좁은 제방길을 따라 걷는데, 제방 옆 잡초에는 영롱한 이슬이 맺혀 아침 햇살에 반짝이고 있다. 이슬의 아름다움에 정신이 팔린 그 순간 한 발짝 앞에서 기다란 뱀 한 마리가 스르륵 미끄러지듯 수풀 속으로 기어든다. 기겁하듯 놀란 가슴을 쓸어내리고, 제방길에서 마을 쪽으로 방향을 바꾸면 소나무를 키우는 정원에 이른다. 예쁘게 자란 소나무들 상당수가 팔려나가, 다시 새로운 나무를 심을 준비를 끝낸 밭 옆에는 오색 코스모스가 하늘거리고, 길손 발자국 소리에 놀란 고양이는 황급히 컨테이너 아래로 숨어든다. 추수를 끝마친 들판 가운데로 놓인 농로를 따라 걸어, 다시 사람 하나 간신히 걸을 수 있는 2차선 차로 갓길을 따라 걷는데 대형 트럭이 지나며 일으킨 강한 바람에 몸이 휘청거린다.

근흥면 중심부로 향하는 Y자형 길에서 왼편 산으로 올라가라고 한다. 하지만 마금3리 염전으로 이어지는 산자락으로 돌아가는 길 또한 호젓해 보여, 산으로 오르지 않고 옆으로 돌아간다. 작은 언덕을 오르면 바다 옆 새우양식장의 수차가 바쁘게 돌아가고 있고, 태양열발전 패널은 가을 햇살을 머금어 전기를 뱉어 내고 있다. 용신리 버스정류장을 지나 산자락길을 계속 걸으면 '아가페'라고 쓰인 커다란 건물이 산속에 자리 잡고 있는데, 이름으로 보면 종교시설인 것 같지만, 실상은 유스호스텔이란다. 마금3리 버스정류장 앞에는 흔히들 꽃뱀이라고도 부르는 유혈목이 새끼 한 마리가 바퀴에 짓눌려 있는데, 아무리 독을 지닌 뱀이라 할지라도 저렇게 비참하게 짧은 생을 마감한다는 사실에 측은한 마음이 든다. 추수가 반쯤 끝난 들판 가운데로 난 용안길로 방향을 바꾸어 걸어가면, 마금리염전에 이른다. 염전 옆 냇물에는 머리가 하얀 조사가 앉아서 부지런히 낚시채비를 하고 있고, 염전 앞에는 소금을 운반하려는 듯 대형트럭이 줄지어 서 있는데, 염전 밭은 할 일을 다 마쳤다는 듯이 윤슬로 반짝이며 쉬고 있다. 염전 방조제 왼편 소근만 갯벌의 갯골은 붉은 염생식물과 협업하여 갯벌 캔버스 위에 붉은 풍경화를 그려 놓았다. 바다 끝과 연결된 파란 하늘에는 하얀 구름이 멋진 풍광을 연출하고 있다.

제방 끝 서해랑길 안내 팻말에 종점까지 8km 남짓 남았다고 알려 준다. 금을 캔다는 의미를 담은 마금리 마을에는 일제강점기에 산에서 사금을 캔 흔적이 아직 남아 있다. 또한 바지락, 낙지, 칠게와 농게 등의 수산물과 쌀, 마늘, 콩 등의 농산물에 더해 자염과 천일염으로 유명한 곳으로, 문화관광부로부터 문화역사마을로 지정된 소금 마을이란다. 마을 첫 집 담벼락에는 감나무 두 그루가 녹색 잎은 모두 떨어뜨리고 파란 하늘을 캔버스 삼아 주황색 감들만 주렁주렁 매달고 서서, 멋진 동양화 한 폭을 그려 내고 있다. 마금2리 버스정류장에서 차 한잔의 여유를 부리고, 마을 안쪽 골목을 따라 오르니 겨울을 대비하여 집을 수리하는 노인과 아들의 모습이 참 정다워 보이는데, 마을 끝 밭에서 마늘 일을 하는 아낙네는 여유롭게 걷고 있는 나를 향해 눈을 흘긴다. 그 눈길이 매서워 얼른 내리막길을 내달린다.

소근만 갯벌을 둘러싼 산등성이의 아름다운 능선을 감상하며 길을 걷다 보면, '신의 궁전'이란 이름을 단 요란스럽게 치장한 집을 만난다. 마당 앞 첫 건물에는 용궁전이란 명패와 함께 용왕의 석상을 지붕에 올려 놓았고, 마당에는 연신 물레방아가 돌아가고 있다. 미륵상까지 세워진 것을 보면, 이 집 주인은 아마도 다신론자인 듯하다. 길가에 하늘거리는 하얀 억새와 하늘에 새겨진 새털무늬 구름이 멋진 가을 풍광을 선물해 주니, 걷는 걸음이 한층 가벼워진다. 마을 사람들이 진입로를 내주지 않아 빙 돌아가야만 들어갈 수 있는 펜션과 잘 다듬어진 조경수와 넓은 잔디로 채워진 정원을 가진 멋진 집을 지나, 방조제와 농로를 따라 걷는다. 논에는 마늘 순을 비닐 밖으로 꺼내고 있는 아낙네의 손길이 바쁘고, 밭에는 콩밭 메는 아낙네가 아니라 콩 수확하는 남정네 셋이 허리를 굽히고 콩대를 베어 내고 있다.

법산길을 따라 서석솔들을 지나면 바닷가로 이어진 길 앞에 만조 시에는 우회하라는 경고판이 세워져 있다. 다행히 도착한 시간이 썰물 때인지라, 갯벌과 맞닿은 길을 따라 걸을 수 있게 되었다. 서해랑길 중에서 바다 위 모래사장을 걷는 경우를 제외하고는 바다와 가장 가까이 걷는 길인 듯하다. 바닷길 끝에 이르니 마을 어촌계에서 그날 그날 채취한 바지락 양을 기록하는 팻말이 서 있고, '노을 지는 갯마을'이라는 체험마을 광고판이 서 있다. 조금을 더 걸어서 만나는 체험마을 마당에는 배 한 척과 전망대 그리고 다양한 시설물이 설치되어 있는데, 그 앞 육각정 정자는 앞다리가 부러져 20도 정도 기울어진 채 위태롭게 버티고 서 있다. 법산2리 길가에는 한옥 두 채를 비롯하여 멋진 집들이 바다 풍경을 가린 채 서 있고, 그 길 끝에 이르면 법산어촌계 건물이 있다. 어촌계 건물 앞에는 채취한 바지락을 세척하고 분류하는 시설물이 자리하고 있고, 그곳에서 소근만 저 멀리까지 경운기가 들어갈 수 있는 길이 나 있다. 이곳에서 바지락을 채취하는 주민들을 위해 밥을 해 주는 예능 프로그램을 방송으로 본 적이 있어, 이 공간이 왠지 익숙하게 느껴진다. 마을을 돌아 나와 아랫말 버스정류장과 소근만 권역 해너미 갯마을 커뮤니티센터를 지나 제방길로 올라서면, 앙상한 가지만 남은 작은 나무 아래 길손에게 쉬어가라 손짓하는 벤치가 하나 놓여 있다. 종점이 머지 않아 쉬지 않고 길을 재촉하여, 방조제를 지나니 이름 모를 염전 두 개가 양쪽에 놓여 있다. 오늘 길에서만 세 개의 염전을 만나는 것을 보니, 이곳이 바람 좋고 볕 좋은 동네라는 점을 알 수 있다.

염전을 벗어나 노란 단풍이 곱게 물든 두 그루의 팽나무 풍경을 뒤로 하고, 만리포해변과 태안읍내로 연결되는 32번 국도에 올라선다. 잠시 보도를 따라 걷다, 길 아래로 난 논 옆길로 들어서면 열댓 개 남짓한 평상이 차곡차곡 쌓여 있다. 그중 하나는 맨 아래쪽 평상의 한쪽 다리가 거의 부러져 곧 넘어질 것 같은 모습을 하고 있다. 이러한 불균형한 모습을 노을 지는 갯마을 앞 정자에 이어 두 번째로 만나게 되면서, 삶의 순간마다 불균형에 맞닥뜨리는 사람들을 연상해 본다. 의학에서 질병을 '생물학적 불균형 상태'라고 규정하고 그 균형을 회복할 수 있도록 치료를 하듯이, 사람들의 삶에 불균형이 발생하면 누군가의 도움을 받아야 다시 삶의 균형을 회복하기가 쉽다. 만약 그 불균형 상태가 해결되지 않고 비교적 장기간 지속되면 회복하기 쉽지 않은 삶의 문제를 유발하게 될 것이다. 그러므로 사람들 돕는 사회복지사라면 일시적 불균형이 지속적 삶의 문제로 전환되기 이전에 다시 균형을 회복할 수 있도록 예방적 개입을 신속히 해야 한다.

송현리교차로를 지나 버스정류장에서 오늘의 걷기를 마무리하고, 스마트폰 앱으로 택시를 호출하여 시작점으로 되돌아간다.

택시 기사와 오늘 걸으며 궁금했던 것들과 함께 다음 코스에 대한 얘기를 나누며 시점으로 되돌아와 길 안내판을 다시 살피니, 태안 8경 중 2경인 안흥진성이 가까이에 있다. 이른 시간에 걷기를 마쳤기에 시간 여유가 있어 차를 몰고 안흥진성으로 향한다. 1583년 축조된 이 성은 조선 시대에 바다와 강을 함께 방어하고, 조운선을 호송하는 역할을 담당하였다고 한다. 전체 성벽의 둘레는 1,714m이며 성벽의 잔존 상태가 양호하고, 남문지 주변에는 성곽 몸체 위에 나지막하게 쌓은 담인 여장(女墻)까지 잘 남아 있다고 한다. 성곽 전체를 둘러보기에는 다소 시간이 걸릴 듯하여, 서문인 수홍루(垂虹樓)를 사진으로 기록하고 집으로 돌아가기 위해서 길을 나선다.

37. 우회와 회피

□ 서해랑길 68-69코스, 태안 송현1리 버스정류장-의항출장소, 35.2km, 12시간, 57,845걸음

올 여름 더위가 유난히 기승을 부려 가을이 온지 며칠 되지 않은 듯한데, 절기상으로 입동(立冬)인 오늘은 하얀 서리가 내릴 정도로 기온이 낮다. 태안읍내와 만리포해수욕장을 이어 주는 32번 국도에서 송현1리로 발걸음을 옮기는데, 연세 지긋하신 마을 주민께서 전동 삼륜 스쿠터에 말린 고추 세 포대를 싣고서 분주하게 가속페달을 밟으며 지나간다. 마을 입구 수문 오른쪽의 농로를 따라 걸으며 만나는 농지 대부분은 이미 추수를 마쳐 텅 비어 있지만, 밭의 배추는 배불뚝이 알배기가 되어 김장의 손길을 기다리고 있다. 마을 집 뒤뜰의 은행나무는 노랗게 물들었는데, 뒷산 푸른 소나무는 여전히 고고히 서서 늘푸른 겨울을 맞을 준비를 하고 있다. 농로와 인접한 몇 채 안 되는 집들 중에서 '시골밥상'이란 간판을 단 작은 식당이 눈에 들어온다. 저 집에 들르면 인자한 시골할머니가 도회지에서 애쓰며 살다 온 다 큰 손자에게 차려 주는 사랑 듬뿍 담긴 맛난 밥상을 받을 수 있겠다는 생각에 이르자, 하늘에 계신 어머니 생각에 울컥해진다.

오늘도 함께한 길동무와 모항파도로를 따라 걷다가 방조제 제방 위로 올라선 순간 전화가 울린다. 며칠 전 아들 녀석 결혼 소식을 전할 때만 해도 건강에 아무 문제가 없다던 사촌 매형이 밤에 주무시다가 갑작스럽게 하늘로 떠나셨다는 전언이다. 친형제들께 이리저리 다급히 소식을 전하고 대신 마음을 전해 달라 부탁하고는 까만 커피로 마음을 다스리고 길 나섰지만, 발걸음이 무겁다. 1.5km 정도 되는 제방길 오른쪽은 겨울 나러 온 오리들이 노닐고 있고, 왼편 바다 검은 갯벌 위의 여러 생명체는 바삐 오가며 생명을 이어 가고 있다.

방조제 끝에서 만난 도로에 길 건너 직진하면 어은돌해변까지 1km가 채 되지 않는다는 표지판과 함께 파도리 게르마늄 바지락 마을에 가려면 좌회전하여 도로를 따라 직진하라는 안내판이 나란히 서 있다. 하지만 서해랑길 안내표지판은 왼편으로 좀 더 꺾어서 제방으로 걸으라고 명령한다. 제방 안쪽 갯벌에는 칠면초가 무리를 지어 붉은 마당을 이

루고 있고, 그 건너 바다 위 화도라는 섬이 떠 있는 풍경을 보며 발걸음을 옮기다 보니, 이제는 제방으로 인해 육지가 된 섬 웅도를 지나간다. 구모배길의 좁은 포장도로를 따라 걷는데 갯벌에서 마을 주민 네댓 명이 굴을 캐는지 바지락을 캐는지 허리를 굽힌 채 갯벌을 파헤치고 있다. 잠시 바다와 헤어져 작은 언덕 하나를 넘으면, 다시 갯벌과 마을의 풍경을 만난다. 마을을 지나 다시 만난 작은 언덕 위에 멋진 건물 풍광을 지닌 호연빌리지와 지구별 여행자 펜션을 지나고, 바다와 헤어져 중간말들의 농로를 따라 걷는다. 농로 옆 수로에는 작은 물고기 가족이 무리를 지어 헤엄치고, 동네 사람들은 마지막 가을걷이에 바쁘다.

어르신이 밀고 다니는 보행보조기가 쓸쓸하게 세워져 있는 구모배마을을 지나고, 파도2리 중안마을의 버스정류장에서 잠시 멈춰 길동무와 차 한잔을 나누고는 다시 길을 나서 파도2리 마을회관을 찾아 나선다. 언덕을 올라 새롭게 지은 마을 경로당으로 향하는데, 두루누비 앱이 코스를 이탈했다는 경고음을 보낸다. 다시 마을로 돌아 내려와, 지붕에 태양광발전시설이 올라 앉은 마을회관을 지나니, 어디선가 아낙네의 수다소리와 함께 뭔가를 두드리는 소리가 들려온다. 궁금하여 비닐하우스 작업장 안을 들여다보니, 동네 아낙 네다섯 명이 모여 앉아, 높이 쌓인 굴을 하나씩 까고 있다. 대표적 굴 산지인 경남 통영에서는 조수간만의 차가 적어서 조개껍데기에 붙은 어린 굴을 줄에 매달아 바닷물에 담가서 키우는 수하식 양식을 한다. 이에 비해 조수간만의 차가 큰 태안지역에서는 갯벌에 돌을 던져 놓고 거기에 붙은 굴을 키우는 투석식 양식을 하는 차이가 있다. 이곳 태안의 굴은 수하식으로 기른 굴보다 크기는 작지만 특유의 향이 짙고 감칠맛이 좋다고 한다. 작은 마을을 지나는 동안 굴 작업하는 비닐하우스를 네다섯 곳을 만날 정도인데, 방금 작업할 굴을 쏟아 놓은 작은 트럭은 다시 바다로 떠난다.

파도2리 마을 언덕을 넘어서면, 작은 해변을 끼고 있는 통개항이다. 어항은 물이 빠져 배들이 강제 휴식을 취하는데, 어민들은 내일의 출항을 준비하느라 바쁘다. 통개항 갯벌 저 건너편으로 지난번 걸었던 코스의 길이 희미하게 눈에 들어온다. 길을 벗어나 파도리 해변까지 직진하면 1.5km라는 안내판에서 질러갈까를 망설이다, 원래 코스대로 항구에서 남서쪽으로 이어지는 아치내길을 걸어가니 건너 산자락 아래 눈이 내린 듯 하얀 구절초가 무리지어 피었다. 파도1리 아치내마을 버스정류장을 지나 작은 언덕에 오르면, 금성 정씨 종친회 발전에 기여한 두 사람을 위한 공덕비가 커다랗게 눈에 들어오고, 곧 '아치내 캠핑장'이 나온다. 이 시설은 동네 이름을 따서 이름 지은 것이겠지만, 혹시나 사장의 성씨가 '양씨 아닐까?' 하는 웃기는 생각이 스친다. 캠핑장에서 해발 77m의 뾰족산 임도로 접어들면, 초록 잎을 모두 떨구고 주황색 감을 주렁주렁 매단 감나무 몇 그루가 녹색 소나무 숲과 채색의 대비를 이루고 있다. 임도 내리막길에 외딴집을 지키던 누렁이는 지나는 길손에 달려와 애교를 부리는데, 검둥이는 밧줄에 묶인 채 허옇게 이빨을 드러내고 짖어 댄다. 뾰족산 임도 끝자락의 파래골 언덕에는 정보기관 건물처럼 창문이 하나도 없는 건물이 들어서 있다. 방주골과 새끼미라 불리는 곳을 지나 만나는 작은 산 아래의 캠핑장은 최근에 조성한 듯 나뭇가지가 잘려 헐벗은 채 바닷바람에 맞서고 있다. 그 모습이 아름답기보다는 왠지 처량해 보인다.

곧이어 만나게 되는 파도리는 '갯바위와 자갈이 많아 거센 파도소리가 그치지 않는다.' 하여 유래된 지명인데, 고려 문종 때는 '어려울 난(難), 다닐 행(行), 사나울 양(梁)'으로 불렸다고 한다. 마을 초입의 파도초등학교는 굳게 문을 닫아걸었고 운동장은 잡초로 뒤덮여 있는데, 남겨진 건물을 보면 한때는 수많은 동네 아이의 웃음소리로 시끌벅적했을 듯하다. 파도리 마을 뒤편 바닷가의 햄버거 식당을 지나 파도리해수욕장을 따라 걸어가면, 마치 동해 바다와 같은 푸른 물과 넓은 백사장 그리고 해안 절벽이 길게 펼쳐져 있다. 해변가 캠핑장을 지나 조금 더 걸으면, 요즈음 젊은이에게 SNS의 사진 명소로 알려진 해식동굴에 이른다. 한 살이라도 젊었으면 동굴 안에서 바다를 보고 돌아서서 멋진 사진 한 장을 남겼겠지만, 길동무와 나 둘 다 그런 것에 관심이 없어 횟집 벽에 그려진 동굴 그림을 눈에 담는 것으로 지나친다.

몇 개의 캠핑장을 지나 아름다운 해변을 계속 걸으면, 다수의 연인과 가족들이 손잡고 다정히 거니는 장면이 눈에 들어오지만, 그 풍경보다는 배에서 들려오는 꼬르륵 소리에 귀가 먼저 반응한다. 첫 번째 식당은 문을 닫아걸었기에 두 번째 횟집과 슈퍼를 같이 운영하는 집에 들러보지만, 이 집 역시 닫았다. 다섯 시간 가까이 걸어와서 피곤한데다 배까지 고프니, 시작점에서 직진하면 4km밖에 안 되는 거리를 14km를 돌고 돌아 도착하게 만든 이 길 설계자에게 부아가 치밀어 오른다. 그래 봐야 나 혼자만 열 받을 것이니 미지근한 물 한 모금으로 마음을 다독이고, 해수욕장 뒤 편 망미산 고개를 오른다. 배고픈 상황에서 만나는 고갯길은 간신히 삭힌 짜증 지수를 다시 올라오게 만들지만, 그 너머에서 만나는 태안해변길 3코스 파도길에 자리 잡은 어은돌해수욕장의 풍광이 그 열을 식혀 준다. 캠핑장을 지나 오후 2시가 넘은 시간에 해수욕장 인근 상가 펜션 건물의 편의점에 들러, 컵라면 하나로 점심을 해결한다. 3분간 뜨거운 물에 불린 라면을 입에 넣는데, 바로 맞은편 건물에 주민이 직접 잡은 자연산 해물을 싸게 판다는 문구가 눈에 들어온다. 갑자기 라면 맛이 뚝 떨어지는 느낌이지만, 빈 위장을 위로해야 끝까지 걸을 것이란 생각에 후루룩 삼키고 일어선다.

바다와 안녕을 고하고 마을 뒤편의 작은 언덕을 올랐다 내려서면, 모항저수지에 이르는데 주변을 산책하던 주민이 인사를 건네 온다. 서로 인사를 건네고 길 표지판을 보니 코스 종점인 만리포해변까지 3.7km가 남았다고 한다. 그런데 가리키는 방향으로 한참을 걷다 보니, 길 안내 리본이 없어져 확인하니 다시 바닷가의 영금이쉼터 방향으로 우회하라고 한다. 어은놀 해변과 파도리해변까지 직진하면 금방 올 거리를 우회해왔는데, 또 그리고 돌아가라고 하니 더 이상 우회 전략에 농락당하기가 싫어졌다. 구조적 가족치료모델을 만든 미누친(Minuchin)은 '두 사람 사이의 갈등을 제3자에게 표출하고 다시 둘 사이의 관계를 회복'하는 우회(detouring) 전략은 가족문제를 유발하는 역기능적 상호작용유형이라고 분명하게 지적하고 있다. 길을 설계하는 사람은 풍경 좋은 곳을 보고 가라는 의도로 설계를 했겠지만, 7시간 이상을 걸어야 하는 입장에서는 반복적으로 길을 우회를 하는 것이 결코 유쾌한 일은 아니다. 사실 시점인 송현리 버스정류장에서 큰길을 따라 걸으면 종점까지 5~6km밖에 안 되는 거리라는 점까지 고려하면, 오늘 총 3번의 우회 전략에 넘어간 셈이다. 그러니 네 번째 우회전략에는 더 이상 넘어가고 싶지 않아, 남은 2~3km는 내 뜻대로 코스를 만들어 걷기로 한다.

두루누비 앱에서 종점인 만리포해변으로 이어지는 작은 동네 안길을 물색하여 걷는다. 모항2리 마을회관을 지나서 차가 다니는 길까지 걸어 나와 모항초등학교 앞의 어린이 보호구간을 천천히 걸어서 지나고, 모항리 보건진료소와 미곡처리장을 돌아서 모항1리 복지회관에서 펜션이 즐비한 동네 안길을 걷는다. 만리포장로교회 앞에 이르니 '생태적 회심'에 관한 글귀가 적힌 팻말이 세워져 있다. 2007년 12월 7일 삼성물산 소속의 삼성 1호가 홍콩 선적의 유조선 허베이 스피리트호와 충돌하여, 약 8만 배럴의 원유가 태안 인근해역으로 유출되었다. 그 때 전국에서 80만 명의 기독교인이 이곳을 찾아 기름제거 작업을 도운 일을 두고, 이 교회에서는 '하나님께서 창조하신 세계의 청지기로서 역할'을 담당했던 일을 기념하고 생태적 회심운동을 지속적으로 전개해 갈 것이라고 선언하고 있다. 교회에서 만리포해변으로 발길을 내딛자마자 높이 37.5m의 만리포전망타워가 위압적인 태도로 우뚝 서 있다. 그곳에 오르면 더 멋진 풍광을 볼 수 있겠지만, 먼 길에 지친 다리는 오르지 말라고 요구한다. 오늘 밤 묵을 롱비치가족호텔을 지나고 호남횟집 1, 2호점을 지나, 만리포 노래비가 세워져 있는 서해랑길 종점에서 일곱 시간 삼십 분간의 걷기를 마무리한다.

오늘은 걷기 목적 이외에 2주 전 있었던 아들 녀석 결혼식을 축하해 준 평소 친분 있는 분들과 즐거운 시간을 보내는 데에도 목적이 있었다. 장애인복지신문사 기자와 대전지역 청소년 기관장으로 은퇴한 소장, 오늘 길동무를 해 준 같은 대학의 부처장과 나는 지난 30년 동안 지속적으로 교류해 온 중요한 비공식적 사회관계망에 속해 있는 사람들이다. 인근 동네의 하나로마트에 가서 삼겹살과 목살 등을 준비하여, 호텔 베란다에서 바비큐와 김치찌개로 저녁식사를 한다. 식사를 하며 이런 저런 재미난 이야기를 나누는데, 해가 만리포해변 뒤로 숨어든다. 그동안 서해랑길을 걸어왔지만 석양을 직접 마주하는 것은 흔치 않은 일인지라, 안 그래도 동요했을 마음이 더욱 요동친다. 석양과 그 뒤에 이어지는 여운이 물러가고 바다가 어둠 속으로 빠져들어 잠자리에 제일 먼저 누웠으나, 코를 골아서 다른 사람의 숙면을 방해할까 불안한 마음이 든다. 그런데 베개에 머리가 닿자마자 피곤한 몸은 나를 꿈나라로 안내해 버리니, 내 의지로 코골이를 막을 방법이 없어져 버렸다. 새벽녘에 잠이 깨서 뒤척이다 다시 잠들었다 일어나서, 황태국과 어제 먹다 남은 밥으로 아침을 해결하고 다시 길을 나선다.

밤사이 가득 차올랐던 만리포해수욕장의 바닷물이 저만치 빠져나가, 촉촉이 젖은 모래사장을 걷는다. 발에 전해지는 모래의 부드러움이 마치 발마사지를 받는 느낌이다. 늦가을 바다의 안전초소는 텅 비어 있고, 물닭섬 탐방로인 데크길은 이슬이 가득 내려앉은 채 고요히 자리를 지키고 있다. 물닭섬을 한 바퀴 둘러보고 싶지만, 다음을 기약하고 원래 코스를 따라 걷는다. 해변 끝에서 도로로 올라서면, '한 번 오면 새롭고 다시 오면 정겨운 곳. 그곳이 바로 만리포입니다. 갈매기 노래하는 만리포 내 사랑'이라는 노랫가사가 적힌 관광안내판이 크게 걸려 있다. 펜션과 횟집 등의 상가를 지나, 천리포수목원에 이른다. 이른 아침인지라 아직 수목원은 굳게 문을 닫아걸었는데, 나무와 꽃을 비롯한 식물에 해박한 지식을 지닌 길동무가 수목원 안쪽을 들여다보며, 진기한 식물들을 하나하나 소개해 준다. 여러 번 같이 길을 걸으며 그때마다 설명을 듣고 그 이름을 또렷이 기억하려 하지만, 매번 잊어버려 다시 묻고 다시 답을 얻는 일을 반복한다. 그런데 가을 막바지인데도 불구하고 수목원 건너편 길가에 열 그루 정도의 벚나무에 분홍색 꽃이 활짝 피었다. 제철을 잊은 벚꽃에 기쁨의 미소가 지어지지만, 지구온난화가 이 정도로 심각해지고 있음을 다시 깨닫자 슬픈 미소로 변해 버린다. 사회복시공동모금회에서 사랑의 열매 상징으로 쓰고 있는 호랑가시나무는 크리스마스를 준비하듯 푸름을 더해가고 있으니, 여러 계절의 시간이 이곳에 한데 모여 있는 듯한 느낌이다.

수목원의 왼편과 맞닿아 있는 천리포해수욕장으로 이어지는 도로를 걷다가, 문득 정해진 코스의 길을 벗어났음을 인지하게 된다. 오늘 길을 나서기 전에 산을 세 개 넘어야 하는 어려운 코스로서 만리포해변이 끝나고 곧 첫 번째 산길로 올라야 한다는 정보를 미리 갖고 출발했다. 아마도 어제 35,000보 넘게 걸어서 허벅지 근육이 뻐근한 내 몸의 긴장상태를 알아차린 나의 무의식이 천리포수목원에 신경을 쓰게 하고, 산길을 올라야 한다는 것을 무의식적으로 잊어버리게 한 것 같다. 그렇지 않다면 알프레드 아들러(Alfred Adler)가 말했듯이, 산꼭대기 목표로 향하는 것이 두렵고 불안하여 나로 하여금 그 길을 피해 걷게 하는 회피(avoidance)라는 기제를 쓰게 했는지도 모를 일이다. 어제는 관계갈등의 우회 전략을, 오늘은 마음속 회피 방어기제를 인식하는 계기를 마주하면서, 사회복지사가 상담이나 치료과정에서 이런 전략을 사용하는 내담자가 자신의 마음을 깊숙이 통찰할 수 있도록 잘 도와주기를 바라 본다.

국사봉까지 1.5km라는 안내 팻말을 뒤로 하고, 백리포 방향으로 길을 이어 간다. 길가 마을 안으로 접어들어 근사한 유치원 건물 같은 펜션을 지나고 대학생들이 자주 찾는 리조트 건물을 지나, 천리포 버스종점을 통과하여 산 가운데로 난 포장도로를 따라 걷는다. 길 중간부터 아스팔트를 재포장하여 차선을 그을 준비를 하고 있고, 길 양편으로는 다양한 나무가 줄지어 서 있다. 오르막 양 옆으로는 누군가 조림을 한 것처럼 나무들이 줄지어 서 있는데, 철조망에 붙은 안내 글귀에 천리포수목원 연구림 지역이란다. 미국 펜실베이니아에서 태어나 1979년 한국인으로 귀화한 민병갈(Carl Ferris Miller) 설립자는 1962년 이 부지를 매입하여 40여 년 동안 17,000여 종의 식물이 사는 세계적인 식물원을 조성하였다. 이 수목원에는 특별히 전 세계에 분포한 목련 800여 종이 심겨져 있는 것으로 유명하고, 2000년에는 국제수목학회로부터 세계 12번째, 아시아 최초로 '세계의 아름다운 수목원'으로 인증을 받았다고 한다.

수목원의 연구림이 끝나는 고개에서 왼편 산길로 올라서서, 태안해변길 2코스 소원길 시점인 신두리해변 방향으로 걸어간다. 길에서 내려다보이는 백리포는 천리포해변에서 1km 북쪽에 위치해 있는 작은 해변으로, 옛날에 '베 짜는 소리가 끊이지 않았다.' 하여 방직골로 불렸던 것에서 방주골로 이름이 바뀌게 된 곳이란다. 이곳은 송림이 병풍처럼 해변을 둘러싸고 있어 마치 비밀요새와 같은 느낌을 준다. 내려가서 풍경을 직접 확인하기에는 너무 멀어 태안군에서 친절하게 세워 놓은 안내판의 예쁜 사진으로 뇌세포에 이미지로 기억해 둔다. 백리포로 내려가는 길 맞은편의 임도를 따라 걷다가 차가 다니는 도로를 건너, 수망산 산길 속으로 들어선다. 꾸준한 오르막을 형성하고 있는 수망산길은 멧돼지가 먹이를 얻기 위해 온통 길을 들쑤셔 놓았다. 나보다 젊은 길동무는 벌써 수망산 꼭대기에 도착하여 나를 기다리며 서 있다. 고개 꼭대기에 오르면 오르막이 끝일 것이라 상상하고 기를 쓰고 올라왔는데, 다시 왼편 오르막을 올라야 수망산 정상이다. 오르는 수밖에 없으니, 다시 힘을 내서 해발 140m밖에 안 되는 정상에 올라선다. 해발이 그것밖에 안 된다 하니 '겨우 그것가지고…'라고 하는 독자가 있을 수 있겠지만, 바닷가 산은 절대로 만만히 보고 덤벼서는 안 된다는 사실을 기억해 주기 바란다.

수망산 정상 망산고개에서 커피 한잔으로 목을 축이고, 저 멀리 보이는 신두리 사구 해안과 황촌리 해변의 푸른빛 바다 풍광을 감상하며 여유를 부려 본다. 힘겹게 오른 수망산의 내리막길 역시 매우 가팔라서, 이쪽으로 망산고개를 올랐으면 아마도 숨이 막혀 옴짝달싹 못했을 것이란 생각이 든다. 계단에 쌓인 낙엽에 혹여나 발을 잘못 디뎌 넘어질까 봐서 옆 걸음으로 조심조심 내려온다. 수망산을 벗어나 잠시 차도 옆 갓길을 걸어서 의항해수욕장에 들어서니, 잘피(거머리말)라는 해초로 공원을 조성해 두었다. 잘피는 꽃을 피우고 씨로 번식하는 바다의 풀, 즉 해초다. 의항해수욕장을 한눈에 조망할 수 있는 곳에 단 두 명만 앉을 수 있는 크기의 그네가 매어져 있고, 해변 앞에는 두 손으로 떠서 옮길 수 있을 것 같은 아주 작은 섬이 떠 있다. 해변 끝자락에는 한채당이라는 한옥펜션이 예쁜 조형미를 뽐내고 있고, 그 옆으로 두 개의 캠핑장이 자리를 잡고 있다. 그중 한 해변캠핑장은 물이 가득차면 텐트가 마치 바다 한가운데 둥둥 떠 있을 것 같다는 생각이 들 정도로, 바다 가운데로 불쑥 들어가 있다. 캠핑장 뒤편 태배전망대 방향으로 난 임도를 따라 걸어 올라간다. 이번 코스의 마지막 산길인데 등산로이면서 임도인 길을 따라 걸으니, 오르막이 한결 편안하다. 임도 초입에 '중국의 시인 이태백이 이곳의 빼어난 경치에 매료되어 한동안 머물다가 바위 위에 오언시를 남긴 일이 있은 후로, 이곳을 태배라고 부르게 되었다.'는 안내판이 시인의 소각상과 함께 세워져 있다.

조금을 걸어 오르고 내려오면, '지형이 반달처럼 구부러진 아랫부분이 구름처럼 생겼다.'고 하여 구름미(雲山尾)라 불렸던 구름포해변을 지난다. 높이 자란 소나무 때문에 구름포해변의 풍광은 볼 수가 없지만, 이름만으로도 충분히 아름다운 바닷가라는 짐작이 된다. 구름포해변과 이어진 산 아래 해안절벽은 서해에서는 보기 어려운 기암이 줄지어 서 있고, 바닷물은 푸르고 푸르러 마치 깊은 동해 바다 같은 느낌이 든다. 그 해안절벽에 해안초소가 자리 잡고 있는데 길동무가 군대 생활할 때 이곳에 파견 나와 근무한 적이 있다면서, "그때는 힘든 곳이었는데 오늘은 아름답게 보인다."며 흘러가는 세월을 안타까워한다. 태배해변에 이르는 임도 옆에 갯바위 낚시를 하러 온 사람의 차가 산속 여기저기 흩어져 있다. 이태백 시인의 시구가 새겨져 있다는 태배해변을 지나, 태배전망대에 도착한다. 계단을 오르면 신두리 해안사구, 학암포해변까지 볼 수 있는 전망대 아래에 태안군의 행정구역별로 아름다운 풍광을 지닌 관광지를 소개해 둔 안내판이 세워져

있는 모습은 지금껏 걸어 온 지방자치단체에서는 보지 못한 모습이다.

태배전망대에서 소나무 숲길을 따라 안태배해변으로 내려서니, 해변의 모양이 마치 사랑의 하트처럼 생겼다. 해변 옆을 끼고 도는 좁은 길은 노랑 감국꽃이 옹기종기 모여 예쁜 천연 정원을 만들고, 바다 안에는 독살이 물고기를 가두고 있다. 어린이들이 이곳 독살을 방문하여 바닷물고기를 잡고 싱글 벙글 웃는 모습을 상상하며, 해변 끝 가파른 해안 데크길 계단을 오른다. 데크길 끝부터 해변의 이름은 신너루해변으로 바뀌는데, 해변 초입 캠핑장에서 설치한 것 같은 예쁜 의자에 앉아 다음에 걷게 될 태안해변길 바라길 노선을 바라보며 잠시 쉬어 간다. 해변 끝 바다 깊숙한 곳의 의항리낚시공원에는 돔 형태의 방갈로가 세 개 설치되어 있는데, 그 풍경이 매우 이색적이다. 해변과 작별을 고하고 마을로 접어드니, 작은 민박집 텃밭에 상추, 당근, 배추, 생강 등의 채소와 예쁜 꽃이 심겨져 있다. 마을 안길을 걸어 내려오는데, 나이 지긋한 할머니 한 분이 한 손에는 조새를 들고 바닷가로 굴을 캐러 간다. 마을을 빠져 나와 다시 해안에 이르면 의항항과 개목항 사이에 위치한 개목마을을 빠져나오게 된다. 마을 입구의 해안길에 '개미도 낚시하는 마을 개목마을! 토끼야 나와라, 용궁이 가까운 동네 개목마을! 꽃게야 게 섰거라 개목마을 주민 일동'이란 글귀가 쓰인 철로 만든 개미 형상들이 나란히 서 있다. 그 아래로 마을의 유래를 알리는 글귀가 쓰여 있고, 방파제에는 도자 조각과 예쁜 타일로 장식이 되어 있다. 주민 스스로 마을을 가꾸고 개발하는 노력이 참 돋보이는 마을이다. 해변을 끼고 한 굽이를 돌아 의항마을 개목항 입구에 위치한 태안해양경찰서 의항출장소 앞에서 걷기를 마무리한다.

38. 인고(忍苦)의 시간

□ 서해랑길 70-71코스, 태안 의항출장소 - 꾸지나무골해변, 39.6km, 14시간, 73,231걸음

대전-제천행 새벽 무궁화열차를 타고 달려온 길동무를 오송역에서 태우고 두 시간여를 달려 개목항 포구에 도착한다. 드넓은 갯벌을 배경삼아 김치볶음밥 도시락으로 배를 든든히 채우고 길을 나선다. 태안 해양경찰 의항출장소를 뒤로하고, 의항포구 버스정류장에서 좌회전하여 의항1방조제를 따라 서둘산에 도착한다. 원래는 산속 숲길을 따라 올라야 하지만, 마침 썰물 때인지라 조개 채취를 위해 드나든 경운기 바퀴가 만든 바닷길을 따리 걸어간다. 갯벌 고랑 안에는 망둥이를 낚는 강태공들 몇몇이 보이고, 갯벌에는 작은 삽 하나와 망태를 메고 개불을 캐고 있는 할아버지도 눈에 띤다. 모래와 작은 자갈이 뒤섞인 길은 천연 굴 껍데기로 하얗게 물들어 있다. 바다와 맞닿은 서둘산 언덕은 마치 주상절리처럼 바윗돌이 곧추서 있고, 산 아래 집 초록 정원에는 예쁘게 물든 나무와 꽃이 아름다움을 자랑하고 있다. 갯벌에서 올라서서 포장도로와 어깨를 나란히 하는 방조제 흙길을 걸어간다. 방조제 위 입간판에는 이곳이 바닷물을 끓여서 만드는 소금 즉, 자염(煮鹽)의 주요 생산지였다는 안내문이 붙어 있다. 오늘 '코스의 시점부터 종점까지 오목한 밥그릇처럼 생긴 바다의 물을 모두 퍼서 끓이면, 얼마만큼의 소금이 만들어질까?'하는 엉뚱한 궁금증이 생겨난다.

방조제 끝에서 소근진성으로 길머리를 돌려 걸어가면, 소근리마을에 당도하지만 소근진성의 모습은 보이지 않는다. 대신 마을 어귀의 안내판에 의하면, '고려 말부터 이곳을 침범하는 왜구들의 피해를 막기 위해 조선 중종 9년(1514년)에 656m에 이르는 석성을 쌓아서 운영해 왔지만, 13개월 동안 체불된 임금을 저급한 불량 쌀로 지급한 것에 반발한 군인들이 일으킨 임오군란 이후 폐지되었다.'고 한다. 마을 한가운데 마치 카페처럼 생긴 건물에 걸린 'BARA'라는 영어와 함께 다른 두 개의 언어로 쓰인 간판이 눈에 들어온다. 어떤 곳인지 궁금해 포털을 한참 검색해 보니, 어느 신학박사가 설립한 성경유물관이란다. 들어가 보고 싶은 마음이 있으나 굳게 문이 닫혀, 아쉬운 마음으로 발걸음을 옮

겨 놓는다. 마을길에서 만난 새까만 강아지가 살랑살랑 꼬리를 흔들어 주고, 마을 어르신은 미소로 인사에 답해 준다. 작은 마을 포구를 지나 만나는 '한적한 바닷가 예쁜집, 채플힐'이라는 하얀색 펜션 건물에서는 주말을 맞아 함께 여행 온 가족들의 행복한 웃음소리가 새어 나온다. 소근리마을에서 짧은 방조제 위를 걷다가 조개를 잡고 큰소리로 부모에게 자랑하는 아이의 천진난만한 모습에 저절로 미소 짓게 된다.

밤섬제방에서 도로를 따라 조금을 걷다 왼편으로 돌아서면, 신두리해변으로 진입한다. 만리포해변부터 서해랑길과 동행하던 태안 해변길 '소원길'은 신두리해변부터 '바라길'로 이름이 바뀌고, 갯벌 풍경은 드넓은 모래사장 풍경으로 바뀐다. 해변으로 들어서기 전 마을입구에 이곳부터 행정구역이 원북면으로 바뀐다는 것을 알리는 입간판에 굴껍데기 모양의 형상이 달려 있는 것을 보니, 이곳도 보령시 천북면처럼 굴이 많이 생산되는가 보다. 신두리마을 입구에는 사구와 습지를 알리는 표지판과 함께 펜션과 식당 광고판이 어지럽게 걸려 있다. 먹고 살아야 하니 어쩔 수 없는 일이겠지만, 길손의 머리를 어지럽게 하지 말고 함께 뜻을 모아 좀 더 가지런하고 차분하게 광고를 해 주었으면 하는 바람을 가져본다. 바닷물이 여행을 떠난 신두리해수욕장은 말 그대로 드넓은 백사장이 펼쳐지고, 그 위로 가족과 연인이 다정하게 거닐며 마음의 거리를 더욱 좁혀 가고 있다. 하지만 백사장과 이어진 언덕에는 식당과 펜션이 끝없이 이어지고 있어, 아름다운 해변의 풍광을 가리고 있다. 해변의 풍광에 취해 걷다가 신두리해변 중앙에 위치한 식당가를 지나치는 바람에 작은 슈퍼에 들러 호탕한 사장님의 배려로 야외 식탁에서 컵라면과 참치 캔 하나로 점심을 해결하고, 다시 길에 올라 신두리사구에 도착한다.

2002년 천연기념물 431호로 지정된 신두리 해안사구는 길이 3.4km, 폭 1.3km의 총면적 170.2ha에 이르는 우리나라에서 가장 큰 모래언덕[沙丘]이다. 이곳은 독특한 모래언덕과 함께 두웅습지가 뒤편에 위치해 있어 지리학적으로도 가치가 매우 높은 곳으로, 2002년에는 생태계 관광자원으로 지정되었고 한국 관광 100선에도 선정되었단

다. 신두리생태공원은 전국 최대의 해당화 군락지와 함께 하늘에서 떨어진 별똥의 재를 모아 놓은 언덕, 곰솔이 우거진 생태숲, 해녀의 두통 치료제로 쓰인 열매가 달려 있는 순비기나무 언덕, 멸종위기 1급식물인 초중용 군락지, 고라니가 뛰노는 동산, 작은 경단같이 생긴 동그란 모래를 뱉어 내는 엽낭게와 달랑게 서식지 등으로 구성되어 있다. 통보리사초, 갯완두, 갯매꽃을 비롯하여 갯방풍과 같은 희귀식물이 자라고 있으며, 표범장지뱀, 종다리, 맹꽁이, 쇠똥구리, 아무르산개구리, 금개구리 등의 동물이 서식하고 있단다. 장난감 없던 어린 시절 잡아서 동네친구와 함께 놀았던 쇠똥구리는 지금은 흔적조차 찾기 쉽지 않아 멸종위기 야생동물 2급으로 지정되어 있지만, 이곳 초원에서는 사라진 쇠똥구리를 복원하기 위한 노력을 기울이고 있다. 해안사구 생태탐방로를 걸으면서 오랜 세월에 걸쳐 형성된 생태계가 파손되지 않도록 조심해서 발걸음을 내딛는다.

이 해안사구는 바닷바람에 모래가 날려 와서 쌓이고 그 위에 또 모래가 쌓이고 무너지고 다시 쌓인 후에야, 작은 풀이 자라고 풀들이 모여 풀숲이 되고 그 뒤에 다시 수목군락이 형성되고 수림지가 형성되기까지, 수십 수만 년 인고의 세월을 견딘 결과로 생태계의 보고가 되었다. 이곳을 지나며 사회복지실천에서 개입목표를 달성하여 내담자 삶의 변화라는 성과를 이끌어 내기 위해서는 내담자 스스로의 자발적 문제해결 노력과 함께 생활문제가 야기하는 고통을 일정 기간 동안 견뎌 내는 인내의 시간이 필요하다는 점을 깨우치게 된다. 사실 사회복지실천에서 전문적 개입을 하면 내담자의 변화가 쉽게 찾아올 듯이 책에서는 설명하지만, 현실에서는 변화에 저항하거나 변화에 따른 또 다른 삶의 고통이 야기되기도 한다. 그러므로 내담자는 자신의 삶을 바꾸기 위해서 문제로 인해 야기된 고통스러운 상황과 변화가 야기한 새로운 힘든 상황을 견디고 이겨낼 수 있는 인내심이 필요하고, 변화가 더딘 내담자를 바라보는 사회복지사 역시 참고 기다려 주는 자세가 필요하다. 모래의 쌓임과 무너짐이 반복되는 고통스러운 과정을 거쳐 멋진 사구가 탄생되듯, 삶의 어려운 순간을 인내하고 슬기롭게 대처할 수 있는 내담자의 역량을 키워 가는 것도 사회복지사가 해야 할 중요한 과업이라는 생각을 머리에 기억하며, 이곳 해안사구를 벗어난다.

신두리 해안사구의 끝자락 갈대밭과 곰솔숲을 지나 태안 해변길 1코스 바라길을 따라 걸으면 방죽 끝 배수갑문에 이른다. 그곳에 캠핑 나온 부부가 바닷물이 빠졌을 때 맨손으로 우럭을 잡아서 손질해 놓고 구울 준비를 하고 있다. 지나는 길손인 길동무에게 삼 겹살 한 점과 어른 음료 한잔을 권하는 그때, 길 아래 민물에서 낚시를 한 어르신이 신기하게도 감성돔 서너 마리를 잡아와서는 물고기 중에 가장 맛있는 큰 놈을 잡아왔다며 자랑한다. 이제 길은 황촌리 모재골 뒤편 산으로 접어드는데, 높은 산은 아니지만 가파른 오르막 계단에 숨이 차고 땀이 배어나기 시작한다. 모재라는 작은 재의 쉼터에서 시원한 바닷바람과 풍경에 눈을 맞추고 잠시 숨을 고르고, 다시 작은 언덕을 오르고 내리기를 반복하여 만난 양챙이 갈림길에서 다시 작은 고개를 오르내려 만나는 도로를 조금 걸어 내려 가면, 점심 때 만났던 슈퍼 사장님이 풍경이 아름답다고 입이 마르게 칭찬했던 능파사라는 절을 만난다. 그런데 절 입구 일주문부터 다른 사찰들과는 느낌이 다른데, 아니나 다를까 사찰이라기보다는 그냥 한옥 기숙사 같다는 느낌이 든다. 절 앞에 대종사를 추모하는 비가 서 있지 않았다면, 어느 누구도 종교시설이라고 생각하지 않았을 것이다. 하지만 절 앞 거센 바람에 흔들리는 송림 사이로 살며시 드러난 바다 풍경은 과히 압권 (壓卷)이다. 앞서 슈퍼 사장님이 사찰이 아니라 이 바다의 풍경을 보고 아름답고 아름답다 했음에 틀림없다. 밀물과 바람에 실려와 바위와 부딪혀 흩어지는 하얀 파도의 아름다움은 사진으로 담을 수도, 말로 표현할 수도 없다. 아름다운 풍경으로 찌든 눈을 씻어내고, 청량한 파도소리에 세파에 시든 귀를 청소하고는 다시 오르막길을 오른다.

그런데 아름다운 풍경을 본 길손을 시샘이라도 하듯이, 부슬부슬 비가 내리기 시작한다. 이미 몇 구비의 오르막과 내리막을 걸어와 땀을 흘린 상태인지라 내리는 비가 상큼하게 느껴질 정도이고, 송림에서 뿜어져 나오는 솔향은 나의 폐부를 청소해 주는 듯하다. 그런데 한참을 걸어왔으니 발걸음은 무겁고 비는 점점 거세져, 준비성 좋은 길동무가 건네 준 작은 우산으로 하늘을 막고 뚜벅뚜벅 발걸음을 내딛는다. 몇 구비를 돌고 돌아 원래 해넘마을 해수욕장으로 불리던 먼동해수욕장 앞에 이른다. 이곳에서 바다 위 꼬깔섬 사이로 빠져드는 일몰이 장관이라는데, 내리는 비 때문에 다음을 기약할 수밖에 없다. 해변에서 마을로 들어서니 비 맞은 주황색 감이 왠지 쓸쓸함을 안겨 주고, 주인 떠난 집터는 황량함을 더하니 마음이 울적해진다.

마을 앞 포장도로를 걸어올라 다시 산길을 돌아 나오면 구례포해수욕장이다. '만조 시에는 우회하라.'는 경고문을 읽었음에도, 지친 다리는 우회로를 피해서 바다로 걸음을 옮기게 한다. 멀리서 보니 얼마든지 건너갈 수 있겠다 싶었는데, 해변 끝 시냇물과 이어지는 지점에서 밀려오는 바닷물이 거세게 흘러들고 있는 것이 아닌가? 짧은 다리로는 도저히 그 물고랑을 건너뛸 수도 없고 더 지체했다가는 밀물에 중심을 잃고 넘어질 것 같아, 양말을 벗고 위험한 발걸음을 옮긴다. 다행히 물살은 거세지만 물 깊이가 장딴지 정도밖에 되지 않아 무사히 건널 수 있었지만, 트래킹에서 가장 중요한 안전이란 덕목을 망각한 대가를 톡톡히 치렀다. 신발을 벗은 김에 해변 모래사장을 걸으며, 모래와 스킨십을 나누고는 해변 솔밭 캠핑장으로 올라선다. 마땅히 씻을 곳이 없어 대충 모래를 털고 양말을 신었더니, 발바닥에 모래가 자글자글한 느낌이다. 구례포해변은 백사장과 송림이 어우러져 마치 그림 속 멋진 풍경을 보는 것 같다는 글귀가 무색하지 않고, 그 풍광과 물빛이 서해 같지 않고 마치 남해나 동해와 같은 느낌이 든다.

해변을 벗어나니 점점 빗줄기가 굵어지고 오후 4시밖에 안 되었지만 날이 어둑어둑해지니, 송림 숲에서는 캠퍼가 저녁상을 차리기 위해 숯불을 피우고 있다. 송림과 해변 바위길을 돌아 나오는데 주말이라 친구들과 여행을 온 중년남성이 에메랄드빛 바다를 배경으로 만세를 부르며 "내가 서해 바다에 왔다."라고 큰 소리를 지르며 사진을 찍고 있다. 그들 일행과 함께 '학(鶴)이 쉬어가는 섬'의 형상을 한 학섬에서 이름 붙여진 W자 형태의 학암포해변에 들어선다. 빗줄기가 거세져 위치를 분간하기조차 쉽지 않아, 학암포 탐방지원센터에서 종점 가는 길을 한참 검색한 후에 학암포항 초입 구석에 있는 종점에 이르러 오늘의 걷기를 마무리하고, 만리포해수욕장 인근으로 이동하여 잠자리에 든다.

이른 새벽 다시 길을 나서는데 바람이 매섭고, 기온은 어제보다 10도 이상 떨어진 듯하다. 학암포해변 앞 외국인 노동자의 끼니를 해결해 주는 식당에서 그들과 똑같은 백반 메뉴를 먹고 나서며 계산하는데, 차려진 음식에 비해 높은 가격을 내고는 입맛이 씁쓸해진다. 힘든 노동에 지치고 마음이 외로운 외국인 노동자에게는 꼭 상차림에 걸맞은 값을 받기를 빌면서 길 위에 올라선다. 비온 다음날 아침 거센 바람이 불어오는 학암포해변은 왠지 모를 쓸쓸함이 묻어난다. 해변 모래사장을 걷고 태안화력발전소 방향의 마을 뒷길을 걸어가다 만나는 학암포 습지의 식물은 겨울 추위를 이길 수 있는 에너지를 비축하기 위해 자신의 잎새를 말라비틀어지게 만들어 놓아, 쓸쓸함이 더해진다. 화력발전소 뒷산 언덕에는 높고 높은 송전철탑이 바쁘게 전기를 실어 나르고 있는데, 그 아래에는 '345,000V의 전기가 흐르고 있으니 8m 이내로 접근하지 말라.'고 평생 220V 전기만 써 본 길손에게 강력한 경고를 날리는 안내판이 세워져 있다. 산허리를 잘라내는 공사가 한창인 발전소 뒷산을 내려서니, 해양선박이라는 이름을 단 건물이 덩그러니 서 있는데, 아무리 봐도 선박회사 같지 않고 마치 국가정보원 지부 건물 같은 느낌이 풍겨 나온다. 그 아래로는 발전소에서 일하는 노동자들에게 방을 임대해 주고 끼니를 해결해 주는 집들이 여러 채 눈에 띈다. 차로 버스정류장 옆에는 화력발전소에서 지역 어르신을 위한 쉼터를 지어 두었지만, 마을과 너무 외떨어져 있어서 이곳을 이용하러 찾아오는 사람은 거의 없을 것 같다. 한국어로 욕설처럼 들리는 '밥 먹었어?'라는 뜻을 지닌 중국어 간판을 단 중식당을 지나고, 가마솥밥 식당과 우럭회를 파는 대박집을 지나 방갈리 버스정류장에서 들판으로 들어간다.

　방갈리에서 죽도, 웅도 그리고 이원방조제에 이르는 약 7km의 길은 모두 다 들판 농로 시멘트 포장길이다. 농로 옆으로는 전봇대 수백 개가 나란히 줄 서 있고, 그 아래 논들은 이미 추수를 마쳐 텅 비어 있고, 농수로의 물은 어제 내린 비로 흙탕 빛이다. 벼가 잘려 나간 그 자리에는 철새가 떨어진 알곡으로 배를 채우며 먼 길 떠날 준비를 하다가 사람 발소리를 듣고는 놀라서 떼를 지어 소리 지르며 도망간다. 수로 안에는 갈대가 흐느적거리고, 농로에는 억새가 하얀 꽃을 휘날리고 있다. 충격이 그대로 전해지는 시멘트 길을 오래 걸은 탓에 발의 피로가 누적되어, 스마트팜 방식으로 1년 내내 토마토 농사를 짓는 영농법인 건물을 지나 농수로 옆에서 잠시 쉬어 가기로 한다. 때마침 사륜 오토바이를 타고 농수로에서 새우잡이를 하는 마을 어르신을 만나, 감귤과 차 한잔으로 이곳에 대한 이런저런 얘기를 나누다가 다시 똑같은 풍경 속에 놓인 포장길을 계속 걷는다. 농지로 불어오는 바람을 막기 위해 심은 쥐똥나무 열매가 진짜 쥐똥처럼 생겼다는 것 말고는 이전과 다른 풍경은 단 하나도 없다. 농로를 벗어나 차가 다니는 길로 올라서니 길 옆 자투리땅에 마늘밭을 일구어 놓은 모습이 인상적이지만, 그 길이라고 해서 풍경이 달라지지는 않고, 이원방조제 희망벽화라고 소개는 되어 있지만 벽화를 그린지 너무 오래되어 퇴색하여 어떤 그림이 그려져 있는지 분간이 안 된다.

　이원방조제 끝자락에 투명 플라스틱 재질로 지어진 버스정류장에 들어가, 문을 닫아 거센 바람을 막고서는 잠시 쉬어 간다. 아는 게 병이라는 말처럼, 쉬면서 온전히 쉬지 못하고 노인복지를 전공한 내 머릿속에서는 바닷가 언덕 위에 지어진 노인요양시설의 난방비 걱정을 하고 있다. 잠시 숨을 돌리고 도로와 흙길을 번갈아가며 걸어서, 볏가리마을에 도착한다. 이 마을은 농어촌체험마을로서 볏가대놀이, 솟대만들기, 마늘 수확, 오리농법, 굴까기, 염전체험 등의 다양한 체험활동을 할 수 있다고 한다. 그뿐만 아니라 이 마을에서는 신재생에너지 기업을 설립하여 운영하고 있을 정도로 주민참여형 지역사회 조직활동이 왕성하게 이루어지고 있는 곳이기도 하다. 이런 마을이 많아지면 사회복지 분야에서 지역복지 영역이 없어도 될 것 같다는 발칙한 상상을 하면서 마을을 지나다가 개똥을 밟고 말았다. 엉뚱한 상상을 한 것에 대한 벌이려니 생각하고 웃어넘기고는 발걸음을 내딛는다. 양식장을 지나 태양광발전시설 앞에 이르니, 까만 개가 자신의 밥그릇을 입에 물고는 꼬리를 치며 먹을 것을 내놓으라고 성화를 부리는 데, 나와 길동무의 배낭에는 물밖에 없으니 그 녀석에게 미안한 마음이 든다. 주인이 얼른 찾아와 점심 끼니를 챙겨 주었으면 하는 바람과 함께 집에 두고 온 반려견 '별'이는 무엇을 하고 있을지 갑자기 궁금해진다.

마을을 지나 음포해수욕장에 이르니, 펜션 앞에 세워진 보트 옆면에 '인생 뭐있어?'라고 쓴 글귀가 눈에 들어온다. '인생을 최선을 다해 살자.'는 의미보다는 '인생 즐기며 여유롭게 살자.'는 뜻을 지닌 이 말에 나와 길동무가 함께 맞장구를 치고는, 풍광 좋은 해변가에 앉아 차 한잔으로 피곤함을 달래고 여유를 부리다 일어선다. 그런데 그곳에 세워진 이 해변의 역사를 기록한 비석을 보면, 이곳이 청일전쟁이 벌어진 곳이고, 일제강점기에는 징용당한 우리 선조들이 고초를 치른 곳이고, 동학혁명 때는 동학군과 교도들이 처형당한 곳이고, 한국전쟁 때에는 인민군과 치열한 포격전이 펼쳐진 곳이라고 기록되어 있다. 참담한 아픔을 간직한 곳에서 후손이라는 녀석이 퍼질러 앉아서 여유를 부리고 있었다는 사실이 창피해진다.

음포해수욕장에서 오늘 처음으로 흙을 밟을 수 있는 산길로 접어든다. 한 1km 정도의 산길을 걸어서 피구지라는 작은 해변을 지나고, 다시 산길로 올라선다. 그런데 산등성이 전체가 큰 나무들이 잘려 나가고 작은 수풀만 자라나 있는 곳을 지나며, 나는 누군가 산을 개발하기 위해 벌목한 것이라 생각했는데 길동무는 산등성이 큰 나무에 잎사귀가 없는 것을 보고는 산불 피해지역이라고 한다. 같은 현상을 다른 시각에서 보면 다른 대응을 하게 된다는 책 속의 글귀를 이곳에서 체험으로 깨닫게 된다. 산 오르막을 오르고 다시 왼편으로 좀 더 올랐다가 가파른 내리막길을 내려서면, 산에 둘러싸여 백사장이 더욱 아름답게 보이는 사목해변이다. 해변 캠핑장에 쳐진 텐트들이 금방이라도 거센 바람에 무너져 내릴 듯 흔들리고 있다. 맞바람을 안고 해변길을 돌아 나오면, 살레시오피정센터와 내1리 마을회관, 사목 경로당을 지나 다시 아스팔트길로 길이 이어진다. 태안군 북쪽 끝에 자리 잡은 이원반도를 가로지르는 603번 지방도로를 따라 걸어서 내1리 버스정류장에서 왼편으로 돌아들면 꾸지나무골이다. 마을입구 길 양옆으로 꾸지뽕나무를 일부러 심어 놓았는데, 동네 이름과 이 나무가 정말 연관성이 있는지는 좀 알아볼 일이다. 마을 입구는 광고판 천지이지만, 산재산 등산로 입구에서 바라본 하늘 구름 풍경은 아름답다는 말로는 다 형용이 되지 않을 정도로 황홀하다.

한 대학교 수련원을 지나 야영장으로 가는 71코스 길에 73코스 시점과 종점까지의 거리를 알리는 서해랑길 안내판이 세워져 있어 의아했지만. 72~73코스가 이곳을 빙 둘러 나오기 때문이라는 것을 지도를 보고 알게 된다. 종점에 이르러 스마트폰으로 택시를 호출하니 응하는 기사가 한 명도 없다. 야영장을 운영하는 마트에 들러 사장님과 사무장에게 아는 택시를 좀 불러 달라 했더니 요금이 7만 원 넘게 나올 것이란다. 택시기사 몇 분에게 전화를 한 사무장이 그조차도 어렵다 하여, 사무장에게 특별히 좀 태워다 달라고 부탁하여 왕복 기름 값에 수고비 정도를 얹어 주고는 어렵사리 차를 얻어 타고 되돌아와, 이틀간의 백리길 걷기를 마무리한다.

39. 자원봉사

> ☐ 서해랑길 72 – 73코스, 태안 꾸지나무골해변 – 누리재 버스정류장, 20.1km, 7시간 40분, 42,943걸음

　대전에서 이른 새벽부터 서둘러 기차를 타고 온 길동무를 오송역에서 태우고, 서산시 초입에서 해장국으로 아침을 든든히 먹고 오전 10시 반 무렵 꾸지나무골에 도착했다. 2025년 새해가 밝은지 사흘밖에 지나지 않은 한겨울인지라, 주말임에도 불구하고 해변과 캠핑장에는 사람 한명 없다. 솔향기길 1코스와 겹치는 이 코스는 '해송 숲길을 걸으며, 솔향기에 취하고 파도소리를 들으며 걸을 수 있는 아름다운 길'이라고 알려져 있어, 걷기를 좋아하는 많은 사람이 찾는 곳이고, 두루누비 앱에도 걷기에 어렵지 않다고 소개되어 있다.

　가벼운 마음으로 해변에서 오르막 언덕길을 올라 산자락 끝 산등성이에 올라선다. 산등성이를 따라 올라가는 등산로와는 반대로 서해랑길은 산 넘어 바다로 내려간다. 바다와 맞닿은 산골짜기 끝에는 펜션이 자리 잡고 있고, 그 앞 해변은 좁은 모래사장과 함께 크고 작은 돌들이 드넓게 자리 잡고 있다. 길은 해변에서 다시 산으로 오르막길인데, 이곳은 태안절경 천 삼백리길 중에 오랑창이라고 불리는 곳이다. 세모꼴 모양의 수직으로 뚫린 해저동굴 속 바위 틈 사이로 바다와 이어진 창이 있어, 이곳으로 파도가 일면 '와랑와랑' 소리가 난다고 하여 와랑창이라는 이름이 붙여졌단다. 이곳 해저동굴은 안흥해변과 맞뚫려 있다고도 전해지며, 이 굴에 빠져죽은 원혼이 억울함을 호소하는 소리를 낸다 하여, 지금의 이름으로 불리기도 했단다. 만대마을 지명표지판에 와랑창과 차돌바위, 독수리바위가 있다고 소개되어 있는데, 길 아래 바다에 기암괴석 중 어느 것이 어느 것인지 도저히 알 길이 없다.

　길옆에는 예전에 적군의 침투를 경계하기 위해 지은 참호가 버려진 채 놓여 있다. 그 아래에는 거센 바닷바람에 밑동에 상처를 입은 소나무가 땅을 베개 삼아 누운 채로 가로로 한 2m 정도 자라나서는, 다시 힘을 내서 세로로 허리를 곧추 세운 모습으로 자라고 있

다. 그 나무의 생명력에 감탄할 틈도 없이 길은 다시 오르고 내리기를 반복하고, 양식장 옆 작은 목책으로 된 다리를 건너고 다시 바닷가에 당도한다. 용난굴로 이어지는 바다는 부처바위, 곰바위, 뱀꽈리바위, 손바닥바위, 개-기린-원숭이바위, 거북바위 모양을 한 기암괴석이 즐비하다. 그런데 내 눈에는 그보다는 파도와 거센 바람에 깎이고 잘려나가서 조각가도 만들어 내기 어려운 아름다운 문양을 온 몸에 새기고 있는 이름 없는 바위들이 더 아름답게 보인다.

수많은 바위를 헤치고 등장한 용난굴은 말 그대로 용이 승천한 곳이란다. 굴 안으로 18m 정도를 들어가면 두 개의 굴이 나오는데, 각각의 굴에서 살고 있던 두 마리 용 중에 한 마리가 승천하였다. 그 후 나머지 한 마리는 승천하지 못하고 굴 안에서 몸부림치다 벽면에 붉은 핏물자국을 남기고 굴 앞에서 망부석이 되어서, 굴을 지키고 있다는 전설이 전해 온단다.

용난굴 앞을 가득 채운 돌을 밟고 위태롭게 걸어서 산자락으로 오르면, 블루라군이라는 펜션이 자리를 잡고 있고, 그 앞으로는 푸른 빛 바다가 일렁이고 있다. 그곳에서 다시 산등성이로 향하는 오르막길을 오르면, 이곳을 다녀간 팔도의 산악회에서 붙여 놓은 리본 200~300개 정도가 빼곡하게 걸려 바람에 나부끼고 있다. 내가 여기저기 길을 많이 걸어 봤어도 이곳처럼 산악회 리본이 많이 걸려 있는 곳은 처음 보는데, 그만큼 아름다운 길이라는 의미이기도 할 것이다. 그런데 꾸지나무골에서 '돌앙땡이'라고 불리는 이곳까지 4km밖에 안 되는 길인데, 끊임없이 이어지는 오르고 내리는 길 탓에 허벅지 근육이 뻐근하게 뭉쳐지는 느낌이 든다.

다시 작은 오르막과 내리막이 이어지니, 길 왼편으로 계속 따라오고 있는 바다풍경에 눈길을 주지 못하고 발 아래만 쳐다보고 걷는다. 이원방조제 축조로 제방 안에 있는 섬은 모두 육지화되고 유일하게 하나만 남은 섬이라 하여, 여섬[餘島]이라 불려지는 섬은 가마봉 끝자락에서 220m 떨어져 있는 넓이 1ha 높이 20m밖에 안 되는 작은 섬이다. 밀물이 세게 들이칠 때, 섬 속 바위를 넘어서 생기는 물보라가 가히 장관이란다. 그런데 꾸물거리던 하늘에서 눈송이가 한두 방울씩 나부끼기 시작한다. 여섬을 지나 산기슭을 오른편으로 돌아서면, 가파른 계단을 따라 길은 바다로 향하고 다시 솟구치듯 언덕배기를 오르게 만든다. 한참을 오르던 길은 다시 바다로 내리꽂히는데 다리가 내려가기를 거부하여, 내려가지 않고 조금 더 올라가서 만나는 임도를 따라 걸어 가마봉 전망대에 도착한다.

산봉우리 아래 갯바위에 밀물이 차오르면 꽃가마 모양으로 보인다고 하여 가마봉이라 이름 붙여진 이곳 전망대에는 솔향기길 지킴이 차윤천 씨에 대한 소개가 적힌 표지판이 자리 잡고 있다. 2007년 12월 7일 허베이 스피릿호와 삼성중공업 바지선이 충돌하면서 발생한 서해 바다 기름유출 사고가 일어나자 전국에서 123만여 명의 자원봉사자가 이곳 태안해변을 찾아 바위, 자갈, 모래를 하나하나 정성으로 닦아줌으로써, 태안해변은 아주 빠른 시간 내에 원래의 아름다움을 되찾을 수 있었다. 차윤천 선생은 기름 제거 작업을 하는 봉사자가 오가는 비탈길과 오솔길을 내고, 그 이후로도 3년여에 걸쳐 곡괭이 한 자루를 들고 산을 깎고 다듬어 이 길을 완성했다고 한다. 당시 설립된 지 다섯 달도 채 안 된 사회봉사지원센터의 장을 맡고 있던 나 또한 재직하고 있는 대학의 교직원과 학생 110여 명을 이끌고 이곳에 와서 열심히 기름때를 제거하는 작업을 했던 기억이 또렷이 남아 있다. 아마도 당시에 전국에서 자원봉사자가 몰려들어 짧은 기간 내에 기름제거 활동을 하지 않았다면, 이곳은 오염된 채 버려진 땅이 되었을지도 모른다. 이렇듯 민간의 자원봉

사는 공공 사회복지제도의 손길이 닿지 못한 곳에 나눔과 섬김의 손길을 더해 줌으로써, 세상을 살만한 곳으로 만들어 가는 중요한 복지활동이다. 그리고 이런 도움의 손길에 보은하는 또 다른 봉사의 물결을 일으켜, 서로가 서로를 위하는 세상을 만들어 가는 선순환구조를 만들어 간다. 이런 자원봉사의 참 의미를 이곳 가마

봉전망대에서 다시 한번 깨우친다.

눈발이 더욱 거세어져 머리에는 하얀 눈 모자가 소복하게 내려앉았다. 그런데 하도 오르막과 내리막을 오가느라 온몸이 마치 불덩이처럼 데워져 있어, 눈이 차갑게 느껴지지 않고 시원하게 느껴진다. 가마봉전망대에서 보인다는 율도, 지도, 선갑도, 문갑도, 덕적도는 희뿌연 바다 저편에 거무스름한 형체만 드러내고 있다. 전망대에서 가파른 내리막 길을 내려가 칼바위를 지나고, 바다로 드나드는 길이 좁고 잘록하게 생긴 회목쟁이를 지나, 넓은 바위가 있어 제사상을 차려 풍어제를 지냈다는 당봉전망대에 이르기까지 당기는 허벅지를 부여잡고 꾸역꾸역 올라선다. 잠시 임도를 따라 걸은 후, 다시 솔숲으로 들어가 산등성이를 타고 만대항으로 이어지는 바다로 내려서면, 보는 위치에 따라 하나로도 보이고 셋으로도 보이는 삼형제바위가 서 있다. 한집 안에 살면서 서로 잘못된 것은 숨겨주고 잘된 것은 드러내 주면서 의좋고 다정하게 지내는 세 형제의 모습을 본받아야 한다는 의미로, 바위 이름을 지었단다. 삼형제바위가 보이는 곳에서 길은 다시 산으로 오르라 하는데 도저히 올라갈 힘이 없어 물 빠진 해변 모래사장을 걷고, 항구로 이어지는 나무 데크길을 걸어 서해랑길 72코스의 종점에 도착한다.

세 시간밖에 걸리지 않는다는 길을 네 시간 사십 분이나 걸려 걸었는데, 눈까지 내리는 상황에서 73코스 초반의 6km 정도를 더 걸어서 원점으로 회귀하려 한다면 짧은 겨울 해가 지고 깜깜한 밤중이 될 것 같아, 편의점에 들러 차를 좀 태워달라고 부탁한다. 태안에서 택시를 부르면 5만원 정도 들어야 하는데, 가족이 운영하는 횟집에서 간단히 식사를 하면 무료로 태워다 주겠다는 편의점 사장님의 말대로, 산낙지 한 접시를 시켜먹고 차를 얻어 타고 태안 땅끝마을로 불리는 꾸지나무골에 되돌아온다. 뻐근함이 전해지는 다리로 브레이크와 가속페달을 밟으며 어둑어둑한 눈길을 운전하여, 길동무의 고향친구가 운영하는 읍내 밤나무집 식당에 들러서 오리불고기로 저녁을 먹고 태안 공영버스터미널 옆 숙소에서 잠을 청한다.

다음날 새벽 6시 10분에 73코스 시점인 만대항으로 가는 400번 버스를 타고 어둠을 뚫고 달린다. 버스 종점에 7시 즈음에 도착하여 어제 차를 얻어 탔던 편의점에서 컵라면으로 아침을 먹을 생각에 만대항에 다시 들렀지만, 어촌마을 편의점이 문을 닫았다. 아직 날도 밝지 않았으니 하는 수 없이 2차선 도로를 따라 걸을 수밖에 다른 선택지가 없다.

차가운 겨울 새벽 바람과 낮은 기온에서 살아남기 위해 온 몸을 보온장비로 무장하고 뚜벅뚜벅 길을 걷는다. 한 삼십 분 정도 걸었을 때 뒤편에서 붉은 기운이 느껴져 돌아보니 만대항 앞바다에 붉은 여명이 아름답게 드리워져 있다. 그 붉은 여명이 길가 백화염전 저수지에 비쳐 만들어 낸 반영은 지금껏 본 일출 풍경 중에서도 손꼽힐 정도로 아름답다.

　큰수억말을 지나 만나는 태안군 최북단 이원면 내2리에 위치한 만대마을은 앞쪽에 가로림만 갯벌이 펼쳐져 있고, 뒤로는 갯바위가 자리 잡고 있어 생태자원이 풍부하단다. 깜장굴, 마늘, 고구마, 고사리가 특산품이며, 농사체험과 바다체험이 가능한 녹색체험미을로 2016년에는 만대갱강숲래로 문화예술분야 행복마을 콘테스트에서 대통령상을 받은 마을이라고 소개되어 있다. 하지만 아직 해가 떠오르지 않은지라 마을 풍경은 희미하게 보일 뿐이다. 모째골 버스정류장에서 후망산으로 가라고 알려 주지만, 어둠 속에 산길을 걸을 수 없어 도로를 걷는다.

　조금을 더 걸어 솔향기 염전을 지나 만나는 솔섬 너머로 밝은 해가 떠오르는데, 얼마나 밝은지 그 빛을 똑바로 쳐다볼 수조차 없다. 가로림만 건너편 대산공단의 굴뚝에는 희뿌연 연기가 피어오르는데, 태안발전소에서 희망의 징검다리 지원 사업으로 지어 준 마을회관의 편의점도 아직 문을 열지 않았다. 내3리 만대 어촌체험마을 앞 버스정류장에 들러 떡과 커피 한잔으로 아침을 때우고, 도로를 따라 한 구비 돌아서니 꾸지나무골 입구다. 이곳에서 서해랑길은 바다 쪽으로 돌아든다. 바다 바로 앞의 캠핑장을 지키는 개가 왕왕거리고 짖어 대는 소리를 들으며, 작은 방조제 위를 걷고 한눈에 보기에도 어마어마한 크기의 새우양식장을 지나 갯벌로 들어선다. 자갈과 모래로 된 딱딱한 갯벌 위를 걷다가 만나는 커다란 바위는 바닷물의 힘에 의해 여섯 조각으로 나눠진 채 서로 기대어 의지하고 있다. 바닷가 산기슭을 돌아 만나는 큰길 아래 굴다리는 71코스와 73코스가 교차하는 지점이다. 오른쪽으로 가면 꾸지나무골이고, 왼쪽으로 가면 사목마을과 누리재로 이어지는 길이다. 사목마을 입구에는 마을의 지형, 풍수 그리고 역사적 의미를 기록해 놓은 내1리 사목마을 여항비(閭巷碑)가 세워져 있어, 마을의 유래를 상세히 알려 준다. 그곳에서 1.8km를 버스가 다니는 도로를 따라 걸어 누리재에서 73코스 걷기를 마무리하고, 조금을 더 걸어 이원초등학교 관동분교 앞 버스정류장에서 읍내로 나가는 버스를 기다린다.

함께 버스를 기다리는 이 마을 70대 초반 부녀회장님은 오랜만에 만난 동네 오빠와 재미나게 수다를 떨고, 마을사람에게서 온 전화를 받아서 집 냉장고 안의 콩나물 2,000원어치를 팔기도 한다. 내가 이 동네에 대해 궁금한 점을 묻자 유쾌한 웃음으로 응대해 주고, 젊은 시절 동네 총각들 마음을 설레게 할 정도로 한 미모 했다며 자랑까지 하면서, 읍내 우체국 옆에 있는 전통 순댓집에 들러 꼭 국밥 한 그릇하고 가라고 알려 준다. 그리고 읍내 장터에서 내리면서 제 자리로 굳이 찾아와서는 다음에도 자기네 동네로 놀러 오라고 부탁하고 작별 인사까지 전한다. 부녀회장이 알려 준 순댓국집에 들러서 국밥 한 그릇을 먹고, 오는 길에 아산시 도고온천에 들러 사우나를 했지만, 어제 뭉쳐진 허벅지 근육이 풀릴 생각을 않는데 유심히 살펴보니 허벅지 곳곳에 실핏줄이 터졌다. 서해랑길의 다른 코스라면 한 개 코스도 안되는 짧은 코스인지라 두 코스를 가뿐히 걸을 것이라고 자신만만했던 나에게 길을 걸으면서 허세를 부리거나 방심(放心)하는 것이 가장 위험하다는 사실을 내 몸에 근육통과 피멍울을 남기는 것으로 깨우쳐 주고 있다.

40. 차별과 자살

□ 서해랑길 74－75코스, 태안 누리재버스정류장 － 서산 구도항, 37.0km, 12시간 30분, 61,625걸음

영하 15도의 맹추위가 잠시 주춤한 사이, 다시 길을 나섰다. 오늘 코스의 교통편이 여의찮은 관계로, 태안 공영버스정류장 인근에 차량을 주차하고 8시에 출발하는 만대행 버스로 누리재에 올라선다. 바나나 한 개로 아침을 대신하고 길을 나서는데, 시점부터 산응달이라 며칠 전에 내린 눈이 얼어붙어 빙판길이다. 조심조심 발걸음을 내딛지만 자꾸만 다리에 힘이 들어가서 걸음걸이가 영 불안한데, 산 아래 논에서는 철새가 자신에게 관심을 기울여 달라는 듯 요란스럽게 울고 있다. 응달을 벗어나 내리막길로 들어서니 구름에 가려졌던 아침 햇살이 찬란하게 빛나고, 그 빛을 받은 시멘트길 위의 얼음조각이 마치 다이아몬드처럼 반짝거린다. 그 아름다운 풍경에 잠시 정신을 빼앗겨 방심한 사이, 온몸이 허공에 떠올랐다 내팽개쳐진다. 한참을 얼음 길바닥에 앉았다 일어나니, 집과 들판 그리고 저 멀리 가로림만의 갯벌이 만들어 낸 풍경이 멋진 겨울 아침 풍경화처럼 보이지만, 자꾸만 길바닥을 주시하고 걷게 된다.

작은 들판은 철새들로 와자지껄하고, 주변의 몇몇 집의 개들은 지나는 길손을 경계하며 왕왕거린다. 한 집에서 작은 강아지가 위험을 감지했을 때 내는 소리로 울어대자, 저 멀리 산속에서 달려 나온 어미개가 나를 보며 하얀 이빨을 드러내고 무섭게 짖으며 지나쳐, 집으로 들어가 새끼를 핥으며 안심시킨다. 그 모습을 보고 있자니, 갑자기 하늘나라에 계신 어머님이 그리워져 울컥한다. 산 아래 농로와 논 한가운데를 이어 걷고, 오르막 빙판길 옆 풀섶을 걸어 오르니, 노인봉으로 이어지는 산길 초입의 차도다. 여기서부터 족히 4~5km의 산길을 오르내려야 하는데, 고민이 앞선다. 지난 72코스에서 반복되는 오르막과 내리막 때문에 허벅지 근육이 뭉쳐서 며칠을 근이완제를 처방받았던 터라, 다시 산길을 오르내리기가 무서워진다. 게다가 산에 눈이 쌓여 있어 위험에 처할 수도 있겠다는 두려움에 산을 에둘러 돌아가는 차도를 따라 걷기로 한다.

다행이 찻길에는 염화칼슘을 뿌려서 그런지 응달인데도 길이 얼어붙지 않았다. 보행

로가 따로 없는 지방도의 갓길을 따라 헐벗은 메타세쿼이아 나무와 편백나무의 호위를 받으며 걸어가니, 청조농원 입구다. 마을 초입에 있는 집의 할머니가 광에 무언가를 꺼내러 가면서 담장 너머 길손에게 건네는 인사에 건강하시라고 화답한다. 그러고는 길가 큰 돌멩이에 걸터앉아, 배낭에서 떡 두 개와 오렌지 음료로 당을 보충하고는 계속 걷는다. 왼편 저 멀리로 가로림만의 풍경이 펼쳐져 있는 작은 들판을 가로지르는 찻길을 따라 당산4리 오새골 마을을 지나고, 얕은 고갯길을 오르니 '범죄 없는 마을'이라는 팻말이 붙어 있는 당산4리 마을회관에 이른다. 고갯길을 내려서면 '바다가 있어 살기 좋다.'는 당산4리 활곡마을인데, 이곳에 어촌계 마을회관과 마을 헬스장 그리고 경로당이 옹기종기 모여 있다.

경로당이 위치해 있는 관계로 이곳부터 제한속도 30km의 노인보호구역으로 지정되어 있다. 전국의 다른 노인보호구역과 마찬가지로 과속 단속을 하는 장비는 설치되어 있지 않고 운전자의 도덕성에 호소하는 속도제한 표지판만 세워져 있어, 학교 앞 어린이보호구역과 다른 모습을 하고 있다. 태안읍에서 버스로 이동하는 중 몇 가구 되지도 않는 농촌마을 입구에 노인요양시설과 같은 노인복지생활시설이 아니라 이용시설인 '노인주간보호센터의 설립을 반대합니다.'라는 현수막이 걸려 있는 것을 보았다. 법으로 금지되어 있는 '님비(NIMBY, Not in my backyard)' 현상이 아직도 우리 국민들 마음 깊은 곳에 존재하고 있음을 재확인하게 되니 왠지 모를 절망감이 느껴진다. 마땅히 사회적 보호를 받아야 하는 사람을 우리 곁에서 밀어내고, 똑같은 사회적 약자임에도 그들을 위한 보호조

치에 차별을 두는 우리 사회의 모습을 어떻게 성숙한 사회라 말할 수 있겠는가?

오른편 노인봉 정상 아래 자리 잡은 마을 앞 길가 집에는 겨우내 난방을 위해 준비한 장작을 가지런히 쌓아 놓았고, 건너편에는 '태안에 스며들다.'는 의미를 지닌 '태며듧'이라는 무인카페로 가는 길 표지판이 서 있다. 그곳부터 이어지는 오르막길을 가쁜 숨을 쉬며 오르고 당산3리 개랑골과 독바위 버스정류장을 지나면, 노인봉에서 내

려온 서해랑길의 원래 코스와 만난다. 산길로 걸어오는 것에 비해 시간상으로는 한 시간 정도, 거리로는 1km 정도가 단축되었다. 내리막길 옆은 외딴집 큰 바위 앞의 나무 한 그루의 수형이 참 아름다운데, 세 마리의 개는 허연 이를 드러내고 길손을 위협한다. 그에 반해 모세골 버스정류장 옆집 흰둥이는 지나는 길손에게 꼬리를 살랑살랑 흔들며 반겨 준다. 당산3리 쪽머리 버스정류장에서 내려서 조금을 들어가 만나는 율도, 즉 밤섬이 큼지막하게 바다에 터를 잡고 있고, 길가 논 한 필지는 물이 꽁꽁 얼어 썰매를 타도 될 듯하다. 어릴 적 아버지께서 소나무를 잘라다 대패질하고 못질하여 만들어 준 나무썰매를 타고, 한겨울의 지루함을 달래던 어린 시절 추억이 아른거린다.

길 건너 대숲과 아로니아농장 그리고 오리농장이 위치한 언덕배기를 넘어서면, 당산3리 버퉁개해변에 소꼬뚜레바위가 있다는데, 그 모습은 보이지 않는다. 조금을 더 걸으면 '산, 바다, 벚꽃길이 있어 아름답다.'는 당산3리 벚꽃길 감태마을회관을 지나고, 단 한 채만 입주해 있는 전원주택단지를 지나 고개를 넘고 다시 오르막을 올라 새섬리조트 방향의 임도로 접어든다. 20리가 넘게 아스팔트길을 걷다 보니, 비록 포장은 되어 있지만 소나무가 우거진 마봉산 임도길이 반갑기 그지없다. 완만한 경사의 임도를 따라 오르면 마봉재 고개를 넘어 몇 그루의 동백나무가 반겨 주는 마봉산 끝자락의 전원주택을 돌아 지금은 이름이 레피다리조트로 바뀐 새섬리조트에 도착한다. 보강공사 중인 리조트 앞 방파제를 따라 걷고, 작은 수로에 걸쳐진 다리를 돌아서면 사창리다.

사창리 해변 초입부터 개인사유지 출입금지, 석화 및 가무락 조개양식장 출입 및 불법채취 금지 등의 경고 팻말이 어지럽게 세워져 있다. 그 뒤편 나무벤치에 앉아 가로림만 풍경을 바라본다. 갯벌 위에 덩그러니 홀로 앉아 있는 새섬과 그 배경을 이루고 있는 밤섬, 그 뒤로 이어지는 이원반도의 산과 반대편 서산시 쪽의 산이 에워싸고 있는 가로림만 풍경이 마치 어머니의 품같이 느껴진다. 해안도로를 따라 걷다 만나는 외톨이 바위 꼭대기에, 작은 나무가 뿌리를 내리고 온갖 풍파에도 굳건히 생명을 이어 가고 있는 모습이 거룩하게 보인다. 이른 아침부터 갯벌에 나가 감태를 채취한 동네 할머니는 사륜구동 차량을 타고 집으로 돌아가고, 나는 점박이물범과 상괭이가 산다는 가로림만 해양보호구역의 해안도로에서 산길로 접어든다.

작은 언덕배기를 지나 노지 차박이 가능한 캠핑장에서 다시 가마봉으로 산길을 따라 오른다. 세 갈래 산길에서 청산리 마을회관까지 700m밖에 안 된다는 팻말의 유혹에 잠시 흔들리기도 했으나, 가마봉 능선으로 이어지는 원래 코스로 돌아든다. 호젓한 비포장 임도를 따라 바람에 흔들리며 부딪히는 나무 잎사귀 소리에 귀 기울이고 진한 솔향기를 흡입하며 산보하듯 걷다 보면, 풍경리조트 입구에 있는 오늘 코스의 종점인 청산리나루터에 이른다. 이곳은 서산시 구도항에서 인천까지 128km의 뱃길이 열려 있을 때는 수많은 사람이 타고 내린 번성한 항구였으나, 도로교통이 발달하면서 1978년 여객선 운항이 중단되고 폐항된 지금은 마을 어항으로서의 기능만 남아 있다고 한다. 길을 다 걸었으니 서해랑길 안내판에서 완보 인증을 하려는데, 누군가 공사자재를 겹겹이 쌓아놓아 빠른 응답(QR) 코드 인증절차를 밟을 수가 없다. 아쉬운 마음에 발길을 돌리고 택시를 부르고 나니, 동네 아낙이 나루터 입구에 있는 열매가 무어냐고 물어보는데 도시 촌놈이 알 턱이 없다. 잠시 나루터 풍경을 구경하고 돌아서니 한 마리 물고기도 낚아 올리지 못한 남편과 장구밥나무 열매를 따서는 나란히 손잡고 집으로 돌아가고, 나도 집으로 향한다.

겨울 같지 않은 포근한 공휴일 새벽에 차를 몰아 태안 공영버스터미널에 도착하여, 여유 있게 컵라면 하나를 먹고 버스 시간 20분 전부터 승차 위치에서 기다렸다. 그런데 출발 5분 전임에도 차가 들어오지 않는다. 옆 노선 버스기사 두 분께 확인했더니, 공휴일에는 청산리행 버스는 운행하지 않는단다. 내 눈으로 확인한 버스시간표를 확인했을 때 '7:45 청산리(공휴일)'이라고 쓰여 있어, 공휴일만 운행하는 것이라 생각했는데 그 반대였던 셈이다. 교통편의를 생각해 굳이 공휴일을 선택한 것인데 허탈하기 그지없지만, 하는 수 없이 다시 차를 몰아 청산리나루터로 향한다. 나루터가 자리한 가로림만은 바닷물이 가득 차 있고, 작은 어선들은 선장을 기다리고 있고, 그 옆 펜션은 찾은 손님이 없는지 텅 빈 채로 바다를 바라보고 있다. 가로림만 전망대와 '홀로 독(獨)'과 '없을 무(無)'라는 글자를 크게 써 붙인 집을 지나, 도로를 따라 청산1리 아랫말 정류장을 지나면 청산1리 다목적회관이다. 연이어 윗말과 시우치 버스정류장을 지나면, 가로림만 탐조전망대에 이르는데 바다가 아닌 하늘 위에서 새들이 '나 여기 있소!'라며 시끄럽게 울어대고, 바다 건너 서산 쪽 팔영산 위로 아침 해가 찬란한 빛을 쏟아 낸다.

시우치저수지 입구에는 감태마을이란 하얀 마을 표지석과 솔향기길 이화산 등산로 안내판이 함께 서 있고, 전원주택 공사가 한창이다. 꽁꽁 얼어붙은 저수지 빙판에 반사되어 비추는 아침 햇살이 눈이 시릴 정도로 아름답기 그지없는데, 지팡이 짚은 노구의 어머니 팔짱을 끼고 호젓하게 아침 산책을 하고 있는 아낙네의 심성이 더 아름다워 보인다. 저수지로 흘러드는 반계천과 허허로운 논 사이를 걷다가, 이화산 임도로 돌아 오르니 아침 등산을 다녀온 동네 아저씨가 반갑게 인사를 건넨다. 전원주택에서 큰 개 두 마리를 산책시키러 나온 동네 아낙이 멀리서 나를 보더니 황급히 목줄을 묶고는 간식으로 개들을 유혹하면서 길손이 편안하게 지나가도록 배려하는데, 그 모습 또한 참 아름답다. '사람이 꽃보다 아름답다.'는 노래가사가 자연스럽게 머릿속에 그려지는 사람을 연이어 만나다니, 참 행복한 아침이다.

임도를 오간 차들로 인해 겨울 낙엽이 세 줄로 나란히 인도하는 비포장 임도를 나목(裸木) 사이로 비춰는 아침햇살을 받으며 걷는 시간은 평화롭기 그지없다. 잠시 임도 벤치에 앉아 가로림만 위에 떠 있는 아침 해의 따스한 온기를 받으며, 평화로운 아침 풍경을 만끽한다. 임도를 벗어나니 한겨울에 보기 힘는 목장의 푸른 초장이 눈앞에 펼쳐지는 눈 호강까지 한다. '천도전문도량 관음성지'라고 쓰인 표지판이 서 있지만, 눈에 사찰의 모습은 보이지 않는다. 진선미농장의 사과밭과 몇 채의 집을 지나 마을 초입에 이르면, 거센 바람에 허리가 꺾인 소나무가 다시 하늘로 힘차게 뻗어 올라 강한 생명력을 전하고 있다. 세 갈래 길에서 왼편 방조제 쪽으로 돌아가면, 죽은 소나무가 장승처럼 서서 왼팔로 선돌바위를 가려면 이쪽으로 가라며 길안내를 하고 있다.

방조제에 올라서면 물이 가득한 가로림만에 이화산을 비롯한 주변의 산들이 짙은 녹색 반영을 드리우고 있는데, 선돌바위 또한 질 수 없다는 듯 멋진 반영을 드리우고 있다. 그 풍경이 말 그대로 가관(可觀)이다. 선돌바위는 매우 큰 바위였으나, 일제강점기 일본인이 바위를 깨서 어디론가 가져가는 모습을 본 마을 주민이 뒤늦게 힘을 합쳐 막아 냄으로써, 그나마 지금의 모습을 유지할 수 있게 되었단다. 그래서 바위는 고마운 마음을 표현하기 위해 마을을 바라보고 서 있다고 한다. 선돌바위 맞은 편 방조제에는 마치 다

이아몬드 쌍가락지 모양을 한 서해랑길 조형물이 세워져 있고, 그 안에는 갈두천에서 흘러내린 냇물 주변으로 갈색 갈대가 빼곡하게 서서 겨울바람에 하늘거리고 있다.

가로림만을 등지고 솔향기길 백화산 방향으로 걸어가면, 자원순환시설 공사장과 위생처리장 건물을 지나, 리조트와 야영장이 있는 비포장 산길로 접어든다. 잠시 흙길을 걸어 오르면 길은 포장도로로 바뀌는데, 그 길 위를 고라니 두 마리가 재빨리 건너 산으로 사라진다. 차 한 대가 간신히 지나다닐 것 같은 오르막 포장도로 옆 산소 주변에 커다란 바윗돌 두 개가 자리 잡고 서 있는데, 그중 한 바위는 두꺼비 형상을 빼다박은 것 같다. 솔향기길 5코스 쇠평이에서 길은 용주사가 자리 잡은 금골산 임도로 돌아든다. 다소 경사가 있는 임도를 걸어 넘어가면, 여느 사찰과는 달리 사천왕을 석상으로 세워 놓는 대한불교총화종단 소속의 용주사에 들어선다. 궁금하여 핸드폰에서 총화종을 찾아보니, 원효대사의 사상을 계승하는 불교종단이라고 한다. 사찰의 모습도 여느 사찰과는 사뭇 다른 가파른 계단 위로 대웅전 지붕만 겨우 보일 뿐인데, 굳이 올라가서 보고 싶은 마음은 들지 않는다. 사찰 앞 포장도로에서 길은 생태공원 방향의 금골산 숲길로 올라간다. 소나무가 빼곡하게 들어선 좁은 산길을 올라 산등성이 갈림길에서 정상과는 반대 방향인 왼편으로 걸어 내려오면, 삭선리 생태공원이다. 그런데 생태공원 치고는 아무것도 볼 것이 없는 그냥 말 그대로 평평한 공원일 뿐이고, 배와 새 모양으로 꾸며 놓은 어린이 놀이터와 작은 운동시설, 화장실만 보인다.

생태공원에서 잠시 발의 열기를 식히고 길을 나서니, 지금 눈에 보이는 공원뿐 아니라 가로림만 주변의 생태연못, 해변산책로, 암석관찰로, 숲관찰로 등을 포함한 넓은 지역이 생태공원에 포함되어 있다는 안내판을 보게 된다. 섣부르게 눈앞에 보이는 것만 가지고 판단을 내린 나의 어리석음을 이곳에서 다시 한번 몸으로 깨우치게 된다. 개불, 밤고동, 농게와 민꽃게가 많이 서식한다는 가로림만은 이제 썰물로 인해 드넓은 갯벌의 속살을 드러내고 있다. 갯벌 풍경은 드넓은 논 풍경으로 바뀌는데, 그 논 두 필지에는 새까맣게 철새들이 앉아 있고, 농로 옆 논에 앉은 새들은 길손의 발자국 소리에 놀라 수백 마리가 한꺼번에 하늘로 날아오른다. 새들 중 한 녀석이 내 머리 위에 하얀 새똥을 투척할지도 모른다는 엉뚱한 생각을 하며 논 사이 길을 걸어가니 닭장 속 닭들이 꼬꼬댁 울어댄다. 인삼밭이 맞이하는 마을로 접어드니, 휴일에 부모님을 찾은 딸네들이 어머니 곳간을 털어가느라 여념이 없는데, 그 광경을 지켜보는 어머니는 그 모습도 예쁜지 빙그레 미소만 짓고 있다.

'실수로 불을 내도 3년 이하의 징역을 살 수 있다.'는 산불조심 현수막을 외면하듯 스쳐 지나서, 고갯길에서 시멘트 포장도로를 따라 걸어가다 보면 한겨울 추위에 얼어 죽지 않도록 나무 밑동을 노랗고 빨갛게 감싸 놓은 풍경을 만나고, 어은2리 감골마을 버스정류장에 이른다. 어은천 위에 놓인 어은교로 이어지는 편도 1차선 도로를 따라 걷다 어은2리 마을에 이르는데, 저 멀리 폐교를 카페로 꾸며 놓은 건물이 눈에 들어온다. 마을 안을 이리저리 돌아서 뒤편 고갯길에 올라서면, 시야에서 사라졌던 가로림만이 다시 눈에 들어온다. 임도인 듯 아닌 듯한 포장길을 따라 걸으면 길옆 빼곡히 들어선 소나무가 호위를 하는데, 그중에 유독 커다란 플라타너스 나무의 흰색 나무둥치가 눈에 들어온다. 폐가 두 채와 꿈을이루는교회 태안수양관을 지나고 만나는 작은 집 앞 야외 나무식탁 위에는 검은 고양이 2마리, 호랑이 무늬를 지닌 고양이 2마리, 그냥 노란 고양이 2마리가 따스한 겨울 햇볕을 받으며 옹기옹기 모여 앉아 길손을 향해 눈망울만 굴리고 있다. 앞선 길에서 쥐를 입에 물고 가다 나를 보고 화들짝 놀라 도망가는 까만 고양이와는 전혀 다른 여유롭고 평화로운 모습이다. 아름드리 향나무들이 심겨진 무덤과 예쁜 전원주택 몇 채를 지나면, 넓은 들 풍경이 눈에 들어온다. 들판과 저 멀리 눈에 들어오는 서산 팔영산을 마주 보며, 방조제 위를 걷는데 목줄이 없는 검정개와 누렁개 2마리가 곧 물어버릴 것이라는 경고를 보내듯 이빨을 드러내고 짓는다. 두려움에 떨고 있는데 나이든 주민이 '우리 개는 안 물어요.'라고 하는데, 한편으로 어이가 없다.

개의 위협에서 벗어나니 방조제 안쪽에는 민물낚시를 나온 강태공이 시간을 낚고 있고, 바다 위에는 두 개의 작은 섬이 갯벌 위로 온몸을 드러내고 있다. 두 섬의 모양새가 닮았다 했더니, 이 섬의 이름이 쌍도라고 한다. 한동안 쌍도와 방조제 속 갯골들이 나와 발걸음을 같이하는데, 방조

제의 배수갑문을 지나 작은 동산을 넘어 마을로 접어든다. 몇 가구 안 되는 마을 안쪽 골목길을 오르는데, '세상 무엇보다 소중한 것은 생명입니다.'라는 글귀가 쓰인 노란색 농약안전보관함이 세워져 있다. 이 보관함은 농촌 노인의 농약 음독자살을 예방하기 위해 충청남도에서 농협의 도움을 받아 설치한 것이다. 자살의 가장 큰 위험요인은 우울증으로 알려져 있으나, 노인 자살의 경우에는 다른 연령층의 자살과는 다르게 우울증뿐 아니라 경제적 빈곤, 질병, 고독과 소외, 가족갈등 등의 요인들이 복합적으로 작용하는 것으로 알려져 있다. 내가 농어촌 독거노인 자살예방사업의 사업단장을 맡았을 때, 농어촌 노인의 자살을 예방하기 위한 방법 중의 하나로 농약안전보관함을 활용할 것을 사업 담당자에게 권고한 바가 있었다. 이때 사회복지사들이 농어촌 지역의 농약안전보관함 관리 실태를 점검한 바에 의하면, 대부분의 보관함이 제대로 관리가 되고 있지 않아 자살예방 효과가 크지 않아서 마을 이장님을 설득하기가 어려웠다는 얘기를 들었다. 벌써 10년 가까이 지났음에도 이곳 보관함은 비교적 잘 관리되고 있는 것을 보니 한편으로 마음이 놓이지만, 노인이 삶의 희망을 찾지 못해 스스로 생명줄을 내려놓는 사례가 줄어들지 않아 마음이 아프다. 아무리 대한민국 사람들이 금메달을 좋아할지라도, 노인 자살률 1위라는 금메달 아닌 금메달은 제발 빨리 벗어던졌으면 좋겠다.

어도어촌계 사랑방을 지나 도내2리 버스 종점을 지나면, 한 청년이 한옥주택 지붕 아래 서까래에 하얀 페인트를 열심히 칠하고 있다. 헌집을 새집으로 고쳐서 저 청년이 이 마을에 가장 젊은 막내 주민이 되기를 바래본다. 으뜸말3반 정류장과 라모스가족호텔을 지나서 태안의 끝 마을 도내리 입구에서 돌아 내려와 꽁꽁 얼어붙은 저류지에 이르고, 634번 지방도로 아래를 돌아 오르면 서산시 팔봉면으로 행정구역이 바뀐다.

작은 방조제 위를 걸어가는데, 가로림만 갯벌 위 갯골이 마치 네잎 클로버 모양을 닮았다. 청계병아리와 사모병아리를 기르는 서산 아마존농장의 마당에는 거위 한 무리가 꽥꽥거리고 있고, 노을길 펜션 앞에는 황금색 얼굴을 한 장승 여럿이 모여 서서는 집을 호위하고 있다. 서산 아라메길 위의 서해랑길 방조제를 따라 오른편 펜션단지로 보이는 마을을 지나고, 작은 동산 숲길로 올랐다 내려서면 눈앞에 드넓은 새우양식장 옆으로 구도항이 보인다. 갯벌 위에 덩그러니 놓인 덤섬 주변에는 빨간 바지를 입은 할머니 한 분이 낙지를 잡으려고 갯벌에서 부지런히 손발을 움직이고 있다. 아마도 여기서 잡은 낙지로 그 유명한 박속 낙지탕을 끓이지 않을까 싶다. 다시 작은 동산을 올랐다 내려서도, 왼편은 갯벌이고 오른편은 새우양식장이다. 그 길의 끝 구도횟집 앞이 서해랑길 75코스 종점이다.

태안군 서해랑길의 마지막 코스인 이곳 종점에서 75코스의 시점인 청산나루터를 건너다 보니, 잘 하면 헤엄쳐서도 건너갈 수 있을 정도로 코앞이다. 그 짧은 거리를 가로림만을 왼편에 끼고 21km를 돌고 돌아온 셈인데, 그 정도로 가로림만이 넓고 크다는 것을 방증해 주고 있다. 태안군 이원면 만대항과 서산시 대산읍 벌말이 마주하는 길이 25km, 폭 2~3km에 달하는 가로림만은 남쪽으로 깊게 파고든 병목과 같은 모양을 하고 있다. 가로림만의 연안 면적이 15,958ha에 갯벌만 8,000ha에 이르고, 해안선 길이가 162km에 달하는데, 조수간만의 차이가 커서 썰물 때에는 갯벌의 2/3 정도가 드러난다. 다양한 수산생물의 산란장이고, 고파도, 웅도, 율도 등의 크고 작은 섬을 끌어안고 있는 가로림만은 서해안에서 유일하게 원형을 유지하고 있어, 2007년 환경가치평가에서도 1위에 올랐으며 2016년에는 해양보호구역으로 지정되었다고 한다. 아무쪼록 이곳이 사람의 손길에 의해 훼손되지 않고 오래오래 잘 보존되었으면 하는 바람으로 오늘의 걷기를 마무리한다.

41. 기발한 아이디어

2024년 10월 4일 서해랑길 홍성 구간의 63코스를 완주하고, 같은 날 서산 구간 64코스 시점인 궁리항에 위치한 해양경찰 궁리출장소에서 서해랑길을 이어 걷는다. 정오를 넘어선 시간이라, 길가 파배기 푸드트럭을 보고는 나도 모르게 침을 꼴깍 삼킨다. 서산방조제에 들어서기 전 오른편에는 홍성 조류탐사과학관이 웅장한 모습으로 자리하고 있고, 왼편 갯벌 어귀 포장마차 평상에서는 동네 주민 네다섯 명이 모여 앉아 술과 안주도 없이 맨입으로 담소를 나누고 있다. 한국농어촌공사에서 관리하는 간월호 배수갑문을 지나고 궁리교 아래 자전거길을 따라 서산A지구방조제로 올라선다.

이곳 방조제는 천수만을 가로질러 홍성군 서부면과 서산시 부석면 간월도를 연결하는 아주 긴 방조제로서, B지구 방조제까지 합치면 그 길이가 7.7km에 이른다. 서산A지구 방조제는 1979년에 건설을 시작하여 1984년에 물막이 공사를 최종 마무리했다. 이 방조제의 건설로 3,060만 평 규모의 농경지가 조성되어 50만 명이 1년 동안 먹을 수 있는 쌀을 생산할 수 있게 되었고, 1,260만 평의 간월호는 유명한 철새도래지로 자리를 잡았다. 방조제 중간 정도에 이르렀을 때 행정구역이 서산시 부석면으로 바뀐다. 드넓은 간척지에는 황금들판이 펼쳐져 있고, 중간 중간 커다란 미곡 창고가 들어서 있다. 간월호 뒤편의 가야산 넘어 운산면이 고향인 길동무는 고향이 그리운지 자꾸만 뒤를 돌아보며, 이곳 저곳의 지명을 알려 준다.

방조제 중간 정도에 이르면, 서산 관광안내판과 함께 방조제 건설을 주도한 현대건설 고(故) 정주영 회장의 독특한 아이디어로 창안된 공법을 알려 주는 글이 적혀 있다. 방조제 공사 막바지 물막이 공사단계에서 9m에 이르는 조수간만의 차이와 초당 8.2m의 빠른 유속으로 인하여 더 이상 둑을 쌓을 수 없는 최악의 난관에 부딪히게 되었을 때, 정 회장은 전 세계 토목건설 사상 유례가 없는 유조선공법을 착안해 냈다. 고철로 쓸 예정이던 23만 톤급(길이 322m, 높이 27m) 유조선을 끌고 와 물을 가득 채워 가라앉힘으로써 물막이 공사를 성공적으로 마무리하게 되었으며, '정주영 공법'이라는 이름까지 얻게 되었단다. 공사 안내판에는 공사의 역사와 공법에 대한 소개와 함께 '가지 않는 자에게는 길이 없지만, 가는 자에게는 없는 길도 만들어간다.'는 고(故) 정주영 회장의 모험정신을 칭송하는 글귀가 함께 쓰여 있다. 이 글을 읽으며 나는 사회복지실천현장에서 내담자의 문제를 해결하거나 지역사회 문제를 해결하는 과정에서 해결책이 보이지 않는 난관에 부딪혔을 때, 사회복지사가 중도에 포기하기보다는 생각에 생각을 거듭하여 그 난관을 뚫고 나갈 수 있는 새로운 방안을 모색하기 위해서 노력하는 자세를 갖는 것이 매우 중요하다는 사실을 깨닫게 된다. 문제를 해결하고 세상을 바꾸려고 해도 더 이상 방법이 없을 때, 거기서 멈추고 주저앉으면 문제는 계속되고 세상은 사람 살기 좋지 않은 곳으로 변해갈 것이 자명하다. 사람들이 삶의 난관을 헤쳐 나가도록 돕고 세상을 사람 살기 좋은 곳으로 만드는 것이 사회복지사의 사명인 만큼, 그 어떤 난관과 시련에도 굴하지 않고 생각에 생각을 거듭하여 희망의 빛을 만들어 내야 할 것이다.

천수만 철새도래지 안내판과 안면도 쥬라기박물관 안내판을 지나서, 차들이 쌩쌩 달리는 방조제 위 4차선 도로 옆 자전거도로를 걷고 걸어 간월도 입구 신호등 앞에 도착한다. 횡단보도 중간에는 어리굴젓축제를 알리는 대형 홍보판이 세워져 있다. 오래전에 들렀던 간월도는 간월암과 어리굴젓을 파는 가게가 옹기종기 모여 있는 곳을 제외하면 허허벌판이었다. 이제는 입구부터 수제맥주공장과 카페, 식당, 펜션 등이 들어서고, 공터에는 코스모스 꽃밭을 조성하여 방문하는 관광객을 맞이하고 있다. 간월암으로 향하는 길가

에는 오래전 열린 간월도 '굴 부르기 군왕제' 때 사용했던 홍색, 녹색, 백색, 황색, 청색 천을 이어 만든 오색 깃발이 대나무 깃대에 묶여서 바람에 세차게 흔들리고 있다.

간월도에 도착한 시간이 마침 간조기인지라 간월암에 들어가 볼 수 있게 되었다. 간월도 앞에는 지역특산물이 굴임을 알리는 굴탑이 세워져 있고, 동네 아낙네가 조새를 이용하여 굴을 캐는 모습의 조형물도 세워져 있

다. 또한 2023년에 세워졌다는 간월도 스카이워크는 섬 이름에 걸맞게 초승달 모형의 철제 구조물인데, 간월암의 경치와 함께 서해 낙조를 감상할 수 있다고 한다. 젊은이들은 SNS에 올릴 사진명소라고 좋아하지만, 나이든 나의 눈에는 간월암의 아름다움을 차가운 철 구조물이 가리고 있어 썩 좋아 보이지는 않는다.

육지에서 40m 정도 거리의 바다 가운데 지어진 간월암은 조선 초기 무학대사가 창건하였고 조선 말엽에 폐사(廢寺)되었다가 일제 강점기인 1914년 만공대사가 중건하였다고 전해지는 곳이다. 이곳은 간조 때는 뭍과 연결되고 만조 때는 섬이 되는 독특한 지형 위에 세워져 있다. 사찰 내 관음전에는 충청남도 유형문화재 제184호로 지정된 작은 크기의 목조보살좌상이 모셔져 있는데, 나무와 종이로 틀을 제작한 뒤 금칠을 입힌 불상으로 대략 1,600년 전후에 조성된 것으로 추정된다고 한다. 관음전 앞에는 무학대사가 짚고 다니던 지팡이를 꽂아 놓고 '이 나뭇가지가 살아나면 불교가 다시 부흥하리라.'고 예언한 사철나무가 건강하게 사라고 있다. 그의 예언이 적중했는지 모르지만, 전해 오는 설이니 그냥 전설로만 들어 넘기기로 한다. 간월암 담벼락에는 각종 소원들이 빼곡하게 적힌 손바닥만한 크기의 오색등이 가득 달려 있어, 푸른 바다와 대비를 이루고 있다.

간월암을 돌아 나와 출출해진 배를 채우기 위해 가을 제철이라는 전어구이를 먹으러 횟집에 자리를 잡고, 전어구이 한 접시와 해물칼국수 2인분을 주문했다. 그런데 여주인장은 가타부타 말도 없이 기다리라고만 하고, 길동무가 스마트폰 충전이 가능하냐고 물어도 기다리라고만 한다. 그러고는 길 건너 주차된 지인의 차로 가서는 한참을 수다 떨고 돌아와서는 음식을 재촉하는 길손에게 다시 앵무새처럼 기다리라는 말만 반복한다. 그 때 횟감 손질하던 남성 주인장이 전어구이를 내오지 않았더라면 주문을 취소하고 나왔을 것이다. 칼국수까지 먹었다가는 분명 속에 얹힐 것 같아 전어구이만 먹고, 나머지 음식 주문을 취소하고 자리를 벗어났다. 내 돈으로 음식 사 먹으면서 이런 서비스를 받는 것은 처음이다. 앞 코스의 서해랑길 쉼터 관리자부터 시작하여 '툴툴거리는 서비스'를 연이어 받고 나니, 오늘이 특별히 운수 나쁜 날인가 싶다. 전어로 비려진 입맛과 불친절 서비스로 끓어오른 속을 시원한 콩국수로 입가심한 뒤 서산 첫 코스 걷기를 멈추고, 택시와 개인소유 차량으로 오송역에 되돌아오니 해거름이다.

중화민국(中華民國) 국경일인 쌍십절(10월 10일)에 혼자 간월암에 도착하여 붉디붉은 일출 장면을 보고 있노라니, 가슴이 벅차오른다. 간월항 곁에는 온통 어리굴젓과 영양굴밥 가게가 줄지어 서서, 손님을 기다리고 있다. 가을날 새벽의 신선한 공기를 맞으며 방조제 4차선 도로 횡단보도를 건너는데, 조류 독감을 예방하기 위해 가금류 축산차량의 철새도래지 출입을 금지한다는 현수막과 함께, 정부의 농업정책을 헛발질 정책이라며 강하게 비판하는 현수막이 함께 걸려 있다. 천수만로 건너편 도로의 간월휴게소와 천수만 쉼터는 이른 아침이라 그런지 텅 비어 있다.

천수만의 토끼섬과 검조도를 지나 창리선착장 방향으로 들어서니, 구세군 부남교회가 가장 먼저 맞이해 주지만 연이어 각종 식당과 숙박업소가 빼곡히 들어서 있다. 한글날 휴일에는 북적거렸을 창리낚시공원은 텅 비어 있는데, 창리선착장에는 새벽 조업을 마치고 돌아온 어선들로 북적인다. 서해랑길 서산지선 64-1코스의 시작점인 창리선착장을 돌아 나와 길을 건너면, 서산간척지를 관리함과 동시에 쌀과 대체작물 그리고 한우를 기르는 농업법인회사인 현대서산농장 입구다. 이곳을 지나 서산방조제B지구의 천수만로를 따라 걷는데, 아나고와 게국지를 파는 식당, TV프로그램에 출연해 유명세를 타고 있는 꽈배기집과 태안 꽃축제를 알리는 광고판이 길가를 점령하고 서 있다. 방조제 저 멀리 간척지 논에는 노랗게 물든 벼들이 콤바인의 날카로운 칼날을 기다리고 있고, 바다 쪽 천수만과 육지 쪽 간월호 물 위에는 텃새인지 철새인지 모를 새들이 삼삼오오 모여 유유히 헤엄치고 있다. 서산방조제 B지구 중간 즈음에서 행정구역은 서산시 부석면에서 태안군 남면으로 바뀌고, 곧이어 이번 코스의 종점인 태안 관광안내소에 도착한다.

42. 대안 선택

□ 서해랑길 76-77코스, 서산 구도항-도성3리 마을회관, 25.1km, 8시간 20분, 42,593걸음

서해랑길 서산 구간은 본선 5개 코스와 지선 6개 코스로 구성되어 있다. 서산 간월함을 지나 서산방조제B지구에 들어서기 전인 창리포구에서 서해랑길 본선과 서산 구간 지선으로 길이 나눠진다. 지선은 태안과 서산의 본선 그리고 당진 구간 20개 코스를 건너뛰어, 바로 84코스인 아산 구간으로 가로질러 가는 길이다. 지선을 걷느라 많은 본선 구간을 건너뛰기는 아쉬운지라 본선을 따라 태안 구간을 걷고, 이어서 서산 본선 구간을 걷기로 하였다. 서산 구간 지선에는 서산 9경 중 여러 곳이 산재해 있는 아름다운 길이지만, 우선은 상화도까지 본신을 다 걸은 후에 여유가 있을 때 걸어 보려 한다.

2024년 10월 10일부터 2025년 1월 19일 사이 열하루 동안 태안 구간 11개 코스를 모두 걷고 사흘이 지나서, 전국을 뒤덮고 있던 미세먼지가 걷혔다는 소식을 접하고 다시 서산시 팔봉면 구도항에 당도하여, 서산 아라메길 4코스와 겹치는 76코스를 걷기 시작한다. 아라메길은 바다를 의미하는 '아라'와 산을 의미하는 '메'가 합쳐진 말로서, 바다와 산의 풍경이 한데 어우러진 비교적 걷기 편한 길이라는데, 오늘 걷는 길은 '가로림만 범머리길'로 불린다. 구도항에 정박해 있는 팔봉호 배편으로 고차도로 가려는 손님과 차들이 승선을 시작하는데, 항구는 마치 밀가루를 뿌린 듯 서리가 하얗게 내려앉았다.

항구를 벗어나면 바로 가로림만 범머리길 입구인데, 범(호랑이)의 머리를 닮은 돌출 바위산에서 유래된 길 이름이란다. 길 입구에는 호랑이 두 마리가 벌떡 일어서서 길 이름이 적힌 커다란 명패를 들고 있다. 대여섯 개의 나무 계단을 올라 돌출된 산모양이 제비부리 또는 연꽃의 수술머리를 닮았다고 하는 연두곡지로 이어지는 작은 흙길을 따라 걷는다. 길바닥 낙엽이 바스락하고 부서지는 소리에 한가롭게 먹이를 찾던 까만 청솔모 한 쌍이 황급히 소나무 위로 대피한다. 조금은 가파른 나무 계단을 올라 돌아 내려오면, 소문여다. 소문여는 썰물 때만 드러나는 숨어 있는 바위로서, 해산물 채취하러 갔던 동네 아낙네 스무 명이 밀물에 빠져 죽었다는 슬픈 전설을 간직하고 있는 곳이다. 길은 바로

구도성으로 이어지는데, 이곳은 가로림만 뱃길을 관할하던 곳으로, 조선 중종 11년(1516년) 높이 2.5m 둘레 600m의 석성을 쌓았다는데 지금은 약간의 흔적만 남아 있단다. 잠시 찻길을 따라 오르고 내려 글램핑장을 지나면, 길은 산으로 돌아간다.

산을 오르기 싫어 가로림만 해안으로 접어들었지만, 물이 차 있어 더 이상 갈 수가 없어 되돌아 나온다. 하는 수 없이 산양을 닮았다는 산양포에서 산을 오르기 시작하는데, 제법 경사가 있어 숨이 차오른다. 가쁜 숨을 쉬며 고갯마루에 올라서니, 눈앞에 산아래 고부레 쉼터로 내려가는 두 갈래길 안내판이 서 있다. 왼편은 급한 내리막길이고, 오른편은 살짝 오르막을 올랐다 완만하게 내려가는 길이다. 어느 길로 가도 100m밖에 안 되니, 크게 망설일 이유가 없지만 급경사에 미끄러질까 염려되어 오른쪽 길을 선택한다. 나는 두 개의 노선 중 어디를 선택할지와 관련하여 안전이라는 한 가지 가치만 고려하면 되었으므로 가치갈등을 크게 겪지 않았다. 그러나 사회복지사가 정책을 만드는 과정에서는 수많은 가치를 고려하여 선택을 해야만 한다. 가장 기본적으로는 정책의제를 해결할 수 있는 수많은 대안을 마련하여 각각의 대안이 지니고 있는 장단점을 분석하고, 정책을 추진하는 데 필요한 자원과 정책결과인 효과 등을 치밀하게 계산하여 선택해야 한다. 길버트(Gilbert)와 테렐(Terrell)은 정책형성과정에서 가장 기본적으로 '누구에게(배분) 무엇을(급여) 무엇으로(재원) 어떻게(전달) 나눠 줄 것인가?'와 관련된 가치 선택을 해야 한다고 말하고 있다. 사람이 살기 좋은 세상이라는 정책목표를 달성하기 위해서, 정책형성과 집행과정에서 여러 대안들을 비교 검토하여 더 바람직한 대안을 선택하기 위해 가치 선택의 과정이 치밀하게 이루어질수록 좋은 것이니, 사회복지사는 머리가 지끈거리는 일이라고 가치 선택의 과정을 소홀히 다루지 않기를 바란다.

고부레쉼터는 우리의 전래동화 「해님 달님」의 이야기를 모티브로 하여 조성한 휴식공간이다. 떡 바구니를 머리에 올려놓은 떡을 파는 소녀상과 '떡 하나 주면 안 잡아 먹지.'라고 말하며 앞발을 내밀고 있는 호랑이상이 세워져 있는데, 길손들이 호랑이 발 위에 떡 대신 돈을 기부해 주면 호리2구마을 주민회에서 불우한 남매 어린이를 돕는 데 잘 쓰겠단다. 이야기가 있는 길을 만들어 길손의 기억 속에 스토리텔링이 있는 길로 오래 기억되게 하려는 길 설계자의 의도대로, 나의 머릿속에도 오랫동안 기억될 길로 남아 있을 것이 분명하다. 쉼터에서 길은 다시 가파른 계단으로 이어진다. 유난히 돌이 많아서 돌이산이라고 불리는 이 산 아래, 가로림만 바다에는 우럴목과 마구할멈바위가 있단다. 우럴목은 호리병 모양을 한 가로림만의 병목에 해당하는 곳으로 건너편 청산나루 뒤편 산까지의 폭이 300m에 불과하고, 물살이 매우 센 곳이다. 거인인 마구할멈이 이곳을 지나다가 속옷이 젖어 소변을 보게 되었고, 그 오줌물이 가로림만 바닷물이 되었다는 창세신화가 이곳 마을에 전해진단다. 마치 설문대할망의 제주 창조신화와 유사한데, 실제로 바다에 마구할멈이 젖은 속옷을 벗어 말린 하얀 바위가 있다는데 내 눈에는 띄지 않는다. 산허리로 난 좁은 길을 따라 걸어가면, 주먹배전망대로 내려가는 아라메길 이정표가 세워져 있는데 서해랑길은 이곳에서 다시 산길로 올라간다.

시점에서 3km 정도밖에 걷지 않았는데 몇 시간은 걸은 듯한 느낌이 들 정도로 작은 산들을 오르락내리락한다. 잠시 쉬어 가려는데, 누군가 서해랑길 리본이 달린 나뭇가지에 망개나무 붉은 열매를 걸어 놓았다. 나의 고향인 경남 의령군은 망개떡으로 유명한데, 갑자기 고향생각이 나면서 그 떡을 자식 먹이겠다고 힘들게 만들던 어머니 모습에 울컥한다. 차 한잔으로 마음을 다스리고, 고개를 오르면 가로림만의 바다가 나무 숲 사이로 시야에 들어온다. 낙엽으로 뒤덮인 산길을 따라 오르내리고 가파른 계단을 밧줄을 잡고 내려오면, 참나무 가지들 사이로 바다에 우뚝 선 바위가 보인다. 태안 구간의 선돌바위보다는 작아서 밀물이 들어오면 바다 밑으로 자취를 감출 듯하다. 산을 내려와 만나는 논에 있던 철새들이 인간인 나를 발견하고는 황급히 하늘로 날아올라 어디론가 날아간다. 방조제 끝에 세워진 길 안내판 뒤 가로림만 건너로 며칠 전 걸었던 태안 74코스 새섬리조트가 눈에 들어오고, 그 옆으로 꾸지나무골과 만대항으로 이어지는 산들이 보인다. 덕골방조제 끝에 장구모양을 한 장구섬과 이마를 맞댄 개목항에는 작은 배 예닐곱 척이 갯벌 위에 몸을 누이고, 다음 출항을 기다리고 있다.

호리 버스종점 방향으로 시멘트 포장도로를 따라 올라가면, 바다경치를 한눈에 볼 수 있는 산언덕에 여러 채의 펜션이 자리를 잡고 있고, 길옆에 드론 배송서비스를 위한 시설이 설치되어 있다. 텔레비전 뉴스에서만 봤던 드론 배송이 실제 서산지역에서는 이루어지고 있는 것을 직접 보고 나니, 첨단기술의 발전이 어디까지 발전할 것인지 기대가 된다. 언덕배기에 지어진 호1리 농업용수 관정과 생강을 저장 보관하는 생강굴을 지나서 만나는 세 갈래길에서 왼편으로 내려서면 염소농장이다. 새끼 염소 여섯 마리를 이끌고 산책을 나왔다 낯선 사람을 보고는 다시 농장울타리 안으로 서둘러 돌아가는 어미 염소를 지켜보고 있는데, 농장을 지키는 누렁이가 빨리 지나가라고 왕왕거린다. 한영교회 수양관과 산 아래 넓은 마늘밭을 지나 만나는 외딴집에서는 멀리서 온 손님을 맞이하여 웃음꽃이 피어나고 있다.

그 집 뒤편 고개를 넘어 바닷가 카페를 지나서 마을로 들어서면, 초입에 마을택시 승강장이 설치되어 있다. 이 승강장이 바로 '100원 택시'로 널리 알려진 서산 행복택시를 이용할 수 있는 곳이다. 서산시에서 교통편이 열악한 지역노인의 이동을 지원하기 위해 '택시를 탈 때마다 100원씩을 내고 한 달에 여덟 번 이용할 수 있도록 지원'하는 이른바 노인 교통편의 서비스다. 마을을 돌아 내려오는 길 소나무 숲 아래에는 소나무재선충 방제를 위해 소나무 이동을 금지하는 경고 현수막이 그 병에 걸린 소나무 가지에 걸려 있다.

한겨울이라 이용하는 사람이 한명도 없는 팔봉 갯벌체험장 뒤편 정자에서 바나나 하나와 떡 두 개에 차 한잔으로 허한 속을 달래고는 호1리 마을회관과 버스 종점을 지나 호리항으로 넘어간다. 길가 펜션을 지키는 강아지를 불렀더니, 길손 발아래까지 꼬리치고 와서는 배를 드러내고 발라당 드러눕는다. 집에 두고 온 강아지 생각에 배와 등을 쓰다듬어 주고 다시 길을 걷는데, 이 녀석이 한참을 뒤따라온다. 얼른 집으로 돌아가라고 손짓을 해봐도 사람이 그리웠는지 계속 따라온다. 내가 뒤돌아보면 안 그런 척 외면했다가, 돌아서면 다시 따라오는 동작을 몇 번이고 반복한다. 알아서 돌아가겠거니 하고 관심을 끄고 걷자, 그 녀석도 삐쳤는지 횡하니 돌아서서 집으로 간다. 전원주택이 즐비하게 들어선 언덕 공터에 아까 보았던 드론 배송서비스 지점이 또 자리 잡고 있고, 호리항으로 향하는 소나무농장에서는 조경 소나무 한 그루에 15만 원씩에 급매한다는 현수막을 크게 써 붙여 놓았다.

호리항 바다에는 작은 어선 여러 척이 아무렇게나 떠 있고, 항구 맞은편 작은 섬은 바짓가랑이를 걷고 걸어서도 갈 수 있을 듯하다. 항구 옆의 방조제를 지나 물 빠진 바닷길을 걷는데, 한겨울인데도 햇살에 얼굴이 익는 듯하다. 햇살 저 너머로 서산 제5경인 팔봉산이 삼각산 모양으로 눈에 들어오는데, 길은 산을 에둘러 돌아간다. 잠시 길가 쉼터에서 한숨을 돌리고 다시 길을 가는데, 오토바이를 탄 주인과 산책을 나온 큰 개가 목줄도 풀린 채 나에게로 달려온다. 겁을 먹고 뒷걸음을 치는 모습을 봤던지 앞서간 주인이 황급히 개 이름을 부르니, 방향을 바꿔 주인에게로 달려간다. 방조제를 지나고 산을 돌아나가니, 오늘의 시작점인 구도항으로 되돌아가는 아라메길 안내판이 서 있다. 산 아랫길과 농로를 따라 조금 더 걸어 집주인이 캠핑을 매우 좋아할 듯한 분위기의 집 앞 빨간 공중전화 박스에 진짜 전화기가 있는지 들여다보고 있는데, 좀 전에 만났던 백구가 산책을 마치고 아저씨와 함께 이 집으로 들어간다. 언덕배기 그 집에서 바라보는 가로림만의 바다와 건너편 태안 땅의 마을 모습이 참 아름답다.

오른편에 낮은 산 그리고 왼편으로 가로림만 갯벌을 벗삼아 햇빛을 정면으로 받으며 긺고 길어시, 덕송1리 비스정류장을 지나고 마을로 접어든다. 초입에 5도 2촌 생활을 하는 듯한 농막이 서너 채 자리 잡고 있고, 그 옆으로 농막 분양 사업을 하려는지 대규모 농막 공사가 진행되고 있다. 양길2리 버스정류장에서 차가 다니는 포장도로를 따라 걷다 보면, 상호가 '이쁘다육'인 다육농장을 지나 팔봉초등학교에 다다른다. 초등학교는 방학인지라 아이들은 없고, 방학 중에도 행정업무를 보는 선생님의 차량과 노란색 통학버스가 운동장을 차지하고 있다. 초등학교 언덕을 올라서면 정면으로 팔봉교회 십자가가 푸른 하늘에 걸려 있고, 멀리서는 삼각산으로 보이던 팔봉선의 여러 봉우리 모습이 눈에 들어온다. 초등학교 앞인데도 상점 하나 없고, 빈집이 서너 채 줄지어 서 있는 버스정류장에서 오늘의 걷기를 마무리한다.

다음날 이른 아침 팔봉초등학교 버스정류장 옆 골목길로 접어드는데, 일출의 서광을 받아 성스러움을 더하는 팔봉교회 십자가를 보고 자연스럽게 기도를 올리게 된다. 골목을 돌아 나와 작은 다리를 건너 흙길 농로로 접어들면, 오른편에는 하얀 서리를 이불삼아 덮고 있는 논 풍경이, 왼편으로는 가로림만 갯벌을 가득 채운 갈대숲이 눈에 들어온다. 농로 끝 파란 지붕 집 앞에는 아침 일찍부터 태우고 있는 쓰레기로 인해 하얀 연기가 몽실 몽실 피어오르고, 마을 입구에 세워진 높은 철탑 아래는 마을 안으로 큰 차들이 들어올 수 없다는 경고문이 붙어 있다. 마을 언덕을 거쳐 차도에 오르니, 대형 관광버스 한

대가 단체관광 시간에 늦은 동네 주민을 기다리고 있다. 차도를 따라 걸어 대황리에서 중왕저수지 방향으로 발길을 돌리면, 메타세쿼이아 나무가 아침 햇살을 받아 아름다운 자태를 뽐내고 있다.

자기 집으로 들어올까 봐 잔뜩 경계하는 믹스견 집을 지나 소나무와 대나무가 줄지어 서 있는 작은 고개에 올라서면, 차가운 서리를 맞고서도 푸른 생명을 이어 가는 마늘밭과 마을 그리고 가로림만의 풍경이 한눈에 들어온다. 조금은 넓은 들판 한가운데를 걸어서 흑석1리 마을을 가로질러 다시 작은 고개를 넘으니, 염소가 우리 안에서 아침 조깅을 하고 있다. 또다시 작은 고개를 넘어서면 고사목 한 그루가 아름다움을 뽐내고 있고, 그 옆에 대한예수교장로회 소속의 '아름다운 수양관'이 자리 잡고 있다. 매일 새벽기도회와 저녁기도회를 갖는 것을 보면 교회인 듯한데, 작은 본당 건물 앞에 '복된 교회'라고 명시되어 있다. 걸어온 길과 곧 걷게 될 길 주변에 살고 있는 주민이 제한되어 있어 교회 운영이 어려워 수양관을 겸하여 운영하고 있는 듯하다. 부디 이 교회에 하나님을 은총이 함께 하기를 기도하며, 길을 이어 걷는다.

흑석리 들판에는 벼를 심는 논과 태양열 발전시설이 들어선 논의 면적이 비슷하다. 아마도 농사일이 힘에 부친 고령의 농부들이 농사 대신 발전시설로 수입을 보전하려고 한 듯하다. 그리고 들판 한가운데 곤포 사일리지가 눈에 들어오는 것을 보면, 주변에 아마도 소 사육 농장이 있는 듯하다. 연화리 들판에서 중왕저수지 방향으로 돌아설 때 논에서 철새들이 요란하게 날아오르는 모습과 함께 커다란 흰 새 두 마리가 하늘을 날고 있다. 처음에는 백로이겠거니 했는데, 그보다는 훨씬 클 뿐 아니라 검은 날개깃을 가진 것을 보니 황새인 듯한데 설마 황새가 여기서 살고 있을까 싶어 최대로 끌어당겨 사진을 찍어보니 분명 황새가 맞다. 아마도 서산에서 멀지 않은 예산군 광시면에 위치한 황새공원에서 복원하여 방사한 황새가 이곳에서 서식하고 있는 것 같다. 마흔 여덟 장 화투 속에서만 보았던 황새를 눈으로 직접 보는 행운을 누리게 되어 행복하지만, 그 모습을 선명하게 사진으로 남기지 못해 아쉬움이 가득하다.

중왕지구 농업용수 수질개선 공사가 한창인 시냇물의 허름한 다리를 건너도, 길안내 표지판에 등장하는 중왕저수지는 눈에 들어오지 않는다. 공사장을 드나드는 대형 덤프트럭을 피해 마을로 접어들면, 청렴한 삶을 살면서 빈민구제에 힘썼던 최병익 선생 공적비가 서 있다. 그의 공적비의 모습이 수수하고 특별한 관직명이 쓰여 있지 않은 것을 보면, 어진 마음을 가진 동네 양반으로 추정되지만 정확히 알 길이 없어, 가던 길을 계속 간다. 그 공적비 바로 건너편에 야생동물 농작물 피해예방 시설이라는 안내판과 함께 작은 경보기가 서 있는데, 사람이라서 경보를 안 울리는 것인지 지금은 전원을 꺼 놓았는지 알지 못하겠다. 중왕리 마을을 벗어나는 고개 왼편 양지바른 곳에 잘 정돈된 무덤이 자리를 잡고 있고, 길옆에는 흔히 볼 수 없는 자흑색의 오죽(烏竹)이 작은 숲을 이루고 있다. 고갯마루에 자리 잡은 마을의 초록 지붕을 이고 있는 비닐하우스에서 와자지껄 소리가 나서 들여다보았더니, 감태를 씻어서 채반에 올려 말리는 작업을 하고 있다. 동네 주민께 인사를 하며 '감태 말리시네요.'라고 했더니, 들어와서 커피 한잔 하고 가라고 한다. 오랜만에 느끼는 훈훈한 인심만 기쁜 마음으로 받아들고는 서산 창작예술촌이 궁금하여, 발길을 옮긴다.

그곳에서 좁디좁은 언덕길 10여m를 올라가니, 폐허로 변해 버린 창작예술촌 모습을 만나게 된다. 코로나바이러스 기간에 사용했던 키오스크만 덩그러니 서 있고, 버리고 간 쓰레기만 나뒹굴고 있다. 예술촌의 흔적은 없어졌지만, 중왕마을과 들판, 가로림만 그리고 저 멀리 팔봉산 풍경까지 한눈에 굽어볼 수 있는 쉼터가 자리 잡고 있다. 쉼터에는 '회초리를 청하다.'라는 글귀가 쓰인 나무로 만든 조형물이 세워져 있는데, 아쉽게도 회초리를 든 팔이 부서져 나뒹굴고 있다. 차 한잔을 마시며, 요즈음 부모들의 자녀 훈육방식에 대한 유감이 스멀스멀 올라온다. '사랑과 통제' 이 두 가지가 균형을 이루어야 하는데, 점차 통제는 없이 사랑만 쏟아붓는 익애형(溺愛型) 양육태도가 강해지면서 자기 자신만을 위할 줄 알고 남에 대한 배려가 부족한 사람으로 자라나게 만드는 것 같아 안타깝다. 부모가 집안에서 가르쳐야 할 사회화 기술을 학교와 대학의 선생에게 미루다 보니, 대학교수인 나는 매년 3월이면 남을 돕는 공부를 하겠다는 결심을 한 신입생의 이기적인 모

습을 보면서 속을 끓이는 일을 허다하게 겪는다. 학생에게 올바른 삶을 가르쳐야 하는데, 잘못된 행동을 보고도 자꾸 눈을 감고 속으로 삭히며 책 속에 있는 지식만 전달하게 되는 교수로서의 삶에 자꾸만 회의가 들고 은퇴할 날만 손꼽아 기다리는 내 자신이 점점 초라해져 보인다.

무거운 마음을 털어 내기 위해 발길을 재촉한다. 오랜만에 만나는 비포장 흙길을 걸어 올라 가면, 서해랑길을 걷는 길손을 위해 흔쾌히 집 앞마당을 개방해 준 집을 만난다. 가로림만 풍경을 바라보며 10%의 경사로를 걸어 내려가면, 중왕어촌계 어촌체험마을과 귀어 안내소를 지나고 중왕마을 감태가공시설, 바지락세척장, 카라반캠핑장 그리고 충청남도 향토음식 제07-163호인 박속 밀국 낙지요리 원조집이 한곳에 옹기종기 모여 있다. 그 옆으로는 '고마워요, 웃어요, 사랑해요'라는 벽화가 그려진 집 한 채가 외로이 서 있다. 대문에 메마른 풀 넝쿨이 우거진 것을 보면, 집주인이 오래전 이곳을 떠나 먼 곳으로 가버린 듯하다. 길가에는 한국수력원자력주식회사, 사회복지공동모금회, 밀알복지재단 그리고 서산시가 협업하여 태양열 장치로 운용되는 안심가로등 41개가 세워져 있고, 중왕리 포구로 가는 길에는 '낙지는 어디서 낚지? 서산 중왕리에서 낙지'라는 글귀가 쓰인 알록달록 멋진 낙지조형물이 세워져 있다.

포구 반대편으로 놓인 해안산책로 나무 테크길을 걸어가는 내내 가로림만 한가운데 서 있는 섬 풍경이 한 폭의 동양화를 보는 듯하고, 그 위를 무리 지어 나르고 있는 철새의 군무(群舞)는 가히 역동적이다. 가로림만의 갯벌과 어깨를 나란히 하고, 새우양식장, 소사육장을 지나면 도성리에 진입한다. 고물을 산다는 확성기를 켜고 달리는 트럭의 소음에 잠시 귀가 시끄러웠지만, 다시 들판과 작은 동산 그리고 인삼밭을 지나며 고요함을 되찾는다. 도성3리 마을회관이 한 200m 정도 남았는데, 택시 한 대가 멈추고 손님이 내린다. 이 택시를 놓치면 콜을 해도 한참을 기다려야 할 것 같아 황급히 택시를 타고, 마을회관 앞에서 코스완보 인증을 하고 팔봉초등학교로 되돌아와 집으로 향한다.

43. 지방 소멸

□ 서해랑길 78 - 79코스, 서산 도성3리 마을회관 - 삼길포 아라메길 관광안내소, 25.2km, 8시간,
43,335걸음

서해랑길 78코스의 시점인 도성3리 마을회관 앞에
는 백제의 붉은 깃발이 펄럭이고 있고, 건너편 집 담벼
락에는 칠지도(七枝刀)에 관한 벽화가 그려져 있다. 회
관 앞에 세워진 칠지도 제작 야철지(冶鐵址) 기념비에
따르면, 우리가 '일본도(日本刀)로 잘못 알고 있는 칠지
도(七支刀)가 백제 13대 근초고왕 때 이곳 도성리의 쇠
팽이 마을[鐵洞]에서 만들어져서 일본국에 하사한 것이
다.'라고 적혀 있다. 칠지도는 길이가 74.9cm의 양도(兩
刀)로서 도신(刀身)에 작은 가지[小枝]가 붙어 있고, 도신
에는 금자상감으로 61개의 글자가 새겨져 있다고 한다.
이 칠지도는 1874년 발견되어 일본 아소카미 신궁에 보
관되어 있는데, 그 제작 시기와 목적 그리고 양국 간의
역학관계와 관련하여 한일 학계에서 100년 넘게 논란이
계속되고 있다고 한다. 하지만 이 비석에는 분명히 백제
왕세자가 왜왕(倭王)에게 진상한 것이 아니라 하사한 것
으로 기록되어 있으니, 한민족의 일원으로서 그 관점을
받아들이기로 하고 길에 나선다.

하얀 서리와 미처 녹지 않은 눈으로 하얀색 페인트를
칠한 듯이 보이는 도성3리 집들 사이로 난 골목길에 접
어들면, 일찍 잠에서 깬 멍멍이가 외지인을 경계하듯 짖
어 댄다. 들판 농로를 지나면 오늘도 어김없이 갯벌이

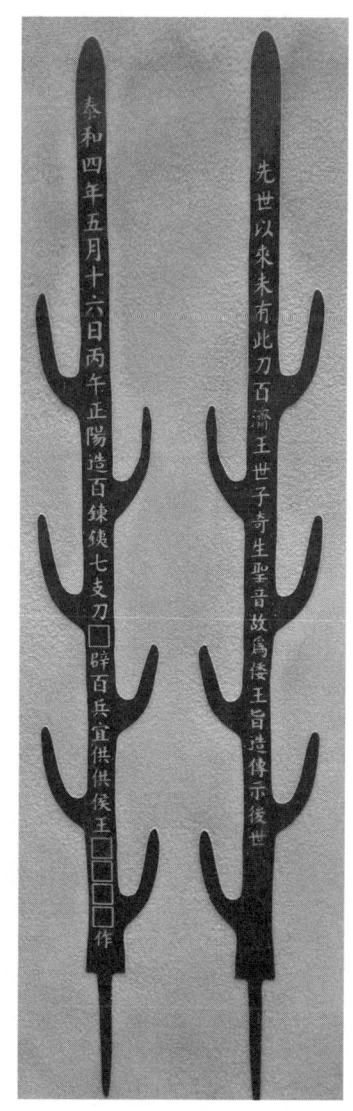

반겨 주는데, 미세먼지인지 안개인지 모르겠지만 저 멀리 섬들이 희뿌옇게 시야에 들어온다. 밖고잔마을과 안고잔마을을 지나고 도성1리를 지나는 동안, 왼쪽은 산이고 오른쪽은 갯벌이다. 작은 항구 건너편에 설치된 폐어구(廢漁具) 수집장을 지나 방조제 끝자락에서 작은 동산 가운데로 뚫린 오르막길을 오른다. 고개 너머는 응달이어서 녹다 얼어붙은 눈으로 스케이트를 타도될 정도로 반질반질한 빙판길이다. 곡예 하듯 그 길을 지나 마을로 들어서면, 다른 마을과는 달리 마을 입구에 축사가 떡하니 자리를 잡고 있다. 마을에서 도로로 이어지는 길은 햇볕에 녹아내린 눈이 만든 질펀한 흙길을 조심조심 걷다가 만난 동네 어르신과 이런저런 얘기를 나누며 걷다 보니, 잘 관리된 사당 앞에 도착한다.

이 사당에는 충무공 정춘신 장군의 신위와 영정이 모셔져 있다. 정춘신 장군은 임진왜란 때 권율 장군 휘하에서 종군(從軍)하였고, 조선 인조 2년(1624년)에는 이괄의 난을 진압하였고, 청나라와 명나라가 일으킨 전란에서도 큰 공을 세운 것으로 알려져 있다. 사당이 설치된 마힐산은 인조가 봉토로 하사한 땅으로서, 1970년 이곳에 진충사를 건립하여 매년 4월 25일에 제향(祭享)을 올린다고 한다. 오늘의 우리가 평안을 누리며 살 수 있는 것이 모두 선조들의 피와 땀 덕분임을 다시 한번 깨우치고, 마음으로 감사의 인사를 올리고 다시 길을 이어 간다.

찻길에서 환성3리 방향으로 진충사길을 따라 작은 마을로 들어서니, 흑염소가 옹기종기 모여서 솔가지에 붙은 솔잎으로 아침 식사를 하고 있다. 저 멀리 새끼 염소는 잃어버린 엄마를 찾으며 애타게 울부짖고 있다. 푸른 지붕을 얹은 집 굴뚝에서는 나무 연기가 뭉개 뭉개 피어오르고, 마을 끝자락 언덕에는 '감나무에 손대지 말라.'는 검붉은 경고판이 세워져 있으나 사방을 둘러보아도 감나무는 보이지 않는다. 마을 언덕을 넘어 내려오니, 큰 돌에다 '수류화개(水流花開)'라고 새겨 놓은 집 앞에 도착한다. 이 어구는 중국의 소동파가 지은 선시(禪詩)의 게송(偈頌)에서 따온 것으로, 원래 '사람이 없어서 쓸쓸한 빈산 같지만, 물은 흐르고 꽃은 핀다(空山無人 水流花開).'는 의미를 지니고 있다. 계곡물 소리가 부처의 설법(說法)이고 산의 경치가 바로 부처의 법신(法身)이니, 사람의 언어뿐 아니라 자연의 언어도 들을 줄 알아야 한다는 깊은 의미를 지니고 있다.

지곡면 대요리 앞 들판은 겨울을 나는 오리 소리를 제외하면 고요하기 그지없고, 길

옆의 15만 4천볼트 전압이 흐르는 고압선로는 대산공단을 향해 달려가고 있다. 잠시 고압송전탑 아래를 지난다고 인체에 큰 해가 될 것 같지는 않지만, 왠지 모르게 발걸음이 빨라진다. 지곡면 환성리로 접어드니, 고장 난 농기계를 고치기 위해 마을 주민이 모여 심각하게 의논하고 있다. 그 집의 목줄 풀린 큰 개가 내게 달려들면 어쩌나 전전긍긍하고 있는데, 뒤에서 회색 등산복으로 맞춰 입은 부부가 나를 앞질러 걸어간다. 정말 오랜만에 만난 서해랑길 걷는 길동무와 인사라도 나눌까 했는데, 부부는 나를 본체만체하고 쌩하고 걸어가 버린다. 같이 보조를 맞춰 걷자고 하는 것도 아닌데 외면해 버리니, 점점 삭막해져가는 세상이 피부에 와 닿는다. 농로를 한동안 걸은 후 전원주택단지에서 커피를 마시고 있는 두 사람에게도 인사를 건네 볼까 했지만, 여전히 눈조차 마주치지 않은 채 홀짝 홀짝 커피만 삼기고 있다. 사람에게 외면당한 기분이 이런 것임을 뼈저리게 느끼고, 나도 내 갈 길을 간다.

흰성리 산길을 돌아서 환성3리 마을회관에 닿도하니, 마을 이름이 적힌 입석에 '노룡곶'이라고 쓰여 있다. 이곳 지형이 가로림만 바다를 향해 뾰족하게 돌출된 곳이라 그리 부르고 있는 듯하다. 마을회관 보수공사가 한창인 어르신과 인사를 나누고 도로를 따라 걷는데, 길 옆 고추밭은 수확을 못해 말라비틀어진 고추가 주렁주렁 매달려 있다. 그 고추를 보는 순간 큰 병을 얻어 이 집을 떠난 할머니의 모습이 그려지는 것은 무슨 연유인지 모를 일이다. 혼란스러운 가운데 길은 염전저수지 방향으로 돌아든다. 500m를 더 걸어가면 부성염전이 있다는데, 막상 도착한 염전은 폐허가 되어 방치되어 있다. 폐허가 된 염전과 건너편 뒷산 언덕은 태양열 발전 패널이 빼곡히 자리 잡고 있어, 시대에 따라 명멸하는 산업분야를 한눈에 보게 된다.

폐염전을 지나면 '만조 시에는 바다로 진입하면 위험하니 우회하라.'는 경고판이 서 있는데, 다행히 지금은 바닷물이 저 멀리 도망간 시간이라 가로림만 바다로 들어선다. 바닷길 초입부터 영탑리와 대산리 앞바다의 100ha에 달하는 면적에서 양식한 굴과 참맛 그리고 바지락을 세척하는 대영어촌계의 시설이 눈에 들어온다. 이른 아침부터 세 시간 넘게 걷는 동안 마을과 농지 풍경만 보았는데, 바닷길을 걷게 되니 새로운 코스를 걷는 느낌이 든다. 산에서 해변으로 길게 뻗은 소나무의 굵은 가지에 누군가 그네를 매어놓았는데, 왠지 내가 올라서면 가지가 부러질 것만 같아 유혹을 누르고 지나간다.

300~400m도 채 안 되는 바닷길의 끝자락 갯벌에 누군가 솟대를 세워 놓았는데, 겨울바다의 쓸쓸함 때문인지 솟대 위 새들이 더욱 외로워 보인다. 방조제로 올라서니 대산읍에서 운동하러 온 몇 분이 걷고 있다. 방조제 끝 새우양식장을 지나고, 공공하수처리시설을 지나 대산 읍내를 관통하는 작은 시냇가를 따라 걷는다. 작은 읍내인줄 알았던 대산 읍내는 수많은 아파트와 빌라 그리고 상가건물로 웬만한 큰 도시와 같은 풍광을 지녔고, 대산읍 커뮤니티센터 역시 대도시에서나 볼법한 규모의 웅장함을 지녔다. 대산 버스터미널 앞의 서해랑길 안내판에서 걷기 인증을 하고, 오늘의 걷기를 마무리한다.

다음날 이른 아침 버스터미널에 도착하여 상가와 아파트가 밀집해 있는 대산읍내를 벗어나 대산5리 마을회관 방향으로 찻길 옆을 따라 걷는다. 마을회관 앞에는 바다에서 그물로 물고기를 잡는 조형물을 설치해 놓았다. 길은 넓은 들판 사이에 놓인 농로를 따라 롯데케미컬 사택 아파트까지 이어진다. 중간 즈음에 몇 채의 전원주택에 이르니, 첫 번째 집에서 누렁이 강아지 두 마리가 쪼르르 꼬리치며 몰려와서는 반갑게 인사를 하더니, 도로 한가운데 엉덩이를 붙이고 앉아서 내 뒷모습을 응시하고 있다. 그런데 마지막 집 앞에 이르니 흰둥이 강아지 세 마리가 또 쪼르르 달려 나와서는 앞 집 강아지와 마찬가지로 털썩 주저앉아서 나를 배웅한다. 오랜만에 길손을 반기고 배웅하는 강아지를 보니, 우리 집 멍멍이 '별'이 녀석이 아침에 일어나서 나를 찾다가 없어서 실망하고 돌아서는 모습이 눈앞에 아롱거린다. 2km 넘게 논 사이를 헤집고 걸어 와 아파트를 지났는데, 다시 논 가운데 길을 걷는다.

논길을 벗어나 작은 동산으로 접어들면, 충청남도 문화재 자료 410호로 지정된 김적 및 김홍욱 부자를 비롯한 4기의 묘지와 신도비로 구성된 묘역에 이른다. 아버지 김적의 묘는 17세기 무덤 양식이 잘 보존되어 있고, 아들 김홍적의 묘는 종2품 이상의 벼슬을 한 역사적 인물이고 우암 송시열이 쓴 비문이 새겨진 신도비의 역사적 가치가 높아 문화재 자료로 지정되었다고 한다. 먼발치에서 신도비각과 묘역의 전체적 형태만 바라보고, 묘역 앞에 세워진 학주 김홍욱이 쓴 '청풍한벽루'라는 제하의 한시(漢詩) 한 편을 감상하고는 발길을 옮겨 놓는다. 묘역 옆의 오르막길을 올랐다 내려서면, 다시 넓은 전답들이 시야에 들어온다. 오늘은 대산읍내를 벗어나면서부터 5km 정도의 길이 모두 논 사이를 걷는 농로인지라 풍경이 단조롭기 그지없다. 농로가 끝나는 지점에 지역유지의 공적을 기리는 불망비가 어지럽게 세워져 있는 화곡1리 마을회관에 이른다. 오른편 산꼭대기에는 골프앤리조트 건물이 마치 고대의 성곽과 같은 모습으로 위용을 자랑하고 있다. 화곡1리 마을을 지나고 삼길포항으로 이어지는 큰 도로 아래 굴다리를 지나 화곡어린이집까지 걷는다.

　이어지는 4km 길이의 삼길산 임도는 봄이면 벚꽃이 만발하여 그 경치가 매우 빼어난 것으로 잘 알려진 서산 아라메길 중 하나인 삼길나루길이다. 길 초입에서 장승이 웃으며 반겨 주는 완만한 오르막길을 따라 걸어오르면, 길가의 벚나무는 벌거벗은 나목이지만 봄에는 꽃을 피워 정말 아름다운 길을 만들어 줄 것 같다. 삼길산 유래 표시석에 의하면, '삼길산은 풍수지리적으로 명당길지(明堂吉地)로서 사람들이 무병장수하고 자손번창하며 부귀영화를 누리게 하는 세 가지의 기운이 아주 길(吉)하다.' 하여 삼길산이라 부른다고 쓰여 있다. '내 마음을 바다 줄래?'라는 문구가 쓰여 있는 전망대 포토존에서 바다 풍경을 찍어 보지만, 미세먼지에 사진이 온통 뿌옇게 나온다. 전망대에서 내려다보면 바다와 인접한 대산산업단지부터 서해 바다의 크고 작은 섬들이 파노라마처럼 펼쳐져 있지만, 날씨 때문에 아름다움이 가려져 아쉬움을 더한다. 임도와 등산로 갈림길 이정표에 정상 봉화대까지 200m라고 쓰여 있고 어렵지 않게 오를 수 있을 것 같지만, 종점을 향해 서둘러 내려간다.

　삼길산을 내려서면 삼길포항 앞에 자리 잡은 서산 아라메길 관광안내소가 79코스의 종점인데, 이곳이 관광지로 널리 알려진 데에는 바다에 나가 직접 잡은 생선을 배 위에서 회로 떠주는 '회 뜨는 선상(船上)'이 있기 때문이다. 선상 횟집에 다녀오는 손님에게 "정말 어부가 직접 잡은 자연산 회를 떠주느냐?"고 물었더니, 이 곳에서 떠주는 회의 90%가 양식이란다. 선상횟집 건너편 포구마을이 외진 시골항구 풍경일 것이라고 생각하면 큰 오산이다. 이곳은 아파트는 물론 펜션과 음식점, 카페, 수산물 판매장 등으로 여느 포구에서는 쉽게 볼 수 없는 말 그대로 도심지와 같은 풍경이 펼쳐져 있다.

　시점으로 되돌아오는 택시에서 기사에게 대산읍의 인구가 어느 정도 되느냐고 물었더니 1만 5천 명 정도로 서산시 인구의 10분의 1이 이곳에 산다고 한다. 읍내의 정주인구 말고 화학산업단지의 설비를 수리하기 위해 유입되는 유동인구가 많아 출퇴근 시간에는 차가 밀리기가 일쑤라고 한다. 지금까지 서해랑길을 걸으며 농촌인구의 고령화 등으로 인하여 곳곳에 빈집이 즐비하고 지방 소멸이 코앞 현실로 다가온 느낌을 받았었다. 그런데 이곳 대산읍내와 삼길포항 주변을 보면 지방 소멸의 위기감을 크게 느낄 수 없다. 이와 같이 대산읍이 활기찬 모습을 지니게 된 데에는 여러 가지 이유가 있겠지만 바로 대기업이 입주하여 일자리가 많이 나오고, 이름난 관광명소에 손님들의 발길이 잦아지면서 지역경제가 살아나고 있기 때문으로 보인다. 먼 옛날 맹자(孟子)가 "항산(恒産)이 있어야 항심(恒心)이 있을 수 있다."고 한 것처럼, 사람이 살아가는 데 필요한 자원을 확보할 수 있는 일자리가 있으면 사람이 모여들고 지역경제가 살아남으로써 사람 살만한 곳이 된다. 결국 지방 소멸의 문제는 인구고령화의 원인보다는 마땅히 벌어 먹고 살 만한 일자리의 부족이 더욱 근원적 원인으로 보인다. 그러므로 먹고 사는 데 필요한 벌이를 할 수 있는 일터를 늘리는 것이 지방 소멸 현상을 개선하는 데 있어, 가장 우선적인 정책대안이 되어야 한다.

당진 · 아산 구간

44. 정반합(正反合)

□ 서해랑길 80－81코스, 서산 삼길포 아라메길 관광안내소 － 당진 송산면 유곡2교차로, 38.5km,
  12시간 30분, 60,718걸음

　　삼길포항은 새벽 조업을 마친 배들로 북적이고, 양식장의 고기들은 아침 식사를 하느라 펄떡이고 있다. 쾌청한 하늘이지만 거친 바람과 영하 5도를 가리키는 추운 날씨 때문에, 얼굴까지 꽁꽁 싸매고 상가지대를 지나 대호방조제로 올라선다. 대호방조제는 충청남도 서산시 대산읍과 당진시 석문면을 연결하는 7.8km의 방조제로, 대호지구 농업종합개발사업의 일환으로 1981년에 착공하여 3년 뒤에 완공되었다고 한다. 방조제 아래 차도에는 내헝트릭과 승용차가 이단가로 분주히 달려가고 있고, 아침 바다는 은빛 윤슬로 빛나는데, 바람막이 하나 없는 방조제 위로 불어오는 거센 겨울바람에 발걸음이 빨라진다. 시점에서 얼마 걷지 않아서 행정구역이 서산시 대산읍에서 당진시 석문면으로 바뀌는데, 방조제 보수공사를 하는 굴착기 소리가 고요한 아침풍경을 깨뜨린다. 2km 정도 방조제를 걸어서 만나는 교차로에서 왼편으로 방향을 틀어서 다시 2km 정도 이어지는 방조제를 걷다 보면, 당진시 석문면 도비도에 도착한다.

　　도비도항에는 서너 척의 작은 배들만 정박되어 있을 뿐 삼길포항처럼 분주하지 않고 고요한 적막만이 흐르고 있다. 라이온스클럽의 상징인 사자상 두 마리가 지키고 있는 도비도항으로 들어서면, 낚싯배를 운용하는 가게와 횟집 한두 곳이 눈에 들어오지만 상가거리 전체의 분위기가 스산한 느낌이 들 정도로 침체되어 있다. 도비도는 원래 난지도에 딸린 작은 섬이었으나 방조제가 연결되면서 섬 아닌 섬이 되었는데, 이곳에서는 아직도 난지도 가는 배가 운항하고 있다. 난지도 배타는 곳을 지나 페인트칠이 벗겨져 위험해 보이는 철제다리를 건너 한국농어촌공사가 운영했던 농어촌휴양단지에 들어선다. 처음 만나는 암반해수사우나 건물에 붉은 글씨로 크게 '시설 폐쇄'라는 네 글자가 쓰여 있고, 단지 안의 건물은 낡고 낡은 모습이다. 포털을 검색해 보니 10년 전에 이미 폐쇄된 이곳 휴양단지를 당진시에서 새로운 거점관광지로 재개발할 계획을 3년 전에 수립했다는데, 지금도 폐허로 남겨 두고 있다. 공공부문의 늑장 행정의 사례를 본 듯한 뒷맛을 씻어낼 방도가 없다. 썰물 때 갯벌이 바다 쪽으로 길게 갈라져 마치 모세의 기적을 연출하는 무창포의 갯벌과 비슷한 광경을 볼 수 있다는데, 지금은 만조기라 그마저도 볼 수 없다. 도비도를 돌아 나오며 문을 닫은 동산 위 전망대를 올려다보며, 빠른 시일 내에 이곳이 새로운 모습으로 다시 태어나서 사람들이 휴양할 수 있는 곳으로 바뀌길 바란다.

지금은 초라한 모습이긴 해도 당진 9경 중 6경인 도비도를 벗어나면, 길은 다시 길고 긴 시멘트 방조제로 이어진다. 방조제 왼편 푸른 바다에는 대난지도와 소난지도를 비롯한 크고 작은 섬이 옹기종기 사이좋게 모여 있고, 오른편 삭막한 겨울풍경을 한 농지에서는 철새가 떼를 지어 날았다 내려앉기를 반복하고 있다. 방조제 끝에는 하루 6,040메가와트(MW)의 전력을 생산할 수 있는 당진화력발전소가 위치해 있고, 굴뚝에서는 하얀 구름이 뭉게뭉게 피어오르고 있다. 오른편 하늘에 떠 있는 태양이 달궈져 오른 뺨은 따뜻한데, 차가운 겨울 바닷바람에 왼쪽 뺨은 시려서 마치 내가 변온동물인 것 같은 느낌이 든다. 대호방조제와 덧대어 지어진 작은 방조제 사이에 철망으로 둘러쳐 놓고, 국가중요시설물이니 출입과 촬영을 금지한다는 팻말을 붙여 놓았다. 국가중요시설물이라 하니 궁금하여 다른 안내판을 들여다보니, 이곳이 당진화력발전소에서 배출되는 연소 잔재물을 처리하는 매립시설이라는데, 여느 폐기물 매립시설과는 달리 파란색 바닷물만 가득 채워져 있다. 물 위에 태양광발전시설이 설치되어 있는 매립시설 끝 무렵에 이르기까지 거의 한 시간 넘게 방조제를 걷고 걷는다. 당진화력발전소 서문 옆에 당진전력문화홍보관이 위치해 있지만 들어가 보고 싶은 생각이 없어, 입구 화단의 큰 돌 위에 배낭을 내려놓고 커피와 간식을 먹으며 얼마나 걸어 왔는지 확인했더니 평소 걷는 속도보다 20% 이상 빠른 속도로 걸은 셈이다. 겨울바람 덕인지 탓인지 모를 일이지만, 여하튼 예상보다 빨리 이곳에 도착하여 좀 길게 휴식을 취하고 다시 길을 이어 간다.

교통사고 목격자를 찾는 현수막이 큼지막하게 걸려 있는 발전소 교차로를 건너, 좁디 좁은 도로 옆 보행로를 따라 걷는다. 길에서 처음 만나는 버스정류장 이름이 '도랭이하우스'인데, 바로 옆에 도시락배달을 전문으로 하는 한식뷔페가 있는 원룸 건물의 이름이다. 그리고 그 옆이 밸리하우스이고 그 건너편이 또 다른 원룸 건물이다. 아마도 발전소에 외지에서 일하러 온 사람을 대상으로 잠자리와 식사편의를 제공하는 건물인 것 같다. 그런데 원룸 건물 한 채 건너 한 채마다 1층 입구에 포커, 고스톱, 바둑 등의 도박을 할 수 있는 PC방들이 자리 잡고 있다. 이곳 노동자들이 힘들게 번 돈을 도박에 탕진하는 일은 제발 없기를 간절한 마음으로 기도하며 지난다. 난청, 퇴행성질환, 폐질환으로 고통을 받는 노동자의 산업재해 보상을 대행해 주겠다는 어느 노무사가 내건 현수막을 보면서, 이곳 노동자의 무탈함과 건강까지 기도하게 된다. 발전소 서문부터 동문까지 2km 거리에 위치한 교로리 마을 전체가 노동자의 삶의 편의를 지원하는 상점과 건물로 채워져 있으나, 그 중 눈에 띄는 곳은 민간환경감시센터다. 사무실에 불이 환하게 켜진 것을 보니 열심히 활동하고 있는 것 같은데 앞으로 더 열심히 일해 주기를 바라며, 교로리 마을을 벗어난다. 특히 이곳 마을이 발전소 노동자의 삶에 의지하여 벌어 먹고 사는 곳인 만큼, 노동자의 주머니를 부당하게 털어먹는 일은 제발 없었으면 좋겠다.

　교로3리 마을회관과 새마을 깃발이 나부끼는 마을 꽃동산을 지나고 찻길을 따라 조금을 걷다 보닌, 왜목마을에 도착한다. 이름난 관광지답게 마을 초입부터 펜션이 즐비하고, 마을 방문자에게 관광안내를 하는 방문자센터와 커다란 주차장이 자리 잡고 있다. 그 옆 가로수에는 동네 주민의 자녀가 법무사 시험에 합격했다는 축하 현수막이 큼지막하게 걸려 있어, 옛 시골마을의 정취도 함께 전해 준다. 다소간 도회풍을 풍기는 마을 깊숙이 들어서면, 대한민국 최초 그리고 세계 여섯 번째로 요트 세계일주에 성공한 것을 홍보하는 전시관이 있지만 선뜻 그곳으로 발길이 옮겨지지는 않는다. 마을 상가를 지나 바다로 들어서면 '해가 뜨고 지는 왜목마을'이라는 하트 형상의 조형물과 그 뒤로 9.5m 높이의 왜가리 목을 형상화한 '새빛왜목'이라는 제하의 스테인레스 조형물이 눈에 들어온다. 이 조형물은 '왜목마을의 지형이 왜가리의 목을 닮았다는 점에 착안하여 꿈을 향해 비상하는 왜가리의 모습을 표현'한 작품이란다. 여러 번 왜목마을에 들러 이곳 지형을 살펴보았지만, 조형물의 설명을 보고 나서 주변을 살피니 정말 왜가리의 목처럼 긴 지형이다. 이러한 독특한 지형

때문에 서해 바다에 위치한 이곳 마을에서 일몰, 일출 그리고 월출까지도 한꺼번에 볼 수 있는 것이다. 이러한 왜목마을은 해는 동쪽에서 뜨고 서쪽에서 진다는 우리의 고착화된 고정관념을 해체시켜 준다. 해가 뜨는 곳에서 해가 진다는 다시 말해 정반대의 현상이 하나로 수렴되어 통합되는 곳이 이곳 왜목마을인 것이다. 요즈음 대통령의 계엄령 선포로 인하여 나라가 좌우 세력으로 극단적으로 나뉘어 싸우고 있는데, 이러한 국민 분열 현상이 지속되고 고착될 경우 이 땅은 사람 살기 좋지 않은 나라가 될 것이 분명하다. 서로 반대되는 두 이념과 세력이 하나로 통합되는 정반합의 원리가 빠른 시일 내에 이 땅에 다시 되살아나기를 왜목마을을 떠나며 기도하고 또 기도한다.

서쪽 일출이 유명하여 당진 제1경으로 선정된 왜목해변의 모래사장 위에는 수명을 다한 배들이 올라앉아 있고, 점심시간임에도 인근 식당가를 드나드는 손님이 한 명도 없다. 다소 쓸쓸함이 감도는 왜목마을을 벗어나, 갈림길에서 왼편 오르막길을 선택하여 걸으니 터널입구이다. 사람들이 걷는 길을 설계하면서 위험하기 그지없는 터널 안으로 길을 만들지 않았을 것이란 생각에 길안내를 확인해 보니, 아니나 다를까 오른쪽 전원주택 조성단지 방향으로 걸어야 하는 것이었다. 원래 코스로 되돌아와 작은 언덕을 올랐다 내려서면, 지금까지의 방조제와 바다풍경과는 다른 농촌마을 풍경이 펼쳐진다. 작은 마을에서 가장 높은 건물은 고양이가 웅크리고 앉아 매서운 눈으로 입구를 지키고 있는 산돌교회이다. 세워진 지 25년이 지났음에도 예배를 보고 있는 것을 보니, '마을이 작아 교회가 문을 닫으면 어떻게 할까?'라는 기우(杞憂)는 넣어 두어도 될 것 같다. 교회를 지나 소나무가 양쪽에서 호위하는 작은 언덕길을 올라서면, 저 멀리 잠시 헤어졌던 바다가 다시 눈에 들어온다. 농로를 따라 걷는데, 내 발자국 소리에 놀란 오리들 수백 마리가 푸드덕 하늘로 무리지어 날아오른다. 그들의 삶을 방해한 것 같아 미안한 마음이 들지만, 눈앞에 펼쳐진 새의 군무(群舞)는 가히 장관이다. 입구에 멋진 소나무 한 그루가 심겨진 전원주택 안에서 쉬고 있는 하얀 보트와 달리, 흰둥이는 지나는 길손을 향해 목청껏 짖어 대고 있다. 또 다른 집의 텃밭에는 붉은 상추가 봄이 오기를 학수고대하며 무리지어 앉아 있고, 들판 건너편에는 충만성결교회가 붉은 벽돌 옷을 입고 성스럽게 서 있다.

해안도로를 따라 조금을 걸으니, 장고항3리인 용무치 포구마을이다. 초입에 소라 형상의 조형물이 세워져 있고 저만치 떨어져서 해식동굴이 눈에 들어오지만, 길은 그곳이 아닌 마을 뒤편으로 돌아간다. 주로 상가로 구성된 마을 한가운데 위치한 가정집 뒤뜰에는 봄 농사를 위해 퇴비를 뿌려놓았고, 길가 목련나무의 작은 꽃망울은 따스한 봄을 학수고대하고 있다. 마을을 벗어나 차도를 따라 걸어 장고항으로 돌아들면, 여러 채의 펜션이 길손을 기다리고 있다. 장고항 초입의 횟집에 실치회 전문이라고 쓰여 있는 것만 보아도, 이곳 장고항이 무엇으로 유명한지 알 수 있다. 실치는 '배도라치 치어(稚魚)로서 얕은 바다에 서식하며 충남 당진, 보령, 태안에서 주로 잡히는데, 3~4월에는 회로 먹을 수 있지만 5월이 되면 뼈가 억세져서 회로는 먹지 않고 찌고 말려서 뱅어포로 만들어 판매한다.'고 한다. 최근 들어 장고항에서도 실치가 잘 잡히지 않고 있다는데, 아마도 지구온난화로 인한 바다 수온 상승이 그 원인이 아닐까 생각된다. 붉고 흰 두 개의 등대가 감싸고 있는 장고항 왼편에는 수산물센터가 자리 잡고 있고 오른편에는 캠핑카들이 옹기종기 모여 있는데, 그 가운데 국화도로 가는 페리(ferry)를 타는 곳이 있다. 국화도는 행정구역상으로는 경기도 화성군에 속해 있지만, 화성에서 배를 타면 40분 걸리고 이곳 장고항에서 배를 타면 10분밖에 안 걸리기 때문에 섬주민의 생활권은 당진지역이라고 한다. 실치회를 파는 횟집이 즐비한 상가 중간에 반건조 생선을 파는 가게가 자리 잡고 있는데, 반쯤 건조된 풀치가 먹음직스러워 사려고 들렀더니 주인이 출타중이다. 아쉬움에 발길을 돌려, 장고항 끝에 위치한 평택해양경찰서 당진파출소 앞에서 80코스 걷기를 마무리한다.

항구를 둘러싼 육지의 모양이 북의 모양을 닮았다 하여 '북 고(鼓)' 자를 쓰는 장고항은 임진왜란 당시 바위를 군량미처럼 보이게 쌓아 군사가 많이 주둔하는 것처럼 보임으로써 왜구를 물리쳤다는 전설이 전해 온다. 조선 말엽에는 제물포까지 뱃길이 열렸으며, 일제강점기에는 어란(魚卵)을 주로 생산했고 한국전쟁 이전에는 황석어젓으로 유명했으며, 1970년대부터는 멍텅구리 배를 이용하여 실치를 잡기 시작하여 지금은 전국에서 유일하게 실치회를 먹을 수 있는 곳이라고 한다. 국가어항인 장고항 실치문화마을 앞에는 실치잡이 배를 비롯하여 여러 조형물이 세워져 있다. 얕은 오르막을 올라 왼쪽으로 걸어가면, 굴다리 사이로 바다가 드러나는데 그 풍경이 마치 액자 속 사진 같은 느낌이다. 몇 채의 집을 지나 마섬포구라는 작은 포구에 들어서면 온통 횟집뿐이다. 주인이 직접 바다에 나가 잡아 온 싱싱한 회를 판다는 집부터 유명 TV 맛집 프로그램에 등장한 집까지 손님들을 끌어들이기 위한 유혹의 손길들을 펼쳐지고 있다.

마섬포구를 지나 석문방조제 아래 도로를 따라 걸어가면 석문국가산업단지의 토지를 분양하는 한국토지주택공사 건물이 나오고, 그 뒤로 마치 전망대 같은 모양을 한 당진시 드론산업지원센터 건물이 나온다. 그 앞 도로 위에는 서너 척의 배가 바다가 아니라 아스팔트 위에 올라앉았다. 저 배가 어떻게 물 위로 옮겨갈 수 있을까 궁금해 하며 걷다가, 석문국가산업단지 안내도를 보니 한국가스공사, 골프클럽 그리고 자동차 부품을 생산하는 수많은 업체가 입주해 있다. 그곳에서 산업단지 방향으로 걷다 만나는 석문산단10교를 건너면, 방조제 건설로 인해 예전의 갯골이 거대한 인공호수로 변한 풍경이 들어오고 곧이어 달맞이공원에 이른다. 호수 옆에 조성된 플라밍고 골프클럽에는 한 팀이 추운 겨울 아침임에도 공을 치고 있는데, 이곳에서부터 한 4~5km 정도는 석문국가산업단지를 관통하는 왕복 6차선 대로다. 화살나무로 차도와 자전거도로, 보행자 통로를 구분해 놓은 대로에는 일요일 아침이라 그런지 차 한 대가 다니지 않고, 사거리의 붉은색과 녹색 신호등만 켜지고 꺼지기를 반복하고 있을 뿐이다. 왼편은 석문호수 뚝방이고 오른편은 자동차 부품공장의 풍경이 계속 반복되는데, 석문산단1로를 지나고 석문산단3로에 이르면 한국환경운동본부와 한국건설인노동조합이 위치한 건물과 산업체 노동자들이 기숙하는 건물만이 그 모양이 다르다. 석문산업단지 끝자락에 위치한 한국가스공사 당진 생산기지 공사현장에 둘러쳐진 가벽에는 10대 안전수칙과 삽교호와 서해일출 풍경사진이 걸려 있다.

석문국가산업단지의 산단1로의 '도로 끝' 표지판에서 왼편으로 작은 철제다리를 건너면, 이곳부터 5~6km에 달하는 길은 온통 370만 평 규모의 간척지 풍경이 펼쳐진다. 석문간척지 논은 일정한 간격으로 단지를 구획해 놓았는데, 3단지까지는 잡풀이 무성하게 자라있지만, 4단지부터는 논농사가 이루어지고 있다. 석문4단지, 5단지, 6단지로 계속 이어지면서 황량한 겨울 논 풍경만이 눈에 들어오는데, 드넓은 간척지에 딱 한 그루 심겨져 있는 3~4m 높이의 나무 한 그루가 도드라져 보인다. 걷고 걸어도 벼를 추수한 간척지 논 풍경뿐인데, 17단지에 이르면 당진축협과 당진낙농축협에서 96ha에 이르는 논에 옥수수, 귀리, 이탈리안 라이, 호밀 등의 가축사료를 재배하고 있다. 석문19단지에서 끝나나 했던 간척지는 계속 이어져 석문44단지에서 끝이 나고, 한국농어촌공사에서 관리하는 배수장에 이른다. 배수장 철조망에는 '2025년부터 국가에서 관리하는 간척지를 임대할 때 일반 벼농사를 제한한다.'는 현수막이 큼지막하게 걸려 있다. 쌀 소비가 줄어들어 생산량을 줄여야 할 국가적 필요 때문에 간척지 임대제도가 변경된 것은 충분히 이해되지만, 저 넓은 들판에 과연 무엇을 심어야 할지가 걱정이 되기도 한다. 석문국가산업단지 입구에서 배수장 옆인 삼화교까지 11km 정도에 이르는 길은 '공장과 논' 딱 두 가지 풍경뿐이라 해도 과언이 아닐 정도로 오늘의 길은 단순하고 지루하다.

삼화교는 방조제 건설 전에는 바다 갯골이었지만 지금은 폭이 150m 정도에 이르는 하천이 된 곳에 놓여 있다. 이 다리를 건너면 풍경이 바뀔까 했는데, 왼편으로 이어지는 길은 다시 간척지 풍경이다. 행정구역이 석문면에서 송산면으로 바뀌어서인지 송산단지로 명칭이 바뀐다. 송산16단지부터 시작되는 논 한가운데 길게 놓인 시멘트 포장 농로를 따라 걷는데, 농로 끝이 마치 하늘에 맞닿아 있는 듯하다. 지나는 길손의 발소리에 놀란 오리가 하늘로 날아올라 저 멀리 다른 논으로 날아간다. 농로 위에는 동물의 분변이 곳곳에 흩어져 있고, 수로는 꽁꽁 얼어 있다. 간척지에 물을 원활하게 공급하기 위해 건설한 마치 모노레일을 닮은 시멘트 농수로를 따라 걸어서 백석3교를 건너고 송산농협의 벼 건조 보관장과 육묘장을 지나면, 소나무 울타리가 삥 둘러쳐진 파인스톤 골프장을 만난다. 바다에서 간척지를 지나 골프장으로 거센 바

람이 불어올 것에 대비해 소나무로 방풍림을 만든 것 같은데, 거센 바람에 소나무가 부러질 것 같아 살짝 두렵다. 골프장을 돌아 나오면 눈앞에 아파트와 마을 풍경이 눈에 들어오는데, 달라진 풍경이 반갑기 그지없다. 마을 뒤편에 지어진 어느 가문의 영모재(永慕齋)와 대나무 숲을 앞에 둔 해주 최씨 무덤을 지나 유곡리4반 마을회관 앞 유곡2교차로에서 또 하루의 걷기를 마무리한다.

45. 노사정(勞使政)

□ 서해랑길 82-83코스, 당진 송산면 유곡2교차로 - 아산 인주공단교차로, 29.2km, 9시간 30분, 50,734걸음

아침 8시가 안 된 시간인데 근처 공단으로 출근하는 차량으로 사거리 교차로는 벌써 차가 밀린다. 면 단위 지역이긴 하지만 주변 공단의 많은 일자리 덕분에 정주인구가 많아, 주변에 아파트 단지가 몰려 있다. 633번 넓은 차도에서 서정로로 접어들어 작은 교차로를 지나고 당진 해링턴플레이스에듀타운아파트를 지난다. 우스갯소리로 '시골 사는 시어머니가 찾아오지 못하게 아파트 이름을 길고 어렵게 짓는다.'는 말이 있는데, 이 아파트 이름은 열세 글자나 된다. 시어머니가 시누이를 대동하여 집을 찾아오면 어찌 될까 하는 생각에 피식 웃음이 난다. 그 옆에 현대제철 독신자 아파트 일곱 동이 자리하고 있는 것을 보니, 이 지역이 번성한 것은 현대제철과 인근 공장들 덕분으로 보인다. 길 옆 소머리곰탕 가게와 언덕 위 곱창식당에서 국밥 향기가 풍겨 나와, 식욕의 본능이 한동안 나를 지배한다. 언덕 위 삼거리에서도 어디로 가야 할지 길 표식이 없어 한동안 이곳저곳을 기웃거리다 한 30m 거리의 오른편 45도 방향에 걸린 서해랑길 리본을 발견하여 마을길로 접어드니, 도시의 번잡함과 소음이 일순간 사라진다.

한적한 마을길 첫머리에서도 현대팰리스라는 이름을 단 빌라 2동을 만난다. 현재 기온이 영하 3도인지라 길 옆 응달에는 하얀 눈이 소복이 쌓여 있으나, 정면으로 비춰 오는 아침 햇살에 따스함을 느낀다. 숲이라 부르기에는 나무들이 많지 않은 숲에서 딱따구리가 나무를 쪼아대는 소리가 들려오니, 마치 깊은 숲속을 걷는 느낌이 든다. 길 옆 텃밭은 봄 농사를 위해 퇴비를 뿌려 놓았는데, 깡마른 강아지 한 마리가 내 뒤를 따른다. 돌아보면 왕왕거리고 짖어 대고, 길을 가면 살며시 뒤따르며 한동안 길동무를 해 준다. 제조업체 건물에서 내리막길을 걸어가면, 넓게 펼쳐진 들판을 만나는데 이곳에도 길 표식이 없다. 들판 한가운데를 걸어가다 만나는 아주 작은 농로 교차로에도 길 표식이 없어 갈팡질팡한다. 하는 수 없이 기계문명의 도움으로 현대제철소가 보이는 이름 없는 다리를 건

너고, 커피 한잔으로 잠시 여유를 갖는다.

다리 건너 고압전기를 실어 나르는 송전탑은 현대제철 방향으로 달려가는데, 나는 오른편 농로를 선택하여 작은 동산 아랫길을 걷는다. 길 옆 논에는 철새 수백 마리가 자리를 잡고 아침 식사 중인데, 여느 철새들과 달리 내 발자국 소리에도 날아가지 않고 모른 척 식사를 계속한다. 좁은 길에서 만난 트럭에 부딪히지 않게 가만히 서서 운전자가 나를 피해 가기를 기다렸다가, 대숲을 돌아서면 여기 저기 집들이 흩어져 있다. 집 앞 언덕에는 어김없이 두릅나무가 있는데, 아직 겨울 끝자락이라 두릅은 움도 트지 않았다. 들판 끝 삼거리에서도 어디로 갈지를 추정하는 두뇌훈련을 하고 나서야 버스가 달리는 차도를 따라 걷는다. 우거진 소나무 숲 옆에 자리 잡은 작은 집 입구에는 할머니가 외출할 때 의지하는 보행보조기가 주인을 기다리고 서 있는데, 오랫동안 쓰지 않았는지 녹이 쓸고 해졌다. 할머니가 큰 병을 얻어 더 이상 쓰지 못하고 방치한 것 같아 가슴이 짠해오는데, 뒤편에서 버스가 지나가니 조심히라고 빵하고 경적을 울려 댄다. 버스 뒤를 따라 정곡로를 걸어가면 송산읍 마을길 표지목이 세워져 있다. 300m를 걸어 정곡리 버스 종점을 지나 계속 걸어가는데, 주변 논을 헐값에 팔겠다는 현수막이 걸려 있는데 싼값도 아닌 헐값에 팔겠다는 연유가 무엇인지 궁금하다. 사각형 작은 현수막이 걸린 나무 위에 까치집이 한겨울에도 굳건히 버티고 있는 것을 보면, 부리 하나로 집을 짓는 까치의 건축술이 인간을 넘어선 것 같은 느낌이 든다.

조금을 더 걸어가니 마을길 표지목에 현대제철까지 5km를 걸어가면 된단다. 제철소 굴뚝 하나에서는 하얀 연기가 뿜겨져 나오지만, 주변의 다섯 개 굴뚝은 제 할 일을 하지 않고 있다. 지난 코스 끝나고 탄 택시의 기사께서 '중국에서 생산된 값싼 철강이 수입되면서 현대제철의 고로 2개가 멈춘 상태라며, 재가동하는 데 엄청난 비용이 소요되어 쉽게 정상화되기는 힘들어 지역경제가 어려워질 것이다.'며 걱정하는 소리를 들었다. 커피 한잔으로 잠시 휴식하며 포털을 검색해 보니 제철소 노사 간의 임금협상이 결렬되어 고로 가동을 추가로 정지할 것이라는 기사가 실려 있다. 경제신문의 기사는 노동조합이 철강업계의 불투명한 전망과 트럼프의 과도한 관세정책 추진에 따르는 수출 감소를 고려하지 않고, 과도한 임금인상과 성과급을 요구한 것이 문제라고 지적하고 있다. 기사가 실린 신문이 보수성향의 매체이므로 기사의 논조가 사측의 주장을 옹호하는 목소리를 싣고 있을 테지만, 노동조합도 철강산업의 불경기와 미래예측을 아예 하지 않고 자신들만의 이익을 추구하지는 않을 것이라는 생각이 든다. 어차피 노사는 수레의 두 바퀴와 같으니 좌우로 오락가락하더라도 곧 균형을 회복하여 살길을 찾으리라 기대해 본다. 하지만 이들 사이를 중재해야 하는 정부는 과연 어떤 일을 하고 있는 것일까? 2024년 8월 말 고용노동부 장관에 임명된 인사가 대통령 소속 경제사회노동위원회 위원장 시절에 반노동 극우(反勞動 極右) 발언을 서슴지 않았던 사람인 점을 고려하면, 노동자보다 사용자의 주장을 지지하지 않을까 싶어 걱정된다. 노사 두 바퀴가 심한 엇박자를 낼 때, 두 바퀴를 조정하는 운전사 역할을 해야 할 정부가 어느 한 편의 바퀴만을 믿고 달린다면 과연 차가 똑바로 갈 수 있을까 하는 우려가 된다. 제발 노사정 3자가 갈등과 협력 그리고 조정의 멋진 변주를 통하여 우리 사회가 유기적 연대를 공고히 하는 길을 찾아가기를 바란다.

구지들 들판을 벗어나 월곡리 마을회관 방향으로 걷다 만난 동네 주민에게 인사를 건넸지만, 모른 척 비켜 가니 숙였던 고개가 민망하여 한동안 땅바닥만 쳐다보고 걷는다. 고개를 드니 월곡리 공동묘지 앞이다. 송악읍 행정복지센터에서 묘지 관리 안내판을 세워놓았으나, 묘지는 칡넝쿨과 각종 잡풀 넝쿨로 무덤의 형체조차 보이지 않는다. 관리용 안내판만 세우지 말고 제대로 된 관리를 해 주었으면 하는 바람과 함께, 영혼들의 영원한 안식을 기도하고 고갯길을 오른다. 월곡리 마을 초입의 주택 앞에는 장승과 솟대가 집안의 안녕을 지키고 서 있고, 월곡리 마을회관 앞 버스정류장 옆집 누렁이는 주인이 언제 점심 끼니를 챙겨 줄지 궁금한 눈빛으로 턱을 괴고 대문이 열리기만 기다리고 있다. 마을을 벗어나는데 다시 버스 한 대가 좁은 마을길로 들어와, 길가로 최대한 몸을 밀착하여 사고를 당하지 않으려 애쓴다. 중원에스티라는 철강가공업체를 지나고, 보도가 없는 찻길을 위태롭게 걸어서 건너편 마을의 이동식 주택제작업체를 지나 다시 차도로 올라서는데, 이곳에서 다시 길의 방향을 잃었다. 정확히 알 수 없지만, 10km도 안 되는 길에서 예닐곱 번 길을 잃는 경험을 하고 나니, 괜스레 지역 문화관광부서에 대한 미운 마음이 싹터 온다. 퇴계선생께서 인의예지의 사단(四端)은 기르고, 기쁨[희, 喜], 노여움[노, 怒], 슬픔[애, 哀], 두려움[구, 懼], 사랑[애, 愛], 싫어함[오, 惡], 바람[욕, 欲]의 일곱 가지 감정, 즉 칠정(七情)은 잘 다스리라 했는데, 아직 사람이 되려면 갈 길이 멀었나 보다. 고잔로 찻길에서 낡은대길로 접어들었다가 송악냉동공장을 지나 다시 만나는 큰 도로를 건너 부곡1, 2리마을 방향으로 돌아선다, 부곡2리 마을회관에는 농식품부의 잘못된 쌀수급 대책을 비판하는 현수막과 농촌인력중개지원사업의 일환으로 농사일하는 인력에 대한 교통비와 간식비 그리고 농기계 작업비를 지원한다는 현수막이 나란히 걸려 있다. 이두 현수막이 우리의 농촌지역 상황을 고스란히 대변하고 있다는 느낌이 든다.

  마을회관 언덕을 넘어 조금을 걸으면, 심훈 작가의 「상록수」의 무대인 상록학원 터를 만나고 곧이어 필경사와 심훈기념관을 만난다. 필경사는 심훈 작가가 1935년 동아일보 창간 15주년 기념 소설 공모전에 당선된 「상록수」라는 장편소설을 집필한 장소다. 「상록수」는 옛 안산시 지역에서 농촌계몽 운동을 펼치다 25세에 죽은 최용신이라는 실제 인물을 모델로 해서, 당시 활발히 전개되던 브나로드 운동(농촌계몽운동)을 그린 장편소설이다. 「상록수」는 심훈의 마지막 소설로서, 1930년 발표한 〈그날이 오면〉이라는 저항 시와 함께 그의 대표작으로 일컬어지며, 교과서에도 실려서 전 국민이 다 안다고 해도 과언이 아닌 명작이다. 필경사는 심훈이 '조선인의 마음을 붓으로 논밭을 일구는 마음으로 표현' 하고자 했던 심훈의 의지를 반영하여 지어진 이름으로, 20평도 채 안 되는 아담한 팔작지붕의 목조 초가집이다. 필경사 옆에는 커다란 향나무가 심겨 있고, 마당에는 채영신과 박동혁이 나란히 서서 학교 종을 치는 조형물과 박동혁이 여자 아이와 함께 책을 읽는 조형물, 〈그날이 오면〉 시비 등이 세워져 있고, 그 옆에는 상록수문화관으로 쓰이는 단층 기와집이 있다. 필경사 옆에는 그의 인생 여정과 주요 작품이 전시된 단층짜리 심훈기념관

이 세워져 있는데, 옥상에는 심훈 선생이 한 손에는 책을 펴들고 양복을 입고 시비에 기대선 브론즈 동상이 서 있다. 이곳을 돌아 나오며, 어린 시절 선생님께 배워서 알고 있는 「상록수」를 이제 나 자신만의 시각으로 다시 읽어 봐야 겠다는 생각이 든다.

심훈기념관 옆의 부곡1리 마을회관, 쉼터, 경로당 건물을 지나고, 찻길을 따라 새말 마을을 지나고 '꽃닢의 숲'이란 동서양란을 기르는 농장을 지나고, 당진 상록수베리농장과 부곡2교를 지나 북부산업로 대로의 교차로를 지난다. 잠시 대로와 상가 사이에 조성된 작은 숲을 걷고 육교를 넘어 아산국가산업단지 당진부곡지구로 들어선다. 대형 덤프트럭과 승용차가 쌩쌩 내달리는 산업도로와 왼편 작은 숲 사이로 난 보도를 따라 걸어서, 서해안고속도로 송악IC 조금 못 미친 곳에 있는 복운리 나눔숲에서 82코스 걷기를 마무리한다.

대학이 개강을 했으니, 봄소식을 전해 주는 매화가 이미 피었어야 할 시절이다. 그런데 며칠 전 아들 녀석의 전근지인 광양의 매화마을을 들렀을 때 우리나라에서 매화가 가장 먼저 핀다는 소학정 앞 매화나무 말고는 매화꽃을 볼 수가 없었다. 봄은 봄인데 봄 같지 않은 봄 날씨에 서해대교로 이어지는 서해안고속도로의 송악교 아래에서 시작되는 83코스 시점에서 숙박업소와 사우나, 다세대주택이 모여 있는 송악인터체인지 뒤편을 돌아 나와 다시 북부산업도로를 따라 걷는다. 고속도로 진입 차량이 마치 나를 향해 달려들 것 같은 느낌을 받으며, 좁디좁은 보도를 따라 걸어서, 산업도로와 방조제 제방 사이로 난 작은 길로 접어든다. 제방 정비사업이 한창인지, 흘러내린 흙더미와 잘려서 말라죽은 나뭇가지가 발길에 걸려 걷기가 쉽지 않지만 아침 햇살의 따스함을 느끼며 걷는다. 길 건너는 당진 송악물류단지 조성공사가 한창이고, 왼편으로는 바다 깊숙이 들어갈 수 있는 철제 데크길이 만들어져 있으나 무슨 연유인지 출입을 금지하는 팻말이 붙어 있다. 바다 위에는 서해대교가 행담도 휴게소를 지나 경기도 평택시를 향해 길게 뻗어 있는데, 미세먼지가 잔뜩 끼어서 그 형상이 뿌옇다. 초대천을 건너면서부터 당진시 신평면 매산리로 행정구역이 바뀌고, 곧이어 음섬포구에 이른다. 작디작은 포구에는 새벽 조업을 마친 배들이 정박해 있고, 음섬해양전망대에는 갈매기 세 마리만 앉아 있다. 포구 옆에는 2층짜리 근린생활시설 건축을 위해 인부들이 바삐 건축자재를 다듬고 있다.

포구의 갯벌과 어깨를 맞대고 있는 매산해안공원 입구의 통유리 건물로 된 카페의 한

글 간판을 읽으려 애써 보지만, 끝의 두 글자가 당체 무슨 글자인지 알 수가 없다. 카페 주변은 예쁘고 멋진 나무와 제주 현무암으로 아름답게 조경이 되어 있고, 카페 2층에서는 서해대교를 조망하며 차를 마실 수 있다. 그곳에서 차 한잔을 마시며 쉬어 가면 모든 시름이 날아갈 듯하다. 카페 옆 건물은 빵을 만들어 파는 건물인데, 그 앞 정원에 세워진 이용 안내판에 이 카페의 이름이 '해어름'이라고 정자(正字)로 쓰여 있다. 간판에 쓰인 끝자락 글자라 두 글자가 아니라 '름'자를 왼편으로 90도 회전시켜 놓은 것임을 깨닫고는, '치매 예방을 위해 머리를 굴리게 만들어 준 카페 사장에게 고마워해야 하는 것일까?'라는 생각에 피식 웃음이 난다.

카페 옆 작은 나루터와 바다 위에 둥둥 떠 있는 부장교포구를 지나, 삽교호관광지로 이어지는 해안코스를 바다에 비친 윤슬을 응시하며 걷는다. 물이 가득 찬 바다에는 동네 주민이 채취한 조개를 씻는 시설물이 정사각형으로 까맣게 드러나 있고, 오른편 언덕에는 오래 방치되어 다 찢어진 텐트 한 동 위로 하얀 바다 전망 펜션이 자리 잡고 있다. 서해대교 아래 행담도 이름을 빌린 행담랜드 해수사우나는 문을 닫아건 채 노후화되어 가고 있다. 반면에 맷돌포 선착장에서는 공사가 한창이고, 주변 상가는 점심 장사 준비에 바쁘다. 포구 앞 갖누리공방카페에서 세운 빨간 공중전화 부스를 닮은 조형물에 '너의 가치를 알아주는 사람과 함께 하라.'라는 글귀가 쓰여 있다. 그 앞에서 '나는 누군가에게 얼마나 가치 있는 사람이었을까?'를 골똘히 생각해 본다.

맷돌포구를 벗어나 삽교호해안탐방로에 올라서면, 길은 나무 데크길로 바뀐다. 시멘트길과 다른 발바닥의 압력을 느끼며 바다 위를 걷는 느낌이 색다르다. 탐방로 건너편에는 범선 모양의 횟집이 눈에 들어오는데, 가까이 가니 문을 닫은 지 오래된 듯하다. 점차 쇠락해가는 포구마을의 모습과는 달리, 그 옆 바지락가공공장은 대형 덤프트럭 예닐곱 대가 주차되어 있고, 생바지락을 내리고 씻어서 포장하는 작업으로 부산스러운 모습이다. 탐방로 쉼터 공간에는 해안선을 향해 달려오는 파도 모양으로 입을 벌린 조개의 형상을 닮은 조형물 한가운데 진주를 상징하는 동그란 철제 공을 얹어 놓았다. 작은 배 몇 척이 바다에 떠 있고 바닷물은 갈치의 은비늘처럼 반짝거리는 탐방로에 이곳 삽교호의 특산물이 조개와 망둥어라는 입간판이 세워져 있다. 실제로 아래를 내려다보니 다양한 조개의 껍데기가 파도에 떠밀려 와있고, 갈매기가 갯벌 위에 옹기종기 모여 있고 그 옆으로 다른 새들도 한데 어울려 한 무리를 이루고 있다. 무슨 새일까 궁금증이 밀려오는 바로 그 순간에, 황오리, 노랑부리저어새, 흰뺨검둥오리, 민물가마우지, 검은가슴물떼새, 꼬까도요, 노랑부리백로 등의 다양한 조류가 삽교호에 서식한다는 안내문이 붙어 있다. 옥상에 생선을 말리고 있는 수산물 유통회사를 지나고, 당진 해양캠핑공원과 아주 짧은 집라인과 범프카를 탈 수 있는 카페를 지나면 삽교호관광지에 이른다.

삽교호 관광단지에는 해산물을 파는 횟집이 즐비한데 드나드는 손님은 없고, 저 멀리서부터 시선을 끌었던 삽교호 놀이동산의 대관람차는 하늘에 대롱대롱 매달려 멈춰 있다. 공원에는 초승달, 풍뎅이, 돛단배 모양을 한 다양한 조형물이 세워져 있고, 비둘기 수십 마리가 뒤뚱거리며 걸어 다니고 있다. 해안 철책에는 갈매기 먹이 주는 곳이라는 팻말이 여러 개 걸려 있고, 달에서 뛰노는 토끼조형물 옆에는 'LOVE U'라는 붉은 조형물이 세워져 있고, 야외공연장에는 작년 가을에 드론라이트쇼를 했다는 현수막이 크게 걸려 있다. 공원을 벗어나 함상공원에 들리니, 두 척의 커다란 함정과 장갑차, 탱크, 전투기 등의 각종 군사장비가 전시되어 있고 함정의 경우 실제 탑승하여 체험도 할 수 있게 되어 있다. 들어가 볼까 하다, 왠지 군사독재정권의 냄새가 슬슬 풍기는 느낌이 들어 서둘러 발길을 돌린다.

삽교방조제 입구에 이르면 최규하 대통령의 친필 휘호로 만든 '삽교천 유역 농업개발 기념탑'이 우뚝 서 있다. 삽교방조제는 길이 3,360m, 최대 너비 168m, 높이 12~18m로, 1976년 12월에 착공하여 1979년 10월에 완공되었는데, 충청남도 당진, 아산, 예산, 홍성의 4개 군 22개 읍 · 면 지역의 2만 4,700ha에 이르는 농지를 확보할 목적으로 지어졌다. 이 제방의 건설로 삽교천 하구 일대에 저수량 8,400만톤의 삽교호가 조성되어 4개 군 지역의 농업용수와 자연재해 문제가 해결되었다고 한다. 기념탑 앞에 놓인 머릿돌의 글귀에

'고(故) 박정희 대통령의 분부'로 시작되었다는 마치 왕조 시절에나 쓰였을 법한 용어가 쓰여 있는데, 아이러니하게도 박정희 대통령은 1979년 10월 26일 방조제 완공 행사에 참석한 이후 궁정동 안가에서 저격당해 사망하였다. 내가 태어나면서부터 대학 입시 재수생이었던 시절까지 박정희 대통령 한 명이 군사독재정권을 수립하여 대한민국을 지배해 왔으니, 1980년 5월 1일 탑을 세우고 '분부'라는 용어를 쓴 것은 어쩌면 당연한 글귀일 수 있다. 하지만 그 후에도 이 땅에 이어진 군부독재의 어두운 그림자를 직접 몸으로 겪었던 나의 입장에서는 유신독재의 망령이 되살아나는 것 같아, 단지 두 글자에도 두려움을 느끼게 된다. 게다가 이 길을 걷고 있는 지금의 대한민국도 뜬금없는 계엄령을 선포한 검사 출신 대통령으로 인해 혼란을 거듭하고 있으니, 마음이 착잡하다 못해 울분이 끓어오른다. 그 분노하는 마음을 잔잔하게 일렁이는 바다 위 윤슬의 아름다움으로 다독이고 길을 이어 간다.

삽교방조제 배수갑문 위 도로에는 거대한 중장비를 동원하여 삽교호 준설작업과 유지보수공사가 한창 진행 중이다. 안전에 유의하며 배수갑문을 지나 삽교방조제에 올라선다. 방조제가 바다와 담수호인 삽교호를 반으로 갈라놓았고, 그 아래 4차선 국도 위로 대형트럭과 승용차가 줄지어 달리고 있는 풍경이 3km 넘게 이어진다. 다소 지루함을 느낄 즈음에 행정구역이 당진시 신평면에서 아산시 인주면으로 바뀌고, 인주의 명물 민물장어촌이 14km만 가면 있다는 안내판이 설치되어 있다. 방조제 끝 무렵에는 운행제한 과적차량 검문소가 설치되어 있고, 인공습지에는 새끼 오리가 한가롭게 헤엄치고 그 옆으로 붉은색 포장의 자전거도로가 길게 뻗어 있다. 작은 동네 물길 옆으로 놓인 길을 따라 걷는데, 여전히 4차선 대로를 달리는 차들의 소음으로 오른쪽 귀가 웽웽거린다. 자전거도로 가로수는 은행나무와 소나무가 주를 이루고, 냇물 건너편의 아산인주 일반산업단지에는 대형트럭이 분주히 드나든다. 2km의 자전거길을 따라 문방4교와 3교, 걸매지하통로를 지나 인주공단교차로의 서해랑길 안내판에서 걷기를 멈춘다.

46. 씨앗의 힘

□ 서해랑길 84코스, 아산 인주공단교차로 – 평택 노양 마을회관 정류장, 17.7km, 6시간, 27,929걸음

아직 해가 뜨지 않았는데, 인주공단의 새벽은 오가는 트럭으로 분주하다. 소란스러운 공단 교차로에서 신호등을 건너고 서해로 문방1교 다리 아래를 지나 623번 지방도의 건널목을 건너면 인주면 중심가다. 인주휴먼시아 아파트에서 아주 짧게 지방도를 따라 걷다가 상가 지역 뒤편으로 돌아들었다가, 다시 같은 지방도의 건널목을 건너 밀두교를 지나, 냉정저수지에서 아산호로 흘러가는 작은 실개천을 따라 걷는다. 개천은 한겨울 혹독한 추위에 말라 버린 풀들이 새로운 봄을 맞아 솟아오르는 새싹에게 자리를 내주기 위해 자신의 허리를 꺾어 물속에 고개를 처박고 장렬하게 산화하고 있다. 이 작은 실개천에서 자연과 삶의 순환고리를 확인하고는 왼편으로 길을 꺾어 신성리 마을회관 앞에 이른다. 희미한 일출의 흔적이 드러난 하늘 위에 새들이 삼각형 대오를 이루어 서쪽으로 날아가고 있는 모습이 참 아름답다.

고요하기 그지없는 신성리 마을에서 4차선 서해로로 발걸음을 옮겨 놓자, 바쁘게 오가는 차들의 소음이 왼쪽 귀를 마비시키는 듯하다. 머리에 쓴 벙거지의 깃을 끌어내려 귀를 막아 보지만, 소음은 마음속 깊은 곳까지 밀고 들어와 마음을 흔들어 놓는다. 겨우 만난 편의점에서 서해로와 작별을 고하고, 공세4리마을로 접어든다. 119안전센터와 대진아파트, 입암산과 영인산 등산로 입구, 인주배수지시민공원을 지나고 친환경농업마을협동조합에서 운영하는 농장과 인주파출소를 지나서, 공세리성당에 들

르기 위해 잠시 서해랑길 코스에서 벗어난다. 공세2리 마을회관과 작은영화제를 개최한다는 신협 건물을 뒤로 하고, 성당으로 향하다 만난 수녀님께 공손히 인사를 하고 본당 건물을 향해 오른다. 성당 부지 초입에 쓰인 안내문에 의하면, 공세리성당의 공식 명칭은 공세리성지성당이며, 이곳이 조선 성종 9년(1478년)부터 영조 38년(1762년)까지 약 300년 동안 충청도 일대에서 거두어들인 세곡(稅穀)을 저장하던 공세창고지였다고 한다. 그리고 한국천주교회 신앙의 못자리라고 할 만큼 한국 천주교 역사의 중심지인데, 1801~1873년 사이의 신유박해와 병인박해 때 이곳에서 순교한 32위의 순교자를 모시는 순교성지이기도 하다. 공세리성당은 1890년 예산 간양골에서 시작하여 5년 뒤 프랑스외방선교회 소속의 에밀 드비즈 신부님이 이곳에 터를 잡았으며, 신부님이 종기가 났을 때 피부에 덮어 바르던 고약의 비법을 요한 이명래 성도에게 전수함으로써, '이명래 고약'의 발원지가 되었다고 한다.

본당으로 향하는 계단 바로 옆에 이곳에서 순교한 32위의 순교자를 현양하는 공간이 마련되어 있고, 에밀리오(성일윤) 신부님의 공적비가 세워져 있다. 높이 24m에 수령이 400년 가까이 된 팽나무가 성당을 굳건히 지키는 문지기의 역할을 감당하고 있는데, 그 가지 위로 떠오른 아침 해의 풍광에 눈이 멀 지경이다. 벽돌을 쌓아 올린 고딕식 건물인 본당은 전국에서 가장 아름다운 성당으로 알려져 있을 정도로, 독특한 매력과 아름다운 자태를 뽐내고 있다. 성당 뒤편 숲속으로 연결되어 있는 '십자가의 길'은 예전에 한번 들른 적이 있어, 성체조배실 쪽으로 돌아 내려온다. 본당 뒤편 언덕배기에 신유박해와 병인박해 때 순교한 세 명의 성도와 형을 집행하는 관원 2명 그리고 넘어진 십자가로 구성된 조형물이 설치되어 있어, 박해 당시의 장면을 간접적으로 전해 주고 있다. 마을로 이어지는 길옆에는 신유와 병인박해에 대한 상세한 역사가 기록되어 있고, 32위 순교자의 이름과 순교당한 장소에 대한 정보 그리고 지역의 유래를 알리는 입간판이 빼곡하게 들어서 있다.

공세리성지성당을 돌아 나오며 안내문에 쓰인 '못자리'라는 단어가 머릿속을 맴돌고 있다. 32명 순교자의 목숨이 밀알로 땅에 떨어져 수많은 알곡으로 다시 부활할 수 있게 만든 천주교 신앙의 못자리 역할을 한 곳이라는 의미를 담고 있는 말이다. 천주교 신앙이 갖은 박해 속에서도 지금처럼 부흥할 수 있었던 것이 목숨을 희생하는 것으로 이 땅에 신앙의 씨앗을 부렸기 때문이듯이, 지금의 사회복지제도 역시 선배들이 갖은 고난과 고초를 겪으며 희생한 덕분일 것이란 생각에 자연스럽게 그 선배 사회복지사분들께 감사하는 마음을 담아 고개를 숙이게 된다. 이 길을 걷고 있는 나 역시 다음 세대를 이어갈 후배 사회복지사에게 밀알과 같은 씨앗의 힘이 되어 주어야 하는데, 살아온 인생길을 되돌아보면 그렇지 못한 면이 많아 마음이 서글퍼진다. 부디 지금 이 시대를 살아가는 사회복지사 모두가 정말 멋진 선배로서 진정한 씨앗의 힘을 보여 주기를 간곡히 부탁하며 다시 길을 이어 간다.

공세리마을을 벗어나는데 아주 큰 두 마리 개를 산책시키는 동네 어르신을 만났는데, 주객이 전도되어 개가 주인을 산책시키는 듯한 모습이다. 부디 어르신이 좀 더 연세가 드셔도 개들과 함께 평온한 산책을 할 수 있기를 기원한다. 공세지하통로 아래를 지나 공세3리 세원마을로 들어서면 드넓은 농경지가 눈에 들어온다. 오른쪽 하늘에서 비춰지는 따사로운 햇살을 온몸으로 느끼며 논 한가운데 일직선으로 뚫린 농로를 따라 걸어서, 아산시 영인면에 들어선다. 이곳에서 다시 서해로 지하통로 아래를 거쳐 만나는 도로 옆 정미소에서 좌회전하여, 아산천을 따라 펼쳐진 넓은 들판 사이를 걸어간다. 드넓은 농지를 가로지르는 서해선 철길 아래를 건너고 다시 농지 한가운데를 걸어가는데, 철길 위를 달리는 철마는 한 량도 보이지 않는다. 미세먼지로 가득한 봄 날씨에 들판 전체의 전경을 볼 수 없어, 눈은 자꾸만 바닥을 향하는데 길가에 냉이 꽃이 핀 것을 보니 이제 봄이 코앞에 와있는 듯하다. 백석포2리 안말마을에 들어서니 입간판에 이 마을 주변으로 샘골들, 고잔들, 새안골, 간사지들이 펼쳐져 있어 아산 '맑은 쌀'의 주산지라고 쓰여 있다. 어느 들이 어느 들인지 모르지만, 앞서부터 이어진 넓은 들판을 생각하면 쌀이 많이 나올 것은 분명하다. 그런데 마을 이름에 '포(浦)'가 들어가 있다는 것은 이곳이 예전에 강과 바다가 만나는 포구마을이었을 것으로 추정되는데, '청일전쟁의 발상지'라고 쓰인 마을 안내문을 보면 어느 정도 짐작은 간다.

안말마을에서 아산(평택)호에 이르기까지 논 가운데로 난 농로를 따라 걷는다. 아산호가 눈에 들어오기 전 서해선 철길 아래를 걷는데, 저만치서 함성 소리가 들려온다. 가까이 가서 보니, 오륙십 명은 족히 될 법한 조사들이 한데 모여 밤낚시 결과를 발표하고 상품을 수여하는 중이다. 아산방조제 건설로 이제는 담수호가 된 곳이고 건너편 평택시와 왼편 당진시까지 아우르고 있는 아산호이다 보니, 수많은 낚시꾼이 모여들어 진을 치고 있다. 호수 방조제에 차량을 주차하고 호수에 낚싯대를 드리우고 시간을 낚고 있는 조사가 말 그대로 수두룩하다. 백석포2리 안섬마을에서 한 1km 정도 논길을 걸어서 만나는 아산호의 풍경이 오늘 코스의 끝까지 계속 이어지니 족히 10km 넘는 거리를 호수와 논을 좌우에 두고 걷게 된다. 미세먼지가 가득하니 호수와 건너편 평택시 마을의 모습도 희뿌옇게만 보이고, 걸어온 당진 구간의 모습은 먼지 안개속에 들어가 있다. 걷고 걸어도 변화가 없는 풍경에 지겨워질 때 즈음, 평택호 준설사업 과정에서 채취한 모래가 호수 위에 4개의 작은 동산을 이루고 있는 모습을 보게 된다. 저 모래로 아파트를 지으면 몇 개 단지는 거뜬히 지을 듯하다.

호수 위에는 물고기를 잡기 위해 마치 잠자리 모양 같은 그물이 여러 개 쳐져 있고, 내수면 어업 허가를 받은 어민은 새벽에 나가 거둬들인 물고기를 차에 싣고 있는데, 그 양이 둘이서 들기도 힘거운 정도의 플라스틱 박스 다섯 개 분량에 이른다. 그 앞의 포구 아닌 포구 입구에는 '허가받지 않고 물고기를 잡으면 엄벌에 처한다.'는 경고문이 붙어 있고, 도로공사 현장에도 낚시를 금한다는 경고판이 세워져 있지만, 낚시꾼들이 모여들어 경고판을 머쓱하게 만들고 있다. 한국농어촌공사 아산취수장 앞에 이르면, 서해랑길이 아산 지역의 삼백리둘레길의 3권역 아랑물길

과 합쳐진다. 길을 소개하는 글에 '이야기길'이라는 글귀가 있는 것을 보면, 이 길 위에도 재미있는 스토리텔링이 있을 듯한데 알 길이 없으니 아쉬움을 뒤로 하고 쌀조개섬 방향으로 발걸음을 옮겨 놓는다. 한 시간 남짓 걸어왔음에도 쌀조개섬까지 5km가 넘게 남았으니, 호수와 논으로 구성된 풍경 속에서 한 시간 반 정도를 더 걸어야 한다. 철새도래지 출입 금지 안내판과 재난 예보 및 경보시설을 지나고, 청룡2배수문을 지나 새로 지은 작은 포구 하나를 지나서 쌀조개섬에 도착한다. 섬인

데 이제는 육지가 된 이곳에도 낚시꾼들이 모여들어 봄기운을 만끽하고 있다. 이곳 아산호에 서식하는 물고기 종류를 소개하는 안내판에 뱀장어, 붕어, 납자루, 동자개, 밀어, 외래종인 블루길 그리고 토종물고기인 버들붕어에 이르기까지 수많은 물고기가 살고 있으니, 낚시꾼들이 모여드는 것이 자연스러운 현상인 듯하다. 제발 그들이 자연생태계를 해치는 행위만은 하지 말기를 기도하고 발길을 돌린다.

쌀조개섬부터 종점까지 약 3km의 거리도 이전의 길과 똑같은 풍경이다. 호수, 논, 철새, 서해안선 철도 교량, 낚시꾼과 차량 그리고 미세먼지가 내 눈에 들어오는 풍경의 전부다. 똑같은 모습의 길을 걷고 걸어, 평택시와 세종시를 잇는 도로 아래에 이르러 둔포천 위의 구룡교라는 작은 다리를 건너면, 충남 아산시에서 경기도 평택시 팽성읍으로 행정구역이 바뀐다. 서해랑길 각 코스마다 서로 다른 풍경과 삶의 모습이 펼쳐지기에 코스가 바뀔 때마다 기대감으로 설레지만, 오늘 코스의 풍경이 워낙 단조로운데다가 서천군에서 시작된 충남 구간의 29개 코스 461km 거리의 길을 모두 걷고 경기도로 넘어가는만큼, 그 설렘이 더욱 크다.

구룡교를 건너 '평택섶길 장서방네 노을길'이라는 안내판과 붉은색과 초록색 평택섶길 안내리본을 길잡이 삼아 한 20m 정도를 걸으니 경기둘레길 45코스 섶길이자 서해랑길 85코스의 시작점에 다다른다. 그런데 모든 서해랑길 안내판에 지난 코스와 다음 코스의 안내지도가 함께 인쇄된 것과 달리 이곳에는 '평택 45코스'라는 코스명과 앞으로 걸어야 할 85코스 지도만 담겨 있다. 뭔가 어색하지만 지역독자성을 강조하기 위해 그런 것이려니 하고 받아들이면서도, 지역성도 좋지만 좀 더 포용력 있는 행정력이 발휘되었으면 하는 아쉬움이 드는 것은 어쩔 수 없다.

47. 자아인식

□ 서해랑길 85-86코스, 평택 노양 마을회관 버스정류장-화성 이화리 버스정류장, 37.0km,
12시간, 63,742걸음

충남 아산시에서 흘러온 둔포천과 경기 안성시에서 흘러온 안성천의 물줄기가 합쳐지는 평택시 노양 마을회관에서 일출시간 즈음에 길을 나선다. 관광회사와 계양주택단지, 글램핑장과 카페 그리고 무형문화재전수교육관 공사 현장을 거쳐, 평택시와 세종시를 연결하는 도로 아래를 지나 평택국제대교로 돌아 올라선다. 황사가 심할 것이란 일기예보를 듣고 온 길이지만, 지독한 황사가 아침 안개와 엉겨 붙어 다리 위를 걷는 것이 아니라 마치 구름 위를 거니는 듯한 느낌이다. 날씨가 좋았다면 안성천 저 멀리의 풍경과 드넓은 아산평택호의 풍경이 아름다웠을 법하지만, 눈앞은 온통 뿌옇게 채색되어 아무 것도 보이지 않는다. 높은 곳에 오르면 살짝 공포를 느끼는 성향이 있는지라 다리 위를 걷는 느낌이 별로다. 서둘러 걸음을 옮겨 평택국제대교 끝에서 좌우로 두 번 방향을 바꾸어 아산평택호 바로 옆으로 난 길을 따라 걷는다. 길옆이 바로 호수인데도 눈에 들어오는 풍경은 한 5m 남짓하니 풍경이랄 것도 없다.

아산평택호와 이별하고 신왕리로 우회전하여, 신왕2리 마을회관 앞 작은 사거리에서 다시 왼편으로 난 현덕로라는 작은 길을 따라 걸어간다. 신왕1리 마두마을 앞에 이르니 마을 입구에 세워진 표지판에 이번 서해랑길 85코스가 평택섶길 명상길과 비단길 그리고 경기둘레길 45코스와 겹친다는 표지판이 세워져 있다. 평택섶길은 '한복의 깃에 달린 작은 조각인 '섶'에서 그 이름을 차용한 길로서, 조용하고 편안하게 걸을 수 있는 작은 길이며, 평택의 자연, 역사, 문화, 사람을 만날 수 있는 쉼과 여유를 찾을 수 있는 길'이라고 소개되어 있다. 이 길을 따라 장모님 손맛을 느낄 수 있다는 닭백숙집을 지나고, 커피와 빵을 파는 카페 두 곳과 마음선원 그리고 행위예술가가 운영하는 여선재를 지나면, 멋진 갈색 부엉이 조형물이 입구를 지키는 마안산 등산로 입구에 도착한다. 시점에서부터 5.4km를 걸어왔지만 오늘 걸어야 할 길은 서해랑길 중에서도 몇 손가락 안에 드는 장거리 코스인지라 산으로 오르는 것이 부담스럽다. 하지만 돌아서 갈 수 있는 우회로도 없으니 어쩔 수 없이 산을 오른다.

서른 개가 넘는 나무계단을 올라서면, 고구려의 기상을 표현한 고철로 만든 조형물이 세워져 있다. 평택섶길의 비단길인 마안산은 말의 안장과 닮은 모양 때문에 붙여진 이름인데, 처음 걱정했던 것과는 달리 등산이 아니라 얕은 동산을 산책하는 정도의 산길이다. 떨어진 낙엽을 밟는 바스락 소리 위에 딱따구리가 나무를 쪼아 대는 소리가 겹쳐지고, 세찬 바람에 나뭇가지가 요란스럽게 흔들리는 소리가 얹혀 삼중주를 이룬다. 참나무 아래 낙엽 속 새까만 청설모는 길손의 발자국 소리에도 신경 쓰지 않고, 아침 도토리 정식을 즐기고 있다.

늘푸른 소나무와 참나무 낙엽 사이로 난 길옆에 김석환 작가의 〈해비뫼달〉이라는 일련의 설치미술작품이 있어, 산을 오르며 미술작품 감상을 하게 된다. '해, 비[雨], 산, 그리고 달'을 마치 록음악의 하나인 헤비메탈을 연상하게 만들도록 교묘히 조합하여 만든 작품은 인간이 쓰다 버린 물건들로 만들어진 친환경 작품들로서, 인간과 자연 그리고 문명, 생명과 죽음의 관계를 시각적으로 표현하고 있다. 자연 속 행위예술가로 불리는 김석환 작가는 '생명의 소중함을 무시하고 자연을 피폐화시키는 이기적이고 야만스러운 문명인을 치유하고자 했으며, 순수하고 자연스러운 원초적 생명에 대한 회귀'를 주장하고 싶었단다. 마안산 속에 설치된 그의 여러 작품 중에서 〈거미줄에 걸린 바다살이들〉이라는 작품은 거미줄 형상의 그물에 오징어, 꽃게, 가제, 돔들이 걸려 있고, 그 아래에 '그게 그리

움이다'라고 해설되어 있는데 미술에 문외한인 나는 아무리 생각해도 작품과 해설 사이의 연관성을 찾지 못하고 말았다. 그렇지만 황사가 가득하여 누렇게 보이는 산속에서 만난 작가의 작품을 보면서, 인간의 이기적 삶에 의해 피폐해져 가는 자연을 원래의 모습으로 되돌려 놓아야 한다는 메시지만큼은 읽을 수 있었다. 완만하게 오르던 마안산 등산로는 정상을 250m 앞두고는 경사가 가팔라져 해발 112.5m인 정상에

오르고 나니, 이마와 등줄기에 땀이 송골송골 배어 나온다. 작은 돌탑 세 개와 정상 표지석 그리고 몇 개의 운동기구로 구성된 마안산 정상에서 사돈댁에서 보내 준 모시개떡 2개와 콩물 한잔으로 아침 식사를 하며, 잠시 쉬어 간다.

완만한 경사의 하산길이지만, 가끔씩 만나는 돌부리와 땅 위로 솟아올랐다 다시 땅으로 사라지는 나무 뿌리에 걸려 넘어지지 않기 위해 조심조심 내려온다. 대안4리 마을 안길 담장에는 노란 산수유 꽃이 햇살 한줌이면 꽃망울을 터트릴 준비를 마쳤고, 마을회관 앞에는 커다란 팽나무가 위용을 자랑하며 마을을 든든하게 지키고 있다. 회관 옆 경기둘레길 표지판에 마안산 등산로의 길이가 2km밖에 되지 않으니 40분이면 족히 걷는 거리인데, 한 시간이 넘게 걸린 것을 보면 낮아도 산은 산인가 보다. 수선화와 히야신스 등의 구근류(球根類)를 재배하는 화훼농가에서 넓게 펼쳐진 들판으로 접어드는데, 다리 공사를 하고 있으니 우회하라는 경고판이 서 있다. 멈춰서 지도를 보니 한참을 돌아가야 할 것 같아, 공사장 근처 인부의 움직임을 유심히 관찰한 후 경고를 무시하고 원래 코스로 방향을 잡는다. 다행히 철거한 교각 옆으로 물막이 공사를 해 놓아서 그 위를 건너서, 들판과 서해선 철길 아래를 지나 기산리 마을에 도착한다. 마을 초입에는 마을가꾸기 프로젝트를 한다는 벽화가 그려져 있고, 마을에 어르신이 많으니 제발 시속 20km 이하로 달려달라는 부탁도 함께 쓰여 있다. 기산리 버스정류장에서 평택호길로 접어들어 권관3리 다목적회관과 권관교차로를 지나면 평택호예술단지다.

멀리서부터 마치 유리 피라미드처럼 생긴 건물이 눈에 들어왔었는데, 가까이 와 보니 평택호예술관이다. 평택호자동차극장, 모래톱공원, 지영희국악관, 한국근현대음악관, 한국소리터 등으로 구성된 평택호예술단지는 날씨 때문인지 오가는 발길이 전혀 없다. 한국소리터 앞에는 중요무형문화재 제52호인 지영희 선생이 해금을 들고 앉아 있는 동상이 세워져 있다. 지영희 선생은 해금산조와 피리산조에 있어 최고봉임과 동시에 구전으로만 전해 오던 우리 가락을 오선지에 옮겨 누구나 쉽게 배울 수 있게 했으며, 국악관현악단을 창립하여 국악의 현대화와 세계화에 크게 기여한 인물로 칭송받고 있다고 한다. 그의 업적을 기리기 위해 만든 의자 조형물 '하모니'에 앉으면 뉴욕 카네기홀에서 해금과 가야금으로 연주했던 굿거리, 자진모리, 중중모리, 휘모리 음악 네 곡을 들을 수 있다는데, 앉아도 의자는 조용할 뿐이라 아쉬움에 일어나 평택호 옆으로 놓인 나무 데크길을 건는다. 길 건너 상가는 예술단지 확장개발 사업추진으로 인하여 거의 대부분의 가게가 문을 닫아걸었고, 이미 철거된 건물은 하얀 차단벽을 둘러쳐 놓았다. 그 벽 위에 몇몇의 인부가 핸드폰으로 그림을 확인하고 오리, 고양이 등의 문양을 그려 넣고 있다. 예전 평택시 현덕면 대안리 구진개 어항이 위치한 곳에는 음력 10월 3일의 풍어제와 섣달 그믐날 지내던 뱃고사와 용신제를 지내던 풍습이 있었음을 알리기 위해 만들어놓은 배 조형물과 각종 악기 모형의 의자가 설치되어 있다.

이곳에서 오리배를 탈 수 있는 평택호레저타운을 거쳐 평택호대교와 평택호2대교 아래를 지나 아산만방조제에 이르지만, 황사에 가려져 방조제 모습이 눈에 들어오지 않는다. 왕좌봉 아래에 조성된 평택 독립운동 선열을 추모하는 공간의 현충탑 앞에서 잠시 고개 숙여 그분들의 뜻에 감사의 마음을 표현하고, 장애인용엘리베이터를 타고 서동대로 위 육교를 건넌다. 권관항 주변의 횟집은 예전에 조개구이와 회를 파는 가게가 문전성시를 이루었으나, 서해안고속도로가 건설되면서 서산지역으로 가는 차가 이곳을 외면하면서 쇠락의 길을 걷게 되어 지금은 한두 집을 제외하고는 모두 문을 닫아걸었다. 깨진 유리창과 쓰레기가 나뒹구는 횟집타운을 벗어나 우경삼거리부터 서동대로와 길동무하며 걷다가, 가정식 백반집 옆 마을길로 돌아든다.

길옆 밭에는 타지에서 온 딸과 그녀의 어머니가 냉이를 캐고 있고, 길 위에는 갈색과 흰색의 개 두 마리가 마치 형제처럼 다정하게 거닐고 있다, 길은 평택섶길 원효길로 바뀌었지만 여전히 들판길이 이어진다. 길옆에는 '현덕지구의 토지거래 사기피해가 자주 발생하고 있으니 토지거래 시에는 꼭 경기자유무역청으로 사전에 문의하기를 바란다.'는 안내판이 자리 잡고 있다. 들판을 벗어나 장수리 마을에 이르니 호피무늬 고양이가 파란 지붕 위에 누워 오수를 즐기고 있다. 장수리 마을회관이 경기경제자유구역 현덕지구 보상대책위원회 사무실로 용도가 변경된 것을 보니, 지나온 들판에 조만간 대형 개발공사가 진행될 것으로 보인다. 장수리마을을 벗어나 새로 건설된 도로를 건너 다시 들판으로 들어서니, 농수로에서 고라니 한 마리가 놀라서 이 논 저 논을 건너 마을 뒤편 산속으로 황급히 사라진다. 들에서 마을로 이어지는 농로 포장공사가 아직 마무리되지 않았으나 시멘트가 어느 정도 양생이 되어 걷기에는 문제가 없었는데, 공사로 인해 없어져 버린 서해랑길 안내표식으로 인해 한참을 우회하여, 고라니가 숨어든 마을 뒷동산을 돌아 신영

2리마을회관에 이른다. 다섯 시간 가까이 걷고 앞으로 걸어야 할 길이 두 시간 남짓인데, 왼쪽 무릎에 통증이 오고 양쪽 허벅지가 뻐근해져 잠시 쉬어 간다.

마을 정미소에서 나락을 도정하여 '경기진미' 쌀포대를 차곡차곡 쌓아둔 모습에 점심을 건너뛰었는데도 배가 불러오는 느낌이다. 마을을 벗어나 차가 다니는 도로에 이르니, '입주 시까지 부담해야 하는 비용이 0원이고 심지어 계약 축하금으로 500만 원을 지급한다.'는 아파트 분양광고 현수막이 여기저기 걸려 있다. 금리인상과 대출제한으로 인해 아파트를 사려는 수요가 움츠러들어 지방의 아파트 미분양이 속출한다는 기사를 본 적이 있는데, 꽤나 거주민이 많은 이곳 역시도 미분양을 막기 위한 건설사의 피눈물 나는 노력이 엿보여 왠지 입맛이 씁쓸하다. 이곳 포승에서 전북 익산을 연결하는 고속도로 바로 옆에서 노부부가 봄을 맞이하기 위해 부지런히 화단을 정비하고 있는 전원주택을 지나, 아산평택항 방향의 황해희곡로로 들어서면 물류창고가 즐비하고 대형트럭이 그곳을 분주히 드나들고 있다. 서해랑길은 붉은색 아스팔트로 평평하게 포장되어 있지만, 허벅지와 무릎은 그만 걸으라고 아우성이다. 하지만 코스의 종점이 머지않았으니 아픈 다리를 질질 끌면서, 포승공단방면으로 난 황해희곡6로를 따라 걷고 걷는다.

희곡3교를 지나고 쿠팡과 아웃도어 브랜드 NEPA의 물류창고를 지나고 몇 개의 횡단보도를 건너서, 서해안고속도로의 서해대교가 지나는 사거리에 이르러 경기둘레길 안내판을 보니 아직 2km 정도를 더 걸어야 한단다. 서해대교 주탑에 걸려 있는 서해안고속도로 아래에 세워진 경기경제자유구역 포승지구 안내판에서 좌회전하여, 잠시 샛길로 빠졌다가 만호 사거리에서 좌회전한다. 만호 사거리는 안성과 장호원을 지나 강원도 삼척으로 이어지는 38번 국도의 시작점인데, 만호마을의 이름은 조선 시대 수군이 주둔한 것에서 유래되었다고 한다. 뉴욕 메인스트리트 감성을 덧씌운 대형 베이커리 카페가 자리 잡은 사거리 횡단보도를 건너, 평택항 방향으로 난 길은 '소방관 이병곤길'이라는 이름이 붙어 있다. 포승119안전센터장으로 근무하던 고(故) 이병곤 소방관은 2015년 12월 3일 서해대교 2번 주탑 화재사고 때 끊어진 교량케이블에 맞아 순직하였는데, 이를 계기로 소방관 근무 환경이 개선되고 소방력이 확충되었다고 한다. 이 소방관뿐만 아니라 나라에 큰일이 벌어져 무고한 시민이 희생을 치러야 뒤늦게 뒷북을 울려대는 정부가 좀 더 빨리 각성하기를 기도하며 평택직할세관 그리고 석재회사를 지나 해상교통관제센터, 평택검

역소, 경기평택항만공사, 평택시립국악관현악단 등이 자리 잡고 있고, 꼭대기 층에는 회전하는 레스토랑이 세 들어 있는 평택항 마린센터에 도착하여 오늘의 걸음을 멈추고 다리를 쉬게 해 준다.

하루 동안 다리의 통증을 다스리고 서해랑길로 되돌아와, 따사롭고 날씨 좋은 봄날 일출시간에 평택항 마린센터와 국제여객터미널을 끼고 달리는 평택항만길을 따라 걷는다. 평택지방해양수산청과 평택파출소를 지나 우회전하여 현대오일터미널, 평택항만물류 등의 공장을 지나, 신당공원 삼거리 조금 못 미쳐 신당근린공원으로 접어든다. 테니스장, 야구장, 작은 축구장 등을 거쳐 평택항로를 따라 걷는데, 율촌화학, 한국단자공업 등 공장이 줄줄이 서 있다. 아산국가산업단지 경기포승지구와 평택항을 오가는 손님이 주로 머물 것으로 예상되는 호텔 건물을 지나 포승농협 사거리에서 우회전한다. 아산만으로 흘러드는 작은 실개천 옆 나무들 사이를 걷고 있어도 길옆은 온통 공장이다. 평택도곡초등학교와 도곡중학교를 지나는데, 어린이보호구역으로 설정된 작은 사거리 횡단보도가 흰색이 아닌 노란색으로 칠해져 있고, 보도 신호등 옆에도 노랑 블록이 깔려 있다. 궁금하여 두리번거렸더니, 어린이의 교통안전을 위하여 옐로카펫(yellow carpet) 구역을 설정해 놓은 곳이란다. 이런 안전시설이 좀 더 확대 설치되면 좋겠다는 생각을 갖고, 포승건강생활지원센터와 포승작은도서관이 자리 잡은 도곡근린공원을 지난다. 건너편 음식점 거리에서 이른 아침에 술에 취해 차를 몰던 운전자가 경찰단속에 걸려 화난 모습으로 줄담배를 피우고 있다. 그 모습을 보며 교통안전시설의 설치보다 국민들의 안전의식을 고양하는 것이 더 중요하다는 것을 느끼게 된다.

포승삼부르네상스아파트 단지에서 포승공단순환로를 건너, 작은 언덕으로 오르는 계단을 지나 원정11리 마을회관을 지나고, 다시 평택항로라는 큰길을 만나 횡단보도를 건너면 원정초등학교다. 학교 바로 옆에 괴태곶 봉수공원이 자리 잡고 있는 것을 보면, 예전에 이곳에 봉수대가 있었을 것으로 추정된다. 개학을 했음에도 공사가 한창 진행 중인 학교 담장을 끼고 돌아 후문에서 만나는 문방구와 상점, 식당을 함께 운영했던 건물은 이제 인테리어 가게로 바뀌어 있다. 졸업생이 옛 추억을 더듬어 이곳을 찾으면, 간판만 덩그러니 남았으니 조금은 실망할듯하지만 어린 시절 친구랑 불량과자 먹으며 수다 떨고 놀던 기억은 되살려 낼 수 있을 듯하다. 포승원정로 차도를 따라 걷다가 지구촌교회가 있는 빌라촌으로 접어드는데, 그중 한 빌라의 이름이 '옳음빌'이다. 이곳에 사는 사람은 집을 드나들 때마다, 하루 동안 옳은 일을 하며 살았는지 반성할 듯하다는 생각이 든다.

원정4리마을에 위치한 단독주택에 집모양의 예쁜 문패가 걸려 있어 가까이 가보니, 집안 식구의 이름과 함께 '감나무집'이라는 별칭이 쓰여 있고 그 아래에 '한밭댁'이라고 쓰여 있다. 앞선 코스에서도 문패모양이 예쁘다는 생각을 했었는데, 주택의 별칭과 안주인의 별호까지 적혀 있을 줄 몰랐다. 예전에는 마을 집안의 안주인을 누구누구 엄마로 부르지 않고, 그 분이 태어나 자란 친정집이 위치한 동네의 이름을 붙여 무슨 무슨 댁(宅)이라고 불렀었는데, 이 집 안주인은 대전에서 시집온 모양이다. 그 옆집은 아산에서, 그리고 그 옆집은 포천에서 시집온 분이 거주하고 있는데, 이 동네는 예전의 공동체마을의 모습이 아직도 보존되어 있을 것 같은 느낌이 든다. 마을을 빠져나오니 건너편 작은 산을 빙 둘러서 철책선이 쳐져 있고, 그 옆에 관사처럼 보이는 아파트가 몇 동 세워져 있다. 중고자동차 수출업체, 대형트럭 정비업체를 지나 포승향남로 대로변을 따라 걷다가, 수원국토관리사무소에서 좀 전에 보았던 철책선이 둘러쳐진 산 방향으로 돌아든다. 대형자동차부품업체와 두 곳의 물류센터를 지나 철책선에 다다르니, 해군 제2함대사령부가 위치해 있다. 앞 코스의 평택국제대교에서 날씨만 맑았다면 눈에 들어왔을 미군 평택기지와 함께 이곳 역시 우리나라 안보에 매우 중추적 역할을 하고 있는 곳이다.

철책선을 따라 숲 속으로 난 오솔길을 오르내리며 걷는데, 앞쪽에서 동네 아낙 세 명이 같은 옷차림으로 등산지팡이를 양손에 들고 산보를 하고 있다. 걷는 것이 힘겨워 오솔길 옆 아주 큰 미루나무 아래의 다리가 두 개밖에 없는 의자에 걸터앉아 차 한잔을 마시는데 지나쳐 갔던 아낙네들이 되돌아와 좀 전에 보았다고 아는 체를 한다. 그녀들을 저만치 앞세우고 뒤따르는데 오솔길 언덕배기를 돌아간 아낙네들이 어디로 사라졌는지 오리무중이다. 오솔길옆 나무에 '원효를 찾아서, 괴태곶 봉수대를 찾아서'라는 리본이 걸려 있는 것을 보면, 아까 지나온 원정초등학교 옆 봉수공원

에서 곧 만나게 될 수도사에 이르는 길을 걷는 프로그램이 있을 것 같다. 오솔길을 벗어나 만나는 수도사 끝자락에는 서해랑길을 걷는 길손이 쉬어갈 수 있도록 초가지붕 쉼터를 마련해 두었고, 그곳을 지나면 원효대사 깨달음체험관과 해수관음보살입상이 자리 잡고 있고, 그 옆으로 대웅전과 명부전, 천불전, 보재루 그리고 다시 그 옆으로 요사채와 사찰유치원과 천왕문이 자리 잡고 있다. "원효스님이 의상스님과 함께 중국으로 유학 가던 길에 이곳 인근 동굴에서 하루를 묵게 되었고, 밤에 목이 말라 주변을 더듬어서 바가지에 든 물을 마셨는데, 아침에 일어나 보니 그 바가지가 해골이었다는 사실을 확인하고는 '모든 것이 마음에서 비롯된다'는 커다란 깨우침을 얻게 되었다."는 삼국유사의 설화가 전해지는 곳이 바로 이곳 수도사 인근이란다. 이 일을 겪은 원효는 중국 유학을 포기하고 공부에 매진하여 대승불교의 대중화는 물론 중국과 일본에까지 영향을 미친 불교사상을 집대성하여 불교계의 큰 스승으로 불리고 있다.

이곳 인근 동굴에서 마신 해골물 사건으로 인해 원효대사의 승려로서의 삶이 커다란 변곡점을 맞이하게 되듯이, 사회복지사의 도움을 받으러 온 내담자의 변화 역시 정확한 자아인식(self awareness)이 이루어져야지만 삶에 의미 있는 긍정적 변화가 일어날 것이 분명하다. 아무리 사회복지사가 전문지식과 가치, 기술을 기반으로 내담자의 문제해결을 도와주려고 애를 써도, 내담자 자신이 자기가 누구인지 모르고 현재 자신의 모습과 상황을 정확히 알지 못한다면 진정한 삶의 변화를 기대하기 어렵다. 그러므로 내담자의 변화를 도모하고자 하는 사회복지사가 가장 먼저 해야 할 일은 내담자의 자아인식 도모라고 할 수 있을 것이다. 수도사에서 이와 관련된 좀 더 깊이 있는 생각에 빠져들고 싶어 아무리 둘러보아도, 이곳에는 더 이상 원효에 대한 얘기는 찾아볼 수 없다. 대신 각종 기도나 불사를 위한 보시나 건축을 위한 헌금을 유도하는 안내문만 다닥다닥 붙어 있어, 실망한 채 서둘러 사찰 밖으로 빠져나온다.

마을 주변까지 들려오는 스님의 염불 녹음 소리에 잠시 귀를 기울여 보지만, 그보다는 산속에서 지저귀는 새들의 노랫소리가 더 정겹게 느껴진다. 수도사에서 평택섶길의 원효길은 마무리되고, 소금뱃길이 시작된다. 마을 안길을 돌아 나오는데 어린이 놀이터 옆집을 지키는 검둥개가 두 다리로 벌떡 일어서 반갑다고 꼬리를 쳐대고, 그 건너 이층 빌라는 겨우내 찌든 먼지를 털어 내고 화사한 색으로 옷을 갈아입는 공사가 진행 중이다.

마을을 벗어나 다시 만난 포승향남로의 원정 삼거리에서 남양천이 흐르는 남양방조제 방향으로 물길을 따라 걷는다. 낚시 금지구역을 조금 지나면 어김없이 낚시꾼이 앉을 만한 좌대가 줄지어 나타나는데, 어쩐 일인지 낚시꾼은 없고 내수면 어업을 위한 작은 배 두 척만 정박되어 있다. 해군 제2함대사령부에 이어 다시 철조망이 쳐진 국가중요시설인 한국석유공사와 SK가스의 유류 및 가스탱크를 지나 방조제에 이르면, 평택화력발전소가 나타나고 그 옆으로 평택항 모래부두가 위치해 있다.

남양방조제 위에 올라서니 바다 건너 당진시의 현대제철을 비롯한 여러 공장이 눈에 들어온다. 썰물 때인지라 훤히 드러난 갯벌을 왼편에 두고, 방조제에 막힌 남양천 물로 가득한 호수를 오른편에 끼고 방조제 위를 걷고 걷는다. 남양방조제 배수갑문에서 행정구역은 평택시 포승읍에서 화성시 우정읍으로 바뀌는데, 그곳에 남양호 준공 기념탑이 세워져 있다. 기념탑의 글씨는 박정희 대통령이 직접 쓴 글씨이며, 탑신에는 '오늘 우리는 대자연과의 대결에서 줄기찬 민족의지의 또 하나의 위대한 슈리를 거두었습니다.'라는 1974년 5월 22일 박정희 대통령이 남긴 치사(致辭) 중 한 문장이 새겨져 있다. 군사독재정권의 향기가 진하게 배어 나오는 그 탑을 뒤로 하고, 얼른 화성시 우정읍으로 들어선다. 방조제 위의 길이 울퉁불퉁하여 행여나 넘어질까 봐 그 아래 도로를 따라 걷는데, 화성우정국가산업단지가 눈에 들어오고 주식회사 기아에서 세운 친환경 자동차 광고판이 세워진 회전교차로에서 서해랑길 86코스 걷기를 마무리하니 오전 11시도 되지 않았다.

48. 인권관점 사회복지실천

□ 서해랑길 87 – 88코스, 화성 이화리 버스정류장 – 전곡항, 36.0km, 12시간 30분, 61,184걸음

화성특례시 우정읍 이화리 버스정류장 옆 편의점에서 길동무가 맛보라고 준 서산 매생이와 아들이 보내 준 전남 고흥의 곱창김으로 아내가 싸준 김밥으로 이른 점심을 먹고는 길을 나선다. 편의점과 맛집 방송프로그램에 출연한 적이 있는 오래된 백년가게인 이화횟집 사이 골목길을 걷는다. 어느 집 벽에 겨울 내내 때고 남은 장작을 아주 가지런하게 줄 맞춰 쌓아 놓은 풍경이 정겹게 느껴진다. 오래된 집들이 좌우로 줄 지어선 작은 마을 가운데로 난 이화길을 따라 들판을 지나 302번 남양황라로에 이르러, 농로를 따라 왼편으로 돌아든다. 농로 옆 수로에는 미나리가 무리 지어 봄맞이를 나와서는 따사로운 햇볕으로 일광욕을 하며 광합성을 하고 있고, 작은 물고기가 자유롭게 유영하고 있다. 지내산 오른쪽 자락을 끼고 돌아 보금산을 보면서 302번 도로를 걷다 보면, 기아 스포츠센터에 이른다. 대형트럭이 커다란 소음을 내면서 달리는 통에 머릿속은 복잡해지고 가슴은 두근거리지만 이 길을 벗어나는 것 외에는 방법이 없으니, 교회와 식당, 공장 공사현장 그리고 석천리어촌계 어민회관을 지나 큰길에서 벗어나 다소 생소한 이름의 '딸부리길'을 따라 마을로 접어든다.

매향4리 마을회관 앞 길가의 매화나무는 아직 꽃망울이 자그마하여, 이곳에서 매화꽃향기에 취하려면 2주 정도의 시간이 필요할 듯하다. 마을에서 다시 들판 한가운데로 곧게 뻗은 시멘트 포장 농로를 따라 걸어서 기아자동차로에 도착하면, 길가에 기아자동차에 일하러 온 사람이 세워 놓은 차량이 도로변을 가득 메우고 있다. 그곳 도로를 건너서면 오른편에 화성드림파크가 눈에 들어온다. 이곳은 리틀 야구장 4곳, 주니어 야구장 3곳 그리고 여성 야구장 한 곳으로 구성된 국내 최대 규모의 리틀야구장이다. 원래 이곳은 미군 사격장이었으나 2014년 리틀 야구 월드시리즈에서 한국이 우승한 것을 계기로, 평화생태공원의 일부로 24만m² 부지에 조성된 야구테마파크다. 이곳을 운영하는 데 연간 13억여 원의 예산이 투입되지만 수입은 8,000만 원에 불과하여 적자다. 하지만 어린

아이가 미래의 푸른 꿈을 이룰 수 있는 기회를 제공한다는 점에서 어느 정도의 적자는 감내해야 하는 것이 옳은 정책적 선택일 것이다.

길을 건너 고온항이 위치한 매향1리와 5리 표지석을 따라 걸어가면, 매향리 평화생태공원이다. 이곳 매향리는 한국전쟁 중이던 1951년 미군이 매향리 바다 한가운데 위치한 농섬을 해상표적으로 하여 사격 연습을 시작하였고, 1954년부터는 미군이 이곳 해안에 주둔하게 되었다. 1955년 한미행정협정(SOFA) 제2조에 근거하여 폭격훈련장이 설치되었고, 1968년에 마을 농지에 '쿠니사격장'이란 이름을 단 육상 사격장이 만들어졌다. 연간 250일 동안 하루 평균 600회의 비행기 폭격 훈련과 사격훈련이 54년 동안 이어지면서, 소음과 환경공해뿐 아니라 오발탄과 불발탄으로 인하여 주민이 다치거나 사망하는 일이 계속 발생하였다.

이에 고통에 신음하던 주민이 1988년부터 2005년까지 17년에 걸쳐 사격장을 폐쇄할 것을 강하게 주장하며 투쟁을 벌인 결과, 2005년 8월 마침내 미군사격장이 폐쇄되었다. 이후 미군 폭격 및 사격장으로 인해 정신적, 경제적 고통을 겪었던 주민의 아픔을 치유하고 환경을 복원하기 위하여, 2021년 7월에 매향리 평화생태공원이 조성되었다. 이곳에는 쿠니사격장 폐쇄 이후 남아 있던 장교관사 등의 건물을 보존하고, 주민이 피해보상금으로 받은 돈으로 건립한 매향리 평화기념관에  는 올해 말까지 '빛과 그림자'라는 제목으로 총알 흔적이 남은 포탄과 불발탄을 모아 전시하고, 평화를 상징하는 벽화와 조각품들을 설치해 놓았다. 기념관 앞쪽 마을 입구에도 불발탄과 탄피들을 모아 매달아 놓고, 사격장을 표시하는 붉은 깃발 옆에 포탄으로 만든 '매향리 평화의 종'을 걸어 놓았다. 내 눈에는 허공에 대롱대롱 매달려 흔들리고 있는 종이 지역주민의 목을 매달고 있는 듯이 느껴져 가슴이 아려온다.

평화생태공원이란 이름을 달고 있는 이곳

에서 많은 생각을 하게 된다. 나라의 운명이 촌각에 달려 있는 상황에서 다른 나라의 도움을 받을 수밖에 없었겠지만, 전쟁이 끝나고 세계 경제대국으로 올라서기까지 50년 넘게 주민의 생명권과 복지권보다 국가안보를 우선시해 왔다는 것이 믿어지지 않는다. 국민으로 구성된 국가가 안보위협이 크지 않은 상황에서도 국민의 목숨과 삶을 피폐하게 만들고 17년 동안 아픔을 목청껏 외쳤음에도, 국가가 그들의 아픔을 외면해 왔다는 사실이 도저히 믿어지지 않는다. 박정희 정권부터 이어져 온 군부독재정권이 '안보와 경제' 두 가지를 내세워 국민을 억압하고 그들의 삶을 유린한 역사를 두 눈으로 직접 목격할 수 있는 곳이 바로 이곳이다. 세계 10위권의 경제대국으로 성장하였음에도 군인을 동원한 친위쿠데타 성격의 계엄령이 선포되고, 그로 인해 국민의 삶이 무너져 내리는 모습이 지금이 순간에도 펼쳐지고 있다. 제발 이제는 국민의 생명권과 복지권이 안보와 경제 논리에의해 무참히 짓밟히는 일이 없는 말 그대로 정말 평화로운 세상이 되었으면 한다. 그리고 사회복지사는 사회적 약자의 삶의 문제와 형편을 개선하는 데만 몰두하지 말고 인권의 관점에서 그들의 권리를 보장하기 위해 애써야 할 것이다. 더 나아가 인권이 짓밟히는 삶의 현장에서 의로운 싸움을 펼치는 것 또한 사회복지사의 사명임을 명확히 인식하고, 정의로운 사회를 만들기 위한 사회행동에 보다 적극적으로 나서야 한다.

아픈 역사를 공원으로 치유할 수 없음은 바닷바람에 치맛자락이 흔들리는 허허벌판 속 평화의 소녀상이 더욱 여실하게 보여 준다. 동해안 해파랑길 강릉 구간의 경포대 옆 평화의 소녀상은 시민들이 손수 떠서 씌워준 털모자와 목에 걸어준 꽃송이로 그나마 덜 외로워 보였다면, 이곳 매향리 평화생태공원의 소녀상은 심히 외롭고 쓸쓸하게 보인다. 역사의 아픔을 기억하고 평화와 인권이 생동하는 고장으로 만들자는 취지에서 시민이 뜻을 모아 세운 이 조형물을 보고, 머릿속에 역사의 아픔을 기억하고 마음에는 인권의식이 생명수처럼 콸콸 흘러넘치는 사람이 많이 생겨나기를 기도하며 이젠 소녀가 아닌 소녀에게 작별인사를 건넨다. 돌아서 평화생태공원을 둘러보니, 드넓은 부지에 외로운 소녀와 녹슨 불발탄의 이미지가 아주 또렷하게 새겨져 있다.

공원에서 방조제에 올라서면 비행기 폭격훈련의 장소였던 농섬이 미세먼지에 덮여 뿌옇게 보인다. 태평양 미 공군 사령부 산하의 미군 전용 폭격장으로 사용된 녹음 우거진 농섬은 매일 쏟아지는 포탄으로 인해, 섬 면적의 3분의 1가량을 잃은 채 민둥섬이 되어 버렸다. 폭격이 멈춘 이후 농섬 위에 다시 자라난 나무가 한겨울 삭풍(朔風)을 헐벗은 몸으로 이겨 내고, 따스한 봄날에 다시 푸른 생명의 잎사귀가 돋아나 평화의 삶을 이어 가기를 바라 본다.

농섬과 육지 사이의 3.2km 거리에 드넓게 펼쳐진 갯벌은 습지보호구역으로 지정되어 있다. 그 구역 끝자락의 갯벌에 나무막대를 박아 바닷물에 의해 해산물이 유실되지 않도록 막아 놓았다. 그 속에서 일군의 사람이 종패인지 무엇인지는 잘 모르겠지만 뭔가를 갯벌에 하나씩 심고 있다. 마치 그 모습이 식목일에 작은 나무를 심고 있는 사람의 풍경과 닮았다. 갯벌이 끝나는 곳부터 길은 길고 긴 화성방조제다.

화성방조제는 1991년부터 시작된 경기도 화성시의 화옹지구 간척사업을 통해 건립되기 시작하여 2003년 3월 물막이 공사로 완성되었는데, 화성시 우정읍 매향리에서 서신면 궁평리까지 이어지는 총 연장 9.8km에 이르는 대형 방조제다. 전남 해남부터 서해랑 길을 걸으며 수많은 방조제를 건너왔지만, 이곳 화성방조제가 지금까지 가장 긴 방조제다. 방조제 위에 놓인 4차선 도로를 따라 한참을 걷다 보면, 중간 지점 즈음에 매향항이라는 선착장을 만난다. 선착장인데 배들은 오간 데 없고, 도로 양옆의 넓은 공간에 캠핑카만 즐비하다. 일찍부터 술잔을 기울인 어르신 한 분이 술에 취해 횡단보도 한가운데서 비틀거리며 소리를 지르며 건너오는 모습이 심히 위태로워 보인다. 방조제 위 풍경은 걷고 걸어도 똑같은 모습이라 지겨워지기 시작하는데, 화성호 한가운데서 내수면 어업을 하는 작은 배 한 척이 다름을 가져다주고, 군 경비초소를 보수하는 젊은 군인이 또 다른 풍경이 된다. 그리고 기아자동차의 교대 근무하는 노동자를 실어 나르는 관광버스 수십 대가 또 다른 그림을 그려 내고, 한국농어촌공사 화성태양광발전소의 수많은 태양광패널은 햇살을 전기로 바꾸는 일에 열중하는 풍경을 만들고 있다. 몇 가지 다른 풍경이 보이지만, 세 시간 넘게 같은 풍경 속을 걷고 걸어 방조제 끝에 이르면, 화성방조제 준공기념탑이 위용을 자랑하고 서 있다. 기념탑 옆 배수관문 위에 놓인 우정교를 건너고, 상가건물이 위치한 삼거리에서 궁평항으로 돌아든다.

궁평항은 화성국가지질공원의 일부로서, 궁평항에서 모래톱까지의 절벽은 선캄브리아 시대에 형성된 변성암으로 된 단층, 암벽 등의 다양한 퇴적 지질구조를 하고 있단다. 하지만 사람들은 지질구조에는 별다른 관심이 없고, 가장 먼저 새우튀김을 사 들고, 해

오름수산시장에 들러 싱싱한 해산물을 사서 먹거나 포장하여 집으로 돌아가는 경우가 대부분이다. 나와 길동무 역시도 아침 11시에 김밥을 먹고 6시간 넘게 걸어와 허기지고 지친 까닭에 수산시장으로 먼저 향한다. 그 순간 서쪽 하늘의 해가 바닷속으로 곧 잠수할 것 같아, 항구 주변을 서성이며 일몰 풍경에 함몰되어 간다. 넋을 놓고 아름답다 못해 황홀하기까지 한 해넘이 풍경에 푹 빠져들었다. 어둠이 내려앉은 뒤에야 여느 수산시장에서 단 한 번도 보지 못했던 해물 곁들이찬(스키다시) 한 상과 도다리회를 떠서는

인근에 있는 모텔로 향한다. 연세 지긋한 모텔 사장님께서 심신이 지친 두 나그네에게 쉼 없이 잔소리를 해대는 통에 마음에 동요가 일기도 했으나, 준비해 온 음식을 먹자마자 나도 모르게 잠 속으로 빠져들고 말았다.

어젯밤 숙소를 정하기 위해 궁평항에서 궁평해수욕장까지를 둘러본 관계로, 날이 밝아오자마자 숙소 인근 궁평유원지의 궁평해송군락지에서 오늘의 걷기를 시작한다. 완연한 봄 날씨에다 천여 그루의 해송이 가득한 710m 거리의 새벽 솔향기 가득한 숲길을 걸으니 마음은 물론 머릿속까지 상쾌해지는 느낌이다. 뒤편에서는 아침 해가 서서히 떠오르고 있고, 왼편 바다는 푸른 물결로 일렁이고, 눈길 닿는 곳마다 해송이 가득하니, 마치 신선이 노니는 곳에 와 있는 느낌이다. 해송 사이로 놓인 나무 데크길에 닿는 발의 감촉 또한 남다르게 느껴지는데, 바닷가 모래사장에 해당화를 비롯한 사구식물의 꽃이 피어나면 금상첨화일 듯하다. 한밤중에 이곳을 산책하는 사람들을 위해 바닥에 설치한 삼각형 조명등에 예쁜 글씨체로 '오솔로'라는 길 이름이 새겨져 있는데, 어떤 조형물보다 앙증맞고 귀엽다. 화성실크로드 2코스 황금해안길과 겹치는 오솔로의 끝부분에 이르니 서해랑길 표식이 보이지 않는다.

잠시 어디로 가야 할지를 고민하고 있는데, 아침 산책 나온 어르신께서 바로 앞 리조트 공사장 옆으로 해안을 따라 걸어가면 되는데 언제 밀물이 들어올지 모르니 바쁘게 걸

음을 옮기라고 권면한다. 밀물에 휩쓸리는 사고를 예방하기 위하여 공사장 언덕의 계단을 올라 바닷가 언덕을 따라 이어진 오솔길을 따라 걷는다. 길옆 해안경계초소는 텅빈 채 부대장이 남긴 경고문구만 걸려 있고, 그 뒤편으로는 작은 배가 바닷물 위에 길의 흔적을 남기며 유유히 떠가고 있다. 바다 끝 무렵의 작은 마을을 지나 약간의 경사가 있는 언덕길을 오르는데, 개불알꽃들이 옹기종기 모여 있는 모습이 아름답다. 내가 길을 걷는 동안 저것이 무슨 나무고 무슨 꽃일까 궁금했던 것들을 식물학자 뺨치는 오늘의 길동무에게 하나하나 묻는다. 생강나무 꽃을 따서 생강냄새가 나는지를 확인시켜 주고, 달래를 캐서 재배한 달래와 다른 향을 느끼게 해 주고, 그냥 난초려니 생각해 왔던 원추리 싹으로 나물을 무치면 봄맛이 입안 가득하다는 사실도 알려 준다. 길동무 덕에 지금 이 순간을 함께 살아가는 자연이 내게 베풀어 준 것에 감사해야 함을 깨닫는다.

아직은 나무들이 새싹 옷으로 치장하지 않아 다소 황량해 보이는 숲길에 지어진 정자 쉼터에서 잠시 쉬었다가, 마을로 내려서면 백미항으로 가는 길이다. 백미항 앞바다 한가운데 뾰족하게 솟은 커다란 바위에 시선을 고정한 채 걸어서 항구에 당도하여 마을 소개 글을 읽어 보니, 그것이 바위가 아니라 머리에 쓰는 감투처럼 생겼다 하여 이름 붙여진 '감투섬'이란다. 백미리 마을에서는 건간망(建干網) 체험, 사두질 체험, 카약 및 ATV 타기 체험, 갯벌마차 타기 등의 어촌체험을 주로 하고 있다는데, 아직은 갯벌속에 들어가 체험하기에는 날이 차가운지 오가는 발길이 뜸하다. 백미리에 '백 가지 맛, 백 가지 즐거움'이 있는 곳이라 소개되어 있는 글귀를 보고, 언젠가 가족과 들러 백 가지의 맛과 즐거움을 느껴보고 싶다는 생각이 든다. 항구를 지나면 힐링마당, 캠핑장, 노을공원, 염전체험장, 반려가족 놀이터가 자리를 잡고 있는데, 길 가운데에 한 뿌리에서 양갈래로 자라난 커다란 소나무 한 그루가 운치를 더해 주고 있다.

백미리 마을을 벗어난 해안길은 한맥중공업주식회사 뒤를 지난다. 회사 마당의 거대한 철제빔에 페인트를 칠하면서 나오는 화공약품 냄새 때문에, 황급히 그 길을 벗

어나려 애쓴다. 코를 막고 빠른 걸음으로 회사를 에둘러 나와 큰길에 이르러, 궁평항으로 연결되는 도로공사가 한창인 곳에서 좌회전하여 화성시 서신면 송교리로 향하는 도로를 따라 걷는다. 길게 뻗은 도로를 따라 조깅을 하는 동네주민과 주말의 여유를 즐기기 위해 캠핑을 나온 외국인을 만나 인사를 나누며 걷는데, 쓰레기 불법투기 경고판 위에 '지금 당신이 하는 행동에 떳떳하신가요?'라는 글귀가 적힌 '양심거울'이 붙어 있다. 지금껏 본 경고문구 중에서 처음 보는 신선하면서도 효과가 좋을 것으로 예상되는 행정사례로 보인다. 광평교 건너에는 넓은 공생염전이 자리 잡고 있는데, 1950년대 피난민이 바닷물을 막아 조성한 곳이라고 한다. 초기에는 100여 명 정도로 시작한 이곳은 '서로 도와가면서 살자.'라는 취지에서 '공생'이라는 이름을 붙였다고 한다. 이곳 염전이 위치한 경기만의 바닷물 염도가 1~2도 정도로 다른 지역보다 낮아서, 소금 생산량은 적지만 뒷맛이 달달한 특성이 있다고 한다. 염전 건너편 드넓은 경기만 갯벌에 그려진 갯고랑은 어떤 유명 조각가도 만들기 어려울 정도로 아름답다. 황금해안길 표지판에 살고지까지 3.5km가 남았다는 정보를 보고, 잠시 멈춰 여유를 부리다가 다시 길을 이어 간다.

도로에서 해안선 뚝방길로 접어들면, '서산바다 좌대 낚시터'에서 곧 물고기를 푼다는 소식을 들은 조사들이 분주하게 낚시채비를 하고 있는 모습이 보인다. 낚시터 옆 양식장에서는 분주하게 바닥을 고르고 있고, 비포장도로 위로는 공사장으로 건축자재를 실어나르는 덤프트럭이 뽀얀 먼지를 일으키며 달려온다. 손으로 입을 막고 바람 부는 방향으로 걸음을 재촉하여 먼지를 피해 걷는데, 주인이 떠나고 방치하여 폐허가 된 집 옆에서는 마을 아낙네가 봄나물을 뜯고 있다. 화성화남산업단지의 공장 건물과 작은 방파제를 지나 경기만으로 육지가 툭 튀어나온 살고지로 발걸음을 옮긴다. 살고지 인근 마을 주택가와 펜션 단지를 지나 해안가 흙길을 걸어가면, 제부도 입구에 도착한다. 제부도 섬은 하루에 두 번 물 위로 드러나는 제부로를 통해서만 건너갈 수 있는 곳으로, 주말을 맞아 섬 풍경을 즐기려는 관광객을 실은 차들이 몰려들어 바닷길 한가운데에서 교통체증이 발생했다. 송교리 입구의 공중화장실에 들리고 제빵소와 카페, 횟집과 중국집 그리고 한식집이 즐비한 제부도 입구를 벗어나, 송교 삼거리에서 해양공단로 대로변을 따라 걷는다. 길가에는 포도로 유명한 화성시 송산면이 머지않은 관계로 포도즙과 샤인머스켓을 파는 가게가 자리를 잡고 있고, 산업단지의 환경오염을 감시하는 환경단체의 감시초소도 눈에 띄고, 큰 관광농원 같은 규모의 베이커리 카페도 눈에 들어온다. 제부여객 차고지를 지나는데 내가 예전에 살았던 서울 사당역에서 이곳에 오는 광역버스가 눈에 띄니, 젊은 시절의 삶을 머릿속에서 회상하며 걷게 된다.

전곡해양산업단지 앞의 전곡공원에 위치한 인공잔디구장에 이르니 미식축구선수처럼 헬멧을 쓴 남성이 모여 운동을 하고 있다. 분명 럭비는 아니고 미식축구 같지만 미식축구 같지 않은 운동을 하고 있어 궁금증이 더해 오던 찰나, 구장에 걸친 현수막에서 '플레그 풋볼 전용경기장'이라는 문구를 발견한다. 길동무가 플레그 풋볼은 미식축구의 과격한 신체접촉을 최소화한 변형된 형태의 스포츠라고 알려 준 말을 듣고 한동안 경기를 관람해 보니, 미식축구에서는 공을 잡은 사람을 넘어뜨려야 경기가 중단되는 데 비해 플레그 풋볼에서는 수비수가 공 잡은 사람을 손으로 터치만 해도 경기가 멈추는 차이점을 알게 되었다. 조금 더 보고 싶은 마음을 뒤로 하고, 바닷가 쪽으로 연녹색 철조망이 쳐진 공원 길과 공단길을 따라서 걷고 걸어, 전곡항 근처에 이르니 보트와 요트를 제작하고 정비하는 업체가 여기저기서 눈에 들어온다. 전곡항에 요트 전용 항구가 있어 전국에서 요트족이 모여들면서, 자연스럽게 요트산업이 발전하게 된 것으로 보인다. 사람이 모이는 곳에 돈이 돌고, 돈이 있는 곳에 일자리가 있다는 아주 단순한 경제논리를 다시 한번 상기하면서, 전곡항 입구 교차로에서 서해랑길 88코스 걷기를 마무리한다. 유명 관광지인지라 쉽게 택시를 잡을 것으로 예상했으나, 모바일 앱에 응답하는 기사분도 없고, 가까운 서신면 콜택시 회사에서는 주말이라 보내줄 차량이 없다고 하여 좀 더 먼 곳에 있는 송산면 택시를 전화로 부를 수밖에 없었다. 미터기 요금의 거의 2배에 가까운 요금을 주었음에도, 출발지점으로 되돌아올 수 있음에 감사한 마음이 든다. 차로 집으로 돌아오는 길에 길동무와 함께 곤드레나물이 들어 간 순댓국을 시켜 먹었는데, 지금껏 먹은 국과 달리 깔끔하고 시원한 맛이 난다. 그런데 왜 전북 고창에서 먹었던 '시골집' 피순댓국이 생각날까?

49. 복지의 민낯

□ 서해랑길 89코스, 화성 전곡항 – 안산 남동보건진료소, 18.6km, 6시간 30분, 31,250걸음

4월 16일! 세월호 참사가 있은 지 11년이 지난 오늘 경기도 안산시 단원구 대부도를 걷기 위해 이동하는 차 안에서, 신안산선 지하철 공사장 땅 꺼짐 사고로 인해 매몰되었던 노동자가 시신으로 발견되었다는 안타까운 소식을 전해 듣는다. 길을 걸으러 왔으니 걸어야 하는데 마음의 무게가 천근이라 발걸음이 무겁기 짝이 없다. 그런 나의 마음과는 달리 전곡항의 요트와 제부도로 가는 국내 최장 길이의 케이블카는 봄의 풍광을 즐길 준비에 바쁘고, 길가 꽃은 한껏 웃음 짓고 있다. 마음을 다독이며 전곡항 입구에서 탄도방조제 위를 달리는 301번 도로를 따라 조금을 걷다 보면, 행정구역이 경기도 화성시에서 안산시로 바뀌고 대부도가 시작된다. '큰 언덕처럼 생긴 섬'이란 의미를 지닌 대부도(大阜島)의 면적은 45.94km²로서 경기도에서 가장 큰 섬이었으나, 시화방조제와 탄도방조제가 완공되면서 육지와 연결되어 지금은 섬은 섬인데 섬이 아니다. 탄도방조제 위의 탄도교를 지나면 왼편에 안산어촌민속박물관이 위치해 있는데, 이곳에는 어민의 삶과 풍습을 보여 주는 다양한 유물이 전시되어 있다는데, 문이 열리려면 한참을 기다려야 하는 관계로 건물 외양만 보고 지나친다.

박물관에서 탄도항을 지나 바닷가를 걸어가면, 탄도바닷길로 연결된다. 탄도(炭島)는 원래 무인도였는데 사람들이 참나무로 숯을 구워 팔면서, 지금의 이름을 갖게 되었다고 한다. 탄도바닷길은 바다 안쪽으로 1.2km에 위치한 무인도인 누에섬까지 이어지는데, 하루에 두 번 썰물 때 섬 위에 자리 잡은 등대전망대까지 오갈 수 있는 길이다. 예전에 내가 서울에 살 때 설날 연휴에 몇 번 들러 본 적

이 있는데다, 지금은 만조 때인지라 들어갈 수도 없어 다시 도로로 돌아 나와 노랑부리 백로 모양의 가이드가 인도하는 대부해솔길 7-1코스를 따라 대부광산퇴적암층으로 향한다.

차도에서 불과 몇 미터 떨어지지 않은 마을인데도 아침이라 그런지 소음 하나 없는 고요하고 평화로운 모습이다. 나이 든 아낙네가 아침 찬거리를 마련하고 있는 텃밭을 지나, 산벚꽃이 만개하여 꽃비가 흩날리고 있는 산길로 접어든다. 울창한 소나무 사이로 난 숲길의 아침공기는 신선하기 그지없는데, 거의 한 달만에 걷는 나의 호흡은 얕은 오르막인데도 한없이 거칠다. 소나무의 짙은 녹색과 진달래의 연분홍 꽃잎이 대비되는 숲길에 놓인 까만 계단을 오르면, 안산 대부광산 퇴적암층 전망대에 이른다. 2003년 9월 경기도 기념물로 지정된 대부광산 퇴적암층은 공룡이 번성했던 7,000만 년 전 중생대 후백악기에 화산폭발로 형성된 것으로 추정된단다.

이곳 퇴직임층에서 23개외 공룡 발자국을 비롯하여 다수의 동식물 화석이 발견되어, 예전에 이 일대가 호수 지역이면서 초식공룡의 서식처였을 것으로 추정하고 있다. 전망대에 올라서 아래를 내려다보면, 양쪽산 비탈에는 거대한 퇴적암이 우뚝 솟아올라 있고, 가운데는 파란색 물빛의 작은 호수가 자리 잡고 있다. 전망대로 올라온 길 방향으로 바라다보면, 전곡항, 누에섬, 제부도 그리고 저 멀리 당진지역까지 한눈에 들어오고, 앞으로 걸어갈 길 방향으로 바라보면 선감도 뒷산과 시화방조제와 탄도방조제 사이에 갇힌 넓은 호수와 갈대밭이 한눈에 들어온다.

전망대로 오르는 산길의 경사도의 두세 배는 될 듯한 가파른 나무계단을 내려서면, 아래서 대부광산 퇴적암층을 올려다 볼 수 있는데, 위에서 보는 모습보다는 다소 밋밋한 느낌이다. 평지로 내려서면 작은 건물 하나를 만나게 되는데, 이곳에 퇴적암층에서 발견된 공룡발자국 3개가 전시되어 있다고 쓰여 있지만 모든 문을 닫아걸어 공룡의 코빼기도 볼 수가 없다.

아쉬움을 뒤로 하고 갈대숲과 주차장 그리고 오토캠핑장을 지나고 폐업한 산솔모텔을 지나, 경기둘레길 49코스를 따라 불도방조제 횟집거리에 도착한다. 잠시 도로를 따라 이어지던 길은 마지막 횟집에서 다시 산길로 접어드는데, 산길 초입의 밤나무에서 떨어진 밤송이 안에 아직도 알토란 같은 밤톨이 남아 있다. 동산이라고 부르기도 민망한 높이의 산길을 돌아내려와, 형형색색의 바람개비가 세워져 있는 불도방조제에서 왼편 해안선 방향으로 발걸음을 옮긴다. 경기도 청소년수련원과 바다향기수목원으로 길이 나뉘는 삼거리에 위치한 대부해솔길 6코스 쉼터에서 영양떡 2개와 두유 한잔으로 새참을 먹고 다리를 쉬게 한다.

안산시 단원구 선감도에 자리 잡은 바다향기수목원은 10만 평 규모에 1,000여 종의 서부 도서 해안식물 30만 그루가 자라고 있는데, 서해랑길은 수목원 뒤편 산길을 지난다. 산길 초입부터 여러 기의 무덤이 옹기종기 모여 있어 어느 문중의 묘지일 것이라 생각했으나, 선감리공동묘지란다. 묘지 옆 진달래꽃의 색깔이 짙은 선홍빛으로 느껴지는 생소함을 뒤로 하고, 작은 오솔길을 계속 올라간다. 이른 아침부터 대부광산 퇴적암층 전망대 산 길을 올라서 그런지, 허벅지에 작은 긴장감이 느껴져 계단과 비탈로 이뤄진 산길을 오르기가 쉽지 않다. 힘에 부치는 발걸음을 계속 내디딘 끝에, 산 아래 방조제에서 올려다보았던 산꼭대기 팔효정에 당도한다. 팔효정 표지석에는 '효로서 자신을 다스리고, 부모를 공경하고, 형제와 우의를 다지고, 이웃을 사랑하며, 사회에 봉사하고, 나라에 충성하고, 인류 발전에 기여하며, 자연을 사랑하라.'고 권면하고 있다. 유학의 사서(四書) 중 하나인『대학』의 '명명덕, 친(신)민, 지어지선'의 삼강령과 '격물치지 성의정심 수신제가 치국평천하'의 팔조목을 '효'라는 한 글자로 풀어 놓은 듯하다. 머릿속에 유학 경전의 말씀이 떠오르기는 하지만, 몸은 땀범벅이고 허벅지와 종아리의 긴장도는 더해져, 한참을 정자 앞 풀밭에 털썩 주저앉아 쉬어 간다.

분명 아래서 보기에 팔효정이 수목원 뒷산의 정상이었으니 이제 더 이상 오르막은 없을 것이라고 기대하고, 청소년수련원의 오리엔테이션 경기 코스를 따라 걷는데 아래로 내려갈 수 있는 등산로는 휴식년을 맞아 폐쇄되어 있다. 능선을 따라 걸으며 마주치는 오른쪽 시화호와 연결된 하천과 오른쪽 서해 바다의 풍광이 눈과 마음에 청량함을 더해 준다. 상상전망대로 이어지는 길은 내리막 계단길인데, 계단을 내려갈 때 허벅지 통증이 더해오는지라 계단 옆으로 난 흙길을 딛고 내려간다. 내리막길이 계속 이어질 줄 알았지만 다시 오르막길로 변해 다리에 더 많은 힘을 가하게 되고, 걷는 속도는 거북이를 닮아가고 있다. 꾸역꾸역 걸어서 정자 쉼터에 도착해서 또 한참을 쉬었다가 다시 내리막길을 내려가면 길 주변의 돌을 모아 정성스럽게 쌓아놓은 4개의 돌탑을 만나게 된다. 기대와는 달리 다시 길은 오르막으로 바뀌고 그 끝에 '상상전망돼'가 서 있다. 상상전망대를 잘못 표기한 것이 아닐까 했지만, 안내문에 '모든 상상이 전망되는 곳'이라는 의미로 그렇게 이름을 지었다고 한다. 전망대이지만 전망돼이기도 한 곳에서 1004개의 풍경이 달려 있는 '소리 나는 꿈나무'라는 조형물을 만나는데, 모든 상상을 담아 소원을 빌면 소리 나는 꽃나무가 바람에 흔들릴 때마다 소원을 하늘까지 전달해 준다고 한다. 다른 소원은 말고 종점에 도착할 때까지 제발 오르막 산길은 없고 더 이상 다리가 아프지 않게 해달라는 소원이 머릿속에 떠오르지만, 영험하지 않은 조형물에 소원을 빌고 싶은 생각이 없어 마음에 담아 두고 내려선다. 바다향기수목원 정문으로 내려가는 길에는 도자기 파편으로 파도, 물고기, 구름, 하늘, 태양 등의 다양한 모양을 형상화해 놓았고, 그 끝에 서해안 고깃배 두 척을 맞대어 붙인 알 모양의 철제 조형물인 기억상자가 설치되어 있다. 이 알 상자는 10년 뒤에 열어보기로 했다는데, 그 안에 무엇이 들어 있을지 무척 궁금하다. 수목원 정문 방향으로 잠깐 내려오던 길은 금방 다시 산길로 접어든다. 이곳에도 어김없이 노랑부리백로가 가이드 역할을 하고, 길 입구에는 제주 올레길처럼 디귿자 형태의 출입구를 만들어 놓았다. 그곳부터 길은 평지와 내리막길이 계속 이어지고, 경기창작캠퍼스 인근 마을로 내려선다.

　오랜만에 포장도로를 따라 걸으니 걷기가 한결 수월한데, 한 20여m 정도 걸으니 노랑부리백로가 주둥이로 다시 산길로 들어가라 한다. 세 시간 가까이 산길을 걸었기에 더 이상 산길로 가고 싶지 않아서 잠시 경기창작캠퍼스로 돌아갈까 생각했지만 너무 돌아가는 길이라 어쩔 수 없이 산길로 들어선다. 산 끝자락에 놓인 평탄한 오솔길이라 발걸음이 편안한데, 산길에서 벗어나자마자 '성황당 가는 길'이라는 표지판이 나오는데, '성황당에 올라 물때를 기다리며 탈출을 계획했었다.'는 안내문이 쓰여 있어 당체 무슨 의미인지 모르겠다. 교회와 수련원 건물과 몇 채의 집을 지나, 벚꽃터널을 지나는데 '선감학원 역사순례길' 안내판이 세워져 있다. 그곳이 '선감학원의 축사 터이며, 소죽을 끓이고 소풍을 뜨러 다녔다.'는 안내문이 그림과 함께 새겨져 있다. 조금을 더 걸어 대부도 펜션타운 가기 전 언덕 입구에는 '배에서 내려 줄지어 오리걸음으로 벌을 받으며 넘어가던 곳이라 하여 눈물고개라 불렸다.'는 입간판이 세워져 있다. 선감학원이 어떤 곳이었기에 역사순례길까지 만들어졌을까 하는 궁금증을 안고 대부도펜션타운 끝 무렵의 벚꽃나무 아래 앉아 잠시 쉬면서 스마트폰으로 궁금증을 풀어본다.

선감학원의 역사적 진실을 눈으로 확인하자 마음 깊은 곳에서 분노가 치밀어 오르고 온몸이 부들부들 떨린다. 선감학원은 일제강점기인 1942년에 10세 미만의 어린이 200명을 강제로 끌고 와서 강제노동, 성 착취, 폭행 등의 잔인한 인권유린 행위를 한 학교의 이름을 빌린 강제수용소이었으며, 1982년까지 군사정권 내내 청소년 수용소로 사용했던 곳이다. 이곳에 끌려 왔던 아이들이 모두 4,700여 명이며, 강제노역과 고문을 견디지 못하고 섬을 탈출하려던 아이들을 잡은 주민에게는 밀가루 한 포대를 포상으로 지급하였으며, 죽은 아이의 시신은 선감도와 인근 섬에 암매장되었다고 한다. 이곳에서 풀려난 사람은 다시 부산의 형제복지원이나 삼청교육대로 끌려가기도 했다고 한다. 뒤늦게 진실화해위원회에서 선감학원의 비인권적 만행을 밝혀내고, 재판을 통해 1인당 3,000만 원에서 3억 원까지 국가와 경기도가 보상하였단다.

그런데 당시 어린이를 끌고 가 악행을 일삼던 경찰이나 공무원에게는 아무런 처벌이 내려지지 않았다고 한다. 당시 선감학원 관리공무원이던 사람은 복지행정의 선구자로 칭송받으며 살았고, 당시 원장은 몇몇 공무원과 함께 미국 유학을 다녀와서는 우리나라 최초의 4년제 대학교 사회복지학과 설립에 깊이 관여하였으며 한국사회복지협의회 회장을 역임한 것으로 알려져 있다. 필자가 1988년부터 1994년까지 보건복지부 산하 국책연구원에 재직하던 당시에 복지행정과 장애인복지의 선구자를 자처하던 그 사람을 직접 대면한 적이 있으며, 여러 번 대화도 나누고 식사도 함께 하고 연구자문도 받으면서, 마음속으로 그 분을 존경하기도 했었다. 모르고 그런 것이니 괜찮다고 합리화하기에는 너무 치욕스럽고 화가 치밀어 오른다. 사회복지사의 가면을 쓰고 사람을 고문하고 착취하는 인권유린행위를 스스럼없이 저지르고도 참회할 줄 모르고 세상이 살 만한 곳이라며 활보하고 다닌 우리 사회복지계의 선배를 존중했던 나 자신이 너무 미워진다. 나뿐 아니라 지금 사회복지계에 발을 담고 있는 거의 대부분의 사람이 이런 추악한 우리 사회복지의 옛 모습을 알지 못한 채, 사람을 돕겠다고 세상을 살만한 곳으로 바꿔 보겠다고 열심히 일하고 있는 현실이 안타깝기 그지없다. 이제라도 우리 사회복지의 추악한 민낯의 진실을 있는 그대로 드러내고, 반성하고 참회하고 사죄하고, 새롭고 아름다운 사회복지의 모습을 일궈 내기 위해서라도 사회복지 역사 바로 세우기 작업이 필요하다.

선감학원의 아픈 역사와 사회복지 역사의 추악한 모습을 보고 나니, 온몸에 힘이 빠져 걸을 마음조차 생기지 않는다. 한참을 멍하니 앉아 마음을 조금 덜어내고, 터덜터덜 차가 다니는 도로변을 따라 걷는다. 머릿속에 선감학원의 인권유린 행위가 온통 자리를 잡고 있다 보니, 서해랑길 원래 코스에서 한참을 벗어나서 걷고 있었다. 두루누비 앱의 따라 걷기 메뉴를 활용하여 작은 마을 안길에서 원래 코스로 돌아온다. 벚꽃은 만개하고 집 담벼락 아래 화단에는 붉은 튤립이 활짝 피고, 길가 노랑 민들레는 나를 보고 한껏 웃고 있는데, 여전히 내 마음은 봄이 왔음에도 잎사귀 하나 피워내지 못한 포도 넝쿨같이 삭막하다. 마음이 산만하니 주변 풍경에도 눈길을 거두고 걷는데, 저만치 앞에 집라인 구조물 같은 것이 눈에 들어온다. 동주염전 체험장에서 운영하는 집라인인데, 넓게 조성된 체험장에는 개미 새끼 한 마리도 얼씬거리지 않는다. 동주염전은 1953년부터 지금까지 옹기 타일을 활용한 옹기판염 방식으로 저염도의 천일염을 생산하고 있는 곳이다. 염전 체험장을 지나면 넓게 펼쳐진 동주염전의 소금 생산 부지가 나타난다. 아직은 날씨가 무덥지 않아 본격적인 소금 생산은 이루어지지 않고 있으나, 옹기판 위에 소량의 하얀 소금결정체가 만들어져 있는 모습이 눈에 들어온다. 바다와 염전을 구분 짓는 뚝방길을 따라 삼동방조제 방향으로 발걸음을 옮겨 솔따배기길로 접어든다. 펜션과 갈대밭 사이로 난 소로를 걷다 만나는 한옥카페에서 차 한잔으로 지친 마음과 몸을 달랜다.

대부도 펜션시티의 벚꽃길을 따라 걷다 보면 좌우로 네덜란드, 이탈리아 등의 도시 이름을 달고 있는 펜션이 줄지어 서 있고, 나폴레옹 형상과 자유의 여신상 조형물도 세워져 있어, 마치 다른 나라에 들어와 있는 느낌이 든다. 펜션단지를 벗어나 대남로 찻길을 따라 걸어서, 대남로와 부흥로로 나뉘어지는 샛티마을 입구 회전교차로에 다다른다. 원래 서해랑길 코스는 부흥로를 따라 걷는 길이지만, 산길을 걸어 다리는 힘이 풀리고 선감학원의 아픈 역사로 인해 마음은 너덜너덜해져서 거리를 조금 단축할 수 있는 대남로를 따라 걷기로 한다. 회전교차로부터 대남초등학교까지의 1.9km의 길은 섬마을 선생님 해당화길이다. 이미자 가수가 부른 '섬마을 선생님'의 배경이 된 곳이 이곳이라는데, 지나온 전남 함평군에서도 노래비를 세우고 그곳이 '섬마을 선생님' 노래의 배경이 된 곳이라고 주장하고 있었다. 섬마을 처녀와 총각 선생님 사이의 사랑은 어느 지역에서나 생겨날 수 있으니, 어디가 노래의 진짜 배경지인지를 따지는 일은 부질없는 짓이다. 작은 언덕길에도 다리에서 쥐가 나고 풀리기를 반복하면서, 종이박물관, 행남곡마을, 대남초등학교를 지나 고랫부리 입구에서 걷기를 마무리한다. 스마트폰 앱을 설치하여 '똑버스'를 호출하니 마치 택시처럼 약속한 시간에 도착하여 목적지까지 실어다 준다. 똑버스는 대중교통 이용이 어려운 경기도 10개 지역에서 실시되는 교통편의 서비스로서, 내가 매우 편리하게 이용한 경험으로 볼 때 주민 생활에도 많은 도움이 될 것으로 보인다.

50. 지정의(知情意)

□ 서해랑길 90−91코스, 안산 남동보건진료소 − 대부도 관광안내소, 31.2km, 10시간, 56,259걸음

중국 당나라의 문인 두보의 〈춘야희우(春夜喜雨)〉라는 시의 첫 구절은 '반가운 비는 시절을 알고 내린다(好雨知時節)'로 시작된다. 온 세상이 초록으로 변해 가는 노동절인 오늘 내리는 비가 바로 그렇다. 그런데 길을 걸으러 나선 나와 길동무에게는 반갑지 않은 비일 뿐이니, 빨리 그쳐 주기를 바란다. 대부도 고랫부리 입구의 〈섬마을 선생님〉 노래비 옆 버스정류장에서 집에서 장만해 온 김치볶음밥을 추위에 떨며 허겁지겁 뱃속으로 삼키고는 우산을 들고 길을 나선다. 포도 향기와 람사르습지 갯벌의 생명소리를 느낄 수 있다는 행낭곡마을 앞의 람사르습지 보호구역으로 지정된 고랫부리 갯벌을 날 좋은 날 걸었다면 바다 풍경을 감상하며 걸었을 것이다. 하지만 우산을 뚫고 들어오는 세찬 빗줄기 때문에, 그저 땅바닥만 보고 걷게 된다. 간간이 만나는 차가 길 웅덩이에 고인 흙탕물을 뒤집어 씌울까 걱정하며 한 2km 정도를 걷다 보니, 어느 카페 앞이다. 카페 유리창 너머로 보이는 벽면에 '여기가 예쁘다. 너도 그렇다.'는 글귀에 잠시 마음을 빼앗겼다가, 길 안내 리본을 찾으니 오간 데가 없다. 비 때문에 땅만 쳐다보고 걷다가 길을 벗어났다. 돌아와 대숲 앞에서 이정표를 발견하여 쪽박섬 방향으로 걸어 오른다.

언덕에 올라서니 발아래에 고랫부리마을의 집들이 옹기종기 모여 있고, 그 앞으로 선착장이 있다. 고랫부리 선착장은 대부도 서남쪽 끄트머리에 위치한 곳으로, 해변이 뾰족한 고래 입을 닮았다 하여 이름 붙여졌다고 한다. 마을 뒤편 한옥펜션 앞에는 밑동만 남기고 잘려 나간 소나무가 눈에 들어오고, 집 앞 포도농장을 지나 소나무 숲길을 따라 내려가면 고래숲 캠핑장이다. 이 캠핑장에서는 '숲핑, 팜(farm)핑, 씨(sea)핑'의 세 가지 핑을 즐길 수 있다는데, 그래서 그런지 비가 세차게 내림에도 불구하고 아이들과 캠핑을 나선 여러 가족의 모습이 눈에 띈다. 바다와 얼굴을 맞대고 있는 나라펜션 캠핑장 앞에 도착하니, 비가 더욱 거세게 내린다. 잠시 비가 잦아들기를 기다리며 뜨거운 커피 한잔으로 몸을 데우고, 흥건하게 젖은 양말을 짜낸 후 대부도 남쪽 끝부리라 하여 이름 붙여

진 흘곶 어촌체험마을로 걸어 간다. 마을에 접어드니 세찬 빗줄기에도 갯벌체험에 나서 양파망의 절반 정도를 바지락으로 채워서 들고 오는 세 명의 아낙네가 보인다. 불과 1km도 걷지 않았는데도 양말은 젖은 이불 빨래처럼 변해 있고, 바지는 허벅지까지 젖어 있다.

다시 차림새를 정비하고 마을을 돌아 나오니 빗줄기가 가늘어지고, 그 앞으로 메추리를 닮았다 하여 이름 붙여진 메추리섬의 풍경이 눈에 들어온다. 그런데 아무리 봐도 메추리의 형상이 눈에 들어오지 않는다. 뒤편이나 하늘 위에서 내려다보면 그런 모습이 나올지 궁금하지만, 썰물로 걸어서 들어갈 수 있는 섬인데도 굳이 걸어가 둘러보고 싶은 마음이 생기지 않는다. 섬 입구에서 오른편으로 방향을 틀어 갯벌과 이마를 맞대고 방조제를 따라 한 20분 정도를 걷다 보면, 아주 작은 섬 하나를 만난다. 바로 쪽박 모양을 닮은 쪽박섬인데, 섬이라고 하기는 너무 작아 손바닥으로 퍼 올려도 될 듯한데, 그 작은 섬 바위에 소나무가 굳건하게 생명을 이어 가고 있다. 쪽박섬을 지나 선재대교 방향으로 걷다 보면, 정연재라는 멋진 한옥펜션을 만난다. 바다가 한눈에 들어오는 마을 언덕배기에 올라앉은 이곳에서 쉬어 가고 싶은 생각이 드는 순간, 펜션 건축을 위해 잘려 나간 오래된 소나무의 밑동을 보고는 자연을 베어 내고 만든 인공의 아름다움이 그다지 아름다워 보이지 않는다.

대부남동 집너머길로 접어들자, 개짖는 소리가 들려온다. 지금까지 걸어온 길에서 만난 개들은 모두 자기 집을 지키기 위해 길손을 향해 위협하는 것이라 생각해 왔기에, 이번에도 그럴 것이라 생각하고 개집 앞에 도착하니, 주인이 개집 앞에 재치 있는 글귀를 붙여 놓았다. '반갑습니다. 저희는 아롱이(흰색)와 진구(누렁)입니다. 엄마와 아들 관계이며, 아롱이가 엄마입니다. 저희들은 짖는 게 아닙니다. '안녕하세요. 어디 가세요. 좋은 하루 보내세요.'라고 인사는 것이니 이름 한번 불러주세요♥'라고 쓰여 있다. 개들이 길손을 위협하려 짖어 대는 것이 아니라 반갑게 인사를 건네는 것이라는 새로운 깨달음을 얻는 순간, 개들이 너무 예뻐 보이고 사랑스러운 마음이 들어, 이름을 불러주고 쓰다듬어 주고 싶어진다. 바로 알면[知], 좋은 감정이 솟아나고[情], 잘 대해 주고 싶은 뜻[意]과 행동으로 연결됨을 작은 글귀 하나를 통해 몸소 깨우친다. 셋 중에 어느 것이 먼저인지를 놓고 심리학자들이 끊임없이 연구하여 써낸 글을 책을 통해 수없이 읽었지만, 한순간에 사람 마음의 작동원리를 깨우치게 만드는 경우는 이번이 처음이다. 좀 더 일찍 그 원리를 진실로 깨우쳤다면, 내게 배우는 학생에게 더 쉽고 바르게 가르쳤을 것 같은 마음이 든다. 귀한 깨달음을 준 아롱이와 진구에게 고마운 마음을 속으로 전하며, 어느덧 비가 그친 길 위로 발걸음을 내딛는다.

마을과 캠핑장을 지나 홍성리 앞 도로를 따라 걷고 작은 동산 하나를 넘어, 아주 작은 방조제에서 뒤돌아보니 쪽박섬이 지척이다. 한참을 걸었다고 생각했는데 알고 보니 직선거리로는 얼마 못 걸었다는 사실을 알게 되면, 가끔 기운이 빠지는 경험을 하는데 오늘은 빗길에 지쳐서 더욱 그런 마음이 든다. 잠시 쉬면서 에너지를 재충전하고 걸어가면, 멀리 선재대교가 눈에 들어온다. 인천광역시 옹진군 영흥면 선재도와 경기도 안산시 대부도 사이의 서해를 잇는 다리 너머로 선재도 앞바다에 작은 섬이 눈에 들어온다. 목섬이라 불리는 이 작은 섬이 CNN 방송이 선정한 한국의 아름다운 섬 33선 중 1위를 차지한 적이 있다는데, 썰물 때는 모래사장 위를 걸어서 들어갈 수 있다.

선재대교 아래를 돌아서면, 해발 106m의 큰산이란 이름을 가진 산 밑에 도착한다. 대부해솔길 3코스와 겹치는 큰산으로 오르는 길은 가파른 계단으로 시작되는데, 곧 연녹색 나무 사이로 난 오솔길로 바뀐다. 약간의 경사가 있기는 하지만 길이 워낙 아름다워 다리에서 전해지는 긴장감마저도 유쾌하게 느껴진다. 큰산의 정상에 마치 통신중계시설 같은 철탑으로 된 산불감시초소가 설치되어 있는 것이 다른 산들의 모습과는 사뭇 다르다. 정상에서 내려다보이는 비갠 후 물안개로 뒤덮인 산의 정경이 아름답기 그지없다. 큰산의 한쪽 사면 전체를 더혜븐 골프클럽이 차지하고 있고, 그 가운데 네 동으로 된 10층짜리 호텔이 우뚝 서 있는데, 비 오는 날이라 그런지 잔디코스 위에서 라운딩을 하는 골퍼는 한 팀밖에 보이지 않고 나무를 옮겨 심는 공사 인부만 부산하다. 골프장 뒤편의 임도를 따라서 대부해솔길 종점 방향으로 내려오면, 람사르습지보호구역으로 지정

된 상동갯벌을 지나 다시 큰산 자락을 따라 걸어서 차도 옆 독도바다낚시터에 도착한다. 이곳에서 서해랑길 90코스 걷기를 마무리하고, 다시 고랫부리 입구로 돌아가 차로 영흥도로 향한다. 마침 해가 질 시간이라 오래전에 들렀던 십리포해수욕장에 들렀는데, 해수욕장 주변으로 오래된 소사나무 군락지가 형성되어 있다. 그 나무 숲 사이로 지는 일몰이 눈물이 날 정도로 아름다워 사진으로 담아보지만, 눈으로 보는 풍경만큼 예쁘고 황홀하지는 않다.

다음날 이른 아침, 길을 나서니 화창하게 맑은 날인데 어제 내린 비로 기온이 뚝 떨어져, 긴팔 옷을 겹쳐 입고 선재도를 출발한다. 만조인지라 측도에 들리지 못하고 차로 이동하는데 길가에 하얀개구리참외를 판다는 광고판이 곳곳에 붙어 있다. 녹색 개구리참외는 자주 보았지만 흰색 개구리 참외는 거의 본 적이 없는데 아마도 이곳 특산물인가 보다. 서해랑길 91코스 출발지점인 독도바다낚시터 가기 전 음식점 근처에 차를 주차하고, 따사로운 햇살을 받으며 대부해안길 위의 대부해솔길 2코스를 따라 걷는다. 왼쪽 바다는 아침 바람에 잔잔하게 일렁이고, 뒤로는 더헤븐골프장의 호텔과 선재대교가 따라오고, 그 뒤로는 영흥화력발전소 굴뚝에서 하얀 구름처럼 연기가 피어오르고 있다. 상동갯벌람사르습지 전망대를 지나고 거북마을 입구의 언덕을 돌아내려서니 카페 앞에 커다란 그네를 메어 놓았는데, 나이가 드니 타볼까 하는 생각보다 안전사고가 먼저 생각나는 것은 어쩔 수 없다.

차도를 따라 경기둘레길 51코스이자 서해랑길 91코스 그리고 대부해솔길 2코스가 겹치는 길을 걷다 보면, 작은 굴다리를 지나고 안산 친환경 수산종자생산센터를 지난다. 농산물 종자센터는 자주 본 적이 있지만, 수산종자 생산시설은 처음 보는데, 아무쪼록 환경위기가 심해지는 상황에서 모든 종자가 잘 보존되고 생산될 수 있기를 기원한다. 바다와 인접해 있는 대부해안로 차도를 따라 걷다가 푸른섬 캠핑장 방향의 흙길에 들어서고, 또 다른 캠핑장을 지나 산 아래에 이른다. 돈지섬전망대 방향으로 난 산길은 가파른 경사의 계단길이다. 오르막을 계속 오르다보니 땀이 송골송골 맺힐 즈음에 길은 아래를 향하고, 왼편 바다에서는 바위에 부딪혀 파도가 깨지는 소리가 들려온다. 계속 내리막이려니 하고 안심하고 있던 찰나에 길은 다시 가파른 오르막으로 변하여, 옆에 매어진 밧줄을 잡고 낑낑거리며 올라간다. 이름은 섬인데 실제로는 산인 곳의 정상에 올랐지만, 우거진 나무 때문에 주변 경치가 보이지 않아 서둘러 내려서니, 고압송전탑 바로 아래 쉼터가 있다. 어느 양심 없는 사람이 버려 둔 담배꽁초와 쓰레기로 인해 쉬는 내내 기분이 찝찝했지만, 지쳐 있는 다리를 쉬게 해 주어야 했으므로 그곳에서 한참을 쉬었다가 잘 정비된 임도를 따라 산을 내려선다.

종현어촌마을을 지나 구봉도펜션단지에서 구봉길과 만난다. 이곳에서 서해랑길은 구봉낙조마을로 향하고, 할매바위와 할애비바위로 불리는 구봉이 선돌과 대부도 제1경인 구봉두낙주전망대와 개미허리아치교를 지나 다시 이곳으로 되돌아온다. 낙조전망대와 섬과 섬을 연결해 주는 작은 아치교인 개미허리를 보고 싶은 마음은 굴뚝같지만, 어제 빗속을 걸은 여파로 찾아온 컨디션 난조를 이기지 못해 앞쪽 북망산 방향으로 향한다. 레드스카이펜션의 정원은 멋진 소나무와 향나무로 예쁘게 조성되어 있고, 그 옆으로는 넓은 해송숲이 조성되어 있다. 솔숲에서 신선한 공기를 마시고 마치 산보하듯 거닐다가, 북망산으로 오르는 원래 코스를 버리고 바다의 모래사장을 따라 걷는다. 인천대교가 바다 위를 가로지르고 있고, 하늘 위에는 인천공항으로 향하는 비행기가 꼬리에 꼬리를 물고 날아가고 있고, 모래사장 위에는 갈매기가 바람을 타고 하늘을 유영하고 있다. 모래사장으로 이어지던 바닷길은 작은 바위와 돌들이 울퉁불퉁 솟아 있는 길로 변하여 조심조심 발걸음을 옮겨 놓는다. 북망산 아래의 바닷길이 끝나는 지점의 베이커리 카페의 타워가 눈에 들어오고, 두서어촌계 마을어장을 지나 계단을 오르면 카페와 칼국수를 파는 상가에 이른다. 오래 전 박사과정 원생과 함께 이곳에서 1박 2일 워크숍을 했던 기억이 있는데, 그곳 횟집과 민박집은 모두 문을 닫아걸었다.

해변에서 시화방조제 방향의 큰길로 나서면, 동춘서커스 공연장이 눈에 들어온다. 예전에는 전국 각지를 돌며 공연하는 서커스단이 많았으나 문화생활 패턴이 변하면서 거의 모두 사라지고, 이 서커스단만 아직도 활동하고 있다. 이곳 대부도에 들를 때마다 언젠가 공연을 봐야지 하는 마음을 먹지만 오늘도 시간이 맞지 않는다는 핑계로, 서커스단이 앞으로도 계속 유지되기만을 기원하면서 스쳐 지난다. 칼국수 집과 횟집이 즐비한 거리에서 방아머리해변 모래사장으로 내려선다. 노동절부터 어린이날 대체공휴일까지 최대 엿새 동안 연휴가 이어져서 그런지, 모래사장 위에는 단체 체험학습을 나온 중학생, MT를 온 대학생, 그리고 아빠 어깨 위에 목말을 탄 아기부터 딸의 부축을 받으며 걷는 할아버지까지 다양한 계층의 사람이 웃음꽃을 피우고 있다. 그중에서 빨간 연에 매달려 바다 위를 미끄러지듯 서핑(카이트 서핑)하는 장면이 파란 바다와 대비를 이루어 눈길을 잡아끈다. 두서어촌체험마을에 들러 바다에서 조개를 캐는 사람들이 있는가 하면, 홀리데이 캠핑장에서 가족끼리 오붓하게 맛난 점심을 나누는 모습도 눈에 띈다.

방아머리해변 끝자락 화장실 앞의 큐피드 화살 조형물이 아름답기는 하지만, 다정히 팔짱을 끼고 거니는 젊은 연인보다는 아름답지 않다. 해변 끝에서 대부해솔길 시작지점까지의 해송숲길을 지나면, 서해랑길 91코스의 종점인 대부도 관광안내소다. 스마트폰 앱으로 똑버스를 부르니 한 시간 정도를 기다려야 해서, 길 건너 방아머리 공원에서 따사로운 햇살을 받으며 느긋하게 시간의 흐름에 몸을 맡긴다. 그곳 공원에는 쑥이 뭔지를

몰라서 물어보는 대학생 커플, 백발이 성성한데도 자전거 하이킹을 하고 쉬고 있는 할아버지, 오랜만에 친구와 떠난 여행이 마냥 즐거워 깔깔거리며 수다를 떠는 아낙네들, 뒤뚱거리며 걷는 딸아이가 혹여 넘어질까 봐 걱정스러운 눈으로 바라보고 있는 젊은 엄마, 경기도 안전체험관에 체험학습 온 초등학생 등의 다양한 인간군상이 모여 있다. 회전교차로를 지나면 바로 시화방조제고 서해랑길 시흥구간이 시작된다. 하지만 이제부터 시작될 여름의 작열하는 태양빛을 이기기 힘들기 때문에, 비교적 날이 선선해지기 시작하는 시월 무렵으로 서해랑길 걷기를 미루어 두고 그동안 못한 공부에 시간을 할애해야 할 것 같다.

51. 생명 존중

지구온난화가 지속되면 올 여름이 가장 시원한 여름으로 기억될 것이라 말하기도 하지만, 더워도 너무 더웠다. 폭염 속에서 걸을 용기가 나지 않아 차일피일 미루다가, 제법 선선한 기운이 감돌아 걷기 여정으로 되돌아오기까지 백일 정도가 지났다. 대부도 관광안내소에서 아침 8시에 첫걸음을 내디디며 시계를 보니, 섭씨 18도로 야외활동과 걷기에 가장 적합한 날씨다. 찻길은 주말과 가을을 즐기기 위해 대부도로 향하는 차들로 벌써부터 북적거린다. 시화호방조제로 향하면서 처음 만나는 건물은 '그린 에너지로 초록을 티우는 사람들 공간'을 뜻하는 그린티플(greentiful)'이란 이름을 단 농업복합공간이다. 이곳은 대부도 입구 에너지타운 신재생에너지 발전소에서 발생한 폐열로 만든 온수를 공급받아 농사를 짓는 농업용 유리온실이다. 청년농업인이 스마트팜 영농방식으로 딸기와 화훼를 재배하고, 생산된 농산물의 가공과 함께 교육체험활동과 팜카페(farm cafe)가 함께 운영되고 있는 곳이다. 건물 옆 공터에는 노란 꽃이 방긋 웃으며 들어와 보라고 유혹하지만, 시화호 모습이 궁금하여 재빨리 발걸음을 옮긴다.

방아머리항 수산물 직판장 입구를 지나 시화호 방조제 초입에 이르니, 아침 햇살에 은빛 윤슬이 반짝이는 푸른 시화호의 담수가 바다를 향해 빠르게 흘러가고 있다. 시화호 배수갑문을 지나 방아머리해변을 바라보니, 그 앞에 해양환경 폭로시험장이라는 입간판이 크게 세워져 있다. 처음 들어보는 이름이라 궁금하여 포털을 검색해 보니, 원전플랜트 등에 사용되는 각종 기자재의 내구성, 내후성, 내식성 등을 실제 해양환경에서 평가 시험하는 곳이란다. 다시 고개를 돌려 오늘 걸어갈 12.9km에 이르는 시화호방조제 쪽으로 눈을 돌리니, 왼편 바다는 짙푸른 옷을 입고 잔잔한 바람에 흔들리고 있고, 방조제에는 거의 1~2m 간격으로 낚시꾼이 바닷속 물고기를 유혹하기 위해 캐스팅을 반복하고 있다. 오른편 시화호의 은빛 윤슬과 하늘에 떠 있는 태양을 피해 왼쪽 바다만 보며, 4km

가까이 방조제를 걷는 동안 딱 한 명의 낚시꾼만이 손바닥보다 작은 놀래미 한 마리를 건져 올렸을 뿐이니 역시 낚시는 인내심을 기르기 위한 수련활동이란 말이 빈말이 아닌 듯하다.

밀물 때에 낙차를 이용하여 전기를 생산하는 단류식 조력발전 방식을 채택한 시화호 조력발전소는 2011년 완공되어, 전력 생산뿐 아니라 시화호의 수질개선에도 큰 기여를 하고 있다고 한다. 경기도 시흥시, 안산시, 화성시가 둘러싸고 있는 시화호는 1987년 방조제 공사를 시작하여 1994년에 완공된 국내 최대 규모의 인공호수다. 원래 시화방조제는 농지조성과 공업용수 확보를 목적으로 바닷물을 막았지만, 물의 흐름이 차단되고 인근 산업단지의 오염물질이 흘러들면서 수질이 빠르게 악화되었다. 그 결과 녹조 발생, 악취, 물고기 집단 폐사 등 심각한 환경 문제가 나타났는데, 완공 후 2년밖에 안 된 1996년에는 시화호에서 수십만 마리의 물고기가 떼죽음을 당했으며 화학적 산소요구량(COD) 농도가 5급수의 2배 넘게 치솟아 '죽음의 호수'로 전락하게 되었다. 당시 까만 오염물질을 뒤집어쓴 백로 한 마리가 허공을 바라보며 죽을 날을 기다리고 있는 장면을 사진으로 봤던 그날의 기억이 또렷하게 남아 있다. 사람의 이익만 생각하고 그로 인해 파생되는 다른 생명체의 안위를 생각하지 않아서 발생한 처참한 결과였다.

시민과 환경단체가 끊임없이 시화호의 환경문제를 제기했음에도 꿈적도 하지 않던 정부는 2001년 기존 계획을 백지화하고 해수 유통 계획을 수립하여 추진하면서, 시화호는 조금씩 살아났고 지금은 거의 복원되었다. 지금 시화호 물속 바닥의 흰조개를 육안으로 확인할 수 있을 정도로 호숫물은 투명한 푸른빛으로 되살아났고, 자취를 감췄던 우럭, 돔, 동죽조개 등이 돌아오고, 80종에 가까운 철새가 되돌아오고, 노랑부리저어새, 흑고니 등의 멸종위기종 조류 10종도 관찰되고 있다고 한다. 이른바 죽음의 호수가 '생명의 호수'로 되돌아온 것이다.

사회복지제도에서는 그 대상을 '환경 속의 인간(person in environment)'이라고 규정하는데, 인간이 삶을 영위하는 사회환경의 기반이 되는 물리적 환경이 오염되면 인간의 생명도 위협받을 수밖에 없다. 그럼에도 불구하고 사회복지학계와 실천현장에서는 물리적 생태환경은 환경분야의 문제로 치부하고, 별 관심을 기울이지 않았었다. 오늘 시화호를 걸으면서 앞으로 사회복지분야에서 인간 생명의 기반이 되는 물리적 생태환경의 오염방지와 보전을 사회복지의 시각에서 재조명해야 할 필요성을 다시 한번 절감하게 된다.

'달이 떠오르니 너도 떠오르네.'라는 다소 감성적 글귀로 소개된 시화나래공원 들머리에는 '빛의 오벨리스크'라는 작품명의 색유리 파편으로 만들어진 뾰족 조형물이 시선을 붙든다. 그 옆으로 달, 별 그리고 토끼 형상에 이르기까지 다양한 조형물이 세워져 있는 공원 벤치에서 오랜만에 걸어서 달아오른 발의 열기를 식히고, 조력발전소의 문화관 안에 세워진 전망탑을 지나서 다시 시화방조제 위로 올라선다. 여기도 어김없이 낚시꾼이 진을 치고 있는데, 그중 한 사람이 망둥어 세 마리와 장어 두 마리를 낚아서는 가을 햇볕에 말리고 있는 모습이 눈에 들어 온다. 지금까지 만난 수백 명의 낚시꾼 중에서 가장 많은 물고기를 낚은 사람임에 분명해 보인다. 그때 바닷속에서 숭어 한 마리가 뛰어 올라 낚싯줄을 교묘히 피해서 물속으로 잠수하고 다시 뛰어오르기를 반복한다. 숭어의 도약을 목격한 낚시꾼은 큰 녀석 한 마리를 잡을 수 있을까 하는 기대감에 숭어가 지나간 자리에 캐스팅을 열심히 해 보지만, 매번 허탕이다.

시화방조제 중간 무렵부터 행정구역이 안산시에서 시흥시로 바뀌지만, 왼편의 바다 풍경과 오른편의 차들이 가득한 도로 그리고 고압전기가 흐르는 철탑이 줄지어 서 있는 시화호로 구성된 풍경은 변함이 없다. 시화방조제 중간선착장에서는 어디로 가는지 행락객들이 배를 타고 내리고, 그 입구에는 대형 관광버스에서 한 무리의 낚시꾼이 쏟아져 나와 장비를 챙기느라 여념이 없다. 바다에는 작은 어선이 그물을 내려놓고 물고기가 들어오기를 기다리고 있고, 바다 건너 저편의 공장지대에는 분홍색 크레인이 분주하게 움직이고 있다. 바다 쪽 방조제 돌 틈 사이로 해당화가 무리 지어 피어 있고, 방조제 포장길을 뚫고 올라온 생명력 강한 잡초도 나름의 생명활동을 이어 가고 있다. 이제 서서히 방조제가 끝나 가는지 오른편 쪽 거북섬의 수상레포츠 특구에는 높은 빌딩이 가득히 들어서 있고 그 옆으로 한국기계유통단지 건물을 비롯하여 크고 작은 공장건물이 자리 잡고 있다.

방조제가 끝나기 한 1~2km 전에 드러난 갯벌에는 백발의 할아버지가 조개를 줍기 위해 연신 허리를 굽히고 펴기를 반복하고 있고, 그 갯골에는 검은부리저어새가 주둥이로 갯벌을 저으면서 부지런히 먹이 활동을 하고 있다. 조력발전소에서 두 시간 넘게 걸어오는 동안 엉덩이 붙이고 앉을 의자 하나가 없어 계속 걸었더니 발에서 열감이 크게 느껴지는데, 마침 '경기평상'이라는 이름을 한 쉼터 공간이 나온다. 경기도와 시흥시가 시민에게 쉼의 공간으로 마련한 이곳은 여느 쉼터와 달리 둥글넙적한 돌로 앉을 자리를 마련한 것이 특색인데, 어린 시절 동네 아이들과 어울려 담소를 나누었던 나무 평상(平床)의 이미지가 되살아난다.

쉼터와 연결된 시흥 오이도박물관에서는 아직도 패총 발굴 작업을 이어 가고 있다는데, 오랜만에 걸어서 피곤한 발은 애써 박물관 출입을 거부한다. 박물관을 돌아 나오면 길은 도로 옆 데크길로 이어진다. 데크길 아래의 작은 모래사장에는 맨발로 걷는 동네 아낙과 팔짱끼고 다정한 눈길을 주고받는 연인 한 쌍이 거닐고 있다. 경기둘레길 52코스이자 시흥시의 늠내길 6코스와 겹쳐지는 서해랑길은 '옛 시인의 산책길'이라는 방죽길로 이어진다. 이 길 위에서 처음 만나는 오이도 함상전망대에서는 '풍경과 철새들'이라는 주제의 사진전이 열리고 있다. 하지만 사진보다 더 멋진 바다 풍경이 펼쳐져 있어서 그런지, 드나드는 관람객을 찾아보기 쉽지 않다.

서해 바다로 해가 질 때의 노을풍경을 보며 이 길을 걸으면 참 예쁘겠다고 생각하며 길을 걷다 보니, '노을의 노래' 전망대가 나온다. 그곳에서 노을빛으로 얼굴이 물들어가는 상상을 하며, 잠시 쉬었다가 발길을 재촉한다. 왼편 갯벌에서는 사람들이 한가롭게 조개 잡기체험을 하고 있는데, 오른편은 상가에서 나오는 조개껍데기로 패총을 만들면 한 달

만에 수십 개의 조개무덤을 만들 수 있을 것 같은 느낌이 들 정도로 조개구이집 천지다. 'wind human'이라는 제목을 단 사람 모습의 절제 조형물을 지나 만나는 오이도 전통수산시장 앞은 오이도 선착장이다. 1년에 한 번 조가비축제가 열리는 이곳의 대표적인 상징물인 빨강등대 앞에는 기념사진을 찍으려고 길게 줄을 서 있다.

신석기 선사유적이 발견된 이곳 오이도의 풍경이 갯벌 매립으로 변화된 것을 아쉬워하며, 오이도가 가진 역사와 생명 그리고 사람의 흔적을 되살려 후대에 전할 목적으로 만든 하얀 '생명의

나무' 조형물이 눈에 들어온다. 나는 이 조형물 앞에서 인간을 포함한 이 세상의 모든 생명이 존중받아야 할 아름다운 존재라는 사실을 다시 한번 되새겨 본다. 우리나라의 자살률이 오랫동안 OECD 국가 중에 최고 수준을 기록하고 있는 것을 보면, 우리의 삶이 얼마나 팍팍한지 가늠할 수 있다. 이런 점 때문에 지난 정부에서 대규모 '전국민 마음투자 지원 사업'을 추진하여 자살예방과 정신건강 증진사업을 추진해 왔다. 그런데 대통령 부인의 개인적 관심사로 인해 지나치게 졸속 추진된 정치적 색채를 띤 사업이라는 비판이 제기되고, 정권이 바뀌면서 모든 예산이 삭감되고 사업이 폐지된 적이 있다. 그런데 지금으로부터 한 달 전 즈음에 현직 대통령이 어떤 간담회에서 우리나라의 높은 자살률이 국가의 수치이니 자살예방을 위한 정책사업을 기획하라고 지시를 내린 일이 있다. 나의 정치적 성향은 이전 정부와는 결이 다르고 졸속 추진된 과정상의 문제점은 많이 있다고 생각하지만, 우리나라의 자살률 경감과 생명존중 문화 형성을 위한 사업의 필요성은 두말할 필요 없이 매우 높기 때문에 이 사업이 폐지된 것에 대해 안타깝게 생각한다. 모든 정치인이 국민을 위해 일한다고 말하면서도 꼭 필요한 사업임에도 정치적 입맛에 맞지 않는다는 이유로 하루아침에 손바닥 뒤집듯 정책을 뒤엎어 버리는 것은 옳지 못하다. 정책이 정치에 휘둘리는 일이 정권이 바뀔 때마다 반복되지 않기를 바라 본다.

옛 시인의 산책길이라는 이름에 걸맞게 산책로 중간 중간에 잘 알려진 시인의 시 구절이 쓰인 팻말이 세워져 있다. 그 시를 읽다 보면 아름다운 상상보다는 시 못 외운다고 선생님한테 손바닥 맞았던 슬픈 기억만 떠오르니 참으로 낭패다. 상가 건물이 끝나는 곳에 신석기 시대의 대표적 유물인 빗살무늬 토기가 크게 세워진 선사유적공원을 만나 잠시 생각에 잠겨 있는데, 산책 나온 큰 개 한 마리가 발 뒤꿈치에서 킁킁거리며 냄새를 맡는 통에 화들짝 놀라서 바삐 걸음을 옮긴다. 길 건너 공원의 숲과 바다에 놓인 덕섬의 풍경을 보며 걷고 걸어서, 갈대와 대형 강아지풀로 불리는 수크령으로 하얗게 물들여진 배곧한울공원으로 접어든다. 내가 젊었을 때 들렀던 이곳은 허허벌판이었는데, 지금은 수많은 높은 빌딩이 숲을 이루고 있는 신도시로 변해 있다. 호젓한 공원길을 따라 걸어서 해수풀에서 우회전하여 조금 더 걸어서 카페 앞에 세워진 천국의 계단으로 불리는 조형물 앞에서, 오늘의 걷기를 마무리한다.

다음날 동이 트기 전에 다시 길을 나섰다. 썰물로 갯벌을 드러낸 바다 위에 옅은 안개가 내려앉았고, 공원 잔디밭의 잔디는 새벽이슬을 아직 머금고 있다. 코끝에 스치는 신선한 바람을 느끼며 한적한 공원 가운데로 난 산책로를 따라 걷는다. 일찍 잠에서 깨어난 작은 새는 이곳저곳을 날아다니며 왕성한 생명활동을 하고 있다. 공원의 모든 것이 평화롭기 그지없으니, 길손의 마음도 덩달아 평화로워진다. 바다 풍경을 조망할 수 있는 그네 의자에 앉아 그 평화스러움을 느낀 후, 바다와 어깨를 나란히 하고 걸어 배곧생명공원으로 접어든다. 공원 산책로 양옆으로 흙을 높이 쌓아 올리고 그 경사면에 인공구조물을 설치하여 쉼터를 만들어 놓은 '조형마운딩'이 설치되어 있는데, 어떤 공원에서도 본적이 없는 쉼터 디자인인지라 신선하게 느껴진다. 그곳을 벗어나니 하얀 정육면체 상자 네 개를 쌓아 올리고, 사람들이 모여서 함께 달리기를 하는 장소로 지정해 두었다. 조금을 더 걷다 보면 반려동물의 배변봉투를 챙기지 못한 이웃을 위해 철제 강아지 조형물로 배변봉투 보관함을 설치해 두었다. 공원을 단순한 쉼의 공간에 그치지 않고, 이웃을 배려하고 새로운 공동체 형성을 위한 기반시설로 활용하고 있는 점이 참 인상적이다. 이런 주민들의 자발적 공동체 복원운동이 앞으로도 지속되고 더욱 확산되어 가기를 바라 본다.

한라비발디아파트 건너편 공원에는 치킨, 식사와 음료를 드론배송으로 시켜먹을 수 있는 공간이 마련되어 있고, 곧 이어 헬렌켈러, 세종대왕, 라이트형제, 장영실, 이순신, 베토벤을 기리는 위인 테마 초소가 설치되어 있다. 군사적 목적에서 설치된 해안 초소를 위인의 업적을 보고 배울 수 있도록, 그들의 생애와 주요 업적을 보여 주는 상징물을 설치하여 주민들이 보다 친근하게 접근할 수 있도록 만든 것도 인상적이다. 그리고 공원에서 건너편 아파트와 상가 건물로 건너갈 수 있게 만든 육교 또한 기존 육교와는 다르게 하나의 조형물처럼 느껴지게 설치하여, 공원의 아름다움을 더해 주고 있다. 시민의 접근을 금지해 두었던 갯벌을 체험할 수 있는 공간이 마련된 곳에 이르면, 그 앞에 해국(海菊)이 무리를 지어 꽃을 피워 올릴 준비를 하고 있다. 대형강아지풀인 수크령은 운 좋게 예초기의 칼날을 피해 살아남아서, 자신의 아름다움을 보라는 듯 손짓을 하고 있다. 위인초소로 변경되지 않은 또 다른 초소는 일몰을 조망할 수 있는 공간으로 조성되어 있는데, 그곳에 까치와 까마귀가 나란히 앉아서 서로의 얼굴을 응시하고 있다. 곧이어 아이들의 모험심과 도전의식을 자극할 수 있는 다양한 놀이기구가 설치된 어린이공원을 지나고, 바다 풍경을 배경으로 연인과 가족이 사진을 찍기 좋은 커다란 액자 조형물, 판옥선을 형상화한 이순신 초소와 높은음자리표가 눈에 띄는 베토벤 초소 그리고 배곧신도시 마스코트인 '해로와 토로' 캐릭터로 꾸며진 놀이터 초소를 지나면 제3경인고속도로 아래로 접어들면서, 서해랑길 92코스 끝 무렵부터 시작된 배곧한울공원 산책을 마무리한다.

시흥시 배곧신도시와 인천시 논현신도시를 연결하는 아치형 해넘이다리에 올라선다. 차량이 통행할 수 없는 이 다리 위에는 억새와 각종 꽃이 심겨져 있어 초가을의 느낌이 나는데, 수풀 사이에는 어린이가 그린 그림으로 제작한 타일과 유명인사의 명구(名句)가 설치되어 있다. 그 글귀 중에 나그네의 시선을 사로잡은 것은 영국의 평론가이자 역사가인 토마스 칼라일의 '길을 걷다가 돌을 만나면, 약자는 그것을 걸림돌이라 말하고, 강자는 그것을 디딤돌이라 한다.'는 말이다. 사물이나 현상을 어떤 시각에서 보느냐에 따라 그것이 삶에 던져 주는 의미가 달라진다는 것을 명쾌하게 깨닫게 만드는 좋은 글귀다.

하늘거리는 코스모스의 손짓을 뒤로 하고 해넘이 다리를 내려서면, 경기도가 끝나고 이곳부터 서해랑길의 마지막 광역자치단체인 인천광역시로 접어든다. 철제 하트 조형물과 남동소래아트몰을 뒤로 하고 갯벌 옆 작은 공원으로 접어들면, 이곳부터 서해랑길은 인천둘레길과 남동둘레길과 겹쳐진다. 갯벌에는 아침 먹이활동을 마무리한 갈매기와 백로 그리고 오리들이 쉬고 있고, 건너편 월곶포구에도 새벽 조업을 마친 배들이 쉼의 시간을 즐기고 있다. 그리고 공원과 산책로에는 은빛 머리를 한 노부부, 운동복으로 차려입고 긴 머리를 찰랑거리며 뛰어가고 있는 젊은 여성 러너(runner), 느긋하게 경치를 즐기는 중년여성 그리고 아장아장 걷는 꼬맹이에 이르기까지 다양한 세대의 사람이 초가을의 오전 시간을 즐기고 있다.

높이가 20m가 넘는 황금빛 '사랑의 새우타워'는 이곳이 새우젓으로 유명한 소래포구임을 미리 알려 준다. 그 옆으로 형형색색의 바람개비가 산들바람을 맞고 서 있고, 그 아래에는 지역 문학동호회인 인천시인클럽 회원이 지은 시들이 게시되어 있다. 한두 편의 시를 읽어 보지만, 마음을 일렁이게 하는 시 구절을 발견하지 못하고 돌아서니, 그 앞에 커다란 황금빛 꽃게 조형물이 길 건너 소래역사관을 향해 걸음을 옮겨 놓고 있다. 예전에 수인선 협궤열차가 다니던 소래철교 뒤편으로 소래포구 전통어시장이 자리 잡고 있다. 평일 오전 시간이라 시장을 오가는 사람이 많지 않은데, 이 시장은 잊을 만하면 한 번씩 바가지요금으로 언론에 오르내리면서 예전에 비해 찾는 발길이 많이 줄어들었다. 가을 전어, 꽃게 그리고 싱싱한 생선이 손님을 기다리고 있지만 관심이 없는 길손의 눈을 잡아매지는 못하고, 고소한 새우튀김의 냄새가 유혹하지만 아직 점심 때가 멀었는지라 그마저도 길손의 발을 붙들지는 못한다. 시장 뒤편의 소래포구에 드나드는 배들의 풍경을 다시 보고 싶은 마음이 들지만, 이미 배들은 어로활동을 마치고 복귀해서 포구는 정적이 감돌 것이기에 어물시장 고유의 비릿한 갯내음에 울렁거리는 속을 달래기 위해 시장을 황급히 벗어나, 소래습지 생태공원으로 발길을 옮긴다.

이 생태공원은 일제 강점기 때 염전을 만든 후 1996년까지 소금을 만들었던 곳으로, 2009년에 갯벌, 갯골과 폐염전 지역에 공원조성사업을 완료하여 지금은 다양한 생물군락지 및 철새 도래지로서의 기능을 수행하고 있다. 총 1,561천m²에 이르는 드넓은 습지에는 천일염 생산시설물과 전시관이 위치해 있고, 다양한 동식물을 탐구해 볼 수 있는 자연학습장과 풍차, 산책로, 쉼터 등이 마련되어 있다. 공원 입구 다리 건너 갯골 옆 갯벌에는 칠면초가 붉은 꽃밭을 이루고 있고, 그 뒤에는 소래포구를 오르내리던 어선 한 척이 바닥을 드러내고 누워 있다. 생태전시관으로 향하는 길에는 멸종위기 야생동물 2급인 흰다리농게 서식지임을 알려 주는 표지판이 서 있고, 그 옆에서는 체험학습 나온 초등학생이 해설사 선생님이 내는 퀴즈를 풀기 위해 귀를 쫑긋하고 집중하고 있는 모습이 귀엽기까지 하다. 해수족욕장에는 산책 나온 어르신이 발을 담그고 피로를 풀고 있고, 전시관 사이로 난 데크길로 접어들면 예전의 염전시설이 좌우로 넓게 자리를 잡고 있다. 염전 사이로 난 산책로를 따라 걸으면 해당화와 이팝나무 등의 다양한 나무와 갯개미취, 갯민들레 등의 다양한 염지식물을 볼 수 있다. 공원 곳곳에는 초막으로 된 쉼터들이 설치되어 있고, 유럽 느낌이 나는 풍차 조형물도 여러 곳에 서 있지만 이곳 분위기와 잘 안 어울리는 느낌이 드는 이유를 잘 모르겠다. 생태공원에 설치된 조류관찰대를 비롯한 이런 저런 구조물보다 더 눈길을 끄는 것은 노동

자의 고초가 고스란히 녹아 있는 담수습지, 염수저수지와 염전창고 그리고 다양한 종류의 초목들이다. 초목들 사이로 난 작은 산책로를 따라 걸어서, 다 쓰러져 가는 염전창고 옆을 지나 작은 뚝방길로 올라서려는데, 그 앞에 들개 출몰지역이니 조심하라는 현수막이 나를 위협한다.

생태공원이 끝나는 지점에 붙어 있는 아파트단지 아래에는 연꽃공원이 조성되어 있는데, 홍련은 꽃을 떨구고 녹색과 갈색 연꽃 씨앗을 여물게 만들기 위해 햇볕을 향해 고개를 들고 있다. 그런데 물 위에는 붉은 수련이 자신의 아름다움을 알리려는 듯, 지나는 길손을 향해 붉은 미소를 보내고 있다. 연꽃이 흐드러지게 피었을 때 이곳에 오면, 연꽃의 아름다움과 그 향기에 흠뻑 취할 듯하다. 왜가리 한 마리가 연잎 아래에서 작은 물고기 한 마리로 허기를 달래고 있고, 그 옆 산책로에는 푸들 한 마리가 주인을 이끌고 산책을 주도하고 있는 모습이 보인다. 마치 천막 공연장 같은 모습을 한 만수물재생센터에서는 물 흘러가는 소리가 세차게 세어 나오고 있고, 굴나리 위로는 차들이 어디론가 빠르게 달려가고 있다. 작은 실개천을 따라 남동체육관 뒤편에 위치한 서해랑길 안내판에서 걷기 인증을 완료하고, 버스정류장을 찾아 운동장 이곳저곳을 헤매다 하는 수 없이 택시 기사의 도움을 받아 귀갓길에 오른다.

인천 · 김포 · 강화 구간

더글러스
GENERAL OF THE ARMY
DOUGLAS MacARTHUR

52. 샐러드 볼(salad bowl)

> □ 서해랑길 94-95코스, 인천 남동체육관 입구-자유공원 입구, 29.9km, 10시간 30분, 57,370걸음

　남동체육관 뒤편 실개천을 따라 길을 나서는데 왼편으로 아침 해가 붉은 빛을 온 세상과 나누기 위해 떠오르고 있다. 자욱하게 피어오른 안개로 인해, 거미가 사냥을 위해 쳐 놓은 방사형 줄무늬에는 뽀얀 이슬방울이 알알이 맺혀 있다. 아름다운 아침 풍경에 취해 걷고 있는데, 갑자기 뒤에서 아침 운동 나온 자전거 방울소리가 요란하게 들려와 화들짝 놀란다. 길가 텃밭에 심어놓은 수수 위에는 참새에게 붉은 알곡을 뺏기지 않으려고 하얀 망사 천을 둘러놓아, 참새는 어쩔 수 없이 그 옆 논의 노란 벼 이삭으로 아침 식사를 대신하고 있다. 인천 종주길임을 알려 주는 팻말 옆의 깻잎 밭에는 알알이 들깨가 매달려 농익은 가을을 기다리고 있고, 고속도로 굴다리 아래서는 젊은 외국인 노동자가 할아버지의 지시를 받으며 그물을 손질하고 있다. 다리를 벗어나자 기대하지 않았던 메타세쿼이아길이 길게 펼쳐지고, 그 끝에는 흰둥이 강아지가 지키고 있는 배추밭 풍경이 펼쳐지는데 그곳에는 안전모를 쓴 벌거벗은 하얀 마네킹이 배추 도둑을 노려보고 있다. 굴다리를 하나 더 지나서 만나는 남동힐링팜랜드 정문에서부터 박, 호박, 수세미 넝쿨로 길게 동굴을 만들어 놓았는데, 얇은 줄기에 매달린 큰 박이 곧 떨어질 듯 위태로이 흔들리고 있다.

　영동고속도로와 제2경인고속도로가 만나는 서창분기점을 조금 지난 곳에 있는 도림수문을 지나 위태롭기 그지없는 가파른 계단을 올라, 고속도로 위 육교를 넘어 간다. 육교 위 안전철망에는 남동구청에서 걸어 놓은 '불법광고물 무단게첩 금지'라는 경고문구가 걸려있다. 게첩(揭帖)이란 단어가 무슨 뜻인지 몰라 멈춰 서서 포털을 검색해 보니, '문서를 내어 걸어 붙이는 행위'라고 쓰여 있다. 공공기관에서 시민에게 알리는 문구에 시민이 뜻을 알기 힘든 용어를 쓰면 그 효과는 반감될 것이 분명하니, 공공서비스에 보다 쉬운 말로 풀어서 알려 주는 배려가 필요해 보인다. 육교를 지나면 오봉산 등산로 입구로 향하는데, 오봉산 들머리의 여러 갈래 길 중에 어디로 가야 하는지 아무 표식이 없어 또다시

두루누비 앱의 걷기 기능을 통해 갈 방향을 정할 수밖에 없다. 겨우 원래 코스의 길을 찾아 오른편으로 접어드니, 앞에서 오는 아주머니와 아저씨가 손에 불룩한 주머니를 들고 도토리와 밤을 줍고 있다. 그 장면을 보고 오늘 차에서 들었던 라디오 진행자가 알려 준 인디언 일화가 다시 떠올랐는데, 그 내용은 이렇다. 산책길에서 열심히 도토리를 줍고 있는 인디언을 발견한 관광객이 "그걸 주워서 어디에 쓰려 합니까?"라고 물었더니, 인디언이 "사람들이 주워서 먹어 치우기 전에 얼른 주워서 다람쥐에게 돌려주려 합니다."라고 답했다는 일화다. '도토리까지 사람이 다 먹어 치우면 다람쥐는 추운 겨울 생명을 이어 갈 수 없으니, 다람쥐에게 도토리를 양보하여 서로 함께 살아가는 길을 찾는 것이 바람직하다.'는 인디언의 모든 생명체의 공존에 대한 신념을 지금 이 시대를 살아가는 우리도 본받을 필요가 있어 보인다.

오봉산 등산로는 인근 아파트 주민이 운동 삼아 오르내리는 곳이라 잘 정비가 되어 있다. 평탄하게 이어지는 숲길이라 힘들이지 않고 걷는데, 길옆 안전 철망에 '뱀이 나오는 곳이니 조심하라.'는 경고문이 붙어 있다. 어릴 적 뱀 때문에 겪은 곤란한 일이 머릿속에 떠오르며, 갑자기 몸이 굳어지고 발아래만 응시하며 걷게 된다. 뱀 위험지역에서 어느 정도 벗어났다는 안도감을 느끼는 그곳부터 계단이 이어진다. 해발 103m밖에 안 되는 산이라고 쉽게 보면 큰 코 다친다는 것을 지금까지 걸어온 길 위에서 몸소 겪어 알고 있기에 급히 서두르지 않고 한발 한발 쉬엄쉬엄 걸어 오른다. 등산로 옆 나무와 나무 사이로 비추는 아침 햇살이 만들어 내는 풍광의 아름다움을 만끽하면서, 오봉산 1봉에 오른다.

오봉산 1봉이 다섯 봉우리 중에서 고도가 가장 높으니 2봉으로 향하는 길은 내리막길이다. 젊어서는 내리막길을 뛰면서 내려갔는데, 이제 나이가 드니 낙상을 당할까 무서워 한걸음 한걸음이 조심스럽다. 등산로 옆 나무 뿌리에 걸려 넘어지지 않으려 애쓰며 내려와, 약수터 갈림길을 지나고 등산객이 돌을 얹어 만들어 놓은 돌탑을 지나 두 번째 봉우리에 다다른다. 오봉산 2봉에서 3봉으로 가는 등산로 옆에 하얀 통에 물을 담아 놓은 '산불 간이소화수'가 비치되어 있는 모습도 보인다. 오봉산 정상인 1봉에서 5봉까지 약 1km밖에 안 되는 등산로는 비교적 편안한 산책로 같은 느낌인데, 서해랑길은 5봉으로 가는 길 중간에서 듬배산 가는 방향으로 내려선다. 길옆 운동시설을 지나고 육교를 넘어, 듬배산으로 올라간다. 듬배산 역시 해발 80.9m밖에 안 되는 작은 동산이고 그마저도 둘레길로 돌아가는 길이니, 걷기가 매우 편하다. 게다가 듬배산 등산로는 인근 주민이 맨발걷기를 하려고 길을 깨끗하게 쓸어놓아서, 마치 흙으로 포장을 해 놓은 듯하다.

듬배산을 내려와 호구포로라는 대로에 접어드니, 자동차 소음이 유난히 크게 들린다. 전동휠체어로 산책 나온 두 명의 여성장애인 뒤를 따라 걸어서 아파트 단지를 지나 하나비전교회에 이른다. 기독교대한감리회 소속의 이 교회는 성전의 규모로 볼 때 신도 수가 매우 많을 것으로 예상되는데, 교회 앞에 걸어 놓은 가정사역 프로그램이 특히 눈에 들어온다. 결혼예비학교부터 시작하여 늘푸른 노인대학 운영에 이르기까지 가족 형성단계부터 해체단계에 이르는 모든 가족 생활주기에 맞춰 총 14개의 맞춤형 프로그램을 진행하고 있다. 종교단체가 여간 관심을 기울이지 않으면 해내기 힘든 사업인데, 이 교회는 그 어려운 것을 해내고 있다. '하나님을 경외하는 마음이 세상으로 넘쳐 흐를 수 있도록 하겠다.'는 비전을 가진 교회다운 모습에 감사한 마음이 절로 우러나온다. 동시에 우리의 사회복지제도에서는 성인기와 중장년기의 맞춤형 사회복지서비스가 매우 미진한데, 앞으로 임신에서부터 죽음에 이르기까지의 모든 생활주기에 걸쳐 빠짐없이 충분한 사회복지서비스가 개발되고 제공되었으면 하는 바람을 가져본다. 그 마음과 바람을 안고 논현포대 근린공원으로 들어선다. 이 포대(砲臺)는 조선 고종 때에 인천으로 들어오는 서양인의 배를 막기 위해 쌓은 포대인데, 현재 2개의 포대가 남아 있다는데 길손의 눈에는 들어오지 않는다. 공원 정자에서 지친 발의 열기를 식히고 시원한 물 한잔으로 몸의 더위를 조금 덜어 내고는 다시 길을 나서서, 공원 안의 어린이 놀이터와 체험공간을 지나 남동공단으로 이어지는 길로 접어든다.

이곳은 길 좌우로 크고 작은 공장이 빼곡하게 들어서 있고, 길은 차들로 가득하여 걷기에 썩 좋은 길은 아니다. 전철 수인분당선 남동인더스파크역을 지나고 대한상공회의소 인력개발원을 돌아 나오기까지 약 2km의 거리는 공장지대의 전형적인 모습을 하고 있다. 그곳을 벗어나 승기천으로 돌아 내려가니 행정구역이 인천광역시 남동구에서 연수구로 바뀐다. 승기천 물가 옆으로 조성된 산책로에는 코스모스가 바람에 하늘하늘 나부끼고 있고, 하천 위로는 오래되어 폐쇄된 철교가 녹이 쓴 채 덩그러니 서 있다.

서해랑길의 원래 코스는 승기천 천변의 산책로를 따라 걷는 것이지만, 점심시간 무렵이라 뜨거운 햇살을 피해 나무 그늘이 드리워진 하천 제방 위 산책로를 따라 걷는다. 초

록색 나무그늘 아래 그것도 황톳길을 따라 걷는 길은 편안하기 그지없다. 황토길 맨발 걷기의 좋은 효능을 굳이 찾아보지 않아도 이 길을 걸으면 천천히 늙을 것 같은 느낌이 든다. 그 길을 걷다 보면 한옥 몇 채가 옹기종기 모여 있는 풍경이 눈에 들어오는데, 바로 원인재(源仁齋)다. 이 집들은 인천 이씨의 시조이자 고려 시대의 막강한 외척세력이었던 이허겸의 묘소 앞에 세워졌던 건물을 이곳으로 옮겨 지은 것이라고 한다. 집안의 모습이 궁금한데 들어가는 문은 걸어 잠궜고 담벼락이 높아 겨우 지붕만 볼 수 있는 점이 아쉽지만, 그나마 붉게 핀 배롱나무 꽃이 작은 위로를 건네 준다.

연수구에서 맨발걷기길을 조성하고 있는 메타세쿼이아길을 지나고, 천변에서 무거운 예초기를 메고 제초작업을 하느라 굵은 땀방울을 흘리고 있는 공공노동자의 노고에 감사한 마음을 속으로 전하며 천변길로 내려섰다가 다시 승기어린이집 방향의 둘레길로 올라선다. 서해랑길을 걸으며 자주 만났던 원주 백운산산악회 리본을 오랜만에 마주하니, 마치 옛 친구를 만난 듯 반갑다. 승기천을 벗어나 아주아파트와 연수 한마음 근린공원을 돌아 나와 인천지하철 1호선 선학역 3번 출구에서 오늘의 걷기를 마무리하니 마침 점심시간이다. 근처 남동공단 안에서 공장을 운영하는 작은 형님을 오랜만에 만나서, 한우모듬구이 한 판과 냉면 한 그릇을 얻어먹고 그간 쌓인 회포를 풀고 오늘 일정을 마무리한다.

이틀 후 해뜰 무렵 선학역에서 선학음식특화거리를 지나 대한불교 태고종 소속의 법주사 옆으로 난 인천둘레길이면서 연수둘레길이기도 한 서해랑길 95코스의 문학산 등산로로 접어든다. 아침 산책 나온 새들의 합창 소리에 맞춰 신선한 공기 가득한 등산로로 접어드니, 마음 또한 상쾌하다. 지역주민이 많이 이용하는 등산로인지라 길은 잘 정돈되어 있으나, 초입부터 가파르고 거친 오르막 구간인데다 어제 내린 비로 인해 살짝 미끄러운 구간이 곳곳에 포진해 있다. 계속되는 오르막에 가쁜 숨을 몰아쉬면서 한 1km 정도 오르면 선유봉으로 가는 둘레길과 만나고 다시 한 1km 정도를 힘겹게 오르면 길마재고개에 도착한다. 커피 한 모금으로 잠시 숨을 고르고 다시 가파른 계단을 올라가면, 갈마산 정상인 선유봉 전망대다. 전망대에 올라서면, 푸르디푸른 가을하늘을 배경으로 문학경기장을 비롯하여 인천시가지의 전망이 파노라마처럼 펼쳐진다. 등산길을 오르며 가빴던 숨결이 한순간 가라앉는 느낌이다. 잠시 평온한 능선길이 펼쳐지지만, 어김없이 가파른 계단이 눈앞에 나타난다. 한 손으로는 계단 난간을 붙잡고 한 손으로는 등산 지팡이에 의지하여 중간 중간 쉬어 가며 급경사의 계단을 올라서면, 외로이 서 있는 소나무 한 그루 뒤편으로 보이는 멋진 인천시가지 풍경을 만난다. 아름다운 풍경에 취해 있는 것도 잠시이고, 다시 울퉁불퉁 바위들이 튀어나와 있는 가파른 내리막길을 만난다. 밧줄을 붙들고 매달리다시피 내려와 함박마을 갈림길에 이르면, 문학산 정상까지 500m 정도 남았다는 표지판이 세워져 있다. 이곳에서부터 돌부리길과 데크길을 따라 걸어가면 군사기지 보호구역 표지석과 초소가 나오는데, 이곳이 문학산 정상이다.

문학산은 '두루미가 날개를 편 듯 둘레를 광범위하게 둘러싼 산'이라는 뜻에서 유래된 명칭으로, 조선 시대부터 남산, 성산, 봉화산 등의 다양한 이름으로 불려 왔는데, 지금은 길마산, 수리봉, 문학산 주봉, 연경산, 노적봉을 하나로 묶어서 부르는 명칭이란다. 문학산성은 백제가 쌓은 토성(土城)을 신라 말기 아니면 통일신라 시대에 석성(石城)으로 개축되었으며, 임진왜란(1592년), 신미양요(1871년), 한국전쟁(1950년)에는 군사요충지로서의 기능을 담당했다고 알려져 있다. 문학산 주변에서는 구석기 시대의 찍개, 신석기 시대의 빗살무늬토기, 집터와 배수로 등의 선사 시대 삶을 보여 주는 많은 유물이 발굴되었다고 한다. 문학산 정상에 올라서면 왼쪽으로는 인천대교, 정면으로는 강화도의 마니산, 오른쪽으로는 서울의 북한산까지 볼 수 있을 정도로 탁 트인 조망이 가히 일품이다. 문학산 정상 표지석에 높이 217m라고 쓰여 있지만, 이곳에 오르며 흘린 땀을 모아 보면 족히 커피 한잔은 넘을 정도로 쉽게 볼 수 없는 산이다. '미추홀 2000년 역사의 태동지, 문학산'이란 글귀가 붙어 있는 문학산 역사관을 지나 내리막길을 내려간다.

문학산에서 내려가는 길옆에는 미추홀 건국 이야기가 웹툰으로 그려져 있다.『삼국사기』에 따르면 '주몽(朱蒙)의 두 아들 비류(沸流)와 온조(溫祚)가 남쪽으로 내려와서, 온조는 하남(河南)의 땅을 택하고 비류는 미추홀에 가서 살았다.'고 기록되어 있는데, 미추홀은 지금의 인천에 해당한다. 미추홀은 바닷가이고 땅이 습하고 물이 짜서 살기 힘든 곳이기는 하지만, 소금을 확보하고 해상 교역을 하기 좋은 곳이기 때문에 비류가 이곳에 터를 잡았지만, 백성들이 동생인 온조가 세운 나라로 떠나자 BC 18년에 비류가 자결하였다고 역사서에 기록되어 있다. 비류를 백제의 시조(始祖)로 보는 설이 존재하기는 하지만, 역사학계에서는 온조를 시조로 보는 설을 정설로 받아들이고 있단다. 누가 백제의 시조이든 비류가 건국한 미추홀국으로부터 따지면 인천의 역사가 2,000년이 넘는 것은 분명한 사실이다. 미추홀 건국 설화가 그려진 내리막길에 계단으로 된 데크길이 있으나 문학산을 오르느라 뻐근해진 다리의 상태를 고려하여 시멘트 포장 임도를 따라 내려온다.

옛 사람들이 인천 읍내에서 문학산 기슭을 넘어 송도 방면의 바다로 갈 때 이용했던 사모지고개[三呼峴]가 있다. 이곳은 '중국으로 가던 사신이 부평의 비류고개에서 가족과 이별하고 이곳에 이르러서는 아직도 자신을 바라보고 있는 가족을 향해 큰 소리로 세 번 인사하고 고개를 넘어 능허대로 향했다.'고 하여 붙여진 이름이다. 이곳부터 서해랑길은 백제사신길을 따라 걷게 되는데, 고갯길을 내려오면 문학터널 윗길을 지나 만나는 주택가 바로 앞에 백제 우물터가 있는데, 연수구에서 주변을 관광지로 개발하기 위한 공사를 한창 진행하고 있다. 도심지 도로변에는 백제사신길 벽화거리가 조성되어 있는데, 고구려로 인해 육로가 막힌 백제가 지금의 옥련동에 위치한 능허대 아래 한나루에서 배를 띄워 중국으로 갔다고 한다. 이 길을 통해 백제는 중국과 백년 동안 교류를 하였다는데, 이 사신길이 외국으로 나간 최초의 바닷길이란다.

청학사거리 소공원과 연수문화원을 거쳐 사신길 벽화거리를 지나면, 1937년 협궤 수인선 개통과 함께 종착역 구실을 했던 옛 송도역이 자리 잡고 있다. 일본이 경기도 시흥의 소래염전에서 생산된 소금을 수탈해 가는 아픈 역사를 지켜봤던 송도역은 1990년대까지 영업을 지속하고 철거되었다가 얼마 전 복원되었다고 한다. 아무 생각 없이 큰길을 따라 새로 지어진 송도역을 지나쳐 걸어가다가, 서해랑길 표식을 찾으니 눈에 들어오지 않는다. 두루누비 앱의 따라걷기 기능을 이용해 횡단보도를 건너 안국교회 옆 주택가 골목을 지나 원래 코스로 진입하여, 옥련2동 행정복지센터와 옥련시장, 인천능허대초등학교를 지나 능허대 공원에 도착한다. 입구에는 인공폭포가 설치되어 있고, 공원 안쪽에는 〈만물트럭〉이라는 텔레비전 프로그램을 촬영하느라 출연진, 스태프 그리고 지역주민이 옹기종기 모여 부산하게 움직이고 있다. 예전에 바위 벼랑으로 둘러싸인 작은 섬이었다는 이곳 공원을 다 둘러보았지만, 옛 백제 사신에 관한 흔적은 그때 타고 갔던 배의 모형을 세워 놓은 것 말고는 찾을 수가 없어 아쉬웠다.

능허대공원에서 잠시 휴식을 취하고 도로를 건너 목재 회사 옆길로 들어선다. 길 초입에는 쓰레기 더미가 널부러져 있고, 길 양옆으로는 번호판을 달지 않은 중고차량이 줄지어 서 있다. 차창에 쓰인 문자와 숫자들을 보면 튀르키예, 요르단, 아랍에미리트, 리비아 등의 중동 국가 등으로 수출될 것으로 예상된다. 인천항에서 국내 중고차 수출 물량의 70~90%에 이르는 50만 대 이상을 수출한다는 정보를 접하고 나니, 이곳에 중고차가 몰려 있는 이유가 이해되지만, 음산한 분위기가 느껴지는 것은 어쩔 수 없다. 그곳을 벗어나 도로변으로 나오니 지하차도 공사로 인해 도로변에 펜스가 쳐져 있고 길 건너 갯벌에서 풍겨오는 바다 냄새가 코끝에 와 닿는다. 수도권 제2순환고속도로로 연결되는 옹암교 차로까지는 차들이 내지르는 소음으로 귀가 시끄러운데, 국내 3대 갈비집이라고 홍보하는 송도갈비 식당에서 풍기는 맛난 냄새는 배고픈 과객의 코를 간지럽힌다.

인천항으로 가는 옹암교 다리를 건너가면 오른편에는 커다란 수문이 보이고, 왼편으로는 Fine이라는 공장 건물이 보인다. 다리를 건너자마자 오른편으로 방향을 틀면 남항근린공원으로 접어든다. 용현갯골 유수지를 따라 걷는 공원길은 자전거도로와 나란히 어깨동무하고 걷게 되어 있고, 그 옆으로는 키 큰 메타세쿼이아 나무가 줄지어 서 있고 그 안쪽으로는 소나무가 즐비하게 서 있다. 공원 안쪽에는 반려견과 산책 나온 사람, 가족 단위 나들이객이 잔디밭에 앉아 한가롭게 여유를 즐기고 있고, 유수지 안쪽 물 위에는 백로와 저어새가 무리를 지어 먹이를 찾고 있다. 길 양쪽 풍경이 여유롭고 한가롭기 그지없다. 유수지 가운데 놓인 목책교인 갯골 호수교는 작은 섬 두 개를 이어 주고 있는데, 그 위에서 전문 사진작가인 듯 보이는 사람이 물 위의 어떤 풍경의 순간을 잡기 위해 연신 셔터를 누르는 모습이 보인다. 중구 국민체육센터와 중구 문화회관, 축구장 등을 지나 계속 걸어가면, 중구 관동 도로변으로 나가게 된다. 은행나무잎이 노랗게 물들기 시작한 이곳 도로에서 95코스의 종점까지 남은 6km 정도의 거리는 도심을 관통하는 번잡한 길이다. 인천세관 보세구역, 신선초등학교, 중구장애인복지관 등을 지나 용현갯골 수로 옆의 데크길을 따라 걸어 간다. 인하대학교 병원을 지나고, 인천미추홀여성인력개발원을 지나 육교를 건너게 되는데, 문학산을 오르느라 지친 다리는 제발 계단을 피해 달라고 아우성이지만 어쩔 수 없다. 9100번 간선버스 옆면에는 국민건강보험공단에서 실시하는 장기요양 재가생활 지원서비스 홍보문구가 큼지막하게 붙어 있고, 그 옆 공사장 벽면에는 1969년 경인고속도로 완공부터 용현동 버스터미널의 매표를 중단하기까지의 중요한 미추홀구의 역사와 관련된 사진이 인쇄되어 있다.

숭의역으로 가는 길에 오래된 밴댕이 음식을 파는 식당이 왠지 낯이 익은 모습인데, 옛 기억을 더듬어 보니 한 15년 전 즈음에 이곳에 출장을 왔다가 들러서 맛나게 먹었던 장면이 떠오른다. 능안삼거리 횡단보도를 건너고, 신광사거리 인근의 횡단보도를 건너 인천 신광초등학교를 지난다. 수인사거리를 지나고 도시바람숲이란 이름을 가진 작은 숲길을 따라 걷고, 대형마트, 인천여자상업고등학교를 지나 한국천부교 인천총회 건물에 다다른다. 천부교는 박태선 장로가 1955년에 창시한 반기독교성향의 신흥종교이자 사이비 종교단체로서, 우리들에게는 이들의 신앙공동체인 '신앙촌'으로 더 알려져 있다.

길 건너편의 옛 인천세관 건물이 보이기 시작하는 것을 보니 인천근대문화거리에 가까워진 듯하다. 제물량로를 따라 차이나타운 방향으로 접어드니, 옛 인천우체국 건물이 나오는데 지금은 개보수를 위해 문을 닫아걸었다. 인천 3대 경양식집으로 꼽히는 등대 경양식 식당 건물이 눈에 들어오는데, 하루 25인분만 판매하고 문을 닫는 노포 맛집이

란다. 언젠가 기회가 되면 한번 들러서 그 맛을 음미해 보고 싶은 정겨움이 묻어나는 식당이다. 조금 더 지나면 이름만 들어도 정감이 넘쳐 나는 할매식당 건물이 자리 잡고 있다. 1883년에 이뤄진 개항장과 내항과 관련된 현장지원센터 건물을 지나 만나는 한국근대문학관이 세워진 거리는 오래된 우리의 옛 모습을 그대로 간직하고 있다. 인천개항박물관과 인천 구(舊) 일본제1은행터를 지나면, 1882년 조선과 미국이 자유공원 언덕에서 조미통상 수호조약을 맺을 때 우리나라에서 최초로 사용된 태극기 문양을 현수막으로 크게 걸어 놓

은 모습이 보인다. 대불호텔을 지나 1883년 청나라 초계지로 시작하여 청관(淸館)으로 불리다가, 지금은 차이나타운으로 불리는 곳에 진입한다. 이곳에는 120년이 넘는 기간 동안 화교 고유의 문화와 풍습이 보전되어 있고, 그곳 중국음식점 앞에는 짜장면을 비롯한 중국 음식을 즐기려는 사람이 길게 줄지어 서 있다. 중국의 4대 정원인 졸정원과 유원의 시설양식을 본떠 만든 휴식공간인 한중원을 지나, 차이나타운 황제의 계단 앞에 이르니 길 한가운데에서 경극 공연이 펼쳐지고 있다. 관객들은 변검(變脸)이 이루어질 때마다 우레와 같은 박수와 환호성을 지르고 있는 장면이 눈에 들어온다.

이 장면에서 길손의 머릿속에 숭의역 교차로에 내걸려 있던 현수막의 문구가 떠오른다. '유괴, 납치, 장기적출. 엄마들은 무섭다. 중국인 무비자 입국 중단하라.'는 극우단체에서 내건 현수막 문구가 바로 그것이다. 미국 내 한인타운 앞에 한국인을 대상으로 위와 같은 글귀가 걸려 있다면, 우리는 어떤 마음일까? 이미 다문화사회의 한가운데 진입한 시대에 민족중심적 단일문화주의를 부르짖거나, 특정 문화에 대한 혐오와 차별 그리고 사회적 배제를 일삼는 행위는 결코 바람직하지 못하다. 그보다는 인천 차이나타운의 길에서 자유롭게 경극공연을 하고 그들에게 뜨거운 환호와 박수를 보내며 함께 어울려 살아가는 모습이 더 아름답다 할 수 있다. 문화적 차별과 배제가 아닌 문화다원주의에 입각하여, 여러 채소가 한데 어울려 맛난 샐러드 음식이 되듯이 문화적 집단이 각각 문화적 다양성을 유지하면서 다른 문화와의 공통된 부분을 이해하고 존중하는 타협의 과정을 거쳐 사회를 통합해 나가는 것이 지금의 시대에 더 어울리는 모습이다.

중국음식점 거리를 지나 송월동 동화마을에 접어들면 세계 명작동화가 벽화로 그려져 있어 어린 시절의 추억을 불러일으킨다. 초한지 벽화거리에는 항우와 유방과 관련된 『초한지』의 내용이 벽화로 그려져 있다. 선린문 뒤에 있는 자유공원 입구가 이번 코스 종점인데 아무리 둘러봐도 서해랑길 안내판이 없다. 서해랑길 완보 인증을 위해 자유공원 안으로 발걸음을 떼어 놓았지만, 어느 곳에서도 안내판은 보이지 않는다. 인증 절차를 포기하고 집으로 돌아와서 포털을 검색하니 그곳에는 서해랑길 안내판은 없고, 96코스 시작점을 알리는 아주 작은 크기의 사각패널만 붙어 있다는 것을 알고 나니, 이 길을 관리하는 한국관광공사가 조금만 더 세심한 관리서비스를 해 주었으면 하는 바람을 갖게 된다.

53. 단계별 목표 성취

□ 서해랑길 96-98코스, 인천 자유공원 입구 - 김포 가현산 입구, 41.8km, 16.5시간, 84,978걸음

앞 코스의 종점을 찾아 헤매다 어느덧 자유공원 한가운데 진입했다. 몸도 지치고 마음도 지쳤지만, 대학 시절 친구들과 몇 번을 들렀을 때의 추억이 잔잔히 떠오른다. 자유공원은 1883년 인천항이 개항되고 나서 5년 후인 1888년에 조성된 우리나라 최초의 서구식 공원이다. 이 공원은 처음에는 일본과 청나라 등의 여러 나라 사람이 모여 살고 있는 지역 특성을 반영하여 '각국공원(各國公園)'이라 불렸지만, 한국전쟁 당시 인천상륙작전을 승리로 이끈 맥아더 장군의 동상이 세워진 1957년부터 지금의 이름으로 불리게 되었다고 한다. 오래된 공원의 역사만큼이나 오래된 나무가 이곳을 찾는 사람에게 아늑한 그늘을 만들어 주고 있는데, 벚꽃이 피는 4월 어느 날 밤에 이곳을 찾으면 말 그대로 꽃 대궐 속에 들어와 있는 느낌이 들 듯하다.

자유공원 광장에서는 인천광역시 중구 시가지와 인천항의 모습을 한눈에 조망할 수 있는데, 자유공원 하면 아무래도 맥아더 장군의 동상을 가장 먼저 떠올리게 된다. 두 다리를 벌리고 서서 왼손을 허리 뒤쪽 호주머니에 꽂고, 오른손으로 쌍안경을 든 채 인천 앞바다를 응시하고 있는 맥아더 장군의 모습이 인상적이다. 하지만 길을 지나는 과객의 눈을 붙잡는 것은 인천학도의용대 호국기념탑이다. 한국전쟁 당시 중공군이 개입하자 인천지역 3,000여 명의 어린 학생이 제대로 훈련도 받지 못한 채 경남 마산의 해병대와 육군에 입대하여 전투에 참전하여 목숨을 잃거나 부상을 당한 참혹한 일을 오래도록 기억하기 위해 세운 기념비다.

인천학도의용대 호국기념탑를 보면서 몇 년 전 걸었던 해파랑길 19코스 장사리 해변에서 학도병들이 펼쳤던 장사리상륙 작전의 모습이 떠오른다. 이 상륙작전은 맥아더 장군의 인천상륙작전에 따른 조선인민군의 주의를 분산시키기 위한 양동작전으로서 1950년 9월 15일부터 9월 19일까지 경상북도 영덕군 남정면 장사리에서 벌어진 전투다. 이 전투를 통해 국도 7호선을 봉쇄하고 조선인민군의 보급로를 차단하는 전과를 거두었으나, 독

립 제1유격대원으로 참여한 학도병 770여 명 중 200명이 전사하거나 부상을 당한 슬픈 우리 역사의 한 장면이기도 하다. 장사리상륙작전으로 인천상륙작전이 성공하고 한국전쟁의 전세를 뒤집을 수 있었던 것은 사실이나, 이를 위해 단지 2주간의 훈련만 받은 어린 학도의용군이 목숨을 희생한 것을 단지 나라를 위해 목숨 바쳐 희생한 충성심으로만 포장되어서는 안 될 것이다. 이 글을 읽는 독자 여러분께 인천 자유공원과 함께 경북 영덕군 남정면 장사리 해변도 함께 들러볼 것을 권하고 싶고, 그럴 시간 여유가 안 된다면 이재한 감독의 〈인천상륙작전〉(2016년)이라는 영화와 곽경택과 김태훈 감독의 〈장사리: 잊혀진 영웅들〉(2019년)이라는 영화 두 편을 함께 봐 주었으면 좋겠다.

자유공원을 돌아 나오면 주택가에 장애인복지시설인 희락원이 보이고, 성 미가엘 종합사회복지관도 보인다. 그리고 1890년 영국선교사에 의해 설립된 대한성공회 인천 내동교회의 중세풍 석조건물의 모습도 눈에 들어온다. 조금씩 상가의 모습이 보이는 곳에 이르면 신포국제시장과 신포문화의 거리에 도착한다. 19세기 말엽 이곳 신포동에서 중국 산동성 출신의 강씨와 왕씨 성을 가진 사람이 일본인과 서양인을 대상으로 서양 야채를 팔기 위한 푸성귀 가게[廛]를 열면서, 인천지역 최초의 근대시장이 출발하게 되었다는 기록이 남아 있다. 이른 아침부터 문학산을 넘어왔고 3만 보 이상을 걷다 보니 더 이상 걷고 싶은 마음이 사라져, 신포국제시장에서 유명하다는 닭강정을 포장해서 집으로 향한다.

학교에서 수업을 마친 다음날 다시 찾은 이곳 시장의 아침 기온은 영상 6도로 거의 초겨울 날씨를 방불케 한다. 시장 건너 주교좌 탑동성당 옆으로 난 주택가 골목길을 따라 걸어서 배다리 사거리에 도착한다. 지금은 도심 한가운데이지만, 예전에는 이곳까지 배가 드나들었고 배다리시장이 위치해 있던 곳이란다. 사거리를 건너 오른편으로 돌아서면 배다리 헌책방 골목인데, 지금은 몇 곳의 서점만이 남아 명맥을 유지하는 수준이다. 금창동에 위치한 쇠뿔마을 커뮤니티센터를 지나면, 내리교회에 파견된 미국인 존스 목사와 부인 벵켈 선교사가 1892년부터 어린 아이들을 가르친 영화학당에 이른다. 지금의 영화초등학교인 이 학당은 우리나라 최초의 서구식 초등교육의 출발지가 된 곳이다. 그뿐만 아니라 이곳 인근의 우각리는 한국 최초의 철도인 경인선의 발원지이며, 창영초등학교는 인천지역 3·1운동의 발생지라고 한다. 감리교단의 창영교회 앞 머릿돌에 새겨진 '거저 받았으니, 거저 주라.'는 마태복음 10장 8절의 말씀이 지나는 사람에게 참된 나눔과 사랑의 정신을 일깨워 주고 있다. 이 짧은 길을 걸으며, 배움, 사랑, 헌신, 나눔이 인간의 삶에서 얼마나 중요한 가치인지를 마음속 깊이 새기게 된다.

해가 떠올랐음에도 기온은 오르지 않고 바람은 더욱 차게 느껴지는데 '전국 최고 동태탕'을 판다는 음식점 간판을 마주하니 그곳에 들어가 뜨거운 국물이라도 한 그릇했으면 좋겠다는 본능이 요동친다. 그 본능을 억누르고 다시 대로를 따라 걷는다. 인천 동구 송림로에 위치한 현대시장은 이른 아침이라 한산하지만, 송림 오거리 인근의 중·고등학교와 대학으로 등교하는 학생의 발걸음은 잰걸음이다. 송림 오거리에서 잠깐 주의를 태만하다 보니 서해랑길에서 벗어나 있어 지도를 들여다보고, 욕실수리업을 하는 목간통 해우소 가게 방향으로 다시 길을 찾아 걷는다. 봉수대길 사거리에서 오른편 메타세쿼이아 가로수가 즐비하게 늘어선 길을 따라 걷는데, 서인천가구단지의 공장이 모여 있고, KG스틸 공장이 가로수와 어깨를 나란히 하고 서 있다. 가좌사거리까지 가좌IC를 빙 돌아가면서 몇 개의 횡단보도를 건너고, 삼양사 인천1공장을 지나고 가재울 사거리의 횡단보도를 건너 가좌이음숲과 가좌4동 행정복지센터, 가좌초등학교, 인천가정초등학교, 코스모스아파트와 한마음아파트를 지나, 장고개에 위치한 배수지 입구 가좌노인문화센터 건너편 버스 종점에서 산에 오르기 위한 휴식과 준비를 하며 쉬어 간다.

장고개는 예전에 초지가 무성하여 말을 키우는 마장 혹은 마장들이라고 불렸으며, 마장에서 넘어가는 고개라 하여 지금의 이름으로 불리게 되었다고 한다. 인천종주길과 겹치는 장고개로 올라가는데, 초입부터 가파른 등산로가 시작된다. 갈림길에서 보각사로 돌아가는 길이 있어 잠시 망설이다가 원래 코스대로 함봉산 정상을 향하는 오르막을 선택하여 걷는데, 조금씩 숨이 차오른다. 길옆 무덤의 봉분에 햇볕이 들지 않아 풀들이 자라지 못할 정도로 나무가 우거진 오르막 등산로가 계속 이어진다. 한 손에는 등산지팡이를 다른 한 손으로는 밧줄을 잡고 기어오르듯 돌길로 된 등산로를 오르자니, 그동안 느꼈던 추위는 오간 데 없고 등짝에 땀이 흥건하다. 오르고 쉬기를 반복하며 산불감시초소에 이르러서야, 산 아래 인천 시가지 풍경이 눈에 들어오는데, 문학산에서 보았던 풍경과는 그 모습이 사뭇 다르게 느껴진다. 34만 5천 볼트의 전압이 흐르는 송전탑을 지나 시점에서 11km 지점에 이르면, 함봉산 정상과 둘레길로 나눠지는 갈림길에 도착한다. 원래 코스는 함봉산 둘레길로 돌아가는 길이지만 힘들게 올라 왔으니 정상을 찍고 내려가겠다는 심산으로 함봉산 정상 방향으로 길을 잡는다. 100m 정도를 걸어 정상에 오르니 자그마한 표지석에 해발 165m라고 쓰여 있다. 서해랑길을 걸으며 몇 번을 깨달았지만, 바다 근처 산의 해발만 믿고 성급하게 오르려 하면 큰코다친다는 사실을 다시 한번 깨닫는다.

정상에 올랐으니 이제 내려가야 하는데, 내려가는 길의 경사가 아무리 작게 잡아도 30도는 넘을 듯하다. 급경사의 울퉁불퉁 비탈길을 내려가는 발걸음은 바들거린다고 표현하는 것이 맞을 것이고, 거의 엉덩이로 미끄러져 내려간다고 해도 과언이 아닐 정도로 두려움 속에 간신히 내려와 비타민길이라 불리는 둘레길과 만난다. 서해랑길 설계자가 왜 정상에 오르지 않고 둘러가는 길로 디자인을 했는지, 두려움에 바들거리고 나서야 깨닫는다. 송림이 우거진 함봉산 둘레길의 상큼한 공기를 호흡하면서 걸으니 이름처럼 비타민을 한 주먹 삼킨 것과 같은 마음이 든다. 함봉산 등산길과 둘레길이 끝나는 지점은 부평구 산곡동 부평샬레아넬리스아파트가 위치해 있고, 그곳에서 다시 원적산 등산로가 시작된다. 함봉산에서 나를 앞지른 길손은 이미 원적산 등성이를 올라섰는지 눈에 보이지 않는다. 더 무리하면 큰일 나겠다는 생각에 나무의자에 앉아 한참을 쉬어 간다.

속리산에서부터 백두대간에서 분기된 한남정맥에 속하는 원적산 역시 초입부터 가파른 오르막 계단이다. 그리 높은 계단도 아닌데 발걸음을 옮겨 놓기가 쉽지 않을 정도로 힘에 부치는 길이다. 곧이어 돌부리가 뾰족하여 신발 밑창을 뚫을 듯한 돌길을 오르니, 다시 하늘 끝까지 이어진 나무 계단이 등장한다. 한참을 망설이지만, 어디로 도망갈 곳이 없으니, 오를 수밖에 없다. 계단 저 끝에 보이는 하늘이 천국이라 생각하고 오르자는 심정으로, 몇 개의 계단을 오르고 나서 쉬고 또 오르고 쉬고를 반복하면서 마지막 계단에 올라섰다. 그곳부터 잠시 내리막길이 이어지다 다시 오르막길로 바뀌는 길을 걸어 전망데크에 올라서니 원적정까지 800m가 남았다고 한다. 전망대에서 한숨을 돌리고 다시 오르막으로 이어진 길을 따라 원적산 정상으로 향하는데, 이전보다는 길이 평탄해져서 걷기가 한결 수월하다. 석남약수터 삼거리 갈림길을 지나고 해발 196m의 원적산 정상의 한남정에 올라선다.

조선 시대 운하건설을 위해 이 산 곳곳을 파고 파도 바위만 나와 운하 건설에 실패하자, 원통하고 원한이 맺힌 산이라고 하여 원적산(怨積山)이라 불렀다고 한다. 정상에서 다시 급경사의 비탈길을 내려가서 몇 백 미터를 걸어가면 원적정 팔각정자에 도착한다.

이곳부터 시작되는 원적산 등산로는 잘 닦여져 있는 내리막길인데, 등산이 아니라 산책길처럼 느껴져 걷기에 한결 수월하다. 길 한가운데 여러 사람이 힘을 모아 쌓은 돌탑이 세워져 있고, 그 돌탑을 한 바퀴 빙 돌아가게 길이 만들어져 있다. 한신빌리지 방향으로 이어지는 길 역시 걷기에 수월하여 그동안 보지 못했던 숲의 풍경을 보며 마음의 평화를 얻게 된다. 원적산을 내려와 에어건으로 온몸에 쌓인 먼지를 털어 내고, 서구 가정동 도로변을 걸어 어린이공원을 지나 경인고속도로 위의 육교를 넘어 간다. 이어지는 사거리 횡단보도를 건너 봉오대로 위로 지나가는 루원교를 건너 대우하나아파트 버스 정류장 옆의 서해랑길 96코스의 종점이자 97코스의 시점 안내판 앞에서 유난히 힘들었던 오늘의 걷기를 마무리한다.

심리학 용어 중에 예기 불안(anticipatory anxiety)이란 말이 있다. 자신을 불안하게 만들 수 있다고 예상되는 사건이나 상황에 대해 미리 걱정하며 느끼는 불안감으로, 두려운 상황이나 경험이 실제로 발생하기 전에 그 고통을 예상하고 피하고자 하는 충동을 의미한다. 97코스는 난이도가 별 다섯 개인 '매우 어려움'으로 분류된 몇 안 되는 서해랑길 코스 중의 하나로서, 산을 다섯 개나 오르내려야 하는 험난한 여정이기 때문에 며칠을 미루다 초가을 이른 추위가 잠시 물러간 날 시작점에 올라섰다. 버스정류장 옆 루원시티 공영주차장을 지나 대우하나아파트 단지 옆으로 난 천마산 등산로 입구에 도착한다. '천마산 중턱의 바위에 말이 하늘을 향해 도약한 것 같은 말발굽 형태의 흔적들이 찍혀 있어 날개 달린 말이 이곳에서 하늘로 날아올랐다.'는 설화가 전해지고 있다. 등산로 초입부터 만난 계단을 중간 중간 쉬어가며 오르다 보면, 연이어 가파른 돌길이 등장한다. 왼손으로는 길옆의 밧줄을 붙들고 오른손으로는 등산지팡이에 의지하여 가파른 오르막을 오르다 보니, 숨이 턱밑까지 차오르고 등에서는 땀이 솟아나기 시작한다. 고압송전탑을 지나 만나는 갈림길에서 이정표를 보니 한참을 올라왔는데도 겨우 해발 200m밖에 안 된다. 두터운 가을 점퍼를 여름용 바람막이로 갈아입고 산 능선을 올라가는데, 그 아래에 천마바위가 있다고 쓰여 있지만 눈으로 볼 수는 없다. 짧은 거리지만 높이 올라왔으므로 전망이 확 트여 있는데, 왼편으로는 인천아시안게임 주경기장과 아파트가 보이고, 오른편으로는 96코스 주변의 주거단지가 눈에 들어온다.

천마산까지 500m라는 이정표에 곧 정상에 도착할 것이라 생각을 했는데, 정상이라고 추정되는 곳에 이르니 육각정 정자만 덩그러니 서 있다. 잠시 쉬어갈 겸 정자에 앉아 차 한잔으로 목을 축이고 숨을 고르며 지도를 들여다보니, 이곳이 해발 226m에 위치한 천마산이라고 표시되어 있다. 그런데 지도 바로 위쪽에 해발 287m의 천마산 정상이 따로 있는 것이 아닌가? 군부대에서 쳐 놓은 철조망과 나란히 이어지는 천마산 능선을 따라 한참을 걷다가, 인천시 인재개발원으로 내려가는 갈림길에서 진짜 천마산 정상의 팔각정 방향으로 직진한다. 인천종주길이면서 서구의 서로이음 길 3코스와 겹쳐지는 길을 오르고 내리기

를 반복하며 헬기장을 지나고, 다시 한참 동안 오르고 내리기를 반복하다 보면 서곶근린공원으로 내려가는 갈림길을 만난다. 그때부터 왼편 산 아래에서 총소리가 계속 들려오고, 길옆에는 사격시 우회 등산로를 이용하라는 팻말이 곳곳에 세워져 있다. 오른편은 철

조망이고 왼편은 총소리가 끊임없이 들리는 산 능선을 걸어 군 초소를 지나 조금을 걸어가면, 가파른 계단을 만난다. 거기를 오르기 위해서는 호흡을 가다듬어야 할 필요가 있어, 계단 바로 옆에 있는 무덤가에 앉아 잠시 기력을 채운다. 가파른 계단을 오르는데 어림짐작으로 80대 후반 즈음으로 보이는 할아버지가 나를 가로질러 지친 기색 하나 없이 가파른 길을 성큼 성큼 올라간다. 연이어 중년의 아낙네와 아저씨 그리고 젊은 여성까지 나를 앞질러 간다. 계단길이 끝나면 다시 가파른 돌길로 접어든다. 거친 숨을 몰아쉬며 해발 287m 천마

산 정상의 팔각정에 올라선다. 사방이 훤히 트인 경관이 가슴을 탁 트이게 하지만, 두 시간 반이나 걸린 가파른 등산에 몸은 서서히 지쳐 간다.

천마산 정상에서 중구봉 방향으로 내리막길을 200m 정도 내려가면, 천마산 정상과 중구봉 사이로 넘어가는 고개의 모양이 길마(말 안장)처럼 생겼다하여 이름 붙여진 길마재 쉼터에 이른다. 이곳에서 해발 276m의 중구봉까지는 돌길로 된 오르막길이다. 중구봉이라는 이름은 크고 작은 봉우리가 9개가 있다고 하여 붙여졌다는 설과 고려 시대 불교 행사인 중구절(음력 9월 9일) 행사가 치러진 것에서 유래되었다는 설이 동시에 존재한다. 중구봉부터 평탄한 능선길을 걷지만 다시 가파른 계단을 따라 내려가는데, 저 아래에서 차량이 달리는 소리가 들린다. 조심조심 급경사의 계단길을 내려서면 왕복 8차선인 경명대로 위의 징매이고개 생태통로에 이른다. 도로 건설로 인하여 천마산과 중구봉 그리고 계양산을 오가던 동물의 이동로가 막히자 이를 복원하기 위해 만든 생태통로로서, 동물유도 펜스와 돌무더기 등으로 조성되어 있다. 고라니, 너구리, 멧토끼 등에게 이 길이 생명을 이어 주는 길이 되길 바라며, 계양산 정상 방향으로 발걸음을 옮겨 놓는다.

한남정맥에 속하는 계양산은 해발 395.4m로서 인천에서 가장 높은 산이다. 계양산 초입에 중심성(衆心城) 터임을 알리는 표지석이 서 있다. 1883년 축조된 중심성은 여러 주민이 힘을 모아 지은 사실에서 이름을 따온 것이며, 인천 개항이 기정사실화되고 일본을 비롯한 외세의 침략을 막아낼 목적으로 지어진 성이다. 인천종주길에 속하는 계양산 정상과 인천둘레길에 속하는 피고개 방향으로 나뉘는 길목에서, 오늘의 정해진 코스에 포함되어 있는 피고개 방향으로 돌아든다. 둘레길이라 경사가 심하지는 않지만, 중간 중간 오르내림이 있는 길이다. 한참을 걷다가 문득 이 길이 맞는지 의문이 들어 확인해 보니, 앞서의 갈림길에서 좌회전이 아니라 우회전을 했어야 원래 정해진 길로 가는 것임을 알게 되었다. 원래 코스로 되돌아가려면 또 한참을 내려가서 돌아와야 하니, 그냥 피고개 방향으로 계속 걷기로 한다. 산불감시원 모자를 쓴 어르신께 피고개 방향을 재확인하고 계속 걷다 보니, 작은 우물터와 허물어진 집터 그리고 여러 개의 돌탑을 지나고 조금을 더 걸어 피고개에 도착한다.

피고개에서 한숨을 돌리고 수분을 보충한 다음에 고압송전선을 오른쪽으로 돌아 피고개산 정상으로 향한다. 피고개산은 '옛날 해주 정씨 형제가 진사시(進士試)에 합격했으나, 억울하게 관직을 삭탈 당하고 이 고개를 넘어오다 피를 토하고 죽었다.'고 해서 붙여진 이름이다. 피고개산 정상까지는 울퉁불퉁한 오르막길로 되어 있는데, 표지석 대신에 하얀 종이에 '피고개산 해발 201m'라고 써서 나무에 걸어놓았다. 정상에 올랐으니 다시 내려가야 하는데, 내리막길은 경사가 족히 30~40도 정도 되는 매우 가파르고 험한 돌길이다. 밧줄에 매달려 기어내려 간다는 표현으로도 부족한데, 그곳에서 올라오는 등산객을 만나니 난감하다. 등산객이 먼저 올라갈 수 있도록 길을 내어 주고 기다렸다가 내려가는데, 발이 미끄러져 어쩔 수 없이 엉덩이로 미끄럼 타듯이 내려오니, 엉치뼈가 아프다.

잠시 쉬면서 정신을 가다듬고 길을 나서서 잠시 평탄한 삼나무 숲을 걷다가, 다시 오르막길을 숨 가쁘게 올라가니 해발 185m의 검암산 정상에 도착한다. 산 정상이라고 하지만 앉아서 쉴만한 곳이 없어, 바로 내리막길을 걸어 내려간다. 피고개에서 1.5km 정도 떨어진 곳에서 좌회전하면 심즙신도비 방향이고 우회전하면 꽃매산 방향인데, 다행히 서해랑길은 은지초등학교 방향으로 직진한다. 이곳부터 길이 평탄해지고 중간 중간 운동시설이 설치된 것을 보니, 곧 마을에 당도할 듯하다. 1km 정도 한산한 산길을 내려와서 등산로 초입에 설치된 에어건으로 온몸의 먼지를 털어 내고, 아파트단지를 지나 은지초등학교에 도착하고 곧이어 도심지로 접어든다. 지금까지 서해랑길을 걸으며 가장 오랜 시간 동안 산길을 걸었기 때문에, 도심지의 번잡한 모습이 오늘은 오히려 반갑게 느껴진다. 검암도서관, 교차로와 마트, 상가건물 그리고 교회를 지나, 서구국민체육센터를 끼고 오른쪽으로 돌아서 조금 더 걸어가면 오늘의 목적지인 검암역에 도착한다. 서해랑길 안내판에서 걷기 인증을 하고 돌아서니 중년 남성이 자기도 같은 코스를 걸어왔다면서 말을 걸어 와, 이런저런 얘기를 좀 나누고 집으로 되돌아온다.

97코스 걷기가 얼마나 힘들었는지 양쪽 허벅지의 실핏줄이 터지고 근육통이 풀리지 않아 닷새 정도는 걸음을 옮겨 놓기도 쉽지 않았다. 어느 정도 다리 근육이 풀린 날 이른 새벽에 검암역 뒤편 시천나루 선착장 인근에 있는 서해5도 수산물 복합문화센터에 차를 주차하고 98코스 걷기를 시작한다. 서해랑길의 정해진 코스로 진입하기 위해서는 시천교에 올라야 하는데, 다른 여느 다리와는 달리 엘리베이터로 올라간다. 엘리베이터 투명 유리 저편으로 계양산 정상 위에 붉은 태양이 막 떠오르고 있고, 바로 아래 아라뱃길에는 물안개가 자욱하게 내려앉아 몽환적 분위기를 연출한다. 800년 전 고려 고종 때부터 이곳에 지속적인 운하개발계획이 추진되었으나 지속적으로 무산된 바 있다고 한다. 그런데 이명박 정부 시절인 2008년 국가정책조정회의에서 공공사업으로 경인운하를 설치하기로 결정하고, 2009년 공사를 시작하여 2012년 5월 경인아라뱃길이 개통되었다. 폭 80m, 수심 6.3m의 총 연장 18km에 달하는 아라뱃길은 선박운항로 확보와 홍수소통 기능을 증대하기 위해 만들었다지만, 조금 전 시천나루에서 확인한 바에 의하면 하루 세 번 유람선이 다니는 것이 전부일 정도로 활용도가 매우 낮은 실정이다. 너무 단순화시켜 말하는 부분이 없지는 않지만, 2조 2,500억 원을 들인 정책효과가 겨우 유람선 운행에 불과하다면, 그것은 실패한 정책이 분명하다. 당시 국가정책조정위원이 그 정책의 타당성과 효용성 그리고 효율성이 높다고 평가한 근거가 자못 의심스러워진다. 이명박 정부의 기억나는 치적이라면, 4대강 개발과 아라뱃길 공사일 정도로 나라 전체에 건설공사가 우후죽순 진행되었다는 것이다. 그때 땅을 파고 물길을 막고 뚫기보다는 정보통신 분야와 같은 미래 유망 산업에 집중 투자했으면, 지금 대한민국이 인공지능 분야에서 한 걸음 앞서갈 수 있지 않았을까 하는 생각을 하며, 530m 길이의 왕복 8차선의 시천교를 건넌다.

시천교를 내려서면 건너편 시천공원의 아름다운 단풍을 보면서 서곶로를 따라 걸어서, 인천교육청 유아교육진흥원을 지나고 백석중·고등학교를 지난다. 오늘이 수능시험일이라 학교 앞에는 응원 현수막이 부지기수로 걸려 있는데, 내가 보기에는 수험생 응원보다는 다음의 어떤 선거에 나설 사람이 자기 이름을 알리기 위해 붙여 놓은 현수막이 더 많은 듯하다. 수험생이 자신이 노력한 만큼의 성적을 얻기를 기도하면서, 낙엽이 수북하게 내려앉은 길을 따라 걸어 인천 지하철 2호선 독정역을 지난다. 그곳에서 신호등을 건너고 건너서 검단 힐스테이트아파트와 백석고가교 사이의 공원을 따라 인천서구 장애인종합복지관 방향으로 걸어 간다. 한참을 걷다 길에서 벗어난 것을 깨닫고 되돌아와 중앙자동차전문학원 담벼락 옆에 설치된 서로이음길 7코스 안내판 인근에서 할메산으로 진입한다. 이 산의 원래 이름은 '큰 산'이라는 의미의 '한뫼산'이었으나 지금의 할메산으로 바뀌었다.

해발 104.8m인 작은 산인 할메산은 주변 지역민이 자주 이용하는 곳이어서 그런지, 오르는 길이 매우 잘 정비되어 있다. 산 초입은 뒷동산을 산책하는 것처럼 여유롭게 걸을 수 있고, 깊은 가을에 진입하여 길 위에는 상수리나무 낙엽으로 뒤덮여 있다. '시몬 너는 아느냐, 낙엽 밟는 소리를'이라는 프랑스 상징주의 시인인 레미 드 구르몽의 〈낙엽〉이란 시 구절이 떠오를 정도로, 발아래에서 들려오는 낙엽 소리가 꽤나 낭만적이다. 한남정맥에 속한 할메산은 흙길도 걷고 야자매트가 깔린 길도 걷는 편안한 길이지만, 정상 직전에는 250개가 넘는 계단을 올라야 한다. 아침 기온이 10도도 안 되어 손에 장갑을 끼어야 하는 날씨지만, 정상에 올라서니 등에 땀이 맺힌다. 아무리 낮아도 산은 산인가 보다. 정상에는 표지석 없이 태극기만 나부끼고 있는데, 차 한잔으로 원기를 회복하고 산을 내려간다. 올라오는 길보다 내려가는 길의 경사가 심한 편인데, 계단과 야자매트 길을 따라 내려가는데 위험한 상황에서 타종을 하라는 의미인지 포탄을 반으로 뚝 잘라 매달아 놓은 모습이 눈에 띈다. 아침 식사를 하고 운동하러 오는 마전동 주민이 눈에 자주 띄는데, 산어귀에서는 쓰레기봉투를 하나씩 손에 든 할아버지와 할머니 예닐곱 명이 산을 오르는 모습이 보인다. 아마도 노인일자리사업에 참여하는 노인이 할메산 등산로의 쓰레기를 수거하는 작업을 할 모양이다.

할메산을 벗어나 마전동 도로를 따라 걷고 금호아파트 사거리에서 횡단보도를 건너 인천 지하철 2호선 마전역을 지나간다. 검단복지회관, 검단도서관, 다목적체육관을 지나 완만한 경사면에 지어진 아파트단지와 빌라촌을 지나고, 검단로 횡단보도를 건너 토당산 자락의 가파른 오르막길을 오르고 다시 아파트단지 사이를 걸어 간다. 영진아파트를 조금 지나 작은 마트에 나의 고향마을에서 생산된 '의령 대봉감' 박스 두 개가 눈에 들어오자, 갑자기 돌아가신 부모님이 뵙고 싶은 마음에 울컥한다. 다시 주택가를 걷고 걸어서, 현무체육공원으로 접어든다. 이곳은 국궁을 쏘는 곳이지만, 다들 이른 새벽 운동을 마치고 집으로 갔는지 사대(射臺)는 텅 비어 있다. 공원 끝에서 계단을 올라서서 가현산 등산이 시작되기 전에 잠시 휴식을 취하며 본격적인 등산에 대비한다. 가현산은 '해발 215m의 높지 않은 산이지만, 서해 바다를 조망할 수 있고 봄에는 진달래가 만발하여 그 아름다움을 비견할 곳이 없다.'고 안내판에 쓰여 있다.

지금은 봄이 아닌 겨울이니 진달래꽃을 볼 수는 없겠지만, 가을 단풍과 낙엽을 마음껏 볼 수 있을 것이란 기대를 안고 산길을 오르기 시작한다. 그런데 거짓말처럼 갑자기 한자락 강한 바람이 불더니, 상수리 나무에서 낙엽이 비처럼 흩날리며 내려서 몽환적 분위기를 연출한다. 꿈에 취한 듯 그 풍경을 바라보며 서서히 산을 오르니, 지난 코스와 같이 군

부대의 철조망이 등장하면서 현실세계로 되돌아온다. 현무정에서 1.3km 올라온 지점의 금곡초등학교 갈림길에 이르니, 세자봉까지 1.05km 남았다는 표지판이 나온다. 조금 더 산길을 걸어가면 송월교회 공동묘지를 지나고 임도를 건너 가현산 등산로 입구에 도착한다. 시점부터 8km가량 걸어왔고 기온도 올라가다 보니, 땀이 차기 시작하여 본격적 등산을 앞두고 윗옷 앞섶을 풀어헤친다.

서로이름길 8-3코스의 오르막길을 걷고 쉬고를 반복하며, 500m 정도를 올라간다. 그런데 삼거리 갈림길에서 세자봉으로 오르는 등산로가 공사 때문에 막혀 있다. 앞선 등산객 서너 명이 막힌 등산로 옆 샛길로 돌아 올라가려 하자, 그 앞에 쉬고 계시던 어르신 한 분이 "굳이 가지 말라는데 올라가는 것은 옳은 태도가 아니다."라며 큰 소리로 나무라는 것이 아닌가. 나 역시도 샛길로 돌아 오르려는 마음을 가졌었는데, 어르신의 나무람에 마음을 접고 묘각사 방향으로 돌아가기로 한다. 숲길을 걸어서 삼거리 갈림길에서 묘각사로 가는 포장도로를 따라 걸어 오르면, 가현산으로 오르는 입구에 도착하는데 여기도 등산로를 막아 놓았다. 하는 수 없이 왼쪽 방향으로 걷고 걸어서, 마치 용이 승천하는 모습을 닮았다는 비룡목(飛龍木)이 대웅전 앞에 서 있는 묘각사에 도착한다. 사찰 입구 안내판에 '우리 모두 참된 마음을 닦아 본연의 모습을 회복하자.'는 글귀를 보며, 내 마음이 어떤가를 한번 되돌아보는데 세파에 찌든 모습이 먼저 떠오른다. 머리를 좌우로 흔들면 그 보고 싶지 않은 모습이 털릴까 하여 한동안 고개를 좌우로 흔들어보지만, 그렇게 한다고 맑은 마음을 갖기는 힘들 듯하다.

묘각사 뒤편의 가파른 계단을 올라 사찰을 뒤로 하고, 둘레길로 접어든다. 214.9m의 가파른 가현산을 오르는 대신 비교적 평탄한 둘레길을 선택하였지만, 높이 대신 길이가 늘어난 느낌이 들 정도로 한참을 걸어야 한다. 그 길 위로는 사람이 다니지 않아, 오솔길에 낙엽이 수북하게 쌓여 있다. 낙엽에 미끄러지면 저 아래로 굴러 떨어질까 두려워, 조심조심 발걸음을 내딛는다. 원래 코스와 합쳐지는 지점에서는 수도 없는 가파른 계단을 오르게 되는데, 차라리 등산로가 안 막혔으면 가현산 정상으로 가는 것이 더 쉬웠을 수도 있었겠다는 생각이 들 정도다. 가현산 아래의 가현정에서 내려와 해병대2사단으로 향하는 갈림길에서 서해랑길은 왼쪽 방향으로 올라간다. 참나무와 소나무 그리고 이름 모를 나무가 오색찬란한 풍광을 만들어 내는 곳에 중년의 아낙네 두 명이 집에서 싸온 맛난 도시락을 먹으며 수다를 떨고 있다. 마음 같아서는 얻어먹고 싶은데 차마 입이 떨어지지 않아, 배낭 속에 든 콩물로 허기를 면하고 계속 걷는다. 다와 가는데 끝이 안 보이는 길을 계속 걸어서, 경사가 30도 즈음은 되는 내리막길을 밧줄을 잡고 간신히 내려와서 조금 더 걸으면 오늘 코스의 종점이다. 가현산과 다음 코스의 학운산을 연결하는 생태통로 위에 세워진 서해랑길 안내판에서 걷기를 종료하고, 해병대2사단 버스정류장으로 내려와 90번 버스를 타고 검암역으로 되돌아온다.

이렇게 인천의 다섯 개 서해랑길 코스를 모두 걷고 되돌아보니, 어떤 다른 구간의 코스보다 인천 구간의 코스가 힘들었다. 다섯 개 코스 중 네 개 코스의 난이도가 어려움이었고, 한남정맥의 산을 수도 없이 오르고 내리는 바람에 다리가 너무 아프고 한 코스 끝날 때마다 몸 속에 남아 있는 에너지가 하나도 없는 듯한 느낌이 들었다. 인천 첫 코스의 오봉산, 듬배산을 시작으로 해서, 문학산, 함봉산, 원적산, 천마산, 중구봉, 계양산, 피고개산, 검단산, 할메산, 세자봉, 가현산의 정상에 오르거나 에둘러서 걸었으니, 이쯤 되면 걷는 길이 아니라 등산길이라 해야 옳을 듯하다. 해발이 낮다고 하여 바닷가 산을 만만히 보면 큰일 난다는 것은 익히 알고 있었으나. 인천의 산을 하나하나 넘을 때마다 온 힘을 다해 올랐다고 하는 것이 올바른 표현일 듯하다. 이렇게 힘든 인천의 서해랑길 코스를 모두 걷고 나니, 우리의 삶뿐만 아니라 내담자를 돕는 실천과정에서 목표에 이르기가 쉽지만은 않다는 것과 그럼에도 불구하고 하나하나 어려운 단계를 넘어서면 언젠가는 목표에 도달할 수 있다는 것을 다시 한번 깨닫게 된다.

54. 요철(凹凸)의 결합

□ 서해랑길 99코스, 김포 가현산 입구 – 대명포구, 13.8km, 5시간, 28,911걸음

인천코스부터 달려온 한남정맥의 산들과 어려운 난이도의 코스가 경기도 김포시 양촌읍에서 대곶면까지의 오늘 코스에서도 계속 이어진다. 335번 도로인 봉수대로 위의 생태통로에 위치한 오늘 코스 시작점은 노랑 단풍으로 곱게 치장하고 있다. 가파른 내리막 계단과 짧은 생태통로를 건너서면, 학운산으로 오르는 다소 가파른 등산길을 마주하게 된다. 가을 한가운데에 이른 시점의 산길은 낙엽이 수북이 쌓여 있어 나름의 풍취가 있을지 모르지만, 걷기에는 다소 미끄럽다. 상수리나무와 떡갈나무 그리고 소나무 사이로 아침 해가 밝게 떠오르는 모습이 아름답기 그지없지만, 초입부터 이어지는 가파른 오르막에 조금씩 숨이 차오른다.

오르고 쉬고를 반복하는데, 가을 오솔길 위에 쓰러진 나무가 앞길을 막아선다. 나무 둥치 아래로 몸을 구부려 통과하면 지금까지 이어지던 낙엽길이 뾰족뾰족한 돌길로 변하고, 그 끝 지점에서 넓은 임도에 이르게 된다. 임도에 들어서 오르느라 거칠어진 숨을 고르고, 다리와 발목도 스트레칭을 하고는 오색 단풍으로 아름답게 꾸며진 길을 편안하게 걸어 올라간다. 김포의 지형학적 위치 때문인지 임도 옆에는 커다란 벙커가 지나는 사람을 잡아먹을 듯 크게 입을 벌리고 있는데, 지금은 활용도가 낮아졌는지 벙커 입구가 온통 쓰레기로 가득 채워져 있다. 임도가 두 갈래로 나눠지는 지점에서 직진하면 학운산 정상을 지나 바로 내려갈 듯하고, 왼편 길을 선택하면 에둘러가는 길이어서 거리와 시간이 좀 더 늘어날 듯하다. 어디로 갈까 한참을 망설이다 정해진 코스를 따라 왼편으로 돌아가니, 단풍나무가 곧 불이라도 붙을 것처럼 붉디붉은 색으로 치장하고 자신의 아름다움을 뽐내

고 있다. 학운산을 빙 둘러 와서 보니 앞에서 정상으로 직진했다면, 군사시설에 막혀 되돌아 나와야 하는 낭패를 겪을 뻔했다.

학운산에서 내려오는 길은 완만한 경사의 흙길이 이어지고, 곳곳에 군사시설물이 있는 것을 제외하면 가을 정취를 만끽할 수 있는 길이다. 천마산이나 가현산같이 가파른 산세가 아니라 그런지 길옆에 다소 규모가 있는 묘지도 눈에 들어온다. 학운산을 내려오면 작은 공장지대를 만나게 되는데, 한참을 걸은 것같이 느껴지는데 시점부터 2.5km밖에 걷지 않았다. 공장지대 중간 즈음에서 풍산 심씨 청학공파 수목원 입구 안내판에서 다시 산속으로 들어 간다. 사람 하나 걸을 수 있는 작은 오솔길인데 오토바이 출입금지라고 쓰여 있는 것이 선뜻 이해가 되지 않는다. 묘지를 지나 나무숲으로 위장한 군사시설인 벙커를 오르면서 갑자기 경사가 심해진 길은 내려가는 길도 급경사길이다. 낙엽이 수북하게 쌓여 있는 급경사의 내리막길에서 미끄러지지 않으려고 다리에 힘을 주었더니, 근육에 가벼운 통증이 느껴진다. 고압전류가 흐르는 송전탑 아래에서 왼편으로 내려가면, 단풍나무의 붉은 색과 은행나무의 노란색 그리고 아직 단풍이 들지 않은 녹색 나뭇잎이 어울려 마치 한 폭의 수채화 같은 풍경을 선물해 준다. 수목원이라 이름은 붙어 있지만 수목원 같지 않은 학운산 자락의 작은 봉우리를 내려서면 다시 공장지대를 만나고, 그곳에서 함베수안마을 버스정류장까지 1km 정도에 걸쳐진 공장지대와 마을을 통과한다. 보행로가 없는 차도를 조심스럽게 걸어서 GS칼텍스 주유소와 대능교 아래에 이르면 경기둘레길 60코스 시작점과 만나, 수안산으로 발길을 옮긴다.

수안산 입구부터 다시 가을 분위기 물씬 풍기는 산속 오솔길을 걷는다. 학운산처럼 낙엽이 쌓여 있지 않은 산길은 걷기는 편한데, 다소 경사가 있어 숨이 가빠 온다. 수안산 자락의 능선을 올랐다 내려서면 대호정이라는 국궁터가 나오는데, 궁사들이 이른 새벽에 다녀갔는지 한가하다. 대호정 사대에 깔린 녹색잔디가 단풍 든 산 풍경 때문에 더욱 도드라져 보인다. 궁터 옆 경주 김씨 가문의 묘지 잔디에 앉아 차 한잔을 마시고 땀이 가득한 가을 등산자켓을 벗고 여름 방풍자켓으로 갈아입으니, 한결 산뜻해진 느낌이다. 대호정 옆의 능선길을 걷는데, 나무에 '백두대간과 그에 부속된 정맥과 지맥'만을 걷는 어느 등산 동호회의 리본을 보고, 감히 나는 엄두도 못 낼 일을 하는 그들이 참으로 대단하다는 생각이 든다. 대호정을 다 돌아나오면 능선길은 다시 수안산 숲길의 가파른 오르막길로 바뛴다. 짧지만 가파른 길을 거친 숨을 내쉬며 올라서면, 수령이 꽤나 오래된 듯한 나무들이 푸른 하늘을 배경으로 고고하게 서 있다. 군사시설을 지나고 수안산 정상의 헬리콥터 착륙장을 지나, 해발 147m의 수안산 정상으로 발길을 옮긴다.

정상 초입에는 두 개의 커다란 돌탑과 정상 표시석이 서 있고, 맞은편에 수안정 정자가 서 있다. 이곳에 올라 맨 왼쪽의 김포신도시부터 가현산, 계양산, 청라지구, 영종대교 그리고 맨 오른쪽의 영종도에 이르기까지 파노라마처럼 펼쳐진 김포와 인천의 풍광을 눈에 담는다. 정자 옆에 지방기념물 159호인 수안산성 안내판에 길이 685m의 퇴뫼식 석축산성이 있다는데 눈에는 보이지 않아, 사진으로만 보고 돌아선다. 정상을 돌아 나오면 이곳에도 어김없이 군사 벙커가 입을 벌리고 서 있고, 그 옆으로는 수안산 산신령에게 제사를 지내는 제단이 자리 잡고 있다. 정상에서 조금을 걸어내려 오면, 수안산성의 문화재 보호를 위해 그전에 존재했던 율생공동묘지 매장 금지 안내판이 서 있는데, 담당부서가 지방자치단체 노인복지 담당부서라고 적혀 있다. 우리들이 흔히 노인복지부서가 복지업무만 할 것으로 짐작하지만, 장사업무 또한 노인복지부서의 핵심 업무 중 하나다. 수안산 숲길의 임도를 따라 내려오는 길도 가을분위기가 물씬 나는데, 입구에는 운동시설과 쉼터 그리고 그라운드골프 필드가 위치해 있다.

다시 공장지대 입구에 이르면 오늘 코스의 딱 절반이 되는 지점이라는 팻말이 세워져 있는데, 시간상으로는 절반이 더 남았음을 알려 준다. 힘들지는 않지만, 같은 거리를 더 오래 걸어야 한다는 것은 남은 승마산 구간의 길이 더 험하다는 것을 의미하는 것이기에 갑자기 몸에서 기운이 빠져나가는 느낌이 든다. 공장 건물을 지나고 그 가운데 섞여 있는 한우축사를 지나는데, 이른바 고향의 냄새가 진하게 풍겨 나온다. 상마리 도로를 건너면 33년 동안 운영한 어탕국수집이 나오는데, 점심 무렵인지라 건물 벽에 붙여놓은 메뉴판을 보고 꼴깍꼴깍 침을 삼키게 된다. 먹고 싶은 마음을 누르고 마을로 접어들면 어귀에 캠핑장 안내문이 붙어 있지만, 한동안 공장지대가 이어진다. 공장 건물보다 더 많은 것이 공장 매매 관련 광고문인 것을 보면 요즈음의 지역경제가 심상치 않음이 느껴진다. 잠시 주의를 기울이지 않은 탓에 원래 경로에서 벗어나, 두루누비 앱으로 원래 코스와 만나는 길을 선택해 걷는다. 강화도 가는 큰 길 위의 약암육교에서 새털 같은 구름이 날아가는 하늘 풍경을 바라보니, 쌓인 피로가 날아간다.

우여곡절 끝에 다시 서해랑길 코스로 되돌아오니, 승마산으로 오르는 길이다. 길 초입에 수신과 발신이라는 글자가 쓰인 깡통 우체통이 보이는데, 그 아래에 예전에 군사우편을 주고받을 용도로 세워진 것이라 쓰여 있다. 차량진입 차단봉이 세워진 승마산 임도를 따라 걷는데, 길은 편하지만 오르막인지라 가다 서다를 반복하며 올라간다. 그런데 갑자기 뒤에서 헉헉거리는 숨소리가 들려와서 돌아보려는데, 커다란 개 한 마리가 앞으로 튀어 나가는 것이 아닌가. 갑자기 온몸의 털이 모두 일어설 정도로 두려움을 느낌과 동시에 버려져 산을 헤매는 개에 대한 연민의 마음이 함께 일어난다. 놀란 가슴을 진정하고 다시 오르고 올라, 승마산 정상까지 650m가 남은 지점에 이른다. 산 이름에 맞춰 길 안내판에 말이 비상하는 그림과 두 마리의 말이 함께 뛰어가는 그림이 그려져 있다. 네 시간 가까이 걸어왔기에 승마산 정상까지 가면 힘들겠다고 생각하고 있는데, 서해랑길은 정상에 들리지 않고 임도를 따라 약암온천과 대명항으로 돌아간다. 그런데 이번에는 임도에 떨어진 낙엽 속에 야생동물이 싸 놓은 똥 무더기를 발견하고, 다시 한번 놀라 주변을 살피게 된다. 내려가는 임도 옆에 화생방 공격을 받았을 때 이를 알리는 신호방식을 써놓은 안내판과 탄피로 된 종이 설치되어 있다. 군사 벙커까지 평탄하게 이어지던 임도는 가파른 내리막의 계단으로 바뀌고, 다시 좁은 숲속 오솔길을 내려갔다가, 가파른 오르막을 올라가는 수고로움을 선물로 안겨준다. 땀을 빼질 거리며 산 중턱까지 올라오면, 거기서부터 약암온천까지는 비교적 완만한 내리막이다.

사람이 살았던 흔적이 있는 승마산 끝자락을 돌아 나와 약암1리 복지회관을 지나 도로변으로 나서면, 고소한 향기가 나는 베이커리 카페에서 담소와 미소를 교환하는 주말 나들이객의 모습이 보인다. 강화도로 가기 위한 차들이 몰려들어 약암온천 앞길은 긴 정체가 형성되어 있는데, 보행로가 따로 없어 차들을 요리조리 피하며 걸어서 대로변 약암 교차로에 이른다. 횡단보도를 건너고 작은 수로 옆 흙길을 따라 걸어서 대명항으로 들어선다. 주말이라 나들이 나온 사람들이 튀김가게에서 새우튀김을 안주 삼아 소주 한잔을 나누고 있는 모습부터 노점에서 순무김치를 사는 사람, 친구와 수다 떠는 재미에 차량에 부딪힐 뻔한 아낙네, 한여름이면 분명 땀띠가 났을 정도로 찰싹 달라붙어 걷는 젊은 연인, 대낮인데 술에 취해 갈지자 걸음을 옮겨 놓는 아저씨, 아이스크림 사달라고 조르는 아이에 이르기까지 다양한 사람들의 모습이 이 포구에 어울려 있다. 번잡한 주말 대명포

구를 이리저리 돌아서 김포함상공원 끝 부분의 평화누리길 1코스이자 서해랑길 100코스 시작점에 도착한다.

　오늘의 코스는 학운산, 수안산, 승마산을 오르고 내리기를 세 번 반복하고, 그 중간 중간에 공장지대를 걷고, 그 끝에는 염화강과 서해 바다가 만나는 기수 지역에 위치한 포구에 이르는 길이다.

이 길을 걸으며 필자는 물체의 형태나 표면의 불규칙함을 의미하는 요철(凹凸)이라는 말을 떠올린다. 오목할 요(凹)와 볼록한 철(凸)이 따로 존재할 때에는 울퉁불퉁한 불규칙적 모습이지만, 그 둘이 합쳐지면 고르고 평평한 하나의 완전체의 모습을 지니게 된다. 남과 여, 남과 북, 위와 아래, 가진 자와 못 가진 자, 보수와 진보, 하양과 까망 등과 같이 우리들 삶의 공간에는 서로 반대의 모습과 성향을 가진 자들이 함께 살아간다. 이들이 각자 자기 것만을 옳다고 주장하고 우기면 세상은 뾰족하거나 움푹 파인 살기 힘든 공간이 된다. 반대로 서로를 이해하고 서로를 받아들여 하나로 어우러지면 평화롭고 아름다운 삶의 공간이 될 것이다. 서로의 다름을 이해하고 인정하며 하나로 어우러지려는 마음, 그 마음이 바로 세상을 복지공동체로 만드는 씨앗임을 기억해야 한다.

55. 잊힌 역사

□ 서해랑길 100−101코스, 김포 대명포구 − 강화도 외포항, 30.1km, 11시간, 61,821걸음

대명항의 평일 아침은 주말의 번잡스러움은 오간 데 없이 고요하기 그지없다. 퇴역한 운봉함이 자리한 김포 함상공원 끝머리의 코리아둘레길의 북쪽 노선인 평화누리길의 1코스 시점에서 철책 너머로 염하강과 강화도 초지진의 풍경을 잠시 바라보고, 반대 방향으로 향하는 서해랑길로 되돌아 나온다. 늦가을 쌀쌀한 날씨에 해물뚝배기 한 그릇으로 속을 채우고 몸을 덥힌 후, 2024년 국가어항으로 지정된 대명항의 어판장과 수산물타운, 주차장 그리고 여러 음식점을 지나 초지대교로 향한다. 포구를 빠져나와 만나는 깊은 갯골은 지금껏 서해랑길에서 본 것들에 비해 그 크기와 깊이가 남다르다. 김포시 대곶면 약암리와 강화군 길상면 초지리를 이어 주는 초지대교에 올라서니, 차들은 심한 소음을 내며 빠르게 달리지만 오른편 염하강 물줄기는 소리 없이 느린 듯 빠르게 바다로 흘러든다. 물길과 같은 방향으로 불어오는 가을 아침 바람이 제법 쌀쌀해 옷깃을 여미게 하지만, 초지대교 위에서 바라보는 강과 바다 그리고 강화도 본섬의 풍경은 시원함 그 자체다. 초지대교 중간 즈음에서 경기도 김포시에서 인천광역시 강화군으로 행정구역이 바뀌고, 앞쪽 왼편으로 자연산 장어로 유명한 황산포구의 풍경이 눈에 들어온다. 차량 소음에 어느 정도 익숙해질 즈음에 강화도로 진입하여 초지로와 해안순환도로가 만나는 곳 좌우에 위치한 강화초지 인삼센터와 해수탕 그리고 식당 앞의 사거리를 건너 초지광장으로 진입한다. 한 3주 전에 길상면 농수특산물 직거래장터가 열렸던 이곳 초지광장은 휑하니 텅 비어 있어, 늦가을의 쓸쓸함을 더해 준다.

광장을 벗어나 초지로와 논 사이에 놓인 시멘트로 포장된 작은 농로를 따라 점점 강화도 안쪽으로 들어간다. 초지로 옆의 메타세쿼이아 나무는 녹색 옷에서 짙은 갈색 옷으로 갈아입고 줄지어 서 있고, 벼는 알곡으로 바뀌어 사람의 위장으로 달려가고 그 빈자리를 옹기종기 모인 철새가 채우고 있다. 같은 풍경의 길이 한동안 이어지는 통에 살짝 지겨워질 무렵, 길상산 능선에 자리 잡은 강화씨사이드리조트의 회전전망대가 눈에 들어온

다. 곤돌라는 외줄에 의지하여 쉼 없이 길상산을 오르고, 그 아래로는 경사와 중력만으로 탈 수 있는 루지트랙이 갈지자로 펼쳐져 있는데, 주말이면 그곳에 가족 단위 휴양객으로 가득 찰 것 같다. 초지현2교차로를 지나서 같은 풍경의 길을 걷다 보면, 농촌 마을로 들어가는 입구에 작은 철강회사 건물이 나오고, 그곳을 지나면 길상낚시터다. 평지형인 장흥1저수지에 마련된 이곳 낚시터에는 연령대별 낚시터를 따로 운영하고, 방갈로와 평상과 텐트를 비롯한 다양한 휴게시설이 설치되어 있지만, 평일인지라 낚시하는 조사(釣士)는 단 두 명뿐이다.

초지로 위의 길상교차로를 잠시 만났다가 다시 도로 옆 농로를 따라 걸어서 장어구이 식당을 지나고, 장흥교차로에 이르는데 이곳 고개의 이름을 따서 보릿고개 교차로로도 불린다. 교차로의 신호등을 기다리다 우연히 건너편에 서 있는 선두포마을 입구를 알리는 비석을 보게 되었는데, 그곳에 '삼별초의 출항지'라고 쓰여 있다. 처음에 도둑을 막기 위해 설치한 야별초에서 유래된 삼별초는 고려 무신정권 하에서 경찰, 군사 등의 임무를 담당했지만 실질적으로는 무신집안의 사병 역할을 수행한 군사조직이었다. 1231년부터 몽골 침략으로 강화도로 피난 온 고려 무신정권은 1270년 몽골과 굴욕적 강화조약을 맺고 원래 수도인 개경으로 환도(還都)한다. 이때 원종이 삼별초의 해산을 명령하고 그 명부를 몽골에 넘겨, 삼별초는 큰 타격을 입게 되었다. 상황이 이렇게 되자 배중손과 노영희 등의 삼별초 지도자는 몽골에 항쟁하기로 결의하고, 고려 왕족인 왕온(王蘊)을 왕으로 추대하여 강화도의 모든 재산과 사람을 태운 천여 척의 대선단을 이끌고 진도로 향하게 된다. 이때 삼별초가 출항한 곳이 바로 선두포마을이다. 당시 경상도와 전라도 지방의 세곡이 서울로 운송되는 길목에 위치한 군사적 요충지인 진도에 도착한 삼별초는 몽골에 항쟁하기 위해 '용장사'라는 절을 임시 궁궐로 삼고, 산성을 쌓고 관아도 설치하였는데, 서해랑길 7코스 시작점에 가면 용장사와 용장성의 유적을 눈으로 볼 수 있다. 삼별초가 출항한 후 오백 년 정도의 시간이 지나 포구에 제방을 쌓아 농촌마을로 변모한 선두포마을에서 삼별초와 관련된 유적을 만나볼 수가 없어 점점 잊힌 역사가 되어 가고 있다.

보릿고개 교차로부터 전등사 입구까지는 초지로를 따라 걷는다. 전등사는 고구려 소수림왕 11년(381년) 아도화상에 의해 진종사(眞宗寺)라는 이름으로 창건되었으나, 고려 충렬왕 8년(1282년)에 정화공주가 이곳에 송나라 대장경을 가져다 두게 하면서 이름이 전등사(傳燈寺)로 바뀌게 되었다. 이 사찰은 호국불교의 근본 도량으로 잘 알려져 있는데, 서울과 인천 시민이 강화도를 방문하면 어김없이 들르는 유명한 관광지이기도 하다. 이 길을 함께 걷고 있는 나와 길동무도 몇 차례 들러 보았고 걸어야 할 길이 많이 남아 있어, 아쉬운 마음을 애써 외면하고 돌아선다. 전등사를 지나 큰길을 따라 내려가면, 사회복지법인 성가수녀회에서 운영하는 성안나의 집이라는 노인장기요양시설을 지나고, '온수리 옛길에 모인 상권'을 의미하는 온수옛길 상그름에 진입한다. 온수옛길을 따라 다세대주택과 상점을 지나면 특허를 낸 김밥집을 만나는데, 먹어 보면 모를까 식당 밖에 걸린 메뉴만으로는 특허를 받을 만한 김밥인지는 모르겠다. 길상초등학교 정문 옆에는 이 학교에 잠시 다녔던 최영섭 작곡가가 중절모에 안경을 쓴 모습의 초상(肖像)과 함께 〈그리운 금강산〉의 가사가 쓰인 기념비가 세워져 있고, 후문에는 아코디언 연주자와 함께 즐겁게 뛰노는 아이들 조각상이 세워져 있다. 조금 더 걸어가면, 일제강점기에 설립되어 강화도 최초 지역특산주 면허를 취득한 금풍양조장 건물이 옛 모습 그대로 보존되어 있다. 이곳에서는 '무농약 쌀에 감미료를 넣지 않은 수제 막걸리를 제조하고, 쌀포대를 업사이클링(upcycling)하는 3무(三無) 원칙'을 철저히 지키고 있다고 한다. 잠시 들러 체험시설과 양조시설 그리고 예전에 사용하던 술독 등을 둘러본다.

온수옛길에서 길상면 행정복지센터를 지나, 1906년에 지어진 대한성공회 온수리성당에 들어선다. 이곳은 1900년에 우리나라에서 최초로 설립된 강화읍의 대한성공회 강화성당과 함께 오랜 역사를 지닌 한옥성당으로서, 아직도 아름답고 성스러운 그 모습을 간직하고 있다. 이 성당은 길상초등학교의 전신인 진명학교 등을 설립하여 교육사업에 적극 참여하였으며, 조광원 신부와 김여우 등을 비롯한 여러 성도가 독립운동에 적극적으로 참여한 것으로 알려져 있다. 성당 입구에 세워진 두 분의 독립운동가 기념비 앞에서 잠시 추모와 감사의 마음을 전하고 돌아 나와, 강화나들길 3코스에 포함된 강화군에서 운영하는 강화 남부키즈카페와 강화군 노인문화센터를 지난다. 그곳에서 1세대 노인과 3세대 손자녀 그리고 그들을 잇는 2세대 자녀 부부가 함께 어울려 행복하게 동행하는 삶을 살아갔으면 좋겠다는 희망을 가져본다. 이어지는 호젓한 마을길로 들어서니 곱게 물든 단풍나무 아래 커다란 곰돌이 인형이 사지를 축 늘어뜨리고 의자에 기댄 채 파란 대문을 지키고 있다. 바로 옆 강화학생체육관 뒤뜰 녹색 향나무 위에는 노랑 은행잎이 층층

이 내려앉아 멋진 색의 대비를 보여 준다. 축사와 공사장 그리고 논밭을 지나 길정저수지 제방길로 접어드는데, 저수지 옆집은 옛 시골집은 거의 없고 전원주택으로 보이는 멋진 집들이 자리 잡고 있다.

　신촌마을을 지나고 길적1리 다목적회관에서 차 한잔으로 잠시 여유를 부리고는 마을 안을 돌아 나와 이규보 선생의 묘지로 향한다. 경기도 여주 출신 고려 시대 문신(文臣)이자 문장가인 이규보(李奎報) 선생은 「동명왕편」 「동국이상국집」 「백운소설」 「국선생전」 등의 민족정신에 바탕을 둔 많은 글을 남기고, 말년을 보낸 이곳 길상면 길직리에 묻혔다. 그의 묘 앞의 기물은 단출하지만 기품이 있으며, 묘 앞에 사당이 지어져 있는 것을 볼 때 후인(後人)의 많은 존경을 받고 있는 것 같다. 이 글을 쓰는 사람도 고등학교 시절 국어시간에 선생의 글에 대해 배운 바가 있어, 옛 추억에 잠시 젖어 본다. 지금까지 13km 넘게 포장된 길을 걷게 만든 서해랑길은 묘를 돌아올라 소나무 숲속 오솔길로 인도한다. 폭신거리는 낙엽 쌓인 호젓한 길을 걸으니, 발뿐만 아니라 마음까지 편안해지는 느낌이다. 숲길 걷다 만난 묘지 앞 쪽에 '쩡이가 잠든 곳. 우리 가족으로 와 줘서 고마웠어. 잊지 않을게, 고마워!'라는 강아지 묘비명이 세워져 있다. 이 묘지를 찾는 자손이 조상과 반려견 중에서 누가 더 그리워서 이곳을 찾게 될 것인지 사뭇 궁금해진다. 연등국제선원이라는 조계종의 사찰 겸 명상센터를 지나고, 잠시 더 이어지던 숲길은 금세 끝이 나고 곧 포장도로로 내려선다. 바로 앞에 영어와 한문을 혼용하여 '참기름'이라는 이름을 붙인 갤러리에 어떤 작품이 전시되어 있는지 모르겠지만, 큰 규모의 주차장에 대형버스가 줄지어 학생을 기다리고 서 있다.

　곧 만나는 길직리마을 앞에는 한 쌍의 부부 느티나무가 다정하게 서 있다. 나무 아래 쓰인 안내문의 '한여름 해질 무렵까지 술 마시는 남편을 대신해서 아내가 농사일을 하게 되었다.'는 글을 읽고 나니, 왠지 두 그루 나무가 서로 등 돌리고 서 있는 것으로 보인다. 길은 고려왕릉로 차도 옆 좁은 인도와 담벼락 위에 높게 철조망이 쳐진 군부대를 지나는데, 저녁 무렵이 되어서인지 영내에 장병이 한 명도 보이지 않는다. 군부대를 지나 조금 더 걸으면, 오늘 걷기의 종점인 강화 곤릉 입구의 버스정류장이다. 그곳에서 택시로 대명포구로 되돌아오는 길에 강화토박이인 기사와 강화도에 관한 이런저런 얘기를 나누고, 차량으로 강화 버스터미널 인근에서 해장국 한 그릇으로 저녁을 먹고 장례식장 주변의 숙소에서 하루를 마무리한다.

새벽 6시 15분에 48번 강화군내버스를 타고 곤릉으로 향하는데, 초행길인데다 짙은 어둠 속이라 어디가 어딘지 모르고 있는데 기사분이 "어디 가느냐?"고 묻는데 그곳이 바로 오늘 걷기 시점이었다. 버스에 탄 손님이라고는 나와 길동무 두 명뿐인데다 배낭을 메고 있으니, 분명 이곳에 내릴 것이라고 예측하고 물어본 것이 분명하다. 그런데 강화 읍내에서 여기까지 한 번도 정차하지 않고 달린 탓에 예상보다 너무 일찍 도착하여, 깜깜한 어둠이 걷히기를 기다렸다 마을 안으로 접어든다. 진강산 입구에 도착하니 마을길의 가로등이 하나둘 꺼지면서 날이 밝아 온다. 마을 이름이 그런지 아니면 펜션 이름인지는 모르겠으나 '예쁜 마을' 입구에서 서해랑길은 좌회전하지만, 강화 곤릉은 오른편으로 돌아가야 한다. 강화 곤릉(坤陵)은 1212~1213년이라는 2년이 채 안 되는 기간 동안 왕으로 재위했던 고려 22대 강종의 계비(繼妃)인 원덕왕후(미상~1239년)의 무덤이다. 직접 들러 눈으로 볼 수는 없었으나, 자료에 '석물이 없어지고 봉분과 무덤을 둘러싼 담도 무너졌던 것을 1974년에 보수하였다.'고 기록되어 있는 것을 보면, 조선왕조의 왕비 무덤에 비해서는 많이 초라할 듯하다.

마을 입구에서 나무계단을 올라서면 진강산 숲길로 들어선다. 늦가을 새벽 미명이 완전히 걷히기도 전의 시간인지라, 숲의 호젓한 분위기와 산새들의 지저귀는 소리가 "아름답다. 멋있다."라는 말을 자연스럽게 내뱉게 만든다. 떡갈나무 낙엽으로 가득한 숲속 오솔길을 걸어 오르다 보면, 지금은 물이 말라버린 약수터 하나를 지난다. 그즈음 산 능선 위로 붉은 해가 앙상한 나무들 사이로 얼굴을 내밀어, 숲속 안개를 붉게 물들이는 멋진 풍광이 연출된다. 심하지는 않지만 그래도 오르막 산길인데, 전혀 오르막길을 걷고 있는 느낌이 아니라 발이 둥둥 떠다니는 느낌이다. 한 사람이 겨우 지날 수 있는 정도의 숲속 오솔길을 조금 더 걸으면, 강화 석릉(碩陵)까지 50m라는 팻말이 세워져 있다. 이 능은 고려 시대 몽골의 침입으로 강화도로 천도한 강도(江都) 시기(1232~1270년)에 최충헌의 무신정권에 의해 폐위되어 강화 교동도로 유배되었던 고려 후기 제21대 희종 왕릉이다. 조선 현종 때 강화유수가 다시 봉분한 바 있지만, 관리 소홀로 봉분이 붕괴되고 주변 석물이 없어진 것을 1974년에 보수, 정비하였다고 한다. 그곳까지 걷는 대신 스마트폰 사진으로 그 모습을 확인하니, 내가 익히 알고 있는 왕릉의 모습과는 거리가 멀고 그냥 동네 양반 무덤처럼 보인다. 서해랑길은 석릉 입구를 지나 진강산 정상 등산로로 오르지 않고, 왼편 능선으로 돌아간다. 진강산 능선에서 내려다보는 안개 낀 아침 산의 풍경은 아름답다는 말로는 다 표현되지 않는다.

　진강산의 산세가 넓고 깊은지 몇 개의 계곡을 지나는데, 늦가을 갈수기에도 계곡의 물이 맑고 청아한 소리를 내며 흐르고 있다. 능선을 넘어서 산자락으로 내려서면, 양도면 도장리에 인천 가톨릭대학교가 자리 잡고 있다. 출입금지 팻말 너머로 보이는 신학교 안의 단풍나무 아래에는 십자가 앞에서 기도할 수 있는 장소가 곳곳에 마련되어 있다. 부디 그곳에서 공부하는 신학생이 멋지고 성스러운 영적 지도자로 성장해 주기를 기도하며, 예쁜 단풍길 아래를 걷고 걷는다. 계명수련원 방향으로 길을 잡아 진강산 자락을 걸어가다, 인근 초등학교에서 길손들을 위해 나무 간이 의자 4개로 마련해 놓은 쉼터를 만나 잠시 다리를 쉬고 간다. 작은 정자에 이르면 길은 조금 넓은 임도로 바뀌고, 그 끝 무렵에 이르면 고려 제24대 원종(1260~1274년 재위)의 왕비 순경태후의 무덤인 가릉(嘉陵)에 이른다. 순경태후는 무신정권 최고의 권력자였던 최우(崔瑀)의 외손녀로서, 충렬왕과 딸을 연이어 낳고, 16세의 나이에 세상을 떠난 비운의 왕비다. 가릉은 지상식 석실 구조

를 갖춘 돌방무덤이며, 봉분 뒤에 토성(土城)이나 돌담을 둘러싸지 않고 약간 경사진 평지에 봉분을 쌓아 올린 형태이고. 주변에는 3단의 장대석단이 설치되어 있다. 하지만 국립문화재연구소 자료에는 1974년에 보수를 했음에도 불구하고, 석물이 파괴, 유실되어 당시의 모습을 확인할 수 없다고 기록되어 있다.

강화 가릉 앞 마을에서 강화나들길 3코스와 이별하고, 다시 숲속으로 들어가 나들길 4코스와 겹치는 길을 계속 걸어 간다. 하동 정씨 선산의 무덤에 이르면, 조상의 무덤에 그늘을 드리우는 나무를 죽이기 위해 밑동 부근의 나무껍질을 도려낸 모습이 보이는데 나무에 고통을 가하며 서서히 죽게 만드는 모습이 아름답지만은 않아 보인다. 조금을 더 걸어 갈멜산 강화금식기도원 안을 돌아 나오고, 아름다운 단풍으로 물든 진강산 자락의 숲속으로 다시 들어가 한참을 걸어서 정제두 묘에 이른다. 정몽주의 후손인 하곡(霞谷) 정제두 선생은 조선 후기의 문신이자 학자로서 양명학의 사상적 체계를 완성하였지만, 성리학이 주류였던 당시의 학계와 정계에서 이단으로 몰려 배척당한 인물이다. 그의 묘는 앞서 본 다소 초라해 보이는 고려 왕실의 왕릉에 비해 난아하고 득유의 기풍이 서려 있는 모습이다. 시점부터 7km가 넘는 진강산 능선과 자락을 오르내린 숲길을 벗어나 강화남로 포장도로에 내려서면, 양도면의 상징목이 산딸나무임을 알리는 표지판이 서 있다. 그리고 하우고개에는 하곡 선생의 숭모비와 함께 고려 중기 거란의 침입을 막아 낸 고려의 무관이자 문관인 김취려의 묘를 알리는 표지판이 서 있다. 강화남로에서 좌회전하여 양도면 하일리 마을로 접어들어, 건평로를 따라 걷다 만나는 건평교회 사택 2층 베란다에서 젊은 남성 목회자가 이불을 털고 있는 모습이 친근하게 다가온다.

강화나들길 4코스를 따라 걸어 건평항에 도착하면, 천상병 귀천공원 입구에 병자호란 때 조선 효종이 가장 좋아했던 말, '벌대총'을 기르던 진강목장에 관한 일화가 기록되어 있고, 바닷가에는 포토존이 설치되어 있다. 공원 가운데는 경남 마산이 고향인 '천상병 시인이 형편상 고향에 가지 못하고 건평항에서 막걸리로 향수를 달래며 끄적인 메모를 친구 박재삼 시인에게 전한 것이 그 유명한 〈귀천(歸天)〉이라는 유작 시(遺作 詩)로 발표되었다.'는 소개 글과 함께 시인의 조각상이 세워져 있다. 공원 앞바다 건너편에는 석모도가 길다란 모습으로 누워 있고, 이쪽 육지에는 그 아름다운 섬과 일몰 풍경을 보러온 관광객이 머물 수 있는 펜션, 글램핑장, 캠핑장이 도로 양옆으로 줄지어 서 있다. 저 멀리

석모대교를 바라보고 해안서로를 따라 걸으면 행정구역은 내가면으로 바뀌고, 그 초입에는 대규모 새우양식장이 있는데 그 안에 포식가인 가마우지 한 마리가 한가롭게 유영하고 있다. 경인북부수협의 수산물 산지 거점 유통센터를 지나고 맞은 편 강화함상공원의 퇴역 함정인 마산호를 바라보며 걷고 걸어서, 오늘의 종점인 외포항의 해양경찰서 앞에 도착한다.

오늘 아름다운 진강산 자락을 걷는 길은 매우 좋았으나, 그 속의 고려왕조 무덤을 보고는 아픈 마음이 들었다. 역사의 기록이 으레 승자 중심으로 기록되지만, 그렇다고 해서 패자의 역사를 잊고 모른 척 외면하는 것은 잘못된 태도다. 조선왕조의 왕릉이 유네스코문화유산으로 등재되고 국민이 자주 방문하여 잘 관리되고 있는 데 비해, 비록 소수의 왕릉이기는 하지만 강화도의 고려 왕릉은 외진 산자락에 위치해 있을 뿐 아니라 그곳에 이르는 길 또한 좁은 산속 오솔길인지라 접근하기조차 쉽지 않다. 그리고 복원된 능의 모습 또한 찬란함에는 한참 못 미치는 초라한 모습을 하고 있다. 고려 왕릉을 보면서 우리의 사회복지 역사를 되돌아보게 된다. 멀리서 찾을 것도 없이 서해랑길 목포 구간의 공생원과 같은 아름다운 역사도 있고, 경기도 안산 구간의 선감학원과 같은 아프고 감추고 싶은 사회복지의 역사도 있다. 아름다운 역사는 계승 발전시키고, 아프고 슬프고 감추고 싶은 역사는 회개와 반성을 통하여 새롭고 정의로운 복지의 길을 닦아나가는 데 밑돌로 삼아야 한다. 아프고 감추고 싶은 역사를 외면하면, 가까운 미래에 그 아픈 역사와 동일한 정의롭지 못한 복지의 길이 반복될 것이다. 그러기에 아름다운 역사를 계승하는 것 못지않게, 어둡고 아픈 역사에 대한 냉혹한 평가와 반성 그리고 새로운 미래를 만들어갈 대안 마련에 더 많은 힘을 쏟아야 한다.

56. 종결 감정

□ 서해랑길 102 − 103코스, 강화도 외포항 − 강화평화전망대, 23.4km, 9시간, 50,240걸음

수도권 제1순환고속도로 김포요금소부터 비가 내리기 시작하여, 한강변을 따라 김포시 통진읍을 지나 강화도 외포항에 도착할 때에도 비는 멈추지 않는다. 우산을 받쳐 들고 외포항 젓갈수산시장에서 새우젓 한 통을 사고, 길 건너 외포기사식당에서 돼지국밥 한 그릇을 비우고 나오자 언제 그랬냐는 듯이 비가 그치고 맑은 해가 비치기 시작한다. 일기예보에 한두 시간 비가 내리고 그칠 것이라 했기에, 우비를 챙기지 않고 비교적 가벼운 옷차림으로 길을 나선다. 석모대교가 건설되면서 석모도 가는 뱃길이 끊어져 외포항을 찾는 관광객이 줄어들면서, 포구 끝 망양돈대 앞의 세 곳 모텔과 주변의 가게는 문을 닫아걸었다. 강화도 해안서로를 따라 잠시 걷다가, 길은 국수산 자락으로 접어든다. 잠깐 동안 오르막길을 올라가 뒤돌아보면, 잎새를 모두 떨군 나무 사이로 석모대교와 석모도에 우뚝 솟은 해명산의 풍경이 눈에 들어온다. 산길을 벗어나 강화유스호스텔 입구에 이르니 출입금지 팻말이 세워져 있어, 다른 길로 돌아가니 경로를 이탈했다는 경보가 울린다. 되돌아와 보니 유스호스텔이 폐업하여 출입하지 못하도록 한 것인데, 길 자체가 폐쇄된 것으로 오인한 것이었다. 아주 낡은 다세대주택 느낌이 나는 유스호스텔을 벗어나 다시 국수산 자락길로 접어드는데, 발이 푹푹 들어갈 정도로 낙엽이 켜켜이 쌓여 있다. 조금의 오르내림은 있지만 완만한 산길을 삼십 분 정도 걸으면서, 마음이 고요해지고 세상사 온갖 시름을 내려놓게 된다.

국수산 정상을 알리는 이정표에서 우회전하여 철조망이 쳐진 수도관리사무소를 지나면, 예수의성모 관상수도회 앞에 이른다. 수도회 정문을 지나며 막 길을 나서는 수녀님께 길동무가 인사를 건넸으나, 수녀님은 뭔가 깊은 영적 고민에 빠져 계신 듯 고요히 지나가신다. 정갈하게 정돈된 수도회 진입로 옆의 커다란 소나무 뒤편으로 저 멀리 작은 섬 풍경이 눈에 가득 들어오고, 곧 오른편으로 황청저수지의 풍광이 펼쳐진다. 저수지 바로 아래 마을에는 옛 시골마을에서 흔히 볼 수 있는 이른바 시골집의 모습은 없고 전

원주택이 옹기종기 들어서 있는데, 강화도의 길을 걸으면서 이런 풍경을 자주 만나게 된다. 저수지가 끝나는 지점에서 살짝 오르막길을 올라 마을로 접어들면, 주말에만 이용하는 것으로 보이는 아름다운 주택 마당에 아주 오래된 팽나무 한 그루가 지나는 길손에게 바람에 일렁이는 가지로 손짓을 한다. 농막과 강화도에서 처음 만나는 폐가를 지나, '도랑에서 물을 퍼 올리는 농기구'에서 이름이 유래된 용두레 마을에 진입한다. 예전에 농협에서 진행하던 팜스테이를 운영했던 흔적이 곳곳에 남아 있지만, 지금은 중단했는지 나무 그네는 아이들의 깔깔 웃음을 그리워하며 허공에 매달려 있다.

용두레마을 뒤편 덕수산을 벗어나 제방길로 올라서자, 한두 방울 떨어지기 시작하던 빗줄기는 계룡돈대에 이르기까지 점점 더 거세진다. 돈대는 '적의 움직임을 살피거나 공격에 대비하기 위하여 접경지역이나 해안지역의 감시하기 쉬운 곳에 설치하는 초소로서, 밖은 성곽으로 높게 하고 안은 낮게 하여 포(砲)를 설치해 두는 시설물'이다. 계룡돈대는 조선 숙종 5년(1679년) 강화유수 윤이제가 승병 8,000명과 어영군 4,300명을 동원하여 80일 동안 쌓은 48개 돈대 중의 하나라고 한다. 길이 30cm, 너비 20cm의 화강암으로 3~5m 높이의 석축을 쌓아 만든 계룡돈대는 긴 네모꼴 모양을 하고 있으며, 강화도의 54개 돈대 중에서 유일하게 쌓은 연대를 알 수 있는 곳이라고 한다. 우리 선조들은 이곳에서 목숨을 걸고 나라를 지키는 사명을 이행했지만, 이 길을 걷는 길손은 비를 피하는 용도로 쓰고 있으니 죄송한 마음이 앞선다. 한동안 비를 피해 화강암을 머리에 이고 있지만, 비는 그칠 줄을 모른다.

비가 더 굵어지기 전에 얼른 걸어서 종점에 도착하자고 의기투합하고 나와 길동무는 거센 바람과 함께 내리는 비를 막을 어떤 장비도 챙기지 못한 채 우중(雨中) 걷기에 나선다. 방조제 위를 계속 걸으면 바람이 더 거셀 듯하여, 망월평야의 농로를 따라 걷는데 바람과 빗줄기는 갈수록 거세진다. 빗속을 걸으며 손목시계로 기온을 살펴보니 온도가 6도인데, 체감하는 온도는 영하 5도처럼 느껴진다. 거센 바람 속에 앞이 안 보일 정도로 쏟아지는 비 때문에 마주 오는 1톤 포터 트럭을 간신히 비켜난다. 허허벌판인 평야지대를 더 이상 걷는 것은 불가능하다는 생각이 들어 가까운 농가로 피신해서 택시를 불러볼까 생각하는 순간에, 오른편 농로에 하얀 승용차 한 대가 멈춰 서 있다. 길을 잘못 들어서서 내비게이션으로 갈 곳을 검색하고 있는가 싶었는데, 차는 요동조차 않고 계속 그곳에 서 있다. 차가 점점 가까워지자 오른편 차장이 스르륵 내려가면서 손짓하기에 길동무가 다가갔더니, "대충 털고 얼른 차에 올라타라."고 한다. 과한 표현 같을지 모르지만, 그 순간만큼은 운전석에 앉은 나이 지긋한 부인이 구세주처럼 보였다. 진심이 담기지 않을래야 않을 수 없는 '감사합니다.'를 연발하며, 차에 올라타니 가는 곳이 어딘지 묻고는 그곳까지 태워다 주겠다고 한다. 알고 보니 길을 잃은 것이 아니라, 우중에 고초를 겪는 우리를 태워 주기 위해 그렇게도 오래 기다리고 서 있었던 것이다. 염치없지만 서해랑길 102코스 종점인 창후항까지 가달라고 부탁하니, '거기서는 이동할 방법이 있느냐 물으며 최종 목적지까지 데려다주겠다.'고 한다. 거기까지 도움을 받는 것은 몰염치한 일이라 여겨 종점까지만 태워 달라고 했더니, 5분 조금 넘는 시간 안에 창후항에 데려다 준다. 감사의 표현을 해야겠는데 가진 게 없어, 길동무가 갖고 있던 황금향 귤 한 알과 "앞으로 사시면서 복 많이 받으실 거예요."라는 덕담으로 진심이 담긴 감사의 마음을 전달한다.

창후항 버스정류장 앞에 내리니 귀신같이 빗줄기가 가늘어지더니 바로 그친다. 전남 해남군에서도 빗속을 걷다 얻어 탔던 택시에서 내리자마자 비가 그쳤던 경험이 있는데, 이번에도 똑같은 경험을 한다. 진정한 도움의 손길을 내밀 줄 아는 이웃이 있는 지금의 세상은 아직 살 만한 세상이라는 생각을 하면서, 주변을 둘러본다. 강화에서 강릉까지 이어지는 308km의 한반도 횡단 울트라마라톤 출발점이 이곳 창후항이라는 커다란 안내석이 버스 정류장 옆에 세워져 있고, 그 뒤편으로는 배 이름을 따서 '○○호'라는 상호를 달고 있는 가게가 줄지어 서 있다. 스마트폰 앱을 이용하여 택시를 호출해 보고 유선으로 택시회사에 전화를 걸어 보아도 이곳 외진 곳까지 와 줄 택시를 부를 수가 없었다. 하는 수 없이 버스로 강화읍내로 갔다가 다시 외포항으로 버스로 이동할 계획을 하고 버스 정류장에서 기다리는데, 온몸이 떨려서 수산물센터 안으로 이동한다. 화장실 앞에서 온몸을 격하게 움직여 보아도 추위는 가시지 않는다. 버스를 타기 전에 마지막으로 한 번 더 택시를 호출했더니, 버스 도착시간과 거의 동일한 시간에 기적적으로 콜에 응답이 왔다. 부드러운 목소리와 온화한 인상의 연세 지긋한 기사분과 강화도에 관한 이런저런 얘기를 나누며 외포항에 도착하여, 호래기와 밴댕이 등의 회를 마련해서 이른 시간에 강화읍내 숙소에 들어와 몸을 녹이고 안락함을 누린다.

　서해랑길의 마지막 코스를 걷는 오늘 가야 할 곳이 강화도의 가장 끝 지점인 민통선 안에 위치해 있는 관계로, 차량이 아닌 버스로 이동하기로 한다. 새벽 6시 10분에 강화버스터미널을 출발한 32번 군내버스는 20분 만에 창후항에 도착한다. 어둠이 짙게 내려앉은 시간이지만, 도로 가로등과 해안철책선 경비등의 불빛에 의지하여 창후항을 벗어나, 도로와 해안철책선 사이로 난 흙길을 얼마 걷지 않아 어둠 속의 무태돈대를 마주한다. 2m 정도 되는 높이의 석축 안으로 들어서니 돈대 안의 직사각형 공간이 꽤 넓은데, 어둠 때문에 그 형체를 정확히 보기는 어렵지만 성곽 곳곳이 훼손된 흔적이 보인다. 대신 깜깜한 강화 새벽바다 위 하늘에 뜬 아름다운 별들에 취해 한동안 머물다가, 돈대옆 철책선을 따라 걷는데 어제 내린 빗물이 웅덩이가 되어 길을 막고 버티고 있다. 하는 수 없이 원래 경로를 이탈하여 도로를 따라 걷다가, 먼동이 터올 무렵이 되어서 다시 해안철책선 옆으로 되돌아온다. 철책선에 세워진 경비초소는 텅 비어 있고 감시카메라가 이곳저곳을 비추며 그 임무를 대신하고 있다. 그 순간 하늘 위에서 새 울음소리가 들려 올려다보

니, 아침 해가 솟아오르는 붉은 기운을 배경으로 까만 기러기 수백 마리가 추위를 피해 남쪽으로 대오를 갖춰 이동하는 장관이 펼쳐진다. 앞의 사진은 가을 억새와 새벽 미명을 배경으로 펼쳐진 철새의 군무를 길동무가 순간 포착한 것인데, 실제 눈으로 목격한 것은 사진보다 더 아름답고 신비롭다.

철새의 아름다운 비행을 바라보느라 하늘을 올려다보며, 교동대교를 뒤로 하고 길게 뻗은 농로를 따라 걷는다. 포장된 농로 위에 고인 어제의 빗물은 오늘은 고체 형태의 하얀 얼음으로 변해서 누워 있고, 수로는 액체 형태 그대로 가득차서 흐르고 있다. 논과 산 사이를 흐르는 작은 실개천에서 평생 처음으로 야생상태의 원앙 한 쌍을 만나는 행운도 누린다. 농로 끝 집에서 공사가 한창인 48번 인화로로 올라서서, 송산삼거리에서 왼편 작은 도로로 접어든다. 길가에 붉은 색으로 '민통선 이북 지역 출입 안내문' 간판이 세워져 있는 것을 보니, 지금 걷고 있는 길이 군사분계선에 인접한 민간인통제선 안쪽의 마을임을 알게 된다. 도로를 따라 매제미고개를 넘고, 문웅규 정려문이 세워진 마을을 지나 인천교육청에서 운영하는 서사체험학습장을 지나는데, 서사체험이 무엇인지 궁금한데 어디에도 그 내용을 소개하는 문구를 찾을 수가 없다. 다시 48번 도로와 만나는 지점에 이르러 하얀 진돗개 네 마리와 산책하는 마을 주민 부부를 만나고, 연이어 믹스견을 포함한 네 마리의 작은 강아지를 산책시키는 아낙네와 각기 한 마리씩 대형견과 산책하는 노부부를 만나는데, 그중 남편이 일찍부터 길을 나섰으니 무탈하게 걷기를 마무리하라고 격려해 준다.

교산2리 마을에 도착하니, 마을 초입에 나의 어린 시절 어디를 가든 눈에 띄던 방공호가 버티고 서 있다. 마을 주민 전체가 대피하고도 남을 정도로 큰 규모의 방공호를 보니, 남북이 극한적 이념대립을 하던 어린 시절의 전시 대피훈련이 다시 머릿속을 가득 채운다. 유쾌하지 않은 기억을 머리에서 털어 내고, 교산2리 경로당을 지나 다리목 버스정류장에서 차 한잔을 마시며 한동안 쉬었다가, 길 표식을 보고 좌회전하여 농로로 들어선다. 농수로 정비공사가 한창인 곳을 지나, 마을 한가운데 즈음에서 오래 전 강화도 최초로 40~50명의 성도가 모여 시루미 신앙공동체 생활을 했던 15칸 'ㄱ'자 형태의 초가집 터를 만난다. 오늘 종점이 바닷가에 인접해 있으니 직진하면 그곳에 도달할 것이라고 생각하고 한참을 걷다가 길 표식을 찾아 사방을 둘러보지만, 원래 경로에서 한참을 이탈한 상황이었다. 두루누비 앱의 지도를 확인하고 따라 걷기 기능을 활용하여, 농로를 벗어나 도로로 올라와서 양서면 사무소 방향으로 우회전하여 교산1리마을회관과 강화소방서 양서119지역대를 지나고, 양서 파출소 앞에서 다시 원래 경로와 만난다. 서해랑길 원래 경로로 되돌아오는 데 30분 이상을 헤매었으니, 성덕산을 오르기 전에 입구에서 잠시 멈춰 호흡을 가다듬고 잠시 쉬어 간다.

성덕산 등산로 입구 아래쪽 집에서는 탱자나무로 담장을 둘러놓았는데, 어린 시절 뛰어놀던 고향집 풍경이 머릿속에 떠오른다. 옛 추억을 뒤로 하고 성덕산을 오르기 시작하는데, 경사가 그리 급한 편은 아니지만 몇 걸음 가다 쉬고 또 걷기를 반복해서 오르다 보니 등에서 땀이 배어 나오기 시작한다. 한참 몸의 열기가 올라올 즈음 선녀바위 앞에 이르게 되는데, 이 동네 총각과 사랑에 빠진 선녀와 관련된 전설이 서려 있단다. 느낌상으로는 많이 올라온 것 같은데, 겨우 600m밖에 올라오지 못했다. 다시 1km 지점에 위치한 장군바위를 향해 오르는데 이전보다 길도 거칠고 경사도 가파르다. 백두대간 지맥의 산을 오르는 것이 그리 호락호락할 리가 없다. 장군바위에는 설화에 언급된 것처럼 다섯 손가락의 자국이 깊게 파여 있어, 그 이름이 붙여진 연유가 충분히 납득이 된다. 조금 더 가팔라지는 길을 애써 올라서면 해발 215m의 성덕산 정상인데, 나무기둥 하나로 여기가 성덕산 정상임을 알리고 있다. 정상에서 능선을 따라 성덕산 쉼터를 지나고 내려오는 길에 그 모양을 보고 이름 지은 두꺼비바위가 자리 잡고 있는데, 실물로 볼 때보다 사진으로 찍었을 때가 더 두꺼비 모양에 가깝다.

산 능선길은 폭이 넓고 경사가 거의 없어 편안하게 걸을 수 있다. 그런데 어느 정도 위치에 와있는지를 알고 싶어도 등산길의 이정표에는 특정 지점의 방향만을 알려 줄 뿐 남은 거리를 기록해 두지 않아 어디쯤 걷고 있는지 도통 감을 잡을 수 없다. 성덕산 정상에서 별악봉까지의 거리가 700m 정도라 하는데 한참을 걸어서야 별악봉에 오르는 가파른 철제 계단 앞에 도착한다. 계단의 경사가 매우 가파르고 그 끝이 하늘에 맞닿아 있는 느낌이라, 조심조심 올라가는데 계단이 한 번 꺾이는 지점의 난간에서 바라보는 경치가 일품이다. 그곳에서 남아 있는 여남은 개의 계단을 마저 오르면, 별악봉 정상인데, 거의 360도에 가깝게 파노라마처럼 펼쳐진 정경은 가히 아름답고 아름답다. 강화도 서편 바다는 물론이고 북녘 땅의 풍경도 한눈에 들어오는 멋지고 시원한 풍경이 방금 급경사의 계단을 올라왔던 기억조차도 잊게 만든다.

별악봉 정상의 정자 전망대에서 차를 한 모금 마시며 풍경에 취해 있다가, 몇 시 정도인지를 확인하니 배차 간격이 한 시간이 훨씬 넘는 버스 시간을 맞추려면 여유를 부릴 일이 아니다 싶어 후다닥 일어선다. 두루누비 앱에 의하면 별악봉에서 강화 평화전망대까지 3.9km라고 나오는데, 내리막길임을 감안하더라도 한 시간 가량은 걸릴 듯하여 걸음이 날샌 길동무를 앞세우고는 그 뒤를 허겁지겁 따라 내려간다. 하산길 초반은 다소 가파른 내리막길인지라 조심해서 걸을 수밖에 없지만, 이어지는 능선과 완만한 경사의 하산길은 빠른 속도로 걸어 내려간다. 군부대와 평화전망대로 나눠지는 갈림길에서 오른쪽으로 계속 내려오면, 해주 최씨 종산(宗山) 관리사를 지나고, 곧이어 평화전망대 입구의 군부대 검문초소에 이른다. 초소에서 좌회전하여 도로를 걷다 가파른 오르막길로 강화 평화전망대에 올라서, 갈 수 없는 북녘 땅을 바라본다. 해파랑길의 종점인 강원도 고성의 평화진망대와는 사뭇 다른 풍광을 지닌 강화 평화전망대에서는 바다 맞은편 약 2.3㎞ 지점을 흐르는 예성강, 오른쪽으로는 개성공단, 임진강과 한강이 합류하는 지점을, 왼편으로는 중립지역인 나들섬 예정지와 북한의 연백군 주민의 생활모습과 선전용 위장마을, 개성공단 탑, 송악산, 각종 장애물 등을 조망할 수 있다. 전망대 주차장에 들어서면 DMZ 평화누리길을 조성하면서 함께 건립된 남북 1·8 평화센터 건물이 자리 잡고 있고, 그 위편으로 제적봉 자락에 강화평화전망대가 자리 잡고 있는데, 그 바로 아래가 서해랑길 종점이다.

3년 정확히는 3년 열흘의 기간 동안 85일을 걸어 1,640km의 서해랑길 본선의 모든 코스를 걸었다. 전라남도 해남 땅끝마을에서 첫발자국을 떼어 놓을 때만 해도 완주할 수 있을지 반신반의했지만, 283만 걸음을 옮겨 놓아 오늘 서해랑길 걷기를 모두 마무리하였다. 사회복지실천 관련 과목을 강의할 때 늘 내담자의 종결감정을 잘 처리해야 한다고 강조해 왔었는데, 강의와 마찬가지로

서해랑길 걷기를 종결하니 '시원섭섭한 종결감정'이 피부로 느껴진다. 일단은 먼 길 걷기의 목표를 성취했다는 점에서 속이 시원해지는 긍정적 종결감정을 느끼지만, 그 길 위 마을의 속사정과 그곳 주민의 삶의 현장을 보다 깊숙이 들여다보고 그들의 삶을 향상시킬 수 있는 대안을 더 깊이 고민하지 못하고 걷기 자체에만 충실했던 것 같은 아쉬운 마음도 한꺼번에 든다. 하지만 아쉬움에 젖어 있기보다는 이 길에서 얻은 사회복지에 관한 다양한 아이디어와 지혜를 사회복지정책이나 실천에 녹여 낼 수 있는 방안을 고민하는 것이 서해랑길 걷기를 통해서 얻을 수 있는 최선의 효과일 것이다. 앞으로 공부하면서 살아가는 동안 더 치열하게 고민하고 더 깊이 생각하여 이 땅에 사는 사람의 삶이 조금이라도 나아지도록 하는 데 작은 힘이라도 보태려는 각오를 다지며, 서해랑길을 벗어난다.

저자 소개

권중돈(權重燉, Kwon Jung-Don)

1960년 늦여름 경남 의령의 작은 동네에서 태어나 성장하였고, 숭실대학교에서 영어영문학을 전공, 사회사업학을 부전공한 후, 연세대학교 대학원에서 사회사업학 석사와 박사과정을 이수하였다. 보건복지부 산하 한국보건사회연구원의 주임연구원으로 재직하였으며, 현재는 목원대학교 사회복지학과의 교수로 재직하고 있다.

보건복지부의 국가치매관리위원과 민생제도개선위원, 대전광역시 노인복지정책위원 등으로 활동하였고, 한국노인종합복지관협회, 한국노인복지중앙회, 독거노인종합지원센터, 사회복지공동모금회, 삼성복지재단, 현대자동차, 아산복지재단 등의 사회복지 프로그램 슈퍼바이저와 여러 사회복지법인, 기관과 단체의 이사, 자문위원, 운영위원 등으로 활동하였다.

노인복지, 사회복지실천, 전통사회복지 분야의 디 음과 같은 저서를 발표하였다.

- 노인복지론(9판, 학지사, 2025)
- 인권과 노인복지실천(학지사, 2012)
- 노인복지 프로그램 개발의 실제(공저, 학지사, 2012)
- 치매와 가족: 다학제적 접근(3판, 학지사, 2024)
- 한국치매가족연구(홍익재, 1997)
- 치매환자를 위한 프로그램의 실제(현학사, 2004)
- 사회복지학개론(6판, 공저, 학지사, 2024)
- 인간행동과 사회환경(2판, 학지사, 2021)
- 인간행동과 사회복지실천(2판, 학지사, 2021)
- 집단사회사업방법론(공저, 홍익재, 1993)
- 자원봉사의 이해와 실천(공저, 학지사, 2008)
- 사회복지사의 길: 99가지 실천지혜(학지사, 2024)
- 복지, 논어를 탐하다(학지사, 2015)
- 복지, 맹자에서 길을 찾다(학지사, 2019)
- 길에서 만난 복지: 해파랑길 770km를 걸으며(학지사, 2018)
- 서쪽 마을의 사회복지: 서해랑길을 걸으며(학지사, 2026)

email: kjd716@mokwon.ac.kr

길에서 만난 복지 2

서쪽 마을의 사회복지
-서해랑길(해남 땅끝~강화도)을 걸으며-

Social Welfare of the Western Community on the Seohaerang Trail

2026년 3월 10일 1판 1쇄 인쇄
2026년 3월 20일 1판 1쇄 발행

지은이 • 권중돈
펴낸이 • 김진환
펴낸곳 • ㈜ 학지사

04031 서울특별시 마포구 양화로 15길 20 마인드월드빌딩
대표전화 • 02)330-5114   팩스 • 02)324-2345
등록번호 • 제313-2006-000265호

홈페이지 • http://www.hakjisa.co.kr
인스타그램 • https://www.instagram.com/hakjisabook

ISBN 978-89-997-3672-8 03330

정가 20,000원

학술전문출판 **학지사** www.hakjisa.co.kr
간호보건의학출판 **학지사메디컬** www.hakjisamd.co.kr
심리검사연구소 **인싸이트** www.inpsyt.co.kr
학술논문서비스 **뉴논문** www.newnonmun.com
교육연수원 **에듀카운피아** www.counpia.com
대학교재 전자책 플랫폼 **캠퍼스북** www.campusbook.co.kr